心悦青春

上海市中小学骨干教师心理健康教育（青春期教育）德育实训基地成果集　戴耀红◎主编

初中生情绪疏导与压力管理

牛燕华　著

復旦大學出版社

总　序

曾经有四名初中少女，因为她们喜欢的男孩子不喜欢她们，于是开煤气想集体轻生，不料抢救后醒过来的她们几乎说的第一句话都是：怎么没有电视台来采访我们？她们全然不顾父母的着急、老师的担忧，更是把放弃生命当作一场儿戏来“秀”。当成年人为她们的行为感到可笑、可气、可悲的时候，作为教育工作者，我们的心情是沉重的。当青少年以生命的代价去叩问青春命题时，我们不得不反思，教育该如何尊重人的成长需求，体现人文关怀？如何遵循人的发展规律，体现育人价值？

从事青春期教育实践和研究二十多年，我亲历并见证了上海青春期教育的发展。从当年要不要在学校开展青春期教育到如今学校如何实施青春期教育，这场讨论主题的转变是时代对教育的期许，是学生对教育的呼唤，也是教育改革、进步的必然。

由于青春期教育工作者的不懈努力、追求和坚定的信念，青春期教育终于从最初的被指责、被怀疑到现在的被接受、被认同，并在不同学校以不同方式开展。但是随着社会的进步和学生身心的发展，目前青春期教育在观念、内容、形式等方面还有许多需要改进甚至变革的地方。

一方面我们的教育观念比较传统和保守，和社会转型期学生的实际生活、价值观仍有隔阂。我们在教育内容上比较单一，对性的敏感话题心存顾虑。我们在教育方法上还是以过来人和教育者居高临

下的说理、灌输为多。教育过程中缺乏倾听学生的心声和了解学生的感受；教育目标一般也简单定为青春期问题防范和处理，对于学生青春成长过程中的生命关怀缺乏研究。

另一方面教育的整体性和连续性跟不上学生生命成长的需求，学校或教师的教育行为大多数还处在应付处理青春期问题的层面，学科教学与专题教育处于碎片化、断裂式的状态，一些教育内容在许多学科或不同学段中简单重复，一些内容由于敏感或与学业知识相关不大而被空缺、被忽视；对青春期成长有着重要意义的家庭，在孩子身心发展，特别是人格发展方面重视不够、方法欠缺。

众所周知，青春期是一个人价值观、人生观、世界观形成的关键期，在教育部颁布的《中小学德育工作指南》中强调，要对学生“开展认识自我、尊重生命、学会学习、人际交往、情绪调适、升学择业、人生规划以及适应社会生活等方面教育，引导学生增强调控心理、自主自助、应对挫折、适应环境的能力，培养学生健全的人格、积极的心态和良好的个性心理品质”，这也是青春期教育的目标所在。

学校青春期教育是生命教育的重要组成部分，也是当下德育的难点，虽然教育部门有专题教育的要求，但在落实中存在诸多困难，如缺乏合适的教材、创新的教法、有一定水准的教师等。上海市中小学骨干教师心理健康教育（青春期教育）实训基地正是在这样的背景下，由上海市教委为加强学校德育工作、促进德育队伍专业发展而搭建的培养市级骨干教师的高端平台，是由一群经推荐和选拔的中学德育优秀教师组成的实践研究团队。市教委德育处领导、市德育发展中心和市中小学德育研究协会的专家对我们基地的组建、项目研究、成果质量给予了高度关心和鼓励。学员所在学校的领导也给予学员在参与基地活动方面极大的支持。

2018年初夏，我和学员们带着众多人的期望和对学校青春期教育的信念，开始了一段陪伴学生成长的青春之旅，基地本着“以教师的人文情怀滋养学生青春成长”的理念，致力于学校心理健康教育、青春期教育的推进与创新，旨在通过项目引领、理论学习、教育实践、研究反思等，更新教育理念、改进辅导方法、改善教育行为，促进教师专业发展，有效发挥学科优势，充分体现心理健康、青春期教育的价值。

三年来，我们聚焦问题，突破创新，通过调研，了解当下学校青春期教育的基本情况、困难和瓶颈，为学校青春期教育提出建设性、突破性的建议；我们更新理念，提升能力，在实践研究中丰富教师的青春期知识，完善教师的教育方法，提高教师的青春期教育素养，培养了一批热衷于青春期教育、有一定创新能力、受学生欢迎的青春期教育的教师。

三年来，我们聘请高校教授、医务工作者、特级教师等担任基地导师团导师，通过讲座、报告等形式在专业知识等方面对学员进行指导，在微课设计、制作及资源开发等过程中，帮助学员把关好教育的科学性、准确性和有效性，提升学员青春期教育的理论水平和专业能力。

三年来，我们以上海市德育理论研究与决策咨文课题"中小学青春期教育一体化建设研究"为抓手，组织学员边学习、边反思，边实践、边积累，边开发、边提升，开展了上海市中小学生青春期教育现状的调研、青春期教育学科融合、青春期专题教育资源开发和利用等研究。在完成项目过程中，研究生命视野下青春期教育内容的适切性。

三年来，我们根据学员的知识、能力、特长等分成若干合作小组，在教育实践中有一定的时间量进行集体备课、听课、评课、切磋指正，在小组学习中互相讨论分享，在项目开发中头脑风暴，分工合作，发挥各自优势，完成相关学习内容及实践任务。

三年来，我们结合日常专题教育、团体辅导、个别咨询、主题活动开展实践研究，每位学员根据自身特点确立明确的实践方向和任务要求，在教育教学实践中关注重点、发现难点、突破瓶颈、探索创新，完善教育方法，完成有推广价值的各学段示范课。

今天,17 位学员中有 9 位独立或合作撰写了青春期教育专著 9 本,有 8 位学员撰写了青春期教育论文。这是他们长期从事学校青春期教育、心理健康教育、开展家庭教育指导等实践经验的积累,更是他们在基地三年的理论学习、探索研究、团队合作的成果。从选题、落笔到改稿、成文,整个疫情期间和暑假,学员们查阅资料、请教专家,一遍遍地推翻、修改,尽可能使作品成为自己满意、教师有用、家长需要的优质教育资源。

牛燕华,基地写手之一,淡然的外表、文艺的内心,始终保持对青少年的好奇心和探索欲,是心理教师难能可贵的品质。《初中生情绪疏导与压力管理》是她多年参与研究积累的成果,是理论与实践相结合的产物。

章诚,基地里年纪最轻的教师,是一位感受力和创新力极强的心理老师。读她的文字,总让我回想起自己年轻的岁月,执着而热烈。《RAIN 的心理时间》是她独自反思教育的节点,更是她分享教育感悟的快乐时光。

杨岚,基地助教,参与并保障每一次研修活动的顺利进行。她撰写的《生命成长视野下的青春期“三情”教育》以亲情、友情、爱情为主题,关注青春期学生情感发展和品德培养,将生命教育和青春期教育有机结合。

朱炜,基地里自带光芒的教师之一,但她不刺眼、不炫目,是柔和而温暖的。我欣赏她的坚持和聪慧。疫情期间,她怀着心理教师的使命感,不失时机地研发了线上课程,《心理微课》应运而生,丰富了线上线下的心理课。

杨洁,一位优秀的语文老师和班主任,因为优秀,所以懂得青春期心理健康教育的重要,有意识地将语文学科与青春期教育相融合,《阅青春 悦成长——初中语文阅读教学与青春期教育的融合实践》也许是学科“跨界”专题研究的首创,在她的阅读教学中,作品散发出青春的光芒。

沈慧，基地里最资深的心理教师，多年的教育教学实践，让她在从容笃定中不失激情和亲和，我想这应该就是优秀心理教师的样子。在她撰写的《跟着电影懂青春》中，我们能体会到她教育的用心，能感受到文化育人的力量。

沈俊佳，其实不是我们基地的学员，却长期在做青春期教育的研究，也是课题组的核心成员。她在《陪伴青春——初中生心理辅导》中，以心理教师独特的视角去观察和诠释初中生的行为表现，体现了她在教育中的人文关怀。

俞莉娜，基地里唯一一位中职校的教师，是一位学习力、行动力极强的德育主任。她对一些职校学生的家庭环境、生存状况极为关切和担忧，在她的《"青"听"春"语》中，我们听到了学生的心声，感受到了教育者的使命。

王铭鸣、冯嫣、李萍，都担任着学校德育的领导工作。在基地的活动过程中，她们那种乐于学习、善于思考、积极参与的态度让我感动。针对家庭教育中存在的现象和问题，她们凭借多年家庭教育指导的丰富经验，合作撰写了《初中生家庭教育那些事》，值得家长一读。

胡敏、杨彦、陈冉苒、汤瑾、宋睿、刘军、王雪凌、张卫琴等参与了《青春期教育实践研究》论文集的撰写，虽然文字不多，篇幅不长，但也是她们三年来实践研究的体会和思考，内容丰富，体裁多样，涉及学科青春期教育、心理健康教育、青春期相关调查分析、家庭教育指导等，学段覆盖小学、初中、高中，多维度、多视角地让我们了解当下学校青春期心理健康教育的状况，给教育工作者、家长以启示。

德润生命，心悦青春。这将是我们永远的追求！

上海市心理健康教育（青春期教育）实训基地主持人：戴耀红

2020 年 11 月 22 日

序 言

几乎所有人都认同青春期是人一生中一段不同寻常的旅程，青少年时期所面对的特定变化与挑战是一把“双刃剑”，它既是机会，也可能是灾难。困惑与烦恼中坚定向前、积极适应、成功跨越这一时期的个体会发展出许多优秀的品质和出色的能力，从而肩负起成年人的责任与使命。然而在变化与挑战中或迷失、或绝望、或痛苦却无法打破困境的个体则可能需要用一生的时间去治愈创伤。每一名青少年以及关心他们的成年人都在寻觅、学习适合青春期成长的路径和方法，希望青少年能从儿童走向成人，从稚嫩走向成熟，成长为那个独一无二的自己。

学校的心理老师是最为关心青少年心理成长的群体中的一员，有着专业的心理学素养、丰富的实践经验，与青少年群体的接触时间较长，且有机会对他们产生重要影响。本书的作者牛燕华老师就是这样一位中学生心理健康教育工作者。她热爱自己的事业，充满了对学生无条件的积极关怀；她善于观察与思考，在组织心理课堂教学与体验活动中充满了创造力与智慧。

目前，青少年心理健康方面的书籍很多。有的针对研究者或教师，有的适合家长或学生阅读；有的立足于发展心理学的基本理论，系统分析青少年阶段的生理发展、认知发展、社会性发展、自我发展、道德发展等核心主题，有的则侧重于案例分析，提供教学设计，覆盖了整个学校心理健康课程的内容等。本书聚焦于情绪与压力的主题,而不是泛泛地谈初中生的心理健康课或者心理健康教育。本书内容丰富多样,真正做到了依据学生不同阶段的真实需求设置主题,激发学生的求知动机,唤起强烈感受,引导学生思考,促进领悟。每一个辅导案例,每一次活动体验,作者都详细地描述了过程,并进行了深入思考与讨论。

本书兼具实用性、示范性和原创性,集中呈现了作者近年来的实践成果与思考。本书既清晰地呈现了现阶段初中生的心理健康状况,让我们了解了现状“是什么”,同时通过基本理论的讲述与总结,帮助我们思考“为什么”,之后通过扎实的专业分析与丰富的实践经验,展示了作者在工作中的智慧,论述了其探索“怎么做”的过程。理论结合实践的呈现方式,为一线的心理教师提供了重要参考。

此外,2020 年初,我们猝不及防地经历了全世界范围的新冠疫情,这对我们每一个人都产生了很大的影响。它改变了我们对健康生活的态度,改变了我们对未来的规划,也会极大地改变我们的生活方式。面对重大的公共健康危机事件,青少年也产生了不同程度的应激反应,一线的中学心理教师“临危受命”,在学生居家学习期间,以及复学归校之后都开展了一系列有针对性的心理辅导工作。本书中的第三章针对这一特殊状况展开了讨论,并通过典型活动案例的呈现,让我们了解到学校心理教师的努力探索与优秀成果,为后疫情时代的学校心理健康教育提供了宝贵的经验与参考。

作为临床心理学的研究者、高校的教育工作者以及致力于青少年心理健康与心理临床工作的探索者,我想对以牛燕华老师为代表的奋斗在中学心理健康教育一线的老师们表达由衷的敬意!也感谢他们在复杂的、困难的环境中依然不忘助人初心，依然抱有专业情怀，坚定而执着地爱着学生，专注而不懈地发展专业能力。相信有我们共同的努力，一定能更好地与家长、社会各界人士建立同盟，为青少年的健康发展作出更大的贡献！

复旦大学心理学系 李晓茹

2020 年 9 月

目 录

第一章
初中生所处生命发展阶段概述

青春期，在画家的笔下是多彩绚烂的，在诗人的文字中是美好青涩的，在歌手的吟唱中是朦胧梦幻的。大部分经历过青春期的成年人回望这段走过的岁月，总是报以恋恋不舍的微笑。然而，在中学教师和家长的眼中，青春期的孩子则几乎成了"暴风骤雨"的代名词，心理学家则称之为"心理风暴期"。尤其是初中阶段的孩子，他们的身体在迅速发育，性生理逐渐成熟，而心理上却处于"分水岭"，与儿童期和青年期大不相同，也是最令家长和教师头疼的特殊时期。

1950 年，琼·埃里克森(John M. Erikson)和爱利克·埃里克森(Erik H. Erikson)共同提出了人类生命周期的心理社会发展理论，提出了人类生命周期的八个发展阶段，每个阶段都包含着两个对立的双极相互斗争的特定心理社会任务，对个体而言，生命周期各阶段的发展任务是否能被顺利完成将直接影响到其人格和生活，青春期是生命周期的第五个阶段，这个阶段的心理社会发展特点是"自我同一性 vs 角色混乱"，青少年进入了一个充满变化、冲突不断、快速成长的时期。[①] 成长的目标是为了完成自我角色的整合，产生自我认同并了解自己的需求，为成年之后的生活做好准备。这个阶段的中学生既不是儿童，也不是成年人，他们具有鲜明的、这个年龄段典型的

---

① [美]琼·埃里克森：《智慧与感觉：通往创造之路》，高天珍译，世界图书出版社 2017 年版。

心理需求。他们渴望从父母处获得独立，充分发展自我，同时他们也渴望加强与同伴群体之前的联系，不断确认自己的角色、位置，通过同龄人的接纳与认同寻找归属感，进一步发展自我，适应社会。

在现实中，从上海市情况来看，初中学段分为四个年级：预备年级、初一年级、初二年级及初三年级，学生年龄分布在 12 岁到 15 岁左右，不同于高中生，初中生正经历着从儿童期过渡到青春期的诸多变化，如身体变化、心理变化等，以及由此带来的在亲子交往、师生交往、同伴交往等方面的人际关系的变化，特别是初中预备年级学生，面临着从小学过渡到初中（小升初）的环境变化问题，新的学习方式、新的老师和同学、新的竞争环境等，这些都会让他们感到焦虑。初三年级的学生即将面临中考的重要考验，九年义务教育即将结束。初一、初二年级的学生开始体会到各门学科的深度与难度，开始在不同的场合、不同的他人面前产生激烈的情绪，逐步感受到身心发展带给自己的需求、困惑与烦恼，这些都需要他们去学习、解决、适应。学生们唯有顺利解决当下所处阶段的困扰，完成该生命周期的发展任务，才能更好地为下一个阶段（成年期）做好充分的准备。

正如埃里克森所说的那样，如果将人生比作一次编织的过程，从时间跨度来看，青春期编织的好与否，将直接对 20 岁以后的人生产生重大影响。①

第一节 青春期

青春期也被称为青春发育期，英文为“puberty”，来源于拉丁文单词“pubertas”，意为成人。狭义上是指人生中生殖系统从幼稚经发育达到成熟（具有生育能力）的几年。广义上指人生中伴随生殖系统

---

① ［美］琼 · 埃里克森：《智慧与感觉：通往创造之路》。

发育带来的心理变化期。总而言之，是指由儿童发育到成人的一个过渡时期，个体的生理、心理、社会适应能力从不成熟趋向成熟。

青春期的年龄界定有很多种标准。按照世界卫生组织（WHO）的规定，青春期的年龄范围是 10—20 岁。中国学者认为中国学生中进入青春期的女孩平均年龄是 13—14 岁，男生可能更晚。有部分学者从医学生理角度将青春期划分为青春期早期、青春期中期、青春期晚期。根据中国学生的发育水平以及对进入青春期年龄的推测，初中生基本进入了青春期早期和中期阶段。女生要比男生早两年表现出性发育的外在迹象。

一、青春期生理特征

处在青春期的初中生在生理方面发生了较为明显且剧烈的变化。

大脑结构、功能分化和发展，脑结构发生剧烈变化，但大脑发育尚未完全成熟。在加工情绪信息时，初中生偏好使用大脑中颞叶深处形似杏仁核的小组织，此部分参与情绪反应和本能反应较多，因此他们容易被新奇和冒险的事物所吸引，难以长期坚持同一个目标，易冲动。这主要反映在他们的情绪、判断、行为组织、自我控制等方面。①

生长速度明显加快，俗称“窜个子”，身高明显增加，体重增长。初中阶段的女生身体脂肪增多，男生体格变强，男女生的体型都有明显变化，趋向于成年人体态，心脏迅速增长，肺活量明显增强。

体内激素发生变化，女生多数出现月经，男生多数发生遗精等生理现象。生殖器官日趋成熟，最终具有生殖能力。第二性征开始发

① ［美］黛安娜·帕帕拉、［美］萨莉·奥尔茨、［美］露丝·费尔德曼：《发展心理学：从生命早期到青春期》（上册），李西营等译，人民邮电出版社 2013 年版。

育，女生以初潮来临、男生以首次遗精来临宣告青春期的到来。

初中四年中，学生的身体发育将发生巨大变化，在各类身体激素的共同作用下，他们的身体形态逐渐从孩童模样向成人模样转变。这样的生理现象在动物界是十分自然的，然而对于人类儿童而言却是一个很大的挑战。学生不仅要适应自己身体的变化，同时与同龄人发育的同步性也会对心理适应带来较大影响，并且身体发育还会改变他人对自己的看法、态度与要求。荷尔蒙在催促他们向前，为了“不掉队”，他们同样需要努力。

二、青春期心理特征

青春期，除了生理发生变化，心理也发生着变化，是个体身心全面发展的时期。处在青春期的初中生在心理变化上往往有以下区别于小学生的特征。

首先，性意识逐渐增强。由于青春期身体发育的加速，中学生对性知识的感兴趣程度开始增强。有超过70%的初中生对青春期生理变化知识有了解的需求，同时，他们对性的好奇感和神秘感与日俱增，不同个体的表现形式不尽相同，如有的既内心渴求接近异性又不好意思表现出来，也有的特别喜欢在异性面前表现自己。

其次，自我意识增强。随着年级的升高，初中生的独立欲望增强，自我意识日益显现，对事物能做出自己的判断和见解，希望自己被当成大人看待，渴望和同伴、父母平等交往，但他们的知识、经验、能力等有限，导致“事与愿违”的矛盾性，如独立欲望与缺乏独立能力的矛盾，追求“成人感”的想法和自己身上的“幼稚感”之间的矛盾等。由此表现出种种心理冲突和矛盾，具有明显的不平衡性。这个时期也常会出现令成年人头痛的“逆反”心理。

再次，探索意识增强。青春期的探索包括他们对自己身体变化的尝试理解和接受，也包括对“我是谁”的探索。他们试图发展一种自我认同感，对内心世界和外在世界都会积极探索，此时的他们求知欲与好奇心强烈，乐于尝试不同的活动体验。带有竞争性、冒险性和趣味性的活动容易获得他们的青睐，他们在探索、体验的基础上形成一种自我认同感。

最后，情感体验更为丰富。进入青春期后，随着认知水平的提高、生活经验以及人际交往圈子的拓展，初中生的情感体验比小学生更为丰富、深刻，在表达、理解他人的情感方面的能力也较小学时期有所提升，女生更倾向于情感内敛。

第二节 情绪概述

关于“情绪”的确切含义，目前并无定论。一般认为情绪是人对客观事物是否符合自己的需要所产生的态度的体验。人类的基本情绪包括恐惧、愤怒、悲伤、喜悦、厌恶、惊讶等。心理学家指出人类这前四种基本情绪所对应的特定面部表情，为世界各地不同的文化所公认，由此可见情绪是具有普遍性的。[①] 喜怒哀乐都是我们所熟悉的情绪，也是我们日常生活的组成部分。情绪并无好坏之分，各有各的功能，正是因为拥有了情绪感受，才能使得我们成为情感丰富的人。

关于情绪的研究有许多经典的理论，主要包括古典的詹姆斯—兰格理论、坎农—巴德理论及现在普遍被接纳和运用的情绪的认知评价理论。

詹姆斯—兰格理论，也被称为情绪的外周理论，该理论认为当个体遭遇外界刺激时，首先产生生理反应，之后产生情绪反应。

坎农—巴德理论认为生理/躯体唤醒和情绪感受之间是同步进

---

① [美]J. 布莱克曼：《心灵的面具——101种心理防御》，毛文娟、王韶宇译，华东师范大学出版社2011年版。

行的平行关系。

情绪的认知评价理论强调大脑皮层会对外界刺激做一个认知评估，不同的认知评估会产生不同的情绪感受。

以上三种理论，虽然观点有所不同，但都表明了情绪感受与刺激情境、生理唤醒、认知评价等几个变量之间的关系。

一、初中生情绪特点

初中生比小学生多了几分成熟，却又比高中生多了几分幼稚。在这个生理、心理蜕变的关键时期，他们的情绪更带有冲动性、波动性、复杂性等特点。

冲动性是指初中生往往情绪反应迅速，来得快、去得快。他们对事物的判断和理解往往带有表面性，遇事容易激动。有些学生会竭尽全力去表达内心感受，彻底释放自己的情绪能量，比如当感到自己被师长冤枉时会不分场合瞬间"火山爆发"，暴躁狂怒。

波动性是指初中生的情绪常会大起大落，他们的情绪往往会在一天之中犹如过山车，起伏不断，有时还颇有点"此恨绵绵无绝期"。可能在前一节英语课上因为没默写出一个单词而暗生闷气，到了下一节课因为被语文老师表扬了，自己的心情又如阳光般灿烂了。一整日下来，他们会经历多种情绪的更替。

复杂性是指初中生的情绪世界不再是以单一的基本情绪为主了，而是体验到了更多的复合情绪，情绪层次也更多，比如在忧伤之中掺杂着焦虑甚至愤怒的情绪。但初中生由于认知的偏差性，有时很难去辨别、理解、处理好这些复杂情绪，他们的学习和生活很容易被这些情绪所影响，处在一种不安定状态之中。

初中生相对成年人来说，在情绪表达方面往往会有更明显、直接的外在表现，通过肢体语言、神态表情、口头语言等表露出自己的情绪感受。孙俊才等人的《中小学生的情绪表达方式认知及其与同伴接纳的关系》一文指出，情绪类型和人际情境对多种情绪表达方式的选择具有主效应，中小学生的情绪表达认知向更具有社会效益的方向发展。①

二、初中生情绪的影响因素

初中生正处于自我意识的觉醒期，对自身的情绪变化更加敏感，我们常在心理热线、心理咨询中接到类似的困惑，不难发现，如今初中生对自己的情绪开始有了较多的关注和诉求。他们的情绪受到个体内部因素和外部因素的双重作用和影响。

1. 个体内部影响因素

处于青春期的中学生心理活动和情绪本身就微妙多变，这是我们的共识，而近年来关于大脑神经发育的研究则告诉我们另一个关于青少年情绪影响因素的重要发现。

（1）青少年的大脑顶叶发育尚未成熟。这会对初中生的学习生活造成一定影响，他们常无法同时完成多个任务，并且很容易受到外界环境的打扰，很难做到一心多用。

（2）青少年的大脑前额叶皮层尚未成熟。前额叶皮层几乎占据了大脑整个皮层的三分之一，是大脑的"司令部"，控制着注意力，负责人的认知和决策，但是前额叶皮层一般要到20—30岁才真正发育完善。青少年由于大脑前额叶皮层发育的不成熟，会对自己面临的风险预估不足，倾向于冒险活动，做事较少考虑后果，这也会加剧情绪的起伏不定。

（3）青少年的大脑边缘系统发育尚未成熟。大脑边缘系统和额叶是协同来处理情绪的。当青少年尚未成熟的大脑边缘系统感知到

① 孙俊才、卢家楣、郑信军：《中小学生的情绪表达方式认知及其与同伴接纳的关系》，《心理科学》2007年第5期。

外界对自己的负面评价,如来自他人的嘲讽等,青少年就特别容易产生勃然大怒的情绪,而同样未成熟的额叶则使青少年很难去抑制激烈情绪的爆发。

越来越多的证据表明,青春期的激素也会影响脑部系统负责情绪唤起的部分,从而让青少年开始对身边的事情敏感。例如雄性激素、雌性激素、睾酮等在初中阶段的增长虽然不多,但波动较为剧烈,由此也可能会影响到初中生的情绪,使他们易怒、易冲动,女生更易忧郁等。

因此,了解了青春期大脑的运行机制和身体生长激素的影响,我们就知道为什么青少年做事不专注、不计后果、情绪化,为什么追求刺激。当我们明白他们很多言行举止的背后并不是故意和我们唱反调,那后续的问题处理就会通畅些了。同时,我们需要了解青春期的孩子对于情绪的感受与反应往往比成年人强烈得多,却无法像成年人那样可以立即用理智控制情绪,作出合理的控制和选择。熟悉青少年这样的特点,对教育和帮助他们的人来说有着重要的意义。

2. 个体外部影响因素

(1) 家庭因素。家庭是个体的避风港湾,可以给我们带来安全感和舒适感。而家庭成员、家庭经济条件、家庭教养方式、家庭生活环境等也会在一定程度上影响初中生的情绪。比如有个品学兼优的学生干部在师生眼中一直较为稳重大方,但有段时间上课却经常迟到,在班主任的询问下她突然大声哭了出来,经过了解后得知,原来她的父母要离婚,这对她带来了心理打击,导致情绪瞬间的崩溃。

(2) 校园因素。校园环境、校风学风、班级管理、任课教师等都会影响初中生的情绪,比如优美整洁的校园、和谐而温暖的班级氛围、融洽的同伴关系和师生关系会促进学生的正向情绪发展,反之则不然。

(3) 社会因素。社会事件、社会舆论导向等可能会给认知能力尚不成熟的初中生带来心理冲击,使其情绪受到干扰。比如,升学考试改革，会使部分应届考生如临大敌，不知所措，产生焦虑等情绪。

此外，地震、洪灾等自然灾害也会导致情绪失调。总之，在当今社会因素、校园因素、家庭因素、个体因素等的交互作用下，正处在青春期的初中生常会体验到无法表达和自控的焦虑、愤怒等情绪。但正如前文所说的，青春期的孩子身体在成长，他们的大脑也仍然在发育中，他们的情绪也需要十多年的成长时间来达到成熟。因此，我们不妨“慢下来”，理解他们的情绪以及背后的影响因素，用足够的耐心和智慧去包容、接纳他们，陪伴他们度过躁动不安的青春期。

第三节　压力概述

“压力”的英文为“stress”，来源于拉丁文“stringere”，原意是“扩张、延伸、抽取”等。心理学上的“压力”是指个体对作用于自身的内外环境刺激作出认知评价后引起的一系列非特异性的生理及心理紧张性反应状态的过程。[①]

关于压力的主要理论包括压力与适应理论、压力与应对理论和压力刺激理论等。

首先是塞利（Hans. Selye）的压力与适应理论。该理论提出了人面临压力时有三个反应阶段：预警期、抵抗期、衰竭期。若要做好压力管理，尽可能地减少压力给身心带来的负面影响，我们就应该在压力的早期阶段解决、识别并作出正确的反应。

其次是拉扎勒斯（Richard Lazarus）的压力与应对理论。该理论认为压力是人与环境相互作用的产物。其核心是认知评价。我们对压力的不同解读方式（如客观事物严重性的评估、对认知结果的评估、当事人对自己能力的评估）会带来不同的压力感受。

---

① 李小妹、冯先琼主编：《护理学导论》，人民卫生出版社2016年版。

还有霍姆斯和拉赫(Thomas Holmes and Richard Rahe)的压力刺激理论。该理论认为压力的产生源于个体为了适应生活变化而消耗了较多的自身机体应激资源,强调人的生物性,认为人们在考量心理问题产生的背景时应该带有生物学以及生理学的视角。

虽然以上对压力的研究众说纷纭,但都揭示了心理压力对人的身体、生活、学习等方面的影响以及压力源,为我们开展青少年压力管理的辅导提供了方法和依据。

一、初中生压力失调的影响

压力可以是积极的,也可以是消极的。积极压力来自生活中的积极事件,并带来健康反应,比如为了更好地参加学校运动会,努力锻炼,最终在长跑比赛中获胜,这就属于积极压力;而没有为比赛做好准备,感受到的就是消极压力。心理研究表明,适当压力是维持人类正常活动的必要条件,能提高人体的警觉水平、适应能力,能激发人的潜力,使人不断进步。但当压力持久或超过我们的承受能力时,则会影响我们的心理健康、身体健康,甚至导致人的社会功能紊乱。

初中生常会遇到来自内在和外界千变万化的刺激。一旦不能良性适应,就会出现压力失调,他们的生理、心理以及家庭生活与社交都会受到影响。

首先,影响生理。长期持续的压力,可能会削弱青少年免疫系统的功能,身体会感到疲乏。有的学生在临考前因“压力山大”而失眠;有的学生在压力之下更容易生病,如感冒、咽喉炎或其他疾病,伴随压力而来的心率和血压也会升高,会增大一些基础病的风险。也有学生会因压力而无法应对,出现皮肤过敏或者暴饮暴食、厌食等,使身体机能受损。压力太大也会影响大脑的功能,导致注意力不集中,记忆力下降,失眠多梦,身体得不到良好的休养,进一步破坏自身的免疫系统,从而严重影响身体健康。

其次,影响心理。对青少年来说,压力可能导致内化性障碍,比如过分悲观、紧张、恐惧、焦虑、抑郁等情绪上大的波动又与一些常见的心理障碍有着密切的联系,若得不到及时的治疗和帮助,后患无穷。压力所导致的易哭,大脑思维迟钝,无法快速反应或清晰思考,同样会影响学生在学校里的学业表现及其学习过程。简单的任务可能要花更多时间去完成,个人虽然努力了但成绩不尽如人意,这反过来又会形成更大的压力,严重者会对学习、活动失去兴趣和能力,导致心理障碍症状的出现。

最后,影响社交。长期持续的压力可能使青少年精力衰竭,情绪不稳,失去与别人打交道的热情和动力。由于对大脑思维的影响,这部分青少年可能会伤害自己或别人,会对父母或朋友发牢骚,影响人际关系,以致于周围人尤其是同龄人不愿与其交往,久而久之,容易形成社交封闭圈,对学习生活产生不利影响。不能在人际交往中获得满足与成长,也将影响他们自我的发展,无法增加自尊与自信,对人格的发展与完善产生影响。由此可见,压力对于个体身体、心理、社交的影响是彼此交织在一起的。

二、初中生压力源

压力源(stressor)又称应激源或紧张源,是导致个体产生压力反应的情景、刺激、活动和事件。对于初中生来说,他们的压力源既有外源性压力,也有内源性压力,主要来自学业和人际关系两大方面,包括校内或校外的活动、某些人的行为以及自我认知等。

1. 学业压力。导致学生心理压力的主要原因往往是学业所带来的

(1) 学习环境压力。学生进入初中后,面临着“N”多的新变化,包括新的校园、新的班级集体、新老师、新同学,这些对他们而言都是新奇且陌生的,需要时间去了解、熟悉、适应。同时,在学科设置上,

也比小学阶段多了新的学习学科，所学知识在内容、数量、深度、难度上都随着年级递增而逐渐提升。这样就会使原本学习基础较为薄弱的学生的学习更困难，会更容易感到压力，而另一部分学习优秀的学生则在竞争中产生焦虑。另外，学生是否能适应教师的教学方式、班风、学风等也会影响他们的压力感。

(2) 考试压力。偶尔的考试失败或者对课堂教学内容的不理解，对处在敏感期的初中生来说是不小的压力。如果持续考试成绩不佳或没有达到期望值，形成的压力会弱化学生的内在动机和自信，导致学习状态不佳。还有很多学生会有考试焦虑，如遇到比较重要的考试时，焦虑更为严重，甚至出现学习成绩明显下降的现象，这反过来又进一步加大了学习压力。

(3) 升学压力。初中学生往往在刚升入初三时就会有压力。初三阶段既要学习新知识，也要对过去几年的学习内容进行回顾和巩固、提升，越是到后阶段越是进入“白热化”状态，“题海战术”、挑灯夜战成为不少初三学生的日常写照。经常会有初三学生来学校心理咨询室，他们大多是来寻求放松的，希望能缓解初三紧张的学习节奏带来的压力。

2. 人际压力。社会适应能力是衡量一个人健康的主要标志。特别是人际关系问题是困扰初中学生的主要压力源之一

(1) 亲子关系带来的压力。亲子关系即父母和子女的关系，是青少年一生中最早接触到的社会关系，和谐的亲子关系会给孩子提供一个阳光港湾。家长期望值会直接影响孩子的情绪体验。一项初中生人际关系调研结果显示，多数学生非常在意父母对自己的评价，有超过50%的学生因为没有达到家长的要求而产生沮丧情绪，有32%的学生表示当自我表现令父母不满意时常会怀疑自己的能力。此外，也有一些家庭呈现出金字塔形的家庭关系结构，把孩子的地位放在了塔尖，家人的溺爱使孩子习惯索取而忽略了感恩付出，父母和孩子之间的交流大部分是关于学习的问题，少部分是关于吃穿方面

的，这使孩子不愿意和父母沟通，父母则抱怨孩子不懂事，青春期撞上了中年期。这些情绪感受使学生在和父母相处时感到无形的压力。

(2) 校园人际关系带来的压力。校园人际关系包括同伴交往和师生交往。同伴交往是同龄人或年龄相似人之间的平行交往。在学校，学生的人际关系主要是在同伴群体中形成并发展的。同伴交往可使学生从中学习人际交往技能和社会规则，良好的同伴交往可使青少年获得情感上的满足和快乐健康的生活。初中学生的情感依恋逐渐从父母身上转向同伴群体，并日益得以确定和加强。他们不仅仅满足于表面上和同伴在一起，而是更在乎自己内心的感受，自己是否被同伴真正认同和接受，但由于个性或者缺乏人际交往技能等原因，一些学生一旦在群体中被忽略，孤独感就会油然而生。有的学生在同伴交往中较为被动，不善于表达自己的感受，所以往往觉得不被人理解。也有的学生遭遇到同伴的贬低、歧视等。另外，即便到了初中阶段，能否得到老师的认可、赞扬与鼓励对于学生而言依然很重要，良好的师生沟通不可或缺。如果教师的要求、期待与学生的需求、期待之间存在不一致，也可能导致"师源性"问题，使学生的心理受到影响，学生心理压力增大，造成学生的心理偏激、孤僻，从而更易感受到伤害。

(3) 个体内源性压力。正如前面的压力理论里所提到的，不当的评价认知也会造成压力。特别是处在青春期的青少年，当他们的自我认知遇到阻力或者困难时也会产生压力，比如性别刻板印象对男生、女生的限制，青春期身体发育带来的体像烦恼，感到外界对自己的评价比较糟糕等，这些都会给初中生带来心理压力。

此外，情绪也会带来压力。在巨大的情绪压力下，青少年很可能会口不择言，说一些后悔莫及的话，事后也会感到更大的压力。

中学生会遇到多方面的压力和挫折，有学习方面的、人际关系方面的、兴趣和愿望方面的以及自我尊重、自我认同方面的。有研究表明，初中生面对压力时往往会有两种反应方式：消极的反应与积极的反应。消极的应对方式往往倾向于退缩、否认、攻击，这些方法一旦被固化为习惯后，即便日后青少年的挫折状态、压力程度有所改变，但其仍然会不由自主地采取习惯化、稳固化的消极应对方式去面对，在压力面前不断退缩、逃避。于是，消极的应对方式也就转化为较严重的、需要长期耐心教育的心理问题了。

因此，对初中生开展压力管理和情绪疏导的意义重大。在学校对学生进行这方面的个别心理辅导和团体心理辅导，可以提高他们应对压力及调控情绪的能力，提升其自我效能感和心理弹性，同时可促进他们自我了解、自我理解，促进人格健康发展，从而具备良好的社会适应能力。

第二章
初中生情绪疏导与压力管理的实践探索

从初中学校的实际情况来看，对于初中生进行情绪和压力管理的辅导，主要可以从个体内在和外在两个方面去引导。

对于有主动求助意识的学生来说，心理咨询室是他们倾吐个人心结、舒缓情绪和压力的心灵空间。不同于医疗机构的心理咨询室，学校的心理咨询室因其较为亲切、生动、贴近学生的特点而能吸引学生前来求助。在这里，可以得到心理老师的倾听、疏导、帮助，使个体有安全感和归属感，获得针对性较强的心理支撑。尤其对于需要做长程心理辅导的学生而言，个别心理咨询是最为适合他们、最有效的方式。而对于异常心理需要转介到精神科的个体来说，也需要心理教师对他们进行个别心理评估以及开展后续辅助。从这个角度来说，个体心理咨询是通过一对一的咨询来启发学生主动从自己的内在逐渐向外在做出改变。

但是，我们也应看到和承认存在这些现象：由于每所学校的心理教师人数配比有限，往往 400 多名学生配 1 名专职心理教师，要做到全校学生都能和心理老师进行一对一、有效的个别心理咨询是较为困难的；有些学生主动咨询的意愿不强，如果是被班主任强行要求来心理咨询室，容易引起学生的抵触情绪，不利于心理教师和学生之间建立良好咨访关系，使个别心理咨询的效果大打折扣；初中阶段正处于身心发展的重要时期，对这一阶段学生进行良好的心理教育和辅导，可以协助他们圆满完成这一阶段的发展任务，学会应对未来生活的种种挑战。这个任务是所有学生都应该去努力达成的，适合开展面向多数学生的发展性心理辅导。因而，团体心理辅导是有别于个体心理咨询的重要心理辅导途径，它通过交流、活动、体验等形式发挥教师引导和朋辈支持的作用，从而唤醒、激发学生内在心理能量。

因此，本章将从个别心理辅导、班级团体心理辅导活动课和同质团体心理辅导三个方面介绍初中生情绪疏导与压力管理的实践案例。

第一节 个别心理辅导案例

随着社会的发展，学校越来越重视学生的心理健康，也设立了心理咨询室，学生主动寻求心理咨询的比例也有所上升。

心理咨询主要是心理咨询师运用心理学的理论与技术对来访者通过语言的沟通，帮助其解决心理问题，实现个人成长。个别心理咨询的形式有面对面咨询、线上咨询、电话咨询等。一般在初中学校里常见的是在校心理咨询室由心理教师对学生进行面询。在面对面的心理咨询中，心理老师能够通过来访学生语言表达中的各种状态，清晰、准确地把握他们的言语中没有直接表达的心理信息，同时，可以有效地观察到学生的肢体语言信息。

本章节中收集的案例具有较强的典型性，来访者的情绪困惑和压力问题往往交织在一起。案例中有因青春期情感所带来的情绪困扰，有因为体像烦恼带来的压力，有学习优等生的学业焦虑等，另外，还收录了一份女生遭遇性骚扰而情绪异常的来信咨询。这些案例除了常见的学业问题外，也包括因外在环境变化所带来的新问题，需要引起我们的关注。（咨询案例中凡是涉及个人隐私的信息皆已做处理）

案例一：成绩优秀也“焦虑”

基本情况

小Z，女，初二，15岁，做事认真负责，很有礼貌。在老师和学生眼里是当之无愧的好学生。性格敏感，争强好胜，自尊心强，非常关注自己的成绩，在意自己在别人眼中的完美形象，顾虑他人看法，不愿意向朋友和父母倾诉。

小Z是独生女，爸爸是事业单位职工，妈妈是“女强人”，受教育程度较高。爸爸脾气较好，家里基本由妈妈做主，在孩子的教育问题上，也是如此。妈妈对女儿的要求很高，最重视的就是学习成绩，常常把女儿和“别人家的孩子”做比较，每次考好了，都希望她能考得更好。

问题呈现

小Z妈妈的教养方式非常严格，对小Z的学习非常关注，一直以身边各种优秀的孩子来激励她，给她做榜样。爸爸脾气较好，为人温和，但是并不阻止妈妈的教育方式，同样希望她能成为一个优秀的学生。小Z为了得到父母的关注和肯定，努力达到父母的要求，从小就一直维护自己优等生的形象。因为小Z一直表现优秀，父母也忽视了她的压力状况。小Z感到家里的气氛让她喘不过气来，越来越焦虑。

辅导过程

期中考试之后的几周，我总会接待一些因为考试而带来问题的学生。那天中午，小Z在心理咨询室门口走来走去，绕了好几圈。因为我给他们上过一年的心理课，相处得很愉快，彼此之间很熟悉，我便主动打了招呼,“小 Z,进来坐会儿?”

她有些不好意思,“老师,没打扰你休息吧?”

原来小 Z 的两次英语考试成绩分别是 81、80,她觉得很不满意,应该至少考到 85 分以上才行,90 分以上才是让人满意的好学生的成绩。她在英语的重大考试中,从来没有出现连续两次的失误,尤其是在她非常努力用功的情况下,所以她觉得很烦躁,总是在担心,老师会不会觉得她在不断退步?班级中的同学会怎么看她?她甚至不知道后面的英语该怎么学,怀疑自己的英语是不是学不好了。

第一次咨询时,主要是以倾听为主,了解她的诉求,释放她的消极情绪。第二次,小 Z 愿意继续来咨询。这里面也许有部分原因是觉得第一次有点效果,但是更大的原因是初一年级开设的心理课程。在一年的接触中,我与学生们建立了良好关系,得到了他们的认可,为我做学生心理咨询工作提供了很重要的支持。如果没有这个基础的话,小 Z 也许不会在没有被其他人发现她的焦虑问题的时候,就来寻求咨询。

第三次的时候,小 Z 开始愿意讲述自己的故事。她叙述了小时候因为被妈妈严厉要求而感到很委屈的事情。她的情绪逐渐得到了宣泄。

在我对她充分的接纳理解、同感和真诚的回应和反馈中,小 Z 也逐渐感受到了温暖、安全,我们的对话越来越深入。小 Z 谈到家庭压力时,特地提到了小学二年级时发生的一件事:那次数学考试写到最后一道题的时候,因为带的铅笔坏了,又忘了带卷笔刀,她非常着急,又不敢和老师讲,糊里糊涂地就把试卷交了,最后成绩只有 89 分,这对小学二年级的学生而言是个不太高的成绩。妈妈知道后就告诉她:“不要找借口,是你自己的事情没有做好。”然后让她一个人到小房间去想自己该怎么办,想好了才能吃饭。爸爸也只是在一旁安慰她:“你好好想想,会给你留晚饭吃的。”

我作为心理咨询师和她开启了如下对话。

小Z：其实考这么差，我也不想的，可是他们不听，就把我一个人关着。

师：考到89分，自己已经很难过了，却没有得到爸妈的体谅。

小Z：妈妈不体谅我，我向她说“对不起”，她也不听，她一定要我讲清楚我做错在哪里。可是当时我只有二年级，已经很害怕了，还要被关在屋子里。我哭了很久，可是还没人理我。

师：会不会感觉挺委屈的？这么一个小孩子，当时会很慌吧？后来呢？

小Z：当时哭了很久，也不知道怎么想的。妈妈说不带铅笔是我的错，要求我以后多带两支，什么东西都多带点。后来就这么让我吃饭了。

师：吃饭的时候，是什么感觉呢？

小Z：不记得了，大概哭得没力气了，没什么感觉了。反正我就知道了，要自己想办法，那些理由妈妈不会听。

师：你现在已经长大了，用你初二的眼光，再去看看这个小学二年级的小孩子，你觉得她怎么样？

小Z(擦眼泪)：她挺可怜的，这么小，就要一个人想办法。

师：她最后想出来的办法，有用吗？

小Z：有用的。

师：一个小女孩，被关在房间里，很害怕，一边哭，一边却还想出了有用的办法，你觉得她是怎么做到的？

小Z：……她想吃饭……她还希望妈妈爸爸能原谅她。

师：最后，她做到了吗？

小Z(想了想)：做到了。

师：她是怎么做到的呢？

小Z：因为没有办法，被逼的。

师：她被逼着，承受着好大的压力，一个人最后努力摆脱了被关的小房间，得到了爸妈的原谅，真的是件不容易的事。你觉得这个小女孩怎么样?

小Z(擦了两次眼泪):她还是挺坚强的,也挺会想办法的。

小Z的积极情绪被激发了。接着我们继续讨论了她在各种学习压力之下,顶着焦虑的情绪,做出过哪些努力,让小Z看到自己并不只是在烦躁,她其实也在不断想办法来解决这些问题,引导她转变看待事物的角度,看到自己的努力,看到自己身上的力量,肯定自我,以改善焦虑情绪。在之后的几次咨询中,也围绕着上述问题我们进行了讨论,小Z的状态越来越好,与第一次咨询时的低落状态完全不同了。

个案小结

通过一个多月5次的心理咨询,小Z的焦虑情绪明显得到了改善,担心各种琐事的胡思乱想时间逐渐减少。她认识到了自己非理性观念的存在,并学会了调整,虽然学习压力并没有完全消除,但是她已经有意识地运用我教她的方法,不断提醒自己去做调适。她在初二的期末考试中考到了第五名,初三的成绩有些起伏,又跌出过前五名,面对初三学业压力的情况,也有焦虑情绪的产生,和我“小聊”过几次,但已无碍,她已经可以进行良好的自我调节。

案例二:细沙中的情感世界

基本情况

小J,女生,14岁,初二,家庭结构完整,学习成绩好,是班级中的班干部。小J是老师身边的得力助手,能言善辩,信息多,主见强,颇受同学欢迎。

问题呈现

小J最近遇到了心烦的事,同时被两个男孩喜欢,她感到很沉重,有压力感,上课也时常会分神。最近的一次考试中成绩下滑了,她对此感到烦恼和纠结。

辅导过程

开学不久,小J就预约了时间来咨询。

在心理咨询室里,小J却欲言又止。

我递给她一杯水:"慢慢说,想和老师聊什么?"

小J:"老师,我遇到了一个问题……"停顿了一会,继续道:"我被小A和小B同时表白了,我不知道自己喜不喜欢他们,不知道该怎么回应他们,这几天一直在想这个问题,成绩都退步了,太难过了……"

我看着又陷入沉默的小J,决定用沙盘去开启她的内心。因为对当事人来讲,这是一次主动地敞开心扉,一次主动地寻求帮助,或者说对于这个聪慧机灵的女孩子,沙盘可以成为一个无声的青春期情感宣泄地吧。

我按惯例讲述了沙盘的规则。

第一次与细沙亲密接触,小J给她自己的作品起名为"奠基无缘的思念"。

首先,小J在沙盘中放的是一只猫。为了这只猫,她找了很久很久,不是因为没有猫,而是因为没有让她比较心仪的猫咪。

我问她:"需要我帮你一起找吗?"

"没事儿,我应该可以的。"

终于,小J找到了符合自己想法的猫。她告诉我,她就是这只猫。而猫在沙盘中一般象征着神秘又温柔的女性。

小J的作品里面有一个很大的湖泊,湖泊的容量大,是生命力的积蓄和吞吐，而且在箱庭上方的精神层面。但是因其不具有流动性，所以是无意识层面的。湖泊里放着海豚，一开始我觉得海豚属于可爱类型，没想到，小J告诉我说："海豚是我最不喜欢的。"

在众多的海洋动物中，象征着活泼、友好、聪明的海豚为什么会遭到小J的讨厌？原来这就是小J对男生小B的看法。她毫不掩饰地告诉我："老师，因为这只海豚代表着那个喜欢我的男生小B，但是我自己并不喜欢小B，当我把海豚放进湖泊时，我忽然发觉原来自己是有点讨厌小B的！"

小J接着继续在沙盘上放沙具，只见牧师站在高高的心桥上，两边就是猫和老虎，老虎的位置是跟小J相对而站的，小J说："其实，我比较喜欢这只老虎，这只老虎代表的是小A，但是……"小J迟疑着说道："对于这个情怀，我其实非常矛盾，虽然我对小A也有种萌动的感觉，但，自己到底选择顺应感觉还是抗拒感觉，自己真的做好迎接这份告白的准备了吗？"

小J看着沙盘没有继续往下说，而是陷入了沉思。此时，我并没有强迫她说下去，而是陪伴在她旁边，默默地观察着沙盘的变化。

之后，小J在作品上方（精神层面上），放置了一个坟墓。对此，小J解释道："事实上顺应或许很期待，但是，我更注重自己的学习，不希望因为这份情感而影响自己的学习成绩，所以……"坟墓代表着小J选择了拒绝小A的告白。至此，小J的眉头渐渐舒展开来。

最后，小J在右上角放了一只展翅高飞的大鸟。沙盘中，这只大鸟可以理解为一个大使者期盼着美好的未来。小J又在海豚和老虎这两段情感象征间放置了一个小天使，而天使可理解为一种对未来未知世界不可预见的力量源泉，是一种对超出自己实际能力的任务情境中获得帮助愿望的投射。天使的出现非常重要，象征着光明、希望和镇定。

咨询结束后，小J脸上露出了灿烂的笑容，心中已经有了自己的决定，不再为这段青春期的情感而烦恼。

个案小结

小J最后分别与小A、小B做了交流，表明了自己以学习为重的想法，两个男生也很尊重小J的想法，他们依然是友好相处的同窗。小J心头的一块石头终于落地，不再为之前的情感所纠结和苦恼。

小J主动来找我咨询，就是一个良好的开端。对于初中生萌发的青春期情感，如果一味对他们施加压力，可能会起到反作用。在我接待的个案中，有些初中生会因为青春期情感的不确定性和含糊性而深受其扰，却又不知如何开口说起，难以用言语表达清楚，烦恼积压在心头。而沙盘治疗方法结合了视觉、触觉的感官活动，对于青春期的孩子来说，特别适合他们去察觉自己内心真实想法。小J在沙盘中感受到了自由与保护，从而愿意把自己内在的世界呈现在这个沙箱中，表达出了女孩子难以捕捉的心灵样貌，这对于催化个体成长及消化创伤经验等都有着极大的功效。

案例三：你笑起来真好看

基本信息

小莹，初一女生，14岁，通过对其个人成长史的了解得知，她身体健康，无重大躯体疾病史，家族无精神疾病史。预备年级时初潮，体型较小学时胖。小莹为独生子女，其母亲从事销售工作，父亲为企业部门经理，夫妻平时工作较忙，家庭经济状况比较好，家庭关系融洽。小莹性格偏内向，交友圈子狭小。在班级里有一位固定好友小丽，两人常结伴而行，与其他同学关系则较为松散疏离。小莹喜欢画画，是学校心理社团成员。

问题呈现

小莹在班级里只有一位好朋友小丽，小莹的喜怒哀乐都愿意与其分享。但一周前发生的一件事打破了两人的友谊：小莹约小丽周日到她家去玩，但小丽却说她要和别的女生去看电影，小莹很生气，觉得小丽不在乎她，两人发生了争执，之后互不理睬。事情过去一周多了，两人依旧在“冷战”中。小莹看到小丽和同学们说说笑笑，心里既羡慕又难过，想加入她们中间但又始终迈不开脚步、张不开嘴，害怕自己因外表被嘲笑（自诉从跨入初中校门后，觉得自己比以前胖了，皮肤黑，对外表有点自惭形秽，内心渴望和同学多交往，但又担心自己的样子被同学们嫌弃）。一周来，心里小莹总想着和小丽的事，情绪低落，烦闷苦恼，害怕失去这份仅有的友谊，心里话都没处说，觉得自己是班级里不受欢迎的人。

辅导过程

我观察到的情况：小莹，圆脸，身材微胖，肤色略深，皮肤光洁，大眼睛，衣服整洁，有礼貌，讲话声音较低，表情略微腼腆，是个挺可爱的女孩。班主任眼中的小莹是：乖巧听话，有集体荣誉感，性格内向。同学眼中的小莹是：安静，害羞，不爱动，不太爱说话，画画很好。

第一阶段：收集资料，了解当事人的需求，建立良好的关系，确立咨询目标。

第一次咨询：采用来访者中心疗法进行指导。咨询过程中本着真诚、尊重和理解共情、倾听、无条件积极关注的原则，鼓励小莹积极地宣泄心中的不良情绪，因此在咨询过程中以小莹个人倾诉为主，让其言尽其意，直抒己见。我首先创造了一个温暖的、信任的气氛。由于小莹是心理社团的成员，我也给她上过心理课，所以关系互动较好，她很快便进入状态。没有戒备心理，促成了良好咨访关系的尽早建立。在这次会谈中，我察觉到小莹内心隐藏的自卑感：觉得自己自从上了初中后体型变胖，担心同学嘲笑自己的外表，不敢接近同学，从而对唯一的好友有着依赖。但通过同感，我也倾听出她更深的心理需求：她有不满足现状、改变现状的渴望，有一种主动、积极的心理动力。所以我和她共同制定了咨询目标：小莹能正确面对自己的青春期体型变化，能积极评价自我。

第二阶段：分析和解决问题，改变其不合理的认知及不良的情绪与行为。这个阶段共有三次咨询。

在第一次咨询中，小莹愈发暴露出一些不合理的观念，如认为自己体型胖，不受人欢迎，以为别人在好友面前说她坏话、不理她，别人对自己印象不好。尤其是一次歌咏比赛队形事件更使她产生一种认知：别人嫌弃她的外表。这些具体事件代表来访者错误的观念。

在第二次咨询时，我采用言语技术，向她求证是否真的听到有同学在好友面前说她坏话，她回答没有；在歌咏事件中，我运用去中心化方法改变她的不合理认知。第二次咨询后留下的家庭作业是让她寻找自己外表的五个优点，以期消减她对外表的不满，恢复一点信心。

在第三次咨询时，继续帮助她找出不合理认知。小莹反馈了上一次的回家作业，她完成得很好。在她的回馈中，她发现自己虽然比小学时胖了，可个子也长高了，觉得自己的长相并不是很讨厌，情绪开始好转。

我由此询问她："是否还觉得是自己的外表影响了和同学的交往?"

在得到她的肯定回答后，她进一步流露出自己的真实疑惑：她只有一个好友，该怎样和同学们拉近距离?

我听出了她渴望像小丽一样拥有好人缘的心声，对她的想法进行了肯定和鼓励。询问她："是否知道小丽受同学欢迎的原因?"

小莹在思考后列举了好友的优点，比如会关心别人、能歌善舞。

再问小莹："小丽的好人缘和她的外表关系大不大？"

小莹若有所思，得出了她的一个重要认知结论：小丽良好的人际关系和她的性格、优点有关。

我继续询问："小丽为什么愿意和你做好朋友？"

小莹说她曾经问过小丽这个问题，小丽给她的回复是因为她的善良、谦虚，和爱画画。

至此，我提示小莹这是不是她自己的优点，小莹有些触动。

在此次咨询中，一方面她的上一次家庭作业完成得很顺利，找到了体像上的优点，对自己外表的认知有改变；但另一方面，她对自己缺乏自信，并不清楚自身的优点，很需要别人的肯定，尤其是来自同伴的肯定，而且我也感受到她内心有股想融入班级中的强烈愿望。这意味着她有主动、积极改变自己的内驱力，所以我给她布置的第三次咨询的家庭作业是：让她主动请 3—5 名同学在小卡片上写下她的优点，并要求小莹观察、模仿好友小丽是如何和同学交流互动的。

第四次咨询时，继续引导小莹对自己一些不合理认知过程进行思考。小莹反馈上次的家庭作业完成情况，说起先有点困难，后来小丽给了她有力支持，率先给了她优点卡片，然后主动陪同她去找同学收集优点。第一个同学是小丽代她完成的，小莹默默观察和学习小丽的交流方法，随后她自己收集到了另外几位同学的优点卡片。这次作业的完成，帮助她打开了心门，迈出了勇敢的第一步，收获了超出她想象的评价，她感受到了同学们的友善，并认识到之前的"同学们不理她"是她的错误想法。最高兴的是，她开始觉得自己虽然不及好友广受欢迎，但人际关系也没她原先以为的那么糟糕。通过几次实际验证与讨论，小莹的一些错误观念不攻自破了，情绪也有了好转。

第四次咨询后的家庭作业是乘胜追击，我和班主任进行了协商，给小莹提供协助宣传委员出黑板报的机会。借此机会让小莹认识到自己的能力与特长，使其增加自信。

第三阶段：巩固与结束阶段。我首先询问她练习和实践的感觉怎样，小莹说她很开心，和同学的关系比以前紧密了，每天有想见到同学的期盼。她还反映了一件事：收到一些同学给她的生日祝福，这使得她很感动和喜悦。对此，我予以了鼓励。

在会谈中，她不再担心外表会影响同伴关系，她的负面想法有了很大改观，对自己的优点能够正视，明白了自己的独特之美，也希望通过努力，能和小丽一样在班级里拥有更多的好朋友。最后，我也对她进行了青春期生理和心理变化的知识讲解，推荐了有关青春期的书籍，希望她能进一步了解青春期的成长变化，做好充分的心理准备。

个案小结

通过几次家庭作业，小莹在班里建立了良好人际关系，不仅使她感受到自己努力的结果，也帮助她注意到那些给她带来良性体验的活动和行为(如为班级黑板报画画、设计板报、写粉笔字等)，逐步建立起新的观念，学会新的适应性行为。

小莹的消极情绪消减，情绪较以往积极稳定，不太因自己的体型变化自卑，同伴交往有进步，与同学关系日渐改善，自我评价有提高，基本达到预期目标。

青春期的烦恼总是很多，由于身体的明显变化和自我意识的迅速发展，使得中学生更加关注自我的形象，关注自身的评价。在本案例中，小莹的体像烦恼并非因为身体的缺陷而产生，而是因为对自我的认知偏差和对挫折的错误归因导致了她的自卑与无奈，尤其是非常介意青春期身材变“胖”。这也提醒我们，在对孩子进行青春期教育的时候，除了面上的辅导之外，更要开展一些切口小的、针对性强的青春期主题心理辅导活动，使学生能从容面对青春期的生理和心理变化。

案例四："单相思"的小男孩

基本情况

小敏，初二年级，已开始青春期发育，父母离异，和父亲生活在一起。性格活泼好动，平时喜欢和自己的"死党"打打闹闹。在众人眼中并不勤奋好学，有时还会忘记做作业，成绩排名始终在中等徘徊。

问题呈现

小敏喜欢上了班级里的一个女孩子茵茵，向班主任 M 老师提出要求，希望座位能离茵茵近点，最好就紧挨在她旁边。班主任认为小敏的行为摆明是要早恋，一旦换座位就是在助长早恋，所以一口拒绝了。小敏很生气，故意在班级里捣乱，和班主任发生了矛盾。于是，班主任带着小敏来到了心理咨询室。

辅导过程

第一次来咨询室

班主任走后，我和小敏开始了对话。

我："今天是为什么事情来的呀？"

小敏："是 M 老师带我过来的。"

我："那你愿意和老师聊聊是发生了什么事吗？"

小敏低下头："嗯。我惹 M 老师生气了……"

我："可以具体说说吗？"

小敏："M 老师不同意我换座位。"

我："为什么想换座位？"

小敏扭捏了一会，终于挤出几个字："我想和茵茵坐同桌。"

茵茵是班里的文艺委员，成绩好，性格外向开朗，在班级里很有人缘，较为引人瞩目。看着他渴盼的眼神，我仿佛看到一颗懵懵懂懂的青春之心在萌芽。这个年龄喜欢异性是再正常不过的一件事，只是这份喜欢带着朦胧感，或许孩子自己都不知道。

“为什么想和茵茵成为同桌？”

“因为我喜欢她。”

“喜欢她哪些方面？”

“她很漂亮，歌唱得好听，成绩好。”

我点点头：“的确如此，茵茵多才多艺，在班级里很受欢迎，老师、同学都喜欢她。”

小敏睁大了眼睛：“老师，你也这么认为吗？”

我：“当然。她身上有很多优点，学习成绩也不错，还是班主任的小助手。”

小敏：“是呀，我就觉得自己很喜欢她，想离她近点……”

随后，他又苦下脸说：“但是，班主任不同意我换座位到她旁边。怎么办啊？”

我：“你现在故意和班主任捣乱，你觉得班主任还会答应你的这个愿望吗？”

小敏愣住了：“这个我倒没有想到。M老师拒绝了我的要求，我就很生气难过，没管住自己的行为。现在想想有点后悔，M老师平时对我们挺好的，不然我也不会大着胆子去跟他说这件事了，哎！”

我笑了：“后悔也没用。想想有什么方法既不让M老师生气又能换座位呢？”

小敏想了半天：“M老师总说我聪明但不用功，他很重视我们的学习成绩……要不……”

小敏想到了一个办法，但不知道是否可行。

我鼓励他：“你可以试试看？”

离开咨询室后，小敏去尝试自己的办法了，他主动找到了班主任,为自己的冲动行为道歉。在得到谅解后,他鼓足勇气问班主任,如果这次期中考试考到班里前五名了,能否满足他换座位的愿望。

班主任思忖了一会,最后还是答应了小敏。

在随后的期中考试中,小敏果然没有食言,成绩排名全班第四。老师和同学们都对他刮目相看,而班主任也兑现了诺言,将他的座位调到了茵茵旁边。同桌的第一天,小敏脸上是抑制不住的窃喜之情,在周记本上对班主任和我表示了大大的感谢。小敏上课也比以前专注多了,得到了老师们的表扬。一切看似都很顺利。

第二次来咨询室

过了两个星期,那天中午,小敏又来敲咨询室的门。

"老师,我……"

"有什么需要老师帮助的吗?"

"我想换座位了……"

我:"和茵茵成为同桌不是你的愿望吗? 怎么又要换座位了?"

这下打开了话匣子,小敏开始大吐苦水:"是啊,我以为茵茵漂亮温柔啊,可是,和她坐同桌不舒服,她喜欢管东管西,这个不准,那个不准,什么都要管,我觉得不自由啊! 我还是想和男同学坐一起,可以聊足球、篮球比赛什么的。老师,我要换座!"

我强忍住笑,问小敏:"你是男子汉,怎么可以出尔反尔呢?"

小敏叹了口气说:"是啊,M老师一定会对我有看法的,说不定又要生气了。所以我来找老师您帮忙,看看您能不能和M老师说下?"

我答应了小敏的请求,自然,一直提心吊胆小敏会不会早恋的M老师得知后,迅速就把小敏的座位调回去了。

之后,小敏又回到了原来的座位,依旧和他的"死党"打成一片,阳光开朗,而我通过和班主任的交流,发现小敏在悄悄变化,自控能力增强了,作业能准时完成,成绩稳定上升。更可喜的是,他与茵茵虽然有一场"同桌"风波,却并未影响两人之间的友谊,在学习上常常你追我赶,成为竞争对手。后来,小敏考上了区重点高中。

第三次来咨询室

若干年后，已经毕业的小敏来学校咨询室看望我，提起此事，他一脸的释然。是啊，谁没有在最爱做梦的年龄去喜欢过一个人？也许是偶像，也许是同学，但这些都是一份最纯真的美好感情，无关乎任何人，只关乎自己的情感成长。如何面对它，我想起了作家饶雪漫的一句话，很有意味：喜欢的歌，静静地听；喜欢的人，远远地看。

个案小结

这个案例并不是纯粹的心理咨询个案，因为心理教师并不仅仅是一名心理咨询师，还有着另一个重要身份：教师，承担着教书育人的责任。在学校里，给学生做咨询，有时会是学校里班主任和心理教师互相配合，共同呵护孩子青春期健康成长。

案例中，小敏已经是个初二男生了，步入了青春期，随着性器官和性生理功能的发育成熟，性心理也开始萌发。对异性倾慕，渴望了解和接触，是长大的表现，作为老师，其实要为孩子的这份成长表示祝贺。而如何处理和把握青春期的两性情感，是个需要不断研究探索的课题。M老师之所以面对孩子的这份请求会犹豫，很有可能头脑中跳出的是“早恋”这个问号。在今天，很多成年人依旧把早恋看成是洪水猛兽一样可怕。多数人对所谓“早恋”的理解是有偏颇的。其实，喜欢，是一种很自然、也很纯真的情感。不管佩服也好，崇拜也好，喜欢就是喜欢，是发自孩子内心的真实情感，是青春期的萌动，或者仅仅是对异性的好感，是青春期的正常反应，大人们大可不必“谈虎色变”。在孩子自我认知里，来自异性的评价在这个成长阶段显得很重要。读懂它，掌握孩子的心理发展规律，用心倾听，耐心陪伴，让孩子自己去体会和感悟，这远远比说教来得更有效。

案例五：给“小白兔”的回信

基本情况

小F，女生，15岁，就读外省市一所初中。父母外出打工，和祖父母住一起。学习成绩一般。

问题呈现

我在做心理咨询志愿者时，曾收到一封来自外省市的咨询邮件，邮件的主人公便是这位15岁的女孩子。她在信里讲述了自己曾在几年前被异性骚扰过，这成了她的阴影，她不敢和身边任何人说，甚至不敢面对异性同学，感到有点恐惧。她不知道该怎么面对这种情况，所以女孩子鼓足勇气写来了这份邮件。

辅导过程

出于求助者所处地理位置较为偏远、个人意愿等方面的考虑，我最终以“心馨姐姐”的身份通过邮件形式回复了这个女孩子。以下为内容摘要：

小F同学：

你好！

透过你的描述，感受到了你内心的害怕、焦虑。姐姐也为你的遭遇感到心疼，抱抱你。

你遭遇了“大灰狼”，但事情发生后，你可能没有找到合适的出口去倾诉自己的遭遇，没能及时地解决这个问题，这份压力日积月累，从而影响了自己正常的生活。

但现在的你能将这个盘旋在心间很久的“结”凝成文字和盘托出，一定是鼓足了很大的勇气吧。你能诚实地面对自己遇到的事情，积极寻求帮助，这样勇敢且聪明的女孩子，是多么让人心生欢喜啊。虽然姐姐没有见过你本人，但能感觉到你内心的力量。

你知道吗？实施性骚扰的“大灰狼”才是真正要承担责任的过错方，是他们犯了错，应该受到惩罚。然而，小小的你，却在一个人默默承受着不应该由你来承担的后果。

有个问题想问你：“大灰狼＝异性吗？”很显然，他们是两个不同的概念，“大灰狼”是对女生不怀好意、品行不端的少数人，这样的人只要真面目被揭露，无论到哪里都不会受到女性和男性的欢迎，他们才是老鼠过街，人人喊打，只敢躲在阴暗处，害怕被人揪出来。说到这里，你有没有发现！原来“大灰狼”是被恐惧支配着的。一有风吹草动就会慌张，也就是所谓的“做贼心虚”。

你对异性感到恐惧，可能是因为害怕他们做出大灰狼的行为。但“大灰狼”是异性中的极少数，他不能代表全体异性。绝大部分的异性和你一样都非常厌恶“大灰狼”行为。姐姐曾经问过一些男生，如果有女生遇到“大灰狼”怎么办，你猜男生们怎么回答？他们说要保护女孩子，赶走可恶的“大灰狼”。你看，在这个世界中，光明一定是盖过阴暗的。

你可以先改变对异性的看法，尝试着找一找异性（比如你班级里的男生）的优点，找到一个优点就记在本子上，看看自己能找到多少个他们的优点，再写下自己的看法；其次，给自己设定一个目标，争取在一周内和男生说上话，哪怕只是一句短短的问好。第一周的目标是和男生说一句话，第二周的目标是和男生说上两句话，以此类推。每次完成目标后，记得要在本子上打卡，表示完成目标了。当然，目标里的内容和时限你是可以不断调整的，如果一周完成不了，可以放宽到两周。总之，定一个小目标，然后努力去实现它，最后记得打卡。当你本子上都是漂亮的“√”时，相信你已经离成功不远了。你若有可以信赖的好朋友，也可以请这个好朋友陪伴你完成自己的目标。

为了更好地克服恐惧心理，你还可以拨打12355，这是全国青少年维权和心理咨询服务热线。热线是免费的,有经验丰富的心理咨询师会为你做电话咨询,给你更多的帮助。

借着回信的机会,姐姐还想和你聊一聊如何防范"性骚扰"。

1. 平时注意自我保护。和异性交往尽量在白天人多的公众场合,且避免单独和异性在封闭空间相处,即便这个异性是你认识的人。在"性骚扰"案件中,有不少都是熟人作案,所以要提高警惕。如果遇到这样的"大灰狼",一味退让只会助长对方气焰。你要学会机智、勇敢地拒绝,迅速离开现场或者利用人群力量吓退"大灰狼"。女孩子在体格上往往比较弱小,因此可以随身准备一些"防狼"用品,比如胡椒粉、别针等。同时记住,不要和坏人硬拼,生命安全始终要放在第一位。

2. 举起法律武器保护自己的合法权益。少年儿童、女性都有专门的法律保护,程度严重的"性骚扰"行为实施者是要被判刑的,如果你未满 14 周岁,那么,"坏人"更要罪加一等。你可以告诉自己信赖的长辈或者好朋友寻找帮助,当你身边找不到可以帮助的人时,前面提到的 12355 热线是全天 24 小时都有人接听的,不仅有心理咨询师,还有律师在电话那端守候,他们会帮助维护你的正当权益。记住,你没有任何的错,该受到惩罚的是那些"坏人"。

3. 如果不止一次受到对方的性骚扰,就必须将发生的时间、地点和对方的言行记录下来,以便作为日后诉讼的证据。

写着写着,姐姐似乎看到一个画面:一个小女孩在黑夜中托着烛火慢慢摸索着,坚定地向前走,前方是一片曙光。也许你曾经孤单,然而你要知道,当你寄出这个"心结"时,你就已经不孤单了,有许多和姐姐一样的人在关注着、守护着你们。

太阳也有黑子,然而依然光芒四射。你,终将走出这段泥泞的日子,日后的你一定会变得更加强大、快乐、阳光!也欢迎你继续来和姐姐说说心里话。

——心馨姐姐

个案小结

这是一个特殊的案例,然而却具有代表性。被性骚扰的女孩们正如同这位受到伤害的小 F 那样,即便鼓足勇气寻求帮助,但也不愿意留下自己的真实姓名和其他个人信息,这意味着“小白兔们”依然是有顾虑的。往往,被性骚扰者会有“耻感”,虽然这并不是她们的错。然而,一直以来的传统观念,使得女孩子总是在这方面有很多的压力包袱。遇到这类事不知所措,将自己的心门紧紧关闭起来,这种沉默只会助长性骚扰者的胆量,而受害者内心是非常痛苦的,甚至会影响到她们正常的社会交往,小 F 便是这样的受害者。

在对“小 F 们”进行心理辅导时,或许一封回复她的邮件、信件更能保护她的心理安全。只有彻底确认安全后,她们才能真正勇敢地走出阴暗。所以,我认为,多给她们一点时间,用爱心、耐心去陪伴、支持她们,是学校、家庭要做的关键一步。

个别辅导只能解决少数人的问题,然而,面临这种问题风险的群体并不在少数,因此,我们还应加强对所有青少年的青春期教育,教会他们去识别、防范性骚扰,学会如何保护自己,这些都是需要家庭、学校去为之努力的。希望所有的孩子都能生活在阳光下。

第二节　班级团体心理辅导活动课案例

团体心理辅导是面向普通人群开展的一种预防性、发展性的工作,被人称为是教育性的辅导,通过运用团体情境、活动体验,用来预防个体在各发展阶段中会碰到的各类问题所引发的心理困扰。[①] 目前被广泛运用于学校心理健康教育及灾难事件发生后的心理援助。

① 樊富珉、何瑾编著:《团体心理辅导》,华东师范大学出版社 2010 年版。

心理学家村山正治认为,学校团体心理辅导可以增进学生的心理健康;促进班级内交流,形成良好的班风;激发学生自我教育;提高教师教育与共情的能力。学校团体心理辅导的形式一般包括:班级团体心理辅导活动课、主题心理辅导、心理训练以及与学科的融合等。

本节介绍的主要是班级团体心理辅导活动课,面向对象为全班学生,由心理教师在课堂中组织实施,是以团体动力的理论和团体心理辅导的技术为基础,以解决学生成长过程中的共性问题为目标,以班级为单位开展的一种团体心理辅导活动。它重在师生及同学间的互动、互感,是一种多向的交流。学生在相互交流及评判中撞击出智慧的火花,触发更深的发现。

本节收录的班级团体辅导主题都较具有针对性和普适性,如开学前不适应、对于青春期身体发育准备不足、亲子关系紧张、被性别刻板印象束缚等共性问题。通过开设班级团体心理辅导课,学生们可以提前做好面对青春期成长的心理准备,在认知、行为上学会调控情绪和管理压力。

案例一:最不能等的事

学情分析

虽然青少年与同伴朋友的亲密度在青春期有所上升,特别是在初中阶段上升较快,但是父母的重要性并没有因此降低。对父母和同龄人都依恋的青少年适应能力更强,更能积极应对压力,融洽的亲子关系更有益于青春期孩子的成长。然而,中国式家庭中,往往父母是无偿付出的一方,孩子安然享受着这一切,忽略了父母的爱,甚至对父母的生日、身体健康状况、日常工作生活情况一无所知,知恩、感恩意识很淡薄。这种不平等之爱的底下,潜藏着孩子对父母的不理解和不尊重。不少家长觉得很难走进孩子的心里,家庭矛盾时有爆发，这势必会阻碍亲子交往，也容易激化青春期孩子的不良情绪。而如果能让孩子主动走近父母，把主动权交给他们去表达对父母的爱，这更符合青春期孩子的心理特点，也更能拉近父母与孩子之间的距离，使孩子获得更多的家庭支持，减少家源性青少年心理问题的产生。

设计思路

本次团体辅导课旨在唤醒学生心灵深处对父母的感恩意识，激发感恩情感，珍惜恩情，增进和父母之间的亲密感情。采用心理体验游戏、心理投射、心理自省等方法，主要通过“我的人生财富之船——心理体验活动”“爱的数学题——亲情计算器”“最不能等的事——我的感恩树”三个环节，循序渐进地展开辅导活动，引导学生理解、珍惜父母看似平凡却珍贵的爱，能把感恩意识融入日常生活中，并付诸行动，从而融洽亲子关系。

活动目标

自我觉察与父母之间的重要关系，唤醒对父母的感恩意识。

体会父母的辛劳付出，懂得用言语和行为表达对父母的爱。

理解和感恩并不是长大后的事，需从当下做起，珍惜和父母的相处时间。

重点与难点

重点：体验、感受父母对孩子的爱，激发感恩意识和情感。

难点：珍惜与父母相处的时光，懂得对父母的爱要及时付诸实施。

辅导对象

初中学生。

辅导方法

心理体验游戏、自省法、投射法、图画法、讨论法。

课时

1 课时。

活动准备

事先向班主任了解该班学生的家庭情况。

提前在全班学生中开展小调查，即“我对父母知多少”。统计孩子对父母的关注程度。

提前将“宝藏”藏在教室里。

每人一张“船”和“树”的图片。

活动过程

暖身：寻宝活动。

教师请学生当场寻找藏在身边的“宝藏”，引导学生说出自己想要的财富宝贝。

1. 我的人生财富之船——心理游戏

（1）教师说明游戏规则，给学生营造安全、和谐的心理环境。

（2）请学生在自己的“人生财富之船”内写下对自己来说最宝贵的六样宝贝，其中必须包含自己和父母（养育自己的人）。

（3）学生根据老师的心灵引导语，在宝贝中进行不可逆的取舍，依照重要程度，由低到高，逐步筛选，删除掉的宝贝就代表着它将永远消失，最后只能留下最重要的一个宝贝。（在取舍中，让学生回忆起生活中的点点滴滴，用心去感受父母对自己的爱。）

（4）请学生出示自己的选择答案，教师引导学生思考：

① 在“父母”和其他宝贝之间选择时的心情和感受是否一样？

感到选择艰难的是哪一次？

② 如果选择留下父母，留下的理由是什么？

(5) 一句话描绘：请学生用一句话描绘自己在冥想时所看到的和父母相处的场景图，描述得越具体越好。全班交流。

2. 我的感恩树

(1)“时间都去哪儿了”：

① 欣赏《时间都去哪儿了》(MV)。

② 学生交流“我想对父母说的话”。

(2) 头脑风暴：

① 教师出示《孩子趁父母在世时要做的 55 件事》一书，展开头脑风暴，引导学生思考“我想为父母做的事”。

② 学生交流“我想为父母做的事”。

③ 全班分享“感恩树”。

3. 亲情计算器

(1) 播放《亲情计算器》视频。

(2) 学生思考：面对“感恩树”，时间会对现在的自己有什么提醒？

(3) 交流。

(4) 教师小结：对父母感恩是最不能等的事，每一个孩子要从这些“感恩树”上列出的小事做起，用一点一滴的行动来珍惜和父母相处的时间。

4. 活动拓展

(1) 请学生将“感恩树”带回家，请家人在树上留言，共同见证它的成长。

(2) 视情况而定，教师将对有情感需求的学生在课后进行个别化辅导(个别交流)。

活动小结

学校一般通过家长学校、家庭教育讲座等去指导家长了解孩子心理，缓解紧张的亲子关系，为孩子提供心理安全。这种做法是很有必要的，然而，我们不能忽略亲子关系中的另一方——孩子。有很多家长抱怨自己用了很多方法，可孩子依然不愿走近父母；也有很多孩子对父母提供的衣食住行不以为然，却总会抱怨父母给自己太多压力和期望，不愿向父母敞开心扉，家庭矛盾一触即发。所以，要使亲子沟通技巧发挥作用的前提一定要有父母和孩子之间的情感铺垫。如果孩子能真正理解、感恩父母，就会主动走近父母，以孩子的改变去带动父母的改变，促使家庭关系呈现良性循环，即便父母给孩子的压力依然存在，但在程度上会减轻，给孩子的家庭支持也会有所增加。

第一个活动环节是“我的人生财富之船——心理体验游戏”。这是一个关于人生财富取舍的古老游戏，学生跟随我的心灵引导语，在六样宝贝中进行不可逆的取舍，逐步筛选，删除掉的宝贝就代表着它将永远消失，最后只能留下一样宝贝。主要是引导学生自我觉察与父母的重要关系，心灵引导语的心理暗示背景是“泰坦尼克号”沉船事件。根据学生的反应，一般会出现两种选择结果，一种可能会选择留下“父母”，另一种可能会选择其他宝贝，此时我做了进一步的引导，挖掘其背后的心理象征意义，引导学生觉察与父母的重要关系，使学生明白原来自己一直浸润在父母的爱里，唤醒对父母的感念之情。

在音乐、画面、语言的渲染下，学生的脑海中浮现出平时和父母相处的场景，此时我趁热打铁，让学生将刚才定格在脑海中的画面用文字描绘下来——“我的脑海中出现了平日和父母相处的画面，我仿佛看到了爸爸/妈妈在________________，我内心有种________________感受。”从之前的冥想到此处的描绘，使自己和父母相处的画面在学生脑海中越来越具象、越来越清晰，绝大多数同学予以了积极回应，他们所看到的画面或温馨或感人，无一例外，他们所描述的场景是平时的点滴小事，如和父母一起去公园游玩；母亲在晚上给自己复习功课；孩子生病时父母的焦虑与关爱等，没有刻意的主题规定，学生却自然而然地娓娓道来那些闪烁着爱心的美丽画面，使所有人都为之动容。

第二个环节是"最不能等的事——我的感恩树"。共同欣赏一位同学描绘的数字故事《时间都去哪儿了》。这个数字故事有网络版，但考虑到同伴的感染力，我最终仍旧选用了学生临摹的数字故事，以拉近和学生的距离。在看完视频后，学生泪水上涌，这是情感爆发的高潮阶段，相当一部分的学生甚至哽咽、流泪，我及时察觉到学生的情绪，并予以拥抱或者递纸巾擦拭其泪水等，使学生能尽情释放感情。许多学生最想对父母说的话往往在"我爱你们，爸爸妈妈！"之后有一段饱含深情的内心独白。随着泪水的滑落，他们越来越明白父母的爱有多无私多宝贵，也更加激发了他们对父母的感恩意识和情感。

无论是描绘画面、观看数字故事还是爱心贴，都是符合初中学生认知发展规律的心理辅导形式，通过一点一滴细节的刻画，使孩子自省、理解父母的爱，能表达出自己内心深处对父母的爱，作家的书摘犹如星星之火，学生的心灵被点亮，倏然发现自己原来有这么多可以为父母做的事，使他们明白自己对父母的爱不仅要说出来，而且要在日常生活中用具体的行动去表达爱。

第三个环节是在前两个环节基础上的递进，让学生观看《亲情计算器》视频。看了之后，学生大吃一惊，原来自己和父母共处的时光并没有想象中的那么多。一时之间，有的学生眼泪再次涌出，不少学生有话要对自己说，自己叮嘱自己要珍惜和父母相处的时光，从当下开始，不能浪费时间。通过这个活动，催发了学生的时间紧迫感，对父母感恩以及爱的表达须在当下及时去做，使他们深刻明白这些都是"最不能等的事"。

为了巩固团体辅导的效果，也是为了进一步加强孩子和父母间的理解与沟通，我让学生将自己的“感恩树”作品带回家与父母一同欣赏、收藏、充实，使这棵大树成长得更为茁壮。

一周之后，再次对学生进行调查，发现他们和父母之间的关系较以往更亲密了，和父母冲突的频率也降低了。很多父母也激动地在孩子的“感恩树”上留了言，表示自己的孩子长大了，不能再用过去教育小学生的方式来对待已经是初中生的孩子了。

之后，我又开展了主题为“如何和父母沟通”的团体心理辅导活动，提高学生的沟通能力，和父母和谐相处，使“家”成为他们可以放松身心、宣泄情绪、释放压力的港湾。

案例二：天黑请闭眼

学情分析

在一个班集体中，情绪的作用很突出。当考试来临，学生的紧张情绪往往互相传递并且互相影响，甚至加重了考试压力感。事实上，紧张情绪在日常学习生活中是不可避免的，它一方面可以提高人们的警觉性，有利于做好应对的准备，但另一方面一个人若长期处于心理紧张状态，超过个人承受能力，则不利于身心健康发展。紧张情绪可以在极短的时间内通过姿态、表情、语言、动作等从一个人身上“感染”给另一个人。在这样的环境中人们会感到烦躁，加剧紧张情绪蔓延。因此，应根据初中学生的心理发展特点，在体验个体紧张的基础上，引导学生体验紧张的传染性，了解自身情绪对他人的影响，学会正确面对应激源，调控好情绪。

设计思路

初中生不仅要会表达、体验紧张情绪，而且也应了解紧张情绪具有传染性，在活动体验中了解紧张的“传染性”特点，更能举一反三，了解以认知改变的方法来调控紧张情绪的影响。活动分为两个部分，第一部分是体验紧张情绪的传染性；第二部分是体验如何避免紧张情绪。通过两个活动的对比，学生学会调控自身紧张情绪，懂得从个体角度出发来缓解集体紧张，提高抗压能力。

活动目标

体验、识别紧张情绪，了解紧张的原因和表现。

正确认识紧张情绪，理解适度紧张的积极作用。

了解、体验紧张情绪具有传染性，初步掌握放松方法。

重点与难点

重点：正确看待紧张情绪，尤其是对紧张情绪的积极作用有所了解，能合理接纳紧张情绪。

难点：学会放松方法。

辅导对象

初中学生。

辅导方法

心理游戏、小组讨论。

课时

1 课时。

活动准备

每名学生提前一周写出自己感到紧张的事情；制作大转盘。

活动过程

暖身：大转盘。

被大转盘抽到学号的2名同学担任情绪观察员。

教师要求观察员在接下来的活动中，仔细观察同学们的紧张情绪表现在哪些方面。

1. 病毒来袭

(1) 教师宣布活动规则，学生闭上眼睛，跟着教师的引导语做。

引导语：

天黑请闭眼。你们来到了200多年前的一个小村庄，你们的身份是村民，有一天，有个村民无意中感染上了这种病毒，这个村民携带了病毒回到村庄里。在座有一位同学就是这个携带病毒原体的村民。哪个同学被老师拍了后背，那么他就是病毒传染源。他可以通过连续眨3下眼睛的方式将病毒传染给其他3人，每一个被传染者可以继续把病毒传染给另外3人。

现在可睁开眼睛自由走动，和尽可能多的同学面对面轻声交流，但是携带病毒的人不可以泄露自己的身份。

5分钟后，全班停止走动，回到自己的座位上。

(2) 教师提问。

问题1：当你在和别人面对面交谈时，你是不是专注地和他交谈？你的关注点在哪里？

问题2：当你在走动时，你在想什么？

问观察员：观察员，你觉得谁最紧张？有什么表现？

学生回答。

教师归纳：刚才同学们的这些表现都是人在心理及身体两方面在面对外界挑战时的反应，也就是紧张。

2. 揭开“紧张”真面目

(1) 我的紧张事件。

请学生填写一件让自己感到紧张的事情。

学生交流。

（2）教师出示科普视频和心理医生的视频。

教师归纳：大部分人的紧张都是适度的。适度的紧张可以帮助我们集中注意力，专心学习，达成自己的目标。紧张如果过度的话，就会影响我们的健康，需要采取一些放松的方法去缓解它。

（3）小组讨论缓解紧张的方法。

全班分享。

教师归纳方法：做好充分准备；合理期望；多做练习；不惧怕失败；接受它，了解它的正常反应；转移注意力……

3. 天黑请闭眼

（1）教师请学生们闭上眼睛，根据引导语进入情境中。

引导语：

这个村庄的村民由于相继被传染，弥漫着紧张惶恐的情绪，请大家尝试用刚才讨论、学习到的方法进行放松。

（2）学生睁眼。教师提问：现在回过头来看，让你紧张的事还值得你紧张吗？是不是感觉很轻松？

（3）学生分享感悟。

教师归纳：当紧张的情绪反应已经出现时，有效的调适方法应该是坦然面对和接受自己的紧张，去调控好它，发挥它的积极作用，提高自己的抗压能力。

4. 活动拓展

在临考前，尝试用微笑面对同伴们，看看会有什么不同感受？

活动小结

情境创设非常重要，尤其是对于初中的心理团辅活动课来说，它是每个学生自我探索、自我了解、自我更新的历程。它需要在一种真实场景的创设中、在活动中进行体验、探讨、感悟、分享。

创设真实情境的关键在于学生是否能有真切的体验感受。为此，我在课堂中设计了“天黑请闭眼”的体验活动，情境的创设中加入“007”的音乐。学生们立即进入情境中，有的绞尽脑汁去传染病毒，有的惶恐不安地逃避，现场弥漫着紧张气氛。

所有的学生都在活动体验中有了真实的情绪情感体验和观察，这种情绪观察是对自己的，也是对别人的。观察各有侧重点。

一种是自己的感受体验。当学生在传染病毒的活动中，有心跳加快，有出手汗，有心理活动：“千万别被病毒传染上啊！”等。

一种是别人的观察感受。观察员发现一些同学的不经意行为透露着紧张，比如有的同学低头看地面，有些同学聚拢在一起像是在筑防护墙……

还有一种是教师的及时捕捉和反馈。作为活动设计者和主导者，我从情绪的多方面表现去关注学生，并且尽可能去注意到学生不曾发现的细节。

在体验的基础上，学生就能迅速讲出当自己紧张时的种种表现，包括神态、行为、想法、生理变化等。更为重要的是，体验活动可以引导学生们不仅能察觉自己的紧张情绪，也能察觉同伴们的紧张情绪，并且可以了解到这种情绪的传染是非常迅速的，从而对这种情绪的认知和运用能力有了提高。一个好的活动体验，可以使学生自得自悟。

在这个活动中，很多同学都分享了自己的紧张经历，但也有不一样的声音。不一样的声音同样源自真实，需要教师关注和引导。有学生表示自己不害怕紧张，因为他成功避免了被“传染病毒”，他分享了自己的经验，说自己有点紧张，但由于他时刻保持着警惕，很注意其他人的表情以及眼神交流，所以他机警地避开了那些“嫌疑病毒”。随后，他还补充了一句，他觉得紧张好像也不见得是件坏事。

他的回答使其他学生有些惊讶，也给他们带去了思考：“一样在参加这个体验活动，为什么有不同？”这时老师就可顺势激发学生去探索紧张情绪的奥秘所在。

在活动的最后，学生们运用所学到的放松方法调控了自己的情绪，不再感到紧张害怕。通过评估，他们的紧张分值都下降了至少50%。这对他们今后在遇到类似紧张事件时能起到很好的启示作用，引导他们在认知、行为上进一步调整，积极面对学习生活中的各类挑战。

案例三：我的开学收心小书

学情分析

两个月的暑假即将结束，但不少初一年级的班主任和家长却有些忧心忡忡，觉得孩子还停留在放假状态，没有做好迎接新学年的准备，他们担心孩子松散的状态会影响新阶段的学习。而孩子们的心情也是错综复杂，既有对暑假的恋恋不舍，也有对从预备年级升入初一年级的期待，更有点担忧，生怕适应不了正式的初中学习生活。学校也经常会开展类似的心理讲座，但由于受众人数多，个体效果参差不齐。只有唤起学生的自发性，激发他们的主动性，才能事半功倍，使学生更快地适应新学期的学习生活，提高其适应能力和自控力。因此，我决定采用表达性艺术辅导中的“书写治疗”方法，对学生进行开学适应辅导。“书写治疗”是以文字为载具进行表达性书写，有助于个体得以接触并倾听自我内在真实的声音，重构与链接个人经验，扩大觉察的深度和广度。

设计思路

通过“书写治疗”方法，引导学生通过手工折书、确定主题书写，美化小书、分享交流，调整和修订小书等三个环节手工制作自己的开学收心小书。在书写中厘清学习目标，缓解对开学的紧张感，调适好情绪，积极迎接新学期。

活动目标

通过制作一本属于自己的开学收心小书，激发学生的学习热情，自信、乐观地迎接新学期，在心理上做好适应准备。

重点与难点

重点：调节情绪状态和学习生活作息，积极应对开学生活。

难点：主动投入学习，激发成长的内在动机。

辅导对象

初中学生。

辅导方法

表达性艺术辅导法，小组讨论。

课时

2 课时。

活动准备

剪刀、A4 白纸、订书钉、水彩笔。

活动过程

暖身：现场调查学生开学后的情绪状态。学生的手举得越高代表情绪越饱满振奋。

1. 开启手工制作

教师亲手示范如何制作一本空白的小册子。

每人一张 A4 白纸，上下对折，再左右对折，共 8 页，最后在折缝处钉上订书钉，一本“口袋书”就出现在学生手中了。

2. 手写美化小书

(1) 教师将口袋书的主题定位为“我的开学收心小书”，讲解书写要求，书的内容为“规定＋自选”。“规定内容”包括：

第一，暑假生活的回顾和收获。

第二，新学期准备。

第三，新学期的目标和计划。

第四，我的作息时间安排。

共四大版块。同时，对第三版块做了细化，要求学生从学习方面、健康方面、兴趣爱好方面、同伴交往方面分别进行目标和计划的制定。“自选内容”则可由学生自愿增加版块。书名、封面、目录等都可由学生自拟。

(2) 学生完成文字部分。

(3) 学生美化小书。在教师的引导下，学生们在头脑中搜寻最吸引自己的书的特点，进行新的即兴创作，对小书的封面和内页进行美化设计，挑选喜欢的水彩笔添画涂色。学生可采用任何媒材，比如剪贴画、粘纸等，对小书的任何地方进行装饰。

3. 调整和修订小书

我在第一次实践的基础上进行了改进。小书的制作不再纯粹地集中于新学期的第一、二节心理课上完成，而是采取了循序渐进的策略。基于初一新生对初一学习情况的不了解，要让其在开学之初便完成目标计划的制定，学生难免会目标指向性较弱。因此，我将制作小书的第一、二环节(包括对封面和内页的美化)安排在开学初，第三环节安排在开学一个月后完成。这样可以帮助学生针对自身情况制定“专属小书”。

教师小结(略)。

4. 活动拓展

在“自愿分享阅读”的原则下，以小组为单位进行作品传阅。每名阅读者在作品末页写下一句肯定同伴的话并签名。作者要仔细阅读同伴们的留言，在书的末页写下一句自我鼓励的话。

活动小结

初中班级团体心理辅导活动课着重在于使学生通过活动去体验、感悟，激发他们的兴趣，这些都无疑会提高他们的内驱力，化被动为主动。学生们在动手制作自己的收心小书时，一个个聚精会神，完全沉浸在手工的世界中。

“规定＋自选”的内容设计既确保了团辅目标的有序实施，也给了学生自由书写的支配权，使学生能在轻松的氛围中，以思考的方式书写，开始奇妙的自我创作之旅。

学生们的兴趣极其浓厚，主动思考的积极性增强了。他们给自己的书取了特别的名字，比如《梦想起航的地方》《出发咯！》《我的新起点》《加油，现在》……四大版块的内容实则是帮助学生们收心、对自己的基础进行了解、对开学后的生活进行预估，从而确立新学期的目标和计划。所以，学生们投入了较多的时间进行思考和书写。在这个过程中，我惊喜地发现，之前害怕写作文的学生居然在自己的小书上书写流畅，一些学生还觉得纸张不够用，希望可以多增加些页数。在书写的过程中，学生们一个个屏气凝神，非常专注于自己手中的作品。该活动取得了多方面的效果。

首先，提高了学生的学习积极性和适应性。学生们通过书写、阅读、描绘等活动，对新学期学习生活有一定的预估，能较为迅速地调整状态，适应能力有所提高。在期中考试之后，我在初一年级中做了关于学习目标达成度的小调查，调查结果如表 1 所示。

表 1　学习目标达成度调查结果表

类别	全部达到目标	一或两门达到目标	全部未达到目标
占比(%)	16.7%	75%	8.3%

可见，这种可视化的目标调动了学生的积极性，赋予了他们内在力量。

其次，班级中的人际关系氛围更和谐。通过分享彼此的“小书”这个载体所承载的“小秘密”，同小组的成员之间有了一份联结。他们感谢小伙伴愿意将自己的作品真诚分享，很珍惜这份信任，由此激发了感恩意识。而且，这种“阅读文字”的方法可以发挥认同投射作用，每个学生都可以从同伴的小书中进行觉察和反思。

最后，学生的表达意识和能力也在创作过程中展现得淋漓尽致。出于节约时间的考虑，我让学生用订书钉来装订小书，以此提高制作效率。然而，有意思的是，一些学生不满足于此，而是将书带回家后，用线去装订书本，变成了复古的“线装本”。还有的学生将书的形状做了改变，甚至把小书变成了立体书。

分享和签名既可以使留言者慎重对待小书，也可以使作者本人感到自己制定的目标被认同、被鼓励，在团体中形成支持系统。

虽然学生们的做工不及正式出版的书籍那般精致，但对他们而言，这本“开学收心小书”无疑是最美丽、最有温度和力量的书籍……我在学生们的作品中看到了无限可能性，这或许就是表达性创意辅导的魅力所在。

每个学生的学习基础、心理状态、适应力等情况各不相同，“开学收心小书”最大限度地使每一名学生拥有了一份个性化的开学适应性“菜单”，提高了积极应对开学的能力。

案例四：最美的我们

学情分析

来自身体映像方面的困扰是青春期孩子的压力来源之一。随着青春期的来临，青少年的身体开始发育，自我意识逐渐强烈，心理发展迅速，外貌体型等逐渐有了较大的变化。由于受到诸多因素的影响，青少年对自己的身体变化往往束手无措，产生担心、疑虑等情绪，形成消极身体映像。而身体映像对青少年的发展有着重要影响，是他们自我概念发展过程中的核心要素，影响到他们的自尊心和人际交往。因此，培养青少年积极的身体映像在青春期教育中显得尤为重要。

设计思路

本课围绕培养青春期学生的积极身体映像，以心理"魔镜"为主线，采取心理投射、心理游戏等形式，通过"魔镜魔镜，谁最美"、现形记、"魔镜魔镜，告诉我"三个环节，学生可以了解在青春期产生身体关注是正常的，了解、甄别身体映像的影响因素(社会媒体、他人观点、自我评价)，能悦纳自己的身体变化，积极改善身体映像。

活动目标

知道青春期对身体的关注是自然且正常的。
了解影响身体映像的三个主要因素，并学会甄别。
能坦然面对青春期身体的变化，培养积极的身体映像。

重点与难点

重点：了解影响身体映像的因素。

难点：能合理应对影响身体映像的因素，积极改善身体映像。

辅导对象

初中学生。

辅导方法

角色扮演、小组讨论。

课时

1 课时。

活动准备

事先无记名调查，收集学生在青春期身体发育时遇到的烦恼。
一面简易式的全身镜（可以自制）。

活动过程

暖身：“连连看”。

教师出示若干个明星从小到大的真实照片，照片顺序打乱。请学生将照片与对应的人物连线。

教师提问：你觉得这几张照片里的人美不美？你关心自己美不美吗？

学生回答。

教师归纳：进入青春期以后，由于性激素的大量分泌，第二性征的出现，身体外形及体内功能发生了很大变化，我们自然也会在意自己的身体外表，这是很正常的。很多同学喜欢照镜子，关心自己美不美、帅不帅，希望自己能成为最美/帅的人。

引入主题——“最美的我们”。

1. 魔镜魔镜，谁最美

(1) 角色扮演。

请一个学生扮演女孩小优。小优对着镜子，问：

魔镜魔镜，告诉我，谁是这世上最美/帅的人？

OH，天哪，我的身体怎么了？

随着台词，小优在镜子上贴上“我好胖啊”“我好黑啊”“居然长粉刺了，真丑”“这腋毛太碍眼了”等表达青春期身体发育烦恼的语句。

提问：

① 主人公在说这些话的时候，是抱着什么样的心情感受说的？

② 你有和小优一样的感受吗？

(2) 出示“身体映像”概念。

教师讲解：像小优这种看待自己外表时的感觉被称为“身体映像”，也就是你想到自己时，头脑中呈现出来的图像。

提问：同学们对自己的身体映像满意吗？

统计全班满意和不满意的人数。

(3) 内心独白。

① 小优独白（教师出示学生中较为常见的一些消极身体映像，请小优扮演者继续演绎，台词如下）：

×××（网红）太美了，我也是初中生了，怎么就不像她那样有大眼睛、大长腿和雪白雪白的皮肤呢？唉！

我们班级里的小A、小B比刚进预备年级时要胖，几个同学总喜欢嘲笑他们长得像胖冬瓜，虽然不是说我，可我却觉得自己有压力，哪天我发育得变胖了，也会被他们嘲笑的。

青春期开始在乎外表，下巴长了一粒小青春痘，我越看越觉得它不顺眼，每次照镜子总觉得自己的脸好丑。

② 小组讨论：小优对身体的烦恼的影响因素有哪些？

教师归纳：身体映像受到多种因素影响：社会媒体、他人观点、自我评价。有时，这三个因素一起影响着我们；有时，它们中的一两个因素在影响着我们。

2. 现形记

教师提问：这些影响我们身体映像的因素（社会媒体、他人观点、自我评价）就一定是对的吗？

(1) 播放一段“抖音网红”(男/女)的直播视频，还原原来的真实外表。

(学生交流)

现形：“抖音网红”的大长腿、细腰、超白皮肤都可能是“PS”出来的。

(2) 发给每个学生一张人物画像，请学生根据自己的审美观用红色标出欣赏的部位，用黑色标出觉得不好看的部位。全班汇总。

(学生交流)

现形：同一个人物长相，总有人说好，总有人说不好，其实并无好坏之分，不必以他人观点来左右自己的想法。

(3) 找出小优自我评价中的不合理想法。

(学生交流)

现形：过于聚焦问题，其实青春痘并不等于脸丑。

教师补充：在不同的社会历史文化条件下，人们对于“美”有着不同的理解和欣赏，比如唐朝以胖为美，有些民族和国家以皮肤黝黑为美……每个人也都有不同的审美观。我们要学会辨别，不被错误的观点牵着鼻子走。

3. 魔镜魔镜，告诉我

(1) 各小组针对小优的困惑，从社会媒体、他人观点、自我评价三个方面（选择其中一个方面）进行讨论，为小优出谋划策。

(2) 每个小组选派一个代表站在魔镜的后面，和小优对话。

(3) 教师补充关于体毛、青春痘等的科学知识，打消学生疑虑，随后出示学生可以获取青春期科学性知识的途径。

教师总结（略）。

4. 活动拓展

请每个学生填写改善自己身体映像的计划表。

活动小结

在青春期，身体的变化来得迅速而剧烈，而且对于初中生来说，他们身体各个部分发育的速度并不一致，他们的身体尚未成熟到合理的比例，而且即便是同一个年龄段，青春期里每个人的生长发育速度也会有所不同，因此，这会给他们带来尴尬和不安。青春期必定会带来第二性征的发育，有些孩子还会出现粉刺、体重增加等情况，这些都会加重青少年对体型外表的困惑，在心理咨询室也常会遇到男生、女生来倾诉这方面的烦恼。个体咨询只能解决个别学生的问题。根据调查，身体映像带来的问题并不仅是个例，因此，开展团体辅导是最合适不过了。

一方面是要对他们进行青春期身体发育的卫生知识的普及，让他们了解自己的身体在青春期里会发生哪些变化。另一方面，要消除他们错误的认知，接纳自己身体的正常变化。因此，当活动一开始，"小优"对着魔镜诉说自己的身体烦恼时，就引起了学生的内心共鸣，无论男生女生都很在意自己身体发育，对体重、身材、粉刺等特别敏感。

在班级口头调查时，学生可能是出于害羞心理而没有现场表态，但在后来的问卷调查中，学生们真实地写下了自己的感受。对身体映像不满意的学生占比较多，这和口头调查的情况形成鲜明对比，这恰恰说明了青春期的心理特点以及初中生的困惑所在。

在"现形记"里，我特地设计了三个评价角度，分别从社会媒体、他人、自己的审美观出发，引导学生探究影响身体映像满意度的因素是什么。果然，当我出示了某网红"P"图前后的对比照后，学生们就不淡定了，觉得自己被这些"P"过的照片欺骗了，继而怀疑网上那些"红人"的真实面貌。有些学生看到原照后，纷纷说"还没自己好看""照片果然是照骗"……

出示人物画时，让每一个学生用红色圈出自己觉得好看的部分，用黑色圈出觉得不好看的部分，结果很有意思，人物画的很多地方都同时被画上了红圈和黑圈。看到这一幕，学生们陷入了沉思。在分享感悟时，有个学生说得特别好："每一个人都有自己的看法、审美观，你不喜欢的地方恰恰是他（她）喜欢的，所以不用太在意那些否定你的话，相信自己就是最美的。"

在前两个活动的铺垫下，学生们顺利找出了小优的不合理想法。

调整了认知后，就要开始寻求行为改变。小组展开了热烈讨论。整个活动的气氛也从一开始的安静逐渐变得热闹起来，达到了高潮。

当然，我也适时对学生们进行了青春期身体发育方面的知识科普，并推荐了一些青春期教育读本和视频给他们。我还特意强调，欢迎学生来学校心理咨询室和老师聊聊青春期的话题。

最后，学生们认真填写了改善身体映像计划表，不过他们都悄悄地藏了起来，没有与同伴分享。

这就是处在青春期的孩子，对他人的评价敏感，又假装不在意，然而，我知道，这节团辅课给了他们很大触动。因为，自那之后，学校图书馆里关于青春期的书籍常常被借阅，来和我聊青春期话题的学生人数也多了，小小的心理咨询室仿佛成为安放青春期秘密的容纳器。孩子们那些伤心、焦躁、不安的情绪也在这儿被释放着、过滤着。

青春期的孩子只有在师长的引导和自己的积极探索中，才能在一次次认知观点的碰撞、整合中得以真正长大成熟，才能不惧未来的风雨。

案例五："TA"的面纱

学情分析

在某次初中学生调查中，发现有相当一部分的学生存在着"这应该是女生/男生做的，我做不好”的思维定势。这种思维影响了他们的行为，选择诸如“武术队”“合唱队”社团时，他们有较多顾虑和压力，最后忍痛割爱，喜爱唱歌的男生放弃了“合唱队”，喜爱武术的女生放弃了“武术队”。但其实，性别并无优劣之分，男女生在先天生理及心理上的特质有所不同，但两性心理及社会特质没有界线，因此有必要引导男生和女生了解性别特质的异同，了解刻板印象的积极作用和消极作用，悦纳自己的性别。

设计思路

本课围绕“TA”(男性/女性)的性别平等，链接社会热点，采取情景模拟、角色扮演、反串等方法，从“猜猜‘TA’是谁”(引发对性别特质的关注)，“‘TA’就是‘TA’”(了解传统印象中的性别优势和不足，尊重性别差异，知道刻板印象及其积极作用)，“‘TA’还是‘TA’”(了解性别刻板印象的消极作用，能打破“性别刻板印象”，加强社会性别自信)三个环节层层展开，依次递进，揭开“TA”的面纱。本课重在引导学生了解性别意识从小就按照社会规则培养，性别无优劣之分，尊重性别差异，能突破思维定势，减少社会“性别刻板印象”。

活动目标

知道社会性别角色意识是从小被培养起来的。

知道性别优势和不足，悦纳自我。

正确认识“性别刻板印象”及其作用。

重点与难点

重点：了解“性别刻板印象”，知道性别无优劣之分，悦纳自身性别。

难点：突破“性别刻板印象”。

辅导对象

初中学生。

辅导方法

角色扮演、小组讨论。

课时

1 课时。

活动准备

分为女生组、男生组各 2 组,“真心话大冒险”单。

活动过程

暖身: 播放《青春有你》中的一段 RAP 音乐:“淡黄色的长裙,蓬松的头发……”

提问:听到这首歌,你觉得图片中的哪位符合这首歌中的人物形象?

教师出示图片中人物的下半部分着装:王宝强的反串服装和白雪公主裙子,让学生判断。

学生回答。

教师揭开图片中“TA”的面纱,公布答案。

引入主题:“‘TA’的面纱”。

1. 猜猜“TA”是谁

(1) 请学生向本组成员展示自己小时候最喜欢的玩具。

(2) 引导学生对男生、女生喜欢的玩具特点进行汇总归类。

(3) 教师出示男生、女生各自外在的言行举止、穿着打扮、说话语气的描述语句或图片,请学生猜它们是属于男生还是女生的外在特征。

(4) 引导学生思考为什么能猜中答案。

学生讨论。

教师归纳：我们的性别角色意识从小就被家庭、社会有意无意地培养了。

2. “TA”就是“TA”

(1) 任务速配：

地点：运动场。

任务：举重、啦啦队。

道具：沙袋、花冠。

请学生选择其中的1项任务完成。

(2) 思考：

为什么会这么选择？心里是怎么想的？

(3) 组员填写“真心话大冒险”单：

我是男生，相比较女生，我的优势是：____________________。

我是男生，相比较女生，我的不足是：____________________。

我是男生，我觉得女生有这些优势：____________________。

我是女生，相比较男生，我的优势是：____________________。

我是女生，相比较男生，我的不足是：____________________。

我是女生，我觉得男生有这些优势：____________________。

小组讨论：归类男生/女生的兴趣、爱好、能力倾向、不足。

教师归纳：在我们已有的认识中，男生有男生的优势和不足，女生有女生的优势和不足，这些都是我们对男性或女性角色特征的固有印象，被称为“性别刻板印象”。“性别刻板印象”可以帮助我们了解自己与异性的不同特点，学会如何扬长避短，塑造自我形象。

3. “TA”还是“TA”

(1) 寻找广告代言人：

教师放上口红、模型车、布偶娃娃、玩具冲锋枪等物品。请学生选择其中一种，为其担任广告代言人。

全班统计：分别选择这四样物品的男生和女生人数各为多少。

（2）出示李佳琦、薇娅的广告片段：

引导学生思考：为什么一看到口红，有些人就只会想到女性代言人？一看到汽车，就第一个想到男性代言人呢？事实证明，男性代言口红、女性代言汽车也能做出惊人成绩。在其他工作或行业中，有没有类似的例子？

学生讨论。

教师归纳："性别刻板印象"虽然有它的优点，但有时候也会带来限制，影响我们潜力的发挥。在科技飞速发展的现代社会中，很多行业已经没有了男女性别界限，只要个人能力达到要求，男生或女生都能任职，性别并无优劣之分。

（3）最好的自己：

① 寻找在前面"第一层面纱"中兴趣爱好能力倾向里属于男女双方都可以拥有的特质。

② 出示学生调查中的男生/女生羡慕异性的地方，请学生讨论：这些答案中是否隐藏着"性别刻板印象"？可以采取什么办法去消除它？

（4）请学生填写"真心话大冒险"单：

我是男生，我也可以做这些女生能做的事：__________________，这并不妨碍我是男生。

我是女生，我也可以做这些男生能做的事：__________________，这并不妨碍我是女生，我要做最好的自己。

教师总结（略）。

4. 活动拓展

学生根据"真心话大冒险"单的内容，给自己画一幅图，突出自己的特点。

活动小结

21 世纪的青少年生活在一个科技发达的时代，无论生活环境还是教育环境都较父母辈优渥，但是，随之而来的竞争压力也是无法避免的，“性别刻板印象”所带来的压力发生了微妙变化。在调查中，女生对自己社会性别的整体满意度不及男生。她们表示女生面临的压力比男生大，还是做男生快乐；但也有一部分男生认为男性在社会中承受的压力比女性大，外界对男性的要求高于女性，他们甚至羡慕女生可以公然吃棒棒糖，不开心可以哭泣，而男生却不能这么做。因此，在本次团辅课中，通过有趣的活动体验让他们一一去了解、澄清自己对性别角色的认知。

在男女生玩具“PK”中，学生们很容易就通过外在的观察发现男生和女生的玩具无论在材质、颜色、功能上都有很大区别，从而得出结论：社会性别角色意识从小就被父母、社会培养起来了。当然，也有男生带了长毛绒玩具来，他问了一个问题：“男生是不是不能玩长毛绒玩具?”对此，我没有立即解答，而是引导学生们带着这个问题在随后的体验活动中去寻找答案。

第二环节的“任务速配”中常规的选择是男生选择举重，女生选择啦啦队，但也有女生选择举重，于是我索性设计了“反串”，让有意愿的学生反串角色完成这两个任务。男生举重和女生啦啦队都毫无压力地顺利完成，而反串对方角色时，虽然举手积极，但临到上场了却有点扭捏，女生举重有点力不从心，而男生做啦啦队员则临阵退缩，他们的感受是：反串角色很累，男生和女生各有各的优势和特点。

在小组讨论男生/女生的兴趣、爱好、能力倾向时，男生组和女生组讨论的结果出现了相似点，如喜欢音乐、文学、爱运动等。我对这些相似点做了记录，在之后的第三环节“‘TA’还是‘TA’”中加以运用，让学生思考、辨析哪些特质是没有性别界限之分的。

第三环节的“广告代言人”中，男生和女生的代言物品出现了重合，比如有女生和男生都选择了代言“玩具冲锋枪”，女生选择它的理由是认为它代表一往无前，希望所有的女孩子都能勇敢。男生选择的理由是因为从小喜欢枪战片，想学英雄。李佳琦的故事进一步打破了学生们的“性别刻板印象”，那位带长毛绒玩具来的男生回应说：“不管是男生还是女生，都可以有自己的坚持，兴趣爱好和能力没有性别上的规定。”的确，正如他们在“真心话大冒险”单里所填写的：

“我是女生，我也可以做这些男生能做的事：攀岩、打架子鼓，这并不妨碍我是女生，我要做最好的自己。”

“我是男生，我也可以做这些女生能做的事：伤心时流泪、做串珠手工，这并不妨碍我是男生，我要做最好的自己。”

……

当孩子们悦纳了自己的性别角色，同时，也不再拘泥于社会对男性、女性的偏见时，“性别刻板印象”将不再是压力源，他们就会具备足够的勇气和心理弹性去做自己喜欢的事。

第三节　同质团体心理辅导：以初中生考试焦虑为例

一、背景介绍

在日常校园生活中，常有一些学生会来心理咨询室倾诉自己在考试中有紧张情绪，寻求帮助。一些学生在考试前、考试中、考试后会出现焦虑反应，包括情绪紧张、忧虑不安、头昏发晕、睡眠不佳、注意力难于集中等。随着学习竞争激烈程度的日益加剧，有考试焦虑表现的学生越来越多，这种负性情绪严重者会影响学生的自我评价，降低自信心，影响复习的效率和考试的正常发挥。因此帮助和引导他们摆脱和缓解这种焦虑状态是非常必要的。

恰逢本人参加了上海学生心理健康发展中心的“基于学生发展需求的心理健康服务协同系统研究”课题组，从中受益颇多。在市课题组的指导下，根据学校学生实际情况，组织开展了初中生考试焦虑情绪团体辅导活动。团体辅导以CBT认知行为治疗、问题解决技术为理论基础，注重CBT技术中“作业”功能的发挥，使学生初步学习、了解CBT技术和其他身心放松技术，并能在有关考试情境中加以运用，从而改变学生对考试的不合理认知，能用合理信念管理情绪，坦然面对考试。

二、主题内涵

主题名称：来吧！考试君！——初中生考试焦虑情绪团体辅导

内涵解读：通过辅导，学生对“考试”这把悬在头上的达摩克利斯之剑有合理的认知，初步掌握CBT技术、理性情绪疗法的方法，调整不合理的认识，能在考试前、中、后的实际情境中运用CBT认知技术、情绪ABC理论等方法缓解焦虑紧张的情绪，基本掌握一些放松的方法，逐步摆脱自己在考试阶段的焦虑情绪困扰，能勇敢面对考试，提高抗压能力。

三、团体构成

封闭式团体；六年级至九年级，共12名学生；团体成员采取自愿报名，是对考试有一定焦虑紧张情绪的学生。

四、时间安排

共八次，每周一次，每次40—50分钟。

五、活动地点

学校心理活动教室。

六、辅导内容

辅导共分为八次，具体内容如表 2 所示。

表 2　八次辅导内容表

序号	名称	内　容
1	遇见你真高兴	团体建立，订立契约，让成员相互了解，营造出轻松舒适和安全信任的氛围
2	头脑特工队	识别、体验不同情绪，了解不同情绪的作用
3	考试焦虑信号灯	了解焦虑信号，能觉察、分析考试焦虑等级，初步了解简单放松法
4	学习解决技术 ——情绪 ABC 理论	使成员明白焦虑情绪往往是因为存在着不合理的认知，通过学习情绪 ABC 理论，协助成员找出对考试的不合理认知部分
5	学习解决技术 ——CBT 认知技术	使成员初步了解 CBT 技术非理性信念的类型，学习辨别自己考试焦虑背后的非理性信念，能结合具体情境，尝试建立积极思维方式
6	学习解决技术 ——分步解决法	使成员能结合与考试有关的具体情境，学会运用分步解决法缓解考试焦虑情绪
7	学习解决技术 ——放松训练	引导成员做放松训练，缓解考试焦虑
8	来吧！考试君！	总结

辅导一：遇见你真高兴

活动目的：建立团体，制定团体契约，团体定向，形成安全氛围。

活动过程：

1. 破冰——相见欢

规则：两人自由组合，面对面，根据教师口令做出相应的动作，并喊出口号。

口令为1时，两人握手，说：认识你真高兴！

口令为2时，两人向对方翘大拇指，说：你真棒！

口令为3时，两人互拍肩膀，说：伙伴，加油！

口令为4时，两人互相拥抱，说：共创美好明天！

教师不断变换口令，直到大家互相熟悉。如果小组连续3次出错，则须合作表演，作为“惩罚”。

2. 我说你说

教师要求成员：

(1) 两人为一小组，分别向对方做自我介绍，包括姓名、兴趣、特长等。

(2) 大家围坐成一圈，每个人向所有成员介绍自己小组成员的姓名和兴趣爱好等。

(3) 教师手指向哪个成员，其他人就要快速说出该成员的名字。

3. 我的小心愿——确立团体干预的目标

要求：每个成员安静下来，将自己来参加这个成长小组的愿望写下来。

分享：写好后由成员介绍、交流这些想法，从中找出大家共同的目标。

确立目标：将共同目标记录到手册中，加强成员对成长小组的归属感。

4. 我们的契约——共同制定团体规范

教师讲解规范,每个团体成员需表态愿意遵守规范。

团体规范包括:

(1) 恪守保密原则。

(2) 秉持真诚信任的态度对待其他成员,愿意敞开自己的心声,并及时对其他成员的表露做出反馈。

(3) 不做出伤害他人利益的言行举止。

(4) 注意力集中,全身心投入活动中。

5. 分享现在(最近一段时间)愉快的经历

要求:每个成员真实地谈谈成长小组带给自己的喜悦,发现小组对自己的特别意义。

6. 作业

记录自己一周的情绪变化。

附:我一周的情绪"过山车"

每天回顾一天中让自己印象最深刻或者带来影响的情绪,然后把这种情绪记录在情绪"过山车"图(见图1)中:在横轴上标明日期,纵轴上标明该种情绪的程度,形成"情绪点",在每一个"情绪点"上简单写下情绪名称和缘由。一周后,把每天的"情绪点"连接起来,形成曲线图。

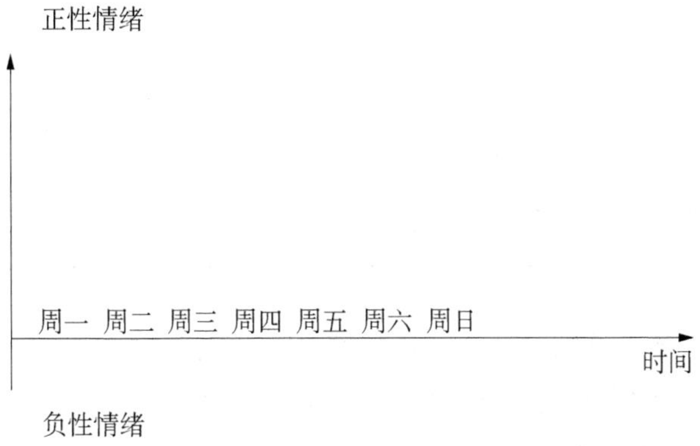

图1 情绪曲线图

辅导二：头脑特工队

活动目的：

了解情绪的多样性。

认识到每一种情绪存在的合理性。

体验不同情绪带来的影响。

活动过程：

1. 作业交流

学生列举自己的一天中主要经历了哪些情绪，觉察一周不同情绪的变化。

2. 情绪甄别

请学生在情绪归类表（见表3）中填写相应的词汇，学会归类、辨别情绪属性。在甄别的过程中，学生意识到人类的情绪是丰富多彩的，有积极的情绪，也有消极的情绪。我们的生活离不开情绪，它是我们对外面世界正常的心理反应。

表3　情绪归类表

事件	情绪			
	喜	怒	哀	惧

3. 情绪面具猜猜猜——体验情绪

(1) 教师出示情绪面具（有关情绪的形容词）。

(2) 以小组为单位，每位组员任意选择一两种面具，把相应的情绪用语言、动作、面部表情、情景等表现出来。

(3) 学生依次上台表演,让大家猜是哪些面具,以被猜中率最高者为优胜者。

4. 观看视频《头脑特工队》

(1) 观看《头脑特工队》电影片段。电影讲述了小女孩莱莉脑中的五个情绪小人,即快乐、焦虑、厌恶、愤怒、悲伤,因性格迥异所带来的反差及其对主人生活带来的影响。

(2) 小组讨论:情绪对学习生活的影响。

(3) 教师归纳,学生了解积极情绪和消极情绪所带来的影响,为下一次干预铺垫。

5. 作业

请学生选择自己在某次考试阶段(如从得知要考试到拿到成绩单之后)中的焦虑情绪,并回忆引起这种情绪的具体场景,越详细越好。

辅导三:考试焦虑信号灯

活动目的:

了解自己的焦虑信号。

觉察和分析自己的焦虑等级。

学习简单的想象放松方法。

活动过程:

1. 作业交流

每人将上次活动的作业分享交流。

2. 个人焦虑经验分享

(1) 猜一猜。

教师讲述学生焦虑时的生理、心理反应。如:有一个同学,现在有这样的感觉——他的手心、额头一直在出汗,他觉得头有些晕晕的，他的呼吸很急促，他感到心慌，口干舌燥，他的腿有些发抖，他好想上厕所……

教师提问：

他现在的情绪是什么？

他可能遇到了什么事情？

如果要确定他的情绪，还需要哪些信息？

(2) 学生讨论。

(3) 教师归纳：焦虑的生理表现为恶心呕吐、食欲不振、睡不着觉、口干、腹胀、胸闷、呼吸不顺、心悸、尿急等。

焦虑的心理症状为紧张害怕、慌乱不安、焦躁烦闷、神经过敏、记忆力降低、注意力很难集中、思维似乎停滞等。

焦虑的行为表现为坐立不安、手足无措等。

(4) 教师引导学生将自认为最焦虑的考试事件写在不记名的小纸条上，然后抽签，接着学生就抽到事件进行讨论。先从焦虑等级开始，最后引导学生在自己的表格上试着进行等级划分。

3. 划分焦虑等级

(1) 教师让学生列出自己近期的考试焦虑事件，对这些事件情境中感受到的焦虑程度打分，满分为 100 分。每个情境都有相应的评估分值，每个相邻的情境分值相差 10 分，共分 10 级。被评估为 100 分的事件是学生最感焦虑和害怕的事件，被评估为 10 分的事件则为学生焦虑感最轻的事件，比如，当得知两周后要考试的消息时焦虑程度为 10 分，准备复习迎考时的焦虑程度为 30 分，进入考场前的焦虑程度为 70 分……以此类推，对所有的事件情境依照焦虑分值进行升序排列，最终让学生整理出自己的焦虑事件等级表。

(2) 学生交流。

4. 体验“想象脱敏”

学生围坐一圈，教师在当中。教师以学生写的例子做示范，念出第一个考试焦虑事件，要求成员尽可能真实地想象自己处在那个情境中，引导学生体验“想象脱敏”方法。

方法说明：首先让学生以一种放松的姿态坐着，闭眼。在教师引导下，学生先从自己焦虑感最轻的焦虑事件开始想象，若学生有焦虑感，则教师可让其暂停想象，并让其立即记录下刚才体验到的焦虑分值。若进行想象时，学生反馈焦虑分值的时长超过了 30 秒，教师也应示意其暂停想象，并让其做好焦虑分值的记录。在经过多次的想象训练后，如果学生连续 3 次反馈的焦虑评估分值下降到 20 分以下，则意味着学生已对该焦虑事件脱敏，则可进入下一个等级事件的想象脱敏训练。如果学生评估的焦虑分值依然很高，则进行放松之后再重复想象这一事件。

备注：对于个别严重者需要特别关注，心理教师需通过日常咨询进行个别化辅导。

5. 作业

在接下来的一周内，学生尝试识别自己的焦虑情绪，并结合想象脱敏方法进行放松。

辅导四：学习解决技术：情绪 ABC 理论

活动目的：

使学生意识到焦虑情绪的产生往往是由于存在许多不合理认知。

协助学生了解自己对考试存在的不合理的认知。

活动过程：

1. 作业交流

分享上周尝试想象脱敏时的感受和困难，讨论解决办法。

2. “我看考试”

(1) 教师发放给每名学生一张考试前后的想法表(见表 4)。

表 4　考试前后的想法表

时间	考前	考中	考后
相法			
结果			

（2）学生填写表格，填完后暂时放一边。

3. 教师讲解情绪 ABC 理论

教师出示心理两可图，讲解情绪 ABC 理论，使学生明白真正导致人们情绪和行为后果的原因并不是事件本身，而是人们对事件的认知、理解。不同的想法和观念会引发不同的后果。非理性信念往往会使人们产生消极情绪和不良的行为结果。

4. 大家一起找“BUG”——重新看考试

（1）教师要求学生结合情绪 ABC 理论的小知识，以小组为单位讨论交流。讨论时，每个成员先把自己对焦虑事件的看法以及带来的后果影响在组内交流，每完成一位成员的交流，其他成员就进行讨论，帮助交流者找出非理性信念，依次进行。

（2）头脑风暴。各小组将成员的不合理认知全部归纳出来，小组长总结。

（3）教师归纳。

5. 作业

在接下来的一周内，要求学生多加练习并记录情绪 ABC 表格，结合自身经历归纳自己的不合理认知和感受。

辅导五：学习解决技术：CBT 认知技术

活动目的：

初步了解 CBT 技术非理性信念的类型。

学习辨别自己考试焦虑背后的非理性信念。

结合具体情境，尝试用理性信念替代非理性信念。

活动过程：

1. 作业交流

分享上周焦虑事件背后想法时的感受。

2. 了解 CBT 技术中的非理性信念的类型

教师结合学生考试中的想法如“如果我不能通过这个考试，那我就完了”等，列举通俗易懂的例子来讲授非理性信念的类型，如“杞人忧天”“非黑即白”“过度低估自己的能力”“过度高估危险”“钻在黑暗牛角尖”等。

3. 心理情景剧表演：“考试了……”

(1) 角色扮演。教师出示实例，让学生扮演角色并讨论总结。

情景剧主题：分三幕来表现矛盾冲突。

（第一幕）

人物：小丽、同学们。

地点：学校操场。

情节：小丽和同学们聊天，她被大家的紧张情绪感染，对即将来临的数学考试充满忧虑。

（第二幕）

人物：小薇。

地点：教室。

情节：语文考试现场，老师在发考卷，小薇觉得自己手心冒汗，心跳加速，非常紧张。

（第三幕）

人物：小明和他的同桌。

地点：教室。

情节：第一场考试结束，下一场考试还未开始，小明同桌要和他对答案，两个人的答案有很多都不一样，小明心慌不已，觉得自己考砸了，对下一场考试也毫无信心。

(2) 教师提问：心理情景剧中三位主人公的想法是否合理？可能存在哪些情况？如果他们改变了认知，原有的焦虑情绪会有什么变化？

(3) 学生讨论交流。

(4) 教师归纳。教师结合情景剧进行总结和提炼，引导学生在考试前后以及考试中寻找出自己的非理性信念，从而较好地调控自己的考试焦虑情绪。

4. 作业

在接下来的一周内，请每一名团体成员结合自身经历，尝试辨别自己焦虑事件背后的非理性信念，并尝试用理性信念替代非理性信念。

辅导六：学习解决技术：分步解决法

活动目的：使成员能结合具体情境学会运用分步解决法缓解考试焦虑情绪。

活动过程：

1. 作业交流

分享上周矫正错误认知时的感受和困难。

2. 再次引导学生识别和替代学习焦虑事件背后的非理性信念

教师举例(小S同学原本考试状态稳定，但自从初三分班进入尖子生云集的班级后，考试前总是焦虑不安，担心自己的成绩在新的集体中落后)，学生扮演角色，讨论其背后的负性想法。

3. 学习问题解决技巧——分步(STEPS)解决法

(1) 教师讲解学习问题解决技术(STEPS)：

Say what the problem is(说出问题是什么)。

Think of solutions(想出解决方法)。

Evaluate the solutions(评价解决方法)。

Pick one(选择一个)。

See if it worked(看看它是否起作用了)。

(2) 教师讲解后,学生举例练习运用分步解决的方案(把一个有挑战性的难题/情境变成更小的、更可控的步骤)。

(3) 让学生列举事件并试图提出可能的解决方案(列出表格)。

4. 作业

在接下来的一周内尝试在学习生活中应用分步解决法一次或以上,并做记录。

辅导七:学习解决技术:放松训练

活动目的:引导学生体验、练习实用的肌肉放松法,放松身心,缓解考试焦虑。

活动过程:

1. 作业交流

分享一周来运用"STEPS"技巧时的成效和困难,集中进行讨论。

2. 紧张—放松法

教师让学生选择自己觉得最舒服的姿势靠坐在椅子上,双臂自然下垂,在头脑中想象一些愉悦轻松的事。10 分钟后,学生聆听着教师舒缓的引导语,采用紧张—放松法,循序渐进,使身体放松下来。教师可播放事先录制好的放松训练音频或者从网络下载的放松训练音频资源。

3. 音乐放松法

教师播放音乐,可以是古典音乐,如德彪西的《月光》、肖邦的《降E大调华丽大圆舞曲》等;也可以是现代音乐,如《星球愈疗》专辑等,从而使学生头脑、躯体放松。

4. 作业

要求学生在家里进行以上放松法的练习和巩固。

辅导八：来吧！考试君！

活动目的：

帮助学生坦然面对考试，建立信心。

学生之间互相鼓励，结束团体。

活动过程：

1. 作业交流

分享上周运用放松方法调节学习问题时的感受和困难。

2. 传递“心能量”

(1) 全体成员围坐成一圈，教师给每人发一张“心能量”卡片，成员们在自己的卡片上写上名字，然后按照逆时针方向将卡片传给旁边的同伴。

(2) 每位成员在同伴递来的“能量卡”上写下对他人祝福鼓励的语句。

(3) “能量卡”传递一圈后，最终回到自己手中，每位成员写一句自我激励的话。

(4) 每位成员认真阅读“能量卡”，挑选其中一句最让自己振奋的话并大声念出。

3. 来吧！考试君！

(1) 教师引导：每一个人都经历过大大小小的考试，一些情绪的产生也很正常。大家都有过这样的体验，即考试本身可以帮助大家更清楚地了解自己对所学知识的掌握程度，可以促进学习，并没什么可怕的。当感到考试焦虑时，同学们可以打开能量卡，看看同伴们的激励，也可以来心理咨询室坐坐。

(2) 教师播放《最初的梦想》，所有成员跟唱。

（3）最后教师带领全体团员齐喊：“来吧！考试君！我不怕你！”在激昂的气氛中结束团体辅导。

七、效果意义

考试焦虑是大多数学生都会经历的，但如果过度焦虑会影响自己的学习生活。此次考试焦虑辅导团体课的成员从六年级至九年级不等，男生女生皆有。根据上海市课题组的相关筛查结果，结合学校实际情况，通过阳光成长坊的形式，招募了这部分在考试中有焦虑情绪的学生。并在市课题组的指导下，尝试运用 CBT 等技术，对学生进行团体辅导。尤其是“作业”环节的实践运用收效甚大，学生在每一次教师布置的作业中不断加以体验、练习，逐步熟悉、巩固了习得的方法和技巧，他们能将自己在团体活动中获得的新体会与经验，在具体的考试相关情境中加以运用。

在八次团体辅导之后，心理教师通过日常观察、班主任和同学对被辅导学生在班级内的评价，以及成员本人的反馈，整体上，团辅成员在考试阶段的焦虑情绪较辅导前均有不同程度的降低，压力感减少，状态有所稳定。更重要的是，他们学会正确面对自己的不合理想法，并能迁移运用到其他生活事件中，自信程度提高，收到了实效。

八、思考

在这次团体心理辅导过程中，来自不同年级的学生们能很快实现心理破冰，每一名学生都能积极参与其中的每一个心理游戏，如：相见欢、心理情景剧表演、放松训练等。不少原本素不相识的同学结下了友谊，成为好朋友，团体的凝聚力增强。尤其是高年级和低年级学生的共同加入，使得朋辈之间的互助成为一种难能可贵的经历，相信通过这次团体心理辅导活动，每一位同学都会在心灵上有所触动，有所收获，成为更加快乐的阳光少年。

在团辅开展过程中，我们也发现了一些有待改进的地方。本次团辅是面向全校学生招募，未有限制年龄，因此吸纳的成员既有六年级的小弟弟、小妹妹，也有九年级的大哥哥、大姐姐，高年级和低年级的学生由于认知水平的差异，接受能力不同，在具体解决技术方法的学习上呈现出一定的不均衡性，比如在负性想法识别中，低年级学生的反馈速度和理解深度明显不及初二、初三学生，对此将在今后进一步细化做法。

第三章 疫情期间以及复学之后心理健康工作的挑战与实践

2020年的新冠肺炎疫情对我国经济社会发展造成了冲击，对教育领域也产生了较大影响，全社会对青少年的心理健康重视程度愈加提升。目前，我国抗击疫情的斗争已经度过最凶险、艰难的时刻，抗疫形势持续向好，中小学校、高校也已复学复课，国内进入了常态化防控阶段。这也意味着学校在疫情期间所做的防疫工作将持续进行下去，包括学生身体、心理等方面的健康安全措施。虽然线上辅导是因这场疫情而催生的一种学校教育教学的应急手段，但我们要清楚新冠肺炎疫情绝不会是人类最后一次重大灾难事件，教育者应树立长期思维，做好两手准备，实现线上辅导与线下辅导相辅相成。放眼未来，提高中学生的心理适应能力，开展社会重大事件下的学生心理辅导应纳入后疫情时期学校心理健康教育常规工作中，做到防患于未然，这是疫情带来的大势所趋。

第一节 疫情对学校心理教育的挑战

疫情给传统的学校教育教学带来了很大挑战，也给学校心理辅导工作带来了很多变化。

一、心理教师面临的挑战

首先，心理辅导空间发生变化。疫情之下的“停课不停学”使线上教学在国内遍地开花，心理老师的工作空间从线下迁移到了线上，“云”空间替代了学校里的心理活动室、心理咨询室。空间、地点的变化势必要求心理教师重构学生心理教育的模式。

其次，心理辅导形式发生变化。在学校里，心理老师可以对学生进行面对面的心理咨询，解决他们的困惑。然而，在疫情发生后至学生复学前的这段时间里，这种面询形式无法进行。因此，其他的个别心理咨询方式逐渐成为特殊时期的主流，如电话咨询、语音咨询、视频咨询等，这对于心理教师来说，不仅要熟悉信息技术的运用，也要去了解、适应不同的咨询方式，同时要注意遵守在线咨询的伦理、保密原则等。

再次，心理辅导内容发生变化。除了个别咨询，对学生进行发展性的心理辅导活动也是初中教师应该重视的。疫情对学生的情绪、学习、生活都带来了影响，他们除了要面对青春期的生理、心理变化，还要学会去应对社会事件所带来的改变及其可能导致的压力。心理教师也应及时设计、增加有关“应对重大社会事件”的心理辅导内容。

从次，心理教师角色发生变化。无论是腾讯课堂、智慧校园平台还是腾讯会议平台等网络平台，这些“云空间”里，教师成为直播间的“主播”。如何使网络另一端的学生不“掉线”，积极参与活动，真正学有所获，这对心理老师的在线辅导活动的设计能力提出了较高要求。

最后，教师工作和生活的界限发生变化。不仅在线辅导对于教师的网络操作和使用能力提出了挑战，而且工作空间与生活空间的重合使教师的教育工作与个人生活之间的界限变得十分模糊，影响到教师本身的职业幸福感。因此，有必要形成教师之间的联盟或者督导机制，关心心理教师的身心健康等。

以上变化都促使心理教师必须因变而变，顺势而为，在实践中探索后疫情时期的心理辅导工作，促进学生心理健康。

二、疫情下初中生心理状况

防疫抗疫期间，本市的中小学生先后经历了宅家在线学习、回归校园复学复课两个阶段。我对本校学生进行了一次心理调查，结果显示：

首先，在线学习阶段心理状况整体稳定。学生能适应线上学习节奏。对于“空中学习”，大部分学生很认可这种学习载体和学习效果。能按时在线上课、完成作业，心理压力较小。

其次，对于复学存在焦虑感。复学复课前，大部分初中生对重返校园感到既兴奋又紧张，他们表示突然从宅家在线学习转变到线下学习，会担心自己是否能适应校园生活。有部分学生对后疫情时期的校园生活包括人际交往感到陌生，少部分学生担心病毒传染。初三学生对学习的焦虑程度较其他年级高。

最后，过度关注个人的情绪变化。这次调查还发现，有相当多的初中生会有意注意到自己的情绪变化，特别是在看到一些媒体关于疫情的报道后，除了紧张、害怕之外，还会有郁闷、悲伤、愤怒、厌恶等情绪，他们担心这些情绪会给自己带来不利的影响。

通过调研结果，我们知道本区域的学生整体心理状况较为稳定，但有相当一部分的学生在复学适应、人际关系、情绪认知等方面存有担心和不安，需要学校加强预防性的心理健康教育。

第二节　线上心理教育活动实践

疫情使线上心理健康教育活动成了一种新的尝试和体验。在设计线上活动时,“有趣”“有效”是心理教师需要格外注意的。

为了使学生安稳度过在线学习阶段以及顺利复学,我们先后设计了在线学习调研问卷和复学心理调研问卷。通过数据分析,我们对学生当下的心理状况进行评估,并根据调研结果,设计并开展了相应的心理专题活动。如,通过复学调研,发现部分学生存在着对“返校”的紧张不适感,也有部分学生对返校后的人际交往感到些许陌生,因此,我们策划、开展了“返校后,我最想做的……——复学心里话活动”“心情涂鸦——初三舒压活动”“如何进行校园人际沟通——口罩后面的创意沟通方式”“暖暖的小幸福——心理微小说比赛”等专题心理辅导活动,缓解学生复学的紧张情绪,唤醒学生对校园生活的记忆,逐步预热,尝试用有趣的方式打开与同学之间的沟通模式,消除学生由宅家所带来的人际隔阂感。这些活动受到了学生的极大欢迎,而丰富多彩的活动可以转移学生注意力,既能减压,也能使学生更快地适应学校生活。下面将逐一介绍我们在摸索实践中开展的一些行之有效的线上心理教育活动。

活动一:心·微·影——在线配音小咖秀

活动背景

通过对本校初中生心理的调研发现,疫情期间,学生的情绪变化较多,如感到紧张、愤怒、沮丧等,但他们对自己的情绪变化感到难以理解,认为这些情绪是不应该产生的,他们尤其对忧伤等消极情绪存在偏见,有时还会因此无法释怀。因此,有必要引导学生正确看待情绪,了解情绪的功能,使他们学会对喜怒哀惧等情绪的合理表达,在“角色对话”中,提高自我控制力。

活动主题

心·微·影——在线配音小咖秀。

活动目的

以《头脑特工队》中 5 个“小人”角色为主，选取其中的一个对话片段，进行电影赏析并在线配音。通过声音的诠释去感受、理解人们在遇到诸如疫情等重大事件时的情绪和心理活动，学生由此认识到任何情绪都是缺一不可的，理解各种情绪的作用。

活动平台

腾讯课堂。

活动过程

(1) 观看电影《头脑特工队》片段。

片段内容介绍：情绪“小人”乐乐、忧忧和莱莉幻想中的朋友“冰棒”三个结伴而行，中途，“冰棒”看到自己和莱莉共同的火箭车被清理工扔到了废墟里，非常伤心难过。此时，乐乐率先安慰“冰棒”，让他别太在意，却没有效果。后来忧忧去安慰“冰棒”，说了一番话后，“冰棒”大哭，但哭完之后就恢复了精神，勇敢地去帮助莱莉。

(2) 问题讨论：

问题 1：是谁成功安慰了“冰棒”？（提示：忧忧）

问题 2：忧忧是否一无是处？它有没有优点？（提示：忧忧能使人安静下来，集中注意力，有时能使人汲取到新的力量……）

(3) 配音秀：

教师出示电影中各个情绪“小人”的台词，请学生根据自己对剧情的理解来进行配音，表达不同的情绪感受，并从中意识到喜怒哀惧等情绪的价值所在。

台词如下：

乐乐："你不能总是盯着你犯的错，总有峰回路转的时候，去寻找快乐，YOHO……"

忧忧："哭泣能让我慢下脚步，不被生活的重担所困扰。"

怕怕："哦！转弯！转弯！不——小心！小心！后退！"

厌厌："注意了！这闻上去很危险。这个东西颜色不鲜艳，并且形状像个恐龙！等等，各位！这是西！兰！花！讨——厌！"

怒怒："等等，他刚才是说我不能吃甜点吗？你是想这么惹我是吗？当然，我会吃饭，但我得先让你尝尝这个！YA——（发怒大喊）"①

(4) 引导学生思考：

这些情绪"小人"是在什么情况下说这番话的？

我们可以丢弃5个情绪"小人"中的任何一个吗？

疫情期间，我们的情绪有时会很郁闷，有时会很难受，有时会很愤怒，我们这些情绪的产生是正常的吗？

学生讨论。

教师归纳：情绪没有好坏之分，任何一种情绪都有存在的必要性。

正因为有了喜怒哀乐，我们才能成为情绪丰富的人，才能逐渐学会表达自己的感受、理解别人的感受。比如，疫情期间我们对病毒传染感到有些害怕，所以才会提醒自己要注意防护，也更能感同身受，提高对事物的敏锐度。

(5) 学生反馈：

生1：我挺害怕病毒的，本来挺讨厌这种害怕的情绪，但通过今天的活动，我明白了原来"害怕"并不可怕，这是正常的反应，而且正因为害怕病毒，所以我现在特别注意安全，出门一定会戴口罩，也养

① 台词选自电影《头脑特工队》。

成了勤洗手的习惯。这可以说是“害怕”带给我的积极作用。

生 2：我喜欢快乐，但我现在也不排斥忧伤了。我觉得如果不是忧忧阻止了莱莉乘大巴回老家的冲动行为，莱莉就很有可能面临着迷路，甚至失踪的后果，她要感谢忧忧挽回了自己。

生 3：虽然我们对有些情绪很喜欢，对有些情绪不太喜欢，但它们都有各自的作用，如果缺少了忧伤，那将是件可怕的事。当我考得不好时，难过是自然反应，它能使我知道自己的不足，以后我会去改进。但如果考砸了还很开心，这个场景是非常奇怪的。

生 4：原本这场疫情让我情绪有些复杂和低落，但在观看电影和配音的过程中，我逐渐认识到没有什么经历是坏的，所有的经历，最终都会使我们成长、强大。

……

活动说明

教师可以在配音秀结束后，出示 5 个情绪“小人”的作用，如下所示。

乐乐：活泼开朗，总是朝着乐观的一面想。

忧忧：能保持理性，不冲动，更好地拥抱生命。

怒怒：它是个急性子，追求公平，无法忍受不公待遇。

怕怕：生活总是充满陷阱，时刻保持警惕，躲开危险。

厌厌：诚实，有自己的原则和是非观，拒绝不喜欢的事物，谨慎小心。

活动二：回到学校后，我最想做……——复学“心里话”

活动背景

当学生即将结束宅家学习生活，重返校园复学之时，他们在兴奋之余，又会产生对宅家日子的依恋及对校园生活的陌生感，担心自己不能很快融入久违的学习生活中去。因此，唤醒他们对校园生活的向往和熟悉感，可以激发他们复学的心理动力。

活动主题

回到学校后，我最想做……——复学“心里话”

活动目的

引导学生正确认识自己在复学前的心理反应，整理、接纳自己的情绪感受，将注意力从宅家学习转移到校园生活中，缓解紧张和不适，预热“复学”心理，从而能更快适应校园学习生活。

活动平台

腾讯课堂、学校微信公众号。

活动过程

（1）在“空中心理课堂”，心理教师向学生展示校园景观，如学校大门、校园操场、教室、食堂等以及以往学校集体活动的照片，带领学生回忆有趣的校园生活。

（2）面向学生征集主题为“回到学校后，我最想做……”的复学心里话，要求：①能表达自己即将回到校园的真情实感；②写一件自己回到校园后最想做的事；③在线提交。

（3）教师汇总学生“心里话”，遴选具有代表性的想法。

（4）选择部分“心里话”在学校微信公众号发布，全校学生分享观看，在“共鸣”“同感”中获得复学向心力，及早做好复学准备。

（5）学生复学“心里话”摘录。

① 回到学校后，最想和同学们一起上课。

② 回到学校后，我最想去跟闺蜜叙旧，三个月全靠微信联系，我

非常想她们。

③ 知道要复学了，我的心情非常激动，因为终于可以见到同学和老师。回到学校会去看看教室和大操场。

④ 即将复学，我特别开心，回学校后我最想找我的同学们，因为那么长时间没有见，真的挺想他们的！

⑤ 高兴，兴奋！最想做的事是好好看看学校，认真听课。

⑥ 我会是很期待又很紧张的，想要见到好朋友。

⑦ 期待复学，最想和同学、好朋友一起聊天，分享趣事。

⑧ 我会很激动，因为可以见到久违的老师和同学。我最想做的就是做做运动来锻炼身体。

⑨ 我的心情会是愉快的，回学校后，我最想做的是和同学聊天，分享在家学习的心得和感受。

⑩ 我的心情是开心的、紧张的。我最想做的是与同学们一起聊天，上课，打球。

⑪ 在家中已经很久了，能够复学见到同学们真的十分开心，很期待。回到学校后，我一定要更加努力学习。能够坐在教室中学习自然是比在家里学习的质量高多了！

⑫ 我会很高兴、很激动；我回到学校后想继续好好帮老师做事，继续做一个得力的小帮手！

⑬ 我的心情会是激动的。我回到学校后会先到教室里，最想到操场上跑步。

⑭ 我的心情会很激动，因为很久没有回到校园了。我最想跟好朋友在体活课上好好地玩一次，和闺蜜分享在家期间的一些事情。

⑮ 很激动，我回到学校最想做的事是见到我的老师们、同学们，看看学校的花草树木……

⑯ 我会很开心，回到学校后我最想要做的就是好好学习，真的很想念老师和同学们！

⑰ 心情是很平淡的，因为早晚都要复学，只不过是时间问题。

回到校园，我想上体育课，因为疫情期间不能外出运动。

⑱ 很高兴，又能和同学见面了。我想在教室好好听课，那样能听得更清楚。

⑲ 很开心。回到学校第一件事，勤洗手，大扫除，通风，对了，不能忘记戴口罩。

⑳ 我回到学校最想做的就是快点把自己的椅子擦干净，认认真真上课。

㉑ 我的心情是很开心的，复学前一天估计都会睡不着觉啦！回到学校后，我要和同学们开开心心地聊聊天！

㉒ 我的心情是十分高兴的。我回到学校后最想和我的朋友们好好聊一次天，问问他们疫情期间都做了什么。

㉓ 我的心情会很平静。我回到学校后最想和朋友聊天。

㉔ 非常愉悦。最想做的事就是把数学作业赶紧交给数学老师，我太想念 K 老师的笑容了。

㉕ 最想做的事当然是和同学聊聊天，但是一定要保持安全距离。

㉖ 很高兴。最想去看看我们的学校，说不定会有新的变化，还有我牵挂的食堂午饭。

㉗ 我最想做的事是和同学们一起坐在教室里上课，好期待。

㉘ 心情是有些激动的，最想做的是对老师们说声“谢谢”，谢谢老师们这些天在“空中课堂”的教导，还要谢谢同学们这些天的帮助。

㉙ 我的心情是十分激动的。回校后，最想做的事是写班级晨检表（太久没写，可能不习惯了，得尽快熟练起来）。

㉚ 我会很开心。回到学校后最想做的就是先去操场跑一圈，因为有好久都没跑过步了。

㉛ 我会开心。我回到学校后最想要和同学熟悉熟悉，毕竟待在家中太久了，都很久没有见到同学了。

㉜ 我回到学校最想做的事就是和大家唠嗑，分别了这么久，肯定有很多想说的话，即使我们在互联网上也会有联系，但我觉得还是

面对面的交流方式更好。

㉝ 听到复学时间时，我是异常冷静的，第一个想做的事是到老师办公室领卷子。

㉞ 我会很开心，不用听见父母的唠叨。我已经很久没有见到自己的闺蜜了，再不见见，感情估计就没了。我会认真复习，希望成绩稳定吧。

㉟ 开心激动。回到学校最想做的事是看学校升旗仪式，和同学一起唱国歌和校歌，回味学校的饭和菜，和同学一起做课间操。

㊱ 最想做的事是到学校操场上走几圈，呼吸新鲜的空气。

㊲ 焦急，尽快补上自己可能落下的学业。

㊳ 很期盼。最想做的事情是读书，认真学习。

㊴ 有点紧张。回到学校以后第一件事就是想看看自己的教室和座位有没有变化。

活动说明

该活动受到了学生的热烈欢迎，在一定程度上舒缓了他们的焦虑情绪和复学压力。这些来自学生的回复可供学校心理教师、班主任参考，在开展教育活动时，可以围绕这些真实感受展开相应的辅导、系列专题心理微讲座等。

该活动不仅适用于复学心理适应，也适用于学生在经历了一个漫长暑假后开学前的心理调适。

活动三：心沟通　零距离——口罩后面的创意沟通方式

活动背景

疫情控制平稳后，初中四个年级的学生陆续回归学校，消毒洗手液、口罩成了大家的必备品，但有不少学生“吐槽”，表示戴口罩交流很尴尬，有时没有听清对方的话，沟通不畅，造成了误会；也有学生顾虑回到校园后会不适应戴着口罩的交流方式，认为那样似乎有距离感了，担心影响和同学之间的友情。的确，戴口罩上学是疫情之后出现的新现象，而初中生又较倾向于和同伴交往，因此，应帮助他们打开思维大门，使他们意识到即便戴着口罩，依然可以用丰富多样的交流方式搭建起沟通的桥梁。

活动主题

心沟通　零距离——口罩后面的创意沟通方式

活动目的

提高学生对戴口罩交流的接纳度，培养他们积极解决问题的创新思维，提高校园人际交往意识和能力。

活动平台

腾讯课堂、学校微信公众号。

活动过程

（1）在腾讯课堂中，教师出示几张戴口罩的照片，请学生猜口罩后面的表情。

（2）请猜错者思考自己猜错的原因，请猜对者说出自己判断的依据。

（3）学生思考：

① 口罩给自己和同伴的交流可能带来哪些不便？

② 在当前情况下，如何和好朋友、和同学更顺畅地表达真情实感呢？（教师提示：沟通有语言性沟通和非语言性沟通两类。非语言性沟通的形式包括仪表、面部表情、目光接触、姿态、手势、行为等肢体语言。）

(4) 学生将自己的答案在线提交。

(5) 教师遴选出有代表性的创意做法发布在学校微信公众号，使全校学生都能分享观看，从中借鉴。

(6) 学生创意摘录：

① 下课后和同学讲话时，声音可以大些，免得别人听不清楚。可以的话用眼神和肢体语言交流。

② 遇到一时半刻讲不清楚但是重要的事情，可以回家后通过电话、QQ 仔细交流，沟通清楚。

③ 可以写信或者画画来表达自己的想法和感受。

④ 可以做些明信片，然后把想说的话写在上面，在特定时间(非上课时间)拿出来。

⑤ 可以做小旗帜，看见老友直接开摇，表达自己的高兴。

⑥ 可以打印几张附有不同表情的图片，在需要的时候拿出来给同学看。

⑦ 见到好朋友直接用手势摆出“5”，左右摇晃表示：“哈喽，你好！”

⑧ 可以用贴纸贴手腕的形式表示自己的情绪感受，如：高兴，绿色贴纸；伤心，蓝色贴纸；愤怒，红色贴纸；无奈，白色贴纸。

⑨ 也有学生和好朋友商量准备一起学手语表达。

……

活动说明

在活动中，教师要注意引导学生正向思考戴口罩的创意沟通方式，提醒学生在沟通中要抱着尊重、友好、平等的态度交流，要注意对方的反应感受，尽量保证传递的信息是清楚、完整的，否则就会影响人际沟通的有效性。

活动四：心情涂鸦——初三舒压活动

活动背景

本校的心理调研显示，对于 2020 年的初三学生来说，他们所感受到的学业压力要高于往届初三生，这一方面是因为他们本身就处于备战中考的紧张状态；另一方面是因为疫情打乱了原来的学习节奏，有些学生害怕跟不上复学后的学习节奏，面临着更大的学习压力，这种过度焦虑的心理状态不利于学生的学习，因此有必要对初三学生开展舒压活动。

活动主题

心情涂鸦——初三舒压活动。

活动目的

帮助学生觉察和管理自己的情绪，缓解复学焦虑与抑郁情绪，提升专注力，挖掘心中的积极力量。

活动平台

腾讯课堂。

活动过程

(1) 教师提问学生：当听到“中考”两字后，心情如何？

(2) 学生交流。

(3) 在音乐声中，每名学生用黑色笔在一张白纸上划分出 3—4 个区块，然后在纸上画固定的一种基本图案，如：螺纹、泪滴、星空、冰裂纹等，不断重复画这些基本图案。

(4) 学生用水彩笔给这些图案上色。

(5) 学生在线分享“涂鸦”作品,交流感受。

(6) 学生反馈。

① 本来以为只有自己对初三学习是焦虑的,没想到一交流,大家都差不多,我反而有点释然了。

② 当画出自己的心情时,仿佛把自己的紧张情绪也请到身体外面了,平静了很多。

③ 老师让我们根据自己的心情随意画一些基本的图案,我就选择了波浪图案,画着画着,我就完全沉浸其中了,画完之后,心情好多了。

④ 可能是因为前一节课做练习做累了,所以在画画活动开始前,我有点昏昏欲睡,但是听着音乐不断在纸上涂画时,我的精神慢慢就提上来了,压力也似乎没那么明显了。

⑤ 这样的画画方式我很喜欢,可以放松心情,而且我发现,即便是最简单的图案,也能在我们的耐心和创意之下变得与众不同。学习也是如此吧,看上去似乎是简单重复,但我相信只要自己努力,就一定会有厚积薄发的一天。

……

活动说明

该活动主要是帮助学生缓解压力,不仅适用于初三学生,也适用于其他年级的相关学生。该活动可以在线下进行,也可以在线上进行。此绘画心理活动主要是借鉴了“禅绕画”的方法。“禅绕画”的绘制轻松有趣,对绘画基础没有任何要求,材料简单(笔和纸),只需要跟着自己的感觉走,用笔在纸上游走创作,就能绘出一幅幅特别的作品。在“禅绕画”创作的过程中,可以排解不良情绪,放松心情。本活动借鉴了“禅绕画”的原理,但这并非是美术课,对于画法技巧不做要求,学生只需按照自己的心意来画即可,需要关注的是学生在“涂鸦”过程中的体验以及画完之后的感受。一般来说，他们的压力感会有所减轻，对面临的中考挑战会产生新的体悟。如果条件允许，教师也可以专门组织学生进行“禅绕画”团体心理辅导，效果会更稳定。

第四章 后疫情期初中生心理健康工作的展望和探索

现阶段初中学生的心理健康问题是由个体内部的生理、心理素质和外部的压力性环境共同作用的结果。作为学校来说，既需要通过压力源的减少与解决，人际关系的改善，教学方法与模式的改进等方式调整外部环境，同时还要通过知识的普及、方法的传授、个体咨询等角度开展工作，促进学生们自身的心理成长。特别是初中生有能力、也有必要在走向成年的过程中学习有关自我发展的知识，学习认知情绪、理解情绪、管理情绪，更好地运用情绪来解决实际问题。

因此，在未来的初中生心理健康工作中，一方面，学校应集聚心理教育师资力量，创设良好条件，通过各种途径，采取有效策略，为全体学生提供源源不断的心理支持，由外向内激发学生积极心理能量；另一方面，要从个体发展的角度，提高初中生的"情绪智力"，使他们学会有效应对青春期的重大经历与危机事件的挑战，由内向外，促进他们在生命周期发展过程中达到一次次新的平衡状态，顺利走向成年期。

第一节 后疫情期学校心理健康教育策略和途径

新冠疫情把原先对学生来说比较抽象的概念如危机灾难、热爱生命等变得具体、真实了。这场疫情对每个人来说都是一种危机体验。青少年时期的重大经历与危机体验会影响人们一生的成长和发展。所有的教育包括心理健康教育在内，都应立足于人类现实，心理教师应秉持“以人为本”的理念，从学生面临的现实问题出发，帮助他们提高抗压能力。

因此，学校应重视学生群体面临的后疫情时期的心理健康挑战。无论是线上线下，都着重做到：预防为主、关注情绪、提供支持。

一、深化学校发展性心理辅导工作

第一，心理辅导要坚持循序渐进。

心理学研究发现，人们对危机的心理反应通常经历四个不同的阶段，分别为冲击期、防御期、解决期、成长期，有些人在经历了危机后会变得更成熟，获得应对危机的技巧，但也有人消极应对从而出现种种心理不健康的行为。

因此，心理教育工作不能“拔苗助长”，而应根据心理反应的不同阶段采取不同的教育措施。以开设心理辅导讲座为例，疫情的不同发展阶段，主题和内容也应有所区别。如，当疫情暴发之初，针对学生对病毒的紧张情绪，心理教师可面向全校学生、教师和家长开设心理防疫讲座，缓解他们对病毒的害怕心理，使其了解应对方法。在复学前心理教师可面向学生开设复学心理讲座，引导他们做好迎接复学的心理准备。

第二，线上线下要互为补充。

后疫情催生了线上学习的新模式，即便复学后依然可为之。在开展线下心理辅导的同时，学校也可面向本校学生开展丰富多彩的线上心理主题教育“云活动”，并可充分运用各校公众号等线上媒体对学生进行多维度的发展性心理辅导，充分营造良好的校园心理氛围，助力他们的成长。

学校如有条件，每周可开设一节40分钟的“空中心理课”，在线心理课有着自己的优势，它的即时性、互动性优于微课，心理教师可以当场了解到学生们的想法，解决他们的困惑。老师可针对学生容易出现的担心和问题开设系列“空中心理课”，主题应贴近初中生实际情况，可包括“时间管理”“网课学习注意力”“调控情绪”“记忆力”等主题，及时解决他们的困惑。

二、加强学生心理危机预防与干预

教育无小事，心理健康教育更是如此。学校要制定后疫情时期校园心理危机预防和干预方案。在方案中，不仅仅是心理教师，包括班主任、科任老师等人全部有各自的分工和职责所在。既有对学生“面”上的教育和辅导，也有对需要重点关注的个别学生的辅导。做好三级预防，为学生提供支持。心理教师和班主任应密切关注学生的心理动态，关心社会新闻，及时预见学生可能出现的问题，及早制定辅导对策，及时调适学生心理，使其处在可控状态。

后疫情时代的寒暑假，学校应继续开辟线上咨询渠道，包括学校心理咨询邮箱、企业微信平台里的心理咨询预约通道、智慧校园咨询通道等，同时要公布本区的未成年人心理健康辅导中心24小时心理咨询热线，可为重点关注的学生以及有心理咨询需求的学生及时提供心理援助。

第二节　培养初中生“情绪智力”的思考和展望

“情绪智力”是否有别于智商？有一个例子或许能很好说明这个问题。某个学生在小学时的学习基础不错，在升入初中预备年级后，每次考试都获得优异的成绩，但他有个最大的问题是缺乏动力，作业会迟交或不交，有时上学会迟到，到了初三，成绩已经平平。他智商很高，但是他身上缺少了某些关键的“情绪智力”因素，特别是情绪自我控制能力。自我控制意味着自我意识以及自我调节，这些正是“情绪智力”的关键要素。

一、关于“情绪智力”

“情绪智力”的概念自 1990 年沙洛维（Salovey）和梅耶（Mayer）给出定义以来历经了热烈的讨论，诸多学者充满热情地探索“情绪智力”包括的内容。1990 年沙洛维和梅耶提出了“情绪智力”的三因素十变量的模型，1997 年他俩又重新提出了“情绪智力”的四因素十六变量的结构模型[①]；1995 年戈尔曼（Goleman）在他所著的《情绪智力》一书中揭示了“情绪智力”的五个方面，形成了“情绪智力”的五因素结构理论[②]；1997 年巴昂（Bar-On）提出了五大类十五变量的结构模型。[③] 这些研究者都以各自的研究为依据推动了“情绪智力”研究的发展。

“情绪智力”是人的重要生存能力，是一种发掘情感潜能、运用情感能力影响生活各个层面和人生未来的关键的品质因素。“情绪智力”是个体识别、表达、理解、调控情绪并能将之合理运用在学习、人际生活中的可培养的能力。

---

① Mayer, Caruso, Salovey, *Emotional Intelligence Meets Traditional Standards for Intelligence*, Intelligence, 2000.

② D. Goleman, *Emotional Intelligence*, New York: Bantam Books, 1995.

③ R. Bar-On, *The Emotional Quotient Inventory*: *Technical Manual*, Toronto, Canada: Multi-Health Systems, 1997.

二、培养初中生“情绪智力”的意义

越来越多的事实和研究表明，加强对初中生的“情绪智力”培养尤为重要。

如第一章里所提到的，初中生随着年龄的增长、生理和心理的变化，情绪体验更加丰富。他们的情绪带有爆发性、波动性、复杂性等特点，但身处青春期的初中生心理活动更具有隐蔽性，情绪表现不再如小学生那般外露，也不太愿意向家长袒露自己真实的情绪感受，这也导致了当他们遭遇外界过大压力时，不知如何去消化、缓解及正确处理。学业问题、人际交往、挫折事件等方面的应对方式和能力都可能带来心理不适应或心理疾病倾向，新冠肺炎疫情更加剧了这一问题。因此通过“情绪智力”的培养，可以提高初中生个体的情绪调控能力，促进心理健康发展，帮助他们从容面对学习挑战，提高学习力、耐挫力、情绪调控力等，使其更加热爱生命，安然度过青春期。

三、初中生“情绪智力”培养策略

依据认知理论、行为主义理论和团体动力学理论等，面向初中生的“情绪智力”培养应该遵循初中生情绪特点和心理发展需求，既有面向全体学生的发展性辅导；也有面向易感学生的预防性团体辅导和个别辅导，尤其应该形成一套系列化的初中生情绪管理能力的培养教程，有序促进学生心理健康发展。今后，初中学校可在以下方面多做探索和实践。

（一）课堂培养初中生“情绪智力”

针对初中生所处的特定年龄段，依照学生的智力发育程度和实际理解能力，以实践为依托开发出适合不同年龄段的“情绪智力”培养课程，制定标准化的“情绪智力”课程培养大纲，这将会对优化学校心理健康课程，促进青少年心理健康发展起到重要作用。课程内容可根据“情绪智力”的能力模型，从“情绪——四种能力”，即情绪识别、情绪理解、情绪运用、情绪管理四个维度展开。[①] 在初中阶段，可将学生中常见的情绪作为辅导主题，除了提高学生对于情绪的识别和理解之外，还可将“情绪智力”培养的重点放在情绪运用和情绪管理上。如我曾将本区开发的初中《情绪拼图》读本引进心理课堂，对学生进行辅导，读本中的愤怒、沮丧、孤单和紧张等情绪的内容非常适合初中生阅读，共有 6 课时，通过课堂学习，学生学会正确接纳自己的情绪，掌握了调控情绪的方法，收到了一定的效果。

（二）全面开展情绪专题心理健康教育活动

学校应积极探索适合本校学生心理特点的心理健康教育活动，采取有效途径和方法，提高学生心理素质；注重与学校日常的教育教学活动相结合，注重实践，突出以体验活动为主的特点。在心理教育课堂中运用心理游戏、音乐、心理剧、讨论等多种手段，使全体学生在实践中体验情感、学习方法，使课堂环境更加融洽，课堂效果更加明显。在课堂之外，学校可以充分组织开展各类针对本校学生情绪特点的心理健康教育活动，如讲座、心理主题教育活动月、心理社团等，真正让学生放松身心，健全人格，完善自我。学校可通过成长坊的形式，采取自主报名的方式，招募有类似情绪困惑的学生成立情绪主题辅导团体，由心理辅导教师、同伴去触动、启迪学生，使学生对情绪有正确认知，并能掌握一定的情绪控制技能和方法，促进中学生对自身情绪的关注与管理，积极面对学习生活。

---

① 卢家楣：《对情绪智力概念的探讨》，《心理科学》2005 年第 5 期。

（三）分层实施初中生青春期专题教育

青春期是一个人从少年走向成熟的过渡时期，个体在这个时期不仅经历着生理的巨变，也经历着心理发展的种种困惑、矛盾和挑战。初中学校可分年龄、分阶段对学生进行青春期专题教育，通过青春期心理课堂、专题讲座、团体辅导、心理咨询、学生社团等渠道，辅导、帮助不同年级的学生了解青春期知识，引导他们正确面对青春期所特有的生理、心理变化，学习科学的应对态度和应对方法，理解生命的独特性和唯一性，使学生理解、接纳青春期的情绪变化，提高自我悦纳能力，从而更加热爱和欣赏自己的生命。

（四）指导家长减少初中学生的家源性压力

学校应将教育触角从校内延伸至校外，与家庭、高校联动，尤其要加强家校合作。通过“家长沙龙”“家长开放日”等途径帮助家长学习心理健康知识、了解青少年在青春期的情绪特点，家长们由此掌握帮助孩子调控情绪的有效方法，促进家长与孩子共同成长。家长和孩子之间良好的沟通，对于缓解家庭带来的压力、解决青少年心理健康问题尤其是情绪问题有较大帮助。因此，学校可以根据实际情况，借助外部和自身的资源为学生家长开设相关课程，邀请家长参与学生的心理健康建设，建立家校同盟。

（五）重视抑郁和焦虑情绪的应对和预防工作

研究发现，抑郁和焦虑这两种常见的情绪问题在初中生中有一定比例的存在。学校一方面要由心理教师对在校学生心理普查中发现有问题的个体进行建档，追踪，适时地提供个别辅导、访谈和训练，班主任、科任教师也应合力对相关学生的学业和校园生活予以积极的关注和支持；另一方面，应盘活区域内优质的心理健康服务资源，学校和医院建立合作关系，医教结合，及时为易感学生提供心理援助，预防校园心理危机的发生。即便是在寒暑假，学校也应安排教师和学生保持密切联系，可开展全员导师制，教师成为学生的“导师”，指导学生安全、快乐地过好寒暑假生活，及时为他们提供支持，使其健康、安全、快乐地度过青春期。

“少年不知愁滋味，为赋新词强说愁”已经不适用于现代都市中的初中生们，他们出生、生活在一个伟大而精彩的时代，但也面临着和父母辈们迥然不同的挑战，他们对压力的感受度、对自己和他人情绪的敏感度比成年人更高，他们的心理需求与成年人相比更渴望被看到、被听到，然而，却又容易被忽视，最终不知所措。多年以来的学校心理辅导工作使我深深意识到，压力管理和情绪管理都不再是属于成年人的“专用词语”，处于身心发展分水岭的初中生们尤为需要情绪调控能力和压力应对能力的提高，唯有这般，才能使他们充分做好成为未来优秀而独立的成年人的准备。

青春期，是人一生中最为美丽、最为朝气蓬勃的岁月，蕴含着巨大的希望和无限的可能性，但青少年的心灵麦田需要持续耕耘才能滋养成长。愿他们在教师和家长的稳稳护航中勇敢向前奔跑，追逐自己青春的梦想……

后 记

这本小书《初中生情绪疏导与压力管理》，是我从一个长期耕耘在学校心理健康教育第一线的中学心理教师的视角，从理论背景、实践操作、未来展望等方面阐述了处于青春期的初中生的情绪和压力的特点、成因及其辅导对策。我在多年的学校心理教育工作中发现，随着社会的发展，环境的多元化，初中生比他们的父母辈更早、更多地面临着情绪管理和压力管理这两个重要的生命成长的议题，因此，本书侧重于从情绪疏导和压力管理的角度展开对初中生常见的心理问题的分析和实践应用。

心理教师不同于心理咨询师，也不同于其他科任教师，并不只是坐在咨询室里等着学生前来心理咨询，更要从咨询室走出去，承担起学校心理课、心理辅导讲座、心理健康教育活动等工作；面向的也不仅仅是个别学生，而是包括全校各个年级的学生。基于此，本书共分为四章。第一章"初中生所处生命发展阶段概述"，主要介绍了身处青春期的初中生情绪和压力的特点等内容。第二章"初中生情绪疏导与压力管理的实践探索"，主要从个别心理辅导、团体心理辅导两个操作维度，具体介绍了学生常见情绪和压力问题的辅导案例，并没有包罗万象，但这些案例在区域初中学生中较有代表性。个别心理辅导案例中，已经对当事人信息做了处理，严格保护其隐私；团体心理辅导的形式有很多，我在本书中主要分享的是异质团辅（班级团体心理辅导活动）和同质团辅两类，它们都源于我在学校的心理教育实践，我对学生的反馈做了忠实的记录，也附上了个人的一些思考，这些即时性的回应具有珍贵的价值，可以促使更多的教育（心理辅导）智慧的生成。

如果2020年没有发生新冠疫情，或许这本书到第二章就结束了。这场重大社会生活事件改变了一个时代，对我们每个人都带来了冲击，那么在疫情暴发期、后疫情期，在原有咨询条件受限的情况下，心理老师可以做些什么？怎么做？我身为心理教师，也在思考并探索着疫情下的学生心理辅导工作的方式和重点，本书的第三章“疫情期间以及复学之后心理健康工作的挑战与实践”就此应运而生，它主要介绍了疫情背景下，我在学校开展的疏导学生情绪、舒缓压力的线上心理健康教育活动。这些活动都是基于疫情而设计、开展的，实践证明它们比较简便、有效且易操作。在疫情远未结束的形势之下，它们的模式都可以完全被迁移运用在更多需要的场合中。而在写完第三章后，我尊敬的导师李晓茹教授建议我可以将“情绪智力”放在本书中和读者们做一探讨和交流。我在2017年承担了初中生“情绪智力”培养的课题研究，我也是杨浦区情绪特色课程建设的团队成员之一，在亲历的过程中，我见证了培养“情绪智力”对于青少年的重要性，“授人鱼不如授人以渔”，系统化、系列化的课程学习才能更好地提升初中生的EQ，使他们无论在情绪调控还是压力自我管理方面都能有自己的习得，尤其在后疫情时期，提高青少年的“情绪智力”显得尤为必要。所以，在导师的悉心指导下，我在第四章“后疫情期初中生心理健康工作的展望和探索”中着重介绍了初中生“情绪智力”培养的方向和策略，也希望有更多学校一同加入培养学生“情绪智力”的未来愿景中。

这本小书“生产”的过程虽然有些辛苦，但却因为有来自各方的力量支撑而使我鼓足勇气跳出舒适圈，迎接这份挑战。其中，有上海市正高级教师、上海市中小学骨干教师心理健康教育（青春期教育）实训基地主持人戴耀红导师的鞭策和帮助，有我的学术导师、复旦大学心理学系李晓茹教授通宵达旦的倾力指导,有杨浦区教育学院心理教研员倪京凤老师及沈燕霞、张钰玲老师的热忱支持等。在这里,一并向以上各位表示我最真挚的感谢!

由于篇幅有限,本书难免会有不完善之处,敬请读者谅解并提出建议,共同探讨E时代青少年的心理健康教育方法和路径。

很幸运,在自己的教育生涯中不早不晚地遇到了有温度、有态度、有高度的青春期教育专业团队,我将和志同道合的小伙伴们继续在上海市青春期教育实训基地主持人戴耀红导师的带领下,探索孩子们的青春期成长之路。

未来,一切可期!

牛燕华

写于2020年9月30日

图书在版编目(CIP)数据

心悦青春:上海市中小学骨干教师心理健康教育(青春期教育)德育实训基地成果集.1,初中生情绪疏导与压力管理/戴耀红主编;牛燕华著. —上海:复旦大学出版社,2021.6
ISBN 978-7-309-15607-2

Ⅰ.①心… Ⅱ.①戴… ②牛… Ⅲ.①中小学生-心理健康-健康教育-教学研究
Ⅳ.①G444

中国版本图书馆 CIP 数据核字(2021)第 065361 号

心悦青春——上海市中小学骨干教师心理健康教育(青春期教育)德育实训基地成果集
戴耀红 主编
责任编辑/关春巧

复旦大学出版社有限公司出版发行
上海市国权路 579 号 邮编:200433
网址:fupnet@fudanpress.com http://www.fudanpress.com
门市零售:86-21-65102580 团体订购:86-21-65104505
出版部电话:86-21-65642845
江苏凤凰数码印务有限公司

开本 890×1240 1/32 印张 37.25 字数 968 千
2021 年 6 月第 1 版第 1 次印刷

ISBN 978-7-309-15607-2/G·2235
定价:280.00 元(共十册)

心悦青春

上海市中小学骨干教师心理健康教育（青春期教育）德育实训基地成果集　戴耀红◎主编

RAIN的心理时间

章诚　著

復旦大學出版社

总　序

曾经有四名初中少女，因为她们喜欢的男孩子不喜欢她们，于是开煤气想集体轻生，不料抢救后醒过来的她们几乎说的第一句话都是：怎么没有电视台来采访我们？她们全然不顾父母的着急、老师的担忧，更是把放弃生命当作一场儿戏来“秀”。当成年人为她们的行为感到可笑、可气、可悲的时候，作为教育工作者，我们的心情是沉重的。当青少年以生命的代价去叩问青春命题时，我们不得不反思，教育该如何尊重人的成长需求，体现人文关怀？如何遵循人的发展规律，体现育人价值？

从事青春期教育实践和研究二十多年，我亲历并见证了上海青春期教育的发展。从当年要不要在学校开展青春期教育到如今学校如何实施青春期教育，这场讨论主题的转变是时代对教育的期许，是学生对教育的呼唤，也是教育改革、进步的必然。

由于青春期教育工作者的不懈努力、追求和坚定的信念，青春期教育终于从最初的被指责、被怀疑到现在的被接受、被认同，并在不同学校以不同方式开展。但是随着社会的进步和学生身心的发展，目前青春期教育在观念、内容、形式等方面还有许多需要改进甚至变革的地方。

一方面我们的教育观念比较传统和保守，和社会转型期学生的实际生活、价值观仍有隔阂。我们在教育内容上比较单一，对性的敏感话题心存顾虑。我们在教育方法上还是以过来人和教育者居高临

下的说理、灌输为多。教育过程中缺乏倾听学生的心声和了解学生的感受;教育目标一般也简单定为青春期问题防范和处理,对于学生青春成长过程中的生命关怀缺乏研究。

另一方面教育的整体性和连续性跟不上学生生命成长的需求,学校或教师的教育行为大多数还处在应付处理青春期问题的层面,学科教学与专题教育处于碎片化、断裂式的状态,一些教育内容在许多学科或不同学段中简单重复,一些内容由于敏感或与学业知识相关不大而被空缺、被忽视;对青春期成长有着重要意义的家庭,在孩子身心发展,特别是人格发展方面重视不够、方法欠缺。

众所周知,青春期是一个人价值观、人生观、世界观形成的关键期,在教育部颁布的《中小学德育工作指南》中强调,要对学生"开展认识自我、尊重生命、学会学习、人际交往、情绪调适、升学择业、人生规划以及适应社会生活等方面教育,引导学生增强调控心理、自主自助、应对挫折、适应环境的能力,培养学生健全的人格、积极的心态和良好的个性心理品质",这也是青春期教育的目标所在。

学校青春期教育是生命教育的重要组成部分,也是当下德育的难点,虽然教育部门有专题教育的要求,但在落实中存在诸多困难,如缺乏合适的教材、创新的教法、有一定水准的教师等。上海市中小学骨干教师心理健康教育(青春期教育)实训基地正是在这样的背景下,由上海市教委为加强学校德育工作、促进德育队伍专业发展而搭建的培养市级骨干教师的高端平台,是由一群经推荐和选拔的中学德育优秀教师组成的实践研究团队。市教委德育处领导、市德育发展中心和市中小学德育研究协会的专家对我们基地的组建、项目研究、成果质量给予了高度关心和鼓励。学员所在学校的领导也给予学员在参与基地活动方面极大的支持。

2018 年初夏,我和学员们带着众多人的期望和对学校青春期教育的信念,开始了一段陪伴学生成长的青春之旅,基地本着"以教师的人文情怀滋养学生青春成长"的理念,致力于学校心理健康教育、青春期教育的推进与创新，旨在通过项目引领、理论学习、教育实践、研究反思等，更新教育理念、改进辅导方法、改善教育行为，促进教师专业发展，有效发挥学科优势，充分体现心理健康、青春期教育的价值。

三年来，我们聚焦问题，突破创新，通过调研，了解当下学校青春期教育的基本情况、困难和瓶颈，为学校青春期教育提出建设性、突破性的建议；我们更新理念，提升能力，在实践研究中丰富教师的青春期知识，完善教师的教育方法，提高教师的青春期教育素养，培养了一批热衷于青春期教育、有一定创新能力、受学生欢迎的青春期教育的教师。

三年来，我们聘请高校教授、医务工作者、特级教师等担任基地导师团导师，通过讲座、报告等形式在专业知识等方面对学员进行指导，在微课设计、制作及资源开发等过程中，帮助学员把关好教育的科学性、准确性和有效性，提升学员青春期教育的理论水平和专业能力。

三年来，我们以上海市德育理论研究与决策咨文课题“中小学青春期教育一体化建设研究”为抓手，组织学员边学习、边反思，边实践、边积累，边开发、边提升，开展了上海市中小学生青春期教育现状的调研、青春期教育学科融合、青春期专题教育资源开发和利用等研究。在完成项目过程中，研究生命视野下青春期教育内容的适切性。

三年来，我们根据学员的知识、能力、特长等分成若干合作小组，在教育实践中有一定的时间量进行集体备课、听课、评课、切磋指正，在小组学习中互相讨论分享，在项目开发中头脑风暴，分工合作，发挥各自优势，完成相关学习内容及实践任务。

三年来，我们结合日常专题教育、团体辅导、个别咨询、主题活动开展实践研究，每位学员根据自身特点确立明确的实践方向和任务要求，在教育教学实践中关注重点、发现难点、突破瓶颈、探索创新，完善教育方法，完成有推广价值的各学段示范课。

今天，17 位学员中有 9 位独立或合作撰写了青春期教育专著 9 本，有 8 位学员撰写了青春期教育论文。这是他们长期从事学校青春期教育、心理健康教育、开展家庭教育指导等实践经验的积累，更是他们在基地三年的理论学习、探索研究、团队合作的成果。从选题、落笔到改稿、成文，整个疫情期间和暑假，学员们查阅资料、请教专家，一遍遍地推翻、修改，尽可能使作品成为自己满意、教师有用、家长需要的优质教育资源。

牛燕华，基地写手之一，淡然的外表、文艺的内心，始终保持对青少年的好奇心和探索欲，是心理教师难能可贵的品质。《初中生情绪疏导与压力管理》是她多年参与研究积累的成果，是理论与实践相结合的产物。

章诚，基地里年纪最轻的教师，是一位感受力和创新力极强的心理老师。读她的文字，总让我回想起自己年轻的岁月，执着而热烈。《RAIN 的心理时间》是她独自反思教育的节点，更是她分享教育感悟的快乐时光。

杨岚，基地助教，参与并保障每一次研修活动的顺利进行。她撰写的《生命成长视野下的青春期“三情”教育》以亲情、友情、爱情为主题，关注青春期学生情感发展和品德培养，将生命教育和青春期教育有机结合。

朱炜，基地里自带光芒的教师之一，但她不刺眼、不炫目，是柔和而温暖的。我欣赏她的坚持和聪慧。疫情期间，她怀着心理教师的使命感，不失时机地研发了线上课程，《心理微课》应运而生，丰富了线上线下的心理课。

杨洁，一位优秀的语文老师和班主任，因为优秀，所以懂得青春期心理健康教育的重要，有意识地将语文学科与青春期教育相融合，《阅青春 悦成长——初中语文阅读教学与青春期教育的融合实践》也许是学科“跨界”专题研究的首创，在她的阅读教学中，作品散发出青春的光芒。

沈慧，基地里最资深的心理教师，多年的教育教学实践，让她在从容笃定中不失激情和亲和，我想这应该就是优秀心理教师的样子。在她撰写的《跟着电影懂青春》中，我们能体会到她教育的用心，能感受到文化育人的力量。

沈俊佳，其实不是我们基地的学员，却长期在做青春期教育的研究，也是课题组的核心成员。她在《陪伴青春——初中生心理辅导》中，以心理教师独特的视角去观察和诠释初中生的行为表现，体现了她在教育中的人文关怀。

俞莉娜，基地里唯一一位中职校的教师，是一位学习力、行动力极强的德育主任。她对一些职校学生的家庭环境、生存状况极为关切和担忧，在她的《"青"听"春"语》中，我们听到了学生的心声，感受到了教育者的使命。

王铭鸣、冯嫌、李萍，都担任着学校德育的领导工作。在基地的活动过程中，她们那种乐于学习、善于思考、积极参与的态度让我感动。针对家庭教育中存在的现象和问题，她们凭借多年家庭教育指导的丰富经验，合作撰写了《初中生家庭教育那些事》，值得家长一读。

胡敏、杨彦、陈冉苒、汤瑾、宋睿、刘军、王雪凌、张卫琴等参与了《青春期教育实践研究》论文集的撰写，虽然文字不多，篇幅不长，但也是她们三年来实践研究的体会和思考，内容丰富，体裁多样，涉及学科青春期教育、心理健康教育、青春期相关调查分析、家庭教育指导等，学段覆盖小学、初中、高中，多维度、多视角地让我们了解当下学校青春期心理健康教育的状况，给教育工作者、家长以启示。

德润生命，心悦青春。这将是我们永远的追求！

上海市心理健康教育（青春期教育）实训基地主持人：戴耀红

2020 年 11 月 22 日

目 录

第一章 课堂时间

第二章 咨询时间

第三章 反思时间

第四章 观影时间

第五章　阅读时间

第一章
课堂时间

热闹还是体验?

——我在高中心理课堂中的一些摸索

十年的心理教学中,我对于心理课堂呈现状态的期待曾经历了这样的一些变化:开始,我常会克制不住在心理课上直接告知学生我希望他们领会的所谓“道理”;后来,我希望学生能在课堂中有外显的情绪表达,比如掉眼泪、大笑或争论;再后来,我尝试带着学生们在课堂中进行一些人生话题的讨论,希望可以深入思考和分享。可是,我常常在这样的期待下遭遇实践上的“打击”。

情景一:在第一年的心理课中,我常沉浸于自己的世界里,设计我认为学生喜欢的话题,在心理课堂上禁不住讲述个人经历,尝试告诉他们该多思考、多关注自己……这样的方式常常会引发一些“有趣”的场景:我喋喋不休地讲完将近一节课,小部分学生吵闹无比,大部分学生沉默不语。每当抛出一个问题,学生还来不及思考,我就忍不住代替他们回答。这时的课堂常常演变为主题教育课,还是很枯燥的那种。

情景二:在讨论与父母有关的话题时,我期待学生能够被父母对于孩子的爱感动,期待学生能够在课堂上有激烈的情绪。实际上,在大部分课堂中,高中学生的表现超乎我想象的冷静,甚至有些冷漠。他们多半能够跟随着课堂的话题“不咸不淡”地说一些表面的感受,印象深刻的是有一个男生在分享时直接说:“我爸妈把我当成乞丐”……

情景三：在使用“心灵七游戏”时，我期待学生能够在活动过程中对自我进行深入思考。实际情况是，学生要么分享浮于表面，要么拒绝在课堂中自我暴露……记得在课上，我试图带着学生们以励志大师尼克·胡哲(Nick Vujicic)为榜样思索自己人生时，他们却更多关注尼克·胡哲无手无脚的外表。

类似以上的情景在我早期的心理课堂中时常出现。在这些课堂的“障碍”中，我开始思考到底高中学生需要的心理课堂是怎样的。是热热闹闹、轰轰烈烈的“表演”吗？那样的课堂似乎给人较好的感觉，可是结束之后呢？我曾在一段时间后尝试与学生们回顾以往的课程内容，但是他们却常常不记得那时留下了怎样的思考。

我一直隐约觉得，学生对心理课堂的“失忆”与缺乏深度学习有关。无论是课堂氛围还是新颖的形式，所有的体验、表达和讨论都应当最终落到学生的内在需求，而非教师本人的设想。因此，在近几年的课堂设计中，我常常会提醒自己要关注学生的深度体验而非表面的课堂氛围。在实践这一想法的过程中，我时刻提醒自己：将课堂的话语权交给学生，让他们去说，让他们去做；而作为观察者的我，不应迷恋一时的课堂氛围表象。

随着教龄的逐步增长，我常常会发现学生的状态在发生着变化：近两年，我授课的高一年级学生比以往的几届要来得更加“热情”。在大部分的班级中，当我抛出一个问题时，他们常喜欢“抢答”，甚至有时候会兴奋过了头。这样的表现让我常常来不及去捕捉他们的反馈；而我同时任教的高三学生们似乎是“长大”了，他们在心理课中大多时候显得比较安静，只有在与热点相关的媒体资料出现或者“调侃”他们时，才会有情绪的波动。差异性的课堂让我开始思考：如何利用不同年龄段学生的体验与思考呈现出的外显和内隐特点，构建更适合他们青春期健康成长的课堂？通过多次备课组活动，我和我的伙伴开始了几个月的实践与调整，摸索了一些方向和“门道”。

方向一：增加多层次、进阶的深度体验活动

在高一的课堂中总是不缺兴奋与热闹，可是教师却会在课堂上难以“负荷”精力旺盛的学生们。听课的专家们也指出：课堂除了热闹，学生的体验在哪里？他们的兴奋似乎来自课堂中的舒适。缺少活动任务，于是他们可以随意地在课堂中聊天甚至吵闹。表面上课堂氛围的问题其实与课堂内容缺乏深度思考和高质量的体验密切相关，学生似乎只顾着热闹而没有一刻可以停下来真正地进入深度学习的状态。

于是，在备课组“磨课”的过程中，我尝试将课堂原有的设置打破，设置了多个小组讨论和情境体验的环节，尽力让每个同学在仅有的40分钟里都有至少一次的体验机会。实践中，我发现当每个学生在课堂中都有任务时，他们也就少了“吵闹”的机会，课堂安静下来了，思维量增加了，学生们表达的内容也有了一定的深度，他们的旺盛精力有了更为合适的“去处”。让人惊喜的是，小部分高一的学生还在相似话题的讨论和分享质量上超过了高三的学长学姐们，妙语连珠，发人深省。

方向二：增加表达性艺术类的活动

在为高三学生上课时，我发现他们的“安静”和参与课堂活动的“被动”背后，其实隐藏着潜力。于是，我尝试将心理学中表达性艺术治疗的各类技术带入高三课堂中，比如绘画、手工和情境表演等。让人意外的是，仅仅是刚刚开始，绘画这一工具就让一些原先异常安静的高三学生在课堂参与度上有了大大的提高。很快，高三心理课堂也开始有了活力。即使在没有很多“热闹”发言的情况下，作为心理老师的我能够明显地通过行为举止观察到，学生们大多在活动过程中有情绪的“激荡”或与同伴主动分享的意愿。他们的表现不再是做给老师看，而是发自内心的自主行为。

虽然每个年级每周只有一节心理课，但是对于心理课堂的设计，我总趋向于连贯性。一节课里学生心中有涟漪并不够，更期望学生能够收获较长时间的、逐步积累的、对心灵有益的“养分”。这是心理课堂最重要的目标，也恰好符合促进学生形成“深度学习”的状态。

高中的心理课堂中有很多引导，也有很多“等待”。在我看来，“等待”不是毫无意义的“stop”，而是给予学生调整的时间和空间，在某种意义上这也是对他们自我控制能力的锻炼。能够在“等待”中汲取能量的学生，在一般的学业考试中也不会表现得太差。这是我不完全统计的发现，也许可以成为一个新的研究课题。

成熟的高中心理课堂当然最好是既热闹又有深度体验的，不过在实践中，还需要得根据不同年级、不同班级，甚至不同类别的学生去选择适合他们的课堂学习方式，至少从我这不算长的心理课堂摸索中是这样感觉的。

心理魔法壶

——一例新闻事件引发的心理课

在我所任教的学校里，“HG 之巅，一跃解千愁”这句话一直在每个年级的学生群体中流传着，特别是在重要考试前后。听到这样的表达，基于心理老师的职业敏感，我总要向学生们反复强调，“一跃”是最极端的负面做法，寻求心理援助是更好的选择。近期卢浦大桥上让所有人揪心的一跃更让我忍不住想要跟学生们借机探讨如何面对这样的极端事件，如何管理和调节自我情绪。

心理课上，我直接询问学生看到这则新闻的第一反应，他们给出的反馈大致是这样的：震惊、可惜。学生说：“真的很可惜，熬过了这段时间就好了……”“妈妈没能拉住他，能拉他一把多好……”“他为什么这么冲动，不停下来想一下……”

在即时反馈中，我还听到小部分“特别”的声音——敬佩、羡慕。他们说：“我好崇拜他！我没他的胆魄”“他不用面对这么多烦恼了，多好”“帅气！跑得飞快啊”……

听到这些“特别”的声音，我的神经一下子被挑动了。我不意外，但更想知道学生们为什么会有这样的思考，于是进行了追问：“这样的他会有什么遗憾吗？比如想做却来不及做的事情。”于是学生说：“他还没谈恋爱”“他游戏还没通关”“他还没来得及和妈妈好好谈谈”……

学生们的话给了我启发：恋爱和游戏在这个年龄通常被师长禁止和限制，却可能是让有些人活着的力量。有时生死就在一念之间，留恋之物、牵绊之人都是孩子们万念俱灰前的缓冲，可以帮助他们增加与自己、与世界的连接感。周围的老师、父母如果希望预防极端事件的发生，那么增加与他们的情感连接也许是能够挽留他们的重要方法之一。

为了帮助学生们探索困住自己的障碍和让自己活着的力量，借由“跳桥事件”，我在心理课上引导他们通过主题活动“心理魔法壶”呈现自己面对困境的态度和做法。“心理魔法壶”主要带领学生在一张白纸上根据故事的发展画出四个画面，分别是：

第一幅：你走在一条路上，突然出现一个魔法师，把你抓住，放进了一个有魔力的壶里。

第二幅：你在里面待了一天一夜，你不觉得渴，也不觉得饿，你有什么感受？你在做什么？

第三幅：不知过了多久，阳光照了进来，你有什么感受？你在做什么？

第四幅：一年过去了，你在做什么？你有什么感受？

学生们在作画的过程中还需要在白纸背面相应的位置写上自己的感受。从学生的作品和自我解读中，我很欣喜地看到强大的生命力。有的作品呈现出“西西弗斯”般的战斗力，生活是一场接一场的战斗，也许会在希望和斗志中不断失败，但是仍旧会在下一次战斗中充实力量；有的作品并没有将魔法壶看成困境或问题，而是觉得壶很好，是个清净的环境，毕竟外面的世界那么乱，这个壶就是我的世外桃源……

当然，我也在一些作品中看到了极端情节，比如“死亡”。于是，我借由“跳桥男孩”事件引导学生们思考：如果他还在，他会如何画出自己的“心理魔法壶”？他又会被什么困住？

问题的抛出引发了学生们激烈的讨论：“他应该是被妈妈的唠叨困住了”“他被困住之后，他不知道他可以从壶中出去，壶外面有更大的世界，只看到自己在壶中，很绝望”……也有学生提出：“他也可以从壶里出去呀，没人规定一定要在壶里待着呀！”

无论是怎样的解读和分享，我们都不难发现其中蕴含着培育学生抗逆力和良好心态的机会。于是，在学生们完成“心理魔法壶”的涂鸦、解读和分享后，我引出了“抗逆力（resilience）”这一关键词（抗逆力是积极心理学中的重要概念，强调人在面对压力、困境时的潜能激发和自我超越，而不再单纯关注问题的负面影响）。这样的方式让学生们在主题活动之后更容易、也更有根据地去发掘自己的内在力量。即使是那些涉及“死亡”等负面表达的学生画作中，也存在着这种积极的力量，只不过这些力量被“睡觉”“玩手机”“发呆”等表面问题所包裹了而已。

作为心理健康教育工作者的心理老师，不应该只停留于看到学生表面呈现出的消极问题，而应该在学生的表达中发掘其潜在的积极能量，陪伴他们在“万念俱灰”中发现生活中的“阳光”，帮助其产生推动力量。

世界上只有一种真正的英雄主义，那就是认识生活的真相后依然爱它。

——罗曼·罗兰

一个学生在心理课后留下了这样一句话。

写在青春期心理课堂之前

青春期是人一生中重要的时期。正处于青春期的高中生们性意识萌发，随之而来的剧烈心理活动，使得大部分人容易对两性交往产生兴趣，渴望了解和接触两性关系。在两性交往中，高中学生对与性有关的话题非常好奇，有的人已经在探索，甚至进行了行为层面的尝试。

在每年的课前调查中，与性有关的课题常常高居学生兴趣的前列。在课堂上，学生的表达如果与性有关，常常是最能够引起骚动的；在心理咨询中，学生也会带着与性有关的疑问出现在咨询室……让我们来看看与此有关的调查结果和课堂情境。

1. 课前调查结果

在每一年心理课上对高一学生进行性态度的调查——“我们自己对性的态度”[①]中，我们发现男女生的选择并没有随着时间的推移而发生明显的变化。同时，他们均在“恋爱关系中最大限度的亲密动作”这一问题的选择中存在着性别上的明显差异：男生的选择比较均衡，各项均有选择；女生的选择则比较集中，比如牵手、接吻等，选择“如果对方同意，任何行为我都能接受”的高一女生略有增加。有

---

① 具体调查内容如下：

1. 在现阶段如果谈恋爱了，你能接受的最大限度的亲密动作是（　　）。

A. 最好不要有，心里互相喜欢就可以了　　B. 牵手

C. 拥抱　　D. 接吻　　E. 亲抚

F. 如果对方同意，任何行为都接受

2. 知道你的一位女友曾发生过性行为，你的态度和想法是（　　）。

A. 不好，这个阶段发生总是有点过于随便的感觉，容易吃亏

B. 最好不要，应该和共度一生的他发生

C. 理解她，但她需要懂得安全措施

D. 很理解，这是自然而然会发生的事情呀

3. 知道你的一位男同学曾发生过性行为，你的态度和想法是（　　）。

A. 不好，这个阶段发生无法对别人、对自己负责

B. 最好不要，应该和共度一生的她发生

C. 可以理解，但他需要懂得安全措施

D. 很理解，这是自然而然会发生的事情呀

4. 如果你的结婚对象在你之前和人发生过性行为，你会（　　）。

A. 很难过，考虑要不要结婚　　B. 无所谓呀，既然爱就接受全部

C. 当然会接受对方，但如果对方是第一次，会感觉更美好与珍惜

意思的是，近期我还在高三心理课上进行了抽样调查，其中，高三学生选择“如果对方同意，任何行为我都能接受”的比例较高，男女生的选择达到了三分之一(高二年级因为课时原因，未安排每周一节的心理课)。这样的调查结果说明青春期性教育课程在高中阶段需要从起始年级全面推进，覆盖全校。

2. 课上讨论分享

① 男/女朋友邀请对方周末去家里。

学生A：去就去呗，干嘛不去，又不吃亏。

② 如果现阶段你的恋人向你提出发生性关系的要求，你会(　　)？

学生B：想发生就发生了，干嘛要考虑那么多后果呢？青春就是要挥霍的，不是么？

学生C：我觉得青春就是要经历折腾的，不经历怎么会知道呢！

学生D：性和其他的不一样，一旦经历就回不去了。不是什么都必须得去经历的。

学生E：如果明知道会对自己产生伤害，为什么要为了挥霍而挥霍呢？好傻！

高中生们对于青春期的话题总是有着很多有趣、丰富的表达。与此同时，现代社会的海量信息也在不断涌入高中生的头脑中，其中藏匿着许多不良的性信息，他们常常因为不会辨别而一股脑地全部吸收进来，产生不良的影响，甚至出现不可挽回的后果。以上的情况让我意识到，在高中阶段对学生进行性知识、性态度和性行为等方面的教育和引导是十分必要的。自2010年入职起，我在学校一直尝试推进与青春期相关的课程，也经历了多年的困惑与纠结。在我看来，在高中实践青春期性教育的心理课之前，需要在思想上明确以下要点。

一、青春期性教育是什么

青春期是指个体在成长的过程中，以第二性征发育为起点的、明显在生理、心理上发生重大突变的时期，它是决定人一生体格、体质、心理、个性和智力发育的关键期。青春期是人一生中最重要的时期，在青少年的生理、心理发育成熟过程中，需要对他们进行性知识、性道德、性心理等方面的教育，即青春期性教育。

在高中，青春期性教育是一种健康行为的教育，更是一种人格的教育，它帮助学生科学而全面地认识性心理和社会成熟的过程，认识两性交往中友谊和爱情的健康发展条件，树立性别平等、责任感与互相尊重等观念，培养男女学生健康美好的情感。

二、青春期性教育的课堂是怎样的

青春期性教育的课堂总是有很多惊喜和意外，学生在课堂中总是情绪异常高涨。作为老师，我从来都不担心他们无法回答关于主题的任何问题，反而常常要做的是——把这些“脱缰”的小野马拉回来。课堂实践中，我看到的青春期性教育课堂相较于其他心理课或者其他学科的教学有着以下特点。

1. 课程内容敏感、直面人性

传统意义上，青春期性教育课程的内容并不适合在课堂中公开讨论。大部分教师受传统观念的影响，不可避免在课堂上感到尴尬。性乃人之本能，学生们既渴望了解青春期的知识，又不知道以何种方式表达自己的兴趣，因此，教师在课堂中很难创设和谐、安全的课堂氛围，有的学生用沉默或偷笑或悄悄议论来表达自己的敏感和拘谨，有的学生用嬉笑或看似“无理”的语言表达自己的兴奋和疑惑，他们常常不断地对课堂进行着“挑战”。

2. 课程内容深浅程度不易把握

中国计生协常务副会长潘玉贵说：“长期以来，青春期性健康教育怎么讲是困扰教育者的一道难题，讲轻了无效，讲重了又担心诱发孩子越轨。”①

---

① 转引自李晓宏：《青春期课怎么上》，《人民日报》2010 年 10 月 14 日。

由于个体的差异性，并非每个孩子都会在相同的年龄经历同样的生理与心理的变化。青春期性教育的内容，对于那些已经经历或正在经历的学生来说，非常及时和必要。但是对于那些还没有产生过类似体验的学生来说，他们会显得较难接受或认为没有必要。我认识的一些成年人还会认为，与学生讨论与“性”有关的话题是否有激起他们欲望的风险。

3. 课程对教师的专业要求高

青春期性教育课涉及的知识层面广泛，对于教师的专业性要求也很高。如果没有充分、深入的了解，教师很难开展有效的教学；加上学生们的好奇心，问题的分散度较高，对于教师的应变能力要求较高。学生会不时地抛出例如“安全套”“人流”“结扎”和“体外射精”等性关键词，教师如果准备不充分就很容易受挫。因此做好尽可能全面的知识储备是课程推进的必备条件，也是教师有底气地面对学生挑战的重要基础。

对于很多心理教师来说，青春期性教育是不敢轻易涉及的“雷区”，如果进入课堂实践前不能及时进行专业的知识储备，保持开放宽容的心理状态，可能很难面对和解决学生的临场问题，那么这些生成性问题未得到处理则可能会成为青春期心理课堂的缺憾。

Yes or No?

——我的一次青春期性教育课堂实践

对于很多老师来说，青春期性教育常常是我们不敢轻易涉及的“雷区”。我还很清楚地记得我的高中班主任念着各类性器官名词，尴尬、涨红、还要故作镇定的脸。因此，能够顺利完成这节高中青春期性教育课，于我而言是无比幸运的，这也是一种无比重要的精神支持力量。

多年前，我第一次开设相同主题的心理课时，惶恐和拘束充斥于课堂、我与学生之间，当时我努力推进时，感受到了巨大阻力。之后我在相关主题的实践中，常常纠结于以下问题：到底青春期性教育课程应当确定怎样的教学目标？什么样的形式是贴近学生，是能够让他们在足够的安全感下进行充分分享的？……很幸运，在准备“Yes or No?”这节心理课的过程中，我的困惑慢慢有了解决的方向。

备课过程中，我反复调整的是教学目标。起初，我确定的目标是希望学生能够通过情境体验呈现理性和明确的态度，但是在多次说课、试教和磨课的过程中，我慢慢发现，其实心理老师可以以更开放的态度面对学生在性教育课堂中的生成状态，包括接纳学生在面对不同情境时呈现出来的态度。我将教学目标调整为讨论“该以怎样的态度面对两性交往中对象提出的亲密要求”而非直接告知所谓的正确观念，在探索中引发他们对美好情感的向往。在课程实践的过程中，我始终提醒自己：将话语权交给学生，让他们充分地呈现自己的态度，给予充分空间来表达情绪；不盲目介入，不断鼓励，引导他们忘却周围干扰，投入所面对的情景。

经过调整，课堂中学生的表现相较于之前发生了一些变化。首先，学生能够基本做到遵守课堂公约——“尊重、平等、开放、倾听”；其次，他们能够在各个环节引导下层层深入进行着理性的思考。许多学生勇于表达，思路清楚，分享非常精彩，引起其他人的共鸣；有的学生虽然没有发言，但是从他们的脸庞上我能够清楚地观察到其内心情绪激烈的涌动；最后，学生的课堂表现与课前调查结果也基本一致，他们用行动充分表达了自己对青春期性教育的需要。在课堂上，学生的精彩表现不再是所谓的“配合”，而是发自内心的真实声音。

青春期性教育课程涉及的知识层面很广，知识性也很强，对于施教老师的要求十分高。与我而言，不管是备课还是课中，甚至是课后，我仍然保持了对青春期性教育知识和态度的敏感性。随着社会的发展，学生对青春期与性相关的生理和心理的变化保持着高度的好奇心，问题的分散度很高，他们可以了解性知识的渠道也非常多。很多时候，老师甚至都不如学生这方面的知识储备，观念也不如学生开放，因此我认为施教青春期性教育课程的老师需要提前了解清楚学生的状态，同时需要具备很高的应变和接纳能力，这种能力除了不断地主动学习以外，也需要有随时随地跟上学生步伐的强烈意识。

青春期性教育的课堂无所谓成不成功，学生们能够在课堂中畅所欲言，积极分享自我态度和自我认识，他们能够在课堂中不断地明确自我“底线”，是最让我深感欣慰的事；他们在讨论分享中犹豫不决的态度，让我更确定了这一系列课程存在的必要性；他们对我的信任也引导着我充分投入，积极面对他们的成长需求。

附：青春期性教育课堂教学设计——Yes or No?

一、教学目标

1. 学生明确自身对两性交往中亲密关系的“底线”，懂得拒绝亲密关系中的非分要求。

2. 学生通过情境体验，讨论该以怎样的态度面对两性交往中对方提出的亲密要求。

3. 培养对于两性之间美好情感的向往之情，建立健康的恋爱观，增强自我保护意识并激发对爱的责任感。

二、教学对象

高中学生，建议高一年级。

三、重点与难点

理性讨论如何面对青春期两性交往中的亲密要求，以尊重与平等的态度明确拒绝亲密关系中的非分要求，培养两性之间美好情感。

四、教学准备

1. 提前进行调查，并做好数据图表。内容是：

现阶段你能接受的最大限度的亲密行为：①最好不要有，心里互相喜欢就可以了；②牵手；③拥抱；④接吻；⑤亲抚；⑥如果对方同意，任何行为我都能接受。

2. 制作课件。

3. 学生提前分组。

4. 打印好情境并封装至信封，打印好情境讨论表格。

5. 准备好卡片和笔，用作学生课堂记录感受。

6. 下载剪辑视频《性行为是可以选择的》《避孕》和《性态度》。

五、教学过程(见表1)

表1 "Yes or No"教学过程设计表

过　程	具体内容
导入：展示经典图片。教师提问学生：你会联想到什么？	引出课题。
热身活动："亲密"渐进式——学生两两一组，完成相应动作。	
情境体验： 1. 情境A：这周末我爸妈不在家，你到我家来吧…… 情境B：如果你不肯，就说明你还不爱我，否则就证明给我看呀。 情境C：我们彼此相爱，而且都是大人了，有什么不可以的呢？ 情境D：我知道你其实同我一样想试试，再说别人都这样做的，我们为什么不试试呢？ 2. 每组学生抽取一种情境，从提出要求的是男生/女生两个角度进行组内讨论，并回答以下问题： a) 被提出要求的"TA"面对情境明确态度。 b) "TA"为什么会选择"Yes/No?" c) "TA"这样做可能的结果是什么？ 3. 小组代表分享讨论结果，其他小组成员聆听并记录感受或自己的想法。	1. 各小组抽取情境。 2. 教师在关注各小组讨论时，可适时参与其中，引导和帮助学生关注各情境中的关键点。 3. 小组讨论分享，需要从男女生两个角度分别思考，体现异性交往的相互尊重。
"真香TIME"： 1. 播放视频《性行为是可以选择的》。 2. 教师呈现课前调查的结果。 3. 学生结合调查结果和课堂讨论谈感受。 4. 请将记录你的感受的卡片放置在教室的展示板上(匿名)。	1. 观看视频，引发学生对课堂讨论结果的进一步思考。 2. 通过感受分享，学生明确面对亲密要求时的态度。

续　表

过　　程	具体内容
"如果是我，我会……" 1. 底线原则：尊重、开放、平等，态度明确。 2. 你的态度是"No"：面对超越底线（自身、法律……）的非分要求。 ——如何拒绝？——教师对于四种情境中的拒绝态度给予操作性建议。 情境A：不如咱们多叫几个同学一起去吧，我喜欢热闹。 情境B：我不必向你证明我的爱，如果你爱我的话就该尊重我，而不是强迫我。 情境C：我也许有些心动，但不会有行动。我们虽然从年龄上算已经是大人了，但是我们毕竟和大人是有区别的，我们还没有能力承担法律责任。所以并非大人能做的事情我们都能做。 情境D：别人是别人，我们应该有自己的主见，为什么要追寻别人的路？ 3. 你的态度是"Yes"：保护自己，做好安全措施 ——如何保护自己？——播放相关视频。	教师提出建议，引导学生进一步明确对亲密性行为的态度，并提供如何尊重、体察对方的操作性建议。 推荐动画视频：《避孕》《性态度》。
课堂总结：把爱留给懂得爱你的人。 分享相关资源供学生课后探索。	

六、注意事项

1. 热身活动时，如遇学生落单，教师可加入，既能满足分组要求，也能有示范作用。

2. 情境体验前，需要与学生明确课堂公约与情境中人物关系，以便学生顺利投入情境体验，保证讨论效果。其间，教师可在巡视学生讨论时适时给予点拨和提示。

3. 建议情境放至信封。各个小组抽取一个信封，要求他们讨论时要做好保密工作，不得让其他组看到自己讨论的情境。这一设计主要是考虑了学生的隐私权和尴尬的感受，也让他们在讨论的过程中更容易关注自己的主题，在其他组分享时更注意倾听。

4. 本次专题教育建议用2个课时：第一课时重点在于给予学生

充分讨论的时间和空间。第二课时重点在于教师对学生的引导，帮助他们明确对现阶段亲密行为的底线，并学习相关知识。

高中心理社团课程实践初探

——以学校“读心社”社团课程为例

每到新学期时，我常常被问到这样的一些问题：“老师，我们学校有心理社团吗？我想参加”“老师，高三了还能继续参加心理社团活动吗？”“老师，我有个小伙伴也想参加，可以吗？”……关于心理社团的问题，我总能持续地感受到不少同学的迫切性。作为高中心理老师，我面对的是一群正处于身心成长发育的关键期、正快速地奔向成年人状态的学生们。在我眼中，他们可能是面临着成长困惑最多的一群人，也是探索精神最为强烈的一群人。能够通过广泛的、多样化的心理教育活动陪伴他们度过这一关键时期，是我的荣幸，更是我的责任。其中，除了关注常规心理课堂以外，我将小众的社团课程放在十分重要的位置。于我而言，社团课程是心理辅导课的延续，是具有个性化和针对性的课程实践，更是帮助学生心理社团自主开展活动的重要工具。

我所在的学校有一个叫做“读心社”的心理社团。社团成员一般是来自高一和高二年级各班自主报名的学生，他们中有的人对心理学很感兴趣，有的人有着个性化的心理支持需求，有的人曾经参加过类似社团并仍然保持着热情，有的人是听闻学长们的推荐……无论如何，社团的成员们都是一群带着热情而来的人，是他们主导着心理社团的成长。作为心理老师，我从来都不是社团的主人，而是活动开展的引导者、社团学生成长的陪伴者和专业心理资源的提供者。我的主要任务是根据学生们呈现出的需要设计出相关课程，帮助他们向着健康有益的方向自主开展心理活动。在“读心社”，我提供的社团课程通常是这样三类。

第一类：基本助人能力的培训课程。社团的同学们不光有热情，他们还有着满满的能量，希望帮助自己，也希望帮助身边有需要的人。这样的助人热情与社团心理活动的基本目标不谋而合。于是，在社团活动伊始，我一般会带领他们通过活动了解助人的过程，对助人的体验有更切身的体会。这里，以活动“盲行陪伴”为例。

培训课程由盲行活动开始，两两组队，一人扮演盲人，一人扮演引路人，穿越“路障”。拉上窗帘，关了电灯，戴上眼罩，通过三个步骤让“盲人”的体验更逼真。盲行活动中，语言交流被禁止，我要求成员们细细体会无声的交流：请“盲人”静静感受自己是否喜欢这样的引领方式，用某种方式告诉“引路人”；请“引路人”注意观察“盲人”的反应和自己的感受。一轮体验过罢，再互换角色。

活动形式简单，活动后的分享却十分丰富精彩：

成员 A：我当盲人的时候感觉他推我太快了，我都来不及反应，心里很慌！

成员 B：真的会没安全感！还好，有“引路人”的指引。

成员 C：带上眼罩后虽然很黑，但因为我完全信任她，所以把自己就交给她了，并不感到害怕。

成员 D：我觉得我当“引路人”的时候才感觉到他对我的细致，我还蛮粗心的，老让他被撞。

成员 E：可能是因为异性的组合，他有点不好意思拉我，我都感觉不到他的指引，如果再力度大一点，我会更有安全感。

成员 F：开始前，我以为会很慌，我的“引路人”好像有点不耐烦。走完才发现，原来他一点都不嫌弃我啊。

成员们分享后，我发出追问：“如何当好‘引路人’？”在关于这个问题的思考上，社团的同学们基本上形成了比较一致的结论：“引路人”就像是助人者，要跟着那位暂时陷入黑暗的“盲人”的节奏，而不是强加自己的感受与想法，“盲人”需要耐心的陪伴和支持。

类似这样的培训活动还有很多，最为根本的是引导这群充满着助人和自助热情的孩子们有效合理地用心理学知识和技巧，慢慢成为校园生活中心理支持的重要桥梁，成为学校心理健康教育中重要的一环。

第二类：常规心理课的延伸课程。作为心理老师，我将学生内心需求放在活动实践的第一位，这不仅体现在常规心理课程中，还通过社团课程进行延伸。在高中生众多的成长困惑中，认识和探寻自我是十分重要的课题。我常常通过学生的表达获知他们这方面的需要，也通过学生的身体语言确认他们在自我认知上有许多成长的空间。比如，在教室中我常会发现学生们的身体有不同类型的“蜷缩”体态。看着他们佝偻着背、能趴着绝不坐直的身体，我能够直接感受到他们的不太自信、无助无力的心理状态。课堂上，我不断提醒学生们脊背挺直，通过身体姿态的调整调节呼吸和情绪。不过，仅仅每周一节或每两周一节的常规心理课是不够的。经过备课组的研讨，我们尝试通过社团课程引导学生充分理解“体态影响心态”的理念，将健康的心理学知识推广出去，通过同伴的力量引导更多的学生有意识地调整自己的姿态，学会借助身体语言更有自信地与他人交流。

在相关社团课程中，我们主要借助心理戏剧的各类技术带领社团成员体验不同身体姿态的感觉，引导他们由身至心去发掘自己的内在感受，发现体态与情绪的关系，鼓励他们更多地尝试“展开”的姿态，思考“蜷缩”姿态背后的心理状态。其中，最让社团成员们喜欢的是“眼神对视”：所有人围成一圈，用“展开”的姿态站立，规定只用眼神交流，当彼此眼神交会时，走向对方，交换彼此的位置。在活动的过程中，我通常和社团成员们一起参加，陪伴他们从尴尬到自如，由克制不住自己的小手到开始自然地向对方“发射”炙热的目光。学生们通过多次练习提高了表达自我的能力，增加了人际交往时的自信，也带着他们对社团课程的喜爱将自己所感受和学习到的健康理念带到教室里去，带到日常的校园生活中去。

身体姿态类的社团课程形式虽简单，却是基于学生现实生活和内心需要的。在常规心理课上直接实施这些课程是有难度的，毕竟不是所有学生都能够在有限的时间和空间中迅速打开自己，同时心理老师也很难照顾到每个学生的需求，因此社团课程就成为弥补以上缺陷的重要途径。在这个部分，我还尝试着在常规课程中邀请社团成员作为“小助教”，帮助其他同学更容易地投入心理活动中。

第三类：心理类的体验实践课程。“读心社”成员所参与的社团课程不限于社团内部，他们在不断的内部课程学习和自主发展的过程中还有着各种实践机会。在实践课程中，我作为心理老师带领和指导社团成员组织和参与各类学生的心理活动，比如每年的“心理健康月”和“心理健康周”，还通过借助学校行政部门搭建的其他活动平台开展学生体验实践活动。这里以社团成员在学校青年教师培训中的体验和实践为例来具体阐述。

本次教师培训主题为体验教育场景中的师生换位思考。通过自主报名，“读心社”的部分同学作为助教全程参与了本次培训。对于社团成员来说，这次教师培训活动可以帮助老师们真实体验师生交往现状，同时可以将之前在日常心理课和社团课程中获取的人际交往类心理知识的进行实践。暖身活动中，社团成员们带领着青年教师破冰；在理论讲解中，社团成员们演绎经典的“三山模型”，帮助青年教师更直观地体悟“换位思考”。在情境体验中，社团成员们带领青年教师学习基本心理雕塑技术，通过情境演绎和角色互换帮助青年教师体验现实校园生活中不同的师生交往情境。在实践过程中，社团成员们体验着所学的心理知识和技能，引导着自己的老师互相分享体会与感受。

在体验实践类课程中，社团成员们是体验者，更是引导者，他们在主动引导中体验所学的知识，实践和表达健康的心理学理念，哪怕实践对象是自己的师长。

关于高中心理社团课程实践的探索，我做的还是太少，也不够全面。不过，对于社团发展，我基本关注两个方面：一是心理老师在社团活动中应当是学生们心理成长的陪伴者和心理资源的提供者，社团的主角是学生自己，社团需要发挥学生个性，激发他们的自主创新意识，展现他们的组织管理能力和团队合作精神；二是社团的自主发展过程中需要有系统课程的指导，应当始终以社团成员心理自主成长为核心，无需面面俱到，但是一定要基于成员的内在需要。在未来，我希望学校能够给予学生更多的社团活动的时间和空间，搭建更多层次的自主成长平台，让他们在繁忙的学习生活和成长压力困惑中有更多的自主发展空间。

“开启”你的耳朵

——记一次“跨界”社团课程

音乐是生活中不可缺少的一部分，它能够帮助我们将难以言说的情绪精准地表达出来，搭建出人与人之间心灵交流的桥梁。在日常的心理课中，我常借助音乐这一重要媒介打开主题讨论，为学生的思考、分享创造自然而舒适的氛围。不过如果要将心理课和音乐课跨界融合，呈现在每一个班级的常规心理课上就十分有难度了。于是，我尝试邀请专业的音乐老师走进心理社团的课堂，用实验和探索的态度进行跨界合作，引导社团的同学们触摸音乐中的情绪，感受乐曲和作曲者与自己内心的碰撞，为他们在后续的社团自主活动中创造更多的可能性，提供更丰富的知识和技能。

M老师是学校公认的音乐素养很高的专家，同时作为学生工作者，她对学生的心理状态也有着全面的了解。在日常的课程研讨交流中，我常常主动与她交流，分享自己在专业课程设计上的思考和困惑。在一次社团课程的讨论中，我提到了社团成员们在心理剧表演中遇到的困难——他们不知道该如何在戏剧表演中配合音乐进行表达。M老师主动表示愿意尝试着帮助社团的同学们探索解决这个问题，于是她设计了一节叫做“‘开启’你的耳朵”的跨界社团课。

在这节课上，M 老师主要带领社团成员进行了三个层面的探索。

探索一：音乐是如何描绘四季的？请尝试感受一下这段音乐。

M 老师为社团成员们提供的是安东尼奥·维瓦尔第创作的《四季》中的“秋”片段，这个片段主要描写的是秋的狩猎。成员们根据自己对音乐片段的理解写下了自己的感觉，然后猜测作曲者尝试表达的情绪。在分享和猜测的过程中，参与者对作曲家尝试传达的情绪与自己的理解之间的差异性表达了强烈的好奇。对于音乐的感受，每个人都有不同的理解。在课程的这个部分，社团成员们在同一段音乐中感受着属于自己的独特触动。

探索二：艺术表达与情绪是什么关系？

音乐和绘画都是人们表达内心情绪和感受的媒介。这些艺术的表达可以帮助人将抽象转为具象，这个转化过程本身就具有疗愈的作用。课上，M 老师选择了肖邦青年时的音乐作品，邀请社团成员用颜色和绘画表达出自己在倾听时的感受。

此曲是肖邦 19 岁时的创作，当时他爱上一位华沙音乐学院的女同学葛拉柯芙丝卡。她是一位亭亭玉立、有声乐天才的姑娘，肖邦因为生性羞怯，始终不敢向她倾吐爱意。当他决定远离祖国前往巴黎时，在葛拉柯芙丝卡的面前，他弹奏了这首缠绵幽怨的钢琴曲，向这位日夜思慕的美丽少女告别。对于曲中充满爱慕、悲戚而且非常美丽的主题，肖邦自己也曾说：像这样优美的旋律，以前我从没有写作过，恐怕以后也不容易遇到。

社团的同学们沉浸在音乐中，纷纷运用自己手中的画笔画出自己的理解。虽然当时的他们并不知道乐曲背后的故事和作曲家旋律中表达的情绪，不过他们都在这个过程中触摸着音乐中的情绪，触摸着自己的内心。有趣的是，有的同学非常敏锐地察觉到了背后故事中作曲家缠绵幽怨的爱慕之情，画出了以一男一女为主题的画作。

探索三：这首乐曲让我想起你。

在这个部分，M 老师邀请社团成员们听三个音乐片段，并猜测提供音乐的是哪一位曾在"读心社"授课的老师(我提供的是管弦乐《野蜂飞舞》)。令人惊喜的是,大部分同学都作出了正确的推理,他们表示:"这样的旋律一听就会和这个老师的性格联系起来啦!"

人的感觉系统是一个有机的整体,各个感官相对独立,又相互关联。当人在聆听的时候,不仅是耳朵听,不仅是大脑听,心也在听,情绪也在感受。四肢、皮肤、五脏六腑都在感受。当人打开耳朵,也就意味着打开了自己的全部。

这节跨界的社团课程中,社团成员们感受了耳朵与内在情绪的关联,也找到了有趣、有效的途径来倾听自己内心的声音,倾听他人的"弦外之音"。在 M 老师的带领下,他们沉浸于音乐、绘画的表达性艺术中,体验着倾听的重要性,也为后续心理剧的自主编排进行了前期的心理与技能的准备。

在社团课程中邀请相关学科老师的跨界支援让我尝到了"甜头",也让社团的同学们在很长的一段时间里都能够"回味无穷"。推荐同行们进行这样的尝试,也许会有意外的收获。

第二章
咨询时间

不要拉动那根“导火索”

——来自学校心理咨询师对预防高频心理问题的一些思考

近年来，学生高危心理问题数量不断增加，程度也越来越严重，发生年龄也有前移的趋势，因各类心理问题所产生的极端行为也呈现了增长的趋势。作为一线学校心理咨询师，在个别心理咨询的过程中我常能够接收到来访者对自我负面情绪处理方式的各种表达，其背后的思维模式通常可以这样解析：“面对挫折，面对失败，我不想承受，我想逃开……”在陪伴来访者们面对愈来愈多的心理问题的过程中，我常有这样的感受：“我们的孩子到底经历了什么而做出这样的选择？作为心理工作者，我们能够做些什么，预防下一个极端事件的发生？”

在探寻如何预防之前，我想首先需要了解给学生们带来精神困扰和心理压力的因素到底是什么。以我所接触到的高中学生为例，他们的压力主要与以下相关：正值青春期的高中生，处于情绪不稳定、容易冲动的状态，他们多敏感，是自带易燃、易爆炸体质；在自我构建的过程中，他们对自己的认识还不稳定、不全面，极其在意别人的看法和评价；叛逆又脆弱。种种压力长期积累，缺乏适时的疏导，也许周围人一个无心的玩笑、一句说顺嘴的口头禅，就可能拉动那根“导火索”，引爆他们内心的炸弹。

作为一名学校心理咨询师，我通常选择的预防方式有以下几种。

预防方式一：高频宣传心理援助方式。通过各类途径在新生入学、新学期开始等时间段持续向学生们宣传学校心理援助的方式。在我看来，反复地告知心理援助方式和通过心理课程传递健康的心理理念一样重要。要预防学生心理问题的高频发生，我们首先需要创造这样一种学校心理氛围——“我身边有随时可以获得的心理援助途径”，“我可以根据自己的情况和需要选择一种方式来帮助自己缓解负面情绪和解决问题”。这样即使学生不选择我们所提供的方式，也可以在潜移默化中给自己一定的安全感和积极暗示。

预防方式二：理性辨析各类心理援助。在向学生们宣传各类心理援助方式的时候，教师告知他们的内容是理性且经过辨析的：当遇到自己无法应对的心理困扰和问题时，可以第一时间求助学校心理老师。学校心理老师作为帮助学生解决心理问题的第一人，有义务告知其咨询的规范与流程，帮助他们辨析心理咨询和随意聊天之间的本质区别，辨析学校心理咨询师和专业医疗机构心理医生之间的区别。

心理老师对流程解释得越清楚、越规范，就越能增加学生们对其专业能力的信任，也更容易让他们在面对心理问题时第一时间想到学校的心理援助。同时，心理老师还需要向学生明确的是：学校心理咨询能够提供的咨询服务范围有限，当发现有精神疾病的可能或者极端倾向时需要寻求更高一级的专业心理机构进行咨询和就诊。在帮助学生辨析的过程中，心理老师还需要帮助学生明确周围其他人（家长、班主任、学科教师等）能够帮助自己做些什么，进而协助他们建构属于自己的心理支持系统。

预防方式三：持续输出健康的心理理念。在咨询工作中，我常常会发现平时在周围人眼中乐观开朗、大大咧咧的学生，内心可能承受着潜在的痛苦，甚至有的已经达到了精神疾病的诊断标准。可是因为平时的“人设”和病耻感，即使在医生明确诊断之后，他们中的许多人仍不被相信、不被理解、不被重视。因此，通过校园中的各种渠道，特别是各类心理课程向学生们进行异常心理问题的科普是十分有必要的。有人会担心学生们会无法吸收这些心理知识，但是提前有所了解总比学生在遭遇问题后手足无措要更有预防的效果。学校心理咨询师需要向学生们传递的是：心理问题不等同于性格脆弱，也不是懒惰无力。大脑生病和身体器官生病一样需要治疗，一样需要周围人的心理支持。

以上三种方式不能涵盖所有的预防方式，也不能百分之百降低各类学生心理问题发生的频率和程度，可是它们的确是我在日常心理咨询工作中看似“平凡”却行之有效的一些尝试。在尝试的过程中，我始终提醒自己：面对那些也许在爆炸边缘的“炸弹”，不要去拉动那根“导火索”，应当从理性、专业的角度面对这些不同经历的生命体，给予来访者们多一份理解，多一份尊重，多一份选择。也许只有这样，才能真正地帮助他们创建安全的心理环境。

面对学生心理问题，学校教师可以做些什么？

在学校的时间越长，我越有这样一种感觉：很多孩子的心理问题来自在原生家庭中的成长经历，学校是让学生“喘口气”、暂时避开无法解决的家庭问题的地方。高中生在青春期成长的过程中会遭遇学业、交往和亲子的压力，这在他们建立自我的过程中是很正常的。但是在现在的环境中，他们除了要面对成长之痛以外，还可能被周围人贴标签，被他人的情绪所困扰，这里的他人也包括学校教师。会有这样的感觉源自学校心理咨询中来访者们的倾诉。他们除了倾诉自己的青春烦恼以外，还会对学校里个别老师的情绪失控有“投诉”和“抱怨”。在学校里，除了同伴，老师亦是学生们的“重要他人”，来访者们的抱怨印证了这一点。一次在与某位老师“对接”学生的心理问题时，他突然问我：“老师有心理问题的话怎么办？”我当时一下子愣住了，一时不知该如何回答。在学校，我所观察到的是，不少老师因为工作绩效的压力、教学上的各种杂事和个人生活等问题越来越焦虑，而他们中的一些人因为焦虑甚至发生了失控的情况，人越失控就越想控制，因此形成了恶性循环。观察到这样的情况，我开始担心老师心态与学生状态的关联：如果老师们心态坏了，有心理困扰的学生们又如何能顺利地好起来呢？

一次发生在教室里的事让我对学校老师们可以在学生心理问题上所能做的事有了一些思考：一位老师在班中提及一位同学可能有心理问题时，一位班委立即反问："老师，这位同学找过心理老师了吗？您这样说，是指他去心理医生那里诊断过了吗？"学生的"质问"让我意识到，不仅要对学生们普及心理援助的方式和渠道，还要对老师们进行一定的专业培训，尽力帮助他们在心理知识和技能的成长上能够走在学生的前面。对此，作为学校心理咨询师，我有如下的思考。

思考一：学校需要加强对全体老师心理状态的关注。除了日常的教师心理类培训以外，还可以设计不同类别的教师团辅培训，在分享交流中缓解老师们的负面情绪。当老师们面对学生产生心理问题时，作为专业心理咨询师的我们可以给予他们心理上的支持和建议。甚至老师自己有心理困扰、问题时，也可以适当与学校心理老师探讨。当然基于工作关系和伦理关系，学校心理咨询师不便做本校教师的心理咨询，但是给予一些心理调适方面的建议、陪伴他们自我疗愈是可以的。

思考二：学生的心理问题越棘手，教师越要发挥理性思维，而理性思维的运用基于心里有"底"。偶尔组织的讲座也许会让老师们暂时缓解几十分钟，但离开讲座环境之后呢？似乎大部分人又回到了原先的状态。与其这样，不如利用现有资源，帮助老师们在面对学生心理问题上做到五个"熟记于心"：对"干预流程"熟记于心，对"心理问题"熟记于心，对"积极求助"熟记于心，对"求助渠道"熟记于心，对"自我保护"熟记于心。其中，我认为全校教师，尤其是行政领导和班主任老师对干预流程要熟记于心，明确每个环节流程应该做什么样的对接；对于哪些属于心理问题，哪些并不属于心理问题（了解基本类型），老师们要多学习，尽力做到不随意给学生贴标签，鼓励学生有心理困扰主动求助，明确求助渠道；当发现学生有心理困扰和问题时，老师们应当做好对学生的保护，不推诿、不踢皮球，同时明确职责、做好自我保护。

思考三：当发现有的学生对是否寻求心理援助犹豫不决时，老师们的鼓励和建议是十分重要的支持力量。当学生接受了建议开始接受心理咨询时，和咨询师一起做好保密工作（学生有严重的自伤、自杀想法和行为除外），给予他们充分的安全感；做好记录，特别是面对被列为高危心理人群的学生的家长，用音频、文字、截图等做好记录，既有助于全面完整地呈现和了解学生的具体心理问题，又能够保护学生和保护自己；当学生转介至更高一级的医疗机构时，老师们与心理老师一起做好陪伴和督促的工作。一些知晓情况的其他老师，也要做到"不打扰"，这也是一种"温柔"。

思考四：鼓励符合条件的老师参加专业的心理培训，专门为老师们提供心理放松的空间。心理类的专题培训不仅面向学校心理老师，也可以适当地对全体老师开放，比如上海市的学校心理咨询师（中级、初级）培训。在完成培训和通过考试后，非心理老师的持证老师也可以在学校心理咨询室接待个案咨询，他们可以跳出学科限制从新的角度了解和帮助有需要的来访者。学校还可以设置专门的"教师心理放松空间"，在这个空间中可以定期举行沙龙和分享会，为老师们的心理健康提供保障，提升教师在校工作的幸福感。

教师是学生学习、生活环境中的"重要他人"，保障教师心理健康有利于为学生创设良好的心理环境。希望我们的老师都能够对学生葆有这样的初心："你的过去我来不及参与，你的未来我愿意支持。"

给高中学生的新学期指南

无论是高一新入学的学生，还是刚刚进入新学期的高二、高三学生，都不免遇到假期状态向入学模式切换的心理适应性问题。为了帮助高中生顺利地做好心理状态的调整，我从学校心理咨询师的角度整理了三个层次的心理调适指南，可以提供给学生们。

指南一：基本调适小技巧。

刚进入新学期的学生很有可能会面对学习和生活“眉毛胡子一把抓”的混乱状态，因此心理调适方面不宜过多地追求深度，而应该从学生能够简单操作的基本调适小技巧开始做起。

1. 调整作息时间，陆续将假期日夜颠倒的入睡时间慢慢提前。充足的睡眠对健康和学习都是有益的。

2. 梳理近期要完成的任务，根据时间和精力做一个短期计划，列出必做的清单，缓解因为学习生活事务过多、做不完而产生的焦虑。

3. 思考和规划即将到来的未来，树立阶段性的目标，比如月考、期中考试、本学期或者一年后。

4. 如果以上的方式都不奏效，那么建议及时寻求学校心理咨询师的帮助。

指南二：理性地在心理状态转换中做选择。

重回校园的高中学生需要面对很多的选择：大到“加三”选科，是选择学艺术亦或是体育，是积极参与课外活动还是全心全意学习；小到做作业时选择题选这个选项还是选那个选项，到食堂时吃这个菜还是吃那个菜……高中学生需要根据实际情况认真权衡、仔细斟酌，清楚、准确地为自己做出决定。为了帮助学生更好地为自己做出理性选择，我建议可以关注以下五个方面。

1. 写下不同选项的好处和坏处。

2. 考查自己最无法忍受的和最想要的因素有哪些。

3. 思考每个选择可能要承担的后果，放弃的选择可能会有什么样的遗憾。

4. 没有绝对正确的选择，只有用行动证明你的选择正确。

5. 思考有没有“试用装”? 体验过一次后总结经验，再做调整。

指南三：面对和接纳新学期的负面情绪。

在开学的心理咨询中，咨询室里常常听到这样的分享：“刚开学，真有种度日如年的感觉”，“好郁闷啊，真想爆炸一下”，“好想回到假期啊”……无论是学生还是老师，在经历了一段时间的休息后，再回到学校和工作岗位都会有或大或小的不适应感。面对和接纳不适应所产生的负面情绪是顺利度过开学季、缓解负面情绪的重要环节。针对学生们反映的三类情况，我分别给出了建议，供他们参考和尝试。

1. 慌。开学意味着进入新的环境，遇到新的同学，面对新的学习和生活状态。人在面对新事物时产生不同程度的慌张是正常的，而在调适转变的过程中一定程度地影响身体状况，这也是有可能发生的。比如，有的同学就反映，刚进入新学期的几天时间常常有睡眠状况不稳定的情况出现。

建议：新环境的确意味着各种不确定，但也同时意味着可变性。人的情绪可以随着环境的变化产生负面情绪，同样也可以产生正面情绪。面对新环境是慌张还是稳定都是正常的，而人对新事物发展的不同预期会影响其走向不同的方向。

2. 急。从假期到开学的节奏总是会有点乱，即使是平时情绪稳定的人也可能会因为学习、生活节奏的突然变快而有些脚步慌乱。在学校里，我常常会看到许多学生会因为急于改变这种状态而影响原有的学习、生活节奏，但越急迫就离自己预期的目标越远，反而形成恶性循环。

建议：越忙乱越急迫，就意味着越需要调适。虽然刚开学，但是学生们仍然可以抽时间像假期中那样适当地运动和休闲，出一身汗、伸伸筋骨，或者酣畅淋漓地打一场游戏。毕竟要简单粗暴地从假期模式切换到学习模式，很容易让生理和心理产生不适应，进而产生挫败感。通过适当的休息调适，缓冲两种状态的转换速度，给自己过渡的时间，更容易让人产生积极和正面的情绪。

3. 累。习惯了假期在家想睡就睡、想吃就吃的日子，一下子要进入紧绷的学习生活中，学生在生理和心理上难免会有疲累感。有的学生反映，在连续一周的上课后，身体出现了体力不支的情况，学习时也有些打不起精神，出现无法集中注意力的情况。开学后晚自习时，我也观察到小部分同学“累”得趴在桌上休息，让人不忍打扰他们。

建议：“累”和前两种情绪状态密切相关。开学后的慌乱和想要尽快改变的心态让学生们比平时要耗费更多的体力和心理去适应和调整。心理咨询师需要提醒学生的是，累其实是心理释放的休息的信号，因此尝试调整和放松是十分必要的。同时，每个人适应和调整的时间也是不同的。学生们可以在调整的过程中思考是哪些事让自己有慌乱和急切的感觉，是哪些事影响了自己的生活节奏。在思考和辨别的过程中，也可以给予自己积极的暗示，慢慢找到让自己舒服的情绪状态。

以上的三个指南是我在新学期的心理咨询中根据来访者的实际情况做出的整理，并不全面，还需要持续的补充和调整，希望能够“抛砖引玉”，提供给需要的伙伴们。

给高三学生的心理小贴士

临近高考，学校心理老师常常需要给正处于人生关键期的高三学生们一些建议和提示。我通常选择的是给予学生们简单、易上手的小贴士，毕竟在他们忙碌的学习并承受着巨大的考前压力的时刻，长篇大论的理论解析有些不合适。

我曾经看过这样一个比喻：有人说，高考就像一块蛋糕，学习实力是蛋糕体，心理状态则是上面的奶油。对于高考前夕的学生们，学习实力已经比较稳定，要让高考这块“蛋糕”更诱人美味、更符合心中的预期，关键就在奶油上了。于是，我为高三学生提供了五个小贴士，希望能够陪伴他们一起享受高考这块蛋糕。

贴士一：自我质辩。在享受高考这块蛋糕前，学生们可以向自己提出两个问题：问题一，考大学、考本科、考名校是唯一的目标或终极目标吗？问题二，担心自己的能力是否能够发挥，自己是否能够达到目标，这种担心有必要吗？有好处吗？背后的原因是什么？

对于这两个问题，我想提醒学生的是：如果学生认为高考是唯一目标，那么是否完成后就可以给自己的成长画上句点呢？高考是学生们十多年来学习和成长的终点，但它同时也是未来的起点。很多学生离高考越近，就越会产生各种担心和焦虑。这个时候，我更建议学生们可以和自己的焦虑和担心谈谈，探寻担心背后的原因，进而寻找各种可能的解决办法。

贴士二：了解大脑。大脑是学生除了文具以外能够带进考场的唯一资源，也可以说是与他们共同面对高考的亲密“爱人”。要加深感情就需要对自己的“爱人”深入了解、投其所好。大脑分左右，擅长的能力不同。所以要使得它在学习和考试中发挥尽可能大的效用，多多做一些交替刺激左右大脑、让其平衡发展的活动是很有必要的。建议学生可以在复习迎考期间抽时间适当运动，也可以在休息时适当玩一玩游戏。大脑的喜好非常多，我通常会建议高三学生们从以下的喜好切入：

大脑喜欢丰富的颜色，所以复习时可以多用有色笔、有色纸，多图文结合；大脑喜欢清新的气味，高考正值夏天，用一些薄荷、柠檬、桂皮的味道会让大脑更开心；大脑喜欢充足的氧气，因此可以尝试进行一些呼吸的练习，比如深呼吸和腹式呼吸；大脑喜欢健康的白开水、矿泉水，所以如果学生是奶茶等饮料的爱好者，那么考试前建议尽量克制；大脑喜欢整洁的学习环境，适当整理一下自己的学习环境是有益的。

贴士三：优化情绪。在这个部分，我首先推荐学生从日常生活中随手可做的小事做起，比如听自己喜欢的音乐，在舒服的场合哼哼歌；多伸伸手，弯弯腰，摇摇脖子，扭扭屁股，多做一些伸展性的简单运动；每天尽可能散散步、走走路，抬头看看天空。如果没有单独的时间，也可以在放学回家的路上步行一段时间；抽时间和好朋友闲聊，聊聊和学习无关的话题。

在情绪优化的贴士中，我还会提供给学生常用的练习和急救措施。常用练习包括腹式呼吸和按摩舒缓；急救措施则主要帮助学生在考试中突然紧张时缓解焦虑情绪，重新进入考试状态。相关的技巧很多，这里我就不一一赘述了，不过建议学校心理咨询师们可以尽可能多地为学生们提供各种选择，至少让他们在主观上感受到自己在优化情绪上可以有多种选择，营造更多的安全氛围。

贴士四：积极暗示。这个部分，我通常不愿意讲理论，而是会用小故事提醒学生们。

故事一：狐狸吃不到葡萄说葡萄酸。在这个耳熟能详的故事中，我会向学生们提出几个问题供他们思考：一定要吃到这颗葡萄吗？与其上蹿下跳白费力气，难道不可以说它是酸的，自我调整后再找甜的吗？对经典故事的质辩能够让高三学生们意识到：甜的就是那些熟悉的、擅长的、力所能及的、让人兴奋的。考前时间宝贵，将更多的时间和精力放在自己擅长的部分能够获得更高的效率。

故事二：瓦伦达心态。这名钢索杂技演员能够成功表演和他一直信奉的原则有关，那就是从不想目的地，只专心致志地走好每一步。对于考生来说，高考本身就有一定难度。通过这个故事，希望能够提醒学生：在困难面前，不要人为地再给自己设置困难。专心走好眼下的步伐就可以顺利到达终点。

贴士五：一切如常。建议学生不要随意改变已有的作息时间和饮食习惯。越到考前，牺牲睡眠越得不偿失，突然之间睡得太少和睡得太多都会对思维产生抑制。饮食方面，如果父母增加孩子的营养，希望孩子们主动提醒父母，要保持日常的饮食习惯。这个部分是我最想提醒高三学生的，也是我觉得他们最需要和最容易做到的。

考前的小贴士还有很多很多，无论是谁都不可能穷尽，就像有的考生总是会觉得自己的书永远都读不完一样。尽管如此，还是可以通过多个考前贴士，提醒学生意识到：在考前尽己所能、未雨绸缪是自己可以控制的，也是在面对高考紧张焦虑时可以选择的。学校心理咨询师需要提供给考生们的应该是更多的可能性、更多的选择、更多的尝试，以此营造安全感，帮助考生们平稳度过这段“黎明前的‘暗盒’时刻”。

高考延期，我该怎么办？

——来自学校心理咨询师对高三学生来信的回复

2020 年的 4 月初，我收到了一封高三学生的来信，内容如下：

老师您好！

我是一名高三学生。前两天教育部终于公布了今年的高考时间——7 月 7 日至 8 日。听说这是我国恢复高考以来，高考时间首次推迟一个月。作为历史的见证者和参与者，我其实感觉挺五味杂陈的：一方面能多一个月备战高考，应该可以准备得更充分。可是，现在还在疫情居家学习期间，周边很多地区的复学时间都确定了，上海却还不得而知。我真的不知道自己未来复学后会面对什么样的情况。我周围的同学里，有的人调侃要珍惜国家送的一个月迎考时间，有的人则担忧 7 月的高考变成“高烤”……这些担心其实我也想到了，最近也因此感觉挺烦躁和焦虑的。

面对这样的情况，我该如何从心理上做好备战应对呢？

——来自一位苦哈哈的高三学生

收到这封来信的我，并不意外。新冠疫情打乱了许多人的计划，特别是学生们的学习计划，这里尤其以面对重大考试的高三学生最为突出。在收到教育部正式“官宣”高考推迟一个月前，许多高三学子都已经进行了百日誓师，摩拳擦掌做好了积极备考的准备。他们刚刚适应居家线上学习的状态，又要面对高考延期的挑战，被打乱备考节奏的他们不免在情绪和心态上产生了不同程度的波动。面对这样的状况，作为学校心理咨询师，我整理了四个关键词，尝试帮助这届高三学生们平稳地度过特殊的备考时光。

关键词一：接纳。

在有些人眼中，接纳似乎有点“怂”。可是，当面对挑战，身心需要调整时，接纳是必不可少的准备。如果不接纳当下，要真正地向前走其实是一件特别难的事。高考延期 30 天，对每个考生都是一样的。面对这关系到学生未来的变化，换了谁都会紧张和焦虑。换个角度看，那些一起“千军万马过独木桥”的“对手”其实也是一起面对高考延期的伙伴。既然是无法改变的现实，那么与其带着负面情绪去硬“怼”，还不如坦然、积极地接纳它。

关键词二：主动。

当面对挑战时，未知的不确定性会让人有些慌乱。在这个时候，根据现有的状况和对自己的了解主动进行准备和规划，也许是可以选择的。主动的意识不见得能够让当下的行为产生什么立竿见影的效果，但至少可以让充斥于大脑的负面情绪多一些积极反应，可以适当地缓解焦虑情绪。高三学生可以在老师的指导下，对原有的复习计划进行适当的调整，也可以在原有紧凑的复习进程中加入一些放松和调整的时间。仔细想想，延期的 30 天就像白捡的一样，原来很多来不及完成的事，可以放在这多出来的“福利”时间里，主动安排它、充分地利用它，为实现高考的目标提供更多成功的可能。

关键词三：跟随。

也许有学生会说，老师你不是刚让我主动出击吗，怎么现在又要跟随了呢？这里所说的跟随其实和关键词二是有联系的。学生能够接纳高考延期的事实，并主动根据实际进行调整，可是作为高三学子，真的能做到完全不慌吗？相信大部分同学可能很难一下子平复情绪。当人慌乱的时候，其实跟随有经验的“达人”也许是一个不错的选择。这些人是谁呢？首当其冲的自然是一直陪伴学生们到现在的高三老师们了。他们既是具有高三教学经验的人，同时也是高考的亲历者。我是一名高中心理老师，同时曾经也是2003年“SARS”时期参加江苏省高考的学生。在面对这次的高考延期时，我总有种时光倒回的感觉，类似的迎考经历可以给面对高考延期的高三同学们一些借鉴和参考，其实分享经验的过程也是一种陪伴。

关键词四：健康。

在迎接高考到来的日子里，高三的学生们在生理和心理上都经历着一场消耗战。高考延期的消息刚发出来时，有的同学就在担心自己是否能够经受住7月炎热天气的考验。要应对这样的消耗战，良好的体魄是必不可少的。均衡的营养摄入（注意蛋白质、碳水化合物和脂肪的比例，减少糖分的摄入）、规律而充足的睡眠（尽量不要通宵，也不要过度睡眠）、适量的身体锻炼（每周三次左右，时间可以在早起时或者下午网课结束后）等，都可以为身体和大脑提供所需的营养，滋养神经的发育，愉悦心情，提高记忆力。

记得高考延期的新闻刚播出时，东北大学官方微博上有这样一段话，以此与高三学生们共勉：“正因为岁月漫长，所以才有了无数热爱和期待的理由，正因为岁月漫长，所以等待和追求也更有了意义。”以上给出的四个关键词，供高三的学生们参考和选用，也供各位伙伴们陪伴学生相约在7月，繁花铺满前路。

教我如何不想TA

——陪伴高中生挑战“手机依赖症”

诗人刘半农曾写过这样一首情诗《教我如何不想她》，这让我突然想到了在校园中常常看到的一些物品和场景——教室里的手机保管箱和养“机”场，学生们在课桌下偷偷用手机上网被班主任老师发现，在食堂里边吃饭边盯着手机，拿着手机低着头走出学校大门……

随着信息技术的蓬勃发展和手机网络的普及，越来越多的学生成为手机拥有者。手机的使用给生活带来了便利，而由此出现的手机依赖也愈来愈强，甚至部分人达到了成瘾的程度，引发了不少的心理疾病，这种状况逐渐引起了社会的广泛重视。作为老师，我曾经没收过一位男生的手机。让人惊讶的是这位男生在我面前因此而痛哭流涕，表示离开手机不能活，手机在这位男生心中的位置极其重要，甚至超越了自己的尊严和生命。的确，这些高中学生是与手机共生的一代人，而手机之所以如此吸引人也是有原因的。

原因一：手机好玩。手机是开放、快捷和多元的，更新换代的速度很快。它丰富的内容、多样有趣的形式和即时的反馈，让学生沉醉其中。就像恋爱一样，越爱越离不开它。许多成年人都手不离“机”，更何况是身心处于成长变化中的高中生们呢？

原因二：心理需求。手机是学生随时随地与他人取得联系的重要媒介。它可以满足社会交往的需要，可以满足学生娱乐、购物等各种需要。我所接触的高中生正处于人生的第二次断乳期，面临学业的负担、人际的困扰、感情的烦恼、家庭的压力等，情绪波动的频率高、次数多，手机就成为必不可少的宣泄工具。记得在心理咨询中，当提及心情低落时会选择何种方式排解时，许多学生会提及上网、听音乐、打游戏、看电子小说等，而实现这些行为的媒介恰恰都是手机。

原因三：“禁果效应”。心理学中把“不禁不为”“愈禁愈为”的逆反心理现象称为“禁果效应”，其实质是好奇心和逆反心理在起作用。处于青春期的高中生正处于独立性增强但自制力较弱的阶段，他们追求个性，对新鲜事物接受速度快，但是缺乏选择性。同时，父母和老师们担心手机会打扰学生的学习状态，担心虚拟世界里不可避免存在的谎言会引诱他们，担心过度使用手机会不利于学生的身体健康，甚至担心极端事件的发生……可是，越是一味阻止，就越会勾起人的欲望。

曾看过一则新闻，据说在日本有60%的学生未来职业理想是做“You Tuber”(视频博主)，而现在也的确有越来越多学生想通过网络实现自己的职业理想，比如自媒体主播、带货直播、游戏主播等。手机俨然已经是生活的一部分。要让高中生们彻底离开手机显然是不现实，也是不可能的。可是，如果高中生们沉迷于手机，甚至个人世界里只剩下手机的话，那么就容易产生问题了。

心理学家将对手机的过度依赖就叫做“手机依赖症”。它是指使用手机(网络沟通软件和短信)作为人机互动主要手段的群体，存在强烈的、持续的需求感和依赖感的心理和行为。他们发现，“手机依赖症”大多在一些性格比较孤僻、缺乏自信的人群中容易出现。这些人中有的希望通过手机与外界保持联系，使自己不被社会遗忘；有的希望通过手机展现自我的生活状态和情绪状态，以吸引他人对自己的关注。

有兴趣的学生可以通过以下“手机依赖症”的表现表(见表2)来进行自检。如果以下的现象的频率比较高，那么就可能会有焦虑症、强迫症的倾向。

表2 “手机依赖症”的表现

行为	感觉
经常把手机放在身上	有手机铃声响了的幻觉
经常下意识地找手机	害怕手机自动关机
晚上睡觉开着手机	手机连不上线、收不到讯号，会有强烈的无力感
一刻离不开手机	有手脚发麻、心悸、头晕、冒汗、肠胃功能失调等症状

简单来说，焦虑症是以焦虑情绪体验为主要特征，它包括广泛性焦虑、惊恐障碍、社交恐惧症、特定恐惧症等，也有慢性和急性之分。

其中，强迫症(OCD)是焦虑障碍的一种类型，表现为强迫思维和强迫行为。明知不合理，但极力抵抗，始终无法控制。具体来说，这些异常心理状态在手机依赖上有以下的这些表现。

1. 注意力障碍。手机会让人陷入一种持续的多任务的状态，长此以往会患上注意力障碍，思维不断被打断，思考能力减弱，难以深入。学生可能会无法控制自己对手机的依赖，明明知道学习的重要性，却无法控制地想玩手机。情绪也会受此影响，容易焦虑。

2. 忽略人际交往。手机可以随时随地与他人联系，可当你把注意力放在手机上时，却很容易忽略身边人的感受。很多学生会发现，自己在现实中面对在手机中聊得热火朝天的对象时却不知该说什么。即使面对面，也会习惯于用手机沟通交流。这样的状态长久下去，人会慢慢失去正常生活中的人际交往能力，也更容易进入抑郁状态，更容易患上心理疾病。

3. 让人处于应激状态。外界的一切变化手机都会随时呼叫，让人难以安定，想专注于学习都很难。手机随身携带就等于让自己的行踪时刻掌握在每一个想联络的人手里。这样的状态容易让人常常处于焦虑状态，容易精神紧张。

对手机的过度依赖的确会大大影响学生的身心健康成长，要克服这个困难就需要培养坚强的意志力，培养正确使用手机的习惯，做到定时、定量、定性使用，同时培养广泛的兴趣爱好，锻炼人际沟通及生存的技巧，多参加一些有益身心的活动，将全情投入于手机的注意力转移到丰富多彩的日常生活中。当然，在我身边的确有个别学生靠自己的力量实在摆脱不了对手机的依赖，作为学校心理咨询师，我有如下的建议供有手机依赖困扰的学生们进行尝试。

1. 行为契约法。邀请信任的人，陪伴自己制定一份契约，其中包括目标行为在规定时间内所要达到的程度标准以及相应的强化措施。“手机依赖症”的同学可与家长、老师或自律性比较强的朋友共同签订一份契约，比如连续一周内不使用手机，就进行物质或精神上的表扬，比如从此摆脱手机依赖，可以进行更高级别的奖励。当然如果违反契约，将进行相应的惩罚，比如长跑、打扫卫生等。

2. 提前干预法。事先安排一些措施，影响目标行为的出现。比如，可以提前一天对第二天的学习生活做一些具体安排和规划。专家认为干预“手机依赖症”的最有效方法是控制和转移注意力，尽量不去想有关手机的事，或干脆强行关机。

3. 自信训练法。自信是一种重要的心理品质，是一个人对自己的积极感受。许多有“手机依赖症”的人其实在现实中是孤独、自卑的，他们从虚拟世界中寻找到的自信也是虚拟的。自信训练能有效改变自我评价过低的状况，比如周围人给予更多的关注，使“手机依赖症”患者在关怀、宽容、鼓励的情境中恢复自信。

4. 专业心理治疗。如果学生意识到自己的“手机依赖症”已经失去控制，以上的方法也尝试失败的话，学校心理咨询师可以建议学生进一步寻求专业的心理治疗，比如求助于心理医生，去医疗机构进行专业诊断等。

学生们生于手机广泛使用这个时代，可是手机并非他们生活的全部。手机只是一个工具，是否被其奴役，关键在于自己，在于自己能不能牢牢地掌握人身的主动权和选择权。

等待放晴的男孩

——一个失恋男孩的心理咨询

小帅，男，高一。父母离异，抚养权在父亲处，与爷爷奶奶一起生活，和父亲交流较少（没有见过母亲）。三个月前，与同班女生恋爱；一个月前，两人发生吵架争执，关系时好时坏；一周前，两人正式分手。分手后，由于失恋，小帅情绪持续低落，很难受，学习学不进去。嗓子常常感觉很酸，脸色不好。他希望心理咨询师能够帮助自己解决失恋带来的情绪困扰、生理反应，使自己重新投入学习。在和小帅签署了心理咨询知情同意书后，我和他共同确定了“缓解失恋带来的负面情绪”这一目标，共进行了四次心理咨询。

第一次咨询：小帅第一次来到心理咨询室时面色蜡黄，头发凌乱，头压得低低的，整个人显得颓废无力。在耐心等待后，小帅详细地讲述了自己由热恋到失恋的三个月发生的故事。在聆听他的恋爱心情故事过程中，我主要关注的是他的具体情绪，并陪伴他充分表达。第一次咨询结束后，我给小帅布置了作业：回顾自己在以往恋爱经历中是如何面对失恋的(在他的描述中，我了解到这次并不是他的初恋)，同时提醒他可先从身体状态上做基本的调整。

第二次咨询：小帅首先分享了自己的初恋故事，也分析了那时的自己是如何走出失恋的。在小帅完成上次作业的前提下，我利用“珍爱卡”帮助小帅进行了个人情感上的探索。小帅在抽取卡牌和分享自我感受的过程中自然而然地进行了自我投射。通过分享，我了解到他的家庭故事：父母离异，从未见过妈妈，和爷爷奶奶居住，最近爷爷生病住院了，家里人的注意力都在爷爷身上。主要是自己照顾自己。在提到父母为什么会离婚时，小帅的情绪有些崩溃。我感受到了这个家人眼中的乖孩子其实一直因为父母的婚姻关系变化而有着创伤。同时，我还捕捉到他在恋爱的背后存在着真实的内心需求——对建立人际关系的渴望。根据小帅抽取的卡牌情况，我布置了第二次作业：一是尝试从朋友的角度观察前女友，并在下一次咨询时分享自己观察到了什么；二是在下一次咨询时，给这个阶段的情绪打分，满分为 10 分，最低为 0 分。

第三次咨询：这次咨询来得很突然，小帅在原来的约定时间之前通过 QQ 发来了求助的信息——小帅给前女友送的节日礼物被退回了。他说，自己在尝试着将前女友“降格”为朋友的过程中很难受、很低落，当下的他给自己的情绪状态打 3 分。通过网络我聆听了小帅的倾诉，同时也借助学校对高一学生的“16PF 人格测试”结果反馈与小帅沟通。之所以这么做，一方面是为了转移小帅的注意力，同时也帮助他客观地了解自己的性格状态。小帅对测试的结果给予了肯定的回应,也在我的分析中情绪慢慢平稳了下来。这次"突如其来"的咨询也为下一次的咨询提供了更多宝贵的心理资源。

第四次咨询:小帅按照约定再次来到了咨询室。我首先询问了他近期的情绪打分情况,他给自己打了 6 分,这相较于第三次有了一些提高。延续上次咨询情况,我继续邀请他分享了从朋友角度观察到的"前女友"。小帅从"前女友"看似矛盾的举动中发觉其在自我调节中做得较为理性,是值得自己学习的,尤其是情绪调节上。能够看到的是,小帅在慢慢适应情感关系变化的过程中,由纠结矛盾开始慢慢理性、稳定。虽然后来小帅没有再预约面询,但是他仍然通过网络向我不断发来了反馈,也呈现了自己的情绪状态、感情关系和家庭情况的变化。有趣的是,小帅还在我不经意的鼓励下将自己的这段经历整理成了文字。

在陪伴小帅的这段日子里,我既感受到青春期懵懂情感的鲜活,也惊讶于一段短短的恋爱会给一个高一男孩如此大的打击,以至于他的情绪极端崩溃,消极情绪也多次反复出现。从目前的结果和小帅的情绪打分(3 分→6 分→7 分→8 分→8 分)来看,这个男孩似乎已经等到了他的"放晴"。那么,在整个过程中,咨询师和这个来访者进行了怎样"特别"的探索呢?

在一般的情绪问题处理上,咨询师会使用类似"情绪 ABC"这样的认知疗法来引导和帮助来访者通过认知的调整来改善其情绪状态。在本个案中,我也使用了。不过由于来访者在几次咨询(包括 QQ 咨询)中的情绪失控,我认为一上来就要调整对"失恋"这个情感问题的认知有些过于理性,甚至冷漠。毕竟,失恋对于每个人来说,都是一个感情的过程,也是负向的体验,要让当事人一下子调整过来有些不现实。因此,为了打开来访者面对失恋问题的视角,我借助了表达性艺术治疗的方法——卡牌(这里选用"珍爱卡")为载体,尝试帮助来访者通过自我探索来拓宽对消极情绪的思考和理解。

“珍爱卡”是一种心理投射技术的新工具，它的内容几乎涵盖了每个人现实生活中各种心理活动的主题。透过它，可以巧妙地帮助来访者了解自己的意识、潜意识，并能够给予其有启发性的建议。虽然个案咨询过程中，“珍爱卡”的使用只出现在第二次咨询中，但是来访者在对其解读投射的过程中自然而然地充分表达了自己对失恋情绪的理解，呈现了自己潜在的心理需求，主动地探索和发现问题，尝试着去解决问题，并进行自我感悟。

这里我分享来访者抽到的第三张卡牌——“放下”。抽到这张牌时他的情绪反应比较强烈，沉默了很久。在后续的咨询中，他告诉我，之所以有这样的反应是因为卡牌的内容“神奇”地契合了他内在想要改变失恋带来的消极状态的需求，同时揭露了他在“放下”的过程中遭遇的困难。这一点也让我更加确认和坚定了小帅前来心理咨询的目标，也帮助我们一起共同面对和处理情绪问题。虽然这个过程中小帅多次表示自己无法做到卡牌呈现的内容，但是潜意识中他已经开始愿意面对需要“放下”这段已经结束的恋情的现实，也在后续的情绪反复中不断地“督促”自己进行着调整。

再比如来访者抽到的第二张卡牌——“犒赏自己”。他对牌中人物关系的解读一开始是让咨询师有些意外的。毕竟，他表面需要解决的是恋爱带来的问题。可是，这一点也让咨询师发现，来访者在这段恋爱关系中其实探寻的是青春期人际关系的建立，他的失恋带来的失落和悲伤折射的是他在生活中人际交往的被动和内心对友谊的渴望。这一表现说明他恰好在人际能力发展的过程中遭遇了困难，需要帮助。

最后，回到第一张卡牌“探险”。对这张卡牌的解读，来访者虽然没有较多的失恋情绪投射，却自然地向咨询师呈现了自己的家庭环境和成长中的“创伤”。这一创伤来自父亲对于自我婚姻关系的回避，潜在地也对来访者在青春期追求亲密关系的能力上有所影响。我虽然在后续的咨询中没来得及就这一问题进行深入，但是在小帅的反馈中能够看到，随着父亲对亲密关系的不再回避（春节期间带了交往已久的女朋友回家，这位女朋友且与小帅有了一定的交往），小帅情绪状态表现积极，表现出了更为成熟、理性的状态。

作为学校心理咨询师，我能够感受到来访者在前面情感经历中的成长，也看到了来访者在不断探险和休整中有着继续前行的动力，真的很有幸福感。

“TA”为什么割伤自己？

——关于高中生价值观与心理健康的思考

高一女生小敏（化名）不是自己主动寻求心理咨询师帮助的，而是因为被同学发现在洗手间割手腕。在同学的陪伴下，小敏情绪低落地来到辅导室。在老师和同学们的眼中，平常的小敏是个乖乖女，她喜欢画画，成绩不错，家境优越，自身条件很棒。像这样的女孩子，为什么伤害自己呢？

原来小敏虽然有优越的家庭环境，但父母对她要求严格，学习上有明确的名次要求。她很喜欢画画，梦想自己长大能成为画家，父母却认为画画占去她学习之外的太多时间，因此非常反对。高中学习压力很大，努力的小敏没有取得预想的成绩。于是父亲将她的画笔扔出了窗外。她觉得自己考试考不好，画也不能画了，非常沮丧。痛苦之下，她用美工刀和尖锐的铅笔割伤了自己的手，虽然感觉很痛，但是好像所有烦恼都随着血液流出来了。于是从那以后，她就会在压力来临的时候割伤自己。

小敏以自伤方式来缓解过度压力所带来的消极感受，试图以增加生理上的痛苦来减轻心理上的痛苦，然而，她并不清楚自己心理发展上的内在需要，也无法真实地理解客观现实，不能较好地进行自我控制，这是心理不健康的表现。同时她的行为所反映出的心理问题中还蕴含着她已有价值观的偏差，例如完全服从于父母的要求，缺乏足够的自信，以自伤行为来捍卫自我权利。因此，在对这个自伤案例的分析中，首先需要对心理健康与价值观进行界定。

心理健康是一种内外协调的良好状态。高中阶段是青少年心理成长的重要阶段，是心理健康发展的关键时期。然而，面对现代社会竞争的加剧、教学的局限、家庭教育的弱化，许多高中生不同程度地存在各种心理困扰和障碍。在升入高中阶段后，学习中各种矛盾和竞争加剧，学生的心理压力不断增加，这些问题若没有得到解决，许多高中生便会产生程度不同的心理健康问题。与此同时高中生的价值观正在构建中，而价值观的形成过程恰好就贯穿着心理认知的变化，可以说价值观的形成过程亦是心理活动的一种过程。因此在关注高中生心理健康时，我们也必须处理好价值观与个人心理活动各因素（兴趣、需要、认识、信念等）之间的关系。那么，小敏的心理活动和价值观发展过程有着怎样的特征呢？

1. 高中生的心理发展水平明显提高。他们的自我意识进一步发展，对于“理想的我”和“现实的我”区分得比较明晰，自我评价能力进一步提高，自我调控能力开始发展。他们多侧面关注社会发展，分析各种社会现象，逐渐形成多种价值判断。他们开始逐渐理性地思索人生，人生观和世界观初步形成。小敏的“理想我”中包含着成为一名出色的画家，实现自己的艺术梦想，而她的“现实我”中还包含实现现实社会所要求的学业成功。面对两者之间的差别，小敏在思索人生的过程中对自我评价进行着不断调控和完善。

2. 高中生心理发展的矛盾性增强。高中阶段是从少年走向成年的中间阶段、过渡阶段，矛盾无处不在、无时不有。高中学生在发展极其迅速的社会中长大，在物质条件相对优越的家庭环境中成长，又在“应试教育”的氛围中肩负重荷，个案中的小敏正处于这样的氛围之中，同时又面临着升学和择业的压力，面临着网络等大众传媒、信息文化、大众文化等的影响。因而他们的成长不可避免地处于情绪波动、行为盲目从众、经济半独立半依赖、心理半成熟状态。

3. 高中生的主体意识增强。他们密切关注着自我价值的实现。在成长的过程中，大多数学生会更看重个人价值的实现。在面对个人价值与社会价值相冲突时，有的高中生就会像案例中的小敏一样，选择割伤自己这样的极端方式来面对和处理“冲突”的发生。

4. 价值的评价标准多元化，更偏重于个人利益和个人发展。高中生将他人和社会作为个人发展的一个条件，他们坚持先对自我进行评价，在不损害别人利益的前提下维护个人正当利益。高中生的人生价值评价标准具有复杂性和矛盾性，更加注意个人发展。案例中的小敏，能够认识到学业成功的重要性，因为这是其所处的社会集体共同认可的价值观，但是在她看来学习画画更能够发展其个人能力。当小敏无法把学业转化为成功的行动，无法取得预期的学习成绩时，试图依靠自伤来暂时躲避冲突。

高中生所具有的价值观往往跟他们的行为选择存在一定的偏差，偏差的存在给学生带来巨大的精神压力。小敏的自伤实际上是一种压力转移方式，以增加身体的痛苦来减轻精神上的痛苦，因为她无力进行恰当的价值判断，只有选择割伤手这种非理性行为来抵抗心理上的痛苦。

高中生的判断通常根据自己已有的价值取向和尺度，以求用最小的代价获取最大的价值。小敏的个人价值观倾向于满足自己在美术上的兴趣和热情，能够成为一名画家是她追求成功的目标；但是小敏的父母所代表的是社会广泛存在的价值观，他们对孩子的学业有着极其严格的要求，希望小敏能够将学业成功作为其个人价值取向，常常忽视了孩子内心的期望和价值取向。

案例中的小敏努力学习，力求成绩优秀的表现，正说明她尽力将父母、学校、社会的有意识和无意识的教育内化为自己的价值观念；另一方面个体又在已形成的价值观念的基础上，根据自我需要不断选择、过滤外在价值观念，将其整合成自己的价值观。小敏有着对绘画的热爱，一直坚持绘画能力的发展，不断地在自我认知和外部价值观念（案例中具体表现为父母对其学业的要求）孰轻孰重的矛盾中徘徊。在这样一个复杂的心理过程中，某一方面失去协调就会产生心理困惑。

由于无法面对价值观的冲突，小敏产生了激烈、消极和负面的情绪反应，包括对外界的愤怒、强烈的焦虑或挫折感。特别是求学的青少年，由于表达和处理情绪的能力还未发展成熟，个别人会采用自伤行为来减轻负面情绪。同时，小敏的自伤行为中还伴有一定的自责情绪，她对于自己无法完成父母对自己的过度要求感到难过和愧疚，这让小敏变得自卑，当未来遭遇挫折或自己的表现达不到父母要求时，容易用自伤来惩罚自己。

选择自伤缓解情绪压力确实是非常不恰当的。但是，小敏的父母为此也负有不可逃避的责任。父母常常忘记了，孩子虽然因为认知原因不能明晰未来的方向，但是他们正处于个人价值观成型的阶段，现代社会允许个体选择的自由度在不断增大，对个体责任的要求也在增强，在此氛围的影响下，学生的价值重心向个体取向倾斜，他们需要在不断的判断、选择和放弃中，找到属于自己的价值。而外界所给予的，也许并非是他们内心真正需要的。

作为学校心理咨询师，看到这样的案例我十分痛心，它让我想起许多被种种压力压制得失去青春活力的高中生。针对这样的情况，我做了如下的思考。

思考一：可以通过学校心理课程教授学生基本的缓解压力的方法。虽然这种方法治标不治本，但是可以暂时缓解学生负面情绪的爆发，帮助他们给自己一定的时间去面对和解决实际问题。不过如果只是简单使用舒压方法，当学生重新面对类似的压力时，他们可能依然无处可避，会再次选择自伤的非理性方式。学生们仍然必须面对个人价值判断的困境。

思考二：在帮助学生暂时减轻压力的基础上，必须协助家庭改正教育中的一些错误理念。自伤行为属于高危心理问题，需要突破学校心理咨询的保密原则。学校心理咨询师可以寻求班主任和校方行政部门的协助,合力与自伤学生的父母进行正面沟通,将实际情况告知,帮助他们意识到家庭教育上的偏差,共同分析孩子的现状并协商解决问题。

思考三:除了自伤的学生和家长必须面对现状并进行调整以外,学校教师必须对这样的案例引以为戒。类似小敏这样的个案近年也有日益增加的趋势。面对学生做出的非理性选择,学校老师可以从以下两个方面陪伴和帮助他们。

一方面促成与学生的沟通与交流,关注学生个人价值追求的发展。当他们面对个人价值与社会价值取向冲突时,老师能够蹲下来,放下对学生的期待,倾听来自学生内心深处的呼喊,尊重学生的意愿,协助与引导学生选择他们的人生路。

另一方面帮助学生将压力转化为动力。面对价值判断的冲突时,学生确实必须承担一定程度的压力,也可能会陷入困境。如果能够将压力看成是改善自己的力量,那么学生就能获取成功的机会。高中生正处于个人价值与社会价值不断碰撞的阶段,老师们可以着力培养学生成为自主、独立、具有人格尊严的个体,并鼓励他们追求个人价值和需求,同时学会处理个人与社会、集体之间的关系。

一个人在人生的任何一个阶段里,都没有像青少年期这样如此关心价值观的问题。在青春期的成长之路上,当个人价值取向和外界集体的价值取向发生冲突时,高中学生容易产生负面情绪,继而做出不理性的行为,案例中小敏的行为虽然极端,但也确确实实体现了他们内在价值观和外在价值观之间发生冲突可能导致的结果。作为老师,尤其是学校心理咨询师,我们需要以积极、主动的价值取向帮助学生理性面对压力,做出合理的判断,帮助他们积极参与学习生活,形成和谐的师生及同伴关系,增长学习兴趣和自我效能感,获得能力的锻炼和自尊的满足。

面对生命即将逝去，我们该怎么办？

迄今为止我还记得第一次面对自杀事件时，我睁着眼睛整夜未眠，至今仍会被类似事件勾起哀伤的情绪。谁也不愿意看着一颗颗星星就这样陨落。可是，当我们发觉周围人（学生、同伴、亲人、朋友等）透露出自杀想法、出现自杀行为，甚至正在实施自杀计划时，该怎么办？当身边的人语无伦次哭诉时，该怎么办？我们面对以上情况，应该避免怎样的误区，才能真正地帮助到他们呢？关于这个“晦气”（提及自杀话题时，曾被小部分人这样定义）的话题，我想有一些误区需要明确。

误区一：否定、批判其想法。

有自杀念头的人，往往会有许多负面的情绪和认知，出现失控的情况。作为身边人，我们必然很关心，也希望“TA”能够立刻改变这样的念头，其中有的人会与其争辩，试图“说服”其放弃。可是，改变这样状态的前提是什么？为什么试图自杀的人会对你的“说服”听不进去？我想与大家分享的是，曾经不止一则个案的当事人告诉我，他们其实最希望的是周围人能够陪伴他们一起面对，接纳他们的想法。我知道这很难，但是想想我们“批判”他们选择死亡的潜台词是什么？——“死亡是错误的”，这样的表达其实是对当事人最大的伤害，同时他们不但不会转变想法，更多是感受到不被接纳、不被理解，反而陷入更加糟糕的心境……这是我们希望帮助“TA”达到的状态吗？如果不是，那么我们先停下对他们的否定。

我们可以做什么呢？——倾听。当事人向你的倾诉是一种释放，也是求救的信号。如果我们不知道该做什么，那么就聆听“TA”的倾诉吧。当事人需要一个出口，而非在沉默中压抑，以至最终选择极端行为。在倾听的过程中，共情和接纳很重要，我们可以重复“TA”的感受，认可“TA”的情绪，但不需要对“TA”的负面观点表达态度，无论是赞同还是否定。

误区二：用周围人试图留下他。

这是一些人会使用的方式，他们会告诉自杀者：父母多么爱“TA”，朋友多么关心“TA”，爱人多么离不开“TA”……可是，当这样表达时，自杀者接受到的信息又是什么？也许接收到的可能是更多的内疚感和愧疚感。要知道，内疚感其实是抑郁症的症状之一。当“TA”听到旁人为自己付出多少时，“TA”的内疚感可能会成倍增加，“TA”的抑郁也可能会随之更严重，最终将“TA”推向死亡。

我们可以做些什么呢？——不给他施加压力，停止强调周围人为“TA”付出了多少，而要表达出真正的支持、接纳和包容。其实，当当事人想自杀时，正是其心理病症出现的时候，没有谁想要生病，这不是他们的错。

误区三：避谈自杀，甚至阻止其就医。

很多人会担心，谈到自杀是不是会刺激到对方？所以我们往往习惯性回避。可是，就算周围人都能够完美地做到避而不谈，难道他就不会想自杀了吗？他就不做尝试了吗？要知道，当事人的念头不会因为周围人的回避而停止。

我们可以做什么呢？——如果对方与你提及或透露相关的意思，那么主动交流不失为一种可行的方式。我曾经与来访者讨论过自杀这个话题，有短有长，从自杀的念头到自杀的方式再到曾经自杀的经验……在讨论的过程中，来访者详细地阐述自己的痛苦和绝望，可是他们讲的越多也越有机会找到“生”的希望。他们讲述和分享的过程其实也是一种释放，有人倾听也是对他们的一种缓解和疗愈，同时也给希望帮助他们的“你”提供更多的资源和线索。

误区四：答应对其自杀念头保密。

在接待来访者的过程中，我和我身边的咨询师或其他同行不止一次遇到来访者要求我们对其自杀念头和自杀行为等进行保密。请记住，这是心理咨询中保密原则的例外情况，为了保证当事人的生命安全，我们千万不要答应替他保密。如果你答应了替他保密，那么你也同时承担了对其生命的责任，承担了“TA”可能死亡的风险。试问，谁能为一个人的生命负责，谁又能成为一个人的救世主呢？

我们可以做什么呢？——在咨询前务必讲明保密原则和保密的例外情况，并告知来访者：面对高危心理问题，必须突破保密原则。同时，我不会当成八卦一样四处乱说，我会帮助你联系你的监护人、求助专业机构，如果你有自杀行为时，我们会求助警察和医生……一切皆以生命为第一位。无论当事人是否怨恨，我们都会尽力帮助“TA”得到需要的帮助，只有生存下来才会有更多的可能性。

当然，关于这个话题，仍有很多误区，可是如果我们能尝试着哪怕做一点点正确方向的尝试，我们所珍惜的那个人是不是就有可能多一分生的可能呢？如果你发现你身边的“TA”已经处于危险中，可是你又不在“TA”身边时，立即联系“TA”的亲人，并拨打110、120。在确保“TA”安全的前提下，建议“TA”在亲人的陪伴下尽快求助于专业医疗机构。毕竟我们谁也不希望一个生命就这样离去。

第三章
反思时间

关于开学第一课的教学反思

按照惯例，在每一年开学的第一节心理课，我倾向于首先带领学生们回顾刚刚过去的假期，并展望一下可观的未来。在近两年的开学第一课中我开始想要做一些尝试，主要原因有：一是想换个思路和形式，以往的开学第一课通常以心理老师讲为主，以学生互动为辅，基本上是介绍课程安排和课程要求；二是希望未来的心理课程能够更扎实地对接学生的需求，“浪费”一节课的时间也许可以让未来的课程实践更为贴合现阶段学生的心理状态。于是，我打算在开学第一课中借由问题与学生讨论师生之间对于心理课和心理咨询的认识有哪些差异，以了解学生们的心理状态。

通过备课组的共同商议，我们决定在开学第一课上提出“心理四问”与学生互动：

1. 心理老师是间谍吗？
2. 有问题才找心理老师吗？
3. 心理课是鸡汤课吗？
4. 心理课上可以做的事有什么？

为了进一步激发同学们的思考和分享，我还截取了曾是微博“热搜”的心理学视频片段《挑战不可能之心理防守战》，试探学生对心理课程相关问题的看法。大多数学生表示：“如果我未来面对的心理咨询师/心理医生是这样的，那我估摸着不会去寻求心理支持了……”

视频呈现的心理专业人士“神乎其神”的状态并非真实生活中心理咨询师们应有的状态，离学校心理咨询师和老师们应有的样貌就更远了。让我们来看看学生们的具体反馈。

问题一：心理老师是间谍吗？当然不是啊，学生们普遍摇头。于是我追问：“那你们觉得我或者你曾经的心理老师‘出卖’过你们吗？”“当然没有。”（我心里的一块石头落下了）

在提出这个问题的时候，我有意观察了班级中曾经来过咨询室与我分享经历的同学，他们大多露出积极的眼神，当我与他们的眼神相遇时，我的内心也得到了一些小小的肯定。

问题二：有问题才找心理老师吗？这个问题似乎不像上一个问题那样几乎获得学生普遍一致的答案，而是学生们议论纷纷。于是，我借用本校“数学、英语分层”的方式，引导他们思考：“心理课也可以分层吗？”学生们对于这个问题的反应似乎不太确定。于是，我向学生们呈现了在以往心理课中观察到的四类学生形象，分别是大胆散养型、按时浇水型、特立独行型、悉心呵护型。我问学生们，“你属于哪一类？”看到这四种类型，学生们议论纷纷，似乎一颗小石子扔进了平静的湖里。

课上我并没有深入地解析各种类型，毕竟学生们能够从字面意思上形成直观的认识。我更多地提醒学生们的是，人和人之间有差异，但同时在心理上也存在着共性。因此，当自己或身边的人“独立特行”、需要“悉心呵护”时，也许能够基于这样的认识对别人少一些误解、多一点理解。

问题三：心理课是鸡汤课吗？对于这个问题从入职以来我就一直存疑，但从来都没有主动询问过学生的感受。在准备课程时，我潜意识地总想给学生喝点“鸡汤”，就像妈妈总是希望孩子能够多多吸收营养、茁壮成长一样。不过，在准备“鸡汤”的过程中我又会提醒自己冷静，毕竟不见得人人都喝得下“鸡汤”，喝得下的人也许喜欢的也并非我准备的这种“鸡汤”。有意思的是，学生们普遍给出否定的答案——“不是”。于是，我心里一块大石头落地，以后的心理课可以继续从“心”出发，不需顾虑太多了。

问题四：心理课上可以做的事有什么？这个问题在各年级学生进入新学期时，我都会与学生们确认。在我看来，心理课的规则需要基于师生彼此接纳，才会有比较理想的课堂效果。于是无论哪个年级的心理课，无论详细规则如何，都离不开一个核心原则——“在心理课上，不做与课程无关的事，不聊与课程无关的话题。”学生能够充分思考、让思绪自由，才是未来心理课所追求的。

我身边的一些同事会质疑：你们心理课没作业、没考试，随便上上就好了，课堂规范什么的，无所谓的。可是，作为一名专业的心理教师和学校心理咨询师，我深知心理课绝不是随心所欲地灌输心理学知识，而是应当精心设计、贴近学生内在需求，紧紧围绕他们感兴趣的主题，使他们获得有益于身心健康的知识与技能。

青春期性教育心理课堂中的危与机

在以往的青春期心理课堂中，常常会出现各种各样的“危机”。

危机一：在“异性交往，请学会……”一课中，某小组一男生抽取到一种情境——“这周末我爸妈不在家，你到我家来吧”时，这样回应：“老师，去就去呗，干嘛不去，又不吃亏！”我追问：“去了会发生什么吗？”男生笑着说：“打游戏、做作业呀……”我继续追问：“你们俩单独相处，还会发生什么吗？”男生：“老师，你觉得呢？”全班同学哄堂大笑。

危机二：在讲到“性是需要坚守和忍耐的”时，一个男生站起来说：“老师，我觉得想发生就发生了，干嘛要考虑那么多后果呢？青春就是要挥霍的，不是么？”一个女生说：“无所谓啊，该发生就发生了”……听到这样的回答，我大吃一惊，课堂中一片寂静，所有的同学都看着我，等待着我的回应。

危机三：当讲到容易被忽略的性骚扰类型时，如在公共场所讲色情笑话、随意地打听他人的性隐私和在教室里观看淫秽视频等，特别是提到男孩同样可能被性骚扰时，部分班级的同学会在课堂中不停地笑，有的还会不时地插话、小声讨论等，课堂纪律有些失控。

“危”总是与“机”连在一起，生成性问题的出现同样也蕴含着教育的契机。学生的反应，恰好说明课程内容触发其感兴趣的点，引发了他们的思考，是思维火花的闪现。基于此，我会在“危机”中这样接应学生抛出的问题。

对于危机一中男生的回答所引发的哄笑，我会直面问题，随即对男生进行追问：

师：“我觉得，当和心仪的恋人单独共处一室时应该会希望跟‘TA’更亲密吧，你觉得呢？”

男生：“是呀！”

师：“那你觉得哪些方式可以让恋人关系更亲密呢？”

男生沉默了，旁边的一个女生补充道：“亲亲，抱抱，举高高！”

师：“还有吗？”

男生：“也许……”

师：“你指的是进一步的亲密行为，对吗？”

男生：“嗯。”

师：“那进一步的亲密行为之后会有什么结果吗？”

学生们：“会怀孕！”“会生孩子！”“也可能会打掉，总归对女生不怎么好吧！”……

学生们的“七嘴八舌”让答案显而易见，也无需我补充。于是我示意这位男生坐下，继续下一个情境的讨论。

危机二中学生的“青春挥霍说”使课堂气氛陷入了尴尬。面对这样的情境，我保持冷静，仿佛已经预料到学生的质疑。顺着两位同学的话，我邀请了其他同学发表看法。

学生1：“我觉得青春就是要经历折腾的，不经历怎么会知道呢？”

学生 2:“性和其他的不一样,一旦经历就回不去了。不是什么都必须得去经历的。”

学生 3:“如果明知道会对自己产生伤害,那么为什么要为了挥霍而挥霍呢?好傻!”

学生们有的赞同,有的反对,思维火花不断碰撞。在这个过程中已经不需要我再多说些什么,进行必要的提示和小结就可以。

对于危机三,学生或笑、或插话、或小声议论等,其实在青春期性教育课堂中十分普遍。这跟他们对性骚扰认知的狭隘和自我保护的意识淡薄密切相关。于是我利用真实案例告诉学生:性骚扰离我们并不遥远。

案例一:某校一高三男生公然在课堂上利用笔记本电脑看色情视频,观看的情景被同学拍下上传到了网上。对此我提醒学生,并非身体接触才是性骚扰。在公共场合观看色情视频也是性骚扰的表现形式之一,这位高三男生的行为已经构成了对班级同学和老师的性骚扰。

案例二:新闻事件——一个 17 岁的职高男生在离家出走时被几个男子强暴,后来出现了严重的心理问题,由于走不出心理阴影而选择了自杀。

学生们“随意”的态度随着一个个案例的呈现开始慢慢转变,教室开始安静下来,他们听得也越来越投入。

学生问题的抛出、教师的接应,一来一往中其实充满着智慧的碰撞。而与此同时教师对于“危机”问题如能直面并进行智慧处理,反而会让课堂实践中学生的获得感更强。基于对青春期性教育课堂中生成性问题的探索和实践,我建议可以从以下角度应对。

应对一:教学准备时充分了解学生对性的基本态度。

教师在青春期性教育课堂中所呈现的资料和案例必须十分贴近学生的实际,只有这样才能引发学生发自内心的思考。因此在课程实施前,我下发了与学生性态度有关的调查《我们自己对性的态度》。

在整理调查报告后，我将结果在课堂上呈现，引发了学生的思考和讨论。通过图表，学生可以很清晰地看到自己所处的群体对于现阶段发生性行为的选择，也能够自主地提取出相关的态度。基于此所发生的讨论也能够让学生们有话可说。

应对二：对课程题目的确定需要反复斟酌，考虑学生的感受。

在设计课程题目时，我反复考虑学生的感受，做了多次修改。比如第一课原题为"学会拒绝"，可是在实践的过程中，我发现题目的预设立场太强，在对课程目标进行反复研究后，我确定了本课的导向：希望学生在讨论和分享的过程中能够理性地面对异性交往中的性要求，不采取随意的态度，同时将题目改为"异性交往，请学会……"，今年我再次调整课程的主题为"YES or NO?"，期望能够让学生接收到教师设置的课堂氛围和授课态度。基于学生感受所设计的主题可以减少学生在课堂中的"回避"或"答非所问"，使课程实施更为顺畅。

应对三：在教学设计中对课堂生成性问题进行充分预设。

在教学设计过程中，心理教师应当尽可能多方面考虑，预见课堂中可能生成的问题，在教学设计中做好应对。例如，在青春期性教育课程中，我借用《高中生心理健康自助手册》中的情境（有修改），希望学生能够通过讨论分享自己的感受和应对。

情境A：这周末我爸妈不在家，你到我家来吧……

情境B：如果你不肯，就说明你还不爱我，否则就证明给我看呀。

情境C：我们彼此相爱，而且都是大人了，有什么不可以的呢？

情境D：我知道你其实同我一样想试试，再说别人都这样做的，我们为什么不试试呢？

在最初的课堂中，由于缺乏对学生对于性话题的了解，我通常简单呈现情境，引导学生进行讨论，但是学生热情不高，课堂气氛尴尬。在修改教学设计的过程中，我基于调查表中学生的态度和以往教学实践中学生的普遍状态，对学生进行了预设：他们对于讨论性话题有不适应，有尴尬的感觉，同时又觉得有趣，希望能够进行讨论。基于此我对教学环节进行修改：先将四个情境放至信封；然后各个小组抽取一个信封，要求他们讨论时要做好保密工作，不得让其他组看到自己讨论的情境。在这个过程中，既考虑了学生的隐私权和尴尬的感受，也让他们在讨论的过程中更容易关注自己的主题，在其他组分享时更注意倾听，课堂效率提升较快。

无论我们事前多么充分地做出了预设和准备，学生总是会给我们“惊喜”。面对突发情况，我们心理老师可以从以下三点入手。

第一，保持平和的心态。当学生的提问和反应超出教师预设时，教师应当做到从容、镇定、机智地面对并进行指导，与学生保持亲切的交流。例如，曾经一个女生当场向我提问说：“老师，如果是你，你会在这个年纪和你的男朋友发生关系吗？”虽然这样的问题非常不适合日常的教学环境，亦涉及个人隐私，但是我个人认为在青春期性教育课堂中这应当是被允许的，是需要回应的。于是，当时的我做出了这样的回答：“我不会，只有在成年、成熟并且有能力负责任时，才可以顺其自然地发生。”

第二，智慧引导，正确处理学生的偏差。在课堂教学中，有时偏差或错误也可以成为有效的课程资源。现在学生通过各种媒介了解广泛的知识，其中的确存在着一些错误引导的信息。心理教师如能机智地将课堂生成问题中的偏差思维转化为探究问题情境，将可以引导学生在自我暴露中发现问题和解决问题，实现错误背后的创新价值。

第三，激发学生思考，与他们共同应对课堂生成性问题。高中学生对于许多问题已经形成了自己的认识。面对生成性问题，如果教师恰好没有做好准备，倒不如让学生们来讲，既可以引发教师的思维火花，又可以引导学生在表达的过程中自我暴露和自我发现，一举两得。

面对高中青春期性教育课堂中的各种问题，心理老师需要有炙热的情感和理智的头脑，而不是继续固守传统的教育方式，简单地告诉学生“不要早恋”“拒绝性行为”“不要越轨”。教师从容的态度、智慧的追问、情境的设计、案例的呈现和团体辅导的渗入，将选择留给学生自主理性地去做，可以帮助学生守好“底线”，直面对性的困扰，发展出自我成长的积极力量，构建青春期富有生命力的、健康美好的课堂教学。

网络事件引发的系列心理微课程设计初探

——以微表情、微动作心理微课为例

在快速发展的信息时代，大量的网络媒介信息正给高中生的心理健康状态带来着纷繁复杂的影响：各种网站新闻、游戏、明星等的相关信息充斥着学生的内心世界，对他们的心理成长、学习生活、人际关系、社会适应性，乃至人格的发展有着正面或负面的影响。高中阶段的学生正处于青春期身心发展巨变的特殊阶段，对现今媒介信息的接受和消化直接影响其心理素质的成长。基于以上原因，我萌生了开发一门与此相关的微课程的想法。斟酌再三后，我决定将着眼点放在“人际交往”中的微表情和微动作。选择这个着眼点的原因有以下几点。

原因一：课程开发伊始正值明星吸毒事件发生。这是一位曾经在高中学生群体中有着极高人气的台湾地区艺人，被查出有吸毒行为。当他面对新闻记者采访时，呈现出的微表情和微动作恰好“吸引”了我。我从他模糊不清的表情和行为中察觉到不太真诚的道歉和疑似撒谎的表达。当时我就想，如果学生能够具备一定的人际交往技能，特别是有对交往中表情和行为的察觉能力，这是否有助于他们对网络媒体中明星传递出的信息进行识别和现实生活中开展人际交往呢？作为心理老师，我希望能够利用类似的素材与心理课的教学相结合，以学生们关注的热点事件为载体激发兴趣，同时将有益的心理学知识自然而然地传递给学生们。

原因二：正处于青春期的高中生常在人际交往中呈现出一些“不成熟”：不能理性地面对人际交往中出现的正常现象，当无法判断对方真实心意时会爆发负面情绪等。

这两个原因激发我借由微表情和微动作两个方面与学生一起探索人际交往中一些易忽略的现象或准则。基于此，我搜集和整理了人际交往中关于微表情和微动作的基本概念，并截取了相关新闻视频，通过心理课堂进行实践。在实施过程中，我碰到的问题有两个方面：一方面是知识过于专业化，多以教师讲解为主，学生要充分理解需要一定的时间。学生对课程主题感兴趣，在课上忙碌地记着笔记，以致原本应该互动良好的心理课堂变得有些沉闷；另一方面我想呈现的微表情和微动作的知识常常在现有的课时里无法全部呈现（目前学校安排的课时是最多 5 课时），实施过程中就常常有“虎头蛇尾”的现象，参与课程的学生有“意犹未尽”的反馈。

经过不断实践和调整，我首先将原本要求较高的教学目标“揭示微世界所透视出的人类性格和素养等多方面的深层次信息”调整为“揭示学生在人际交往中可能遇到的常见微表情和微动作”。与此同时，再对课程内容进行精简，筛选出学生能够进行现场体验的微表情和微动作，并进行适当延伸讲解。对于课程的调整，我始终秉持着“精讲多动”的原则，多提供情境给学生进行体验。

人际交往是高中生在身心发展中遭遇的一大重要挑战，特别是通过网络了解世界和在更广泛的社会中与人交往。如果在课程中只有单纯的知识讲解，那么不但浪费时间，还有可能向学生传递这样的讯息——“心理学固然好玩，但是对我的生活似乎没什么实际作用。”因此，我坚持在课程中借助学生所关注的热点事件引导他们建立正确的交友观，获得有益的人际交往技能，逐步实现和谐的人际沟通。心理学与学生现实生活的结合相对于其他学科反而更为重要，因为心理课最终需要落实到的是注重学生心理的调节和自我发现。心理老师需要始终坚持“做中学”的理念和方法，让学生将现实生活真正地与所学知识相互联系，进行理性思考。

一个集焦虑与自信于一身的心理老师

回顾参加工作的这些年，我一直觉得自己在焦虑和自信之间纠结和变换。刚入职时，我总是纠结于各种“小事”：一周十五六节课，还要做心理咨询，还要处理心理危机事件，还要参加各类会议和活动……那时候，我有导师，但是很多事情都是自己亲自上阵，不能假手于人。转到行政岗位后，我焦虑于更多的事，各种繁杂的事务，这里我就不一一列举了，否则就要成了抱怨。

2017 年起，我的焦虑似乎有了一些变化，它好像不再只是困扰和打散我的思绪的存在。变化的契机来自一条已经逝去的生命，如果他还在，他应该正在现在的高三为自己的未来而奋斗。2017 年 1 月 3 日深夜，收到消息的我彻夜未眠，在自己的微博里写了这样一句话：“再见，请原谅我只能在这里跟你默默道别，愿你在天堂能开开心心，没有烦恼，真的做自己，得到爱。”那段时间，我常常脑子一片空白，没有什么情绪，似乎被掏空了一样。

日子就这样慢慢地过着，潜意识中，我的焦虑也开始有了变化，从那以后，我不再因学生有心理困扰而焦虑，反而开始为如何提供给学生更多的、便利的求助和支持途径而焦虑：我特别怕，如果他们在有困难时找不到抓手，而只能孤独地封闭起自己，那该有多难受。2017 年我们开始运营服务于学生的学校心理微信公众号、B 站空间等，提供学生能够触手可及的心理服务，分层次、分阶段地不断完善。很快，我们的用户已经超过了 500 人，主动求助的学生数量急速增长，我在焦虑中反而慢慢地安定了下来。写推文、拍视频，常常下班后仍然工作到很晚，但是这种焦虑一点都不累。可能是因为我找到了方向，也可能是有了专业上的自信。

心理服务体系的完善和常规课的实践，再结合一定频率的社团活动和师生互动,学生们对我们学校的心理咨询、心理课和其他心理服务的接纳度越来越高,不少同学以理性和成熟的态度在自己有困扰时能够想到求助于我们。我和我的伙伴们越来越有动力去推进着自己正在做的事,也更尽力地为学生获得更多更好的心理资源而努力着。

在心理教师的工作岗位上,我仍然不断地在焦虑与自信中纠结和转换着,我承认我是个"双相障碍患者",不过焦虑给我自信,自信也让我在职业成长的过程中产生更多的焦虑。我很享受,也很满足。

心理老师生存现状:一个"个案"

做心理老师不知不觉已有十个年头,从未经世事的"菜鸟"到稍微有点"底气"的青年老师,我花了一些时间去找寻自己的工作方向。在这个过程中,被误解、被指挥、被嘲笑、被漠视……我都曾经历过。不过在每个学校几乎只有一个心理老师这个"萝卜坑"里,我其实一直被保护着,职业发展之路也比较顺遂。当然,也跟我本身属于负面情绪来得快去得也快的性格不无关系。

在我们学校,心理健康教育这块阵地一直是让人很自豪的,毕竟在全区,多个年级开设常规心理课的学校并没有那么多,也有同行抱怨自己的心理课被占用、没办法按时按点上课。我所在学校的心理课不减反增,日常授课的老师有两位,接待、面询的咨询师至少有四位(还有一位刚刚获得学校心理咨询师证书、随时可以上岗的年轻老师,两位正在参加学校心理咨询师中级培训的班主任),学生心理社团建设一直稳步前进,常常还有外援的支持。学校心理咨询工作做得越来越规范,运作稳定,学生们越来越愿意进行心理咨询,并主动寻求咨询师给予自己支持和帮助(这一表现从每月增加的心理个案的数量就能够看得到)。越来越多的学生认同"求助是强者的行为,没有人生来无坚不摧,求助也是在勇敢地面对自己,面对问题"。作为学校心理老师,这样被信任和被需要的感觉真的很好。

不过，在学校内部，心理课和心理咨询仅仅被学生接纳恐怕是不够的。作为在校学生重要的支持系统——老师（班主任、任课教师）对心理健康教育的接纳同样重要。我周边的不少成人打心底里还是不太认可或者接纳这个专业，包括接受过教育学和心理学专业学习的教师们。

作为学校心理老师，我特别怕听到这样的话：

“今天的心理课我来上吧，快考试了。”

“还有几张卷子没做，今天心理课让他们完成吧。”

“今天我们班的×××去找过你了，对吗？能不能告诉我‘TA’说了些什么呀？”

“我觉得我们班×××有心理问题，我让‘TA’去找你！”

“×××和×××有点矛盾，能不能在你们心理咨询室调解下？”

“心理课么，学生做做作业无所谓的，不然什么时候做？”

“喂，你们是专业的，这个你们来处理吧！”

在面对这些让我们心理老师“恐惧”的表达时，我常常不知道该说什么，是抛出《中小学心理健康教育指导纲要》，还是告诉他们市心理达标校和示范校的标准？是争取一次大会发言机会或干脆开讲座告诉他们心理健康的重要性？我们曾努力过，但也常常失望……

有的人会说，“你这样不是反思而是发泄工作上的不爽吧？心理课不就是‘边缘’中的‘边缘’学科么？脑子没问题谁来心理咨询呀！”因为被个别人歧视而不开心，作为一个成年人我可以及时调节心理和“合理化”。我害怕的是，当学生在遇到心理困惑时，却接收到周围支持系统告诉“TA”这样的信息：“学业第一，心理健康以后再说，忍忍就好了，长大就好了……”我真心无法“合理化”这样的理念。在咨询室，我常能听见孩子内心无助的呐喊：“对我父母而言，成绩是不是比我这个人还重要？”“在我爸眼中，我可能就是个垃圾吧……”听到来访的学生们这样无力的表达，我除了痛心，其实更需要做的是仔细分辨他们的情绪与感受。

心理课和心理咨询不仅是放松或舒缓，还要带领着学生们去探索内心世界的重要空间。无论我是不是心理老师，我都不希望学生们学习学到不知道自己想要的生活究竟是什么样的，我更不希望他们在进入社会接受考验后，却仍旧找不到活着的意义。当然，要让学校心理健康服务被所有人接受还有很远的路要走，我希望心理工作能够逐步由点及面、聚沙成塔，让更多人意识到自我关怀的重要性和重要作用。

第四章 观影时间

阳光普照

隔离在家两周的最后一天，听着外面呼呼的风声，我拉上窗帘，看完2020年的第一部电影《阳光普照》。

台湾影人的片子一如既往地充满着强烈的戏剧性，情节发展没有出人意料却首尾呼应，比如片头热腾腾的火锅里的断手和片尾对失去手掌的情绪描述。看完的我，第一感受并非如片名所说的那样获得了阳光照耀般的温暖，而是产生了无尽的困惑和纠结。一边看着播放着字幕的屏幕，我一边写下自己的观影疑惑。

疑惑一：阿和的妈妈去监狱探监时为什么总是话到嘴边却没有继续下去？

疑惑二：爸爸阿文和妈妈琴姐明显地将所有的关注放在大儿子阿豪身上，可是却让我隐约感受到他们对小儿子阿和仍有感情，特别是爸爸在对别人说自己只有一个儿子的时候。我很好奇，是什么样的经历让这个家庭的情感表达如此矛盾和纠结呢？

疑惑三：爸爸阿文为什么一直躲着小儿子阿和？这样类似的场景我似乎常在学校和生活中感受到，却不确定答案。是害怕面对失败吗？因为小儿子入狱代表了自己教育的失败？是因为小儿子代表了这个家庭的阴影与黑暗，大儿子代表了这个家庭的阳光与希望，所以趋利避害，父母二人选择了所谓的积极方向吗？……好像可以解释，却又太浅，不足以解释。

伴随着疑惑，我第二次观看了这部电影，其中一些片段和台词引起了我的注意，虽然未必直接能够为我解惑，却让人禁不住按下暂停键。

哥哥阿豪在自杀前，洗好澡，刷好牙，擦擦镜子，看看自己，穿好衣服，叠好衣服，昏黄的灯光将他的影子拉长，投影在陈旧的墙纸上……没有任何对自杀的情节描述，直接“跳跃”到了邻居来通知阿豪死讯的一幕。我以为错过了什么，亦或是恍了神，于是倒回又确认了一遍：的确，哥哥平静地整理好一切后做出了选择。同时我也看到了他最后发出的短信：

这个世界
最公平的是太阳
不论纬度高低
每个地方一整年中
白天与黑暗的时间都各占一半
前几天我们去了动物园
那天太阳很大
晒得所有动物都受不了
它们都设法找一个阴影躲起来
我有一种说不清楚模糊的感觉
我也好希望跟这些动物一样
有一些阴影可以躲起来
但是我环顾四周
不只是这些动物有阴影可以躲
包括你
我弟
甚至是司马光
都可以找到一个有阴影的角落
可是我没有

我没有水缸
没有暗处
只有阳光
24 小时从不间断
明亮温暖
“阳光普照”

一个 24 小时被阳光照射着的人会怎样？我想大家都会很清楚——无处躲藏、晒伤、晒死，哥哥阿豪的结局印证了这一点。看到这里让我开始回望自己的成长，总是充斥着各种积极正面的话语，被教育要阳光、积极向上，要学会学习、学会生活、学会做人，要勤奋、勇敢、自信，自己的心要时时刻刻地传递阳光和接受正能量。可是，随着慢慢长大、迈入成年、进入社会，我开始对积极、阳光这样的正能量产生了一些“反感”，这种反感不是讨厌，而是不自在，是约束感，是想要杠却不知从何开始的难受。我不反对人生要阳光积极，但是我始终记得小时候写英语作文时老师给的秘籍——“Every coin has two sides”。既然我们生来就具有光明与黑暗的两面，人的情绪本来就有积极和消极之分，那么在阳光下待久了，晒得昏昏沉沉的时候，是不是可以在阴凉处躲一躲？

不知是否每个人都会希望成为光芒四射的存在，是不是每个人都希望自己长相好、成绩好、事业好、婚姻好、性格好……我身边的不少青少年很希望成为那样，他们被家人、朋友和伙伴寄予期望；他们也会因为成绩一般、体能一般、社交一般而对人生产生疑惑……可是，社会传统意义上的“阳光灿烂”真的存在吗？积极向上、充满能量的阳光其实存在于外太空无处躲藏的黑暗里。阳光需要与黑暗并存，而一个只能够沐浴阳光的人，能有办法安放生而为人、那与生俱来的阴暗吗？电影中阿豪的结局也许可以给这个问题一个答案。

仅用心理学知识无法去解读电影中的每个角色，“胡乱”写下的观影文字也并不在心理工作的专业范围里。只是，在两次观看这部电影时，我会自然地带着生活和工作的经历产生自我的心理投射：想到以前遇见的学生，想到一年年积累下来的开始慢慢坚定的想法。一个人能够改变的前提是面对和接纳自己的遭遇。这些遭遇中不免有阴暗甚至黑暗，可它们的的确确活生生地站在我们面前，属于生活的一部分，赶也赶不走，逃也逃不开。既然这样，面对和接纳是不是更好的选择呢？

一次个案咨询后，另一位心理咨询师跟我分享自己接待来访者的感受。她说，看着自己的来访者那么急于改变现状，真的很心疼。可是，她更建议来访者可以尝试着先和自己的负面情绪待一会，尝试着和它们相处一会，也许它们就是自己成长时必经路途上的一些石头，就是阳光找不到的那些阴影。既然它们存在，我们为何不能躲在石头下、待在阴影里呢？足够的休息和调整也许会让我们充满再次上路的动力和信心。

我常常看到，阴暗甚至黑暗似乎是不被允许的存在。很多时候，身边的人也会习惯于谈及失败时加一句“乃成功之母”。可是，为什么一定要成功呢？还是说，我们所谓的成功到底是为了自己还是为了迎合别人的期待呢？我更希望，在我失败的时候，能有人问一句“痛不痛？”能有人说一句“累了就休息一会。”暂时停下来，也许并不是一件坏事。

我更喜欢电影的最后：男主角阿和用脚踏车载着妈妈骑过那段林荫道的画面。电影配乐很好听，可更重要的是，阳光透过枝叶之间的空隙散落下来时，妈妈望着天空的脸上有树影斑驳、光阴流散。

我，喜欢陈韵如

热播剧《想见你》播完一段时间了，我“省”着最后结局一直没看。在剧中的所有人物里，我最喜欢陈韵如，无关剧情，也无关那个大家热烈讨论的“莫比乌斯环”。

我喜欢陈韵如，喜欢她的内向、自卑，甚至有时有些阴暗；我喜欢她没有黄雨萱的积极阳光，没有黄雨萱那样的勇敢；我喜欢她对李子维的执念，也喜欢她并没有接受喜欢她的莫俊杰。

我喜欢她试着想变成李子维喜欢的样子却被识破，我喜欢她躲在那间属于她和黄雨萱的小黑屋里蜷缩的样子……

我喜欢她不是电视剧的主角，虽然很心疼她在该剧播出的过程中被网友们骂得体无完肤。

我喜欢她，喜欢她身上有我自己的影子。

该剧播完以后，“想见你＋青少年自我认同”的关键词就上了微博热搜。其实，我想这部剧中的自我认同可以更广泛，作为成年人的我也在其中找到了认同感。[①] 而喜欢这部剧，喜欢了那个更像我们普通人的陈韵如。

她是男女主角爱情里的“工具人”和“背景板”，她内向、怯懦，始终不敢迈出第一步。她是阴影处等待一丝光亮的“小可怜”。她就像我日常工作中接触的那些青少年，尤其是那些来到心理咨询室的孩子们。当陈韵如说出“我心里有很多很多的话，但是却说不出来”时，我被瞬间击中——这不就是正处于青春期的学生们真实的声音吗？

我喜欢陈韵如，喜欢她身上有普通青少年的样子，也喜欢她的平凡，没有主角光环。

电视剧结束了，真实“陈韵如”的人生仍在继续。我希望她能够在以后的成长中得到幸福，就如同希望未来的、我的青少年们得到幸福一样。我希望我所陪伴的孩子们能像陈韵如一样，在成长过程中，

---

① 自我认同也称为“自我同一性”。这个概念由美国著名的发展心理学家埃里克森提出，他认为人一生都在寻找自我、建立自我和发展自我的过程中。自我认同是指你知道自己是谁，并且对所认知的自己，抱有一种持续的、稳定的认同感。从人格发展的阶段来看，人在青春期(12—18 岁)时会出现自我同一性和角色混乱的冲突。处于青春期阶段的人会不断地发出疑问，也就是我们所常说的经典哲学三问——“我是谁？我从哪来？我要到哪儿去？”他们在这样的冲突中慢慢建立完整、清晰的自我认识，发展出良好的适应力，拥有正确的价值判断，并对自己的未来作出规划。

学会保护自己，学会与人交流。即便仍不免有很多不足和急躁，但是“陈韵如”的存在，让我知道：被现实裹挟、被生活绊倒的少年们仍有力量继续前进。

谢谢你，陈韵如，让我和青少年一起找回自己。

热血电影里的“鸡汤”

“哭着滚出电影院”，豆瓣上曾有人对日本电影《垫底辣妹》做出过这样的评价。通常对于这样评价的电影，我都本能地抵制去观看，因为不想落入导演设下的“圈套”。可能是命中注定，一次无意中打开了这部《垫底辣妹》，毫无心理准备地看了下去。看完电影，我很平静，既没有滚，也没有哭，只是隐隐感到内心的某个地方被触动到了。

电影没有宏大的命题，没有炫目的噱头，简简单单地将一个高考故事讲得十分动人。女主角工藤沙耶加开始是个只有小学四年级水平的高中学生。在家她不受父亲待见，因为父亲一心要把弟弟培养成棒球手，而疏于对女儿们的呵护。幸好，她从小获得妈妈的支持，做着任何能让自己开心的事。可是时间长了，沙耶加开始“混”上了日子，成绩直线下降。这样的孩子在学校被定义为“差生”是可想而知的。这时候女主角的成长缺乏历险、缺乏创造，更别谈系统的学习了。可是，她是否毫无可取之处，是父亲和老师眼中的“垃圾”吗？电影中故事的发展也许可以给出答案。

电影中可爱的坪田老师面对着那群别人眼中的“渣渣”学生时，有着典型“成长型思维”的人设：一对一辅导时，诚恳地微笑着边敲桌子边倒数，让学生用竞答的方式说出答案；他用足球、“cosplay”、偶像、动漫等学生感兴趣的话题启发学习动机、激励学生，值得一提的是对于学生们感兴趣的内容，他并非只知晓皮毛，而是利用自己工作以外的时间深入了解。因此，他总能以最准确的方式抓住学生的兴趣所在。培养孩子获取知识、整合知识的能力在他眼中显得极为重要，整部电影中他也一直是这样做的。

他有爱心，懂教育，从不糊弄学生。他真正地站在学生的立场了解他们所需要的，做到了感同身受，他会一直鼓励学生，关注学生的闪光点，即使辣妹女主角得了 0 分，他也会真诚地夸赞她把卷子写满、完成了，表明态度还不错。他真心地相信学生的潜力，也是他具备的重要能力。当他给学生设定目标的时候，不是把自己的意志强加给学生，而是有的放矢地去做。女主角不喜欢东京大学，原因仅仅是觉得学校“土”。坪田老师没有批评她，而是告诉她，那就考“庆应”吧，那里帅哥很多。老师抓住了学生发自内心的动力，即便这个目标在成人眼里看来有多么微小、无知。再比如说，制定学习规范，他不是自作主张地制定好，而是通过聊天知道女主角对他年轻时候的照片感兴趣，以此为交换条件，用“絮絮叨叨”的表达方式平等地与学生交流。

有人说，这部电影满足了自己所幻想的美好人生：简单的青春，有爱你的家人，有鼓励你的老师，有值得奋斗的未来，有即使摔倒也能爬起来的意志，有敢于对“不可能”下战书的勇气，我亦有同感。不过我更喜欢那个并非一帆风顺的大结局（此处涉及剧透）：女主角并没有考上最心仪的专业，而是历经困难后真正地体会到“那条奋斗路上个人的孤独和失落，只有走过的人才懂……”

我在电影中还感受到了更深层次的力量，它告诉我们：孩子们是多么迫切地需要被认同为有机的生命体啊！他们是活生生的人，而非机器；他们是具有创造性的、希望享受学习和生活的个体，而非考试的奴隶。也许很多人说这一切都是由大环境所造成的，可是客观现实的存在恐怕不应该成为我们逃避问题和接纳彼此的理由。电影中妈妈对沙耶加无条件支持时的无限温柔，坪田老师和学生面对面时永远微笑、诚恳的表情，当然也有爸爸对沙耶加的态度变化，是否能够让观众为自己按下“暂停键”呢？仔细看看：我们和父母、家人是以怎样的情绪相处着呢？

电影有着非常热血的外壳，却又让人内心平静，其中教育的温暖和自然实在太有魅力。它有很多理想化的设计，却给了我们未来的希望。如果你是那个离高考愈来愈近的高中生，如果你是那个正在陪伴高中孩子的家长，在这段共度“时艰”的日子里，这碗还不错的“鸡汤”推荐给你们共饮。

在青春电影中找寻亲子沟通的话题

在经典电影的榜单上总是少不了青春爱情主题的电影，《怦然心动》就是其中一部。它上映于 2010 年，是一部典型的青春爱情喜剧电影，根据儿童文学作家文德琳·范·德拉安南 2001 年的小说《怦然心动》改编而成。会接触到这部电影我要感谢我的学生的大力推荐。这部电影的魅力之处在于它并非如大部分的爱情题材电影一样以时间来驱动，而是以突发事件来吸引观众的注意。电影所描绘的恰好是人物在日常生活中的成长与成熟过程。女主角朱莉在对美的天性追求中一步步意识到美的表象与内在之间的差异，男主角布莱斯从一个懦弱的小男孩开始成长为学会倾听自己内心声音的勇敢男生。这部以青春爱情为外包装的电影实则呈现了青春期少男少女随着年龄的增长，看待自己与整个世界的视角潜移默化发生改变的过程。

不过，我写下这篇观影心得的初衷并非向学生们推荐这部青春片，而是希望看到这部电影的家长们能够关注其中有关家庭教育与亲子相处模式的种种细节，可以借由这部电影和正处于青春期的孩子们找到一些共同的话题。

电影呈现了两个家庭：女孩朱莉生长在一个并不富裕的家庭，妈妈是家庭主妇，爸爸是个籍籍无名的画家，还有一个没有生活在一起、智商偏低的叔叔；男孩布莱斯家庭富裕，成长于权威教育之下，有一个势利、自以为是的父亲，和母亲、姐姐、外公生活在一起。生长于这样两个不同家庭的孩子呈现出了完全不同的个性特征：女孩朱莉拥有许多“富养”的品质与气质。她热情大方，勇敢追求喜欢的男生；当家人遭受侮辱时，她敢于表达愤怒与拒绝，独立而自尊；她热爱思考，常常自我反省；她热爱劳动，热爱大自然，知足而快乐。而相较之下，男孩布莱斯就显得懦弱而胆小，常常为迎合同伴而做出言不由衷的事情，特别是面对自己喜欢的女孩时。当他在成长中遭遇困扰和挫折时，他也找不到人倾诉。

那么，到底是什么让朱莉成长得比同龄的布莱斯更为优秀呢？电影中所表现的家庭环境和亲子关系也许可以给愿意观看这部电影的家长一些启示。朱莉的家庭有以下三个特点。

特点一：倾听与理解。

朱莉的父母能够及时体察女儿的情绪。面对孩子的奇怪行为，他们不疾不徐，耐心倾听与理解。他们是温暖与值得信任的父母，从不插手与无端指责，对女儿解决问题的能力给予充分信任。在朱莉的父母眼中，孩子是独立、值得尊重的个体，他们相信每一个令人不解的情绪与行为背后必有合理的原因，唯有选择爱与理解，才能找到问题的关键。反观布莱斯的父亲，傲慢和势利，而孩子明知他不对，却因为害怕被指责而选择沉默，因而逐渐失去与父母沟通的欲望。

特点二：尊重与引导。

朱莉的父亲其实早就知道女儿对布莱斯的喜爱，可是他并没有横加阻碍和打击，也没有急于引导和基于功利地想要改变，他选择以画为喻，向孩子生动地阐述了“整体大于部分”的道理，暗示女儿要更关注人的精神内涵，潜移默化地提高孩子客观看待周围事物的高度。

特点三：言传与身教。

朱莉的父母也是会吵架的，但是当他们发生冲突后，他们选择真诚地向朱莉道歉，并及时地给予安慰。父母之间的相互欣赏和主动沟通让孩子意识到：父母吵架在所难免，但是无论怎样，家人之间是相爱的。他们用自己的言传身教让孩子们拥有安全感。

循着以上三个特点，家长可以尝试着在电影中慢慢探寻女孩朱莉的成长轨迹和她身上充满光彩的原因。当然，男孩布莱斯也并非“一无是处”。他虽然不愿意与父母沟通，但是他的家庭仍有闪光之处：外公是第一个帮助布莱斯看到女孩朱莉身上迷人之光的人，他为孩子指点正确看待他人的重要方向；他的父母其实很赞成青春期男孩女孩之间的交流，并以健康的观念支持孩子以平等的态度与异性交往。

这部青春电影让我们看到：家庭的“富养”并不在于物质上对孩子的宠爱，而是对孩子精神上的支持和感情上的关注；父母简单、粗暴的说教并不能让孩子真正领会成长的道理，鼓励他们敢于探索和勤于思考，才能够帮助其获得知识和拓宽思维。家庭的灵魂并不在于房子大小和物质贫富，而是屋檐下相亲相爱的一家人。正如《美国科学家》杂志公布的最佳科学育儿方法中所提到的：健康的家庭教育方式是给予孩子足够的爱与关怀，同时还离不开父母好好相爱。

关于这部电影，可以深挖的细节还有很多。如果家长们愿意陪伴正处于青春期的孩子观看这部电影，也许会有机会自然地与他们讨论青春之爱，与他们共同探讨成长的困惑，而非武断地阻止他们关注异性交往，或者强行灌输家长自己认为正确的“理念”。

数小时的观影是段难得的时光，它也许能够让久不交流的父母和儿女之间找到互相交流的契机。

在经典电影中陪伴孩子寻找自我

2020年初新冠疫情突发，绝大多数家庭都过上了闭门不出的生活，孩子们的假期生活也发生了翻天覆地的变化。和同伴玩耍的机会没有了，户外活动也基本被禁止了，这让家长在承受疫情的心理压力的同时，还需要面对亲子关系的新挑战——如何在这段时间里提高亲子陪伴的质量和沟通的有效性？这里分享一部经典的电影，也许可以给有这方面有困惑的家长们一些启示，我想推荐的是电影《狮子王》，2019 年上映的真“狮”版。

这是一部适合小学生与家长共同观看的影片。无论是哪个版本，《狮子王》的故事都是培养亲子关系的不错资源。这次的真“狮”版让很多家长，特别是年纪稍小的孩子的家长们，在熟悉的主题曲和完美复刻的片头中一下子回到了自己的儿时；它也让没有看过动画、不熟悉故事的孩子们了解了一名叫做辛巴的王子为父报仇的成长故事。在共同观影的过程中，伴随着那首优美的《生生不息》(*Circle of Life*)，亲子之间的交流也就自然而然地开始了……

非洲大草原上一轮红日冉冉升起，为高大的乞力马扎罗山披上层金色的光纱，所有的动物涌向了同一个地方——荣耀石，兴奋地等待着一个重大消息的宣布：它们的国王木法沙将迎来自己的新生儿。

这个新生儿就是小狮子辛巴，它是木法沙的法定接班人、荣耀石未来的国王。

小狮子王辛巴在众多热情的朋友的陪伴下，不但经历了生命中最光荣的时刻，也遭遇了最艰难的挑战，最后终于成为森林之王，也在周而复始、生生不息的自然中体会出生命的真义。

真“狮”版比动画版时长多了 29 分钟，其中多出来的场景与对话，丰富了角色的形象，也让他们变得更加丰满和立体。这个故事中，有成长，有责任，有爱与友谊，还有为人父母的牺牲。辛巴在背负了弑父弑君之罪后，由于强烈的恐惧和愧疚而自我放逐，他在逃避和责任相互冲突的纠结中寻找自我、长大成人。

从心理学的角度来看，这个我们所熟知的故事恰好呈现了一个人在纠结和选择中不断进行自我意识的确定、形成自我的过程，即建立“自我同一性”。这个概念由美国著名的发展心理学家埃里克森(E. H. Erikson)提出。他认为人一生都在寻找自我、建立自我和发展自我的过程中，并将人格的形成和发展划分为八个阶段(见表 3)：

表 3　埃里克森人格发展八个阶段表

婴儿期	0—1.5 岁	基本信任和不信任的心理冲突
儿童期	1.5—3 岁	自主与害羞(或怀疑)的冲突
学龄初期	3—6 岁	主动对内疚的冲突
学龄期	6—12 岁	勤奋对自卑的冲突
青春期	12—18 岁	自我同一性和角色混乱的冲突
成年早期	18—40 岁	亲密对孤独的冲突
成年期	40—65 岁	生育对自我专注的冲突
成熟期	65 岁以上	自我调整与绝望期的冲突

其中,“辛巴”——处于青春期的孩子正处于自我同一性和角色混乱的冲突中,他们不断地发出疑问,也就是我们所常说的经典哲学三问——“我是谁?我从哪来?我要到哪儿去?”在这样的冲突中,他们慢慢建立完整、清晰的自我认识,发展出良好的适应力,拥有正确的价值判断,并对自己的未来作出规划。

那么,面对我们的“辛巴”(处于青少年时期的孩子),家长该如何做呢?电影中其实已经做出了示范:父亲木法沙对辛巴的教育方式是十分值得借鉴的:在生前,他用充满爱的方式在孩子面前建立作为父母的威信,成为辛巴在成长过程中最为重要的社会支持系统;在他死后,拉菲奇继承其衣钵,机智、巧妙地引导辛巴重拾勇气和信心,帮助他找回自己,回归荣耀大地。辛巴在他们的引导下努力探寻“我是谁”,父母要成为孩子重要的社会支持系统,陪伴他们不断找寻自我。

一个发展出成熟的自我同一性的青少年,离不开自身的努力,也离不开良好的家庭环境。作为父母,只有成为孩子寻找自我、发展自我时期的社会支持系统,才能够陪伴他们拥有获得幸福的能力。

家长们,请珍惜美好时光,陪伴孩子找寻达到心中期望状态的方向吧!

第五章
阅读时间

了解依恋关系,“Mark”发展关键点

——读《青春期大脑风暴》有感

作为一名高中心理老师,我深知了解处于青春关键期的学生有多么重要。在日常的心理咨询和课程实践中,我发现了很多高中生只愿意在心理老师面前暴露“秘密”,所以在课程设计和实践方式上据此进行了一些改善。虽然身处一线能够接收到学生的“第一手信息”,但让我困扰的事也很多:我疑惑,自己所看到、所感受到的能够代表大部分青春期学生的所思所想吗?我的实践是否的确是学生所需要的,即使他们反馈不错?……我最希望的是能够系统性地了解青少年是如何思考与行动的。丹尼尔·西格尔(Daniel J. Siegel)的《青春期大脑风暴》一书似乎可以给我一些方向。书不厚,但即使我读了两遍,仍处于慢慢消化的过程中,特别是其中的“第七感”工具还需要实践和反馈,才能确定它是否适用于我所面对的学生。其中,我对“家庭生活的真谛:与父母的4种依恋模式”这个部分深有感触。

“依恋关系”这一主题我和我的伙伴曾经在课堂中实践过,也在心理咨询相关话题中与来访者交流过,我自己也曾经在读研时写过“铁丝母猴”这个经典的依恋实验,算得上有一些实践和理论的基础。我们主要基于一些学生面对异性交往或者恋爱关系遭遇的困惑或障碍提供了依恋理论的主要内容和测试依恋关系的小工具,学生很感兴趣,也对依恋关系有了更强烈的了解愿望。不过,当他们希望跟心

理老师进行更进一步探讨的时候，我发现自己的积淀似乎不够了。因此，在研读这个部分的时候，我划了一些小重点，希望能够给予有需求的人一些抓手。

重点一：依恋模型和它的“4S”。丹尼尔告诉我们——“亡羊补牢，未为晚矣。更深入地理解我们所关心的家人，改善家人的关系，什么时候都不会晚。”不少青少年很早就被迫面对家庭关系的纷繁复杂，父母或其他照顾者与他们的关系持续影响着他们的学习和生活。即使已经长大，依恋模式仍然会自动发挥作用。书中的依恋模式与我之前所了解的是一致的，不过它对依恋模式的阐述逻辑性更强。依恋模式分为安全型和不安全型，不安全型依恋模式可细分为回避型、矛盾型、紊乱型；安全型依恋模式能够刺激大脑前额叶皮层整合性连接的生长，赋予我们复原力。如果是非安全型依恋模式，那么在面对青春期困惑和挑战时，就容易缺乏安全感，遭遇更多的困难。安全与非安全的最大区别为是否获得“4S”[获得安全感(secure)，被看护(seen)，被安抚(soothed)，处境安全(safe)]，非安全型则在“4S”上有所缺失。因此，在与青少年探讨其年幼时的依恋关系时，看看“4S”是否满足。

在阅读依恋模式的 4 种类型时，我碰到了一些困难：安全型依恋很好理解，但是非安全型依恋模式之间的区别让我有些困惑。在反复阅读后，我试着简化一下：回避型依恋以“躲避”为主要特征；矛盾型依恋以“不稳定”为主要特征，这个不稳定来自“4S”的不稳定；紊乱型依恋以“趋近 & 远离”为主要特征，这样的人显得很分裂。而在这四种依恋类型之外还存在一种极端情况，即反应型依恋，特指没有固定依恋对象的人。在辨析完各种依恋模型后，我们很容易得到一个结论：人成长的目标是获得安全型依恋关系，形成一种“依恋关系发展轴”。这个发展轴是我在丹尼尔的案例中看到的，拥有不安全型依恋关系的人在经由“不安全→安全感”的成长中，经历了青春期、婚姻关系中的波动，通过书中所讲的工具，比如正念练习、呼吸之轮、呼吸练习等，改善自己，向着安全型依恋模式发展，进而惠及自己的子女，帮助他们形成安全型的依恋关系。通过案例我们能够看到的是：幼年形成的依恋模式随着人的成长，有着改变的可能性。这种发展轴不是直线型的，它还能够进一步影响子女、后代。因此，我们花时间去研究和探索依恋模式是十分有价值的。

重点二：反思依恋关系的方法。要转向安全型依恋模式就需要有效的抓手。该书中呈现了 46 个问题，分为背景、关系、分离、管教、恐惧与威胁、丧失、情感交流、安全港湾、起飞坪、现在和未来 10 个方面。在阅读时，我花了一小段时间自省，对这些问题进行了回答。答完后感觉很特别，自我成长的经历在梳理中有了清晰感。回看自己写下的答案，发觉其中的关键词能够帮我快速地进行反思。我强烈推荐这份访谈式问卷，可以运用于学生的心理咨询中。

重点三：了解不安全型依恋关系的秘密。人类的恐惧往往来自未知，如果能够解开一些秘密，就可以加速困惑和问题的解决。对于推动不安全型依恋关系向着安全型依恋关系发展，如果能够理性认识，也许可以加速“不安全→安全感”的成长。丹尼尔对于不安全型依恋关系中左右脑失衡的状态的分析能够帮助我们从生理角度了解其背后的秘密：左脑皮层主要负责语言、逻辑、线性思维、横向思维以及罗列清单；右脑皮层是自传式回忆的主要来源，负责接收较底层的皮层下脑区信息，更为情绪化。其中，回避型依恋模式依赖左脑思考，忽视右脑发出的非语言信号，人际沟通能力不足；矛盾型依恋模式中，右脑覆盖了左脑对问题的回答，显得很焦虑；紊乱型依恋模式则是因为右脑向左脑提供过去事件素材时出现了问题。左右脑之间未能合作或者在合作中出现了问题，让不安全型依恋模式成为现实。要实现转换，就需要实现左右脑的平衡（左脑事实的外显记忆和右脑中自传式记忆）。实现平衡的方法在书中也有所描述，比如一些简单的练习。我们可以基于对依恋模式与左右脑关系理解的前提下，尝试练习。其中，治愈痛苦的工具——“RAIN”让我印象深刻，它呈现了面对痛苦的基本过程（认识→接纳→探究→不认同），我觉得RAIN不仅可以帮助紊乱型依恋关系的人，还可以在帮助青少年面对消极情绪时提供一些助力。

重点四：第七感工具——人际时间与反思性对话。本书每个章节的后半部分都会提供相应的第七感工具。作者在前言中就曾经提示过两种不同的阅读方式。在读第二遍时我先从工具入手，再倒回去翻阅相应的理论。面对依恋关系，本章节提供的工具是人际时间与反思性对话。回避型、矛盾型和紊乱型依恋关系的改变都需要让自己在人际关系中尽可能地活在当下，需要反思家庭生活中的人际关系，了解他们对现在发展的影响。人际时间与反思对话是相互联系和融合的。反思自己与他人的内在世界，以及情感交流，不仅仅是心灵层面的，还能够激活大脑前额叶，使它朝着整合的方向发展，进而能够对他人情感感同身受，产生共情。而要达到这样的反思，需要工具“PART”，时刻记住“PART”（活在当下，与他人保持协调，产生共鸣和创造信任），能够帮助我们创造平衡的心理生活。这种平衡恰好是发展安全型依恋关系所需要的。

对于依恋这个部分，我的感受和体会还不够深入，毕竟这本书需要反复阅读和实践体验。不过，通过笔记将重点标出，对于我们心理老师日后与青少年相处与对话来说，至少有了新的方向和可以尝试的方法。当然，获得工具是一方面，书中面对青少年发展的态度也值得称赞。

“应该把裂痕看成是再次互通心灵的机会”，这样开放态度的保持不仅是非安全型依恋模式转向安全型的关键，更是我们与青少年相处、引导他们健康发展的关键。

解码青春，陪伴青春

——读《解码青春期》有感

如果说《青春期大脑风暴》是一本需要一读再读的关于基础脑科

学的书，那么乔希·西普(Josh Shipp)所写的《解码青春期》真的是一本一翻开就会让你无比兴奋的书。本书从“父母”(这里包括青春期少年身边的重要成年人)的角度来解读孩子在青春期种种重要事件和“奇怪”行为的内在含义。虽然目录分为三个部分，不过在我看来，可以分为理论和实践两个部分。理论部分主要解析了青少年的三种思维模式和青春期发展的不同阶段，实践部分主要通过5类挑战和25个具体事件呈现具体操作细则，是对青春期重要事件的一本“说明书”。

书的开头提出“每个孩子都需要一个‘罗德尼’”，这里的“罗德尼”是给予青少年支持的、能够保持稳定、忠诚关系的成年人，是伴随青少年成长的“重要他人”，他们帮助孩子培养一些关键的能力，使其慢慢走向成熟。

书中的理论部分值得我们深思和反省：青少年比看起来更需要我们，我们需要及时变换角色才能跟上青少年成长的步伐。同时，不光青少年需要我们的帮助，我们自身在面对舒适、认可、控制和成就陷阱时同样需要帮助和支持。有意思的是作者对青春期不同阶段的分类，年龄范围是11—18岁，每1—2岁为一个阶段，呈现了每个阶段之间的重叠部分与差异部分。如果作者能够将每个阶段的特点进行图表化，作为读者的我们可能更容易从它们之间的相同性和差异性中获得属于自己的思考。关于理论部分感觉字字句句都击中读者的心灵，也使我在实践过程中更坚定一些健康却有时容易动摇的想法。

浏览第三部分“应对青春期常见的挑战”时让我很兴奋，这一部分的内容直面现实问题，以最为具体的方式告诉我们面对不同问题该如何操作，是一本不错的“说明书”。不过在逐步细读的过程中，我也产生了许多疑惑。

关于“让孩子懂得承担责任、学会道歉”，书中指出：当成年人指导青少年与对方和解时可以说如下的语句：“是不是我做了什么让你不高兴的事？我做错了什么事吗？”我明白这样提出疑问是为了详细地了解发生了什么，可是提问之前是否需要确认对方的情绪状态呢？是否任何场合都可以进行这样的沟通呢？试想如果我是青少年，我还处于与别人发生冲突后的负面情绪状态中，这样的发问在我看来也许可能成为一种“质问”。逐个案例看下去，类似这样的疑问偶有出现，我也想到了一个可能性：也许是译者对于原著的解读存在误差，以及国情文化的差异。因此，如果想尝试按书中的建议进行操作，建议查找原文再进行自我解读和消化。

我很喜欢实践部分呈现的关于如何写一份有效的道歉信、制定手机使用规则、制定家规等这些具体的示范，不光家长可以尝试在家庭范围中实践，教师，特别是班主任，也可以参考这些范例尝试在班级中实践，也许可以打开一些新的思路，找到管理的新方向。不过，我认为作者在实践部分其实呈现了非常理想化的家庭状态，对于愿意尝试的家长、教师等成年人也提出了非常高的要求。举个例子，在家规的制定中，如果孩子身处离异家庭，那么该如何制定家规呢？作者说，需要监护者共同商定一套措施，让青少年不管在哪个家庭里都要遵守这套家规。这里我存在的疑惑是：离异家庭之所以会分解，其实就是由于夫妻双方在多个方面存在差异以至于无法共同生活下去，他们之间无法协调的观念如何保证能够制定出一系列措施，来确保青少年在不同的家庭环境中都能遵守呢？即使青少年愿意遵守，夫妻由于观念的不同在家规的执行上也会存在差异，在这种情况下要呈现对青少年“有好处”的一致性，其难度真的是非常大的。我能够明白作者这样建议的意图，但是我更想看到在这样的情况下，他会如何呈现更加具体的建议。再比如“如何改善与孩子的交流”，在我看来，如果要实现作者的各类建议，首要前提是父母、教师等成年人的情绪稳定，以及与孩子的关系相对较好。如果成年人无法稳定情绪，同时与孩子的关系恶劣、无法沟通，那么太快地促进这样的改变是不太现实的。显然，成年人需要先调整自己、做好准备。同样的疑惑出现在与孩子谈论性的话题上，父母、教师是否一定就是比网络、大众文化、媒体、朋友等更为可靠的信息来源呢？他们是否需要知识和情绪的储备才能够实现呢？

该书作者认为，青少年已经不是婴儿了，但他们仍然需要安慰，需要有人去倾听他们的心声，需要有人鼓励他们，对此我十分认同类似“THINK”这样的工具是成年人可以在陪伴他们的过程中提供给他们的。不过在陪伴的过程中，我们要确认孩子们的尝试是否太过于理想化呢？在要求孩子做到的同时，为什么不是成年人先做出示范呢？在阅读这本书的过程中，我逐渐从兴奋开始进入了“杠精”的状态，这也是一个挺有趣的过程。

在阅读中学做心理咨询师

——读《熙琄叙语》有感

刚刚拿到《熙琄叙语：一个咨询师的成长历程》时，我连吴熙琄（xuàn）老师的名字都没有读对。对于这位陌生的老师，我尝试着通过这本咨询师的成长经历记录来了解她。吴老师是台湾地区人，她的求学任职经历很丰富，从地理老师到“义务张老师”，从赴美求学到担任各个机构的咨询师和督导工作，这一切都与我这个刚做了几年教师的“小年轻”差异太大，也来得精彩纷呈，让人羡慕。在阅读的过程中，我惊奇地发现，这位无论是出身、学习和工作经历都与我十分不同的心理咨询师，在呈现自我成长过程中其实也不断地涌现着与我相似的经历和困难，吴老师写的每一个章节都让我忍不住划下那些让我感同身受的句子和对我有启发作用的观点。

看这本书时，我刚做心理老师不久，但同时因为学校的安排，也是一名班主任和信息科技学科老师。于是，在兼任的过程中，我常常碰到学科和学科、工作和工作之间的交叉和碰撞，其中常会出现忙碌却空虚的感觉。在我看来，这种状态其实都与我还没有平衡好各项工作和确定明确的职业发展目标有关。作为一名"身兼数职"的心理老师,与学生打交道是必不可少的,问题也都围绕着他们。所以当我看到吴老师在提及选择咨询这个专业时说了这样一句话:"我希望在咨询里可以陪伴人们好好交流和对话,和自己联结,和彼此联结。"我十分羡慕吴老师的描述中呈现出的那种工作的幸福感。

最喜欢吴老师在每个章节的后面留下的几行空格。在每每碰到《熙琄叙语》中的这些记录之处时,我总情不自禁地写下我当时的感受,我把这种感受看作是与熙琄老师进行分享和探讨的一种对话,也像是在熙琄老师的指导下细细思考我自己在职业成长中每个阶段所碰到的问题和障碍。虽然在书中通常无法看到特别具体的办法,但是总有一些方向上的指导,真有一种"工具书"的味道。要知道,一般来说,工具书读起来总是非常枯燥的,这本书却让我一页一页、没有负担地翻下去,直到最后一页,才惊叹道:"这么快?!"总有意犹未尽的感觉,希望能再看看,继续分享下去。

在吴老师的分享中,我对其中的几个部分特别有感触。

第一个部分是在第三章关于咨询师与自己、朋友和家人的关系。吴老师的文字让我感受到她对我们的了解十分深入。的确如她所说,许多人希望通过心理学的学习可以帮到自己,也可以帮到周围的亲人和朋友。作为老师,特别是心理老师,我则常常会碰到亲人、朋友和同事等提出各类心理学上的咨询请求。对于这一点,吴老师提醒我,面对他们,咨询师的立场和界限很重要,要理解:什么是自己可以做的,什么是自己无法做的,什么是自己的限制。

第二个部分是吴老师所描述的咨询师的不容易。这一点,做学校心理老师越久就越认同。的确,当周围人知晓我是心理老师时,总会呈现出很高的期待,不自觉地连我自己都随之提高着自我期待。似乎作为学校的心理老师就应该对心理学的各方面都能够了解得十分到位,能够轻松地解决各种心理问题,无论对象是不是学生。我也的确有时会受到这样想法的影响。很多人对心理老师有"神化"的倾向，觉得一旦你是心理老师，就必然知道如何面对各种心理问题的困难和挑战，而且自己也可以快速调整到最美好的状态。然而心理老师并不是“神”，我们都会遭遇生活挑战，而且未必会比其他人处理得更好。不过我想有一点不同的是，心理老师在面对学生心理问题时能够从更专业、更长远、更健康的角度陪伴他们面对和度过。心理老师也更有机会在心理工作中获得更多的正能量，更珍惜自己的生活，珍惜自己身边的人。我们更能够认同到，生活未必会更完美，但我们有优势去做一个愿意不断自我成长、努力学习和调整的心理老师。这真是一件让人憧憬的事。

第三个部分是咨询师的成长阶段。虽然我做心理老师刚二三年（这篇文章写于 2013 年中），面对很多学生的心理问题时，我常会很焦虑，这固然跟我非常在乎和重视自身职责所在有关，也跟我的职业经验积累有关。因为学校工作的安排，我除了心理老师之外会有很多其他的工作，这些工作的存在偶尔让我有借口和理由被动地做着一个“名不符实”的心理老师。理论学得不多，书看得不够，参加的培训也还是很少，这些现状固然跟客观工作环境有关，但恐怕也跟自我的懒惰和回避有关。吴老师虽然没有直接面对我，但是却一针见血地指出了问题，同时也给予了很多磨练的办法，让我十分受益，也有了摸索的方向。

第四个部分是吴老师所提到的“自我照顾”，我特别喜欢这个词。它总在时刻提醒着我们，除了心理老师这个身份，我们还应该更深层次地思考自己该如何生活，怎样的生活可以照顾我们的需要，这些可以细细去探究，去看到对自己重要和有意义的层次。她还给了我们关于这一点的几个探索方面，方便我们去自查和思考。“‘活着’本身就是很难得的事情”，自我成长就是一份由自我抗拒到自我整合的过程，我们恐怕要小心的是不要带着自己的“成功经验”在学校心理工作中去复制另一个“自己”，得回到学校本身，关注学生和教师的需求。

读完熙琄老师的书，我了解到在她长久的咨询师经历中的幸福感，也感受过她碰到的困难和她努力去解决的勇气。她的人类式访谈和叙事治疗都是让人十分有兴趣的关键点，在生命中学习，也不断地在“医心”。我没见过吴老师，但从她的文字中却感受到一种温柔的力量，她踏踏实实地学，大量地做个案，经营同侪督导团体，好好地自我成长，并在关系中成长着。

真希望，她可以做我的老师。

青春期性教育主题课堂可以这样

——读《青春期性教育教师实用手册》有感

在我眼中，闵乐夫主编的《青春期性教育教师实用手册》是一本具有工具书价值、可以随时翻阅、媲美教参的书籍，这里既提供了扎实的理论支撑，又有可以直接用于教学实践的案例，极具实用价值。在阅读本书时，我没有按照章节顺序阅读，而是从我最关心的课堂实践和主题活动设计开始，从最喜欢看的案例开始，从后往前进行了阅读。读完后，我决定选择自己最感兴趣的青春期性教育主题课堂展示入手，谈谈自己在阅读的过程中有哪些启发，结合自身教学实践又能够做怎样的改进。

选择这个部分，除了兴趣以外，也跟教学的迫切要求有关。在对新高一学生的问卷调查中，我们发现学生对青春期异性交往、性教育等话题的关注度排名第一；而在以往的教学实践中，我在性教育课堂中常碰到很多困难，因为它会接触到学生最敏感也是最迫切需要了解的部分。这让我在以往的实践中总是很忐忑，很小心。很高兴，书中的内容给了我一些指示和启示。

书中青春期性教育课堂有三种主要形式：主题活动课、班会课和学科渗透。其中主题活动课为重点。在这个部分，作者从课堂准备、活动课特点、教学方法三方面进行了深入分析。

在主题活动课上，作者认为执教教师应当具备足够的性生理知识、良好的性心理、科学的性价值观、性社会学等综合素质。一般来说，主题活动课的任课教师多为心理老师，而这对一名专业心理老师的要求其实是很高的，老师需要做提前准备，搜集相关的资料，参加相关的培训。传递的知识是否准确、教师本身的性态度如何，将直接影响主题活动课的效果。我很赞同书中明确提出的观点，即：具有健康性观念的老师才能够向学生传递理性的性观念，才能够营造健康、和谐的氛围；课程应当是系统的，老师的态度应当是健康、多变和灵活的，教学方法应当是互动式的。

除了主题活动课以外，主题班会也是性教育课堂的阵地之一。不过对于这个部分我其实有些疑惑。翻阅第三部分的各类案例，我发现相关的班会课的确不少，执教的也都是班主任。不过很多班主任一般只具有自身的学科背景。书里虽然对如何开好主题班会课和如何设计提供了普遍性的建议，但是似乎缺少了对性教育主题在班会课上的聚焦，只是在设计部分中简单提到相关主题，而班主任们到底应该如何就班级问题中与性教育相关的部分与学生共同讨论，对此好像没有具体的指导。比如，班级中男女学生行为举止亲密如何处理？有学生将避孕套带到班级该如何处理？男生拿女生的卫生用品开玩笑该如何处理？我觉得这部分的确是十分困难的地方，即使我自己之前担任班主任，在班会课上也不太敢明确涉及相关的主题。

这部分让我想到的是，性教育主题活动课和班会课的关系其实应该是十分紧密的，如果心理教师和班主任能够就相关话题做好配合，是不是可以产生相辅相成的作用呢？资源共享，创新教学方式，能够更聚焦、更顺利地帮助学生处理具体问题。

主题活动课和主题班会课之外，书中还提到了学科渗透。这一点回答了如果学校无法保证专门的性教育课时应当如何处理的问题，当然，如果学校有主题活动课、班会课，学科的渗透会让性教育更加全面和丰富。在我看来，学科渗透是要求最高的，要含而不露、潜移默化，要避免学生敏感，如果能够吸纳更多的教师组成团队就更好了。不过，我觉得广泛的学科渗透固然很理想，但是对于团队教师的基本素养和学科知识背景，还是要做一些优化组合。同时，这样的推进还需要学校领导层的协调合作，特别是校级领导、教导处、政教处等。

作者重点讨论了设计青春期性教育主题课堂的思路。设计要注意互动性，调动多种感官，要有一定的思考逻辑。我十分赞同这个观点，即教师千万不要把学生刚与你咨询的事例用到课堂上，否则学生会没有安全感，这也不符合保密原则。如果实在要用，必须征求学生的同意，并做相应处理。设计中使用的媒体资源不能低俗，要有一定的档次。性知识的讲解要专业、理性、客观，切记不能画蛇添足。案例分析要中立，全面呈现相关现象出现的合理性和伤害性。

后　记

惶恐不已的我，终于在暑假快要结束的时候梳理出了整体的文稿。这来之不易却又让我无所适从的机会，来自戴耀红老师的关注与挂念，来自王洪明老师的悉心指导与关照，来自身边小伙伴潜在持续的督促。这三方的“压力”，让我有了不可抗拒的动力，开启了这一前所未有的“事件”。

这本小书是对自己十年来高中心理教师工作岗位的经验整理，是我对陪伴对象——青春期的高中生们心理需求的观察和积累，也是我审视和规划自己未来职业生涯的契机。书中的大部分文字来自近年来和伙伴共同开启的个人心理类公众号——“RAIN 的心理时间”中的原创推文。希望这些文字呈现时，它的读者（我更想把他们作为我的“督促者”）能够是我的同行——中小学的心理老师；能够是青年人——比我年轻的、对心理工作，特别是心理老师职业感兴趣的一群人；能够是高中生——我工作的环境和对象更多是他们……当然还希望有惊喜，也许会是我想不到的人，希望未来的读者对这些文字也有一些兴趣吧！

之所以为小书取名为“RAIN 的心理时间”，既是因为内容多半来自个人微信公众号，也是因为这个名字是我最早开启网络世界（QQ 昵称）的起点。不过最重要的是，我希望这本小书对于我的同行和学生来说能是一场细雨，让人能够沉浸其中……今年刚好是我工作的第十个年头，希望这本小书能够以尽可能真实的、朴实的状态呈现，也期望能够获得一点点“火花”似的反馈。

我着实期待这些粗糙的文字能够获得宝贵的回应，也能够让我的伙伴们感受到分享个人感受和经验的乐趣。

期待。

期待成为写手的 RAIN、心理老师　章诚

2020 年 9 月

图书在版编目(CIP)数据

心悦青春:上海市中小学骨干教师心理健康教育(青春期教育)德育实训基地成果集.2,RAIN的心理时间/戴耀红主编;章诚著.—上海:复旦大学出版社,2021.6
ISBN 978-7-309-15607-2

Ⅰ.①心… Ⅱ.①戴… ②章… Ⅲ.①中小学生-心理健康-健康教育-教学研究
Ⅳ.①G444

中国版本图书馆CIP数据核字(2021)第064775号

心悦青春——上海市中小学骨干教师心理健康教育(青春期教育)德育实训基地成果集
戴耀红 主编
责任编辑/关春巧

复旦大学出版社有限公司出版发行
上海市国权路579号 邮编:200433
网址:fupnet@fudanpress.com http://www.fudanpress.com
门市零售:86-21-65102580 团体订购:86-21-65104505
出版部电话:86-21-65642845
江苏凤凰数码印务有限公司

开本890×1240 1/32 印张37.25 字数968千
2021年6月第1版第1次印刷

ISBN 978-7-309-15607-2/G·2235
定价:280.00元(共十册)

心悦青春

上海市中小学骨干教师心理健康教育（青春期教育）德育实训基地成果集　戴耀红◎主编

生命成长视野下的青春期“三情”教育

杨岚　著

復旦大學出版社

总　序

曾经有四名初中少女，因为她们喜欢的男孩子不喜欢她们，于是开煤气想集体轻生，不料抢救后醒过来的她们几乎说的第一句话都是：怎么没有电视台来采访我们？她们全然不顾父母的着急、老师的担忧，更是把放弃生命当作一场儿戏来“秀”。当成年人为她们的行为感到可笑、可气、可悲的时候，作为教育工作者，我们的心情是沉重的。当青少年以生命的代价去叩问青春命题时，我们不得不反思，教育该如何尊重人的成长需求，体现人文关怀？如何遵循人的发展规律，体现育人价值？

从事青春期教育实践和研究二十多年，我亲历并见证了上海青春期教育的发展。从当年要不要在学校开展青春期教育到如今学校如何实施青春期教育，这场讨论主题的转变是时代对教育的期许，是学生对教育的呼唤，也是教育改革、进步的必然。

由于青春期教育工作者的不懈努力、追求和坚定的信念，青春期教育终于从最初的被指责、被怀疑到现在的被接受、被认同，并在不同学校以不同方式开展。但是随着社会的进步和学生身心的发展，目前青春期教育在观念、内容、形式等方面还有许多需要改进甚至变革的地方。

一方面我们的教育观念比较传统和保守，和社会转型期学生的实际生活、价值观仍有隔阂。我们在教育内容上比较单一，对性的敏感话题心存顾虑。我们在教育方法上还是以过来人和教育者居高临

下的说理、灌输为多。教育过程中缺乏倾听学生的心声和了解学生的感受;教育目标一般也简单定为青春期问题防范和处理,对于学生青春成长过程中的生命关怀缺乏研究。

另一方面教育的整体性和连续性跟不上学生生命成长的需求,学校或教师的教育行为大多数还处在应付处理青春期问题的层面,学科教学与专题教育处于碎片化、断裂式的状态,一些教育内容在许多学科或不同学段中简单重复,一些内容由于敏感或与学业知识相关不大而被空缺、被忽视;对青春期成长有着重要意义的家庭,在孩子身心发展,特别是人格发展方面重视不够、方法欠缺。

众所周知,青春期是一个人价值观、人生观、世界观形成的关键期,在教育部颁布的《中小学德育工作指南》中强调,要对学生“开展认识自我、尊重生命、学会学习、人际交往、情绪调适、升学择业、人生规划以及适应社会生活等方面教育,引导学生增强调控心理、自主自助、应对挫折、适应环境的能力,培养学生健全的人格、积极的心态和良好的个性心理品质”,这也是青春期教育的目标所在。

学校青春期教育是生命教育的重要组成部分,也是当下德育的难点,虽然教育部门有专题教育的要求,但在落实中存在诸多困难,如缺乏合适的教材、创新的教法、有一定水准的教师等。上海市中小学骨干教师心理健康教育(青春期教育)实训基地正是在这样的背景下,由上海市教委为加强学校德育工作、促进德育队伍专业发展而搭建的培养市级骨干教师的高端平台,是由一群经推荐和选拔的中学德育优秀教师组成的实践研究团队。市教委德育处领导、市德育发展中心和市中小学德育研究协会的专家对我们基地的组建、项目研究、成果质量给予了高度关心和鼓励。学员所在学校的领导也给予学员在参与基地活动方面极大的支持。

2018 年初夏,我和学员们带着众多人的期望和对学校青春期教育的信念,开始了一段陪伴学生成长的青春之旅,基地本着“以教师的人文情怀滋养学生青春成长”的理念,致力于学校心理健康教育、青春期教育的推进与创新，旨在通过项目引领、理论学习、教育实践、研究反思等，更新教育理念、改进辅导方法、改善教育行为，促进教师专业发展，有效发挥学科优势，充分体现心理健康、青春期教育的价值。

三年来，我们聚焦问题，突破创新，通过调研，了解当下学校青春期教育的基本情况、困难和瓶颈，为学校青春期教育提出建设性、突破性的建议；我们更新理念，提升能力，在实践研究中丰富教师的青春期知识，完善教师的教育方法，提高教师的青春期教育素养，培养了一批热衷于青春期教育、有一定创新能力、受学生欢迎的青春期教育的教师。

三年来，我们聘请高校教授、医务工作者、特级教师等担任基地导师团导师，通过讲座、报告等形式在专业知识等方面对学员进行指导，在微课设计、制作及资源开发等过程中，帮助学员把关好教育的科学性、准确性和有效性，提升学员青春期教育的理论水平和专业能力。

三年来，我们以上海市德育理论研究与决策咨文课题“中小学青春期教育一体化建设研究”为抓手，组织学员边学习、边反思，边实践、边积累，边开发、边提升，开展了上海市中小学生青春期教育现状的调研、青春期教育学科融合、青春期专题教育资源开发和利用等研究。在完成项目过程中，研究生命视野下青春期教育内容的适切性。

三年来，我们根据学员的知识、能力、特长等分成若干合作小组，在教育实践中有一定的时间量进行集体备课、听课、评课、切磋指正，在小组学习中互相讨论分享，在项目开发中头脑风暴，分工合作，发挥各自优势，完成相关学习内容及实践任务。

三年来，我们结合日常专题教育、团体辅导、个别咨询、主题活动开展实践研究，每位学员根据自身特点确立明确的实践方向和任务要求，在教育教学实践中关注重点、发现难点、突破瓶颈、探索创新，完善教育方法，完成有推广价值的各学段示范课。

今天,17 位学员中有 9 位独立或合作撰写了青春期教育专著 9 本,有 8 位学员撰写了青春期教育论文。这是他们长期从事学校青春期教育、心理健康教育、开展家庭教育指导等实践经验的积累,更是他们在基地三年的理论学习、探索研究、团队合作的成果。从选题、落笔到改稿、成文,整个疫情期间和暑假,学员们查阅资料、请教专家,一遍遍地推翻、修改,尽可能使作品成为自己满意、教师有用、家长需要的优质教育资源。

牛燕华,基地写手之一,淡然的外表、文艺的内心,始终保持对青少年的好奇心和探索欲,是心理教师难能可贵的品质。《初中生情绪疏导与压力管理》是她多年参与研究积累的成果,是理论与实践相结合的产物。

章诚,基地里年纪最轻的教师,是一位感受力和创新力极强的心理老师。读她的文字,总让我回想起自己年轻的岁月,执着而热烈。《RAIN 的心理时间》是她独自反思教育的节点,更是她分享教育感悟的快乐时光。

杨岚,基地助教,参与并保障每一次研修活动的顺利进行。她撰写的《生命成长视野下的青春期“三情”教育》以亲情、友情、爱情为主题,关注青春期学生情感发展和品德培养,将生命教育和青春期教育有机结合。

朱炜,基地里自带光芒的教师之一,但她不刺眼、不炫目,是柔和而温暖的。我欣赏她的坚持和聪慧。疫情期间,她怀着心理教师的使命感,不失时机地研发了线上课程,《心理微课》应运而生,丰富了线上线下的心理课。

杨洁,一位优秀的语文老师和班主任,因为优秀,所以懂得青春期心理健康教育的重要,有意识地将语文学科与青春期教育相融合,《阅青春 悦成长——初中语文阅读教学与青春期教育的融合实践》也许是学科“跨界”专题研究的首创,在她的阅读教学中,作品散发出青春的光芒。

沈慧，基地里最资深的心理教师，多年的教育教学实践，让她在从容笃定中不失激情和亲和，我想这应该就是优秀心理教师的样子。在她撰写的《跟着电影懂青春》中，我们能体会到她教育的用心，能感受到文化育人的力量。

沈俊佳，其实不是我们基地的学员，却长期在做青春期教育的研究，也是课题组的核心成员。她在《陪伴青春——初中生心理辅导》中，以心理教师独特的视角去观察和诠释初中生的行为表现，体现了她在教育中的人文关怀。

俞莉娜，基地里唯一一位中职校的教师，是一位学习力、行动力极强的德育主任。她对一些职校学生的家庭环境、生存状况极为关切和担忧，在她的《“青”听“春”语》中，我们听到了学生的心声，感受到了教育者的使命。

王铭鸣、冯嫷、李萍，都担任着学校德育的领导工作。在基地的活动过程中，她们那种乐于学习、善于思考、积极参与的态度让我感动。针对家庭教育中存在的现象和问题，她们凭借多年家庭教育指导的丰富经验，合作撰写了《初中生家庭教育那些事》，值得家长一读。

胡敏、杨彦、陈冉苒、汤瑾、宋睿、刘军、王雪凌、张卫琴等参与了《青春期教育实践研究》论文集的撰写，虽然文字不多，篇幅不长，但也是她们三年来实践研究的体会和思考，内容丰富，体裁多样，涉及学科青春期教育、心理健康教育、青春期相关调查分析、家庭教育指导等，学段覆盖小学、初中、高中，多维度、多视角地让我们了解当下学校青春期心理健康教育的状况，给教育工作者、家长以启示。

德润生命，心悦青春。这将是我们永远的追求！

上海市心理健康教育（青春期教育）实训基地主持人：戴耀红

2020 年 11 月 22 日

目 录

总 论

亲情教育篇

友情教育篇

爱情教育篇

总 论

第一节 促进生命成长——教育的根本目的

一、何谓生命成长

生命是自然界进化阶段的原始表现。生命，特别是人的生命，应当包含三个因素，即生理（自然属性）、心理（社会属性）和灵性（精神属性）。生命的自然属性，是建立在人的血缘关系基础之上的有关生理范畴内的一系列问题，它主要涉及与人伦和人生（生命长度）有关的性问题、健康问题、安全问题和伦理问题等。生命的社会属性，是人伴随着一定的社会文化和心理基础发展起来的社会人文系统，涵盖了人的学习、交友、工作、爱情、婚姻等涉及人文、人道的种种方面。生命的精神属性，是一个人"我之为我"的最根本体现和本质要求，也是生命最聚集的闪光点。它包含自性本我、低层本我、人文本我、形象本我和高层本我五个层次，涉及人性与人格。① 所有这些，组成了人的生命的全部，也即生命维度。人的生命是自然个体从起源到消灭的体验的总和，它根植于人类社会的历史当中。

成长是生命最核心的任务。生命中所有一切的发生都要从成长中获得，当我们还是一个细胞的时候，我们的生命就只有一个方向，那就是成长。成长，是生命的目标，是人生的全部意义。生命的过程，就是一次次成长与蜕变的轮回，是生生不息的探索与追寻。

---

① 搜狗百科：《生命教育·内涵·什么是生命》。

人本主义心理学认为，人是一种正在成长过程中的存在，能够持续不断地成长。生命成长包含着身体的健康成长、心理的健全成长、灵性的幸福成长。身体的健康成长即成长为自然属性的健康的生命体，心理的成长即成长为具有正确人生观、价值观的生命体，灵性的幸福成长即成长为彰显生命智慧、实现生命价值的生命体。生命成长是一种生命的觉醒，是生命个体成为自己、成就自我并超越自我的生命历程。

二、教育与生命成长

教育的起点在于生命。教育是伴随着人的生命成长需要而诞生的。英国教育家阿尔弗雷德·诺思·怀特海（Alfred North Whitehead）在其《教育的目的》一书中指出，“人”是教育的根本目的。[①] 每个人都是独立的生命体，生命的价值在于成长，教育应当满足生命成长的需求。好的教育就是要从人的生命成长需求出发进行建构——从传递知识走向关注人的生命成长。因此，人的生命成长和发展都需要教育，教育是生命存在的形式，是生命的一种内在品性，是生命成长的内在需要。

在人的生命成长和发展过程中，需要传承人类的文明和文化，这就需要教育，通过教育让人的发展获得更多的人类经验。联合国教科文组织在《学会生存》报告中指出，教育的目的在于使人成为他自己，变成他自己。现代教育的实质在于追求良好的生命质量。这就说明，教育是使人成为“他自己”。让人成为他自己就是尊重人的自身生命，充分发展并完善其自身潜在的自然素质、社会素质和心理素质。2016 年，联合国教科文组织在《反思教育：向“全球共同利益”的

① [英]阿尔弗雷德·诺思·怀特海：《教育的目的》，严中慧译，华东师范大学出版社 2019 年版，第一章。

理念转变?》中进一步指出,教育是人的生存和发展的权利,教育要尊重生命、尊重公正、平等。这份报告把教育作为人的一种基本权利,把“尊重生命”放在了更加突出的位置,进一步指明了教育的目的和使命。东方诗圣泰戈尔说,教育的目的应当是向人传送生命的气息。从教育本源出发,教育的目的是尊重生命。中国著名教育家、华东师范大学终身教授叶澜认为,教育是直面人的生命,通过人的生命,为了人的生命质量的提高而进行的社会活动,是以人为本的社会中,最体现生命关怀的一种事业。只有回归生命,才能感受到生命的存在与力量,只有追求真实的生命成长,才能发现教育所蕴含的生命之源。①

教育的对象是“人”,是“生命”,必须立足于生命成长。教育本质上都是以“人格健全,身心健康,全面发展”为出发点的“全人”教育。它不仅包括对生命本身的关注,而且包括对生存能力的培养和生命价值的提升。因此,教育的本质就是尊重生命,促进人的发展,让其成为一个完整的人、幸福的人。这种人的成长是人的自然素质、心理素质和社会素质的成长。通过这些素质的培养,促进学生自然生命、社会生命和精神生命的成长。

第二节 生命成长中的青春期

一、青春期

联合国世界卫生组织(WHO)将青春期确定为年龄在 10 至 19 岁之间,这是一个在儿童期之后、成人期之前人体出现增长和发育的阶段。青春期,从生理学来讲,是人生第二次生长发育高峰,不仅身

① 参考叶澜:《回归突破:“生命实践”教育学论纲》,华东师范大学出版社 2015 年版,第一章。

高、体重、体型向成人型发展，更突出的是性器官和第二性征开始发育成熟，具有繁殖后代的能力，是生命健康成长的重要阶段；从心理学上讲，性心理日趋完善，情感活动异常丰富活跃，是人格健全完善的关键时期。伴随着性意识的萌发，自我意识也开始觉醒。青春期的出现标志着从儿童期步入青少年期。青少年期这一过程是为成年期做好准备的阶段，在这一时期会有若干重要发展体验。除了身体和性方面变得成熟之外，这些体验还包括步入社会、经济独立、个性发展，以及获得用来建立成人关系并发挥成年人作用所需的技能与情感。正如美国心理协会成员、曾担任青春期研究分会主席的劳伦斯·斯滕伯格（Laurence Steinberg）博士在《青春期》一书中所写的："青春期是由一段不成熟的儿童期进入成熟的成年期的成长阶段，这个阶段长达 10 年。"[①]

二、青春期的身心特点

青春期是个体生长发育的第二个高峰期。青少年的身体和生理机能都发生着急剧的变化，主要表现在：1）身体外形的变化。此时的青少年身体发育很快，身高、体重、体形和面部等都发生了很大变化，这些变化使他们在外形上逐渐接近成人。第二性征也在这时期出现。2）身体内部生理机能的增强。青少年身体内各种机能都在迅速增长并逐渐达到成熟。3）性发育成熟。进入青春期后，个体下丘脑的促性腺释放因子的分泌量增加，从而也使垂体前叶的促性腺激素分泌增加，进而导致性腺激素水平相应提高。性器官、性机能也在这期间发育成熟，标志着人体生理发育的完成。这就是生理学和发展心理学所说的青春期个体生理发育的三大巨变。

① [美]劳伦斯·斯滕伯格：《青春期：青少年的心理发展和健康成长》，戴俊毅译，上海社会科学院出版社 2007 年版，第 6 页。

青春期个体生理发育，不仅是个头长高了，更为重要的是心理上的变化。青春期孩子的独立意识、自我意识不断增强。由于生理的成熟，心理上产生自己发育成熟的体验，认为自己已经是成人。这种成人感使他们的独立意识强烈起来，他们要求在精神生活方面摆脱成人，特别是父母的羁绊，而有自己的独立自主的决定权，开始希望得到父母、朋友的尊重，希望通过别人的评价认识自己，在乎他人对自己的评价，包括家长。他们的情感丰富但不稳定，时而处于情绪的巅峰，时而处于低谷。

处在青春期的孩子，他们开始慢慢脱离父母，喜欢与同伴交往，以审视的态度对待父母。他们渐渐地从家庭中游离，更多地与同伴一起交流、活动，结交志趣相投的同学为知心朋友，他们无话不谈，形影不离，视友谊至高无上，甚至为朋友"两肋插刀"而在所不惜。这些举止往往令家长很难理解，而这恰恰是典型的心理断乳的表现，只是发生得太快，家长没有做好心理准备。如果此时的家长愈加束缚，他们离家长愈远，有的甚至逃离家庭去投奔同学。同时，青春期是性心理萌芽期，表现为开始比较注意自己形象，特别是异性同学对自己的评价。也尝试与异性交往，但是在交往过程中心理变得很复杂，一方面渴望接近对方，另一方面又很害怕被别人发现，结果，交往过程神神秘秘，羞羞答答，反而显得别扭。一般情况下，他们并不是真正意义的恋爱，只是彼此有共同的语言，喜欢一起交流和彼此欣赏。但是，由于表现"别样"而成为同学们的谈资，一经同学的夸大处理便成为"有色"新闻，令当事人非常尴尬。就这样，由于与异性同学的交往而引发严重的心理负担，直接影响到学习和生活的例子为数不少。

三、青春期的心理社会发展

美国著名精神病医师、新精神分析派的代表人物埃里克森(Erik H. Erikson)认为，人的自我意识发展持续一生，他把自我意识的形成和发展过程划分为八个阶段，包括四个童年阶段[婴儿期(0—1.5岁)、儿童期(1.5—3岁)、学龄初期(3—6岁)、学龄期(6—12岁)]、一个青春期(12—18岁)阶段和三个成年阶段[成年早期(18—40岁)、成年期(40—65岁)、成熟期(65岁以上)]。每一个阶段都有这些阶段应完成的任务，并且每个阶段都建立在前一阶段之上。这八个阶段紧密相连。这八个阶段的顺序是由遗传决定的，但是每一阶段能否顺利度过却是由环境决定的。每个阶段的演变被称为心理社会发展。

埃里克森认为：青春期的青少年一方面本能冲动的高涨会带来问题，另一方面更重要的是青少年会为面临新的社会要求和社会冲突而感到困扰和混乱。所以，青春期孩子的主要任务是建立一个新的同一感或自己在别人眼中的形象，以及他在社会集体中所占的情感位置。这一阶段的危机是角色混乱。因此，青春期是自我同一性和角色混乱的冲突。

就人生的八个阶段而言，第五个阶段相当于人生的十字路口：同一性阶段的独特之处在于它是对早期阶段的一种特殊的综合，也是对后期阶段的一种特殊的预期。青春在一个人的生命中具有某种独特的品质，它是连接童年和成年的桥梁。青春是一个彻底改变的时期——伴随青春期而来的巨大的身体变化，探索自己和他人意图的能力，以及对社会为以后的生活所提供的角色而产生的突然提高的意识。在这个阶段，个体会更强烈地维护自己的独立性，努力融入社会。他们正在学习作为一个成年人的道德规范，同时也在学习作为一个人，他们自己是谁。埃里克森认为：这种同一性的感觉也是一种不断增强的自信心，一种在过去的经历中形成的内在持续性和同一感(一个人心理上的“自我”)。如果这种自我感觉与一个人在他人心目中的感觉相称，很明显这将为一个人的生涯增添绚丽的色彩。①

① 参考[美]劳伦斯·斯滕伯格：《青春期：青少年的心理发展和健康成长》。

在每个人的生活中，青春期都是一个艰难的时期。根据埃里克森的理论，毫无疑问，这也是心理社会发展的最重要阶段。

第三节 青春期“三情”教育与学生生命成长

一、“三情”教育的内涵

现代生命教育倡导者美国学者杰·唐纳·华特士(J. Donald Walters)认为，教育是为了使人获得真正意义上的成熟。生命个体持续不断的成熟是教育面临的问题，也是生命教育要解决的问题。成熟不仅仅是与年龄相关的简单概念，它意味着一种特定关系的建立。成熟意味着内在均衡的状态。借用华特士的概念“所谓成熟，应被界定为与他人的实体建立关系的能力，而未必意味着有必要去猎取无数的实体以产生关系”①，生命教育就是让生命走向成熟的教育。

生命走向成熟的根本，是充满情感的生命关系的建立。这种生命关系的建立，并非是一蹴而就的普遍的生命关系，而是从家庭扩展到社会，从亲人扩展到熟人，进而扩展到陌生人，最后扩展到天地万物。人的情感发展状况与水平，在物质丰富、技术日愈强大的当代社会中，越来越显其重要。它不仅从生命根基上支持个人的理智和道德健康的生活，而且以自然而强大的力量支持社会中人们的合作与共处，支持个体和社会的无限想象、愿望与创造力。

生命表现为由情感去感受、以思想去反思的体验，而体验又总是将生命自身置于其中。衡量生命是否成长的最重要的标准就是情感是否融洽、和谐、成功。生命离不开生活，所有的思想，每种内在和外

① [美]杰·唐纳·华特士：《生命教育——与孩子一同迎向人生挑战》，林莺译，四川大学出版社2006年版，第170页。

在的行动都体现着生命与生活的结构，生活世界中的所有一切都从生命出发来结成一个结构网络，个人独有的生活构成了个体生命的世界。可以说，情感贯穿生命的始终，能与世界主动建立良好的情感，是一个人活着的证明；和他人建立良好的情感，是一个人活过的证明。

成熟的充满情感的生命关系的建立，首先是从家庭生命关系的建立开始的，亦即从亲情开始的。因为，家庭既是人类社会的最基本细胞，也是每一个个体生命的诞生地。所以，人伦之情是从家庭开始的。父母对子女的情、子女对父母的情、兄弟姐妹之间的情、夫妇之间的情，都属于家庭人伦之间的情感。但是，个人生命关系的建构却不能只停留在家庭人伦，而必须从家庭人伦向外拓展，走向社会人伦，甚至走向与天地万物的关系的情感的建立。因为，情感的流淌，永远是不进则退的。这就是说，在成熟的生命关系建立过程中，一个人必须努力扩大个人与个人间的情感，依照情感前进的自然程序，建立友情、爱情等情感关系，进而培养对自己的民族、人类，甚至一切生命、天地万物的情感。如是，你的情感便发展成最完满的情感。

其中，每一个生命个体几乎离不开亲情、友情、爱情这几种人类生命中不可或缺的情感，这也是生命的社会属性的重要组成部分。作为一个社会人，生命个体始终生活在不同的社会群体当中，与不同群体的人建立各种对应的社会关系。如何建立良好的人际关系，与周围的人和谐相处是每一个生命个体需要面对的问题。与亲人、朋友和爱人建立亲密、和谐的关系，承担自己作为社会人的责任，尽到社会人应尽的义务。在与亲人的相处中学会关心家人，尊老爱幼，融洽地相处；在与朋友的相处中学会分担与分享，帮助朋友，珍惜来之不易的友情；在自己朦胧美好的爱情中享受甜蜜，学着成长，学着如何去爱；在与他人的交往中学会感悟陌生人的帮助，培养自己的同理心。

因此，“三情”教育以情感培育为核心，面向青春期生命成长，其核心内容为：理解亲缘之间的情感，培育与血缘亲人之间的亲情；理解朋友之间的情感，建立与伙伴间亲密的友情；理解恋爱、婚姻中的两性情感，树立与异性交往的正确的爱情观。

二、青春期“三情”教育的必要性

青春期是人的生命成长中身心发展上质的结构性改组最迅猛的时期，也是个体情感发展中一个重大的转折时期。生理上，由儿童向成人过渡；心理上，处于认知与情感的转折期，对自然世界、自我、人际关系和社会本质的思维方式趋向成熟；情感发展上，由自我考虑转向对他人的理解和关注，是个体社会角色和社会地位的转折期。

青春期是生命成长的关键期。该阶段学生既寻求自身独立，又寻求相互依存。这就是人生充满种种矛盾的时期。认知心理学认为，儿童到了12岁，开始进入形式运算期，是他们要求把自己的情感和他人情感结合的时期。青春期是建立友谊感的重要时期。与小学儿童期不同，青春期的友情有三个特点：一是选择性，二是亲密性，三是稳定性。青春期也是一个情窦初开的时期。少年在异性交往中，由于特有的情感体验，开始产生爱的体验。青春期的危机是要面对不同人扮演不同角色，并在这种混乱关系中发现自己的正确身份。解决这个危机可以使个体培养出对自我的一致感觉；如果失败则导致缺乏稳定核心的自我形象。在青春期的初始阶段，青少年正是通过与母亲、父亲、同性朋友、异性朋友和其他人的关系而形成对于自我的感知，并且这种感知作为一种自我展示的社会化功能而不断发展。

青春期的孩子各方面仍然还不完善、不成熟，也不可能真正独立。无论是外显的行为表现，还是内在的思想情感，都处在一个猛烈的碰撞和对抗过程。最直接的表现就是，与父母之间的关系紧张、与同伴之间的矛盾增多、对异性的好感与日俱增、对陌生人处处设防。

教育引导稍有不慎，这种矛盾便会犹如洪水猛兽，一发不可收拾。从某种层面上来说，情感教育的缺失，使得青春期学生不知如何面对自己身处社会的各种情感，承受着身心的压力，被束缚的感觉不断继续，内心的躁动便会更加不安。但是所有的这些变化和发展都在进行的过程中，而不是已经完成了的。因此，青春期是孩子形成稳定人生观、价值观、世界观的关键期。

这一时期对学生开展“三情”教育对于学生个体的生命成长意味着什么？意味着他未来足够独立，有社交能力，有责任感，这样的孩子对一个社会来说是非常有价值的，因为他能够帮助这个社会去成长。以上是对外部世界的，那对自我呢？对自己，他会享受他的生命，他能够非常清楚地去思考自己的生命，然后能够有明确的目标去追求。有些人常会说，他总是会有“无意义感”，不知道是为什么而活。为什么“无意义感”会那么强烈？就是因为很多人在青春期没有建立与他人良好的情感链接。而只有和他人建立链接，和社会建立链接，甚至和宇宙建立链接，我们才会发现自我的价值，才能体验到生命的价值与人生的意义。

三、青春期“三情”教育的目标和追求

1. 情感体验的丰富化

情感体验内容的丰富化、自然化指的是作为一个自然人与其周围世界发生的自然的、丰富的联系，以及由此体验到的丰富的、多样化的情感。人既生活在自然、社会、他人中，也生活在传统、文化、道德中。对自然的好奇与探究、与他人的亲密与合作、对道德的敬畏与服从等都是作为一个自然人自然而然生发的情感。人的“生活世界”是丰富多彩的，人的情感也应该是丰富多彩的，人正是在丰富多彩的情感体验中体会生命和存在的意义。情感是人的自然本性，这种本性需要有所指向，即人总要有所爱、有所恋、有所求方能安顿自己的

情感。一个人既无所爱，也无所恋，更无所求，情感无所寄托，生活就会索然无味，生命也会一片苍白。

2. 情感表达的社会化

人一方面是一种自然存在，在日常生活中体验和表达多种情感，同时又是一种社会性存在，其情感的唤醒和表达应符合社会价值规范（包括法律、道德、文化习俗等）的要求。情绪和情感的发生尽管有其生理学基础，“但是情绪的体验内容和表达方式并不是遗传性习惯的遗迹，而是在社会文化系统中获得的，是与人当时的社会角色相适应的有用的习惯”①。研究者把具有情绪属性的特定文化观念称之为情绪规则。“情绪的感受规则规范了个体在情境中应该如何感受和体验某种情绪，而表达规则限定了在一定情境中应何时和如何表达情绪。”②

子曰：“色难。有事，弟子服其劳；有酒食，先生馔，曾是以为孝乎？”（《论语·为政》）在孔子看来，供养父母并不是最难的，孝顺父母难在“色”，即子女能否表现出恰当的情绪，让父母感受到子女发自内心的真情实感。情绪、情感虽然涉及个体体验，具有强烈的主观色彩，但其感受及表达是不能随心所欲的。对个体而言，只有情感的唤醒和表达符合特定规范的要求，其内在的品行和外在的身份才能够获得他人及社会的认可、接纳与尊重。

3. 情感表达的理性化

情感唤醒与表达还要适度，要符合身心健康发展的要求。情感与理性都应当是人的本质的体现和要件，只有理性而没有情感，理性就会失去激情，缺乏活力；只有情感而缺乏理性，情感则会如脱缰野马，难以驾驭，人就会在失控的情感中失去自我。“情感教育

---

① 乔建中：《情绪的社会建构理论》，《心理科学进展》2003 年第 11 期。

② 乔纳森·特纳、简·斯戴兹：《情感社会学》，孙俊才、文军译，上海人民出版社 2007 年版，第 30 页。

的目的应该是情感的序化与安顿”；而“情感序化过程即情绪理性化的过程”①。理性化，就是有节制、益身心。“喜怒哀乐之未发，谓之中；发而皆中节，谓之和。中也者，天下之大本也；和也者，天下之达道也。致中和，天地位焉，万物育焉。”（《中庸》）生命视野下面对青春期孩子的生命成长，将其作为独立的个体生命对待，通过青春期“三情”教育培养良好的情感能力，为建立和谐的人际关系提供基础，让孩子懂得、学习人际关系的相处之道，带领每一个生命个体长大、成熟、懂事，从而实现生命的成长，创造生命的价值，为幸福生活做准备。

① 毛豪明：《论指向生活意义的情感教育》，《教育研究》2006 年第 8 期。

亲情教育篇

人世间万千情感都是由亲情衍生而来的。亲情特指有血缘关系的人之间存在的感情。它是人世间最真切、最朴素的情感，是一切情感的基础，是与生俱来的天然情感。从亲情出发能衍生出各式各样的情感。

第一节　青春期亲情教育的重要意义

当代社会互联网的广泛使用、经济的迅猛发展、多元文化的冲击、钢筋水泥“丛林”等因素，使孩子的交往越来越狭隘、有限。外面世界的空间越来越大，孩子心灵的空间却越来越小。随着青春期的到来和孩子的日益长大，家庭成员间的需求各有不同，当需求不一致的时候，亲子冲突就会发生。亲代与子代之间的紧张、不和谐、敌视甚至斗争的关系直接影响着和谐亲情关系的建立。再加上成人“冷漠文化”的影响，涉世不深的孩子们会不知不觉地养成淡漠、冷酷甚至是残忍的“心病”。

尤其是近年来，在西方价值观的影响下，一些家庭和青少年中出现了亲情淡化的倾向：家庭中，两代人在世界观、人生观和价值观方面的分歧越来越多，两代人之间存在着代沟；不少家庭缺乏心灵的沟通和情感的互动，家庭人际关系疏远、情感淡漠；家庭对立时有发生，家庭暴力也时有出现。精神暴力也成为扼杀亲情的冷杀手，这种心灵的折磨往往对亲情的打击更为残酷，影响下一代的身心健康，破坏家庭幸福和安宁，影响社会的稳定和发展。

当代父母在孩子身上倾注的关心和呵护要远超过他们所获得

的，大多数的父母都会把子女的抚育问题当成家庭中的第一要事，凡事以孩子为先，孩子似乎成为每个立志成为好父母的家庭的核心。相比我们及我们的祖辈，现在的孩子得到父母关爱的指数恐怕达到有史以来的最高值。然而孩子真的认为自己得到莫大的幸福吗？一份调查统计让我们看到了青春期孩子真实的想法：61%的中学生认为自己与父母存在矛盾，而认为在家得不到尊重、父母经常不与自己交流的中学生有15.2%。因此，有心理专家指出，“情感失落”容易引发中学生青春期自闭症、青春期孤独症等心理疾病，严重者会引发精神疾病，影响学生的身心健康发育。

家庭是社会的细胞。亲情是维系家庭的纽带，又是社会人际交往的基础。如果亲情这一纽带松弛了，折断了，势必瓦解社会的人性基础，阻碍社会的健康发展。试想，一个青少年如果对自己的父母都不能够感恩的话，又怎么能对他人、对社会感恩呢？如果连自己的父母都不爱，又怎么能对我们的国家、社会和他人有爱心呢？

第二节 青春期亲子关系的特点

一、心理机制的变化

在儿童的心理发展过程中，2岁至5岁和12岁至15岁分别有两次特殊的发育时期，表现为性情急躁，不听话，不愿让别人干涉他们的事。以这种逆反为特点的表现，心理学家将其称为反抗期。而这种反抗期主要指依赖和自主之间的矛盾和冲突，以及因为对立而造成的子女和父母之间的矛盾冲突和纠葛等。12岁至15岁处在青春期的称之为“第二反抗期”。该时期的青少年身心方面虽不成熟但有剧烈的变化，如身高猛长，第二性征越来越明显，经验和能力飞快增长，摆脱成人监护的愿望异常强烈，因而与成人视他们为不成熟的观念产生冲突，表现出反抗心理和行为。“第二反抗期”是人格形成的重要时期，而人格形成的重要标志就是“自我同一感”的形成，通俗地讲就是“知道我是谁，我将来应该做什么，我能够做什么”。

在“第二反抗期”，对于别人的干涉会表现得十分不满。常与父母发生争吵、冲突，这种冲突有时候会导致纠纷而使中学生情绪不好，心情黯淡，甚至引发离家出走的念头。学生反抗父母的情绪有时会表现得非常强烈，他们的口头禅是“啰嗦”“少管闲事”或用力关门，致使父母担心或生气。但其本意乃是想以自己的力量来解决自己的问题，其用意是“提醒”整个成人社会注意他们的存在。

青春期代表着自主性的独立发展，也称为“自我觉醒的时期”。自主性就是按照自己的想法来行动，由于这时是自我的萌芽时期，处于青春期的个人思想还未成熟，无法顾及对方，所以表现出来不考虑别人的想法与心情的特点。他们从心理上开始脱离父母，这种“精神上的断乳”，使其表现为逐渐脱离家庭而独立，去寻求自己的生活。

二、情感发展的需求

进入青春期的孩子，随着生活经验的丰富，他们学会关注、分析社会，他们的自我意识迅速发展。他们认为自己已经长大、成熟。他们渴望家长把他们当作大人、当成朋友，希望父母给予他们足够宽松与自由的空间，希望父母理解他们。当父母不理解时，他们就反抗、叛逆。父母在孩子心目中的权威性逐渐减弱，对青春期的孩子来说，他们开始欣赏的是自己，希望自己能独立、能做主。

青春期孩子不再被动地听从父母的安排，而是渴望用自己的眼睛看世界，用自己的标准衡量是非。对每件事情，孩子开始有自己的主张，不再像以前一样附和父母的观点，甚至，有时父母的观点是正确的，他们也会另辟蹊径，表明自己与众不同的观点，由此来显示自己的成熟。对父母来说，经常听到的是“不行，不愿意，不对……”。

青春期青少年与家庭、父母的关系，对父母的认识、态度以及父母对他的发展的作用、要求，均发生了极大变化。随着青少年的生理、心理的发育和发展，他们逐渐获得了走向成年的能力，同时，他们重新构造着自我概念，开始寻找自我在社会中的位置。这时，他们重新认识父母，理解父母的含义及其作用，开始与父母构建一种新的关系。他们开始尝试与父母拉开一定距离，就像刚刚学步的婴儿离开父母去证明自己的独立行走能力一样。青春期青少年也开始在心理上远离父母，去验证其独立存在的能力。

因此，青春期的亲情教育必不可少。青春期的孩子具有强烈的情感需求，容易动感情，也很重感情，我们的亲情教育要让青春期的孩子感悟亲情，与家庭成员建立良好的亲情沟通，从而促进青春期孩子健康人格与健康社会交往模式的形成。

第三节 青春期开展亲情教育的策略

一、引导学习感悟　根植亲情文化

1. 学科渗透　启迪心智

每个生命个体在青春期都绽放着属于自己的个性。对青春期孩子进行亲情教育，一味地进行说教，显然是难以达到教育目的的。因而，在学科教学中尝试挖掘教材内容，找到切入点，在课堂教学中渗透亲情教育，在促进“知识增加”的同时培育亲情，关注青春期孩子的“生命成长”。

语文学科，作为一门涵盖着丰富教育内涵的人文性学科，在教学中融入教材内容，不仅可以启迪青少年对亲情的理解，使其在精神世界获得本质的发展和提升，还能丰富青少年对生命成长的感悟。

如：《秋天的怀念》（统编《语文》教材七年级第一学期第二单元课文）是一篇由作家史铁生创作的散文。叙述了史铁生双脚残疾后，失去生活的勇气和信心，母亲默默承受并耐心安抚儿子心灵创伤的故事。表现了母亲深沉、无私的爱，承载着儿子对母亲深切的怀念、对“子欲养而亲不待”的悔恨、对年少时对母亲不解的懊悔以及对生命意义的感悟。课堂上，教师带领学生从语言品味情感，从情感体会主旨，引导学生理解史铁生的一生，是不断与厄运斗争的一生，而支撑着他以顽强的勇气和命运抗争的最大动力，便是母亲的爱与陪伴。秋天，北海的花儿，这些生命中的过往，融合在母亲无声的爱里，成为作者坚强的底色。启发式引导的是学生对母爱的理解。

《回忆我的母亲》（统编《语文》教材八年级第二学期第二单元课文）是朱德早期创作的记叙性散文，赞颂了母亲勤劳简朴、宽厚仁慈、坚强不屈的优秀品质，叙述了母亲对自己的教育和影响，表达自己尽忠于民族和人民、尽忠于党来报答母亲的决心。启迪学生感悟亲情是一道不灭的光，是我们心灵的依靠、强大的后盾，指引着我们的人生道路不断前行。

《散步》（统编《语文》教材七年级第一学期第二单元课文）叙写了祖孙三代一起散步的平凡小事，体现了子女对长辈的敬爱、长辈对儿孙的疼爱，浓浓的亲情流淌于文章的字里行间。引导学生在揣摩文本，体味三代人互相体谅、互相挚爱的朴实纯真的亲情；启迪学生去感悟亲情，拥抱亲情，珍爱亲情，创造亲情。

课堂上，教师带领青春期的孩子体会这些文章中所折射出的浓浓亲情，激起学生内心的情感共鸣。这源自亲情的温暖和坚毅，能有效地消解孩子们的焦虑、寂寞、叛逆、冲动等不良心态，开阔他们的胸怀，陶冶他们的情操。

2. 阅读感悟　汲取养分

阅读，是让人发现世界的重要方式，也是让人的心灵得到净化的重要途径。优秀经典的美文，蕴涵着巨大的精神力量，给人以激励和鼓舞。

在教学中，教师要为青春期孩子挑选以亲情教育为主题、又适宜青春期孩子心理发展的美文。这些文章融入了作者对亲情的独特体验，折射出汹涌如海的母爱、沉默如山的父爱、手足情深的兄弟姐妹情等。这种体验常常是丰富而深刻的，特别容易打动人心，使人能汲取生命成长的养分。《论语》中就包含了许多与亲情相关的经典内容，如“弟子入则孝，出则弟，谨而信，泛爱众而亲仁，行有余力，则以学文”，“事父母几谏，见志不从，又敬不违，劳而不怨”，“父母之年，不可不知也。一则以喜，一则以惧”等，就是告诉学生要恭敬父母和关心父母等；“己所不欲，勿施于人”，“己欲立而立人，己欲达而达人”等观点，不仅提出了对个体自身品质的要求，也表达出对他人的同情、宽容和关怀。通过对经典的重新学习和思考，学生可以了解传统文化中父母与子女、个人与他人的亲情关系模式，反思当下自身与父母、他人之间的关系和相处形式，对时代变迁中亲情的内涵和表现形式进行批判性思考，如《我与地坛》中史铁生对母亲的怀念；《世界上最疼我的那个人去了》中流露出的“父母易老，行孝趁早”的主题等。在阅读中引导青春期孩子走进亲情，走进情感。

二、开展情感体验　彰显亲情魅力

亲情教育对道德行为养成具有相互模仿、暗示、感染和导向功能。单纯由外向内的“训练”达不到理想的德育效果。生命的个体成长，需要在学生的生命活动中进行，运用活动和情境体验的形式，引导学生去感受、思考与判断。因此，在亲情教育中要以“情”发端，使青春期孩子置身于充满爱的愉悦的实践体验中，受到情感的潜移默化，从而培育知行合一的健全人格，形成较高的道德情感。

美国学者诺丁斯（Nel Noddings）曾指出，我们多数人将面对持家这一重大任务，我们多数人要做父母。对每个学生来说，家庭生活是孩子现在正面临的、未来将要面临的重要领域，是他们体验亲情的重要场所，也是他们获得幸福的重要来源。[①]

亲情的观察，在细微之处发现爱。引导青春期孩子做生活的有心人。观察长辈对自己的照顾，如：每天早晨的接送，自己生病时给予的呵护，自己失败时给予的鼓励等，发现父母对自己的关爱。观察长辈十年的外貌变化，如：父母饱经风霜的脸，日益增多的白发，渐变粗糙的双手，不再挺拔的身躯，这些是长辈付出的见证。让孩子用文字记录下来，让其体会到亲情的温暖，激发他们的情感。

亲情的行动，在换位思考中感受爱。青春期孩子不理解父母，往往是由于对父母付出的不了解。“今天我当家”活动中，让青春期孩子代替父母当一天家里的主人，解决柴米油盐问题和家务的安排，使他们真正明白：“一粥一饭，当思来之不易。半丝半缕，恒念物力维艰。”体会父母持家之不易。“拥抱你我他”活动中，让青春期孩子在母亲节、父亲节、重阳节时用爱的拥抱，表达自己对长辈的爱，延续中华民族的传统美德。与长辈产生代沟，很大程度上是因为两者缺少沟通。“家庭沟通日”活动中有目的地引导青春期孩子主动与父母沟通，了解父母的生日、父母的童年、父母的爱好等，了解自己生命成长的历程，引导青春期孩子每天跟长辈说说学校发生的事，也听听父母工作中的困惑与烦恼，在沟通中缩小代沟、培育情感。

三、指导家庭教育　融洽亲子关系

长期以来，许多父母只看重孩子的学习成绩，只要孩子学习好，

---

① [美]内尔·诺丁斯：《幸福与教育》，龙宝新译，教育科学出版社2009年版，第二编。

父母付出再多也心甘情愿，对孩子的要求也是无条件满足，却很少顾及孩子对自己的感情、态度，使父母与孩子之间的情感渐渐成为父母单方面的付出。这就导致了父母对孩子亲情教育的缺失。研究表明：那些顺利、平稳度过青春期的孩子，大多具有良好的家庭气氛与和谐的亲子关系。健康、稳定的亲情是正确引导并帮助孩子度过青春期的重要因素，也是更好发挥父母对孩子引导作用的重要途径。

亲情教育需要教师、家长和青春期孩子三者的互动，缺乏任何一方的努力都会导致亲情的走样或变异，因此开展亲情教育应指导家长在家庭中创设和谐、温暖的亲情氛围。

首先，指导家长尊重青春期孩子的意见，尊重孩子的选择。允许青春期孩子做自己的主宰，自己决定、管理自己的事务，自己有自己评判事物的标准，自己决定自己的前途，自己有交友的自由。

其次，家长以朋友的身份，向青春期孩子提出自己的态度和观点。当青春期孩子面临多种选择时，请家长把最后的选择权留给他们。给青春期孩子留一点时间和空间，让他们自己去分析、自己说服自己。

再次，指导家长建立家庭民主氛围。在涉及家庭事务的大事上，给予青春期孩子发言权，尊重他们的存在和意志。在家庭生活中培养他们的责任感。

最后，对青春期孩子的过失或错误，家长应采取理解和帮助的态度，帮助青春期孩子承认和改正错误，发展良好的人格。

每个人的生命成长都是以自我为中心，不断地向外扩展，感情也是这样一个不断成熟的过程。把握它的发展规律，对青春期的孩子进行亲情教育时就会做到有的放矢，从而使孩子能够更加健康地成长。

第四节 青春期亲情教育导学

习得堂

《背影》

第二课时

基本信息：

部编教材　八年级第一学期　第四单元

教学目标：

情感态度与价值观：感受父子情深，体会父爱的深沉与伟大，珍爱亲情。

知识与技能：理解关键词语在表达感情方面所起的作用，体味并准确理解文章的内涵。

过程能力与方法：学习本文抓住人物形象的一个特征——“背影”，在特定的环境下进行细致描写的特点。

教学重点：

体会抓住人物特定情境下的“背影”进行细致描写的特点，感受和理解父亲的爱子之情。

教学难点：

体会朴实的语言中所包含的父子亲情。

文本中亲情教育元素解析：

1. 教材分析

《背影》选自《朱自清散文集》，是朱自清早期撰写的一篇描写父子亲情的叙事性散文。读朱自清的《背影》，总是感念那人伦亲情场面，难以忘怀那肥胖的、青布棉袍、黑布马褂的背影。父子至亲，有天然的羁绊，而生命的延续、角色的更迭，亲情在生命成长的历程中不可或缺。

距离朱自清写下《背影》至今已经近100年了。但朱自清用心灵凝视父亲的背影——这个让他刻骨铭心的背影，淹没在熙攘的人流和岁月的河流之中，感动了一代代的读者。

2. 学情分析

这个年龄段的学生对文中父爱的理解是有一点难度。本文虽是经典作品，但正处于青春期的他们，对于父爱的关注可能会有偏差。鉴于此，课前结合假期，布置孩子们认真观察父母的背影的作业，然后就此写一段关于父母背影的文字。以此，让孩子们对父母的背影有所感悟。

运用小组合作形式，让每位学生都参与语文学习活动中，体会细节描写对体现人物情感的作用，激发学生珍爱身边的亲情。

教学设计(见表1)：

表1 《背影》教学设计表

环节	教师活动	学生活动	设计意图
导入	上节课我们初步学习了朱自清的名篇《背影》，了解了作者以“背影”为全文线索。文中，背影的一瞬化作了永恒，一个背影力敌万语千言的倾诉，充分展现了深深的父子亲情。 今天，让我们再次走近“背影”，学习6—7小节，共同体验父亲的背影、儿子的眼泪	根据多媒体出示内容，理清文章主线	直接引入，概括文章主线，理清学生思路
	让我们一起聆听6—7小节，说说作者描写了一个怎样的情景，表达怎样的情感	听6—7小节课文录音，思考问题，把握整体	用深情的朗读，带领学生走进文本
新授	父爱子、子念父，在这一部分得以充分表现。看着父亲买橘时的背影，作者深深理解了原来这就是亲子之心、怜爱之情，为此他不禁潸然泪下。	一、小组合作，按学习单步骤完成学习任务。 学习单(一) 讨论探究：作者流了几次泪，找出原因，品	小组合作学习，让学生有更广的学习空间

续　表

环节	教师活动	学生活动	设计意图
	让我们一起合作，共同完成学习单(一)。 阶段小结： 作者选择了最动情的一件事，又突出了最动情的瞬间。在作者的泪水中，我们似乎更清晰地看到了这对父子间深深的情意，看到了那份深沉的父爱凝聚在这让人无法忘却的背影里	味情感。 探究提示： 1. 寻找细节，抓住具有表现力的词语。 2. 理解词义，体会其中内涵。 3. 小组交流，品读句子，传递作者情感。 4. 班级交流，博采众长，加深感悟。 二、适时点拨中加深对人物的理解	
拓展	其实何止父爱，所有的亲情都是感人的，也许你承受着却没有发觉，也许你失去了才觉珍贵。请你仔细品味这记忆中的珍宝，说说你的至爱亲情。 完成学习单(二)	学习单(二) 模仿文中的细节描写，谈谈生活中的亲情故事	从生活中的小事，道出人间真情
总结	听了你们的话语，我深深地感动于一份份亲情，这不正是孝道的最好体现吗？数千年来，中国人无论贵贱贫富，都深深地受到孝道的熏陶和影响。孝道作为中华民族传统文化的精髓，拨动着每一个人心灵深处的感动之弦。让我们在记住这一背影，记住这份深深亲情的同时，都能传承孝道文化，让爱没有距离		提高学生对孝道的感悟与理解
作业	模仿本文的写作特点，联系自己的生活实际，写一篇表现亲情的短文		

《孝，用真心呵护》

基本信息：

学生学习资料《孝亲敬老系列读本（中学版）·和您在一起》第二篇“相亲相爱　美满一家人”

教学目标：

感受传统孝道，体会孝道的责任与智慧，学会用亲情关爱老人。

教学重点：

学习如何用真诚的心灵、关爱的眼光，用心关注身边的老人。

文本中亲情教育元素解析：

1. 教材分析

本课选自杨浦区区本教材《孝亲敬老系列读本（中学版）·和您在一起》第二篇“相亲相爱　美满一家人”。随着区域老龄化程度的不断加深，“孝亲敬老”成为杨浦区德育课程的重要部分。结合亲情教育，本文选取了教材中第二篇的第一部分“用亲情温暖老人”，引导学生在日常生活中，感受老人关爱的同时，能理解老人的需求，呵护老人，传承孝道文化。

2. 学情分析

俗话说：家有一老，如有一宝。班里的孩子有近70%是由爷爷奶奶或外公外婆照顾，现在仍和爷爷奶奶或外公外婆居住在一起的有近55%。孩子们平时享受着长辈们对自己的关爱，但很少主动去关注长辈们的生活、情感需求。因此，从传统古训引入，逐步引导学生能在日常生活中用心关爱老人，享受亲情温暖。

教学设计：

生活中，长辈总是无微不至地关怀着我们，那么我们该如何孝敬长辈呢？

乌鸦反哺：语出古训《增广贤文》，原文是“羊有跪乳之恩，鸦有反哺之义”。乌鸦反哺的故事是最让人感动的一个故事。乌鸦——是一种通体漆黑、面貌丑陋的小鸟，因为人们觉得它不吉利而遭到人类普遍的厌恶，正是这种遭人嫌恶、登不了大雅之堂、入不了水墨丹青的小鸟，却拥有一种真正的值得我们人类普遍称道的美德——养老、爱老，在养老、敬老方面堪称动物中的楷模。据说这种鸟在母亲的哺育下长大，当母亲年老体衰，不能觅食或者双目失明飞不动的时候，小鸟就四处去寻找可口的食物，衔回来嘴对嘴地喂到母亲的口中，回报母亲的养育之恩，并且从不感到厌烦，一直到老乌鸦临终，再也吃不下东西为止。这就是人们常说的“乌鸦反哺”。低级动物尚能如此，何况人乎？

还记得那篇《黄香知事亲之理》的短文，那句“天下无双，江夏黄童”吗？黄香，字文强，东汉江夏安陆人。《后汉书》中有黄香的传记。所以黄香是一个确实存在的历史人物。不仅是一个历史人物，他能够进入正史并且有传，说明他还是一个了不得的人物。皇帝当着文武百官的面赞叹了八个字，“天下无双，江夏黄童”。之所以叫童，说明他那时候还是个孩子，是个少年英才。但是史书之所以记载了黄香，并不是因为他的官职，也不是因为他被皇帝召见过，也不是因为他被皇帝夸过，而是因为“香九龄，能温席”。黄香九岁的时候，母亲早故，跟他的父亲相依为命。黄香对父亲非常孝顺。怎么孝顺呢？炎炎夏日，他怕父亲睡不着，天太热了，那时候又没有什么空调，所以他就用扇子把父亲睡的席子和枕头扇凉快了，伺候父亲好安寝。家里很穷，根本用不起铺褥，在寒冬腊月，天寒地冻，黄香就自己先睡下，用自己的体温去温暖席子，温暖枕头，让父亲能够安寝。这个故事进入《二十四孝》，黄香被称为天下至孝之人。所以传统中国老百姓之所以知道黄香，是因为他是个大孝子。

现实生活中，中学生孝亲敬老的现状又如何呢？作为孩子，你平时是怎样做的呢？

（学生交流）

“树欲静而风不止，子欲养而亲不待”，长辈的爱也许就是在日常琐碎的小事中体现出来的。我们也不要仅仅把爱长辈挂在口头上，在小事上的关爱也许才是真正的关爱。

情景联想：一位朋友给父母打电话的时候拨了两遍号码。第一遍拨过之后，铃响三声就挂断，再拨第二遍。这是为什么？

（学生讨论）

聆听《爱的针法》。

和同学们一起听完故事，体味这种细密、熨帖的爱，我的心里有种说不出的温暖与感动，多么细心的儿子！小小细节，贴心的爱。是呀，尊重老人，不仅是物质上的赡养，还包括精神上的体贴和细心，这往往比物质上的照顾更重要。原来我们要用真诚的心灵和关爱的眼光去用心关注你身边的老人。孝是一种美德，我们该发扬！孝是一种责任，我们该承担！孝更是一种智慧，我们要用心！

我们该怎样用心关爱长辈呢？

（学生交流）

有事要跟老人商量：老人容易失去自己的价值感，而最难过的是被当做“废物”。家里的事（尤其是老人所关心的），要事先向老人请示，借此对他们表示尊敬，让他们感到受重视。

满足老人对钱的需要：有足够的钱，会使老人有安全感，生活亦较能自主。

让老人饱口福：老人胃口不佳、行动不便，若能设法让他们吃到喜爱的东西，可以使他们快活好半天。

让老人饱眼福：视力好、听力好的老人，生活质量高。若能常看电视、关心国家大事，还能唱歌，跳舞，老人的心理年龄比实际年龄可年轻十岁。

不要忽视老人的小毛病：老人体力及抵抗力都弱，小毛病不小心易成大问题，所以老人稍有感冒、发烧、食欲不振等现象，宁可过敏一点视作大问题来关心才好。

对老人不可“说服”：人上了年纪，脑细胞就减少了，思考也较不灵活，甚至有的人变得很固执，所以有所规劝时，要特别和颜悦色，苦口婆心。

要听老人讲"故事"：老人喜欢重复说得意的往事，对他来说这是项有益身心的乐事。纵使三番两次的"车轱辘转"，也要耐心去听。

一声问候，一个拥抱，都是关怀；倾听、微笑也是理解；尽可能顺从、无条件接纳更是尊重，因为有了你们的体贴，长辈才能安享晚年，家庭生活才会更加美满。

让我们用真心呵护长辈，用行动陪伴左右，共同传承孝道文化。

品读斋

- **杨绛：《我们仨》，生活·读书·新知三联书店 2018 年版**

作者简介：

杨绛（本名杨季康，1911—2016），江苏无锡人，中国女作家、文学翻译家和外国文学研究家。通晓英语、法语、西班牙语，翻译的《堂吉诃德》被公认为最优秀的翻译佳作。

内容简介：

该书是钱钟书夫人杨绛撰写的家庭生活回忆录。九十二岁的杨绛以简洁而沉重的语言，回忆先她而去的女儿钱瑗、丈夫钱锺书，回忆一家三口那些快乐而艰难、爱与痛的日子。

本书分为三部分。第一部分，作者以其一贯的慧心、独特的笔法，用梦境的形式，以"锺书大概是记着'我'的埋怨，叫'我'做了一个长达万里的梦"拉开全文序幕。第二部分，讲述了最后几年中一家三口相依为命的情感体验。第三部分，以平实感人的文字记录了自 1935 年伉俪二人赴英国留学并在牛津喜得爱女，直至 1998 年丈夫逝世，63 年间这个家庭鲜为人知的坎坷历程。这个特殊的三口之家的动人故事证明：亲情是人生很好的庇护所。

本书精要：

1. 我们这个家，很朴素，我们三个人，很单纯。我们与世无求，与人无争，只求相聚在一起，相守在一起，各自做力所能及的事。碰到困难，锺书总和我一同承当，困难就不复困难；还有个阿瑗相伴相助，不论什么苦涩艰辛的事，都能变得甜润。我们稍有一点快乐，也会变得非常快乐。所以我们仨是不寻常的遇合。

2. 家在哪里，我不知道，我还在寻觅归途。

3. 人世间不会有小说或童话故事那样的结局：“从此，他们永远快快活活地一起过幸福的生活。”人间没有单纯的快乐。快乐总夹带着烦恼和忧虑。

4. 我们曾如此渴望命运的波澜，到最后才发现：人生最曼妙的风景，竟是内心的淡定与从容；我们曾如此期盼外界的认可，到最后才知道：世界是自己的，与他人毫无关系。一个平和而恬淡的学者家庭，一个简单而丰富的人生长梦：相守相助，相聚相失。我一个人思念：我们仨。

推荐理由：

静静品读杨绛先生的《我们仨》，那清新脱俗的语言叙述着人生往事。走进这份单纯的亲情，感受的是一场直抵心灵的洗礼。那里有浓得化不开的亲情，又有相对独立的自己；家庭成员尊重彼此间的习惯、爱好、追求，为彼此着想、为对方妥协。于钱锺书而言，杨绛是“最才的女，最贤的妻”，于杨绛而言，钱锺书是她一辈子牵肠挂肚的老顽童，于钱瑗而言，父母是自己最好的玩伴。先生说，我们这个家，很朴素。就是这份朴素，让人动容，教人警醒。

每个家庭何尝不是一个不寻常的遇见？冥冥中，我们相遇，我们骨肉相连，我们共担家的责任，我们都不完美，我们同时又是社会人中之一员，我们该怎样去珍惜这份生命历程中特殊的挚爱亲情？包容、珍惜、理解、倾听……你会发现，你最亲爱的家人是那么可爱，你所拥有的一切是那么珍贵，你毫无保留地接纳、付出。亲情就是家人那一句句的叮咛和牵挂，就是那平平常常的一举手一投足，就是那心中暖暖的温度……

- **傅雷、朱梅馥、傅聪：《傅雷家书》，译林出版社 2018 年版**

（部编教材《语文》八年级第二学期·名著导读·专项探究·专题二“父子情深”）

作家简介：

傅雷（1908—1966），字怒安，号怒庵，著名翻译家、作家、教育家、美术评论家。翻译了大量的法文作品，包括巴尔扎克、罗曼·罗兰、伏尔泰等名家著作。

内容简介：

《傅雷家书》是由文艺评论家傅雷及其夫人朱梅馥写给在波兰留学的儿子傅聪的书信编纂而成的一本家信集，其中也有一部分是写给儿媳弥拉和次子傅敏的，字里行间充满了父亲对儿子的挚爱、期望以及对国家和世界的高尚情感。其中，最长的一封书信长达七千多字。

在这些家书中傅雷用自己的经历现身说法，教导儿子待人要谦虚，做事要严谨，礼仪要得体；遇困境不气馁，获大奖不骄傲；要有国家和民族的荣辱感，要有艺术、人格的尊严，做一个“德艺兼备、人格卓越的艺术家”。同时，对儿子的生活，傅雷也进行了有益的引导，对日常生活中如何劳逸结合、正确理财，以及如何正确处理恋爱和婚姻等问题，都像良师益友一样提出意见和建议。字里行间体现了作为父亲的他对儿子的苦心孤诣，无处不体现出浓浓的父爱。傅雷在表达自己父爱的同时，也不忘记在音乐、美术、哲学、历史、文学乃至健康等对儿子进行全方面的教育。

本书精要：

1. 关于读书和学习：《人间词话》，青年们读得懂的太少了；肚里要不是先有上百首诗，几十首词，读此书也就无用。

2. 关于做人做事：成就的大小、高低，是不在我们掌握之内的，一半靠人力，一半靠天赋，但只要坚强，就不怕失败，不怕挫折，不怕打击——不管是人事上的，生活上的，技术上的，学习上的打击；从此以后你可以孤军奋斗了。

3. 关于生活：正如日常生活有规律，并非求生活刻板枯燥，而是为了争取更多的时间，节省更多的精力来做些有用的事，读些有益的书，总之是为了更完美地享受人生。

4. 关于人生：人的一生，总是在高潮和低潮中沉浮，唯有庸碌的人，生活才如死水一般。或者要有极高的修养，方能廓然无累，真正的解脱。只要高潮不过分使你紧张，低潮不过分使你颓废，就好了。

推荐理由：

家书，这种作为亲人间沟通的书信形式，对于现代人而言，已经是一件很遥远的事。要知道“家书传统”在中国人的家庭关系中起着重要的作用。家书中包含着浓浓的亲情，同时也凝聚了做人、处事的智慧。当你细细品读这一封封家书，你会发现：亲情，无论在哪个年代，都是伟大的。那一句句写在纸上的家常话，正是一本“充满着父爱的苦心孤诣、呕心沥血的教子书信”。

亲情溢于该书的字里行间，父母的谆谆教诲、孩子与父母的真诚交流，在不经意中告诉你：生命成长历程中，无论你在何方，亲情定会伴随你一生。

- **史铁生：《我与地坛》，人民文学出版社 2018 年版**

作者简介：

史铁生(1951—2010)，中国作家、散文家，是一位身残志坚的卓越作家。代表作有《我与地坛》《务虚笔记》等，作品《老屋小记》获首届鲁迅文学奖。

内容简介：

该书是一本短小精简的散文集，是史铁生文学作品中，充满哲思又极为人性化的代表作之一。作者在双腿残疾的沉重打击下，在找不到工作，找不到去路，忽然间几乎什么都找不到的时候“走”进了地坛，从此以后与地坛结下了不解之缘，直到写这篇散文时的 15 年间，“就再没有长久地离开过它”。地坛只是一个载体，而文章的本质却是一个绝望的人寻求希望的过程，以及对母亲的思念。

该书一至四篇主要写了作者与地坛公园的“缘起”和在地坛的“所见”，以讲故事的方式呈现世间百态、人情冷暖。后三篇则重于说理，探寻人生的哲理。

本书精要：

1. 那时她的儿子还太年轻，还来不及为母亲想，他被命运击昏了头，一心以为自己是世上最不幸的一个，不知道儿子的不幸在母亲那儿总是要加倍的。

2. 有一回我摇车出了小院，想起一件什么事又反身回来，看见母亲仍站在原地，还是送我走时的姿势，望着我拐出小院去的那处墙角，对我的回来竟一时没有反应。

3. 她情愿截瘫的是自己而不是儿子，可这事无法代替；她想，只要儿子能活下去，哪怕自己去死呢也行。

4. 地坛中不单是处处都有过我的车辙，有过我的车辙的地方也都有过母亲的脚印。

推荐理由：

史铁生用朴实细腻却又饱含深情的文字，让我们看到了一位善良、坚韧、无私奉献的母亲，母爱的深沉、伟大就这样深深地沁入读者的内心。在书中我们会读到那位母亲心中的纠结，体会到她的肝肠寸断，日夜担心儿子“在园子里出事”，又不能不让他出去，只能偷偷跟在后面，悄悄在园子里寻找，无从安慰，只能这样在背地里默默守护。亲情让史铁生的文字充满了温暖，他说：“爱是人类惟一的救赎。”

细细品读，你是否会和我一样从中悟出：坚强的意志与乐观的心态是战胜黑暗的明灯，生命成长中不管遭受什么困难，亲情会一直陪伴在生命成长的旅程。

观影轩

•《一一》,导演：杨德昌

该片入围第53届戛纳国际电影节金棕榈奖,是《时代》周刊评选的年度十佳影片,杨德昌也凭借该片获得戛纳国际电影节最佳导演奖。

内容简介：

NJ是个很有原则的生意人,同妻子敏敏、女儿婷婷、儿子洋洋以及外婆住在台北某所普通公寓里。小舅子的一场麻烦婚礼过后,因为外婆突然中风昏迷,他迎来更加混乱的日子。

敏敏公司、家里两头跑,时常感觉自己要被耗空;婷婷一直为外婆的中风内疚,恋爱谈到中途发现自己不过是替代品;NJ更是麻烦重重,公司面临破产,他又不愿放下别人眼里一文不值的自尊。一家人里,似乎只有年纪最小的洋洋没有烦恼,他平静地用照相机拍着各种人的背面,帮他们长出另一双眼睛……

经典台词：

婆婆,对不起,不是我不喜欢跟你讲话,只是我觉得我能跟你讲的你一定老早就知道了。不然,你就不会每次都叫我“听话”。就像他们都说你走了,你也没有告诉我你去了哪里,所以,我觉得,那一定是我们都知道的地方。

婆婆,我不知道的事情太多了,所以,你知道我以后想做什么吗?我要去告诉别人他们不知道的事情,给别人看他们看不到的东西。我想,这样一定天天都很好玩。说不定,有一天,我会发现你到底去了哪里。到时候,我可不可以跟大家讲,找大家一起过来看你呢?

婆婆,我好想你,尤其是我看到那个还没有名字的小表弟,就会想起,你常跟我说：你老了。我很想跟他说,我觉得,我也老了……

推荐理由：

杨德昌用他的电影语言，描绘了一家三代人的人生轨迹，用贯穿婚礼、满月酒以及葬礼三个人生阶段为时间跨度，探讨家庭亲情和生命的意义。一和一之间有一条窄窄缝隙，就如同我们，与你再亲近的人，也有距离与隔阂，一个人和一个人可以相遇、相爱、相守，却永远不能重合。这部是以家庭为单位的电影，家庭其实是一个生命成长历程的重要方面。电影里，有爸爸，有妈妈，有青春期的少年，有小朋友，还有奶奶，以及关系复杂的邻居。这些不同成员的生命成长就这样相互交织在一起，各自讲述了对人生的体会和理解，展现了一个大家庭的全貌，也强调维系家人关系的亲情价值。

• **《神秘巨星》(*Secret Superstar*)，导演：阿德瓦·香登(Advait Chandan)**

内容简介：

女主角是十五岁的尹希娅(Insiya)，她拥有一副天生的好嗓子。六岁的时候，妈妈娜吉玛(Najma)给她买了一把吉他，她开始学习自弹自唱。从那以后，吉他成了她生命中最珍贵的存在，而唱歌也成为她内心最深处对梦想的呐喊。不幸的是，尹希娅生活在一个重男轻女的家庭中。父亲性格暴躁、独断专横，反对她的梦想。但是，尹希娅有一个非常爱她的妈妈。妈妈卖掉了自己唯一的项链，买了一台电脑给自己的女儿。通过电脑，尹希娅发现原来世界这么大。为了不让父亲发现她抛头露面，在妈妈的帮助下，尹希娅“全身武装”，上传了自己的第一个音乐视频，并给自己取名“神秘巨星”……

经典台词：

1. 那不只是一把吉他，还是她的梦想。没有梦想的话，一切都没有意义。

2. 你是战士，你是最好的妈妈。

3. 像你这样才华横溢的小朋友，就像汽水里的泡泡，会靠着自己的力量,慢慢升起,没有任何事情可以阻止你。

4. 别因为一切结束而落泪,要庆幸曾发生过的一切。

推荐理由:

影片犀利地展示了印度大时代背景下妇女不平等的社会地位,她们被包办的婚姻,她们婚后的不自由……这一切的一切都犹如一座座大山一样,压在她们身上,让她们不能喘息。庆幸的是,尽管身处这样的氛围中,尹希娅并不是一个人,孤立无援。母亲成为尹希娅坚强的后盾,不断鼓励她在音乐的道路上前行,也为她在网络上的走红而激动。虽然尹希娅的母亲对音乐似乎一窍不通,但及时而恰当的回应和鼓励,不时流露出的自豪感与期待无疑给尹希娅的前进增添了无限能量和动力。许多次,母亲甚至和尹希娅一起“结盟”,与霸道而粗暴的父亲“打太极”。为了孩子,她不仅不能苟且,还必须坚强地活着,她想用尽自己全身的气力去抚平尹希娅追梦路上的创伤,维护尹希娅追梦路上的尊严。母亲的难言之爱,深沉而感人至深。

- **《美丽人生》(*Life Is Beautiful*),导演:罗伯托·贝尼尼(Roberto Benigni)**

该片获第71届奥斯卡最佳外语片、最佳男主角、最佳配乐三项奖项。

内容简介:

犹太青年圭多(Guido)邂逅美丽的女教师多拉(Dora),他彬彬有礼地向多拉鞠躬:“早安! 公主!”历经诸多令人啼笑皆非的周折后,天遂人愿,两人幸福美满地生活在一起。

然而好景不长,法西斯政权下,圭多和儿子被强行送往犹太人集中营。多拉虽没有犹太血统,却毅然同行,与丈夫、儿子被分开关押在一个集中营里。聪明、乐天的圭多哄骗儿子这只是一场游戏,奖品就是一辆大坦克,儿子快乐、天真地生活在纳粹的阴霾之中。尽管集中营的生活艰苦寂寞，圭多仍然带给他人很多快乐，他还趁机在纳粹的广播里问候妻子："早安！公主！"

法西斯政权即将倾覆，纳粹的集中营很快就要接受最后的清理，圭多编给儿子的游戏该怎么结束……

经典台词：

1. 孩子，在这一刻起，你已经长大了！从现在开始，你要珍惜你一切得来不易的胜利！

2. 没有人的人生是完美的，但生命的每一刻都是美丽的。

3. 我觉得比起早死，我更要感谢神让我降生到这世上来，能够这样跟你相遇，这样被你爱着。

4. 生活是美好的，哪怕一时被黑暗所笼罩，我们依然能够找到美之所在。

推荐理由：

影片是以"二战"为主线的一部关于父爱的伟大电影。在硝烟弥漫的"二战"时期，在暗无天日的集中营里，一位英雄父亲用自己的勇气、乐观、智慧和生命为妻儿营造美丽人生。他浪漫、幽默、豁达，只要有他在，无论在哪里，他都能展现出积极的一面，于苦难之中增添快乐。他为自己的儿子精心编造的每一个"谎言"，都阐释着父爱如山。他的眼里永远闪烁着令人动容的光芒，哪怕面对死亡……只为护孩子周全，让孩子在面对这个残忍的世界时不会害怕。

一场不堪回首的历史惨剧就这样以父亲非凡的想象力和诙谐幽默演绎，传递出怦动的热情和对人生充满希望的美丽。没有人的人生是完美的，但生命的每一刻都是美丽的。正如影片中父亲美丽的灵魂，才能成就孩子美丽的人生。

乐曲坊

- **《听妈妈的话》歌词节选（演唱：周杰伦）**

妈妈的辛苦不让你看见

温暖的食谱在她心里面
有空就多多握握她的手
把手牵着一起梦游
听妈妈的话别让她受伤
想快快长大才能保护她
美丽的白发幸福中发芽
天使的魔法温暖中慈祥

- **《当你老了》歌词节选(演唱：赵照)**

当你老了　眼眉低垂
灯火昏黄不定
风吹过来　你的消息
这就是我心里的歌

- **《时间都去哪儿了》歌词节选(演唱：王铮亮)**

时间都去哪儿了
还没好好看看你眼睛就花了
柴米油盐半辈子
转眼就只剩下满脸的皱纹了

学生眼中的亲情

万家灯火中，总有一盏为我而亮

——《我们仨》读后感

同济大学附属存志学校2022届4班　黄靖媗

最近我读了杨绛的《我们仨》，感触颇深。就在我读这本书的好几天里，我无数次地陷入了杨绛的情感里，在她编织的梦里穿行，心情总会随着故事跌宕的情节而起起伏伏。从中，我悟出了家的意义。

在这本书中，我体会到了“我们仨”这个小家庭的幸福生活，志趣相投的夫妻俩，乖巧可爱的女儿，他们仨总是可以在平淡无奇的生活中找出乐趣来。三个人饭后总是一起散步，他们称为“探险”；三人分别出差，总会记录下自己所碰到的每一件有趣的事情，回到家后一起分享，他们称为“收集石头”。每每看到这些精彩的生活细节，我就觉得他们在为自己幸福的家添砖加瓦。

一家三口各有各的特点，他们不管在生活中还是在学业研究上，都是互相陪伴，互相帮助，互相扶持，一起支撑起这个温暖的小家庭，多温馨的“我们仨”呀！

对“我们仨”来说，生活总是不缺少幸福与满足。夫妻俩从英国到法国，生了个女儿后，“我们仨”又回到了上海，再到北京，一路上也有许多艰难困苦，且路途漫漫，但有了家，便有了一切。他们仨拥有最温馨的家庭生活，也承受过来自社会巨大的压力。在学术上刻苦钻研，在生活中享受乐趣，就这样，走过了普通而又意义非凡的六十几年，这不正是一个家应有的样子吗？

看到这里，突然想到了我们家——也是一个温暖、充满快乐的“我们仨”。每天我放学，爸爸下班回到家里，妈妈已经烧好热腾腾、香喷喷的饭菜等我们了。等吃完了饭，我们仨都会休息下，聊聊天，我也会讲讲班级里发生的一些趣事，他们对这些事情都非常感兴趣；而爸爸妈妈有时也会跟我讲一些时政新闻，让我开阔了不少眼界。有时候我还会和爸爸下下棋，妈妈当裁判，虽然大多数时候都是我输，但我还是会在饭后找爸爸一比高下。每天傍晚，我们家的饭厅总会传出我与爸爸妈妈的笑声……我认为，我们仨也十分温馨，看着每个人脸上的笑容，我就觉得，我很幸福。

最令我有所感触的还是书的最后杨绛老人的题字：“我一个人怀念我们仨。”这是多么朴实的一句话语，然而我却从中读到了老人空留自己一人的心酸与刻骨铭心的思念。

在当今社会，也有许多老人很久才能见到儿女一次，对于老人们的思念，儿女们却浑然不知，即使回到家里也是抱着手机，与老人很少进行感情交流。我们的内心之间仿佛隔着一堵堵厚厚的墙，但这个世界本不应该这样冷漠。从《我们仨》中，从这个单纯温馨的学者家庭中的那份平淡却又深刻的情感中，我真正了解到了“家”的意义。

“世间好物不坚牢，彩云易散琉璃脆。”正如书中这句话所说，失去了“家”，房屋也仅仅是居所，是暂时的栖身之地而已；失去了家，整个生活就是毫无意义的，同时我也感谢杨绛老人让我看到了一个家庭本该有的温暖与幸福。平凡生活里美好与繁琐的事情交织，这才是一个“家”真正的模样。

本为弱女子　为母则坚勇

——观《神秘巨星》有感

同济大学附属存志学校 2022 届 4 班　陈子安

这个暑假，我看了一部印度电影《神秘巨星》，电影讲述了一个叫尹希娅的女孩，为了实现自己的明星梦而努力奋斗的励志故事。

电影最让我感动的不是尹希娅登上领奖台的那一刻，而是她的母亲在机场对着虐待女儿的丈夫挺身而出、敢于反抗的片段。在此之前，不管丈夫如何打骂施暴，这位母亲始终委曲求全，保持沉默，是一位实实在在的孱弱女子。而当女儿的梦想将要被摧毁之时，她不再隐忍，而是毅然选择了坚强，选择了反抗，用自己的爱与勇气，保护了女儿，也拯救了自己。我不禁想问，如此一位弱小的女性，何来勇气在公众场合毅然反抗暴力的丈夫呢?

细细品味，我发现这种勇气是母爱。母爱只讲付出，不求回报，无论面对多大的困难，母亲都敢于献身，敢于拼搏，甘心从弱女子变成钢铁战士，她们用自己柔弱的肩膀为孩子扛起生活的希望，她们用自己娇小的身躯为孩子筑起幸福的港湾。而我的母亲和天下千千万万的母亲，都跟尹希娅的母亲一样，用她们坚强的母爱守护着自己的孩子。

小时候，父亲有几年去了很远的西藏工作，在这期间都是母亲和外公外婆照顾我。儿时的我体弱多病，晚上动不动就会发烧，每到这时，无论多晚多累，母亲总是抱着我第一时间赶去医院，为了不让年迈的外公外婆担心，母亲从不叫“外援”，别人家都是三四个大人围着一个小孩看病，而母亲往往只有一个人。发烧的我不愿意走路，平时根本抱不动我的她，此时此刻就像个无所不能的大力金刚，抱着我在医院的大楼里上下奔走，挂号、候诊、化验、配药、吊盐水，一直折腾到后半夜，才背着早已熟睡的我，在空无一人的街道上慢慢走回家。月光照耀下，她的身影虽然很瘦弱，但却透着无比的坚毅，那是母爱最坚强的写照。

就如同电影结尾，尹希娅在舞台上歌颂她的母亲一样，每一个伟大巨星的背后，都有一个同样伟大的母亲，每一个孩子健康成长的背后，都离不开母亲无私的奉献和坚强的母爱。让我们一起爱护好母亲，理解、懂得、珍惜她们的爱。

时间都去哪儿了

复旦大学第二附属学校 2022 届 4 班　余卓晗

门前老树长新芽，院里枯木又开花

爷爷奶奶家老房子门前的柿子树和大樟树，从前每年都会开花结果，长出新芽。直到 2013 年。房子被拆了，树都被拔了。蓦然地，我发现爷爷奶奶好像从那时起真的慢慢开始变老了。

记忆中的小脚丫，肉嘟嘟的小嘴巴

小时候，爷爷奶奶在上海照顾我。那时我总喜欢爷爷把我扛在他的肩膀上，带我到处玩。邻居家的奶奶每次都和别人调侃说，余老头子每天带着他孙女把所有公园都跑遍了。爷爷耳背，也不善交际。

每次我和那些孩子玩，大妈大爷们在一旁聊着天，他插不上话，只能站在一边静静看着我。

柴米油盐半辈子，转眼只剩下满脸的皱纹了

奶奶没受过教育，不识字。唯一认识的几个字还是为了在超市给我买我喜欢吃的菜和面条的名称。一个一辈子生活在农村、每天都是柴米油盐的妇人，在我出生后将她所有的爱都给了我。从前她从超市买完东西回来，提着两大蛇皮袋子爬四楼能健步如飞。不出一会儿，厨房里就传来那熟悉的、让我永远怀念的香味。

时间都去哪儿了

可时间在不停流逝。后来爷爷扛不动我了，我也不需要爷爷扛了。奶奶连空手爬两层楼都吃力了，我只能看着她蹒跚的背影上楼、下楼，心酸，却别无他法。

老家的房子拆了，柿子树和大樟树没了。在上海的我长大了，因为上学，也搬家了。

时间都去哪儿了？从前的一切好像都在离我远去。时间，是偷偷溜走，然后就这样消失了吗？

原来时间藏在了爱里

每年回老家过年，爷爷会从镇上买一把仙女棒。我用打火机点燃，火花迸出，燃烧，绚丽多彩。

记得儿时第一次放仙女棒，害怕点燃时“呼”的声音，于是紧紧拉住身旁奶奶的手。爷爷看着，笑着说，别怕哟，爷爷奶奶在呢。

一根燃尽，再点一根。那烟花，如同孤傲的仙子，在我的手中翩翩起舞。爷爷奶奶的面容，在火光的映照下，是那样慈祥。五颜六色的光照亮了黑暗的泥泞路，于是我从小便以为有爷爷奶奶在的地方，不会有黑暗……

这烟花，一放，就是十多年啊。

十多年，不曾变过。我成长在这光中，在爷爷奶奶慈祥的面容下。看着他们越来越多的皱纹、越来越弯曲的背和却未曾改变的笑容，时间都去哪儿了？我突然发现啊，其实时间从来没有消失，它只是悄悄地藏起来了。藏在哪儿呢？藏在仙女棒里，藏在我长高的身体里，藏在爷爷奶奶满脸的皱纹和满头白发里，藏在岁月的缝隙中，藏在爱里。原来，我的身上背负着爷爷奶奶为我付出的岁月和爱，它们带给我坚强的力量和温暖的回忆。

时间，一直都不会消失吧，你只是偷偷藏起来了，对吗？

友情教育篇

友情是指亲密的朋友之间所存在的感情，是指人与人在长期交往中建立起来的一种特殊的情谊。互相拥有友情的人叫作“朋友”。朋友，是我们生命成长历程中必不可少的角色。那是一种自发的人际关系，通常表现出亲密和扶助，双方彼此欣赏，并企求对方陪伴的情感。

第一节　“友情”对青春期生命成长的重要性

青春期是生命个体发展社会性的重要时期。这个时期的孩子，不再像儿童时期那么依赖父母，他们开始走出家庭，在与同伴交往中发展自我，渐渐长成成熟、独立的生命个体。随着青春期特有的心理变化，伙伴会逐渐成为孩子情感和思想交流的主要对象，友情所确立的伙伴关系开始替代亲子关系，成为青春期孩子最重要的人际关系。友情也将成为青春期孩子生命成长中的一个重要情感。

一、身心成长的需要

心理学研究表明，在人的心理结构中，需要处于核心、主导的地位，需要满足与否是情感产生的根本原因。儿童时期个体在情感上最依恋的是父母。随着年龄的增长，这种感情依恋的重心便逐步由父母转向了朋友，并日益得以确定和加强。青春期是个体生命逐步趋于成熟的时期，是独立地走向社会生活的准备时期。这一时期，学生的身体、生理、心理、社会性等各方面都迅速地发展，自我意识不断增强。他们要求摆脱对成人的依赖,追求独立的意识越来越明显,与同龄人之间的交往越来越频繁;他们在心理方面最重要的发展是对友伴亲密程度的增强,友伴交往的选择性和稳定性也同时有了飞跃性的增长。

青春期是生命成长的一个重要阶段,青春期的孩子会感到一切都瞬息万变,不可捉摸,他们会感到困惑,对不能把握世界,尤其不能把握自己而感到不安。孩子们迫切需要一种稳定感,需要能够把握住自己及外界的变化。他需要一个镜子、一个对照,而友情中建立的伙伴关系为青春期孩子提供了这面镜子,使他们能够进行对照,在与其同龄、同样经历着迅速变化的伙伴身上,捕捉到自身的镜像。由于伙伴们都处在同样的生命成长历程中,于是能够彼此看到自身相对的稳定性,从而获得稳定感。这在很大程度上对青春期带来的困惑不安起到了慰藉作用。

二、生命社会化的需求

人的一生早在婴儿期,就希望与别人在一起。人的发展是个体生命自然成长的过程,又是社会化生命逐步成长、完善的过程。在这一过程中,生命个体不仅要学习掌握一定的知识技能,形成良好的道德品质,还要培养一定的社会生活能力和乐观、友爱、合群等性格特征以及自觉、自制、坚韧等意志品质。青春期孩子社会化生命成长的过程,关键在于个体自我的社交实践和主观努力。

瑞士心理学家、发生认识论的创始人让·皮亚杰(Jean Piaget)指出,与同伴交往涉及互利互惠的原则、和解、较少的强迫等,这些是与父母交流时学不到的东西。青春期,个体开始疏远成人而热衷于友情的建立,它是个体生命成长过程中人际交往能力发展的重要阶段。在友情的建立过程中,青春期孩子用完全平等的论争、结伴、离散等形式学会社会交往的必要技能,发展组织才干和情感行为调节能力，习得社会生活的经验，逐渐知道该如何与人相处、如何观察社会、获得团结协作精神和社会责任感，懂得应该遵守团体规则，并且在各个团体中扮演好自己的角色。因此，青春期的友情对个体生命的社会化至关重要。

三、健康人格的发展

根据美国人本主义心理学的主要发起者和理论家马斯洛(Maslow A. H.)所提出的需要层次理论，青春期孩子普遍有安全的需要、归属和爱的需要，加入喜欢的群体、建立归属感正是他们的心理需求。如果有正确的引导，能给他们提供健康品德的建构环境，就能促进个体行为的调节和良好道德素养的形成。

青春期孩子的自我意识水平随着年龄的增加而不断提升。心理学家发现，人具备被自我关注和被同类赞赏的本能倾向，当自我没有受到太多关注时，可能会对自我的价值产生疑问。友情的建立是一个获得关注和赞赏的重要途径。

心理研究发现，青春期孩子与朋友交往的需求欲望十分强烈，交往成败对青春期孩子的影响较大。同时友情建立起来的朋友关系将成为青春期孩子确立自我、寻找自我同一性的重要参照系统，这将预示着个体生命成年阶段的人际关系和社会交往能力。朋友关系不良，不仅会影响青春期学生当时的人格发展，还会影响其未来的社会适应。有研究发现，青春期的友谊与以后的心理健康问题相联系，如青春期的心理健康异常与成年后的心理障碍、自杀、酗酒、犯罪等。因此，良好的友情的建立能促进青春期孩子生命成长中自我意识和健康人格的发展。

友情在青春期孩子生命成长和社会适应中具有成人无法取代的重要作用，是影响个体生命健康成长的重要社会因素之一。良好的友情有利于青春期孩子社会价值的获得、社会能力的培养、学业的顺利完成，以及认知和人格的健康发展。在年龄相仿、志趣相投的群体中，在相互平等的宽松氛围中，青春期孩子可以充分表现自我、发现自我，这种生命成长中人际关系的成熟发展将成为其社会性生命成长过程中的一个重要因素。

第二节 青春期同伴交往的特点

尽管在童年期孩子就已经较多地参加同伴的活动，但是到了青春期，孩子与同伴在一起的时间更多，而与父母在一起的时间更少。另外，同伴关系也发生了质的变化。

一、布尔梅斯特(Buhrmester)的“四”变化

美国心理学家布尔梅斯特认为，在进入青春期之后，友情会发生如下四个方面的重要变化：

1. 友情的活动主题发生了变化。朋友之间的交流以“活动为中心”转向以“谈话为中心”。童年时期，好朋友之间的活动更多是在操场或教室等地方玩耍追逐，但到了青春期，朋友之间更多地是在一起交流思想或倾诉自己的情感话题。

2. 友情的活动范围进一步扩大。儿童时期，由于年龄等原因，好朋友之间的交往范围受到局限，他们更多地是在学校这样的场合进行交往。但是到了青春期，随着各方面的发展，好朋友的活动已经延伸到校外，包括各自的家庭以及其他一切可以跨越的公共场所。这样就需要青春期孩子能够主动地发起交往，并且能够通过各种媒介进行交流。

3. 友情成为自我探索与情感支持的重要场所。青春期是人各方面发展都不稳定时期，对周围的事物都有一种不确定感。而此时

友情中的朋友可以帮助个体确定自身的角色和自我价值。因此，青春期友情的一个突出特点就是好朋友之间自我暴露和相互提供情感支持的程度和频率大大增加。此时，青少年能够适当地表达个人情感，并能够及时为朋友提供情感支持。

4. 友情的亲密性程度增加。与童年晚期的友情相比，青春期友情一个最重要的可区别的特征就是亲密感。亲密感是两个人分享个人的知识、想法、感受的程度。青春期的朋友之间会探讨他们的想法和感受，表露他们内心的希望与恐惧，并且互相帮助理解他们的父母、老师和同辈是怎样的，这些与较小的儿童相比是一种更深的程度。美国著名精神医学家、精神分析的社会文化学派主要代表人物之一哈里·斯塔克·沙利文（Hany Stack Sullivan）是第一个发表青春期朋友间亲密性的重要性观点的理论家。在他看来，在青春期之前和青春期早期，与朋友亲密性的需要在加强。亲密性作为青春期友情的一个显著特点，需要个体能够表现出理解、忠诚、敏感、可靠以及愿意为对方保守秘密等生命技能。另外，随着亲密性的增加，好朋友之间的冲突也比以前增多了，因此适当的解决冲突的能力在友情的良好发展中也变得尤为重要。青少年认为对于友情而言信任与忠诚更加重要。①

因此，我们发现，友情成为青春期孩子最重要的人际关系，促进着青春期孩子社会化的发展，能预测成年后的人际交往能力和心理健康水平。同时，友情也从小团体过渡到亲密朋友，相似性、互补性、临近性成为他们建立友情的原则。

二、青春期友情的影响因素

1. 学校因素。良好的师生关系，为青春期学生提供较多的社交

① 参考仲宁宁：《青少年同伴友谊的发展特点及作用》，《中小学心理健康教育》2010 年第 4 期。

技能及解决冲突时的指导与帮助，教会学生建立友情时要真诚地关心对方、学会宽容、懂得聆听的技巧、讲究谈话技巧等；教会学生交往时如何克服自卑、孤僻、自傲、嫉妒等心理。同时，良好的教师接纳，有利于青春期学生形成对学校的积极态度，积极参与班级、学校活动，且学习成绩良好，并与同学形成积极的情感关系，发展良好的个性品质，有较高的社会适应能力，从而促进心理健康的发展。

2. 家庭因素。具有良好的教育观念的父母从小就注意培养儿童对友情的接纳能力；父母对儿童采取民主、公正的态度，有利于儿童采取相同的方式与伙伴建立友情；父母爱心的流露以及对青春期学生攻击性行为的恰当制止，将促使青春期学生更懂得关心和帮助他人。

3. 自身因素。具有积极的自我概念的青春期学生对自己建立友情的能力持肯定的态度，对自己的思想和行为能够进行正确的评价。不同的归因方式也会对他们建立友情产生不同的影响。受欢迎的青春期学生在友情中表现出友好的情绪，解决问题总是反映其社会性、果断性，因而在伙伴心目中的地位较高，他们认为自己生活的世界总是美好的，对所交往的伙伴总是充满爱心。成绩好的青春期学生不但得到老师的宠爱，而且在友情建立中也能得到尊敬和羡慕，伙伴也愿意与之建立友情；相反，成绩差的青春期学生不仅自己感到自卑，而且也在友情建立中被伙伴所轻视，在友情中地位较低，因而不容易成为伙伴乐于建立友情的对象。

性别的差异也体现在友情的建立上，青春期男孩更看重遇到问题时朋友的鼎力相助，关系不会很私密；青春期女孩更看重从同伴处获得精神上的理解和情感上的支持，会分享彼此的秘密。

第三节 青春期开展友情教育的策略

友情的建立并非一朝一夕的事情，必须针对个体的具体特点，因人而异，正确引导青春期学生建立良好的友情，学会处理人际关系，提高他们的人际交往能力。这是未来生命成长中不可缺少的环节。

一、和谐师生关系的建立

师生关系是培养和发展同学友情的关键因素。建立良好师生关系的必要准备——教师应该是一个在工作上和生活中都很和谐的人。所谓和谐，是指教师的内在和外在会让他人备感亲切、舒适，简言之就是为人既自信又谦虚。和谐的教师对工作和生活总是充满热爱，向自己的内心世界微笑，也友善地向周围的人微笑。和谐的教师才能成就和谐的班级，和谐的班级才能熏陶出和谐的学生，和谐的学生才能面向伟大润泽的生命成长。苏霍姆林斯基说："建立师生之间的友情，是要付出巨大劳动，花费许多精力的。"①

青春期孩子十分渴望在师生间建立相互理解尊重、平等友好的和谐关系，这种关系的构建来源于教师的精心营造。这个过程中，教师是主动者，学生是受动者。教师要了解学生，走进青春期学生的心灵。"少年维特们"总有这样那样的烦恼，教师要关注学生的动态，关注学生的变化，及时了解原因，帮助他们早日渡过难关，师生感情也会随风潜入夜，班集体自然更加和谐、更加团结、更加健康。青春期孩子是一个个鲜活的生命，有着尚显稚嫩的心灵，只有充分尊重他们

---

① ［苏］B. A. 苏霍姆林斯基：《给教师的建议》，杜殿坤编译，教育科学出版社 1984 年版，第 317 页。

的个性、想法,以及尊重他们的主体地位,才能建立和谐的师生关系。推心置腹、以诚相见,充分尊重相信学生,是师爱的表现。当学生感到教师对他们的信任时,他们也会自然加深对老师的信任,正如孟子所言:“爱人者人恒爱之,敬人者人恒敬之。”被誉为“最不可错过的校园题材”的印度电影《嗝嗝老师》中,奈娜(Naina)老师刚开始受到一群混世孩子的质疑和戏弄,可是最终的结果是奈娜老师用饱含热情的真心把9F班的孩子们变成了热爱生活与学习的好孩子。影片中有一段话说:“普通的老师是教书,优秀的老师是教做人……”

唯有此,才能完成学校的使命:帮助学生完成“由自然人向社会人”的过渡,完成生命成长的重要的情感建立。

二、健康同伴关系的培育

从儿童到青春期,同伴在孩子的生活中都占据很重要的地位,尤其是青春期孩子,更是如此。青春期孩子的主导关系从对父母为主转变为同伴关系占主导,心理上也开始经历断乳期。心理断乳意味着青春期孩子在很多事情上,不再唯父母意见是从,一方面要在摆脱父母的影响下独立判断,另一方面需要在社会情境下找到可依循的想法与做法。青春期孩子开始向自己所依傍的群体寻求帮助。事实上,青春期孩子对同伴集体开始出现了遵从的倾向,原因之一便是社会心理学家谈到的“与人交往的需要”或称“对偏离的恐惧”,他们在同伴集体中的地位、自尊和自我感觉,都依赖于同伴们的认可。在青春期孩子的生活中,同伴扮演着十分重要的角色,他们是在与同伴的关系中,认识自己存在的价值,建立起自我认同。

在帮助青春期孩子建立健康的同伴关系过程中,要悦纳自己。对待交朋友,或多或少,或深或浅,都要教会青春期孩子放在“自然”的哲学层面上。交朋友看似是与他人的交往行为,本质上却是自己与自己的交往。如果一个人能够接纳自己,自然而然便能接纳更多风格的朋友；不能接纳自己，从朋友身上看到的缺点其实都是自己身上的缺点。心理学家弗洛伊德把这种现象称为“投射”。所以认识和接纳自己，是交友的第一步。要换位思考。发生冲突时，要有意识地引导青春期孩子尽可能换位思考；交流的过程中，要尽可能学会去倾听，少给指点、建议和安慰，从而帮助青春期孩子掌握人际交往的技能。要提升人格魅力。富有运动能力、热爱学习、有爱心、多参与集体活动、积极、乐观、外表有吸引力等人格魅力，是影响人际交往的关键因素。要平衡发展。青少年对于人际交往的追求，不应走向极端。一直沉迷于自己的人际关系冲突，难以解决、无法找到突破口的青春期孩子，不妨把更多的精力放在学习上，以平衡人际交往与奋发学习之间的关系。相关研究表明，青少年学业上的成功与他们受欢迎的程度是呈正相关关系。

三、民主家庭氛围的创建

青春期孩子与父母关系的好坏对于他们的社会适应能力有着显著的影响，与父母关系好的孩子也比较容易跟同伴建立亲密的友情，因此，在一定程度上，建立亲密关系的能力是在家庭中学会的。在青春期孩子的生命成长历程中，称职的家长不会放弃对孩子的指导，也不会强迫孩子只服从自己的指导，而是力图将家长指导和同伴支持很好地协调起来。要实现这种协调，家长首先要尊重和理解青春期孩子的友情。

对于孩子们的友情，父母如果善解人意，胸怀宽广，不仅能帮助孩子获得友情，还能赢得孩子更深的爱。家长要给青春期孩子的友情创造一种民主、和谐、平等的家庭心理环境，尊重孩子的决定，让孩子能体验到友情带来的乐趣和成就感。同时家长也要适当地对孩子的人际交往进行引导，告诉孩子在家里如何接待朋友、怎样去朋友家赴约，帮助他们学会待人接物的常见方式。家长要引导中学生学会在平等、相互尊重的基础上交往，力求达到个性互补，让友情对他们的自我成长产生积极作用。

同时，友情是青春期孩子身心发展的需要，如果对于他们自身认同的朋友交往进行简单阻断，其效果往往适得其反，甚至会造成逆反心理，加大与家长的心理距离。因此，家长对青春期孩子的友情应采取说服教育，指导他们提高对友情的认识，学会独立地分析、解决问题。青春期孩子虽然具有了“成人感”，但由于自身经验的缺乏，还不能有效地解决自己面临的各种问题，这就需要家长适当介入，为他们提供帮助与支持。孩子在人际互动中总会遇到各种各样的矛盾、冲突等，如果孩子能够感受到来自父母的理解和支持，将会更有勇气去面对人际困扰。

家长为青春期孩子创建的民主、安全的家庭氛围，为孩子提供了充足的情感支持，将有助于青春期孩子在受到挫折后及时得到支持和修复，尤其是友情带来的心理冲击。在此基础上，孩子才会有机会和能力去思考该如何借鉴父母的经验，进而发展出自己建立人际关系和处理人际矛盾的方法。青春期的友情是生命成长过程中非常重要的一部分。用民主的家庭氛围、积极的指导态度去对待青春期孩子对友情的需求，将有助于孩子发展积极、健康的人际交往能力，为他们幸福的生命历程奠定基础。

第四节 青春期友情教育导学

习得堂

《一诺千金》

基本信息：

选自湖北少年儿童出版社 1999 年出版的儿童文学作家秦文君

所著的《一诺千金》(七年级课外拓展阅读)。

教学目标:

情感态度与价值观:结合生活体验,感悟信守诺言的分量与价值、体会友情中诚信的可贵品质。

知识与技能:领悟文章的整体构思,品味人物细节描写,进而揣摩作者写作意图。初步学会阅读用小故事揭示人生哲理的短文。

过程能力与方法:通过"读—议—品""个体与群体"交互式合作学习,知情节、品人物,对话文本,进而明理悟道。

教学重点:

初步掌握以事明理故事式短文的阅读方法。

教学难点:

在情节和细节中感悟作者的情感,明白"一诺千金"对于友情的重要性。

文本中友情教育元素解析:

1. 教材分析

《礼记·中庸》里讲"诚者自成也"。诚,是为人处世的基本道德规范。为人诚信、诚恳,自己会心怀坦荡,会令他人对我们持有良好的印象。学会了做人以诚为本,大家就会信任你;有了信任,很多困难和问题自然而然也就化解了。反之,为人失信,后果是很糟糕的。本文是作家秦文君的作品,作者通过两个小故事向我们展示了一诺千金的可贵品质,通过两个故事中人物的强烈对比,凸显信守诺言在友情中的重要性。

2. 学情分析

当下诚信的缺失阻碍着人与人之间的交往。面对青春期的孩子如何引导他们传承中华民族的传统美德——诚信,并使它成为友情发展的一个重要品质,是友情教育中的重要问题。鉴于此,在语文课堂运用小组合作形式,让每位学生都参与语文学习活动中,体会细节描写对体现人物情感的作用,引导学生理解守信用对于友情的重要性。

教学设计(见表2):

表2 《一诺千金》教学设计表

环节	教师活动	学生活动	设计意图
导入	“一诺千金”的理解。 优秀儿童文学作家秦文君将这一成语作为一篇文章的题目奉献给了我们。今天让我们一起解读她的《一诺千金》	多媒体出示“一诺千金”,理解题义、出处	直接引入,理解题目含义
	速读,了解文章写了作者在生活中遇到的哪几件事,哪些情景留在了作者记忆深处	整体理解	带领学生走进文本
新授	做女孩时,一个男生历尽艰辛信守诺言还钱时的情景让作者难以忘怀。 完成学习单(一) 阶段小结: 在作者的描写、叙述中,我们体会到了男生信守诺言的高贵品质,领悟了作者对这种精神的赞扬。 阅读记叙文时我们要揣摩作者的描写、叙述,体会文章中心,领悟作者的思想感情	学生朗读第4—6小节。 一、小组合作,按学习单步骤完成学习任务。 学习单(一):文章如何表现男生信守诺言。 探究提示: 1. 寻找男生信守诺言的行动。 2. 品味第4小节描写意图。 3. 小组交流,品读关键词句,理解人物情感。 4. 班级交流,博采众长,加深感悟。 二、适时点拨中加深对人物的理解	小组合作学习,让学生有更广的学习空间
	去年秋天的一个傍晚,作者亲眼目睹了令她难忘的情景。 阅读第11—12小节。自主学习,体验描述的作用	一、自主学习 学习步骤: 阅读第11—12小节。 自我体验描述的作用。 二、学生交流对文章描述的理解	指导学生在阅读中理解描述的作用

续 表

环节	教师活动	学生活动	设计意图
	阶段小结： 记叙文通过写人、叙事来表达作者的思想观点。作为读者的我们正是要通过描写、叙述的品读、赏析来体会文章中心，领悟作者的思想情感	引导学生自行作第二部分的阶段小结	小结，加深理解
	“弦外有音、言外有意。”作者正是在描述中表达自己鲜明的思想感情，那就是对信守承诺的赞美，对不守承诺的厌恶。 朗读第9—10小节	学生朗读文中议论部分，加深对中心的理解	指导学生在朗读中品味作者情感
拓展	“一诺千金”的故事讲完了。你还能告诉大家在我们的古训中还有哪些关于诚信的名言警句？ 完成学习单(二)	小组合作，按学习单步骤完成学习任务。 学习单(二)：古训中诚信的名言警句。 交流提示： 小组交流，名言警句。 小组长选择最佳名言警句。 班级交流各小组名言警句	再次让学生理解故事主旨
	寻找关于“诚信”的文学作品。下节课作介绍。 (推荐文章《百年誓约》《两条珍贵的白鱼》)	小组合作完成拓展练习，运用已学的阅读方法，品读、赏析文章的描述，写下对文章中心、作者情感的理解	指导课外阅读
总结	学习秦文君的《一诺千金》，我们在对描述品读、赏析之后，体会到了诚信是重如千金的，需要用一生坚守的品质	学生畅谈对诚信的感悟	提高学生对诚信的理解和感悟

附:《一诺千金》节选

处在大千世界,有着太多随意许诺,却从不兑现的人。那种人较之于一诺千金的人似乎活得轻松。可惜,这种情景不会长久,一个人失信多了,他的诺言也就被当成戏言,大打折扣,全面降价。且不说别人会怎样看轻他,就是他自己,那种无聊、倦怠都会渐渐袭上心。人一沾上那种潦倒的气味,做人的光彩就会大为逊色。

品读斋

- **曹文轩:《青铜葵花》,人民文学出版社、天天出版社 2019 年版**

作者简介:

曹文轩(1954 年—　),北京大学中文系教授,博士生导师。中国儿童文学作家,现为北京作家协会副主席,当代文学教研室主任、中国作家协会儿童文学委员会委员。主要作品有文学作品集《忧郁的田园》《红葫芦》《蔷薇谷》《追随永恒》《三角地》等。

内容简介:

在“五七干校”时期的江南水乡农村,城市女孩葵花因为一个意外,失去了自己的爸爸,被男孩青铜家收养,成了他的妹妹。聪明的、心地善良的哑巴青铜,因这个突然出现的小妹意识到自己作为小男子汉的责任:家里只能供一个人上学,他把机会让给了葵花;为葵花能照相,他冒风雪站街头卖芦花鞋;而懂事的葵花不扎新头绳、不照相,省下钱来买纸笔教青铜识字。家里没钱买油灯,青铜给葵花做了一盏萤火虫灯;灾年没有吃的,他想办法挖芦根、抓野鸭给葵花解馋;为葵花在舞台上更夺目,他制作了能发出美丽、纯净、神秘而华贵光亮的冰项链。火灾、水灾、蝗灾,种种苦难接踵而来,然而一家人互相扶助,从容地渡过了一个又一个的难关。在充满了天灾人祸的岁月里,他们乐观地生活着,从容应对洪水、蝗灾等一切苦难,而在 12 岁那年,命运又将女孩召回到她的城市。

本书精要：

1. 那十盏南瓜花灯，凝聚了青铜的智慧和真爱，照亮了葵花幸福的童年！

2. 事实上，葵花并没有被眼前的困难吓倒，她战战兢兢地站在水中捞东西的时候竟然还有几分惊喜，觉得很有意思。孩子的眼中对苦难总是理解不足的，他们是天生的乐天派。

3. 青铜是了解葵花的，他也有着和葵花同样乐观坚韧的品性。青铜默默地站在那里边是支持，边是疼爱。

4. 当时阳光如泻，一望无际的葵花田里，成千上万株葵花，花盘又大又圆，正齐刷刷地朝着正在空中滚动着的那轮金色的天体……

推荐理由：

作家曹文轩的作品《青铜葵花》带给你的是对生命成长历程中苦难的正视和至纯至极大爱的理解。故事源于曹文轩朋友的一段记忆。小说所描述的青铜、葵花一家的生活是复杂的，既有童年所独有的纯真美好，又有特定年代所带来的生活艰辛与痛苦。但在细细品读之中，总能透过生活的痛苦尝出快乐的味道。尤其是在苦难中青铜和葵花的那种大爱的友情，则显得尤为深刻、美好、充满生机……

你会从中看到即便在生命成长的低谷或是绝境当中，生命依然有它不屈与坚韧的一面，人性依然有它灿烂光辉的美质，友情依然有它温暖美好的光芒。

• [美]**克莉丝汀·汉娜：《萤火虫小巷》，百花洲文艺出版社 2015 年版**。

作者简介：

克莉丝汀·汉娜(Kristin Hannah，1960—　)，1960 年 9 月出生于南加州，是常登《纽约时报》等各大畅销书排行榜的一线作家。代表作《萤火虫小巷》在 30 多个国家畅销，书评人称赞其为“一本描写女性友谊罕见的史诗”及“一部触动灵魂、改变女性一生的佳作”。

内容简介：

塔莉(Tully)，美丽聪明，却行为叛逆，总是人们目光的焦点，但没有人知道，她一直活在被母亲抛弃的阴影中，更害怕一直照顾她的外婆撒手人寰，让她彻底孤单。她渴望归属感，渴望有人能无条件地爱她。凯蒂(Kate)，一个看起来中规中矩的乖乖女，有着幸福温馨的家庭，性格温顺可爱，只是乖巧的外表之下，也充斥着无法消解的束缚感，偶尔渴望挣脱。

十四岁那年，两个完全不同的女孩，在没有萤火虫的“萤火虫小巷”温暖相遇，从此人生有了巨大转变。凯蒂将真正的“爱”带给了塔莉，让她开始懂得付出，了解“家”是什么感觉；而塔莉丰富了凯蒂的人生，让她看到了生命的各种精彩。从十四岁到四十多岁，她们互相依靠地走过人生短暂而漫长的道路，也历经了嫉妒、愤怒、伤害、憎恨，重归于好。

本书精要：

1. 人生所追求的一切当中，唯有爱，能伴我们渡过生命的任何关卡，不论喜悲，跨越生死。

2. 她们相信这份誓言能坚守到永远，她们会一起变老，坐在老旧露台的两张摇椅上，回顾往事一起欢笑。

3. 好朋友就是这样，像姐妹和妈妈一样，总是能惹你火大、哭泣、心碎，即便如此，当你遭遇困难，她们仍会守在你身边，在最黑暗的时刻逗你笑。

4. 人生是一段孤独路程，但我遇见了你。你不是我，却又像另一个世界的我。

推荐理由：

《萤火虫小巷》讲述了一段动人的友情故事。两个女孩十四岁时相识，长达 30 年的友情，她们一起成长，她们彼此关爱，她们忠于友情。从懵懵懂懂的青春期、并肩追逐的梦想、复杂的爱恋到最后死与生的嘱托和对爱的分享，凯蒂和塔莉最终用友情战胜了人性的弱点，长久以来的磕磕碰碰也让她们学会了怎样去经营友情，更懂得了相守是建立在爱之上。

缘分让我们彼此相遇相识，当生命中收获了这段难得的友情，也让彼此生命成长从此变得丰满而辽阔……正是因为这些真挚的朋友，我们才有了面对苦难的勇气。

• ［英］J. K. 罗琳：《哈利·波特与死亡圣器》，人民文学出版社 2018 年版

作者简介：

J. K. 罗琳(J. K. Rowling，1965—)，1965 年出生于英国格温特郡，毕业于英国埃克塞特大学，英国作家。1997 年哈利·波特系列推出第一本《哈利·波特与魔法石》出版，至 2007 年出版终结篇《哈利·波特与死亡圣器》，至今《哈利·波特》系列 7 本小说被翻译成 75 种文字在全球发行，名列世界上最畅销小说系列。

内容简介：

《哈利·波特与死亡圣器》是哈利·波特(Harry Potter)系列的第七部，也是最后一部。前六部以霍格沃茨(Hogwarts)魔法学校为主要舞台，描写了主人公——年轻的巫师学生哈利·波特在霍格沃茨前后六年的学习生活和冒险故事；而在这第七部，描写了哈利·波特在第二次魔法界大战中寻找魂器并消灭伏地魔的故事。十七岁的哈利本应在霍格沃茨魔法学校继续最后一年的学业，但为了完成已故魔法学校前任校长邓布利多(Dumbledore)留给他的消灭伏地魔的任务，哈利和好友面对伏地魔及其追随者食死徒的围追堵截，隐形循迹，历经艰险，最终销毁多个魂器并战胜伏地魔，取得魔法世界伟大胜利。

《哈利·波特与死亡圣器》作为整个小说系列的终结篇，也在故事的结尾交代了所有重要人物的最终命运，给了读者朋友们一个相对圆满的大结局。

本书精要：

1. 珍宝在何处，心也在何处。

2. 能活着观看太阳在亮晶晶的、积雪的山坡上升起，这本身应该就是世上最大的财富了吧。

3. 经过几秒钟的沉静，就像时间已经停止了一样的沉静，然后骚动从哈利身边爆发了，惊叫声、欢呼声、呼喊声从围观的人群中发出来，直冲云霄，一道崭新的阳光从窗户中射进来。

4. 我们都是人，不是吗？每个人的生命都一样珍贵，都值得保护。

推荐理由

哈利·波特系列作品主要讲述了生命成长的故事，通过魔幻的故事背景描述了哈利、罗恩（Ron）和赫敏（Hermione）等的生命成长过程。成长的故事中，友情通常会占有相当重要的部分。真正的友情应该是什么样的？哈利·波特系列中的“黄金三人组”：勇敢正直的哈利、聪明机灵的赫敏、老实敦厚的罗恩告诉了我们答案：不抛弃、不放弃，彼此支持、彼此帮助、彼此鼓励。这三个性格迥异的孩子组成的黄金铁三角成为让伏地魔头疼的存在。这不仅是因为他们身上那些难能可贵的品德，还因为他们之间彼此扶持、信任的友情，让每一次的挑战变得不再如此困难。他们在一起，并肩作战，为了正义，和朋友勇敢地站在一起。友情让他们变得团结，变得强大。

青春期成长的你们，是否应该像哈利·波特一样学会寻找友情、珍惜友情、辨别友情？让友情在生命成长的道路上永伴左右。

观影轩

- **《牛仔裤的夏天》(*The Sisterhood of the Traveling Pants*)，导演：肯·卡皮斯(Ken Kwapis)**

内容简介：

也许是上帝的安排，卡门（Carmen）、堤比（Tibby）、莲娜（Lena）和布莉姬（Bridget）这四个女孩的缘分是她们都在娘胎里就注定的。

同在夏末出生的她们性格迥异，却从小亲如姐妹。十六岁这年夏天，四姐妹第一次面对分离，各自度过一个没有对方的夏天。意外的是，她们发现了一条牛仔裤，身材相差很大的四姐妹穿上居然都很合适。于是，神奇的牛仔裤变成了友情的信物，伴随她们开始各自的旅程。

经典台词

1. 快乐并不是生命中万事美好，而是将所有琐事串起，借助这些小事忘却不愉快，借助这份力量也许就能渡过难关。

2. 有些人想要展现他们的美丽，因为他们想让别人看到他们的美丽，有些人却努力隐藏他们的美丽，因为他们想让别人看到他们有的不只是美丽的外表。

3. 幸福并不意味着一切都十全十美，幸福也许就是记住那些微不足道的小事。

4. 有时候我们更容易对我们相信的人生气，因为你知道他们不管怎样都会永远爱你。

推荐理由：

关于生命成长的前半段，情感体验是最为真实和重要的部分。在我们不断找寻真正的自我、发现生活真谛的过程中，是亲情和友情陪同我们向前。

牛仔裤是一个纽带，它被赋予了友情的重量和信念，即使我们身处四方，各自经历着不同的处境，但当我们收到牛仔裤，感受到姐妹的情谊和远方的挂念，我们并不是孤身一人，为了姐妹，热爱自己。

在友情中，我们总是在不断地付出和接收。每一段与他人分享自我生命成长的经历都会回馈给我们无形的养分，一点一滴的养分逐渐构成一个完整的自我。

- **《心灵捕手》(*Good Will Hunting*)，导演：格斯·范·桑特(Gus Van Sant)**

该片获得第70届奥斯卡金像奖最佳男配角、最佳原创剧本奖。

内容简介：

麻省理工学院的数学教授兰博(Lambeau)公布了一道困难的数学题，却被年轻的清洁工威尔(Will)解了出来。可威尔却是个问题少年，成天和好朋友查克(Chuckie)等人四处闲逛，打架滋事。当兰博找到这个天才的时候，他正因为打架袭警被法庭宣判送进看守所。兰博向法官求情保释，才使他免于牢狱之灾。

兰博为了让威尔找到自己的人生目标，不浪费他的数学天赋，请了很多心理学专家为威尔做辅导，但是威尔十分抗拒，专家们都束手无策。无计可施之下，兰博求助于他大学的好友、心理学教授西恩(Sean)，希望能够帮助威尔打开心房。

在尚恩的努力下两人由最初的对峙转化成互相启发的友谊，从而使威尔打开心扉，走出了孤独的阴影，实现自我。两人的交谈中威尔和尚恩教授都终于找到了自我。

经典台词：

1. 也许现在是你很完美，也许你并不想破坏你自己的完美。但我觉得这是一个极妙的哲理，因为这样你可以一辈子不用认识任何人。

2. 成功的含义不在于要得到什么，而在于你从那个奋斗的起点走了多远。

3. 你不了解真正的失去，因为只有当你爱别人胜过爱自己时，才能体会那种感受。

4. 人们称这小特质为“不完美”，其实不是这样的，那才是好东西，透过这些小特质，我们能选择让谁进入我们的小世界。

推荐理由：

漫威电影中有一句台词：“能力越大，责任越大。”不过这是对英雄的要求，作为大部分的普通人，如果有异于常人的才华，那么意味着什么呢？应该怎么面对呢？你有心灵捕手吗？那个能与你匹敌的，能触动你心灵的人。

同时查克和威尔也将告诉你：真正的友情，他不会嫉妒你的上进，嘲讽你的努力，无关失意或得意，无关命运造成的地位与际遇的差异，都不变初心。

生命成长的历程中，所有的情感都是支撑“Will Hunting”变成“good”的力量。

•《千与千寻》，导演：宫崎骏

该片获第 52 届柏林国际电影节金熊奖、第 21 届香港电影金像奖最佳亚洲电影奖、第 75 届奥斯卡金像奖最佳长篇动画奖等几十个奖项。

内容简介：

年仅 10 岁的荻野千寻跟随父母搬家来到一个陌生的城镇，准备开始全新的生活。然而，因为途中迷路，她和父母误闯入了一个人类不应该进入的灵异小镇。千寻的父母由于贪吃，未经过店员允许就随便触碰食物，而遭到惩罚变成了猪。千寻为了拯救父母，在汤婆婆的助手“白龙”的帮助下进入油屋并获得了一份工作。作为代价，她被汤婆婆夺走了名字，成了“千”。在澡堂工作的过程中，千从一个娇生惯养、什么活都不会做的小女孩，逐渐成长，变得越来越坚强能干；同时，她善良的品格也开始得到澡堂中其他人的尊重，而她和白龙之间也萌生出一段纯真的友情。经历磨难后，千寻最后救出了爸爸妈妈，拯救了白龙，实现了自我成长。

经典台词：

1. 人生就是一列开往坟墓的列车，路途上会有很多站，很难有人可以从始至终陪着走完。当陪你的人要下车时，即使不舍也该心存感激，然后挥手道别。

2. 曾经发生过的事情不可能忘记，只不过是想不起而已。

3. 不管前方的路有多苦，只要走的方向正确，不管多么崎岖不平，都比站在原地更接近幸福。

4. 因为遇见你，我才知道我也能具有美丽的记忆。所以，无论你怎样对待我，我都会用心去宽恕你的恨，用心去铭记你的好。

推荐理由：

这是一部献给孩子亦是大人的童话。在千寻身上所饱含的坚强与执着，处处闪耀着生命成长的光芒，在她与父母的亲情和小白的友谊中给予了我们最为真挚质朴的感动，营造了一场卓尔不凡的光影之梦。

影片中千寻与白龙之间那份超越了友情的关心与呵护，最触动我心。在千寻遇到危险时，小白会化身成身手矫健的白龙，挺身而出；在白龙被印章上的魔法所伤害时，千寻会献出河神给的药丸，保护他；在白龙危在旦夕之时，千寻义无反顾地踏上了为白龙找寻解药的旅程。他们之间会愿意为了对方冒着生命危险努力，这种超越了友情意义的关爱温暖了人心。与优秀的朋友在一起，你会变得积极向上，善良宽容；你也会找到真正的认同感，这让你越来越自信，也越发勇敢。

歌曲馆

- **《青春纪念册》歌词节选(演唱：可米小子)**

给我你的心作纪念
我的梦有你的祝福才能够完全
风浪再大我也会勇往直前
我们的爱镶在青春的纪念册

- ***YOU RAISE ME UP* 歌词节选(演唱：Westlife)**

You raise me up，so I can stand on mountains.
(你唤醒了我，让我得以屹立于高山之巅)
You raise me up，to walk on stormy seas.
(你唤醒了我，让我得以遨游于大海之深)

I am strong, when I am on your shoulders.
（依着你的肩膀，让我变得如此坚强）
You raise me up, to more than I can be.
（你唤醒了我，让我得以重生）

- **《朋友》歌词节选(演唱：周华健)**

朋友　一生一起走
那些日子　不再有
一句话　一辈子
一生情　一杯酒
朋友　不曾孤单过
一声朋友　你会懂

学生眼中的友情

我有点嫉妒你

——读哈利·波特系列有感

同济大学附属存志学校 2022 届 4 班　郭芷铭

哈利·波特系列是魔幻小说。主要讲述了哈利·波特在霍格沃茨魔法学院的学习经历以及与伏地魔的斗争。其中，我认为最值得深思的是，他与罗恩之间富有波折的友情。

“罗恩·韦斯莱”，普通的巫师家族，满头红发，鼻子上长满雀斑。大名鼎鼎的“哈利·波特”，一岁就打败了巫师界终极“BOSS”——伏地魔，长相英俊，是不朽的传奇。他们的友谊，放在今天，就如同一个家中巨有钱，长得又帅，成绩优异，性格开朗的少年与一个普通的，甚至有些懦弱自卑的人推心置腹一般。哈利第一次与罗恩见面是在火车站，两人因机缘巧合坐在同一节车厢中。罗恩对哈利羡慕不已，不只因为他风轻云淡地露出自己的“荣誉伤疤”，也因为他在罗恩只拿出三明治时掏出金加隆买下了一桌的食物。无论在什么事情上——学习、运动、冒险，金钱，他都矮了波特一头。不仅如此，在家庭中，哈利似乎也更受父母喜爱，韦斯莱夫人更是经常把罗恩与哈利比较。虽然哈利不是故意的，但在这种压力下，敏感、自卑的罗恩怎能不心生嫉妒呢？

有些人，因为种种原因，总是显得鹤立鸡群。他们无论在哪里都是众星捧月的存在。而你，作为他们的朋友，难免会受到冷落。更可怕的是，你在人群中被孤立开来，被贴上标签“×××的朋友”。人们指指点点：“看，那是×××的朋友。——也没啥好的吗！”一次两次，也许没什么。但次数多了，心中总会有点不是滋味吧！嫉妒？也许不至于，但羡慕和失落终究是有的吧。

不过幸运的是，正是这样带有“嫉妒”与差距的友情，才越发显得坚强而珍贵。谁一生中，没有交过几个比自己优秀的朋友呢？和她/他同行，可以从中收获成长，把向往化为动力。在我小学的时候，结交了朋友 A，她成绩优秀，为人也活泼开朗。而我在人群中，却总是平庸的那个。当她与我相识的开始，我的内心是敏感的。当看到她在舞台上闪闪发光时，我的内心中有对她的喜爱和向往之情，可随之而来的是淡淡的失落：她是我的朋友，她为什么这么优秀？在她的光彩夺目下，我不禁显得暗淡。有种说不清道不明的思绪在我脑海中蔓延。我们有过争吵，还曾经绝交过，可到了后来，我却在她的感染下逐渐变得自信、强大。我不仅明白了之前我的思绪——羡慕，也终于学会了承认别人的优秀，开始从她身上汲取力量，收获知识。我也要成为一个优秀的人！可见，带有羡慕、向往的友情如果正确“使用”，也可以使人变得更加优秀。

有人说：“友情是两个人共同维护的过程。”若我说，友情可以是坚强的，也可以是脆弱的。如果你有幸结识了一位比自己优秀的挚友，请不要敏感，不要羡慕。去承认别人的优秀，努力让自己变得更好。与其怨天尤人，不如发愤图强。

骄阳似我

——《心灵捕手》观后感

同济大学附属存志学校 2022 届 2 班　杨智浩

在老师的推荐下看了这部 1998 年就上映的老片子，喜欢这部片子，更喜欢这部电影的另外一个名字——“骄阳似我”。顾名思义，骄阳似我，意味着我们每个人都是一轮骄阳，只要我们敢于直面自己心中的矛盾，阳光不仅能普照在我们身上，还会让他人得到温暖。但是要突破自己的心理障碍却并非易事，这需要来自别人的帮助。

影片中的男主角威尔是一个大学的清洁工，又是一个数学天才，他每天都在深夜偷偷地破解走廊黑板上的难题，偶然被数学诺贝尔奖获得者兰博教授发现，决定培养他。可他却因为贩卖毒品，被关进了监狱。兰博教授不忍心看着威尔自毁前程，就从监狱里把他保释出来。为了解决威尔的心理问题，兰博教授请出了自己的老同学西恩教授。通过七次艰难的心理辅导，西恩教授终于打开了威尔的心结，从此，他就变得乐观开朗，并最终成为国防部的一名技术人员，实现了自我价值。

我认为威尔的成功来自三方面力量的无私帮助：一是兰博教授发现了他的数学才华；二是西恩教授百折不挠，成功帮助威尔走上正轨；三是他的朋友，给了他热情无私的帮助。如果没有这三者的帮助，就没有威尔的“重生”。

威尔的故事让我想到了自己。初一伊始，我从杭州转学到上海读书，发现“存志”考试的范围和内容广之又广，深之又深，一时难以适应，心理上产生了畏难情绪，尤其对于英语，海量的单词，每周必读的课外英语报刊令我束手无策，直感叹自己的大脑不是一台电脑，因此多次产生了放弃英语的念头，甚至出现过重回杭州读书的想法。

就在我感到绝望的时候，我生命中的“兰博教授、西恩教授和兄弟们”出现了：我的妈妈费尽心思，到处打听，决意为我寻找各个学科的优秀老师补课，碰到有的老师没答应，妈妈会以坚定不移的信念，不厌其烦地和老师商量，终于以自己伟大的母爱和真诚之心感动了老师；老师们也非常耐心地针对我的基础，认真备课，因材施教，对我在学习过程中成绩出现的反复给予极大的包容，并且始终鼓励我；学校的老师和班里的同学们不但没有鄙视我这个外来的“差生”，反而向我伸出了热情的援手。就这样，我像威尔一样，经过一年的努力，终于走出了心理阴影，逐步缩短了与“大部队”的距离，在初一学年末考出了一个好成绩。在成绩面前，我常常想，如果离开了妈妈的呵护、老师的教导、同学们的帮助，我会怎样呢？也许我敌不过自己心里的负面情绪，不仅学习跟不上，整个人也会萎靡不振，哪有今天这个阳光、快乐、自信满满的中国少年呢？我感谢生命中给予我爱和帮助的所有人，他们就是我的“心灵捕手”。

威尔的故事告诉我，如果每个人都可以主动争取他人的帮助，克服自己的心理障碍，乐观开朗地成长，就可以成为一轮骄阳。骄阳似我，我似骄阳。

这一切和我们的生活也存在巨大的联系。只要信任自我和他人，那么最美的骄阳一定会降临在我们的身上！

一杯老酒

——听《朋友》感悟

复旦大学第二附属学校 2022 届 5 班　陈睦媛

这是一首老歌了。我记得从小学听到现在，从电视上听到从手机上听，从一米二听到一米六。说不上完全的喜欢，却也对里面唱的内容有着深深的体会。

对人生，我算不上有多大的感悟，对于朋友，我还是深有感触。

好几年了，我和几个老朋友分分合合，到现在也是分道扬镳。无论如何，最后总会剩下一个人，就是我自己。目送着身边的朋友来来往往，自己站在原地。与他们相伴的时间越长，就越舍不得他们离开。

天下没有不散的宴席。想伸手挽留，确实心有余而力不足。最后留下的只有朋友远去的烟尘，和一颗，被烟尘埋没了的心。

这些烟尘如何洗去？是任由时间流逝渐渐习惯，还是轻轻拭去，准备面对已知的下一次失望？我的回答是——一切随缘吧。留下，空让人伤心；擦掉，又不忍心，两难的事。

“有过泪，有过错，还记得坚持着什么。”朋友，本就是一群志同道合的人聚在一起。刘、关、张饮酒叙志，聊到兴处便共同起事；扬州一家酒馆里，李敬业遇到了一群同样热血沸腾的青年，于是揭竿而起；王维送元二去往安西，一杯薄酒，以寄祝福……有的情同手足，因一“义”字留名青史；有的分道扬镳，甚至落得个自杀的下场。真正的朋友，是患难与共，有福同享，不一定要共成大业，但要时刻铭记自己还有这样一份承诺、这样一份情义。

一生一起走的朋友永远都是陪伴时间最长的那些人，也是在最后最需要、最重要的那些人。

为什么要“宁学桃园三结义，不学瓦岗一炉香”，人们看的不是最后成就的功业，而是对于情义的诠释。

无论功成与否，一杯老酒，一桌酒菜，几位老友，几句问候。永远是一个人最好的避风港。

爱情教育篇

生命的本体是爱，爱是人类的灵魂。歌德说过："哪个少男不善钟情，哪个少女不善怀春。"[①]青春期学生早已经在不知不觉中萌发出了爱情的春芽。随着青春期孩子生殖系统的逐渐成熟，孩子们必然会对异性产生由关注到倾慕再到追求的心理变化，来完成一个爱的过程。爱情不是凭空产生的，而是在思想、观念和言行的体验中积累、升华而获得的，真正的爱情是信任、尊重、鞭策、激情，以及触及灵魂、动人心魄的生命成长过程。

第一节 "爱情"的萌动：青春期生命成长的必经历程

一、心理机制

青春期正是身心发展的高峰期，自我意识开始觉醒。这时期的情感发展一般会经历四个阶段：(1)异性疏远期。第二性征初现后，性意识觉醒，朦胧地意识到两性的差别，开始有不安和羞涩心理。对性别十分敏感，男女界限"泾渭分明"，开始了暂时疏远。(2)异性接近期。开始注意异性的变化，并产生新奇感，喜欢在异性面前表现自己，引起异性的注意，乐于参加与异性在一起的集体活动。(3)异性眷恋期。由对群体异性的好感转向对个别异性的眷恋，形成一对一

① [德]歌德：《少年维特的烦恼》，杨武能译，人民文学出版社 1985 年版，第 150 页。

交往的“专情”行动，多用精神心理交往的方式来显示自己的情感纯洁性。但由于心智尚不成熟，自我控制能力较差。(4)择偶尝试期。对异性的爱慕和追求更趋专一化，进而萌发爱情，自然地进入恋爱择偶期，但感情基本还处于不稳定阶段。调查显示，15.9％的初中生、40.6％的高中生有过恋爱经历或正在恋爱中。①

初中生正处在爱情发展的第一、第二阶段，即疏远期或接近期，这两个时期看似矛盾，实质上是对两性关系从敏感到好奇的阶段，他们开始对异性感兴趣，但又不知如何满足自己的这种心理需求，常常表现出既兴奋又羞涩、既渴望又不知所措的行为模式。此时的爱情教育主要是对他们进行情感认知和情感处理的辅导。高中学生即将或已经进入了两性情感发展的第三阶段，即眷恋期，个别学生甚至会进入到第四阶段的择偶尝试期。这类学生更关注两性交往的意义、双方在交往中的地位，在两性交往的方式上缺乏生活经验，缺乏对爱情全面、深刻与正确的认识，错误地把青春期异性之间产生的一些好感当成爱情，有意识地修饰自己的仪表，注意自己的举止和谈吐，希望自己能引起对方的注意，然后盲目地追求“爱情”。

二、情感需求

人的情感能力的成长是在人际亲密关系中建立起来的。中学生正处在青春萌动期，青春期性发育为他们产生爱情提供了生理基础，社会环境和文化产品的影响，使他们有了渴望尝试的愿望。调查显示，52.4％的初中生、61.5％的高中生都对异性产生过好感，证明他们有想获得爱情的需要。② 大多数的中学生并不认为爱情与他们无

---

① 数据来源于 2014 年上海市“青春期两性情感辅导的实践与研究”课题组开展的“中学生两性情感发展的现状”调查问卷结果。

② 同上。

关，有些甚至已经发生，他们内心存在着许多爱情方面的困惑亟待解答，青春期情感发展的需求呼唤爱情教育。

三、价值建立

青春期是所有三观的过渡期，当然也包含爱情观。青春期的孩子往往分不清好感、友谊与真正爱情的差别。他们往往把对异性的初步好感、爱慕、感激、同情、赞许、崇拜等统统当作爱情。调查显示，有53.4%的高中生会看和爱情相关的抖音、QQ、微信，且不同性别、不同学校之间的差异较小；有58.2%的学生会通过网络、书籍与电视了解爱情。[①] “大拇指思考”的信息时代，中学生通过手机、网络获取的信息多如牛毛，那些“不求天长地久，只要曾经拥有”的爱情观点、“小三”成功上位的影视作品，都影响着学生的爱情观。

因此，爱情教育可以让学生成为有责任感的人。懂得真正的爱情意味着关心、尊重、责任和了解，它并不是在被人感动那种意义上的“感动”。人一旦拥有了爱情，就承担了尊重这种亲昵的友谊、并且要把它看作最大的幸福而珍惜它的义务，就会表现出自我牺牲的精神和巨大的道德力量。

爱情教育可以让学生成为有审美情趣的人。在爱情教育中，审美理想是指学生对爱情内涵的真正理解和正确追求。爱情要求双方展示出自身高尚美好的心灵，在对方面前，同时也在自己面前，提出审美要求和道德要求。让学生摆脱功名、物欲等功利性需要的束缚，回到人的本然状态、理想状态，真正成为自由生命，诗意地生活。

---

① 数据来源于2014年上海市“青春期两性情感辅导的实践与研究”课题组开展的“中学生两性情感发展的现状”调查问卷结果。

第二节 青春期两性交往的特点

一、青春期学生两性交往的时代特点

首先，青春期学生两性交往属于比较纯真的情感交流。他们更注重情感体验而非物质享受，较少考虑现实的矛盾及将来的结果。他们对恋爱体验的正向效果比较痴迷，对反向的不良影响往往缺乏考虑。

其次，青春期学生对待两性交往的观念较为理性，体现在对中学生谈恋爱的看法、当别人主动追求时的表现、失恋后会采取的自我调节的方法等方面。值得关注的是，在平时个案咨询中，这仅是“观念上”的认识，中学生在突然面对青春期爱情交往的问题和矛盾时，要么束手无策，要么听任强势的一方摆布，往往显得缺乏理性。

另外，青春期学生的初恋基本始于初中，而恋爱维持的时间往往在一年以内。

原因如下：

一方面，与青春期学生身心发展的规律有关。初中阶段是人身体发育的第二个高峰期，此时生理发育趋于成熟，但心理发育相对滞后。尤其是男孩，生理冲动强于心理自控。高中阶段，学生的身心趋于成熟，对事物的分析判断能力变强，有一定的与异性交往的自信，但维系爱情关系的经验和方法都很缺乏，同时来自社会和师长的无形压力比较大，学业负担也比较重，想要维持纯粹的感情热度有一定难度，爱情关系不稳定。

另一方面，与传统教育的道德规范有关。中国传统文化教育在爱情交往方面更多是用“堵”的方法，不重视给予学生正常的异性交往的方法和沟通技巧。所以，青春期学生一旦遇到爱情交往中的实际问题，观念与行动之间往往会出现脱节。

二、青春期学生对待爱情的态度

当前青春期学生对“爱情”的话题不感尴尬，取而代之的是以“平常心、无所谓”的态度来对待，他们大多能够坦然面对和接受自己的情感需要，并对他人的情感交往抱以尊重和宽容的态度。

原因如下：

一方面，青春期教育是有成效的。实践证明，多年的青春期教育所倡导的男女交往要真诚、大方、互爱等，都产生了一定的影响，使学生能够较为坦然地认识到青春期的“爱意萌动”。

另一方面，文化的影响是深远的。虽然时代的变化飞速，青春期学生受西方文化观念的冲击不小，但传统观念当中，提倡含蓄的爱，温和追求，慎重选择，对人对己负责等，这些观念在学生心里仍占有相当重的分量，完全赞成中学阶段谈恋爱的学生所占的比例不高。同时受时代文明气息的熏陶，尊重他人的选择，不干涉他人的私事，已经成为中学生的一种共识。

三、青春期学生两性交往的行为

由于比较注重情感交流、精神体验，青春期学生交往中发生性接触的比例不高。他们喜欢以“在一起”的方式来增进感情，愿意结伴出游，一起学习，随时通过微信、QQ 等方式互诉衷肠等，但也出现了不少青春期学生尝试肢体亲密接触，如拥抱、接吻，甚至是性行为。

原因如下：

一方面，青春期学生生理发育趋于成熟，有一定的生理需求，但对于如何进行正常的情感交往则缺乏引领。

另一方面，社会环境，尤其是一些媒体对爱情的态度更加开放，尺度更加放宽，无形中给青春期学生营造了催熟、早熟的氛围，倡导了不切实际、非理性的爱情交往方式。甚至网络中也有一些非法的淫秽信息、视频等，有关部门应对此加强监管。

第三节 青春期开展爱情教育的策略

苏联教育实践家、教育理论家苏霍姆林斯基说过：“爱情不仅应该美好，还应该明智、机警、审慎甚至挑剔。只有明智、谨慎的爱情，才可能有美好、幸福的结局。”[①]青春期爱情的发生是生命成长过程中的正常现象，是纯洁美好的，是应该得到尊重和善待的。引领青春期学生体验美好的人类情感，并以彼此尊重为前提，以文明举止为规范，在情感的理性化过程中完善人格，应该成为青春期爱情教育的目标。爱情教育正是通过不断解读和理论指导，给予青春期学生更多认识爱情本真的机会，给他们心中一把衡量和调制爱情的标尺；将他们青春的觉醒、爱情的萌动，向精神层面上提升，教育他们真正懂得爱，懂得美，树立正确的爱情观，培养获得幸福生活的能力。

因此，我们将青春期爱情教育的基本策略定位为：认同青春期爱情的真实，尊重青春期爱情的存在，善待青春期爱情的发展。传统德育在价值定位上的偏颇是导致其长期以来不能完全深入人心，不能充分实现其应有的生命成长关怀价值的一个重要原因。怎样开展青春期爱情教育，一直有两种对立的声音：一种认为，青春期爱情教育主要是解决学生的性道德问题，在教育方法上应采用“禁止知道性知识、禁止发生性行为”；另一种则认为，性是禁止不了的，所以必须

---

① [苏]B. A. 苏霍姆林斯基：《睿智的父母之爱》，长江文艺出版社 2014 年版，第 289 页。

教会学生性知识，让他们学会自我保护。其实这两种观点都只强调青春期爱情教育的负面影响，忽略了学生作为一个生命成长的主体，应该在好好经历和尽情享受青春期这一人生美好时刻的同时，对未来有期待、有信心等。当青春期爱情不可预料地到来的时候，少男少女会有一种成长的深切体验，这是亲情、友情不可替代的，他们需要成年人对他们主动、独立选择和拥有的情感给予美好祝福和真情关怀。

一、青春期爱情教育的基本理念

1. 青春期爱情教育不是单纯的性知识传授

青春期爱情教育是一门需要知、情、意、行高度统一的学科，其目标绝不只是让学生了解一些性知识，更重要的是在认知的基础上，建立健康、稳固、正确的爱情观，从而指导自己爱情交往的行为，使自己更好地生活，更健康、更幸福地享受青春岁月。以往一谈到青春期爱情教育，人们较多想到的就是性知识或是两性间交往技巧的传授，所以在已有的课堂上，教师以为只要把性生理、性心理等有关知识讲完，把传统的性道德、性伦理的要求讲清，青春期爱情教育就到位了。其实青春期性知识的教授并不难，难的是教育者如何在传授知识的背后对人生、青春、幸福等做出充满生命成长情怀的诠释和解读，这才是更重要的。某校语文老师针对学生对爱情的好奇，索性大大方方地开设了爱情电影赏析课程“情感絮语”。在课程教学中，通过影片观赏、影评交流、主题讨论等形式，学生领悟了爱情的真谛，明白只有不断提高自身素质才能增强爱的竞争力；学生懂得了性不能离开爱的基础，建立在爱与责任上的性才是美好的，否则就是痛苦和伤害；学生学会了正确处理爱情的方法。

2. 青春期爱情教育不能沦为道德灌输

有人简单地把青春期爱情教育理解为预防或阻止青少年学生在

异性交往中超越传统道德和社会规范，并通过一些严格的教育手段、管理制度进行道德灌输，从表面上看似乎达成了目标，一些学生也因“害怕”而“不敢”为，但这并不等于说在他们的内心道德的高墙已经筑起，他们中的一部分恰恰会因过度的压抑而产生更多的困惑或孕育更强烈的反叛，从而导致更极端的行为。某校一对男女生就因父母反对他们“早恋”而离家出走去“私奔”。老师讲的把握情感、守住底线，是否能解决他们由于生理本能而产生的对异性情感的渴望？当我们的教育还处在担心多于理解、怀疑多于尊重、埋怨多于辅导的状态时，在“不在乎天长地久，只要曾经拥有”的爱情观影响下，今天不少青少年早把“相濡以沫、白头偕老”的传统美德当成古代笑话，可见，仅靠自上而下的道德灌输是不能左右青春期学生的价值选择的。处在人生叛逆和自我探索期的青春期学生，虽然渴望得到师长的理解和关怀，却不能忍受一些教育者居高临下的控制，所以青春期爱情教育不能只是为了防止出现问题而停留在“禁欲”的层面，只是追求表面的“太平”“服从”，那样孩子们永远无法真正懂得自己应该担当的责任。

3. 青春期爱情教育应该是生命成长视野下的理性觉醒

当我们的教育还只是停留在简单地对问题进行防范和处理的层面，比较多地关注爱情交往的负面结果，或劝导不要早恋，或头痛医头、脚痛医脚时，一些少男少女却因情感危机得不到及时解决或援助而盲目轻率地选择极端方式伤害自己或他人。青春期爱情教育应从学生生命成长的身心发展规律和感受出发，给予他们生命成长中的人文关怀，在将情感赋予美好的定义基础上，结合中华民族传统的审美观、道德观，开展忠贞相依、荣辱与共、责任相伴等爱情价值引导，让学生学会控制生理性欲望带来的冲动，在“发乎情而止乎礼”中享受成长的快乐，体验理性和感性完美结合的精彩。从性生理、性心理、性伦理、性道德、性法律、性审美等多方面引领青春期学生体验美好的爱情，并以彼此尊重为前提，以文明举止为规范，在情感的理性化过程中实现生命成长。

4. 青春期爱情教育应该是被人文魅力温暖着的青春成长

青春成长是一场疼痛的撕裂，也是一次坚强生命的张扬，青春成长中有太多的烦恼、困惑，青春期的孩子需要被理解、被接纳、被同感，文学艺术是他们最温暖的阳光。在人文学科中，他们可以了解世界，理解人类情感，在与历史对话、与音乐共鸣中，在感受世界各地文化及价值观中，认识自我、反省自我、发展自我。旋律的悲欢，人物的命运，时代的变迁，世界的多样……教师可以在人文学科教学中，传递人间真善美，用作品的魅力去治愈青春伤痕，用教师的情怀去温暖青春，用课堂的师生互动去激发青春蜕变的昂扬，让那个住在青春情感中的小我看到大世界的精彩，听到大时代的呼唤，感受到青春情感的美好，培育面对情感挫折所需要的理性和坚强。

二、青春期爱情教育的小贴士

首先，对学生：爱情没有对错，不要对自己的自然情感有犯罪感。对异性有好感，就正如树要发芽、长枝、开花、结果一样正常。不要轻易随便地表达情感，让自己的情感在最合适的时候赢得真正属于它的精彩。要珍爱自己与对方，花儿开得过早，会提前凋零，结不出饱满的果实。要慎重平衡青春期阶段学业和情感的关系，只有翅膀上去掉了枷锁的鸟儿，才会飞得更高。

其次，对家长：家长要理解、尊重青春期孩子的情感变化，不要把对异性的好感当成洪水猛兽，避之唯恐不及，要积极陪伴孩子度过青春期这一独特的生命成长阶段，给他们必要的人生指导。不妨一起和你的孩子谈谈“情”、说说“爱”，回忆自己也曾经有过的青春萌动时光。信任孩子，倾听他们的心声，体会他们的情感，要做青春期学生生命成长中最坚强的后盾，帮助他们协调处理好青春期的爱情困难和烦恼。

最后，对老师：根据青春期学生生命成长的不同阶段，教师要开展相关活动，引导学生树立正确的人生观、爱情观。关注学生的情感变化，可运用谈心、书信交流（可利用周记和学生随笔引导）、网上交谈等方式进行疏导，帮助学生解除情感困惑，引导学生理智认识和处理情感问题，为青春期学生提供可靠的情感支持。

爱情教育始终是青春期教育中的一个敏感话题。然而，诚如苏霍姆林斯基所说，“我们身为教师，要特别审慎地对待学生心灵深处萌发的爱情问题，教育学生怎样对待爱情，是教育工作者最细腻的一面……”①

第四节 青春期爱情教育导学

习得堂

《好吃的苹果　平凡的脸》

基本信息：

九年级课外拓展阅读

教学目标：

情感态度与价值观：结合生活体验，感悟不以外表来判定人的价值，体会品质的重要。

知识与技能：领悟文章的整体构思，品味人物细节描写，进而揣摩作者写作意图。培养良好的阅读习惯，提高记叙文阅读能力及答题技巧。

过程能力与方法：通过圈划、理解，“个体与群体”交互式合作学习，知情节、品人物，对话文本，进而明理悟道。

① ［苏］B. A. 苏霍姆林斯基：《爱情的教育》，教育教学出版社 1985 年版，第 183 页。

教学难点：

通过人物描写展现人物形象。议论性的结尾对揭示文章主旨的作用。

文本中爱情教育元素解析：

1. 教材分析

我们对人、对事物的认知往往始于颜值，因此我们往往与很多的美好擦肩而过……在文中，老师给学生一个外表光滑、色泽鲜红的苹果，而自己则选择了一个外表粗糙而平凡的苹果来吃。学生吃的好看的苹果味道酸涩，而老师吃的平凡的苹果却味道鲜美、甘甜……运用类比手法，巧妙地将苹果与杰克的人生经历联系在一起，含蓄而有韵味地告诉我们：人重要的不一定是外表，更重要的是个人的品质。结合爱情教育，引导学生对人、对事不能只看表面，内涵才是最重要的。

2. 学情分析

所谓“良玉未剖，与瓦石相类；名骥未驰，与驽马相杂”，如果以外表来判断一物，必定与很多美好的事物失之交臂，对人而言，则更是如此。青春期的孩子面对朦胧的爱情，“以貌取人”常常是孩子们的第一眼感觉。结合课堂教学，润物细无声地告诉孩子们：“虽然我们长相平庸、出身平凡，但我们也可以拥有高贵的灵魂……”

教学设计(见表 1)：

表 1 《好吃的苹果 平凡的脸》教学设计表

环节	教师活动	学生活动	设计意图
导入	心理小测试：你对外貌的重视程度	完成心理小测试	用心理测试激发学生的阅读兴趣
	散读，文章记叙了作者经历的怎样一件事	整体理解	带领学生走进文本

续 表

环节	教师活动	学生活动	设计意图
新授	学习第4—10小节 初次见面，杰克高傲而无礼，作者则暗下决心要做得最好。 同学朗读第4—10小节。 共同完成学习单(一)。 阶段小结： 在作者的描写、叙述中，我们体会到“我”为了要做得最好所付出的种种努力，在酸酸涩涩中也嚼出了丝丝甘甜。 阅读时我们正是要通过对文章人物描写的揣摩，来把握人物的思想和性格特点	学生朗读第4—10小节。 一、小组合作，按学习单步骤完成学习任务。 学习单(一)：“我”是如何“做得最好”的？ 探究提示： 1. 圈划段落中的人物描写。 2. 品味第8、第10小节的描写意图。 3. 小组交流，品读关键词句，理解人物形象。 4. 班级交流，博采众长，加深感悟。 二、适时点拨中加深对人物的理解。 三、续写第7小节杰克“开门一刹那”的情形(60个字左右)。	小组合作学习，让学生有更广的学习空间
	学习第11—12小节。 学生自主学习，理解结尾对文章的作用。 引导学生掌握“结尾的作用”答题技巧	一、自主学习 学习单(二)：体会第11、12小节在文中的作用。 探究提示： 1. 散读第11、12小节，自我体会其在文中的作用。 2. 班级交流，博采众长，加深感悟 二、学生交流对结尾的理解	指导学生理解结尾的作用，学会答题技巧
	阶段小结： “弦外有音、言外有意。”我们在阅读中要注意体味结尾的作用，从结尾中体会作者的匠心。	引导学生自行作阶段小结	小结学法，加深理解

续 表

环节	教师活动	学生活动	设计意图
新授	有文采的结尾，耐人寻味。让我们一起在朗读中再次感悟结尾的作用。 朗读第 11、12 小节。	学生朗读文章结尾，加深对中心的理解	指导学生在朗读中品味文章主旨
总结	学习了《好吃的苹果　平凡的脸》，我们通过对人物描写和结尾的理解，体会了作者传递给我们的观点：人重要的不在于外表，而在于品质。我们要做个“脸”虽平凡但好吃的“苹果”。	学生聆听、感悟	提高学生对文章主旨的感悟
作业	完成《好吃的苹果　平凡的脸》练习（第 81 页）		

附：《好吃的苹果　平凡的脸》节选

我知道我贫穷、低微、不美，但我拥有坚毅，拥有真诚。它们会伴我跨过人生道路上的坎坎坷坷，让我得到人生最重要的、最宝贵的东西。

品读斋

- **钱锺书：《围城》，人民文学出版社 1991 年版**

作者简介：

钱锺书（1910—1998），字默存，号槐聚，江苏无锡人，中国现代作家、文学研究家。《围城》是钱锺书唯一的长篇小说。

内容简介：

《围城》是中国现代文学史上一部风格独特的讽刺小说，被誉为“新《儒林外史》”。故事发生于 20 世纪 20 到 40 年代。主角方鸿渐是个从中国南方乡绅家庭走出的青年人，迫于家庭压力，与同乡周家女子订亲。但在其上大学期间，周氏患病早亡。准岳父周先生被方所写的唁电感动，资助他出国求学。

方鸿渐在欧洲游学期间，不理学业。为了给家人一个交待，方于毕业前购买了虚构的“克莱登大学”的博士学位证书，并随海外学成的学生回国。在船上与留学生鲍小姐相识并热恋，但被鲍小姐欺骗感情。同时也遇见了大学同学苏文纨。

到达上海后，在已故未婚妻父亲周先生开办的银行任职。此时，方获得了同学苏文纨的青睐，又与苏的表妹唐晓芙一见钟情，整日周旋于苏、唐二人之间，其间又结识了追求苏文纨的赵辛楣。

方最终与苏、唐二人感情终结，苏嫁与诗人曹元朗，而赵也明白方并非其情敌，从此与方惺惺相惜。方鸿渐逐渐与周家不和。

抗战开始，方家逃难至上海的租界。在赵辛楣的引荐下，与赵辛楣、孙柔嘉、顾尔谦、李梅亭等人同赴位于内地的三闾大学任教。由于方鸿渐性格等方面的弱点，陷入了复杂的人际纠纷当中。后与孙柔嘉订婚，并离开三闾大学回到上海。在赵辛楣的帮助下，方鸿渐在一家报馆任职，与孙柔嘉结婚。婚后，方鸿渐夫妇与方家、孙柔嘉姑母家的矛盾暴露并激化。方鸿渐辞职并与孙柔嘉吵翻，逐渐失去了生活的希望。

本书精要：

1. 围在城里的人想逃出来，城外的人想冲进去，对婚姻也罢，职业也罢，人生的愿望大都如此。

2. 人生不过是居家，出门，又回家。我们一切的情感，理智和意志上的追求或企图，不过是灵魂上的思乡病。想找一个人，一件事，一处地位，容许我们的身心在这茫茫的世界有个安顿的归宿。

3. 人生的刺，就在这里，留恋着不肯快走的，偏是你所不留恋的东西。

4. 据说每个人需要一面镜子，可以常常自照，知道自己是个什么东西。不过，能自知的人根本不用照镜子；不自知的东西，照了镜子也没有用。

推荐理由：

提起《围城》，那句："婚姻是一座城，城外的人想进去，城里的人想出来"是最为大家熟知的。的确，人生处处是围城，婚姻也罢，职业也罢，存在着永远的困惑和困境。借着书中方鸿渐的爱情历程，钱老将爱情的瞬间、爱情的甜蜜、爱情的苦楚、爱情的涵义分析得极为透彻。从热恋到磨合再到长久是一件很不容易的事，互相磨合、互相体谅、互相理解、互相包容、互相信任是所有爱情都应该拥有的。

钱老在书中运用了大量的幽默手法，读来诙谐有趣。在这妙喻迭出的幽默外表下，却深藏着各种令过来人低徊轻叹的寓意。细细品读，你会对爱情、婚姻及生命成长有不同以往的思考。

- **沈从文：《边城》，武汉出版社 2013 年版**

作者简介：

沈从文（1902—1988），原名沈岳焕，1924 年开始文学创作，现代著名作家、历史文物研究家、京派小说代表人物。任北京大学教授。出版了 70 余种作品集，被人称为多产作家。

内容简介：

在川湘交界的茶峒附近，小溪白塔旁边，住着主人公翠翠和她爷爷老船夫。茶峒城里有个船总叫顺顺，他有两个儿子，老大叫天保，老二叫傩（nuó）送。

端午节翠翠去看龙舟赛，偶然遇到相貌英俊的青年水手傩送，傩送在翠翠的心里留下了深刻的印象。同时，傩送的兄长天保也喜欢上了翠翠，并提前托媒人提了亲。天保告诉傩送一年前他就爱上了翠翠，而傩送告诉天保他两年前就爱上了翠翠，天保听了后也吃了一惊。然而此时，当地的团总以新磨坊为陪嫁，想把女儿许配给傩送。而傩送宁肯继承一条破船也要与翠翠成婚。

兄弟俩没有按照当地风俗以决斗论胜负，而是采用公平而浪漫的唱山歌的方式表达感情，让翠翠自己从中选择。傩送是唱歌好手，天保自知唱不过弟弟，心灰意冷，断然驾船远行做生意。

碧溪边只听过一夜傩送的歌声，后来，歌却再没有响起来。老船夫忍不住去问，本以为是老大唱的，却得知：唱歌人是傩送，老大讲出实情后便去做生意。几天后老船夫听说老大坐水船出了事，淹死了……

码头的船总顺顺因为儿子天保的死对老船夫变得冷淡。船总顺顺不愿意翠翠再做傩送的媳妇。老船夫只好郁闷地回到家，翠翠问他，他也没说起什么。夜里下了大雨，夹杂着吓人的雷声。第二天翠翠起来发现船已被冲走，屋后的白塔也冲塌了，翠翠去找爷爷，却发现老人已在雷声将息时死去了……老军人杨马兵热心地前来陪伴翠翠，也以渡船为生，等待着傩送的归来。

本书精要：

1. 美丽是平凡的，平凡得让你感觉不到她的存在；美丽是平淡的，平淡得只剩下温馨的回忆；美丽又是平静的，平静得只有你费尽心思才能激起她的涟漪。

2. 黄昏那样的温柔，美丽和平静。但一个人若体念或追究这一切时，也就照样的在这黄昏中会有点薄薄的凄凉。于是，这日子成为痛苦的东西了。

3. 光明也正如黑暗一样，总是忽然而来，谁也不知道它什么时候会来，但是你一定要有信心，一定要相信它迟早总会来的。

4. 在这个世界上，所有真性情的人，想法总是与众不同。

推荐理由：

《边城》是沈从文创作的中篇小说，以兼具抒情诗和小品文的优美笔触，描绘了湘西地区特有的风土人情，描绘了湘西小镇摆渡船的老船夫和其孙女翠翠的故事。本书围绕翠翠的爱情纠葛展开，借船家少女翠翠的纯爱故事，展现出了人性的善良美好。

淳朴厚道却倔强的爷爷让人敬佩，而天真善良、清纯可人的翠翠尤其让人心疼、怜惜。翠翠迎来了两兄弟的喜爱，也迎来了爱情的悲剧，尤其是翠翠与傩送之间的爱情非常美妙。年少时，两个人只见了几次面，每一次见面没有动人的表白，却对彼此怀着相同的执着。傩送只想要翠翠，为此拒绝一座碾坊作陪嫁的姑娘。而翠翠则愿意一直等下去，等待着傩送的归来。爱情有时候就像什么都没有发生，然而已经足够美好。

如诗的边城，诗意地演绎人生，诗意地演绎生活。虽然翠翠和傩送的爱情不够完美，却正是爱情最好的模样：美丽又哀愁，愉悦又惆怅。它值得我们慢慢咀嚼、细细品味……

• 夏洛蒂·勃朗特：《简·爱》(*Jane Eyre*)，人民文学出版社2018年版

作者简介：

夏洛蒂·勃朗特(Charlotte Brontë，1816—1855)，英国小说家。她与两个妹妹，即艾米莉·勃朗特(Emily Jane Brontë)和安妮·勃朗特(Anne Brontë)，在英国文学史上有"勃朗特三姐妹"之称。1847年长篇小说《简·爱》出版，轰动文坛。另有作品《维莱特》《教师》等。

内容简介：

简·爱父母早亡，寄居在舅舅家。舅舅病逝后，她过了十年受尽歧视和虐待的日子，又被舅母送去了孤儿院，孤儿院教规严厉，生活艰苦，但在简·爱最好的朋友海伦(Helen)患肺结核去世后，孤儿院有了很大的改善。简·爱在新的环境下接受了六年的教育，并在这所学校任教两年。由于谭波尔(Temple)小姐的离开，简·爱厌倦了孤儿院里的生活，应聘到桑菲尔德(Thornfield)庄园担任家庭教师，认识了庄园的主人罗切斯特(Rochester)。

简·爱和罗切斯特渐渐坠入爱河，就在两人结婚当天，简·爱意外得知罗彻斯特先生的前一位夫人并没有死，而是疯了，正被关在庄园里。简·爱不愿做人情妇，在一个凄风苦雨之夜离开了罗切斯特。

在寻找新生活出路的途中，简·爱历尽磨难，最后在泽地房被牧师圣·约翰收留,并在当地一所小学校任教。不久,简·爱得知叔父去世并给她留下一笔遗产,同时还发现圣·约翰(St. John)是她的表兄,简·爱决定将财产平分。圣·约翰打算去印度传教,他请求简·爱嫁给他并和他同去印度,但理由只是简·爱适合做一位传教士的妻子。简·爱拒绝了他,并决定再去看看罗切斯特。

简·爱回到桑菲尔德庄园,那座宅子已成废墟,疯女人放火后坠楼身亡,罗切斯特也受伤致残。于是简爱回到了已经单身、没有束缚的罗切斯特先生身边,从此,两颗真诚相爱的心紧密地结合到了一起。

本书精要:

1. 你以为我会无足轻重地留在这里吗?你以为我是一架没有感情的机器人吗?你以为我贫穷、低微、不美、渺小,我就没有灵魂,没有心吗?你想错了,我和你有一样多的灵魂,一样充实的心。如果上帝赐予我一点美,许多钱,我就要你难以离开我,就像我现在难以离开你一样。我现在不是以社会生活和习俗的准则和你说话,而是我的心灵同你的心灵讲话。

2. 我越是孤独,越是没有朋友,越是没有支持,我就得越尊重我自己。

3. 生命就像一盒巧克力,结果每每出人意料。

4. 即使整个世界恨你,并且相信你很坏,只要你自己问心无愧,知道你是清白的,你就不会没有朋友。

推荐理由:

这本书写于100多年前,作者以简·爱鲜明独特的女性视角和叙事风格娓娓道来,真实而有艺术感染力。

每当我们感叹着自己的贫穷、平凡与渺小时,简·爱那瘦小但是却写满了倔强的脸庞,就会出现在我们的眼前。在她弱小的身躯下,蕴藏着巨大的力量,安放着一颗不凡的灵魂。主人公简·爱,虽然相貌平平,却因特立独行的个性让人着迷。这一点,无论什么时代对于女性都尤为重要。出身低微的简·爱面对身处上流社会的罗切斯特时，并没有自卑，而是自信且独立。借着这一部颇有作者自传色彩的小说，作者告诉女孩们：在爱情面前，不应有卑微的爱，一味地迁就对方，最终也不会获得幸福。

在人类历史发展的长河中，女性独立和男女平等是一个永恒的话题。简·爱经历的苦难，让她更加自尊自爱，并且追求平等的被爱。在现实生活中，爱情往往和财富、地位等外在条件牵绊在一起，成为生命的附属品，而最好的爱情是什么？最好的爱情就是生命，纯粹的生命。

观影轩

•《匆匆那年》，导演：张一白

内容简介：

在参加高中好友婚礼时，陈寻偶然回想起了自己的初恋方茴。他与她在高中校园里相识，体验了人生中第一次的怦然心动，也开始了长达十几年的羁绊。在从高中到大学的青春岁月、从千禧年到"非典"肆虐的年代记忆中间，他们的情感萌动、升华，最后无奈地结束。

陈寻与好友乔燃、林嘉茉、赵烨一起，作为"80后"整整一代人的缩影，曾经共同为爱情矢志不渝，坚守着心中最初的那份纯真；也曾经一起被命运捉弄，因为不愿放弃而被折磨得遍体鳞伤。在匆匆而过的岁月间，他们顽强地长大成人，却无奈地失去了彼此。这段无法忘怀的记忆，让如今30岁的陈寻释怀了人生中的遗憾，找回了少年时代的勇气，让他决心从头再来，跟随记忆的线索去寻找方茴，去追寻生命中那阳光璀璨的匆匆那年。

经典台词：

1. 那时候我们不说爱，爱是多么遥远、多么沉重的字眼啊。我们只说喜欢，就算喜欢也是偷偷摸摸的。

2. 没有喜欢就不会有责任感，没有责任感，喜欢也不能长久。

3. 每一个人都有青春，每一个青春都有一个故事，每个故事都有一个遗憾，每个遗憾都有它的青春美。

4. 那时候，我们以为喜欢就是永远。后来才发现，我们只有曾经，没有永远。

推荐理由：

《匆匆那年》讲述的是这样一群人的青春。阳光少年陈寻、痴心女孩方茴、温情暖男乔燃、纯情“备胎”赵烨、豪放女神林嘉茉这群“死党”跨越十五年的青春记忆。带着淡淡的忧伤基调！

青春期的爱情，有时，是一转身的刹那，是专注的凝视，是不经意的碰触，那就是青春的真爱了吧！恋人的定义，是一阵心轮的震颤，一抹脸红，一份感动。方茴和陈寻的爱，就是方茴胆怯的回头时，碰到了陈寻注视的激动。他们都小心翼翼地呵护自己坚持的感情，毫无保留地付出，但是都不会勇敢地表达。暗恋着方茴的乔燃，收集了无数五片花瓣的花朵，却从来不敢送出一朵。他站在离方茴不远不近的地方，默默守候着她，不打扰是他给予方茴的温柔。

原来那年爱情真的存在过，即便任谁都无法辨识它真实的样貌。因为它真的存在过，所以谁都无法苛责它的任性和莽撞。于是才能有那句“不悔梦归处，只恨太匆匆”。

- **《怦然心动》(*Flipped*)，导演：罗伯·莱纳(Rob Reiner)**

内容简介：

布莱斯(Bryce)和茱莉(Juli)的故事始于小学二年级，当布莱斯一家搬到茱莉家对面的时候。第一次见面，只一眼，茱莉就被车窗边小男孩深邃有神的眼睛吸引住了。于是，这个勇敢真诚的小女孩开始了她的大胆追求之路，想方设法靠近男孩。可惜男孩的爸爸狂妄自负，从小在这种环境下长大的男孩胆怯而傲慢，面对女孩大胆、热烈的喜欢避之不及。几经周折，一直到八年级，男孩终于认清了内心对这个如彩虹般绚丽的女孩的喜欢，并真诚认错，两人冰释前嫌，一同在屋前草坪种下了女孩最喜欢的梧桐树。

经典台词：

1. Some of us get dipped in flat，some in satin，some in gloss. But every once in a while you find someone who's iridescent，and when you do，nothing will ever compare.

（有人住高楼，有人在深沟，有人光万丈，有人一身锈，世人万千种，浮云莫去求，斯人若彩虹，遇上方知有。）

2. Sometimes a little discomfort in the beginning can save a whole lot of pain down the road.

（有时起初的隐忍可以避免一路的疼痛。）

3. The higher I got，the more amazed I was by the view.

（我爬得越高，眼前的风景便愈发迷人。）

推荐理由：

这是一部爱情萌生的生命成长电影。作为青春期题材，它很清楚，很懵懂，很青春。

影片中许多细节让人动容，茱莉身上那种勇敢地追求所爱，不加掩饰的真诚是那样可贵。相比于茱莉，布莱斯显得比较别扭，面对坦荡的朱莉，他懦弱而口是心非，不去阻拦砍梧桐树的人，而且宁可扔掉鸡蛋，也不肯与茱莉主动说话。那青涩而纯真的爱情，像不像中学情窦初开的你们？课堂上不自觉地把目光放在对方身上，想尽一切办法靠近对方，花了各种心思希望对方能注意自己。喜欢对方却打死不承认，并且否定那份感觉……但是布莱斯在不断成长，他逐渐认识到自己的心，开始散发出善意，为爱情变得勇敢。

喜欢很简单，会因为笑时迷人的眼睛，也可能是美丽的长发，但是爱一定是因为那颗不同寻常的灵魂，斯人若彩虹，那是内在散发绚烂光芒的彩虹。电影的结局很美好的，在一起栽无花果树时，布莱斯和茱莉的手碰在一起了，此时两人的心也走到了一起，这份感情此时此刻终于美好了，就像茱莉在树顶上看到的世界一样美好。他们的交流刚刚开始,也刚好开始,那么纯真,那么美丽……

- **《秒速5厘米》,导演:新海诚**

该片荣获2007年亚洲太平洋电影节最佳长篇动画电影奖。

内容简介:

该片是一部写实动画电影,以一个少年为故事轴心而展开的三个独立故事,分别是樱花抄、宇航员和秒速5厘米。

第一话《樱花抄》描述贵树与明里年幼时恋爱的心情,以及他们重逢的一天;第二话《宇航员》从对进入高中就读的贵树怀有好感的澄田花苗的视角来展现贵树与明里分别后的生活;第三话《秒速5厘米》则刻画了贵树和明里长大后内心的种种彷徨。

少年时,贵树和明里是形影不离的好朋友,可很快,一道巨大的鸿沟便横亘在两人中间:明里转学,贵树也随着父母工作的调动搬到遥远的鹿儿岛。在搬家前,贵树乘坐新干线千里迢迢和明理相会,在漫长的等待后,茫茫大雪中,两人在枯萎的樱花树下深情相拥,约定着下一次再一起来看樱花。

时光荏苒,两人竟再没见过,虽然在人海中一直搜寻彼此的身影,但似乎总是徒然。再后来,他们分别有了各自的生活,只是还偶尔会梦到13岁时这段青涩而美好的感情,才明白当年怎么也说不出口的那个字就是爱。

经典台词:

1. 我们仰望着同一片天空却看着不同的地方。

2. 秒速5厘米,那是樱花飘落的速度,那么怎样的速度才能走完我与你之间的距离?

3. 谁都不可能和谁在一起一辈子。人就是这样,必须去习惯失去。

推荐理由:

十三岁的列车,十七岁的海浪,二十七岁的擦肩而过。这三个画面拼接在一起便是新海诚的作品——《秒速 5 厘米》。一帧帧温柔的日本景色、一个个动人的蓝调音符共同勾勒出一首关于纯真爱情的诗。三幕剧为我们分别展现了贵树与明里童年、少年、青年对于纯真感情的真实态度，情窦初开的童年可以为了见一面自己的心上人无视距离冒着风雪踏上火车，唯一考虑的就是列车的延误会不会导致自己迟到，单纯而优美；羞涩含蓄的少年虽已无法和对方联络，但他坚信远处的明里可以感知到自己的存在和想法，只是编辑好的短信却没有收信人，只能默默按下删除键，朦胧而偏执；青年的贵树还是无法割舍掉对于明里的思念，但此时真实的生活让自己充满矛盾，与明里擦肩而过的惊奇感觉一闪而逝，回过头去两人却被疾驶的火车隔开，多么可笑的事实，童年时火车使他们相见，而现在的火车却将两个背影隔开，他们在茫茫人海中能做的就是不断在脑中重温那棵樱花树。

乐曲坊

- **《亲爱的　那不是爱情》歌词节选(演唱：张韶涵)**

你说过牵了手就算约定
但亲爱的那并不是爱情
就像来不及许愿的流星
再怎么美丽也只能是曾经

- **《第一次爱的人》歌词节选(演唱：王心凌)**

the day you went away
喧闹的街没发现我的泪被遗忘在街角
the day you went away
有一天也许我能把自己治好
再一次想起来应该要怎么笑
第一次爱的人他的坏他的好

• 《房间》歌词节选(演唱：刘瑞琦)

在这温暖的房间
我于是慢慢发现
相聚其实就是一种缘
多值得纪念

学生眼中的爱情

同样的灵魂，你看见了吗？

——读《简·爱》有感

同济大学附属存志学校 2022 届 2 班　李昊承

在本次暑假中，我读了英国女作家夏洛蒂·勃朗特创作的长篇小说《简·爱》，这是一部具有自传色彩的作品。

在这本书中，最吸引我的是，在罗切斯特面前简·爱并不认为自己是仆人就不能受到别人的尊重。也正因为她高尚的心灵没有受到世俗的污染，使得罗切斯特为之震撼，并把她看做了一个可以和自己在精神上平等交谈的人，并且慢慢地爱上了她。他的真心，让她感动，她接受了他。而当他们结婚的那一天，简·爱知道了罗切斯特已有妻子时，她觉得自己必须要离开，她这样讲，“我要遵从上帝颁发世人认可的法律，我要坚守住我在清醒时而不是像现在这样疯狂时所接受的原则”。这是简·爱告诉罗切斯特她必须离开的理由，但是从内心讲，更深一层的东西是简·爱意识到自己受到了欺骗，她的自尊心受到了戏弄，因为她深爱着罗切斯特。在这样一种非常强大的爱情力量包围之下，她依然要坚持自己作为人的尊严，这是简·爱最具有精神魅力的地方，也是最令人感到佩服的地方。从中，我看到了一个追求自由、平等的高尚人格。正如她所说的：不论我们的灵魂是什么做成的，他的和我的是一模一样的。从这一段对白之中可以看出，她虽然受到了罗切斯特的欺骗，虽然罗切斯特有钱、有权、有势，但是简·爱并没有因为这些而压抑自己心中的悲愤，而是彻彻底底地宣泄出来，告诉罗切斯特：她感到非常生气，因为自己受到了欺骗，尽管自己是个地位卑微的家庭教师，但是她有自己的尊严。让我强烈地感受到了她对自由人格、对精神上平等的追求。

那时候的英国刚进入工业革命，机器逐渐开始取代人力，很多人纷纷失业。当时的社会，失业男子纷纷把责任归咎于女人，并且兴起了一场又一场的革命，目的是让女人失去工作，于是很多妇女都失去了正经的工作。在那个时候英国女人想要生活下去只有这么几条途径，第一条：成为别人家的女仆，但是性命全由家中的主人掌握；第二条：拿着远低于男人的工资做着最低贱的体力劳动；第三条：拥有着巨额家产等待着嫁给别人，但是家产全由丈夫掌控。虽然工业技术得到了质的飞跃，但是女性地位却是每况愈下。而在中国古代，女性的地位也比较低下，一般都是一夫多妻制，小妾的地位甚至比奴婢的地位还要低，只有很少的家庭会发生类似于司马相如写一首《凤求凰》就能与卓文君一起私奔最后还能成为夫妻的佳话，有时候男方还可以随时把女方休了。因此勃朗特能写出这样的小说在那个时代是非常不容易的。这也代表着作者对女性能够在人格上追求平等的期望。随着时代的发展，当今世界对女性的关怀是越来越全面，许多国家对于女性独立也是关怀备至，比如在我国的《民法典·婚姻家庭篇》第 819 条中就有“实行婚姻自由、一夫一妻、男女平等的婚姻制度”。因此简·爱如果生活在这个世界，她的期望一定会实现。

在现实生活中，许多女性都有自己的工作，有自己的社交场所，想做什么事都可以自己做，不受他人的监控，可见现在女性在家庭中是非常独立的，并没有像当时那样就算有着百万的家产还要等着被嫁出去，且财产不是她自己的。

我们要独立面对困难，自强不息才是我们现在应该表现的。而怨天尤人，消极地面对生活是不可取的。相信在坚持之后，我们总会面向大海，春暖花开！

我们身边那些如彩虹般绚烂的人

——《怦然心动》影评

同济大学附属存志学校 2022 届 2 班　许蔓宁

《怦然心动》这部电影我已经看了很多遍，我自己认为是一部非常好的电影。它讲述了生活在两个截然不同的家庭环境下的孩子茱莉和布莱斯的故事。

在这部电影中，我其实很想谈一谈布莱斯这个人。从电影中可知，他有着令人惊艳的外貌。他生活在一个十分自私自利的家庭中，压抑的家庭氛围也造成了他较为刻薄的性格。他听信了父亲的话，认为女主送的鸡蛋是带有细菌的不卫生的鸡蛋。在耳濡目染下他也对女主一家带有了偏见。他对他们家荒乱的院子感到厌恶，认为工人喜欢艺术是不务正业的表现而感到鄙薄，对女主“特立独行，异于常人”的行为感到厌恶。同样的，最初的他也是容易动摇的人，有着“从众心理”，附和所谓的很酷的好朋友，对女主的行为进行批评与讽刺。电影的前半部分塑造了一个随大流的刻薄的男主形象。

但在后半段中，通过男主外公的亲身经历，告诉了男主，“特立独行”并不意味着是个奇怪的人，他们可能只是拥有了一双别人无法拥有的善于发掘美好的眼睛。毫无疑问，男主外公的到来是全片的转折点，从这里开始，男主开始逐渐发掘女主茱莉身上的闪光点，逐渐关注她，逐渐喜欢上她。在这之外，他也在同外公以及女主家人的交往中发现自己的父亲在一些方面十分不可理喻，意识到了自己的不足，变回了那个女主印象中的男孩。

总的来说，这部影片讲述了一对青春期男孩女孩青涩的初恋。没有所谓偶像剧般“玛丽苏”的剧情与邂逅，也没有疼痛文学中那些你爱我我不爱你的赚足眼泪的老套剧情。它讲述了一对平凡的“青梅竹马”在这场平凡的暗恋中不断完善自己，发现他人的美好，最终重归于好的故事。它是一个平平淡淡的故事，但毫无疑问的是你可以在这部片子里找到自己和身边人的影子：是那个特立独行的女孩，那个有些虚荣的男孩，那些“酷”少年，爱吹牛的人，爱挑刺的人……

不可否认，朱莉在爱里学会了自尊，布莱斯在爱里学会了辨别是非。他们在这场不正经的暗恋中不断成长，活出了自己的模样。

在自己的生活中，你有可能也会在不经意间遇到一个如影片中的茱莉一样如彩虹般绚烂的人，也会遇到像布莱斯一样金玉其外的人，也会有属于自己的感情的萌芽，也可能会如女主一样因为那个人不以为意的小动作而感到欣喜异常。但那个人真的是如此完美的人吗？不然。就像丢勒与犀牛：有时候我们迷恋的并不是事物本身，而是加上各种各样的臆想与滤镜后的那个超出真实的虚幻。

我特别喜欢片子里的一句话：“有些人平庸浅薄，金玉其外，败絮其中。可不经意间，有一天你会遇到一个彩虹一般绚烂的人，从此以后，其他人就不过是匆匆浮云。”

与大家共勉。

等待属于自己的美好

——观《怦然心动》感悟

上海市辽阳中学 2022 届 3 班　华婉晴

《怦然心动》是美国作家文德琳·范·德拉安南的小说。我在寒假期间看了它的电影版，这部电影讲述了茱莉和布莱斯之间的感情，有了很多感触。

影片中，布莱斯全家搬到小镇，邻家小女孩茱莉前来帮忙。她对他一见钟情，天真地以为布莱斯也喜欢自己，于是一直想方设法接近他。到了八年级，布莱斯希望通过追求校花雪莉使茱莉知难而退。

茱莉依然没有放弃，寻找各种途径接近布莱斯。然而令她伤心的是，当她坚持站在可以拥有观望风景绝佳视角的梧桐树上，祈求布莱斯与他一起保护这棵大树不被砍掉时，布莱斯却没有回应。后来她逐渐发现，布莱斯总是偷偷丢掉她送来的鸡蛋、嘲笑她家杂草丛生的庭院，她开始审视布莱斯到底是不是自己心里真正喜欢和想要的人。在与父亲、叔叔以及布莱斯外公等人的相处交谈中，茱莉内心不断成长，对事物、对爱情逐渐形成自己的认知，此时她对布莱斯的感情也渐渐变淡。直到她慢慢疏远布莱斯时，布莱斯却开始在乎茱莉。他从报纸上看到关于茱莉的报道，在学校展览会上看到茱莉的项目一举夺魁，从外公那里慢慢了解茱莉的性格与家庭，竟发现自己已不由自主地喜欢上了她。几经内心的纠葛，他最终敢于正视自己这份懵懂的爱，向茱莉承认自己的错误并在茱莉家庭院里为她种下一棵梧桐树。

对于这个青春期中男孩与女孩之间的清新故事，令我印象最深刻的就是女主角茱莉，她的勇敢洒脱感染了我。面对自己喜欢的男孩，她会勇敢地靠近，但也并不盲目，她会思考自己是否真的喜欢和欣赏对方。面对生活，她是享受和热爱的，她会为了失去的梧桐树哭泣，也会为了破壳而出的新生命欢喜，用不同的视角发现生活中的美好。面对家庭，她是很有责任感的，虽然她的家庭只是一个普通家庭，家庭成员也会有各自的缺点，但是她没有怨愤，而是爱着每一个家人，拥有一个幸福的家庭。

这个电影里，我最喜欢的一句话是：“有人住高楼，有人在深沟，有人光万丈，有人一身锈，世人万千种，浮云莫去求，斯人若彩虹，遇上方知有。”这句话让我知道世间上每个人都会有不同的际遇，但是不属于自己的不必勉强去追寻，美好的爱情一定是彼此欣赏的，做好自己，属于自己的爱情早晚会出现。

后　记

情感作为人的生命健全和道德成长的重要内容，对生命个体一生的幸福至关重要。生命成长历程中最令人着迷时期的青春期，也是情感发展的重要阶段。在与他人建立的情感环境中，与父母、社会紧密相系中生命个体的情感得以不断拓展、丰富。

我尝试在生命成长的视野下将青春期学生的情感教育聚焦于"三情"教育，即亲情教育、友情教育、爱情教育，关注青春期学生人生观、世界观、价值观和道德品质的培养，促进学生生命的健康成长。

本书以"总论""亲情教育""友情教育""爱情教育"四篇章，展现基于生命成长中青春期生理、心理、情感的特点，从生命成长视野开展的研究、探索和实践。各篇中包含着"习得堂""品读斋""观影轩""乐曲坊"的"教育导学"章节，是我在教学实践中融入学科知识，无痕实施"三情"教育的实践与探索：有学科教案，有推荐给学生阅读的书籍、观摩的电影、聆听的歌曲，以期为广大教师提供实践的可能与方法。收录的学生优秀作品"学生眼中的……"，是青春期的学生们用文字记录的他们在教师辅导后对"三情"最真实的理解，呈现了当代青春期学生真实的情感世界。

青春期是生命成长中最绚烂的时期，期许"三情"教育能滋养青春期学生的生命成长，让学生们在生活中学会善良、坚强和爱，在实践中懂得平等、尊重和感恩，在成长中获得快乐、美好和幸福，迈向更美好的未来。

在这里，要感谢上海市杨浦区教育学院德育室正高级、特级教师戴耀红和复旦大学马克思主义学院副教授唐明燕给予的专业指导和鼓励，感谢上海市辽阳中学葛琛静、复旦大学第二附属学校杨洁、同济大学附属存志学校杜梦溪，整理、提供的学生优秀作品。

同时，囿于时间和作者水平，本书在内容和形式上一定存在诸多的不足和有待改进的方面，谨请广大读者提出宝贵的意见与建议。

杨岚

2020 年 9 月 19 日

图书在版编目(CIP)数据

心悦青春:上海市中小学骨干教师心理健康教育(青春期教育)德育实训基地成果集. 3,生命成长视野下的青春期“三情”教育/戴耀红主编;杨岚著. —上海:复旦大学出版社,2021.6
ISBN 978-7-309-15607-2

Ⅰ. ①心… Ⅱ. ①戴… ②杨… Ⅲ. ①中小学生-心理健康-健康教育-教学研究
Ⅳ. ①G444

中国版本图书馆 CIP 数据核字(2021)第 064756 号

心悦青春——上海市中小学骨干教师心理健康教育(青春期教育)德育实训基地成果集
戴耀红 主编
责任编辑/关春巧

复旦大学出版社有限公司出版发行
上海市国权路 579 号 邮编:200433
网址:fupnet@fudanpress.com http://www.fudanpress.com
门市零售:86-21-65102580 团体订购:86-21-65104505
出版部电话:86-21-65642845
江苏凤凰数码印务有限公司

开本 890×1240 1/32 印张 37.25 字数 968 千
2021 年 6 月第 1 版第 1 次印刷

ISBN 978-7-309-15607-2/G·2235
定价:280.00 元(共十册)

心悦青春

上海市中小学骨干教师心理健康教育（青春期教育）德育实训基地成果集　戴耀红◎主编

心理微课

朱炜　著

复旦大学出版社

总 序

曾经有四名初中少女，因为她们喜欢的男孩子不喜欢她们，于是开煤气想集体轻生，不料抢救后醒过来的她们几乎说的第一句话都是：怎么没有电视台来采访我们？她们全然不顾父母的着急、老师的担忧，更是把放弃生命当作一场儿戏来“秀”。当成年人为她们的行为感到可笑、可气、可悲的时候，作为教育工作者，我们的心情是沉重的。当青少年以生命的代价去叩问青春命题时，我们不得不反思，教育该如何尊重人的成长需求，体现人文关怀？如何遵循人的发展规律，体现育人价值？

从事青春期教育实践和研究二十多年，我亲历并见证了上海青春期教育的发展。从当年要不要在学校开展青春期教育到如今学校如何实施青春期教育，这场讨论主题的转变是时代对教育的期许，是学生对教育的呼唤，也是教育改革、进步的必然。

由于青春期教育工作者的不懈努力、追求和坚定的信念，青春期教育终于从最初的被指责、被怀疑到现在的被接受、被认同，并在不同学校以不同方式开展。但是随着社会的进步和学生身心的发展，目前青春期教育在观念、内容、形式等方面还有许多需要改进甚至变革的地方。

一方面我们的教育观念比较传统和保守，和社会转型期学生的实际生活、价值观仍有隔阂。我们在教育内容上比较单一，对性的敏感话题心存顾虑。我们在教育方法上还是以过来人和教育者居高临

下的说理、灌输为多。教育过程中缺乏倾听学生的心声和了解学生的感受；教育目标一般也简单定为青春期问题防范和处理，对于学生青春成长过程中的生命关怀缺乏研究。

另一方面教育的整体性和连续性跟不上学生生命成长的需求，学校或教师的教育行为大多数还处在应付处理青春期问题的层面，学科教学与专题教育处于碎片化、断裂式的状态，一些教育内容在许多学科或不同学段中简单重复，一些内容由于敏感或与学业知识相关不大而被空缺、被忽视；对青春期成长有着重要意义的家庭，在孩子身心发展，特别是人格发展方面重视不够、方法欠缺。

众所周知，青春期是一个人价值观、人生观、世界观形成的关键期，在教育部颁布的《中小学德育工作指南》中强调，要对学生“开展认识自我、尊重生命、学会学习、人际交往、情绪调适、升学择业、人生规划以及适应社会生活等方面教育，引导学生增强调控心理、自主自助、应对挫折、适应环境的能力，培养学生健全的人格、积极的心态和良好的个性心理品质”，这也是青春期教育的目标所在。

学校青春期教育是生命教育的重要组成部分，也是当下德育的难点，虽然教育部门有专题教育的要求，但在落实中存在诸多困难，如缺乏合适的教材、创新的教法、有一定水准的教师等。上海市中小学骨干教师心理健康教育（青春期教育）实训基地正是在这样的背景下，由上海市教委为加强学校德育工作、促进德育队伍专业发展而搭建的培养市级骨干教师的高端平台，是由一群经推荐和选拔的中学德育优秀教师组成的实践研究团队。市教委德育处领导、市德育发展中心和市中小学德育研究协会的专家对我们基地的组建、项目研究、成果质量给予了高度关心和鼓励。学员所在学校的领导也给予学员在参与基地活动方面极大的支持。

2018 年初夏，我和学员们带着众多人的期望和对学校青春期教育的信念，开始了一段陪伴学生成长的青春之旅，基地本着“以教师的人文情怀滋养学生青春成长”的理念，致力于学校心理健康教育、

青春期教育的推进与创新，旨在通过项目引领、理论学习、教育实践、研究反思等，更新教育理念、改进辅导方法、改善教育行为，促进教师专业发展，有效发挥学科优势，充分体现心理健康、青春期教育的价值。

三年来，我们聚焦问题，突破创新，通过调研，了解当下学校青春期教育的基本情况、困难和瓶颈，为学校青春期教育提出建设性、突破性的建议；我们更新理念，提升能力，在实践研究中丰富教师的青春期知识，完善教师的教育方法，提高教师的青春期教育素养，培养了一批热衷于青春期教育、有一定创新能力、受学生欢迎的青春期教育的教师。

三年来，我们聘请高校教授、医务工作者、特级教师等担任基地导师团导师，通过讲座、报告等形式在专业知识等方面对学员进行指导，在微课设计、制作及资源开发等过程中，帮助学员把关好教育的科学性、准确性和有效性，提升学员青春期教育的理论水平和专业能力。

三年来，我们以上海市德育理论研究与决策咨文课题“中小学青春期教育一体化建设研究”为抓手，组织学员边学习、边反思，边实践、边积累，边开发、边提升，开展了上海市中小学生青春期教育现状的调研、青春期教育学科融合、青春期专题教育资源开发和利用等研究。在完成项目过程中，研究生命视野下青春期教育内容的适切性。

三年来，我们根据学员的知识、能力、特长等分成若干合作小组，在教育实践中有一定的时间量进行集体备课、听课、评课、切磋指正，在小组学习中互相讨论分享，在项目开发中头脑风暴，分工合作，发挥各自优势，完成相关学习内容及实践任务。

三年来，我们结合日常专题教育、团体辅导、个别咨询、主题活动开展实践研究，每位学员根据自身特点确立明确的实践方向和任务要求，在教育教学实践中关注重点、发现难点、突破瓶颈、探索创新，完善教育方法，完成有推广价值的各学段示范课。

今天，17 位学员中有 9 位独立或合作撰写了青春期教育专著 9 本，有 8 位学员撰写了青春期教育论文。这是他们长期从事学校青春期教育、心理健康教育、开展家庭教育指导等实践经验的积累，更是他们在基地三年的理论学习、探索研究、团队合作的成果。从选题、落笔到改稿、成文，整个疫情期间和暑假，学员们查阅资料、请教专家，一遍遍地推翻、修改，尽可能使作品成为自己满意、教师有用、家长需要的优质教育资源。

牛燕华，基地写手之一，淡然的外表、文艺的内心，始终保持对青少年的好奇心和探索欲，是心理教师难能可贵的品质。《初中生情绪疏导与压力管理》是她多年参与研究积累的成果，是理论与实践相结合的产物。

章诚，基地里年纪最轻的教师，是一位感受力和创新力极强的心理老师。读她的文字，总让我回想起自己年轻的岁月，执着而热烈。《RAIN 的心理时间》是她独自反思教育的节点，更是她分享教育感悟的快乐时光。

杨岚，基地助教，参与并保障每一次研修活动的顺利进行。她撰写的《生命成长视野下的青春期“三情”教育》以亲情、友情、爱情为主题，关注青春期学生情感发展和品德培养，将生命教育和青春期教育有机结合。

朱炜，基地里自带光芒的教师之一，但她不刺眼、不炫目，是柔和而温暖的。我欣赏她的坚持和聪慧。疫情期间，她怀着心理教师的使命感，不失时机地研发了线上课程，《心理微课》应运而生，丰富了线上线下的心理课。

杨洁，一位优秀的语文老师和班主任，因为优秀，所以懂得青春期心理健康教育的重要，有意识地将语文学科与青春期教育相融合，《阅青春 悦成长——初中语文阅读教学与青春期教育的融合实践》也许是学科“跨界”专题研究的首创，在她的阅读教学中，作品散发出青春的光芒。

沈慧，基地里最资深的心理教师，多年的教育教学实践，让她在从容笃定中不失激情和亲和，我想这应该就是优秀心理教师的样子。在她撰写的《跟着电影懂青春》中，我们能体会到她教育的用心，能感受到文化育人的力量。

沈俊佳，其实不是我们基地的学员，却长期在做青春期教育的研究，也是课题组的核心成员。她在《陪伴青春——初中生心理辅导》中，以心理教师独特的视角去观察和诠释初中生的行为表现，体现了她在教育中的人文关怀。

俞莉娜，基地里唯一一位中职校的教师，是一位学习力、行动力极强的德育主任。她对一些职校学生的家庭环境、生存状况极为关切和担忧，在她的《"青"听"春"语》中，我们听到了学生的心声，感受到了教育者的使命。

王铭鸣、冯嫕、李萍，都担任着学校德育的领导工作。在基地的活动过程中，她们那种乐于学习、善于思考、积极参与的态度让我感动。针对家庭教育中存在的现象和问题，她们凭借多年家庭教育指导的丰富经验，合作撰写了《初中生家庭教育那些事》，值得家长一读。

胡敏、杨彦、陈冉苒、汤瑾、宋睿、刘军、王雪凌、张卫琴等参与了《青春期教育实践研究》论文集的撰写，虽然文字不多，篇幅不长，但也是她们三年来实践研究的体会和思考，内容丰富，体裁多样，涉及学科青春期教育、心理健康教育、青春期相关调查分析、家庭教育指导等，学段覆盖小学、初中、高中，多维度、多视角地让我们了解当下学校青春期心理健康教育的状况，给教育工作者、家长以启示。

德润生命，心悦青春。这将是我们永远的追求！

上海市心理健康教育(青春期教育)实训基地主持人：戴耀红

2020 年 11 月 22 日

序
析理入微　视频呈现

朱炜老师的《心理微课》不是一本普通的案例集，而是包含着理论、分析、实作，从微课设计到详细文本，再到视频实施的完整创作。一本案例集能涵盖这么丰富的内容，体现了作者的全面思考。

1. 理论探讨

2020 年是一个很特殊的年份，面对新冠疫情，学校不能开学，网上教学、空中教室等成为教学的主要方式，大大拓展了课程实施的范围，教师也当起了主播，视频课，包括心理微视频有很多的设计和呈现。在所有这些微课实施中，朱炜老师不同的是对微课的理论进行了探讨。这些探讨包括心理微课是什么，心理微课的特点、类型、优劣和实施原则等，体现了作者的深入思考，体现了作者良好的功力，也让这本案例集体现出其独有的价值。

2. 贴近学生

作者为了这本《心理微课》的编写，前期进行了学生的需求调查，尤其是关注了处于青春期的初中学生的心理状况，也为本书中的“生活适应”“学习发展”“生涯规划”“意志培养”“情绪管理”“人际交往”和“青春健康”共 7 大方面 28 个主题的设计打下了基础。前期的调查和学生学情的分析，让这本案例集更加切合学生的发展需求，更加真实面对学生的实际困惑，更加助推学生成长的动力，更有针对性地提升学生积极乐观的心理品质，达成心理课助人自助的目的。

3. 强化结构

心理课是一门经验性和体验性课程。一些老师在教学中会偏离主旨,空洞说教,达不成课程实施的目标。本案例集除了有理论基础和学情分析外,针对教学过程,强化了结构化的设计,通过思维导图,把握课程教学中的“微课导入”“知识解析”“课堂互动”“助力锦囊”及“微课小结”五个环节,课程的逻辑性一目了然,让课程实施变得清晰明了,这是教师本人对课程教学深入理解的呈现,也让其他老师在实施的时候更能把握要点,学生在学习的时候更便于理解和建构,大大提升了课堂教学的有效性。

4. 注重互动

心理微课因为网络化手段的局限,与心理健康教育活动课实施中强烈的互动、直接的体悟有一定的距离,这也是很多微课的弱点。但是朱炜老师设计的这本微课教案集,大大减弱了微课实施中偏重于知识传播的特点,而是致力于微课互动环节的设计和实施,体现了本案例教学设计者的精心,也契合了心理课程体验性学习的特点,凸显了学习中的主动性和趣味性,提升了对知识学习的实践体悟,促进了学生的认知建构,体现出本微课案例集编写的创造性和突破性。

5. 运用表达

加强表达性艺术治疗在心理微课实施中的运用也是本案例集的一大特色。表达性艺术治疗是通过创造外在的形式来表达内心的感受,运用绘画、音乐、舞动、身体雕塑、角色扮演以及即兴创作等艺术形式来促进学生心灵成长的心理辅导方式。这本案例集的教学设计运用了多种微课教学可以实现的绘画、运动、表演、写作等艺术形式,让学生用可视化的手段来表达内心的感受,这样的教学实施更有助于学生身心结合,更真实地表达自己和释放自己,达到情绪宣泄、共情理解、认知领悟的目的。

朱炜老师是上海市学校心理健康教育名师工作室的成员,一位有着 20 年心理教学经验的成熟老师,是一位在工作岗位上一直勤于学习、努力实践的心理工作者。本书的出版是其多年工作经验的总结,也是其勤勉力和创造力的结晶。作为其工作室指导老师,我欣喜于她的生命成长,也乐于见证她进一步的生涯发展。是为序。

上 海 市 教 育 科 学 研 究 院 教 授
上海学生心理健康教育中心副主任　　沈之菲
上海市中小学心理辅导协会理事长
2020 年 10 月

目 录

第一章
心理微课概述

2020 年新冠疫情既是公共卫生事件，也是重大社会应激事件，在威胁人们身体健康的同时，也给大众造成巨大的心理冲击。学生们面临诸多的变化，如：在线网络学习时间剧增、亲子相处时间增加、户外体育锻炼减少、娱乐休闲场所局限等。如何在特殊时期开展学校的心理健康教育、对初中生进行有针对性的辅导成为心理教师面临的重要问题。基于此，线上的心理微课应运而生。为了能在战“疫”期间更好地聚焦教育内容，笔者所在的学校于 2020 年 3 月初开展了线上调查。从学生们的需求来看，大家希望了解的内容依次为情绪管理、学习心理辅导、同伴交往、生涯规划等。线上微课的推出，受到了本校学生和家长的陆续关注，微课系列也从最初的 6 节增加到 16 节。随着返校复学的开始，微课的运用形式也从线上的运用拓展到线下的实施。学校利用班会课、心理课、二十分钟队会等途径，组织学生们参与心理微课的互动环节，受到学生们的欢迎。因此，笔者开始不断丰富和充实心理微课系列的内容，让心理微课不仅在疫情视域下发挥心理辅导的作用，同时在初中生成长的过程中，希望孩子们能够通过一节节短小精悍的视频课，获得情感上的共鸣、方法上的指导、能力上的训练。

一、什么是心理微课

心理微课是指综合影像、动画、幻灯片、音频、图片、文本等用于教学的微视频，以微视频为核心载体，围绕心理教学的某一个知识点、技能点或结合某个教学环节或某种教学方式而设计和开发的一种数字化学习资源。时间长度一般控制在 10 分钟之内，可以通过在线播放等方式，供学习者对相关知识点进行学习、观摩和反思。①

二、心理微课的特点、类型、资源

1. 心理微课的特点

心理微课集结了微课的诸多特点，同时有其自身的特色。最显著的特点在于互动体验性强。

（1）短小精悍的学习内容

心理微课的短小精悍体现在："短"指微课的视频内容要控制好时长，有助于学习者注意力的集中；"小"指微课资源的物理空间容量较小，一般以 MP4、MOV 等格式存储，便于传播和使用；"精"指微课内容的精益求精，结合教学目标配以适切的教学设计；"悍"指微课画面生动、表现能力强，能在一定程度上实现教学的有效性。心理微课可以聚焦学习内容，更有针对性地入手，主题更加鲜明。

（2）零散、自由的学习时间

相比于传统课堂，微课的时长相当于它的四分之一或者更少，不会占用更多的时间，便于学生利用零散化的时间学习。

（3）移动、开放的学习空间

随着互联网的资源愈加丰富，学生的学习空间不仅仅局限在教室和课堂上，学生可以在不同的学习环境中学习。线上学习为学生创造了广阔的学习空间。

① 冯智慧、郑晓丹：《微课新界定：从技术开发迈向有效设计——访华南师范大学胡小勇教授和佛山教育局胡铁生老师》，《数字教育》2015 年第 4 期。

（4）生动、丰富的学习资源

微课以教学视频为主体，整合课堂教学时所用的多媒体资料和微课件、学生的互动作品等相关教学资源，构成了一个主题鲜明、类型多样的学习资源包，呈现出内容与教育技术手段融为一体的状态。

（5）互动体验的学习方式

与其他科目的微课相比，心理微课并不局限于对知识或概念的讲解，而是基于理论介绍的前提下，更注重过程性的体验感和即时性想法的生成。因此，微课中融入了大量的情境体验，通过提问引发学生思考。此外本书收录的部分微课尝试运用表达性绘画的方式，激发学生自由表达，增强微课的体验性。

表达性绘画辅导指教师给予学生自由的空间，让学生在绘画过程中，将潜意识内压抑的感情与冲突呈现出来，从而在心灵上、情感上、思想上释放负能量，这是调整心理状态的一种方式。① 这一方式规避了微课缺乏互动性的壁垒。比起文字的记述，绘画更能引发学生的兴趣，也更能呈现其天马行空的想法。学生根据指导语画出相应的主题，参与画画的过程。然后，通过线下课堂或社团活动等，老师引导学生对创作的画作进行分享：画的是什么？为什么这么画？这幅画讲述的是一个什么故事或者表达的是什么意思？画画时的心情如何？现在再看这幅画时的心情又如何？……除了语言表达，也可以借助文字表达，如写一个小故事、一段话等。在教师的启引下，帮助学生觉察和整合。通过绘画呈现的信息更有助于教学目标的达成和师生间的有效互动。

2. 心理微课的类型

微课的分类方式众多，根据心理教学特点以及本书所收入的微课案例特点，从教学者视角出发，按照教学内容具体分类如下。

---

① 严守前：《巧用表达性绘画艺术　促进留守儿童语言发展》，《内江科技》2019 年第 3 期。

（1）知识解析型微课

知识解析型微课一般是教师围绕一个知识点或概念进行讲授。[①] 在较短时间内教师通过生动、活泼的视频形式，讲解清楚知识点。对于这一类型的微课，重点在于知识点的了解、事实性的陈述，因此鲜有互动环节，如微课“我有我的学习 style”“情绪管理中的心理效应”。

（2）问题探究型微课

问题探究型微课是以一个问题为主线，围绕该问题展开讨论和探究的微课。具体阐述“是什么”“为什么”“怎么做”的具体内容。[②] 在微课“记忆力训练”中，“是什么”着力于根据生活中的记忆现象提出问题；“为什么”开始探究其中的原因，如“注意力为什么会影响记忆力”；“怎么做”则着手于寻找解决问题的方法和做法。

（3）技能操作型微课

技能操作型微课是通过演示操作步骤让学生掌握某种技术能力和方法的微课。[③] 如微课“思维导图制作”中，通过演示思维导图的绘制过程，帮助大家了解如何绘制思维导图，思维导图包含哪些内容等。

3. 心理微课的资源

一是来源于心理教材。结合“情绪拼图”“心灵体操”等教材的相关篇目，关注学生的身心健康发展。

二是来源于网络，如：视频动画、配乐、绘本、音乐等。

三是来源于实拍操作类演示，如：自制心理卡牌游戏、演示思维导图的绘制过程等。

---

① 方圆：《知识讲解型微课与技能演练型微课的导入策略研究》，《软件导刊·教育技术》2017 年第 4 期。

② 郑晓丹、曹晓玲、胡小勇：《以问题为导向：问题研讨型微课的设计与开发》，《数字教育》2015 年第 5 期。

③ 张慧丽、李新刚、孙万麟：《操作型微课教学设计的思考》，《中国医学教育技术》2015 年第 5 期。

三、心理微课的应用价值及其优、劣势

1. 心理微课的应用价值

(1) 心理微课与学生心理发展的关系

大量研究通过实证分析等方式，证明了微课能够促进学生的发展。教学微视频，以其“共情感”与自我对话的授课和思维方式，引领学习者思维加工，将新信息内容与原有认知结构进行整合、同化和顺应。[①] 这种教学方法有利于牵引学习者的注意力，促进学习者积极思考和进行自我认知的提升。

就中学生的年龄特点而言，青少年很容易被刺激性的体验和快活的感觉所吸引。微课教育内容既不冗长，又有情境性，恰好从“体型”上契合了青少年的心理需求，既能带给青少年感官上的体验，又能引发内心世界的思考。心理微课的内容主要侧重于教学的重点和难点，这不仅有利于问题的解决，还有利于学生对知识的把握。

(2) 心理微课对学校心理健康教育课程建设的价值

对于学校心理健康教育课程建设而言，心理微课为丰富线上教学资源提供保障。微课不仅运用于对学生的指导，也可运用于家庭教育中。同时，也拓展了线下教学的方式。

对教师而言，心理微课突破了传统的教学与研究方式，微课资源的应用更具有针对性和严谨性。“微课”资源库可以成为教师专业成长的重要途径之一。

对学生而言，心理微课能更好地满足学生自主学习的需求，可以针对学生感兴趣的学习内容进行个性化设计，是传统课堂学习的一种重要补充和资源拓展。

---

① 王觅：《面向碎片化学习时代微视频课程的内容设计》，华东师范大学博士学位论文，2013 年。

2. 心理微课的优势和劣势

优势包括心理微课的目标明确，针对性强。大部分微课时间在10分钟左右，短小精悍，有利于提高学习者的学习效率。微课资源具有可重现性，可以帮助学生独立自学、课后复习。微课资源相对丰富，具有针对性。通过互联网技术，微课便于存储和传播，学生可利用碎片化时间在终端随时随地学习。

劣势包括心理微课多为自我陈述，缺乏互动性。尽管本研究在微课设计的过程中注重设计了互动环节，但因为不能收到学生的即时性反馈，因此互动效果得不到有效保障，只能通过线下的拓展来弥补。与此同时，目前微课的运用仍处在初步探索阶段，衡量微课作品的标准各异，效果参差不齐，可以说是机遇与挑战并存。

第二章
心理微课的设计与运用

一、心理微课的设计

1. 心理微课设计的理论基础

学校心理学：学校心理学主张以培养学生的积极人格为核心，将学生的学习辅导、人格辅导、生活辅导和职业辅导一起纳入心理健康教育的范畴中来。① 对于初中生来说，学校心理学所提倡的心理健康教育理念拓宽了心理健康教育的视野，改变了传统心理健康教育只关注心理有问题或适应不良的学生的观念，也实现了对传统人格辅导观念的创新。基于学校心理学的视角，本书收录的微课系列分为"生活适应""学习发展"等 7 大主题，逐渐完善心理微课的教育内容。

发展心理学：发展心理学提出，人的认知发展、社会性发展、情绪情感的发展随着年龄的增长而发生变化。据埃里克森的人格发展阶段理论，青少年阶段为自我统一性的发展阶段。② 在这一阶段青少年要形成社会以及心理自我，将需要、情感、能力、目标等特质整合为统一的人格框架。本书基于青春期孩子的发展特点以及现实需求进

---

① 丁黎娇：《学校心理学视角下的职业中学心理健康教育研究》，安徽工业大学硕士学位论文，2017 年。

② 常雯：《自我同一性发展中的社会工作介入——以某大学 140 名新生为例的分析》，苏州大学硕士学位论文，2012 年。

行基本内容的架构。

建构主义学习理论：建构主义学习理论认为，学生不仅是认知过程的主体，也是知识的主动构建者，所以在制作微课时有必要考虑到学生个体存在的差异，使微课内容面向更多的学生。① 同时心理微课要避免出现单方面知识的呈现和灌输。因此在微课设计的过程中，笔者加入了多个互动环节，让学生在观看微课时也能够积极思考并主动参与其中。

认知负荷理论：认知负荷理论认为，超负荷的认知将给学习和问题解决带来困难。② 科学运用多媒体教学，能够顺利、高效地完成学习活动。微课主题突出，内容形象生动，在短时间内聚焦问题，使相关认知负荷得以减轻，教学效果得以提高。

学习动机理论：学习动机理论认为，当学生自身处于一种积极向上的环境时，他会主动去探究学习的意义。③ 基于视频媒体的优势，微课能使复杂抽象的知识变得更加形象、直观，因此可以更好地激发学生的学习兴趣，有利于其进行自主探究。

2. 心理微课的设计原则

(1) 需求性原则

心理微课的设计要以学生为中心，关注其需求、心理特征等。根据学习者的特点，制作可视化的学习资源。本书收录的微课，是在对学生进行调研的基础上确立的各课主题，并在实际操作中，根据学生的要求进行不断丰富和拓展。

---

① 张丽、李少强：《促进学生知识建构的教学探索——基于建构主义的〈Visual Basic 程序设计〉教学设计》，《上海青年管理干部学院学报》2007 年第 7 期。

② 巩道坤：《问题解决类微课的设计与评价研究——以初中数学为例》，山东师范大学硕士学位论文，2018 年。

③ 乐平平：《以动机理论为指导协助语数外教师设计应用微课资源》，《教育实践与研究(中学版)》2019 年第 1 期。

（2）趣味性原则

微课设计要利用微课情境化的优势，融入趣味性的因素，激发学生的学习兴趣。通过具象化表征的知识内容、表达性绘画的互动活动、动画式呈现的故事情节，学生可以更容易接受、理解和内化所学内容。

（3）科学性原则

基于微课的开放性学习空间，在课程的设计上更需注重科学性和严谨性。教师在教学语言的使用上应注重规范和精炼。微课虽然在时长上比较短，但其对蕴含的教学理论和教学策略提出了更高的要求。

（4）完整性原则

从课程角度来看，微课的整体性、完整性、关联性至关重要。每节课包括微教案、微课件、微反思等要素。微课教学各个环节不是孤立的，在制作上要把握知识的逻辑性、规律性，使其形成一个承上启下、完整有序的系统，便于学生进行学习。

（5）微型化原则

微型化原则既体现在时间上的“微”，也体现在内容上的“微”。时间上的“微”表现在微课时长上的短。内容上的“微”，不仅仅体现在知识点的精简凝练，更要体现“微”中见“大”。一堂完整的心理微课，需要引导学生在认知层面有所感悟外，同时可以引领学生参与课堂互动、情境体验等环节，在情感、态度层面有所共鸣。

（6）时效性原则

教育教学与时代发展紧密相连，有其相应的目标和任务。如基于疫情背景下的心理微课，除了关注学生的应激性辅导外，也须关注其发展性的辅导。同时，微课的产生基于信息技术的发展，信息技术的日新月异为微课的迭代更新提供可能。

3. 心理微课的设计和制作流程

（1）调研分析

通过调研，了解现阶段学生的情绪状态、在心理健康教育方面的需求以及家庭的支持系统等，从而为学校的心理健康教育工作提供依据。在制作本书微课伊始，笔者所在学校对全体初中生进行了问卷调查(全校学生 414 人，有效问卷 395 人)，学生希望学校在心理健康教育方面开展的内容分布情况如图 1 所示，按照选择人数占总人数百分比由多到少依次为情绪管理、学习心理辅导、同伴交往、生涯规划等。

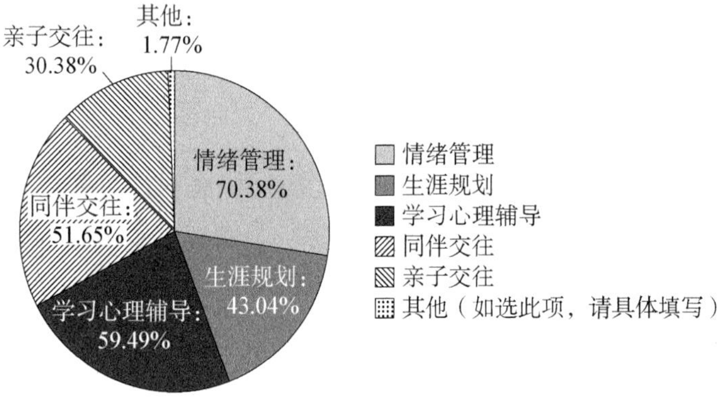

图 1　学生心理健康教育需求图

(2) 选题设计

根据初中生的身心特点以及当前学习生活的心理需求，我们整理归纳了心理微课的内容，完成微课系列的主题框架。以培养学生积极乐观的心理品质、开发学生的心理潜能、促进学生身心和谐发展为总目标，确定心理微课的选题。设计流程如图 2(见第 11 页)所示。

(3) 微课课例的基本内容

理论链接：即以科学的理论指导为依据，保证心理微课的科学性和严谨性。

教学目标：指本课所期待学生获得的学习效果。通过教学目标的引导，帮助学生沿着预想的学习方向进行知识和能力的提升。

教学导图：该部分是整节微课的基本架构。通过思维导图呈现

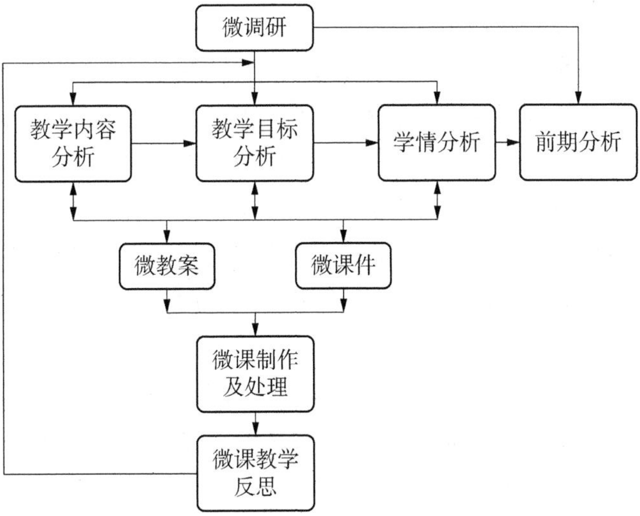

图 2　心理微课总框架图

课例要点，更加清晰明确、一目了然。

教学过程（微课导入、知识解析、课堂互动、助力锦囊、微课小结）：通过知识解析，对教学中的定义做出具体阐释，在这里主要解答"是什么""为什么"；课堂互动部分规避了传统微课互动性相对较弱的特点，使学生参与到体验活动中。这一部分，我们也尝试着将表达性绘画融入心理微课的教学环节中，注重学生的参与感，增加微课中教师与学生的对话；助力锦囊通常是一课的重点和难点，着重于技能的提升，解决"怎么做"的问题。有的微课通过小贴士的方式进一步提炼本课的精华，以精炼的语言、朗朗上口的对仗句式加以强化，以便学生掌握要领。

教师反思：教师通过反思重新审视自己的微课设计，不断调整。同时，收集反馈意见，验证实践效果，做到再设计与再完善。

学生感悟：感悟是学生对自己学习过程的一种记录。通过分享心得体会，一方面使学生能及时参与课堂评价，另一方面便于教师对微课的优化。

（4）素材准备

网络上的资源经过巧妙的加工与再设计，常常可以成为心理微课的点睛之笔，如有趣的视频动画、精彩的配乐、绘本等，都可以发挥积极的作用。同时，素材也可以来源于生活，教师可以利用身边的材料自制教具，如在“思维导图助力学习生活”一课中，教师自己录制了导图的绘制过程；在“明天我想成为你”“青春来电”中，教师利用学校的卡通人物形象“兴兴”和“美美”制作了小动画。

（5）制作剪辑

微课制作最终的呈现形式可以是讲解者出镜，也可以是讲解者不出镜，仅展示所讲内容。本书中收录的微课绝大部分是采用了第二种形式。具体制作如下。

添加字幕：包括最必不可少的片头字幕、片尾字幕和解说词（画外音）字幕条。字幕文字的大小和颜色的选择也要恰当醒目，简洁扼要，确保学习者能够看清楚。

编辑视频：首先对微课件进行录屏或截图，导入剪辑软件，如Premiere Pro。其次，在素材视频画面的切换和运用方面，注意切换的合理性、逻辑性、连贯性等，通过剪辑软件对教学微视频进行后期视频剪辑时，可以对原始视频素材拖拽移动，达到画面最基础的分割、裁剪、删除等调整。

编辑音频：教学微视频的音频编辑主要是对视频画面增加语音旁白，重新为视频配音等。此外，适当的背景音乐也可以制造轻松愉悦的学习氛围。

其他加工：可以插入其他图片或贴纸，形成画中画结构的展现形式，增强趣味性；还可以在每小节或画面切换之间增加转场特效和过渡效果，使视觉效果流畅自然，缓解视觉疲劳；更可以经过各种编辑技法把控教学微视频的总时长，并有效修复摄录时的出错点。

4. 心理微课的主题内容

结合初中生的年龄特点和心理需求，基于学生视角进行分类，本书收录了生活适应、学习发展、生涯规划、意志培养、情绪能力、人际交往和青春健康7大类主题共28节课。本书以发展性心理微课为主，也包含了部分应激性的微课辅导。具体内容如表1所示：

表1　心理微课的主要框架及内容

类别	课题	主要内容
生活适应	“开学综合征”你中招了吗	如何提高开学适应力？助力开学“三心”锦囊
	和压力抱一抱	什么是压力？压力的反应模式是什么？寻找压力源；如何应对压力？表达性绘画：画一画心中的压力病毒
	时间都去哪儿了	珍惜时间，并学会管理时间
	“e时代”原住民生活守则	制定上网守则，约束上网行为
学习发展	注意力训练	如何提高注意力
	记忆力训练	记忆的过程，记忆小妙招
	思维导图助力学习生活	认识不同种类思维导图的作用，绘制思维导图。表达性绘画：创意导图设计
	我有我的学习“style”	了解不同学习风格的特点，提高学习效率
生涯规划	我的成长树	通过自我认知和他人评价更全面地认识自己。表达性绘画：我的成长树
	我的兴趣星空	探索职业兴趣类型，了解兴趣与职业选择的联系
	战“疫”中的守护者	认识各种行业与职业。表达性绘画：我的职业树
	明天我想成为你	什么是职业生涯规划？如何进行职业选择的自我探索？表达性绘画：画一画15年后的自己
意志培养	自控力：让学力涨起来	什么是学习自控力？如何提升自控力？表达性绘画：我心中的干扰源

续　表

类别	课题	主要内容
	坚持的力量	体会坚持的重要性，了解影响坚持性的因素，知道如何提升坚持性。表达性绘画：设计让自己坚持的小 Logo
	发现我的心理弹簧	什么是心理弹性？如何增强心理弹性？表达性绘画：我的能量球
	游戏视角巧应挫	培养积极心态，了解应对挫折的方法
情绪管理	情绪管理中的心理效应	和情绪相关的心理效应，了解如何合理表达和管理情绪
	当孤独来临	正视孤独，了解当孤独来临时怎样面对
	愤怒的正确打开方式	当愤怒来临时如何正确管理？表达性绘画：我的情绪温度计
	和学习焦虑面对面	适度焦虑的积极意义；了解如何正确面对学习焦虑。表达性绘画：情绪四格漫画
人际交往	智慧感官话沟通	学习沟通的技巧
	“花”说朋友	什么是好人缘特质？表达性绘画：我的友谊之花
	《小别离》中的大烦恼	通过电视剧《小别离》中的三个小故事，让学生掌握亲子交往的原则
	我与老师的“真心话大冒险”	了解师生交往的技巧，促进师生交往
青春健康	身体里的“荷先生”和“荷太太”	从认识荷尔蒙开始，了解和接纳青春期的心理变化
	地铁险事巧应对	掌握在公共场合自护的具体方法
	青春来“电”	了解如何面对青春期异性交往
	拿什么来保护“少年的你”	了解校园暴力的类型与危害，学会自我保护，拒当施暴者、围观者

二、心理微课的运用

心理微课的运用包括线上播放与线下实施两大部分，如图 3 所示：

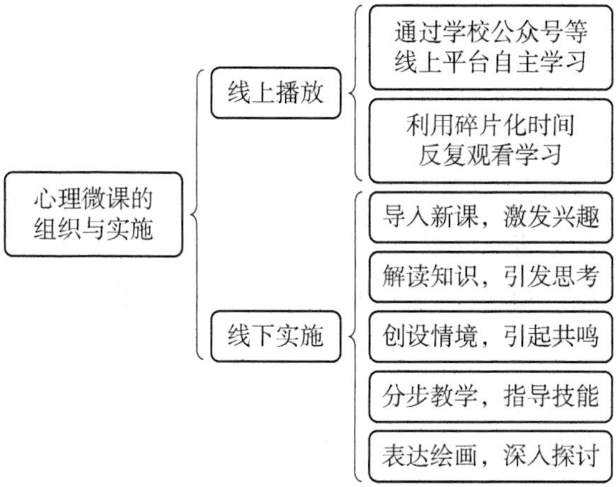

图 3　心理微课的运用图

1. 线上播放

(1) 通过学校公众号等线上平台自主学习

教师可以将心理微课按照不同的主题进行分类，将其有序列地上传到学校公众号平台，学生可以根据需要进行自主探究。

(2) 利用碎片化时间反复观看学习

随着移动终端设备手机、平板电脑等的普及，随时随地的学习已成为可能。学生可以利用零碎时间反复观看心理微课，例如：心情烦闷时看一看“情绪管理中的心理效应”，学习如何表达和管理情绪；压力较大时看一看“和压力抱一抱”，了解如何应对压力等。

2. 线下实施

心理微课同样可以运用于线下教学，如心理课、主题班会课等。

教师将传统课堂内的面对面教学与网络信息化教学有机结合起来，优势互补，以满足学生的多元化需求。

（1）导入新课，激发兴趣

本书收入的心理微课中有很多运用卡通人物来表现心理困惑，教师可根据教学内容的需要进行选择，作为课堂的导入，如："自控力：让学力涨起来"中阿通的故事可以作为相关课程的导入。当然，教师也可以录制学生的生活事例、身边的奇闻趣事等视频作为课堂的导入，这将大大提高学生的学习兴趣和注意力。

（2）解读知识，引发思考

在心理课中，学生有时需要了解心理学中一些较为抽象的概念。知识解析型微课将一些较为抽象的心理规律、现象、效应等制作成通俗易懂的视频直观呈现，在心理课中往往能够起到事半功倍的效果，如"我有我的学习'style'"。

（3）创设情境，引起共鸣

微课拥有较为丰富的线上资源，能够创设诸多生动的情境。这种形象化的、趣味性的、具体化的、案例化的教与学的情境有利于学生置身其中，获得感悟与收获。如"游戏视角巧应挫"通过学生喜闻乐见的游戏讲述如何积极地应对挫折，自然能引起学生的呼应；"地铁险事巧应对"中形象化的地铁情境，让学生置身于角色体验中，为在公共场合遭遇性骚扰献计献策；又如"拿什么来保护'少年的你'"中融入了诸多表现校园暴力的电影原声画面，学生在这些情境的感染下，对于如何应对校园暴力，自然是有话可说。

（4）分步教学，指导技能

心理教学注重体验，因此如需在技能方面提供具体的指导，可以利用事先录制的微课，在方法、步骤方面描述得更详实、细致，加以音乐、动画等表现形式，吸引学习者的关注。如：指导学生学习方法的"思维导图助力学习生活"。同时，心理教师需要任教多班的教学，微课的运用也避免了教师在不同班级"反复说、说反复"的现象，学生们也会觉得有新意，从而有助于其更好地投入活动中去。

(5) 表达绘画，深入探讨

这一活动的运用是本册微课的创新之处。表达性绘画无关乎学生的绘画技能，涂鸦本身就是一种内心的释放和表达。同时，孩子们对自己绘画作品的解读，可以帮助其发现自己未知的领域，挖掘自身的潜能。本书收入的微课尝试运用表达性绘画的形式增加互动环节，其中“和学习焦虑面对面”“‘花’说朋友”更是以表达性绘画作为主线，贯穿于微课始终。

当然，表达性绘画不仅在于画，而且在于“说”，无论是言语的亦或是文字的。由于线上教学的局限性，教师需要在线下课堂创造更多给学生表达的机会。同时，可以通过生生互动，对学生的作品进行再发现，同伴的力量不容小觑；还可以通过学习，对所描绘的作品进行再创造，启发孩子更多的思考。

对于绘画作品的探讨可以运用点面结合的方式，孩子有权利不表达。对于一些特殊的案例，心理教师需要做一个有心人。

第三章
心理微课案例选

生活适应

“开学综合征”你中招了吗

一、理论链接

学校适应是个体所具备的特征与学校环境提出的要求之间相互作用的结果，良好的学校适应水平能使学生在校时顺利完成学业，融入学校生活，发展社会交往能力，对学生的终身发展具有积极作用。[①]

初中生学校适应可以概括为学生的学业适应、人际关系适应和情绪适应等。[②]

二、教学目标

了解开学可能出现的不适应现象及其原因，寻求切实有效的方法提升适应力。

---

① 李玉华、丁峰：《小学生学校适应研究回顾和展望》，《基础教育参考》2020年第2期。

② 田海霞：《初中生师生关系、同伴关系与学校适应的关系——亲子沟通的中介作用》，四川师范大学硕士学位论文，2020年。

三、教学导图(见图4)

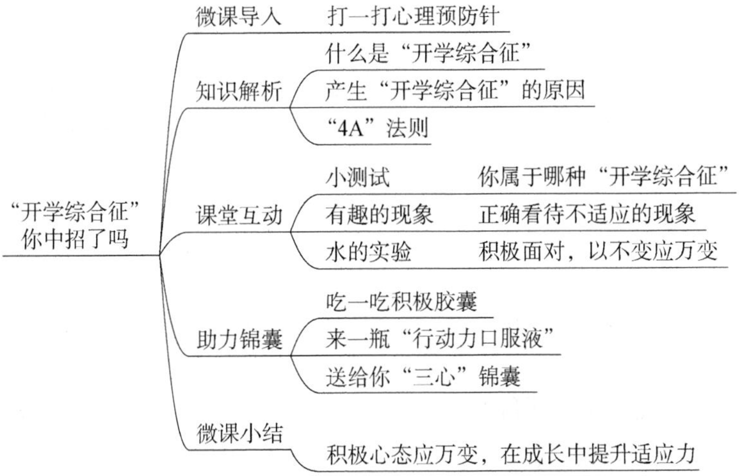

图4　“‘开学综合征’你中招了吗”教学导图

四、教学过程

微课导入

在上课前，老师要给同学们打一打“心理预防针”。大家看看老师找的一些图片，这是你们假期的常态吗？你是否还在幻想着玩QQ、微信、朋友圈，追剧，玩游戏，刷抖音？那么老师要给大家提个醒，从你踏进校门的那一刻起，和我们相伴的将主要是书本和课堂，主要是同学和老师……

知识解析

1. “开学综合征”

过完假期，有些学生对规律的校园生活会产生不适应。主要表现在情绪低落、心慌意乱、浑身疲劳、注意力不集中、失眠、迟到、缺乏学习兴趣和动力等，这些现象统称“开学综合征”。

2. 产生“开学综合征”的主要原因

假期无规律的生活状态，使原本自控力较差的初中生，面对新学期的变化，难以在短时间内实现心态的转换、学习状态的调整，因此，容易产生心理压力，出现无法适应的情况。

3. “4A”法则

当我们意识到消极情绪出现的时候，可以用“4A”法则分析和梳理情绪。具体内容包括觉察情绪(Aware)、接纳(Accept)、允许(Analyze)、行动(Adjust)。

课堂互动

1. 趣味小测试：你属于那种开学综合征？

(1) 早晨起床挣扎程度：A. 稍作努力　B. 运足内力　C. 九牛二虎　D. 筋疲力尽

(2) 晚上入睡顺利程度：A. 倒头就睡　B. 昏昏沉沉　C. 辗转反侧　D. 夜不成眠

(3) 开学之后精神状态：A. 精神抖擞　B. 心不在焉　C. 失魂落魄　D. 焦躁健忘

第(1)(2)题选 A 以外的答案，为昼夜颠倒型。第(3)题选 A 以外的答案为精神涣散型。如若这几道题你都选择了 A，那么恭喜你，你已经很快地适应开学生活了。

2. 有趣的现象

刚进浴池，感到水热，坚持泡一段时间就不再感觉那样热了，这就是皮肤感觉的适应。还有刚入暗室，什么也看不见，等一会就看清了，这叫暗适应。你能运用以上的原理解释一下为什么开学后有的同学会产生不适应的现象吗？

(设计意图：帮助学生了解由于变化而产生的不适应是一种正常现象。)

3. 水的实验

大家觉得，水有什么特性。老师如果把同样多的水注入不同形状的容器，会出现什么效果呢？

(设计意图：学生会发现水的多少不变，但形状变了。通过这一现象帮助学生了解，当我们不能改变外界环境去适应我们时，就需要改变自己去适应环境。）

助力锦囊

1. 吃一吃“积极胶囊”（如何运用“4A”法则）

在适应新变化中，可以通过“4A”法则调节自己的情绪，比如：通过看四个表情包，你有什么感觉呢？人的情绪是很丰富的，我们首先可以觉察自己的情绪，比如：我怎么了？是因为什么事情引起的？然后，去接纳和允许。我可以沮丧吗？回答当然是肯定的。有时候换个角度看问题你也许会发现新的风景。在情绪平复之后你又有哪些选择和新的决定呢？不妨给自己一些学习的仪式感，比如：穿好校服，写一个心愿，与同学定一个约定。

2. 来一瓶“行动力口服液”

我们可以定一定新学期的目标，目标要具体和适切，比如：你可以把“这学期我要好好学习薄弱科目”，具体为“我的薄弱科目要提升10分”；目标也一定要适合自己，不用要求自己立刻满血复活，也不要放任自己一直放松懈怠。也可以自觉地切断一切分散注意的干扰源，比如：将手机等电子设备交给家长保管。还可以向老师同学或家长寻求帮助与支持。

3. 送给你“三心”锦囊

收心：立足当下，宅家生活已成过去；展望未来，想想你在现阶段要做的是什么，未来你想达成什么样的目标。

定心：合理安排自己的时间，形成良好作息习惯。

静心：专注于当前阶段应该做的事，集中注意力，不被诱惑干扰。

微课小结

开学在即，有的同学会兴奋，有的同学会紧张，不管你是怎样的情绪，老师都能够理解你的感受。同时也希望同学们正确看待“开学综合征”，学习适切的方法进行调整，以积极的状态步入新学期。让我们一起加油吧！

五、教师反思

本节课聚焦于由开学产生的不适应现象，让学生了解面对环境改变产生的一系列情绪和行为上的反应是正常的现象，只要及时调整，就有顺利度过的可能。本节课的重点在于助力锦囊部分，教会学生一些合理的方法，鼓励学生敢于面对未知，以“不变”应“万变”，着眼于实际行动，在“变”与“不变”中不断成长。

六、学生感悟

开学了，悠闲的假期变成了紧张的学习生活，对我们每个人来说都意味着挑战。通过这次微课，我明白了要积极面对这些变化，解决了困难才能成长。我们要鼓励自己，为自己定下切实可行的目标，让未来的学习生活充满无限可能。

——高珊珊

开学后总会有些许挫折等着你，例如一张张卷子、一堆堆作业，还有可能是开学前辗转反侧地不能入睡。用“三心”锦囊，给自己信心，为新学期加油。

——费越

（本课由赵思迪供稿）

和压力抱一抱

一、理论链接

压力是人在生活适应过程中表现出来的一种身心紧张的状态。过度压力如果得不到及时排解，将会影响身心健康。青少年经历着儿童期向青年期过渡的角色转变，学会压力管理是助力他们成长的心理基础。[①]

从管理学角度出发，压力管理是心理健康的重要标志之一，主要

① 葛颖、赵倩妤：《青少年压力现状及策略研究》，《现代商贸工业》2020 年第 7 期。

包括三个方面的内容：明确压力管理的主体、找到压力源和探索科学的压力管理方法。①

二、教学目标

了解压力产生的情境，学习应对压力的技巧。

三、教学导图(见图5)

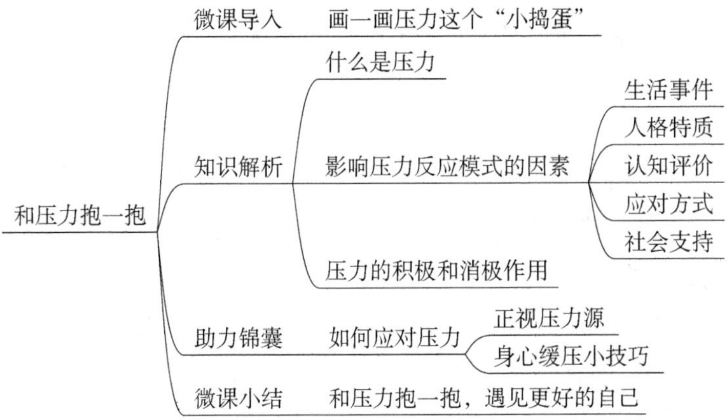

图5　“和压力抱一抱”教学导图

四、教学过程

微课导入

调研反馈中显示，同学们的压力主要来源于学习。如果把学习压力比作“小捣蛋”的话，请画一画它的模样？画好后请观察一下你画的这个“小家伙”的样子。同时请你感受一下它对你的生活有怎样的影响。

(设计意图：通过把压力比作“小捣蛋”，从绘画表达的视角，认识在不同阶段产生的压力对自己的影响，从而知晓压力是一种主观的感受。)

① 杨眉编著：《健康人格心理学：有效促进心理健康的14种模式》，首都经济贸易大学出版社2004年版。

知识解析

1. 压力

压力是一个人无法应对环境要求时产生的主观感受。

2. 应对压力的反应模式取决于以下因素

(1) 生活事件。压力的反应模式与该生活事件对个人的影响息息相关。

(2) 人格特质。其存在先天因素和个体差异。对于有些同学来说,生性比较敏感,因此对于一些突发事件和外界的刺激往往会产生较大的压力。

(3) 认知评价。压力事件取决于个人对该事件的理解。如有的同学觉得新冠病毒给自己的生活带了诸多不便,也影响了自己的情绪,把其作为压力事件。

(4) 应对方式。也称之为应对策略。每个人应对压力的方式有自己的风格,如有的人是积极解决型,而有的人会采取攻击行为来应对压力等。

(5) 社会支持,如来自家人的鼓励和帮助等。

3. 压力是把双刃剑

所有对压力的反应都是正常的。适度的压力能够激发人的内在力量,以达成最佳状态。心理学家的研究表明,在一定压力下,有助于激发人的创造力。(出示:宅家小怪物、创意口罩等图片。)

(设计意图:通过来自身边的创意图片的展示,让学生知晓压力的积极作用。)

课堂互动

自我评估:压力指数由低到高,从 0—10 分打分。如果指数较高,找一找自己的压力源来自哪里,寻找给自己施压的“小捣蛋”。

(设计意图:对于学生来说,和学习有关的诸多事件会成为他们的压力源,通过找“小捣蛋”这一较形象的比喻,让学生们寻找、评估这些压力事件给自己带来的影响。)

助力锦囊

如何应对压力?

正确看待压力源：正视压力;降低期望值,调整目标;不做无端的推测和判断;换个角度看一看;增强抗挫能力。

学习身心缓压小技巧。(动画)

(设计意图：这一部分作为本课的重点,分两部分来阐述。第一部分主要让学生从认知层面了解如何积极应对压力。这里运用了学生的绘画作品,让学生们真切感受身边的逆行者。第二部分是从操作层面,让学生通过生动形象的动画作品,学习放松情绪的方法。)

微课小结

压力这个“小捣蛋”有时很淘气;有时会让我们意气风发,力量满满;有时又让我们萎靡不振,情绪低落。当压力来临时,让我们与它抱一抱,用积极的方法应对它,定能遇见更好的自己。

五、教师反思

本课的诞生背景是宅家期间,针对学生现状做了一定的修改。对于学生而言,压力更多来自学业,来自考试。因此,本课形象地将压力比作“小捣蛋”,让学生具象化地感受压力对自己的影响。在微课中特别强调的是,同样的事件对每个人的影响不尽相同,也让学生明了压力是一种主观感受。

互动环节中,让学生通过评估自己的压力指数,寻找压力源,练习以不同的视角和方式来看待和管理压力。值得一提的是,对学生而言,有的压力源可以消除,有的压力源是客观存在的,诸如考试,关键取决于自己对该事件的态度和行动。画中画视频的运用,更让学生有直观的感受,学习一些应对压力切实可行的操作方式。该课在微信公众号推出后,就有学生在课后留了言,留言虽短,但也表明了学生面对压力时积极应对的决心。

六、学生感悟

压力、病毒等如一座座大山,我们要发扬愚公移山的精神,早晚把你们搬走。大家一起宅，争取早点回到学校跟同学们嬉戏打闹，聆听老师的教诲！

——Sandy

压力是一把双刃剑，适度的压力能激发我们的创造力。面对压力，我们要去接受它，正视它，调整自身状态，立足当下，为目标积极奋斗。

——桂子惠

作为一个初三学生，我要学会正视压力，从多个角度看待问题。在压力大时，我可以整理房间、洗个澡、吃些甜食来缓解压力。与压力抱一抱，与生活抱一抱，相信自己，相信美好的明天。

——汤家仪

七、绘画作品（我心中的压力“病毒”，见图 6、图 7）

图 6 学生李恒宜作品

图 7 学生董静怡作品

时间都去哪儿了

一、理论链接

初中是学习的重要时期，也是人生的重要阶段，学生自主时间管理方式可能影响身心发展的程度与水平。在初中生自主时间具体管理上，存在着目标设置不当、活动内容单一、计划性不强等问题。主要原因是缺乏自主时间管理的意识、方法、意志等。①

提升初中生时间管理的效率，可从几个方面着手，如提升自我认知水平，树立时间管理意识，确立长期和近期目标，养成自主时间管理习惯等。②

二、教学目标

认识时间的重要性，树立珍惜时间的意识，通过合理的时间管理方式，提升时间利用的效率。

三、教学导图(见图 8)

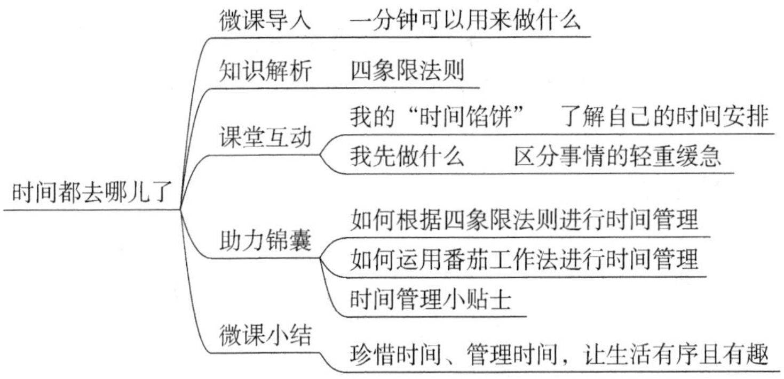

图 8　“时间都去哪儿了”教学导图

四、教学过程

微课导入

在上这节课之前，我想先问大家一个问题。同学们觉得，一分钟可以用来做什么？一分钟可以快速阅读一篇五六百字的文章；一分

① 顾晓辉：《初中生自主时间管理研究——以保定城乡两所初中为例》，河北大学硕士学位论文，2019 年。

② 梁静：《初中生自主时间管理的现状研究——以天津市东丽区两所初中为例》，天津师范大学硕士学位论文，2019 年。

钟可以打上百个字;一分钟可以跑 400 米;一分钟可以让医生挽救一条生命……原来在我们眼中短短的一分钟,可以做如此多的事情。所以我们会发现,我们在生活中有时做不完的事情,完不成的任务,其实和时间管理密切相关。

知识解析

四象限法则:第一象限包含的是一些紧急而重要的事情,这一类的事情具有时间的紧迫性和影响的重要性,无法回避,也不能拖延,必须首先处理,优先解决。第二象限不同于第一象限,这一象限的事件不具有时间上的紧迫性,但是它具有重大的影响,对于个人的长期发展具有重大的意义,例如:学习积累、做计划等。第三象限的事件大多是些琐碎的杂事,没有时间的紧迫性,没有任何的重要性,诸如发呆、上网、闲聊等。第四象限包含的事件是那些紧急但不重要的事情,这些事情很紧急但并不重要,因此这一象限的事件具有很大的欺骗性。

课堂互动

1. 我的“时间馅饼”

时间对于我们每个人是公平的。让我们来回顾一下,我们平常是怎样度过这一天的。现在请随老师的提示在纸上画一个大圆圈,代表一天 24 小时的“时间馅饼”。画完后,估计如睡觉、学习、吃饭、与家人同学聊天、锻炼身体等所占用的时间,按比例加以分割,并在划分的每个格子里标明所用时间和具体事件。画到这里,我们看看自己还剩下多少时间;仅剩的这些时间,还可以用来做些什么呢?

接下来请同学们根据一日 24 小时设计和规划自己的最佳“时间馅饼”,其中,请大家把自己理想中进行的各种活动所用的时间在另一张完整的纸上画一张饼图。对比理想中与现实中的饼图,你发现了什么?现实生活中,有哪些事情影响了你的安排呢?

(设计意图:通过理想与现实的对比,帮助学生分析时间管理上可能存在的漏洞。)

2. 我先做什么

我们以一个有趣的脑筋急转弯为例，如果这五件事情同时发生，你会先做什么，再做什么？为什么？

外面有人敲门

家里的电话响了

你弟弟在哭

炉子上的水开了

开始下雨了，刚刚洗好的衣服还晾在外面

有一个成语：未雨绸缪，包含的典故很好地诠释了时间管理象限中的道理，它是对第二象限事件管理的形象描述。生活中很多重要的事情，都需要在事件出现之前做好准备。同学们还能对应不同的时间象限举一些例子吗？

（设计意图：帮助学生了解有条理地做事情，区分轻重缓急，往往可以提高时间的利用率。）

助力锦囊

1. 如何根据四象限法则进行时间管理

首先，有计划地使用时间。当你被许多事情搞得毫无头绪时，不妨将一天从早到晚要做的事情进行罗列，我们的便签纸、日程表都可以作为记录事情清单的工具，就像将乱成一团的毛线，分类整理好。其次，将要做的事情根据优先程度分先后顺序，并区分紧急事务与重要事务。紧急事务往往是短期性的，重要事务往往是长期性的。

2. 如何运用番茄工作法进行时间管理

工作 25 分钟休息 5 分钟的番茄工作周期看似不长，其实可以做许多事情，我们把生活中零碎的时间叫做碎片化时间。在平时的生活中，我们碎片化时间的来源可能是路途中，可能是排队等待中。合理利用碎片化时间，也可以适当进行休息，还要学会说“不”。一旦确定了哪些事情是重要的，对那些不重要的事情就应当说“不”。

3. 时间管理小贴士

一分一秒很重要，时间管理效率高。

事情太多不着急，一件一件计划好。

分清紧急和重要，减轻压力少烦恼。

劳逸结合抗干扰，碎片时间别漏掉。

微课小结

中学时代是我们成长与学习的大好时机，永远不够用的时间让我们感觉游刃有余的学习和生活与我们渐行渐远。只要掌握好时间管理的方法，做好时间规划，就可以获得更多的自由时间，让生活变得有序且有趣。

五、教师反思

许多同学升入初中后，面对学业难度的增加，往往归因为自己的能力不够。其实学习讲究的是方法，只有养成高效的时间管理习惯，才能够达到事半功倍的学习效果。本节课通过三个课堂互动的设置，帮助学生掌握时间管理的具体方法。首先是对自己一天的时间规划形成清晰的认识。其次，当面对看似毫无头绪的诸多事情时，可以借助时间管理象限法则进行选择。最后，番茄工作法则可以使学生在专注一件事时，避免被外界干扰。这些方法都具有实操性。

六、学生感悟

在我们的生活中，这些现象是不是经常发生："等一下再做""明天再说吧""马上就好""再玩一会儿吧"……时间通常在此时溜走了。所以我们要珍惜时间，用学习的象限法则管理好它。

——陈昭妤

看完微课后，我才知道，平时好像很充裕的时间，往往被那些不重要的琐事占据了，最后留给自己可支配的时间少之又少。课堂上老师也教授了我们好方法，我要努力尝试，做时间的主人。

——蒋怡雯

（本课由赵思迪供稿）

“e时代”原住民生活守则

一、理论链接

对于青少年学生而言，由于大脑发展的不平衡，身心发展不够成熟，对事物的鉴别力和自制力较差，容易导致在使用互联网时出现成瘾行为。网络成瘾是在没有成瘾物质作用时使用互联网的失控行为。[①] 为了避免网络成瘾现象，通过上网守则的制定，帮助学生理清思路，合理安排、有效控制自己的上网行为。

二、教学目标

了解互联网对青少年的利弊影响，增强积极上网的意识。

三、教学导图(见图 9)

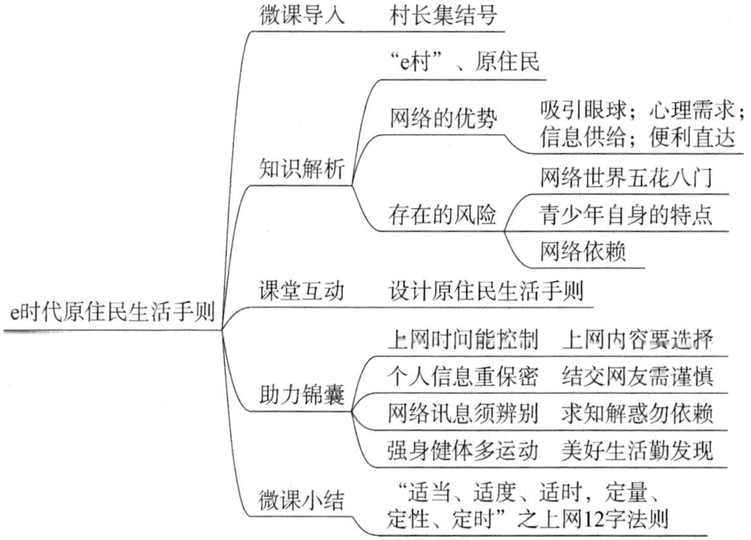

图 9　“‘e’时代原住民生活守则”教学导图

---

① 张伟波、陈春梅、朱益、庄文旭、朱有为、蔡军：《上海市初中生网络成瘾与生活方式的相关性》，《中国健康心理学杂志》2021 年第 2 期。

四、教学过程

微课导入

“e 村”村长集结号

（设计意图：通过“e 村”的情境设置，让学生有身临其境的感觉，为响应村长的号召献计献策。）

知识解析

1. “e 村”

“e”是“electronic”的首字母，全名为“互联网信息村”。在这里，网络普遍运用于办公、生活等各个领域，力图创造纯净、自然、友好、平等的村落环境。

2. 原住民

原指某地方较早定居的族群，本课中指出生就在互联网的环境下成长的“00 后”初中生。

3. 网络的优势

（1）吸引眼球（好看、好玩、有趣的世界）。

（2）心理需求（人际需求、成就需求等）。

（3）信息供给（提供学习等方面的海量、迅捷的信息，满足学习需求）。

（4）便利直达（网络购物、资料查阅等）。

4. 网络所存在的风险

网络世界同样充斥着网络暴力、不良信息、网络诈骗等。青少年具有自控力较弱、喜欢冒险等特点，容易产生网络依赖。有些人一有条件就上网，无节制地花费大量时间和精力在互联网上持续聊天、浏览、玩游戏，以致影响生活质量，降低学习效率，损害身心健康。其典型症状表现为情绪低落、无愉快感或兴趣丧失、睡眠障碍、精力不足、自我评价降低等。

课堂互动

请设计一份“e 村”的生活守则，能让每个村民更好地将网络的优势充分利用起来。同学们可以从上网时间、上网内容、上网目的等方面进行讨论。

助力锦囊

“e村”原住民生活守则(讨论稿)：

上网时间能控制，上网内容要选择。

个人信息重保密，结交网友需谨慎。

网络讯息须辨别，求知解惑勿依赖。

强身健体多运动，美好生活勤发现。

(设计意图：通过提供“生活守则”模板，启引学生思考，以更好地发挥其主人翁的意识，制定上网契约。)

微课小结

在“e村”的行动能做到“适当、适度、适时；定量、定性、定时”，使这里的生活能在自我掌控下变得更惬意。

五、教师反思

网络文化已经越来越普遍地出现在我们的生活之中，并以其独特的魅力走进学生的学习生活。青春期的孩子因为自我意识的觉醒，更希望获得自主感和掌控感。因此本课在设计的时候，依托了“e村”这一载体。“e村”命名为“互联网信息村”。之所以把孩子们比喻成“e村”的原住民，是因为其自出生以来就置身于手机、IPad、电脑、网络的环抱中。既然每个人都是“e村”的主人，就自然有责任和义务共同创建和维护好“e村”的文化和规则。

在前期中学生上网情况的调查问卷中，学生上网的主要内容以娱乐、游戏居多，有的学生的上网时间每日超过两个小时以上。因此，在微课中通过呈现网络依赖症的具体表现，让学生有所警醒。原住民生活守则(讨论稿)的内容也是基于学生上网调查的结果。特别在第四点中，加入了学生与现实生活的链接，只有在现实生活中能够感受到美好，才能不仅仅停滞于虚拟世界的刺激，真正让网络助力于成长。每个孩子既是“生活守则”的执行者，又是制定者。笔者在文末留下了学校心理邮箱的地址，也让学生随时可以为这条守则加入自己的主张，增强微课的互动性。

六、学生感悟

作为“00后”，我们出生在互联网时代，网络给我们带来诸多好处和坏处。网络给我们传递的信息也是各式各样的，我们要做的是拒绝网络的诱惑，以及杜绝依赖它。

——陈金月

这节微课告诉我，上网要适度，不能沉溺其中。我们要更多融入于现实生活，提升自控力。网络再精彩，终是虚拟世界。

——程尔立

学习发展

注意力训练

一、理论链接

注意被认为是学习的基本技能，故注意缺陷常常被认为是学习失败的主要因素。[①]

注意的品质包括注意的广度、注意的稳定性、注意的分配、注意的转移。四种品质紧密相连，构成了个体的注意力。[②]

二、教学目标

了解提高注意力的训练方法和技巧，养成集中注意力的良好习惯。

---

① 刘东刚：《注意力缺陷学生的适应障碍与教育对策》，《现代特殊教育》2000年第1期。

② 倪琦：《不同持续时间篮球与花样跳绳组合运动对儿童注意品质及学业成绩影响的实验研究》，扬州大学硕士学位论文，2018年。

三、教学导图(见图 10)

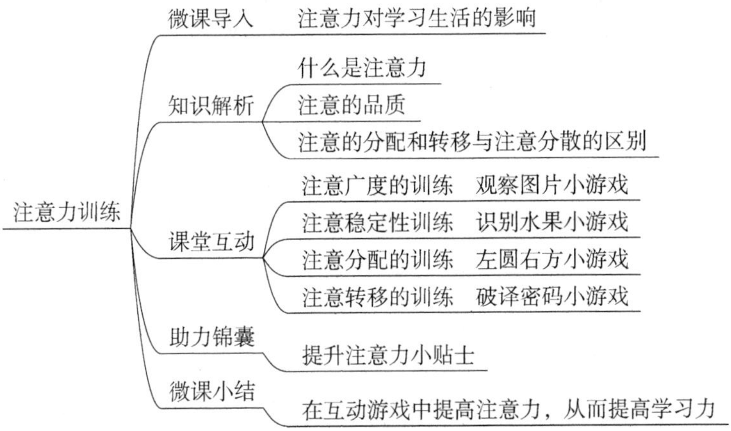

图 10　“注意力训练”教学导图

四、教学过程

微课导入

在我们的学习生活中，你是否有这样的感受？有时候想静下心来看看书，可总是走神；有时候做作业特别慢，写一会儿作业就想去干别的事；有时候觉得自己可以眼观六路，耳听八方，干什么都不耽误。这究竟是为什么呢？今天，老师就给大家讲一讲学习能力的基础——注意力。

（设计意图：让学生了解注意力对学习生活的影响，从而知晓注意力与生活息息相关。）

知识解析

1. 什么是注意力

注意力不仅是一种认识客观事物的基础能力，更是一种学习能力。

2. 注意力的分类

注意力包含四个方面的特质。首先是注意的广度，比如侦探和警察总是比常人能更快地记住更多的线索。其次是注意的稳定性，比如有的学生可以坚持把作业全部完成后再去玩。接着是注意的分配，比如上课时有的学生边听老师讲课边做笔记。最后是注意的转移，比如每天上下课不同科目之间的转换。

3. 注意的分配和转移与注意分散的区别

注意的分配和转移不等于分散。注意的分散则是在需要集中注意时，因受无关刺激的干扰所引起，离开所要注意的对象。前者是注意的优良品质，后者是注意的不良品质。

课堂互动

1. 观察图片小游戏：注意广度的训练

请同学们尽可能在30秒的时间内观察图片里的物体，然后凭借记忆作答。

（设计意图：训练学生将观察目标进行分类的能力。）

2. 识别水果小游戏：注意稳定性训练

请认真听老师的语音，想一想在30秒的语音中，出现了几种水果。

（设计意图：训练学生专心做一件事情的能力。鼓励学生可以挑战一下在更短的时间内识别更多种类的水果。）

3. 左圆右方小游戏：注意分配的训练

除了最基本的左手画圆右手画方，请你尝试挑战两只手同时画其他不同的图形。

（设计意图：这一游戏有一定难度，提示学生先放慢速度，熟能生巧后再加快速度，甚至再去挑战更难的图形。）

4. 破译密码小游戏：注意转移的训练

任务一：猜猜被污染的数字；接下来是任务二：猜出数字后，找规律，破译密码的后三位。

（设计意图：从任务一过渡到任务二的过程，就是注意的转移。提示学生注意反应敏捷，灵活运用，这样就可以提高效率，节省时间。）

助力锦囊

分类明确方法巧，又快又多能记牢。

坚持到底抗干扰，集中注意不可少。

分配分散区分好，“一心二用”也很妙。

巧用转移换思路，灵活学习不怕考。

微课小结

希望大家能够通过这些小游戏，在轻松快乐的氛围中提高自己的注意力，从而提升自己的学习能力。

五、教师反思

根据心理学的研究，注意力是影响学生学习成绩的重要因素，初中生由于好奇、好动的特点，容易造成注意力不集中，影响学习效率。根据学生现状，结合注意品质的相关理论，通过实例让其加深理解注意力集中的几种途径。教师充分利用微课情境化的学习资源，以有趣的互动游戏寓教于乐，帮助学生了解提高注意力的方法和技巧。

六、学生感悟

原来有时我的学习成绩提不上去不是因为我没学会，而是在我学习的过程中，我的注意力没有集中。而现在上完这节课，我明白了我可以从注意的广度、注意的稳定性、注意的分配和注意的转移四个方面来提高自己的注意力。

——任懿雯

这节课的小游戏特别好玩，我最喜欢的就是观察图片小游戏。我觉得我就像一名侦探一样寻找蛛丝马迹，当时我就是仔细观察了不同类型的物品，去给它们做一个分类，然后回忆的时候发现能够又快又准地找出这些物品。当我挑战成功的时候，我非常有成就感。

——沈家未

（本课由赵思迪供稿）

记忆力训练

一、理论链接

记忆加工过程：当代认知心理学提出，人的记忆分成三类：瞬时记忆、短时记忆、长时记忆，并且人的记忆顺序一般也是先从瞬时记忆到短时记忆，再到长时记忆，人只有对信息不断加工才会让记忆慢慢变成长时记忆。①

艾宾浩斯遗忘曲线：对识记过的材料既不能回忆，也不能再认的现象叫遗忘，遗忘的进程是先快后慢的。以艾宾浩斯（H. Ebbinghaus）的实验数据画出的保持量与间隔时间关系呈负加速型的曲线，就是著名的保持曲线。②

二、教学目标

了解科学记忆的重要性，掌握提升记忆力的方法和技巧。

三、教学导图(见图 11)

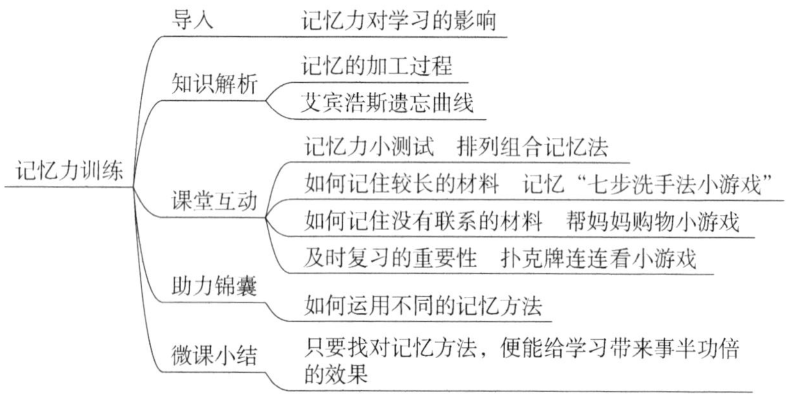

图 11 “记忆力训练”教学导图

① 王甦、汪安圣：《认知心理学》，北京大学出版社 1992 年版。
② 严进：《用物理实验促进学生长时记忆》，《现代教学》2016 年第 11 期。

四、教学过程

微课导入

在学习中，你是否有这样的感受？刚刚背诵的古诗，一转眼就忘了；觉得自己好像记住了，但是发现一默写什么都想不起来；明明已经背了无数遍却还记不住。

（设计意图：通过生活实际，让学生了解记忆力对学习的影响，从而知晓记忆力能够为学习带来事半功倍的效果，是学习力的重要组成部分。）

知识解析

1. 记忆的加工过程

记忆力通俗地讲就是一种重现事物的能力。记忆的过程简单来说就是外界信息一开始会被保留为瞬时记忆，被注意到的信息就会转入短时记忆，这部分记忆经过进一步加工，就会被输入长时记忆中，保持许多年或者终身。

2. 艾宾浩斯遗忘曲线

遗忘是一个先快后慢、不均衡的变化过程。因此，克服遗忘最有效的方法就是及时复习。

课堂互动

1. 记忆力小测试

3 秒钟识记字母。难度升级，字母增加。将字母排列组合，在 3 秒钟的时间内，便可以记住更多的字母。

2. 如何记住较长的材料

记忆“七步洗手法”小游戏：用多通道记忆法和压缩记忆法挑战记忆“七步洗手法”。20 秒的时间，请大家边看图，边听老师读关键字，对照解释可以用手做动作。

（设计意图：帮助学生找到记忆较长材料的方法并迁移到学习中，如：平时背书利用这种方法，边听边写边读边思，将手、耳、口等多通道联系起来，就能够提高我们的记忆效率。）

3. 如何记住没有联系的材料

帮妈妈购物小游戏：将购物清单中的物品用联想记忆的方法编成一个小故事，以简短的语言记起所有物品。也可以试试将购物清单里的物品分为水果类、蔬菜类和肉类，这样简单的梳理后便减少了记忆的负担。

（设计意图：帮助学生识记没有联系的材料，并用于学习中，如：在记英语单词时，我们可以把一个长单词拆分为不同的部分进行联想记忆，也可以把不同的单词归类记忆。）

4. 及时复习的重要性

“扑克牌连连看”的小游戏：首先大家可以拿出家里的一副扑克牌，没有扑克牌的同学也可以自制两两相同的简笔画。第一步需要找出相同颜色的相同数字，比如红桃 12 和方块 12 都是红色的数字 12，为一组，以此类推。第二步需要将找出的扑克牌打乱顺序排列成矩阵，摆好后浏览一定的时间。第三步当浏览结束，将扑克牌全部摆放为背面朝上，根据记忆将第一步中两张颜色与数字相同的纸牌找出并配对后，将两张纸牌同时翻过来。用 10 秒的时间浏览矩阵图。再利用 10 秒的时间，来回顾一遍纸牌的位置，会比原来能记住更多。

（设计意图：帮助学生理解克服较快遗忘的关键就是及时复习，并意识到学习过程中，及时复习的重要性。）

助力锦囊

如何运用不同的记忆方法？

一是谐音记忆法，如我们在记数学圆周率时，可以将 3.14159 记为“山巅一寺一壶酒”。

二是笔记记忆法。许多同学有自己的错题本，这是一个很好的习惯。

三是对比记忆法，如我们可以将语文的形近字“分辨”的“辨”和“争辩”的“辩”对比记忆。

四是精选记忆法，如我们不用记住所有的修辞手法而着重记住比较常用的。

五是口诀记忆法，如我们可以把二十四节气编为朗朗上口的《节气歌》等。

微课小结

人脑的潜能堪称取之不尽、用之不竭的智慧资源，只要你找对记忆的方法。总之，在实际学习中若能集中注意力并利用科学的记忆方法，一定会给你的学习带来事半功倍的效果。

五、教师反思

找到适合自己的记忆方法，这在学生的学习生活中有着非常重要的意义。本节课的互动游戏，可帮助学生了解科学记忆的重要性。值得一提的是，由于微课的自身特点，在较短时间内呈现了丰富的游戏活动，趣味的动画效果也深受学生喜爱。学生会利用碎片化的时间反复参与游戏活动，在活动体验中不知不觉掌握科学记忆的方法和技巧，促进良好记忆品质的形成。

六、学生感悟

这节课让我了解到原来记忆还可以用这么多特别的方式训练，但是，做这些训练前有什么“热身”吗？那便是专心，只要一心一意，就相信自己一定能走向记忆巅峰。

——张能安

我想在以后的学习中，当面对很多的课文或者很难记的英语单词时，我也不会退缩了，因为我知道其实只要用对了记忆方法，去记住一些知识也没有想象中那么难。比较适合我的记忆方法应该是多通道记忆法，它能调动我的多种感官共同协作，提升效率。

——吴雨欣

思维导图助力学习生活

一、理论基础

思维导图能从整体上呈现知识框架,便于链接相关知识[①],从而提高学生的组织、概括能力,提升学习效率。

绘制思维导图时,主要遵循核心突出、发挥想象、清晰明了三原则。[②]

二、教学目标

了解思维导图的作用,掌握思维导图绘制方法,能够在学习和生活中借助思维导图解决问题,养成良好的思维方式。

三、教学导图(见图12)

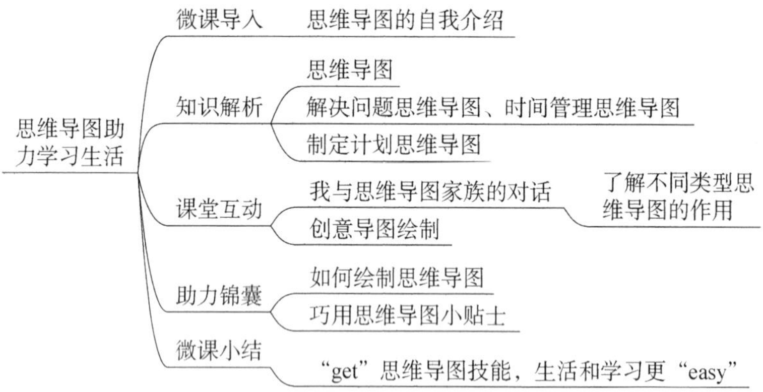

图12 "思维导图助力学习生活"教学导图

四、教学过程

微课导入

大家好,我是你们的新朋友——思维导图。你可能听说过我的

① 林冬梅、潘云云:《思维导图的教学应用研究述评及其启示》,《武陵学刊》2019年第3期。
② 张越:《引导学生自主绘制思维导图的教学研究》,辽宁师范大学硕士学位论文,2020年。

名字，也许你会觉得，思维导图不就是老师每节课为我们梳理出来的知识大纲吗？那你可小瞧我们了，我们家族有许多兄弟姐妹，大家都各司其职。不止你的学习，其实你生活的方方面面都需要我们，不明白我们的作用，就很难真正运用我们哦！接下来，把课堂时间交给我，带你一起来探寻思维导图家族的奥秘。

知识解析

1. 思维导图

利用大脑中发散性思维的特点，借助于颜色、线条、符号以及文字等，把各级主题的关系用相互隶属与相关的层级图表现出来，易于对零散信息的理解和记忆。

2. 思维导图的几种类型

(1) 解决问题型思维导图：以解决的问题为中心，列出具体方案，并从不同方面进行全面分析，再根据不同方案思考解决对策，使问题一步步迎刃而解。

(2) 时间管理型思维导图：要想合理规划自己的时间，首先可以想想自己要做哪些事，接下来你可以按照重要与否，或者根据紧急程度，将想做的事情分清主次。这样就能梳理出对于时间分配的轻重缓急，将每一件事所用的时间清晰地列出，最后按时间发展顺序依次排列，就形成了自己有条理的时间规划。

(3) 制定计划型思维导图：认真思考一段时间中想要做的事，可以列举一些关键时间点作为开始和结束的标志，还要制定一些必不可少的关键任务作为要达成的目标。每过一个时间点，就意味着要执行新的任务了。

课堂互动

1. 我与思维导图家族的对话

(1) 这是我的爸爸，解决问题型思维导图：

大家好，我们总会在生活中遇到这样或那样的难题。比如：疫情来临之际，我需要怎样保护自己？我该从哪些方面做好防范？当各种各样的问题迎面扑来，或许我们更需要一个有效、清晰的思路，这就需要我来帮助大家啦！请同学们猜一猜，我的作用是什么？

(2) 这是我的妈妈，时间管理型思维导图：

孩子们，“拖延症”这个词，想必大家都不陌生。说好看完电视去学习，这一看就看到了晚上。一天的假期很快就过去了，时间都去哪儿了？拖延症背后往往有多重原因，最重要的就是缺乏时间观念。想要合理安排自己的时间，这就需要我来帮助大家啦！请同学们猜一猜我的作用是什么？

(3) 这是我的哥哥，制定计划型思维导图：

同学们，假期不知道怎么安排？原来的假期计划被疫情打乱了，该怎么制定新计划？别担心，这些统统交给我吧，你可以用我来制定一个假期计划。请同学们猜一猜我的作用是什么？

除此之外，思维导图还用在学习或生活中的哪些方面呢？请你概括一下思维导图有哪些特点？

（设计意图：通过了解思维导图的种类和用途，激发学生的想象力和创造力，使其能够联系自己的学习生活，用思维导图的方式更有效地解决问题。）

2. 了解思维导图绘制步骤，绘制属于自己的创意思维导图

（设计意图：培养学生的动手能力，通过实践，熟悉思维导图的绘制流程。）

助力锦囊

1. 如何绘制思维导图

第一步：在开始绘制思维导图之前，首先要确定核心词，通常用最简单的术语表示。将中心词写在白纸的中心，思维导图都围绕中心词展开。

第二步：确定分支的内容。围绕中心词，展开联想和想象，及时记录下来关键词。

第三步：确定了中心词和分支主题之后，再对知识点逐渐进行

细化,可以适当留白,方便以后随时添加。

第四步:整理分支结构,组织思维过程,用线条、色彩、符号以及图形等表示出思维导图的整体知识网络体系,修订和完善思维导图。

在绘制思维导图过程中,根据具体情况灵活运用,可以手绘,也可以利用一些软件绘制。

2. 巧用思维导图小贴士

各科知识零碎杂,思维导图来净化。

点线符号很神奇,串联起来成体系。

生活同样需要它,时间管理和规划。

颜色图案随心画,用完就会爱上它。

微课小结

快快拿起手中的画笔,画出属于自己的思维导图吧。当你学会了这项技能,你会发现,原本复杂的知识,好像找到了联系;原本没有头绪的事情,也都做好了规划。心动不如行动吧!

五、教师反思

本课以第一人称拟人化的自我介绍,帮助学生了解不同思维导图的作用,在轻松、幽默的氛围中引起学生兴趣,了解思维导图的重要性。通过自制的思维导图绘制步骤小视频,更直观地教会学生绘制导图的步骤和方法,并鼓励学生不拘泥于一般形式,创作有自己风格和不同用途的思维导图。

六、学生感悟

画思维导图,将每天生活安排得井井有条,知道什么时候该干什么。有时候一玩手机一天就过去了,所以让我们通过思维导图来合理安排规划每一天吧!

——钟诚华

思维导图是用笔把脑袋里的规划想法画下来,从而让自己的计划更加清晰。通过由“中心”到再细分的小分支,每一步都会井井有条。

——于子悦

七、绘画作品(创意思维导图设计,见图 13、图 14)

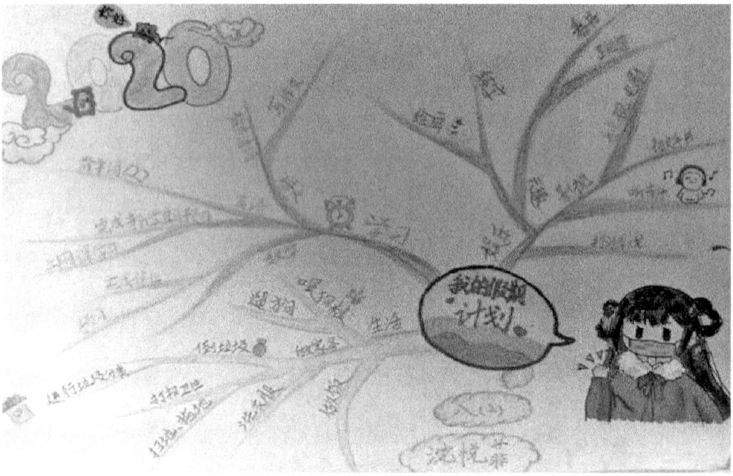

图 13　学生沈悦非作品

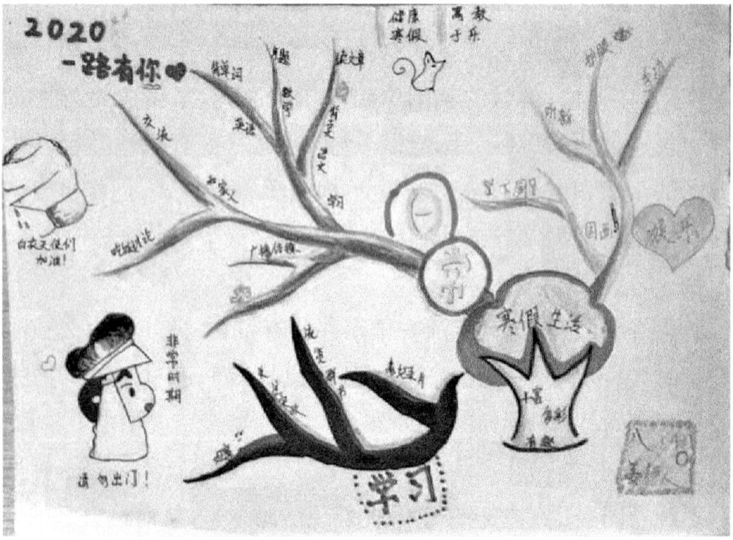

图 14　学生姜伊人作品

我有我的学习“style”

一、理论链接

学习风格是学生在整个学习过程中不同个性特征的集中表现。不同的学习者，学习风格各异，在学习中会采用不同的策略，所以学习状态和学习效果也存在差异。学生学习风格和学习成绩间存在相互影响的密切关系。[①]

关于学习风格的类型，不同的研究者有不同的分类。如与感官偏爱有关的学习风格分为听觉型、视觉型等。了解自己的学习风格更有助于了解自己的学习特点、激发学习动机。[②]

二、教学目标

了解自己学习时所具有的或偏爱的风格，使学习状态达到最佳，能够在解决学习任务时，达到事半功倍的学习效果。

三、教学导图(见图 15)

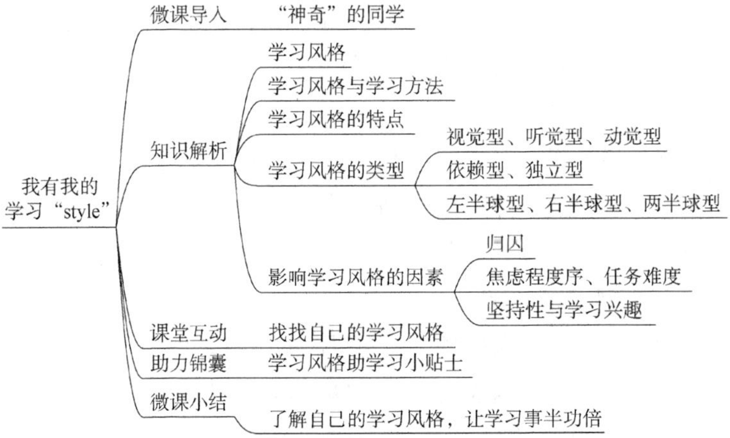

图 15　“我有我的学习‘style’”教学导图

① 姚兰香：《初中生学习风格及其管理策略研究——以一所湘西南农村中学为个案》，湖南大学硕士学位论文，2018 年。

② 余浩波：《高中生感知学习风格与英语学习策略的相关性研究》，天津师范大学硕士学位论文，2020 年。

四、教学过程

微课导入

据说我们身边总会存在这样一些“神奇”的同学：他们面对复杂的逻辑推理，能够很快找出各种线索，但对于舞蹈、音乐等艺术却迟迟不能领悟；还有的同学，好像对需要静心感受的阅读题十分头疼，但对富有创造性的计算机知识反而接受力很强等。你身边有这样“神奇”的同学吗？你又属于哪种呢？其实这不是“神奇”，而是由于学习风格的不同，学习效果也存在差异。

（设计意图：我们经常对孩子说，不是你学不会而是你不会学。将这句老生常谈的话与现实相联系，引起学生对产生这种差异的原因的好奇心和兴趣，从而积极主动地思考属于自己的学习风格。）

知识解析

1. 学习风格

是学习者在学习过程中表现出来的最基本的个性特征。学习风格没有好坏之分，每种学习风格都有其长处和短处，并且直接参与学习过程，对学习活动有直接的调控作用。

2. 学习风格与学习方法

学习风格是指人们在学习时所具有的或偏爱的方式，学习方法是通过学习实践总结出的快速掌握知识的方法，不具有个人特色。学习风格会影响学习方法的选择。

3. 学习风格的特点

学习风格具有个人独特性和稳定性的特点。但学习风格的稳定性并不代表它是不可以改变的，它仍然具有可塑性。

4. 学习风格的类型

从对感觉通道的偏重分类为：视觉型、听觉型、动觉型。视觉型就是擅长用眼睛观察的同学，比较容易接受视觉信息，会把要学习的东西在脑海中组成相应的图像和片段；听觉型的同学比较容易接受听觉信息，知识经过讲解后，他们就容易理解、记住；动觉型的同学，不善于从书本接受知识，因此学习往往要借助实际操作进行。听到这里，你认为你更倾向于哪种类型呢？

从认知方式分类为：依赖型和独立型。依赖型的同学，会比较多地以自己所处的环境作为参考，通过环境改变带来的影响去接受信息，从而形成自己的认知，所以这些同学们喜欢和他人一起完成任务；而独立型的同学不容易受外来因素影响和干扰，更喜欢一个人做决定。

从大脑半球功能角度分类：对文字型材料感兴趣的同学，以大脑左半球为优势；而对非语言、文字的图形材料有悟性的同学，以大脑右半球为优势。对情感性信息处理，以大脑右半球为优势；对非情感性信息处理，以大脑左半球为优势。当然，也存在大脑两半球脑功能和谐发展的情况。

5. 影响学习风格的因素

(1) 归因：外控型的同学常把成败的原因归于外界因素，怨天尤人，将成功归因于幸运，不愿承担责任。而内控型的同学往往比较相信能力、努力或相信自己的行为是更重要的因素。恰当的归因方式有助于发挥学习风格的优势。

(2) 焦虑的程度与任务难度：在一般难度下，焦虑水平与学习效率之间呈倒“U”形关系，即中等水平的焦虑最有利于学习效率的提高。但如果考虑学习难度的话，则难度大的学习，焦虑水平低较好；难度小的学习，焦虑水平高较好。

(3) 坚持性与学习兴趣：具有高坚持性的学习者在完成一项较困难的任务时，能够坚持不懈；坚持性较差的学习者则松松垮垮，一遇到挫折就灰心退缩，以致不能完成规定的任务。可以通过培养兴趣来提高坚持性，从而形成适合自己的学习风格。

课堂互动

请同学们联系实际想一想：这些学习风格给自己的学习带来什么样的影响？试着找出比较符合自己的学习风格。

助力锦囊

学习风格用处大，直接引领你变化。

分类却不分好坏，一种几种都“nice”。

视听动来左右脑，依赖独立各有好。

焦虑坚持与归因，不可小视影响大。

微课小结

通过这节课，好像原本看似很神奇的秘密被解开了。通过了解自己学习风格的特点，找到自己在学习中的优势，取长补短，从而提高效率，增强自信。让我们一起去发现、去塑造一个最适合自己的学习“style”。

五、教师反思

这节课是更注重对新知识、新技能传授的导入型微课。通过列举概念，举例理解，启示深化，帮助同学们更清晰地了解自己的学习风格，从而提高自己的学习力。这节课比较关注“学”的特殊性，注重对学生的个性培养。全面分析自己的学习风格也能够激发学生的学习动机，对学习产生兴趣。了解自己的独特性，寻找自身学习的价值。这样看来，在自己独特的学习方式的直接帮助下，每个人都可以成为拥有自己风格的佼佼者。

六、学生感悟

看完这节课，我发现我是独立型学习风格，更喜欢自己一个人学习。我可能在音乐方面比较薄弱，但我非常喜欢逻辑推理，我也很喜欢做推理的题目。

——陆梓馨

每个人都有自己的学习风格，不管是善于表达的同学，还是擅长美术、音乐的同学。其实学习风格就像人的性格一样，有自己的特点，但没有好坏之分。我们不必因为羡慕他人的学习风格而改变自己。

——王懿

（本课由赵思迪供稿）

生涯规划

我的成长树

一、理论链接

青春期是自我同一性发展的阶段，孩子们在这一阶段逐渐形成社会自我和心理自我。自我同一性指个体尝试着把与自己有关的各方面整合起来，形成协调一致、不同于他人、独具“统一风格”的自我，从而获得正确的自我认知、客观的自我评价。[1]

乔韩窗口理论认为，人对自己的认识是一个不断探索的过程。每个人的自我都由公开的自我、隐私的自我、背脊的自我和潜在的自我组成。鉴于此，孩子们可以通过自我认知以及他人的评价来全面了解自己。[2]

二、教学目标

了解自己的特点，知晓认识自己的途径，全面认识自己。

三、教学导图(见图 16)

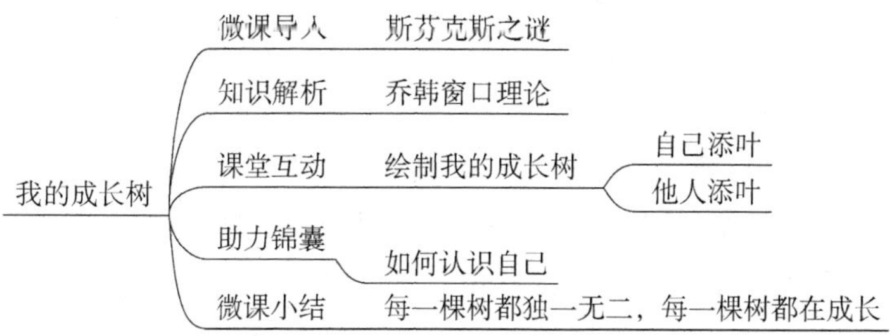

图 16　“我的成长树”教学导图

---

① 严文华：《心理画外音》，上海画报出版社 2003 年版。

② 梁嘉声：《乔韩窗口理论视角下的高一新生适应性教育》，《教学与管理》2018 年第 19 期。

四、教学过程

微课导入

斯芬克斯之谜——人，认识你自己。

（设计意图：通过古希腊的典故，引入课文内容。）

知识解析

乔韩窗口理论：每个人的自我都有四部分，即公开的自我，也就是外显的自我，这部分自己很了解，别人也很了解；背脊的自我，别人看得很清楚，自己却不了解；隐私的自我，是自己了解但别人不了解的部分；潜在的自我，是别人和自己都不了解的潜在部分，可以通过一些契机激发出来。

（设计意图：部编版六年级的《道德与法制》教材中有乔韩窗口理论，在微课中重温这一理论，帮助学生理解为什么他人对自己的评价中有些方面自己却没有感受到；而自己的某些特点，别人也未必了解，从而让学生能够更加丰富自己的成长树，多方面了解自己，逐渐形成客观的自我评价。）

课堂互动

我的成长树

请你闭上眼睛，如果有一棵树代表你自己，这是一棵怎样的树？它有着怎样的树冠？它是现实中的树还是想象中的树？当这些问号变成一个一个句号时，你可以开始动笔了。先请你把这棵树的轮廓画下来。

画完以后，请你观察一下你的这棵成长树，它也许很普通，但又是如此独具一格，因为它有着属于你的特有的笔触、颜色、形状……

现在请你在这棵树上添上叶子，每一片叶子代表着你的一个特点。也许是你拥有的优点，也许是你觉察到的缺点，亦或是其他的种种。每一片叶子都是你的象征。

画完以后，请你再次端详一下这棵成长树，观察它是不是丰满了许多。请你邀请一位朋友或者家人，在成长树上再次添加树叶，每一片叶子代表着他们眼中你的特点。

看着这棵逐渐枝繁叶茂的树，你是不是感受到了它的生长。树冠上的这些叶子和你原本心目中的自己一致吗？你是否认同他们对你的描述？如果身边的人对你的评价和你自己的期待相差甚远，那么请你思考一下其中的原因是什么。如果你找到了答案，那么进一步完善自己的窗口就此开启了。

如果你的成长树已经绘制完成了，可以为它命名。

（设计意图：通过表达性绘画，开启学生对自我的探索之门。把自己比作一棵树，能吸引学生的关注与参与，学生在添枝加叶的同时，引发对自我的思考。）

助力锦囊

1. 自己眼中的我

通过自我观察认识自己，经常反省自己在生活中的点滴表现，总结自己是一个什么样的人，找出自己的优点和缺点。

2. 他人眼中的我

通过他人的评价认识自己，尊重他人对自己的态度和评价，既不能忽视，也不能盲从。

微课小结

大家发现了没有？我们绘制的每一棵树都是独一无二，每一片叶子都述说着我们的成长，每一个色彩都是我们的心灵世界。眼前的这棵树，是你理想中的那棵树吗？如果是，那么恭喜你，你现在要做的是如何让它接受更多的阳光雨露，茁壮成长。如果不是，那么也恭喜你，因为你已经找到可以发展和改进自己的地方，通过努力，去创造属于你的成长树。

（设计意图：通过对成长树满意与否的设问，引发学生的思考。）

五、教师反思

本课以表达性绘画为载体，试图让学生在趣味的体验中进行更多的表达。通过每一片叶子的设计，形象化地描绘出自己的特点。在本课设计的过程中，笔者邀请学生进行了前期的尝试，学生绘制的成长树让笔者欣喜。当然，“我的成长树”还是区别于“树木人格图”的测试，重点是让学生在任务驱动下，发现和绘制每一片代表自己特点的叶子，并在他人的“添枝加叶”下，更全面地认识自我。同时通过乔韩窗口理论，孩子们可以明晰每一棵代表自己的树都有无限延展的空间。

当然，我们可以利用线下的课堂，关注学生们绘制的成长树，帮助孩子们进一步澄清、探究这棵别具风格的成长树，重点落脚于成长。树干粗细、树冠的大小和学生自我能量有一定的关系，教师也需加以留意。

六、学生感悟

树代表着我，我觉得自己的人生不该被人们眼中的“标准”（绿色、棕色）所束缚。人生应该是多姿多彩的，我最喜欢粉色，所以这是我喜欢的人生。

——陈念沙

认识自我不仅要看到自己的优点，也要看到自己的缺点，从生活中的点点滴滴里取长补短。

——韩鑫强

七、绘画作品（我的成长树，见图17、图18）

图17　学生陈念沙作品

图 18　学生叶姚楚萱作品

我的兴趣星空

一、理论链接

兴趣是个人力求接近、探索某种事物和从事某种活动的态度和倾向，是个性倾向性的一种表现形式。当人的兴趣对象指向职业活动时，就形成了人的职业兴趣。职业兴趣是兴趣在职业方面的表现，是指人们对某种职业活动具有的比较稳定而持久的心理倾向，使人对某种职业给予优先注意，并向往之。[①]

美国职业指导专家霍兰德(John Holland)认为，个人职业兴趣特性与职业之间应有一种内在的对应关系。根据兴趣的不同，人格可分为研究型(I)、艺术型(A)、社会型(S)、企业型(E)、传统型(C)、现实型(R)六个维度，每个人的性格都是这六个维度的不同程度组合。[②]

① 廖丽娟、周隽编著：《中学生心理课·生涯发展》，中国轻工业出版社 2015 年版。
② 金树人：《生涯咨询与辅导》，高等教育出版社 2007 年版。

二、教学目标

探索目前的职业兴趣类型，初步树立培养职业兴趣的意识。

三、教学导图(见图 19)

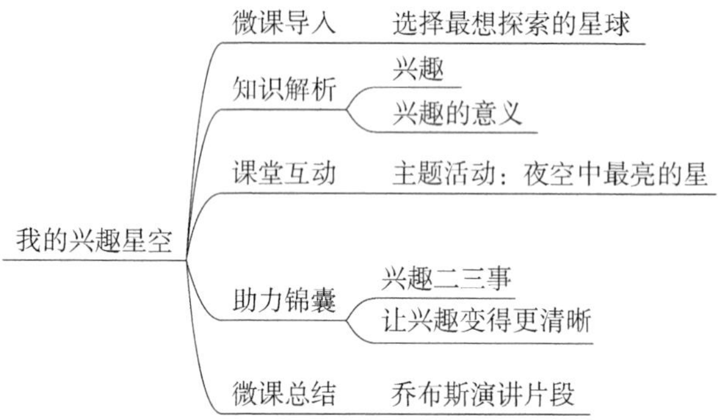

图 19 “我的兴趣星空”教学导图

四、教学过程

微课导入

星际穿越：欢迎来到“星际穿越”真人体验项目，你即将踏上地球以外的另一个星球进行探索活动，你会选择哪一个星球？你选择这个星球的原因是什么？

知识解析

1. 兴趣

如果专注于某种活动，而活动的结果又会使人得到极大的愉快感和满足感时，人会继续倾向于重复该种活动，这种倾向就是兴趣。

2. 兴趣的意义

放松身心、陶冶情操、学会知识技能、培养品格、激发梦想……

3. 职业兴趣

当人的兴趣对象指向职业活动时，就形成了人的职业兴趣。职业兴趣是兴趣在职业方面的表现，是指人们对某种职业活动具有的比较稳定而持久的心理倾向。

课堂互动

刚才我们已经选择想要去探索的星球，它们各具特色。由于星球的面积有限，我们将参与星球面试，合格者才能登陆该星球，面试提问如下：

问题一：你有哪些优势能帮助你登陆这一星球？

问题二：如果你获得星球居留权，你希望从事一份怎样的工作？

再次思考：除了你所选择的星球之外，你还有想去探索的星球吗？是哪些？你是否还不太清楚自己的选择？是什么原因使你犹豫不决？

（设计意图：探索并澄清自己的职业兴趣，并初步体会兴趣对职业选择的影响。）

助力锦囊

兴趣可以是丰富多样的。

兴趣可能会随着时间和经历而发展变化。

兴趣可能有时还未出现或者不清晰。

让兴趣变得更清晰：好奇心、多尝试、能坚持。

微课总结

在今夜星空下很高兴能与同学们分享这段曾给予我很多启发的演讲"乔布斯斯坦福大学毕业典礼演讲片段"。我也曾迷茫，找不到自己的兴趣，不知道人生的目标。直到我遇到了心理学，直到我找到了你们。"So keep looking, don't settle."人生犹如这浩瀚星空，我们从出生就踏上了未知的旅程，一路繁星点点，但愿你有一颗好奇的心、尝试的勇气、坚持的毅力，找到于你而言最亮的星，带领你成为更好的自己。

五、教师反思

本课旨在通过一系列活动让学生初步了解自己的兴趣，以及兴趣在职业选择中所发挥的作用。在课堂环节的推进中，通过视频和自我挖掘，澄清自己目前的兴趣所在；通过体验活动，加强学生的参与度。同时,引入霍兰德职业兴趣类型这一概念,从而初步明晰兴趣在职业选择中所发挥的作用,为学生对生涯发展规划这一人生课题做好铺垫和思想上的准备。

六、学生感悟

每个人都有自己的兴趣,它会使你朝着自己的小目标努力。正如乔布斯所说,继续找,别停下,总有一天你会找到它。当你拥有顽强的毅力、坚持的心,你总会发现属于自己的兴趣。

——张浩坤

兴趣无处不在,它帮助我们学习、生活,它也可以指引我们找到喜欢的职业。世界是丰富多彩的,兴趣也不是唯一的,我们要勇于尝试。

——刘诗瑶

战"疫"中的守护者

一、理论链接

生涯教育是以个人发展为着眼点,兼具发展性、广泛性、综合性的特性,以自我状况的了解及个人价值观的澄清、生涯规划及生涯决策能力的培养等为具体内容,促进学生生涯适应能力的提升。①

初中职业生涯教育包括人格独特性、职业多样性等五大中心概念,以及职业生涯基础知识、教育与职业的关系、自我认识等八大学习领域。②

二、教学目标

了解不同职业的特点和所需的职业素养,培养职业平等观。

---

① 沈之菲主编:《开启未来之路:中小学生涯教育实施指南》,华东师范大学出版社 2019 年版。

② 覃章成:《初中职业生涯教育课程的开发》,《教育理论与实践》2014 年第 29 期。

三、教学导图(见图20)

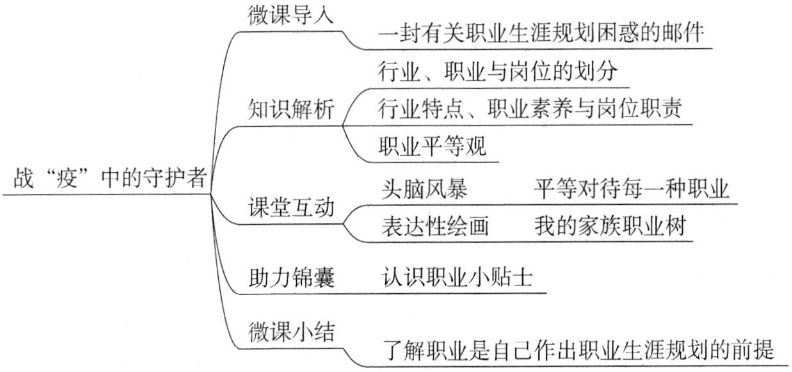

图20　“战‘疫’中的守护者”教学导图

四、教学过程

微课导入

在心理邮箱中，老师收到了这样一封邮件。这位同学在疫情时期被疫情中奉献的各行各业感动着，希望老师能够帮助他学会认识职业并进行自己的生涯规划。大家都能感受到，抗击新冠肺炎疫情，是一场全民动员的战“疫”，许多职业的工作者舍小家为大家，仍然坚守岗位，在前线和后方共同奋斗。他们守护着我们，我们也可以在经历过疫情后一起回顾一下，疫情中有哪些让人们印象深刻的职业？

知识解析

1. 行业、职业与岗位的划分

一般来说，行业的范围更广些，由概括到具体又可以划分为职业和岗位。而职业有统一的称呼，有些职业我们耳熟能详，例如教师。岗位的划分则比职业更加细化。

2. 行业特点、职业素养与岗位职责

不同行业有不同特点，这些特点包括特定的技能、穿着的服装、使用的工具以及这个行业的共性等，如医疗行业。在医疗行业中，有许多代表人物，他们的专属技能就是治病救人，或者进行一些类似疫苗研制、病毒研究等的医学研究。我们经常看到他们身穿白色大褂或者护士服等专业制服，也会看到他们经常在脖颈间挂着听诊器，手中拿着处方单，而最最重要的是，他们的"秘密武器"——仁爱、奉献、责任。职业素养指职业道德、职业思想、职业行为习惯等。如人民警察。民警严厉打击倒卖口罩等违法犯罪行为，辅警在人流易聚集的地方密切注视着动向，交警在高速路口指挥着来往的车辆。在人民警察的行动中，我们看到了一身正气，把社会治安交给他们，人民放心。岗位职责指一个岗位所需要去完成的工作内容以及应当承担的责任范围，如将教师这个职业细分为不同的岗位，主要有小学语文教师、高中体育老师、幼儿园保育员等；就像初中心理老师的岗位职责是帮助学生解决心理困扰，指导学生升学就业等，通过倾听、接纳，来表达对每一名学生的关怀。

3. 职业平等观

无论从事何种职业，只要是正当的，合乎道德和法律的，都是光荣的，都是没有高低贵贱之分的。"三百六十行，行行出状元"，不管从事什么工作，只要能脚踏实地，兢兢业业，都能有所作为。除了老师主要列出的几种职业外，还有例如保安、社区工作人员等许多重要的职业。

课堂互动

问题：除了已经列举的职业外，你还可以列举哪些战"疫"中的守护者呢？

（设计意图：各行各业的存在都有其价值，平等对待每一种职业，尊重劳动者。）

表达性绘画：我身边的守护者。请你将自己家庭成员所从事的职业画在树上。

（设计意图：从自己的身边出发，通过了解家庭成员从事的职业，更直观地感受其价值，培养职业平等观。）

助力锦囊

行业、职业与岗位，从广到细来分类。

工具、服饰有特点，素养技能作信念。

各行各业出状元，职业平等记心间。

聚焦职业从身边，我为社会作贡献。

微课小结

我们对未来职业的规划和发展，应从认识职业开始。而在认识职业的过程中，不仅要聚焦于对其特点的认识，也要深入地了解这个职业所需要的核心素养，才能够真正了解其价值所在。我们也可以发现，随着社会的发展，也会不断出现新旧职业交替的现象。走近职业，深入了解职业，也是对自己的职业生涯作出规划的前提。

五、教师反思

将各行各业的介绍与社会的大背景紧密联系，更能展现出不同职业的价值和意义，也让学生对自己未来的职业规划有更清晰的认识。一些有趣的课堂互动让同学们自己感受职业平等观与职业发展的关系，从而以发展的眼光，树立起正确的职业价值观。

六、学生感悟

通过这节课，我了解了作为一名医生，需要很多知识和经验，除了这些，还需要一个良好的心态。但在这一点上，我需要去提升自己。比如面对困难时，常常失去耐心去尝试解决。我想从现在开始，定下目标，为长大以后成为一名合格的医生而奋斗。

——周子涵

疫情的特殊时期，让全世界仿佛按下了暂停键。“我能为社会做些什么呢?”这句话一直在我的脑海里盘旋。直到我看到大量的图片和新闻记录着疫情中各行各业的感人瞬间。我想成为一名心里有爱、眼里有光的摄影师，去记录这世间的美好。

——林语真

七、课堂互动作品展示(我身边的守护者,见图 21、图 22)

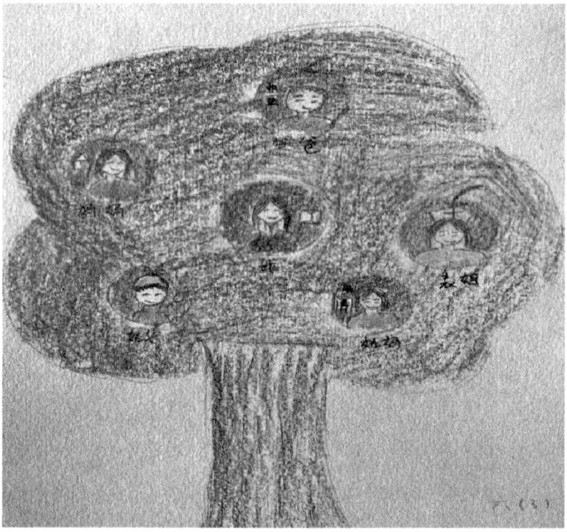

图 21 学生俞诗怡作品

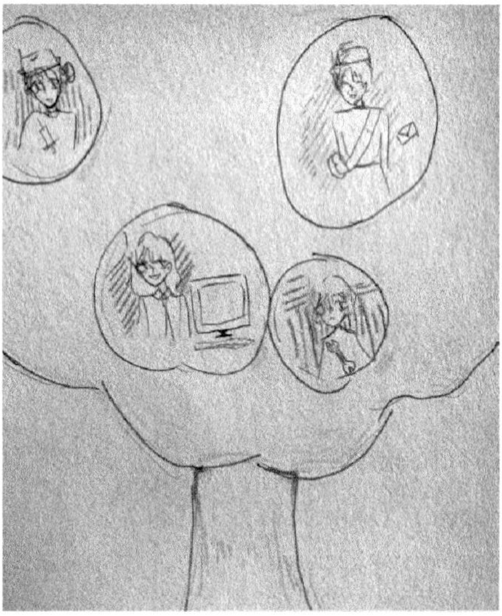

图 22 学生密乐作品

明天我想成为你

一、理论链接

职业生涯规划是以个人为主体，以有关的教育为载体，以提高个体生存能力为基础，通过引导个体探索自我、认识职业世界，培养选择合适职业并规划相应未来的决策能力以及能根据现实情况作出相应调整的能力，从而不断自我完善的过程。[①]

初中生的生涯规划教育，是帮助初中生了解生涯规划的意义，增进生涯探索的意识；了解生涯发展阶段，明晰生涯规划的步骤等。[②]

二、教学目标

了解职业生涯规划的意义，学习初步的职业生涯探索。

三、教学导图（见图 23）

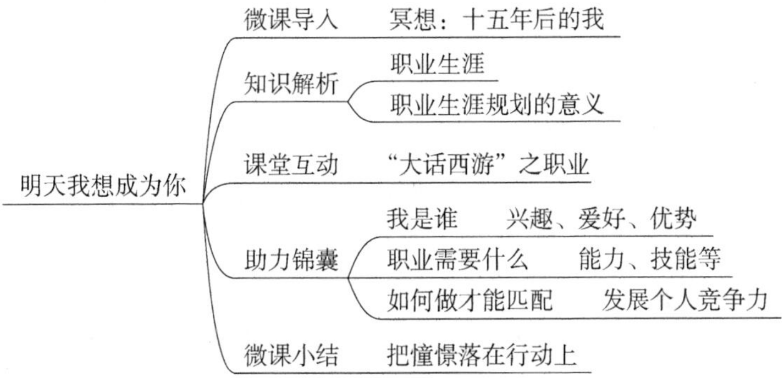

图 23　“明天我想成为你”教学导图

---

① 罗媛媛：《初中生职业生涯规划教育的问题及对策研究——以南京市 G 区为例》，南京师范大学硕士学位论文，2013 年。

② 沈之菲主编：《开启未来之路：中小学生涯教育实施指南》，华东师范大学出版社 2019 年版。

四、教学过程

微课导入

活动：冥想：十五年后的我。

指导语：……让我们插上想象的翅膀，去看一看十五年后的自己：你从事的是一份什么样的工作？有什么样的工作场所？周围环境是什么？周围人又是怎样的呢？

“我到底想要做什么？”“我能做什么？”“我以怎样的方式去实现？”当开始有这样的意识时，我们也开始尝试着规划自己的未来。这就是我们通常所说的职业生涯。

知识解析

职业生涯：一个人一生所从事的工作与之相关行为和活动等连续性经历的过程。

职业生涯规划的意义：有助于逐渐清晰学习目标，有助于学习动力的形成，有助于更好地认识自我。

课堂互动

“大话西游”之职业：你觉得“警察、餐饮、科研工作者”如果要一一匹配《西游记》中的三位徒弟，你觉得谁更适合呢？请你说说理由。

（设计意图：让学生们了解个性特点是职业选择的相关因素之一。）

助力锦囊

我是谁？思考：我的兴趣、爱好、优势是什么？这些优势对自己意味着什么？每个人的能力和技能是在不断发展的，是一个动态发展的过程。了解我为什么喜欢这个职业，有的同学是受家人的影响，有的同学觉得能获得价值感，有的同学觉得该职业的薪酬高等。

职业需要什么？了解相关职业的必备条件，包括认识各行各业的特性、从事某行业所需要的能力及工作内容等。

如何做才能匹配？在了解自己和相关职业必备条件的基础上，把在校学习和未来生涯发展联系起来，根据职业目标，不断塑造和发展自己的竞争力。

微课小结

对于职业的憧憬和选择更重要的是行动。未来是要靠我们自己去创造的，通向未来的路是在我们不断找寻中一步步走出来的。走出这条道路的过程，既改变着这个走路的人，又改变着目的地。

五、教师反思

本课是前一课“战‘疫’中的守护者”（了解行业与职业）的拓展延伸。在技术上运用卡通动画的媒介，通过学校“兴兴”“美美”两位卡通人物的困惑，吸引学生对职业生涯的关注。

对于初中生来说，对将来升学的选择，没有清晰定位的学生占了一定的比重。落脚于职业这一具体化的称谓，对于促进学生的学习动能具有举足轻重的作用。在前一课了解各类行业特点和职业情况的基础上，让学生通过职业规划“三问”来进一步探究自己，帮助学生将学校学习与未来职业和生活建立联系。当然在有限的微课时间内，学生很难做到自我认知和探究，但如若其中某一点能够引发孩子的思考，生涯发展之路将就此开启。

六、学生感言

看了心理微课后，我想了想，十五年后的我会是什么样的呢？会是老师吗？还是医生？又或是在舞台上的一个舞者？理想是一盏灯，为我们前进的道路照出一片光芒和希望。实现理想的道路必然艰辛，会让我们流下不少汗和泪，但没有目标的人生是没有意义的。有了这些努力，我的生活会更加美好，更加有动力，有梦想就去追。

——王妮

未来是什么？我思考着这个问题。未来是一份工作吗？是一种生活吗？是一个梦想吗？我的未来是什么样的呢？因为从来没有思考过将来自己会干什么，我十分迷茫，但很快我又有了答案。未来是一个过程，有了过程就要有目标。我要努力找到自己的目标，拥有社会责任心和职业价值感。

——陈若菲

七、绘画作品(十五年后的我,见图 24、图 25)

图 24　学生谢翔宇作品

图 25　学生俞诗怡作品

意志培养

自控力：让学力涨起来

一、理论链接

自我控制能力是个人根据对自身的心理和行为的把握,设置符合自己的目标,克服外在的监督,抵抗外在的诱惑,主动控制与调解自己的行为和心理,从而达成目标的能力。①

学习自控力是自控力在学习过程中的具体体现,是通过一些适用于自身学习的方法,抵制诱惑,调节自己的学习行为,从而达到学

① 宋辉、杨丽珠:《儿童自我控制发展研究综述》,《辽宁师范大学学报》1999 年第 6 期。

习目标的一种能力。[1]

二、教学目标

了解自控力是如何形成的，寻找自己在学习活动中有哪些缺乏自控力的行为并加以改善。

三、教学导图(见图 26)

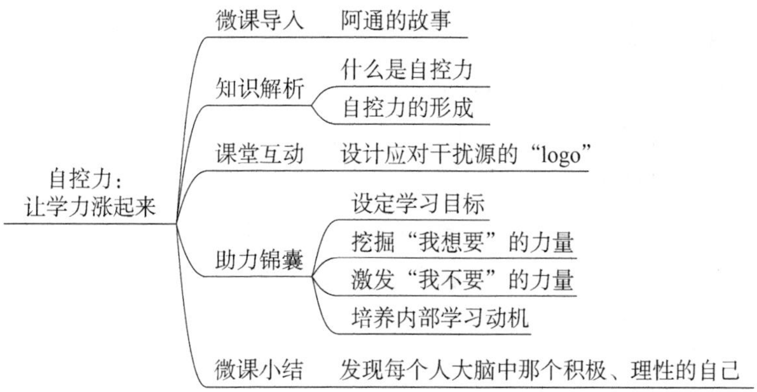

图 26　“自控力”教学导图

四、教学过程

微课导入

小动画：阿通的故事

（设计意图：通过生动有趣的卡通形象，让学生产生共鸣。对有些学生而言，在阿通身上能找到自己的影子。）

知识解析

1. 自控力

对外界诱惑或自身行为习惯的一种控制。

2. 自控力的形成

从大脑机制看自控力的形成。每个人的大脑中，都可能住着一

---

① 赵宏：《初中生学习自控力的现状与干预研究》，曲阜师范大学硕士学位论文，2018 年。

位天使和一个小恶魔。前者是理性积极的自己，操控着日常行为，往往会督促自己去做一些有意义的事，如：把好好学习作为自觉行动。后者是自由散漫又爱玩的自己，每当你专心做一件事情时，它总会时不时冒出来“坑”你。如果前者战胜了后者，那么我们的自控力也就在不断形成中。

（设计意图：通过动画视频的方式呈现自控力的相关定义，浅显易懂。）

课堂互动

思考：哪些因素影响着你的学习专注力？它对你学习的影响有多大？你曾经抵制过它的诱惑吗？你是怎么做到的？请你设计一个应对干扰源的小“logo”。

（设计意图：通过表达性绘画的方式，将具象的图画与抽象的自控力相连结，帮助学生在绘制过程中发现身边的干扰源，从而更好地隔离干扰源。）

助力锦囊

设定学习目标时，目标要适切，具体可行。

挖掘“我想要”的力量，集中注意力。

激发“我不要”的力量，隔离外界干扰源。

培养内部学习动机，发挥榜样的力量。

微课小结

干扰源就像一只“小恶魔”，妄图侵占我们的意志，剥夺我们的自控力。但每个人心中都住着一位自己的天使，“她”会帮助我们唤醒自我管理的力量。让我们尝试将自控进行到底。

五、教师反思

本节课是宅家学习期间对全校学生开展的一次线上辅导。作为线上主题班会课的重要内容，由班主任老师在此基础上针对本班实际情况加以拓展。卡通人物形象阿通的出现，让同学们即刻找到了那个自控力不强的自己。师生共同分析了宅家学习期间同学们自控力差的现象，如：有个别同学以各种理由缺席网课，有的一边上课一边吃零食，更有甚者一直处在挂网游离状态。从这些现象出发，帮助学生找到其中的原因，唤醒每个孩子内心那个积极向上的自己。

对于互动环节，教师特别需要挖掘的是孩子自身在克服干扰方面的成功经验，这对于其提升自控力是最切实有效的举措。

课后，班主任老师给予积极的反馈，尽管只有 6 分多钟的微课，但还是给学生带来较大的冲击，特别是提升自控力的具体措施，为学生提供了切实可行的有效方法。当然，本课不是孤立的一课，在意志力的培养方面，如何提升应挫能力、心理韧性等都有具体的微课呈现。

六、学生感悟

自控力是我们想要做好一件事情的必备要素。进入中学以后越来越考验我们的自我管理能力和自主学习能力。我可以运用画标识的做法，写些纸条提醒自己，坚定自己想要做这件事的决心。

——王幸蕾

自控力不仅仅表现在学习上，对生活的各个方面都很重要。我要更多看到自己身上的小天使，让“她”多多提醒自己。

——徐宗恺

七、绘画作品(应对干扰源小“logo”，见图 27、图 28)

图 27　学生陈念沙作品

图 28　学生杨一宸作品

坚持的力量

一、理论链接

坚持作为学习品质的组成部分，能够有效预测学生的学业成就，并对学业成就产生影响。[①]

影响坚持的因素：从个体自身角度看，自我效能感和乐观的解释风格等能够促进坚持品质的发展。从环境角度看，榜样的力量与社会支持等能够促进其发展。[②]

二、教学目标

体验坚持的过程，初步培养在学习中能够坚持不懈的品质。

---

① 张林、张向葵：《中学生学习策略运用、学习效能感、学习坚持性与学业成就关系的研究》，《心理科学》2003 年第 4 期。

② 赵玉红：《大学生坚持性的作用及其影响因素的研究》，东北师范大学硕士学位论文，2014 年。

三、教学导图(见图 29)

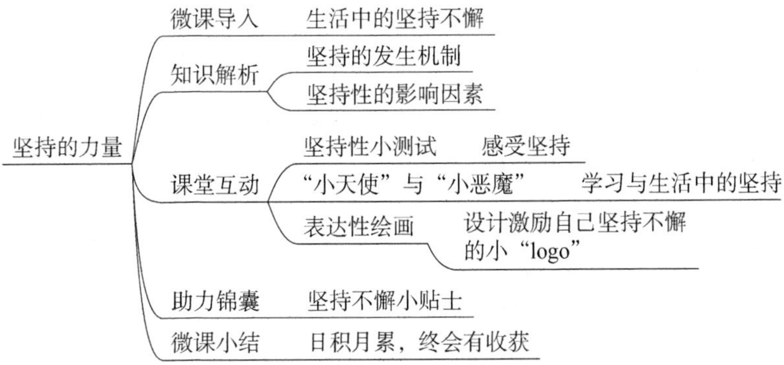

图 29　“坚持的力量”教学导图

四、教学过程

微课导入

大家都知道，坚持往往是实现梦想、获得成功的代名词，但其实生活中点点滴滴的小事也需要我们坚持到底，如实现一个小目标或完成一件事情等。留心生活，哪些是需要我们坚持不懈的事情呢？培养坚持品质对我们的学习和生活有着重要的影响。

知识解析

1. 坚持的发生机制

我们大脑的前额皮质分为三个不同的部分，分别寓意着“我要做”“我不要”和“我想要”的三种力量。

2. 影响坚持的因素

从削弱的角度来看，包括来自他人的打断、高难度的目标或任务、得不到他人的支持、外部环境发生变化等外部因素；以及无法克制自己的欲望、缺乏自信、注意力不集中、不感兴趣等内部因素。从增强的角度来看，包括家人、朋友、老师等的支持，与能力相匹配的任务，努力得到认可，取得成绩或获得奖励等外部因素；以及良好的自我控制能力、保持积极心态、制定合理的目标、产生浓厚兴趣等内部因素。

课堂互动

1. 趣味小测试

观看指定图片，请同学们按顺序，根据图片上字的形状，读出字到底是大还是小。注意：并不是让你念出这个字是什么。下一步挑战升级，看难度升级的指定图片。请同学们根据图片上字的颜色，读出这个字属于哪个颜色。你的感觉如何呢？

（设计意图：当我们遇到困难时，容易产生放弃的念头，但是当你试着克服困难，就能够感受到坚持的喜悦。）

思考：当面对以下情景时，假如你的内心有个“小天使”支持你坚持下去，有个“小恶魔”劝你尽早放弃，你的内心是“小天使”强一些还是“小恶魔”强一些？对你分别有什么样的影响？如果要帮助“小天使”获得胜利，你有什么好的方法？

情景1：有一道数学题做了好久都没有做出来。

情景2：已经坚持背了3天英语单词，却发现第一天背的单词已经忘了。

情景3：周末正在写作业时，朋友问要不要一起玩游戏。

情景4：下午第一节课觉得很困，根本听不进去。

（设计意图：通过贴近学习生活的互动，引导学生回顾坚持的过程，了解坚持的意义，面对学习中的困难而不轻易放弃。）

2. 请同学们结合本节课的体会，设计一个激励自己坚持不懈的小“logo”

（设计意图：学以致用，也是对本节课的延伸，深化学生们对坚持意义的体会，在学习和生活中激发学生坚持到底的实际行动。）

助力锦囊

放弃容易坚持难，水滴也能把石穿。

困难挫折别害怕，积极心态战胜它。

兴趣作用可真大，保持动力就靠它。

再加把劲向前看，持之以恒好习惯。

微课小结

这样日积月累的坚持，会有什么样的变化呢？比如：通过每天背诵英语单词，我们的英语成绩会有所提高；通过坚持运动，可以增强体质；甚至通过坚持努力，可以实现自己的梦想。所以从现在开始，同学们也可以为自己的目标而付诸实际行动了。

五、教师反思

在引导学生培养坚持品质的过程中，可以更加具体化。如将当下目标与现阶段的学习生活紧密结合起来。本课中的互动游戏将影响坚持品质的理论，变为学生浅显易懂的语言，把抽象的概念转化为更直观的感受体验。结合表达性绘画，进一步巩固学生对于坚持品质的理解和认识，并使其付诸行动。

六、学生感悟

坚持源于兴趣，只有先对一件事产生兴趣，才能真正不懈努力。自从入校以来，反思自己，我确实没有一个长期坚持的习惯。看书、写作业每次都是三分钟热度。通过这个视频，我想要给自己设定一个目标，不负青春。

——杨弋雪

罗曼·罗兰说过，最可怕的敌人，就是没有坚持的信念。通向理想的长路坎坎坷坷，我们如果没有实际行动的坚持努力，再远大的志向也会化为幻影。所以从现在开始，我要为我的目标和理想坚持不懈，努力奋斗！

——蒋筱睿

七、绘画作品（设计让自己坚持的小"logo"，见图30、图31）

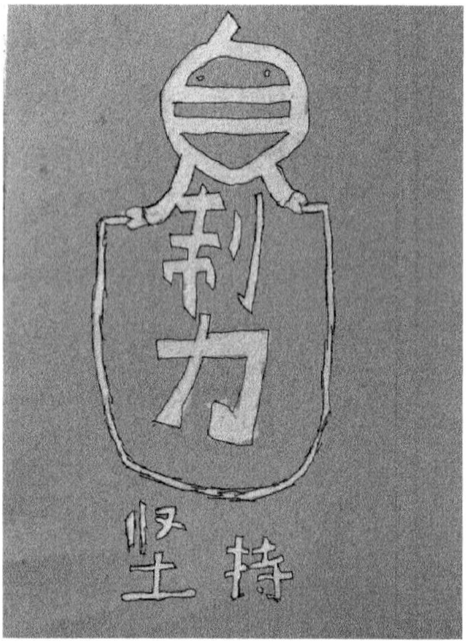

图30　学生卢俊义作品

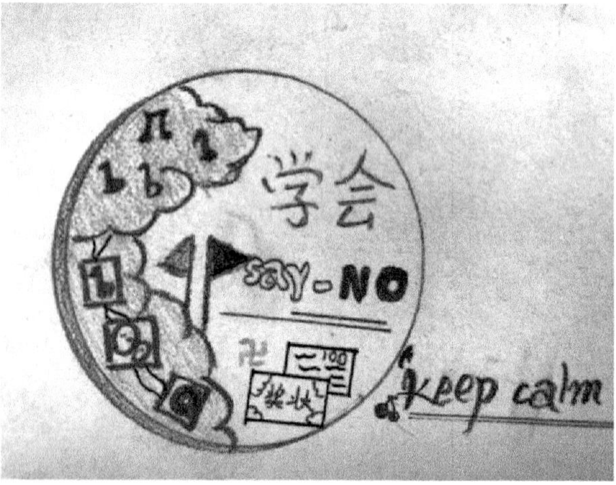

图31　学生陈馨雨作品

（本课由赵思迪供稿）

发现我的心理弹簧

一、理论链接

心理弹性是个体即便在消极的经历中仍然能够做到成功应对困难的一种品质或者能力，这样的一种品质或能力是每个个体所特有的。心理弹性是一个发展变化的过程，又称抗逆力、复原力等。3I心理弹性资源模型为“I have、I am、I can”，即“我有、我是、我能”，也称为心理弹性的语言。不同程度的心理弹性，来自这些资源的组合。①

二、教学目标

了解“3I”资源模型，提升自己的心理弹性。

三、教学导图(见图32)

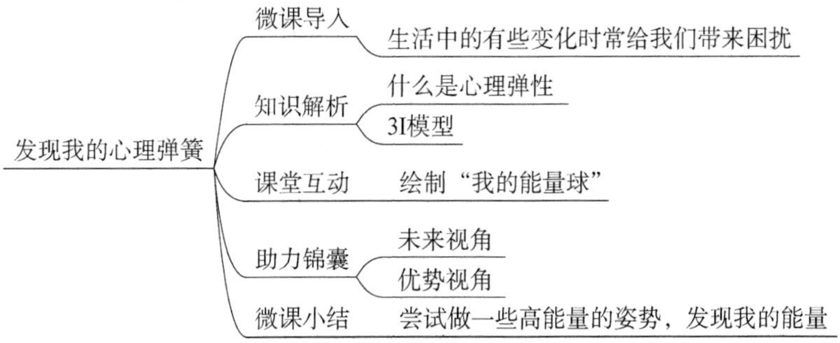

图32　“发现我的心理弹簧”教学导图

四、教学过程

微课导入

从卡通人物“兴兴”的视角看生活的变化。

(设计意图：从卡通人物形象的描述，类比生活中的变化，让学生感同身受，同时吸引其注意力。)

---

① 吴彩云：《初中生自我接纳与心理弹性的关系及干预研究》，曲阜师范大学硕士学位论文，2015年。

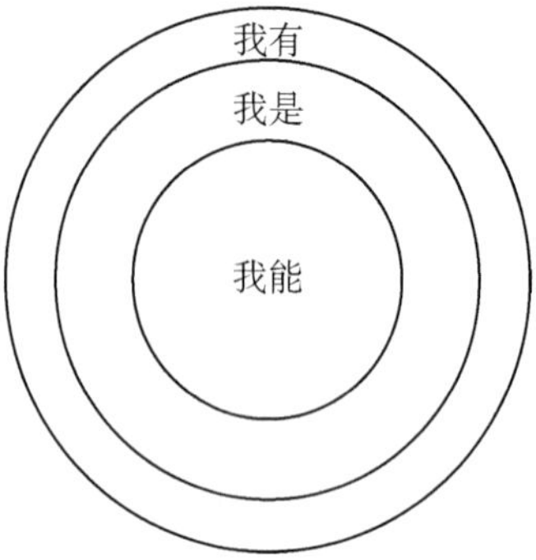

图 33　能量球示意图

课堂互动

我的能量球(见图 33)

最外圈(“我有”):回顾和发现自己所拥有的外界支持和资源,比如:你获得安全感时,感受到的外部力量和社会支持等。中间圈(“我是”):探索自己的内在力量,包括个人的优势、态度及信念等能够正确认识自己的自我能量。最内圈(“我能”):发现和培养自己的问题解决能力,聚焦当下,思考如何更好地前进,比如:当下可以做的努力或调整,挖掘自己的潜能。用色彩、文字、符号等将上述内容表达出来,依次绘制在相应的各圈中。最后,还可以给自己的作品取一个恰当的名字。

(设计意图:为了让学生更好地了解和运用 3I 模型,通过将表达性绘画和学生的生活体验相结合,看到当下自己的资源,挖掘自身的潜能。)

知识解析

从生活中的弹簧运动现象解读心理弹性。

心理弹性:个体遇到逆境时保持或恢复心理健康状态,在消极的经历中仍然能够做到成功应对困难的一种品质或者能力。大多数人都有足够的心理弹性,正如我们几乎都有过战胜挫折的体验。

3I 模型:

“I have”指的是能够看到外在的支持、外部的资源等,如家人对我们的关心,朋友、师长给予我们的帮助等。

“I am”指的是能够发现自己的内在力量,自我接纳,如有的同学很乐观、幽默,有的同学动手能力强等。

“I can”指的是能够培养人际技巧和解决问题的能力,如面对困境时所采取的积极有效的措施,丰富自己的学习生活。宅家期间,可以尝试着和家人多沟通。

助力锦囊

未来视角：重点是放眼未来。如若十年后的你看到现在的自己，你会对自己说些什么呢？正如现在回顾曾经遇到过的挫折，你又会对自己说些什么呢？这些曾经发生过的挫折对于现在的你又意味着什么？以未来的视角指导今日所面临的困惑，面对冲击事件，不作糟糕的假设和揣测。

优势视角：当下所遭遇的问题有没有在过去的生活中出现过？如果有，曾经的你是怎样应对的？如果现在稍作一些改变，是否能解决得更好？相信每个人都是不断发展变化的，都应该得到尊重。大家都有自己的优势和潜能去解决困难。

微课小结

现在同学们再重新审视生活中遇到的不开心的事情，或者是一些困难挫折，从3I的角度出发，你们有什么新的感悟吗？相信每个人都拥有自己的心理弹簧。当困难来临时，我们不妨给自己一个拥抱，带着优势视角和未来视角，重新出发。

五、教师反思

本课的诞生是在学生宅家时线上教学期间，当时有部分学生反馈宅家“宅”久了，各种困惑接踵出现，如不能很好地适应线上教学的方式、不能外出活动等，因此导致挫折感。所以本课选择了“心理弹性”这一视角，让学生尝试去寻找自己的内、外部资源，从而找寻解决问题的途径。这里，特别向学生指出的是，这种能力，每个人都会拥有。发现一个自身已经拥有的能力比重新塑造一种能力，对孩子来说似乎变得容易些。事实上，学生在微课反馈中也给了教师许多积极的回应。

教学互动是对本课的一个线下拓展，为了让学生更好地表达自己，我们尝试在复学以后线下的课堂中，让学生绘制3I模型。当然，此情此景，学生每一次对3I模型的诠释可能会有共性和差异的地方，这也是心理弹性在每一个个体发展过程记录下的点滴。

六、学生感悟

“心理弹簧”能让我们在逆境中产生一种保持或恢复良好心理状态的力量。新冠病毒的肆虐影响了很多人的正常生活，但它不会一直都在。我们现在已经看到了胜利的曙光，就像漫漫长夜后清晨的第一缕阳光。我们可以从不同视角，换副眼镜看世界。在面对变化时用不同的方法积极应对，就像弹簧一样变压力为动力。

——李圣贻

课堂中绘制的我的能量球，让我对 3I 模型有了更深刻的了解。“I am”告诉我要学会自我接纳；“I have”让我看到自己的外部资源和支持；“I can”需要我们不断培养和发展自己的能力。当各种色彩和元素跃然在纸上时，我发现我们每个人的能量球都是有力量的。

——刘嘉琪

七、绘画作品（我的能量球，见图 34、图 35）

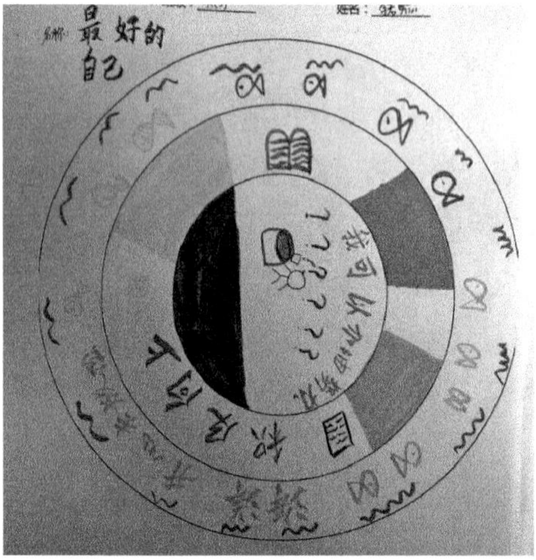

图 34　学生李若熙作品

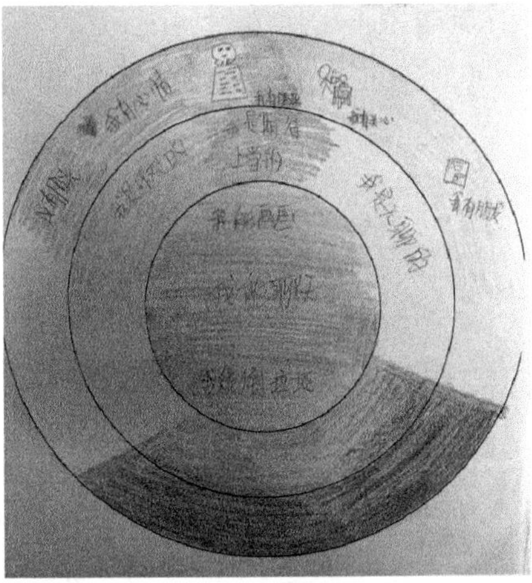

图 35　学生钱朵作品

游戏视角巧应挫

一、理论链接

初中生对所遇到的挫折有时会存在认知的偏差，从而产生不正确的应对方式。建议积极发掘自身的潜在力量，寻求外界的积极支持。①

从发展心理学视角看，个体在遇到重大挫折时就会进入心理转折期，在这一时期个体不仅会产生自卑、焦虑、抑郁、颓废等心理反应，也会获得新经验、新思维和新关系等，变得思想更成熟、性格更稳重、情感更丰富。为此，需要建立以自我发展为目的的挫折教育体系，提高青少年挫折教育的有效性。②

二、教学目标

了解挫折的积极意义，培养积极心态，提升应对挫折的能力。

---

① 代勇真：《初中生抗挫折能力现状及其培育研究》，渤海大学硕士学位论文，2019 年。

② 闫娜：《自我发展视阈下青少年挫折教育问题探析》，《内蒙古师范大学学报(教育科学版)》2019 年第 1 期。

三、教学导图(见图 36)

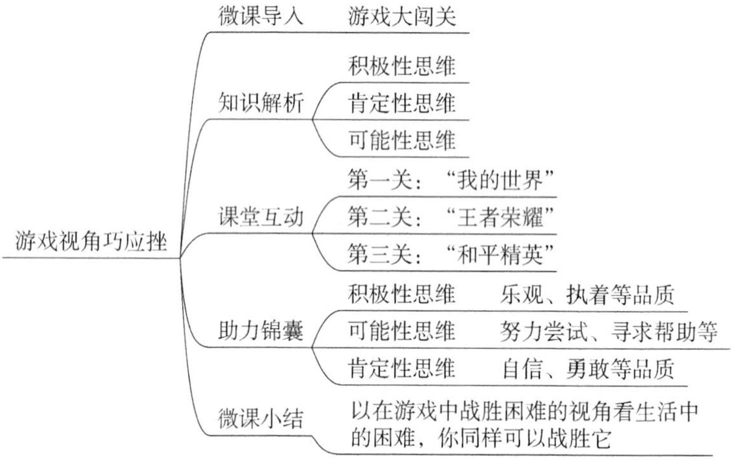

图 36 "游戏视角巧应挫"教学导图

四、教学过程

微课导入

当你玩游戏屡战屡败时,你是否觉得自己很糟糕、很倒霉？今天就请大家和老师一起来闯关,看看小游戏中蕴含的大道理。在闯关前,老师友情提示：可以通过玩游戏的方式放松自己,但玩游戏要适时适度哦！"Are you ready? Let's go!"

(设计意图：游戏是初中生比较感兴趣的活动。通过游戏引出主题,引导学生在轻松、愉快的课堂情境中,体会战胜挫折的感受。)

知识解析

1. 积极性思维

也叫成长型思维,有这样思维的人常常把困难和挫折看作是成长的契机。积极思维创造乐观精神。

2. 肯定性思维

进步和发展来源于肯定性思维,它是激发人做成某件事情的力量来源。“我能行”与“我不行”虽然只是一字之差，却有着本质的不同。持肯定性思维的人经常告诉自己“我能行”，相信自己的能力和价值，能够通过努力争取成功，也更容易取得成功。

3. 可能性思维

也叫概率型思维，这种思维方式能够提升人的潜力，相信自己具备解决某些困难的能力，并尝试运用各种办法解决问题，很多扇门就会随之打开。

课堂互动

1. 第一关

欢迎大家来到“我的世界”。在这个关卡中，你遇到了第一个问题。角色一出生就落在了一片荒地里，四周除了沙子和灌木丛外什么都没有，你的心情是怎样的？在不删档重来的情况下，你会选择怎样生存呢？恭喜你通过了考验，没有选择结束游戏，你按照自己的方式建造了安家之所，但是又遇到了第二个问题，你发现其他“UP 主”总有比你更好的玩法和方式，这时你会怎样做呢？

（设计意图：通过游戏角色建立时遇到的困难，启发同学们在学习和生活中以积极性思维的方式思考解决问题的方法，同时抱以乐观心态，不羡慕，不盲从。）

2. 第二关

欢迎来到“王者峡谷”。作为一名射手，你发现自己还没有装备与敌人对抗，在发育时期的你会怎么做呢？当你稳步发育后准备打风暴龙王时，血量不足的你难抵最后一击，眼看即将被击倒，你会选择怎么做？

（设计意图：通过游戏角色成长时遇到的困难，启发同学们在学习和生活中以可能性思维的方式去思考解决问题的方法，相信自己仍有成功的可能，并尝试用不同的方法克服困难。）

3. 第三关

欢迎来到“和平精英”。潜伏在房间内的你，听到周围不止一个脚步声向你跑来，这时你会做什么？好不容易闯进决赛圈，你发现最后仅剩的两个对手都是“伏地魔”。

（设计意图：通过游戏角色终极对决时遇到的困难，启发同学们在学习和生活中以肯定性思维的方式去思考解决问题的方法，相信自己能够战胜困难，相信自己的能力和价值。）

助力锦囊

“游戏视角巧应挫”，面对生活中的困难如何做？

积极性思维：游戏中的角色命运是随机的，如果在游戏中当以乐观的方式看待角色诞生的场景，就会发现，虽然身处荒漠，但还有灌木丛可以开发。从制造工具开始，一步一步向附近的森林靠近。正如生活中经常会发生不可改变的不顺意之事，我们不能左右外界环境，就需要强大自己的内心，保持积极的心态，同时要有乐观、执着等品质。

可能性思维：在游戏中，看似克服不了的困难，但还是相信自己通过努力能够克服。在生活中，即使我们身处低谷，也要相信美好终会来临，对未来抱有信心。与其怨天尤人，不如尝试采用不同的方法走出低谷。有时候除了发挥自己的潜能，向外界寻求帮助不失为一个好方法，比如：向父母、家人、老师、朋友等倾诉。

肯定性思维：在游戏最紧张、刺激的终极关卡中，肯定性思维能够给你力量。在生活中，不管是当我们到了最紧张的备考时期，到了最纠结的抉择时期，还是到了最疲惫的冲刺时期，都要相信自己的能力，以积极的心态勇敢迎接未来的挑战。

微课小结

同学们，通过这节课，相信你会通过游戏闯关的方式，对生活中的挫折有更清晰的认识。就像在游戏中获得奖励和成就感一样，在生活中战胜挫折的你将收获个人成长和经验积累，而这些是成长中的无形的宝贵财富。

五、教师反思

挫折教育已经是一个比较普遍的话题，如果直接以知识灌输方式达到思想提升，效果和意义并不大。所以结合当今初中生最感兴趣的几款游戏，使学生们愿意去感受挫折，同时能够引导其从“小游戏”看“大生活”，既学到一些应对挫折的方法，也能够以积极的心态面对生活中的挫折。此外，能够向信任的人求助，也不失为一种合理的方式。

六、学生感悟

遇到困难和挫折不要轻言放弃，需要我们坚持，有时说不定就像一场精彩的游戏一样，战胜挫折会有意想不到的惊喜等着你。

——孙婉婷

人生需要积极的视角。就像“我的世界”，即使一开始的游戏装备不如人意，但很少有玩家放弃，而是不断用自己的坚持和勇气闯关。人生就像闯关游戏，遇到困难就像在游戏世界中逆风而行，不断前进。

——何季航

情绪管理

情绪管理中的心理效应

一、理论链接

情绪的发生与人的认知密切相关。心理效应作为生活中常见的心理现象和规律，能够引起其他人或事产生因果反应或连锁反应，进而引发相应的情绪变化。有意识地运用心理效应的相关知识，调控行为，激发积极情绪，以实现有效的情绪管理。[①]

二、教学目标

了解情绪管理中的心理效应，积极管理情绪。

---

① 颜健：《心理效应与地理课堂情绪管理》，《地理教学》2017 年第 5 期。

三、教学导图(见图 37)

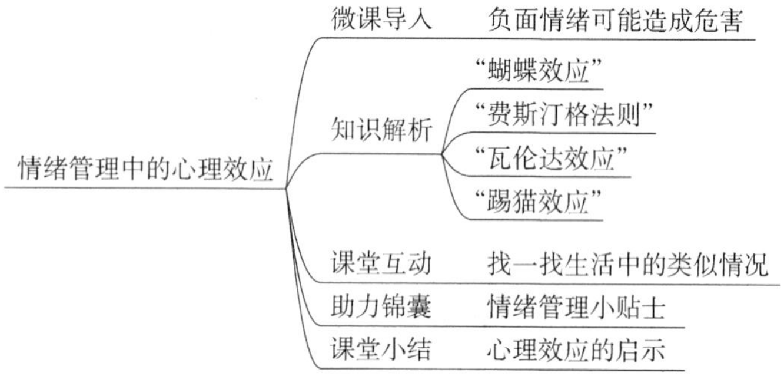

图 37 “情绪管理中的心理效应”教学导图

四、教学过程

微课导入

情绪没有好坏之分,但是从情绪给人带来的体验来看,可以分为正性情绪和负性情绪。前者可以给人带来更多的愉悦感,激发动力;而后者既有积极的一面,也有消极的一面,诸如害怕的情绪,能让人产生危机感,起到自我保护的作用。当然,这种情绪如若不断升级,影响到正常的学习和生活,会给我们带来更多的痛苦体验。因此,负性情绪只有经历不正确的表达方式和应对方式后,才有可能给我们造成不必要的危害。

(设计意图:通过对情绪的解读,让学生理解,情绪的出现不是引发心理效应的必然,对于情绪的不当管理才是引发一连串连锁反应的关键。)

知识解析

1. “蝴蝶效应”(以共情的心态觉察情绪)

初始条件下微小的变化能带动整个系统长期的连锁反应。当一个人的负性情绪来临时,需要我们觉察和管理,否则就有可能像“蝴蝶效应”一样向外界传播。这时,每个人的负性情绪就好似蝴蝶煽动

的翅膀。一个负性的情绪体验，如若没有处理好，有可能给自己和他人带来危害。（实例列举）

启示：当负性情绪来临时，我们可以先停一停、缓一缓、想一想，再行动，“小变化”会带来“大不同”。

2.“费斯汀格法则”（以理智的思维调控情绪）

生活中的10%是由发生在你身上的事情组成，而另外的90%则是由你对所发生的事情如何反应所决定。有时我们会感觉到倒霉的事情接二连三地发生，如若一开始那个负性情绪出现时，我们能够加以管理，不一味地抱怨他人、迁怒周遭的种种，那么事情有可能向积极的方向发展。（故事演绎）

启示：当遇到所谓的倒霉事时，先学着掌控我们的情绪，让负性情绪尽可能少地影响我们的思维和判断，更不在负性情绪下行事。我们要先管理自己的情绪，然后再开口说话，动手做事。生活的掌控感就此开启。

3.“瓦伦达效应”（以适度的关注接纳情绪）

为了达到一种目的，总是患得患失、在意结果，最终导致失败。结合学生考试焦虑的体验进行分析。（瓦伦达的故事）

启示：过度重视结果会增加我们的焦虑情绪。学习中，关注过程比关注结果更重要。

4.“踢猫效应”（以积极的状态传递情绪）

对弱于自己的对象发泄不满情绪，会产生连锁反应。（故事演绎）

启示：情绪具有传染性，让嘴角稍稍扬起一丝微笑，做快乐情绪的传染源。

（设计意图：通过动画式心理效应的呈现，学生可以了解情绪的特性，从而意识到管理情绪的重要性。）

课堂互动

通过对本节课的学习，请同学们选择自己感兴趣的一种或几种心理效应，想一想在自己的学习和生活中，出现过类似的情况吗？如果出现类似的情况，你会如何管理自己的情绪？

助力锦囊

觉察法则：及时感受和体察自我情绪。

接纳法则：尝试着和情绪做朋友，了解情绪背后自己的需求。

调控法则：以积极视角、合理宣泄、转移注意等方式调控情绪。

传递法则：利用情绪的传染性，做积极情绪的传递者。

微课小结

希望这些心理效应能够带给你一些行动上的变化，让我们在实践中找到自己的最佳情绪管理法则。

五、教师反思

作为生活中常见的心理现象和规律，心理效应一直是我想分享给学生们的内容。将心理效应与情绪管理相结合，不仅易于理解心理效应的相关知识，同时能够加深对情绪管理意义的感受。本课根据初中生的情绪特点，选择与愤怒、焦虑等情绪相关的心理效应，通过解读因没有管理好情绪而引发生活中的囧事、尴尬事、倒霉事等一系列现象，让学生了解情绪管理的重要性。如通过“踢猫效应”可以向学生们解读为什么生活中有时一个人的愤怒会引发周遭一连串的愤怒现象。情绪的传染性不言而喻。如通过“瓦伦达心态”能很好诠释考试焦虑引发消极影响的现象。

值得一提的是，我们的班主任老师也会将微课中的知识运用于班级管理中。如韩老师在班级群中留言道：生活中的“喜剧”和“悲剧”及“平和”与“变故”有时只在一念之差，失控的情绪常导致巨大的损失，甚至追悔莫及的结果，视频中的“蝴蝶效应”“费斯汀格法则”“瓦伦达效应”“踢猫效应”都非常有趣，同学们会发现调控情绪是一种对自己和家人都十分有益的人生智慧。

六、学生感悟

负性情绪如若没有很好地管理，就有可能传递给他人，诸如“踢猫效应”。随意发泄情绪容易伤害到他人。所以，我们应该学会管理自己的情绪，选择适宜的宣泄方式，为美好生活助力。

——施孝仪

每次我忘记做某件事时自己就会气急败坏，然后坏事情就会一件接一件地发生。现在我知道原来忘记做某事是那10%，而另外的90%是我如何应对这件事而决定的。以后发脾气前，我要先停一停、缓一缓、想一想，然后再行动。我一定要管理好自己的情绪，多传递给他人一些快乐的情绪，尽可能少让负面情绪影响到自己和周围的人。

——范馨元

当孤独来临

一、理论链接

孤独感是由于个体的社会关系网络在数量上的不足和质量上的低下导致的一种负性的主观情绪体验，是一个重要的健康危险因子，长期体验到孤独感，会严重威胁个体的身体健康和心理健康。①

青少年产生孤独的原因在于，伴随着生理上的逐步发育、成熟，青少年在心理上也在发生着急剧的变化，他们的自我意识开始觉醒，追求自我独立，容易陷入孤独之中。②

二、教学目标

正确认识孤独，不惧怕孤独，掌握恰当应对孤独的方法。

---

① 任丽杰、莫碧波、李丹、刘俊升：《大学生人际关系能力与孤独感的交叉滞后分析》，《中国临床心理学杂志》2020年第4期。

② 祁娟：《如何勇敢面对和摆脱孤独》，《小读者》2006年第12期。

三、教学导图(见图38)

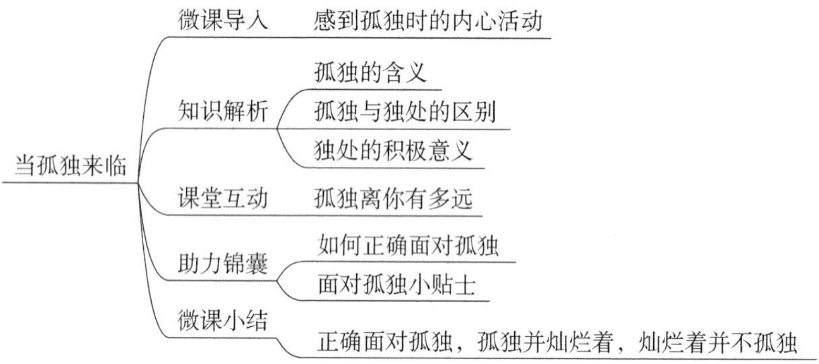

图38 “当孤独来临”教学导图

四、教学过程

微课导入

同学们是否有这样的感受？疫情期间当你宅家生活很长一段时间，会想念在学校与同学们玩耍的日子，感觉每天待在家里好无聊啊！当周围即使有很多人时，仍觉得自己格格不入，没有朋友。为什么会产生这样的感受呢？

知识解析

1. 孤独的含义

孤独是一种情绪，也是一种心理反应，表示形单影只、孤身一人的意思。独自一人时或者有很多人在周围时都可能会有这种感觉。

2. 孤独与独处的区别

孤单与独处虽然两者在语义上存在部分重叠，但本质是不同的。孤独常常伴有无助、郁闷等不良情绪，而独处更强调一个人的状态，独处既可能让人感到痛苦，也可能让人感到愉快。即使身边没有他人进行交流时，也不会觉得缺乏与他人接触的体验，这时独处就是有益于身心的，所以孤独的感觉与是否是一个人没有必然的联系。独处的时候，内心也可以很充盈。你可以沉下心来，静静地思考，使身心得以调节，灵感得以迸发。

3. 独处的积极意义

有时一个人的时候，你也可以十分享受当下的时光，比如：一个人的时候有了自己的时间和空间，不受拘束，可以释放自己的情绪和压力。而一个人的时候往往能进行更深入的思考，激发自己的灵感，起到自我成长的作用，也可以规划未来等。

课堂互动

孤独离你有多远：有 10 道测试题(略)，大家可以按下暂停键进行测试，每道题的每个选项都对应了不同的分数，将 10 道题的总分加在一起，就是你最终所得分数。分数越高，表示你的孤独指数越高。

助力锦囊

如何正确面对孤独？

第一，用感兴趣的活动填充自己的独处时光，如读了几本好书，复习了许多难题，在家里做瑜伽、锻炼身体等。去做一些想做却没有时间做的事情吧，说不定你也可以练就一项技能。

第二，可以了解一下自己的需求。利用较长的时间思考自己的职业规划、学习计划和人生目标等一些复杂的问题，越来越了解自己，越来越坦然地接受自己，才能更自如地体验人生。

第三，正确评价自己也非常重要。可能很多同学容易产生疑惑：如果我时常一个人，别人是不是就会觉得我是个孤独的人，没有人愿意和我做朋友。其实大家现在已经充分了解了独处的含义，它不同于孤独，更与寂寞千差万别。能够享受独处时光的人，也更能在独处中发现真谛，走向成长。

第四，一些智慧的交往技巧也是必不可少的。比如：当你质疑别人为什么不来和自己玩时，不妨换位思考，主动地融入集体中。当你的朋友有不开心的事或需要帮助，不妨做一个热心、真诚的倾听者。而当你与朋友发生冲突时，记住：良好的沟通是解决问题的关键。

第五，在你的成长之路上，家人、老师和朋友会一直在你的身后给你力量。如果你遇到困难或产生消极情绪需要帮助，不要忘了一直支持你的人。除此之外，上海市杨浦区为大家开通了“心馨热线”，学校也为同学们开通了心理邮箱。

第六，面对孤独小贴士：

孤独来临不可怕，学会独处战胜它。

我的需求我了解，评价自己要正确。

主动融入常沟通，热心真诚你能行。

别忘父母和老师，成长之路来守护。

课堂小结

有些同学可能从未感觉到孤独，而有的同学可能经常伴随着孤独。你有没有发现，孤独像一颗已经在心中发芽的种子，它向我们传递着一些讯息。孤独和很多情绪相连接，如果没有很好处理这一情绪，我们可能会沉浸在自己的小世界中，无法自拔。所以当成长中的我们与孤独狭路相逢时，少一分害怕，多一分接纳；少一分埋怨，多一分主动。懂得从生活中寻找乐趣、感受温暖，珍惜眼前的光和热。好在我们还有很多时间储备养分，当孤独再次来临时，孤独并灿烂着，灿烂着并不孤独。

五、教师反思

我们经常会看到原本在小学时十分活泼的孩子，到了初中却慢慢变得不爱讲话，不爱与人交往。在成长过程中，独处的时候越来越多，如若不能正确面对孤独，会影响到学生的情绪、自信心等。本课除了向同学们分享一些独处时面对孤独的具体方法，同时也鼓励同学们正确认识孤独，独处时同样有其积极作用，不必害怕，敞开接纳。

六、学生感悟

看到“当孤独来临”一课，首先这个标题吸引了我。看过微课后，我明白原来一个人的时光也可以很享受。一个人独处的时候，心是平静的，我们可以听些舒缓的音乐放松自己的情绪和压力。我们可以用兴趣填充独处时光。所以，当孤独来临时，我们不用害怕，懂得从生活中寻找乐趣，别忘了还有家长和老师这样有力的后盾在背后帮助我们。

——成奕斐

从小实验中，我了解了孤独的情绪感受。孤独不等于独处，孤独伴随着无助、郁闷等不良情绪，而正确看待独处也可以给人带来愉悦感。一个人的时光可以很享受，我们可以释放自己的压力，培养自己的兴趣和创造力。通过这节网课，我意识到孤独来临时不可怕，要学会应对、战胜它。

——韩慧

愤怒的正确打开方式

一、理论链接

愤怒情绪兼具正向和负向功能。愤怒的负向功能可能会造成暴力行为，进而破坏人际关系，带来消极影响。但愤怒的正向功能就像是动力发动机，为个体提供能量以作为自我防卫的资源，适时解决问题、控制行为、矫正关系中不平衡的部分，有其积极意义。①

青春期的孩子情绪情感体验非常丰富，自制力差，极容易激动。如果愤怒情绪表达不当，会导致人际冲突时有发生，有些学生甚至在愤怒情绪下做出伤害他人或伤害自己的行为。正确认识愤怒，掌握合理宣泄愤怒的方法，学会有效管理情绪，能够减少因愤怒带来的不良影响。②

① 梁梦瑶、罗浩东、黄雨：《理性情绪行为疗法在愤怒管理中的应用》，《现代商贸工业》2020 年第 19 期。

② 黄碧娥：《驾驭好你心中的那匹烈马——学会有效管理愤怒情绪》，《中小学心理健康教育》2019 年第 33 期。

二、教学目标

正确认识愤怒情绪，以及愤怒情绪带来的积极和消极影响，学会用合理的方式管理愤怒。

三、教学导图(见图 39)

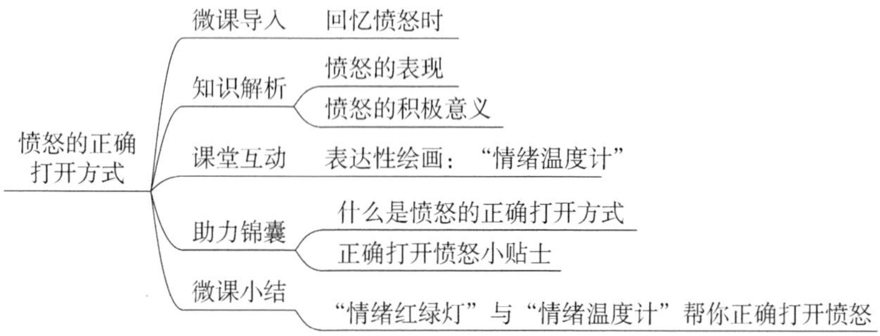

图 39 “愤怒的正确打开方式”教学导图

四、教学过程

微课导入

请同学们回忆过去的一周里，你有过几次感到愤怒？比如：疫情期间妈妈出门买菜没戴口罩，也不听你的劝告；经常听到一些有关疫情的负面新闻，令人气愤；给好朋友发了微信，却一直没有回复；家中上网课时，总被其他琐碎的事情打断……

知识解析

1. 愤怒的表现

首先，愤怒可能改变原有的合理认知，你会出现“他以为自己是谁啊”“咱们走着瞧”等这样的想法；其次，在感觉上，我们会怒气冲冲、感到恐惧等，在生理上，可能会心跳加速，肌肉紧张等；最后愤怒也表现在我们的行为上，比如骂人、扔东西、大喊大叫。只有及时地觉察到愤怒，才能更好地管理愤怒。

2. 愤怒的积极意义

当你遭遇挑衅和威胁的时候，愤怒能够帮助他人明白自己的底线，从而在很大程度上避免伤害的更进一步加深。同时，在我们面对一些不公平、不合理的现象时，比如插队等，愤怒也可以及时让我们表达自己的意愿或需要，从而制止不公平、不合理的现象发生，所以愤怒有时并不是一件坏事。

课堂互动

"情绪温度计"：将"情绪温度计"的刻度设定在 0—10 分。例如：妈妈一早叫你起床上课，但你想多睡会儿，就此与妈妈发生冲突，使你十分生气。此时请你给自己的愤怒值打分，分数越高代表越愤怒。当你决定打 8 分后，就在相应的刻度旁简单标注引起愤怒的事件。了解引起自己一天愤怒情绪的事件后，接着去思考原因，并问问内心的自己：为什么早上给 8 分？喔，其实更多是自己偷懒引起的冲突，还有与妈妈的沟通方式不当产生的愤怒。建立自己的"情绪温度计"，更能掌握引发愤怒的事件和原因。一旦接近情绪高温期，也可以赶紧做准备，让自己静一静，免得使无名之火"伤及无辜"。

（设计意图：关注自己的情绪变化，才能更好地体察自己的情绪、接纳自己的情绪。通过"情绪温度计"记录事件，更好地分析愤怒的原因，及时调整自己的心态。）

助力锦囊

1. 什么是愤怒的正确打开方式

如果逃避愤怒，压抑愤怒，很可能造成不好的后果。比如产生的自卑感、焦虑感等对自我的伤害远大于愤怒，还有可能导致对身体健康的损害。如果随意宣泄愤怒，则会引起"踢猫效应"，其实就是一种负性情绪的传染。所以愤怒其实有两种打开方式，一种是积极的，一种是消极的。要想不被愤怒利用，我们就要掌握它正确的打开方式。我们可以把它叫作"情绪红绿灯"。

首先是"红灯"停一停。当你感觉愤怒情绪很强烈、很生气的时候，就像自己处在"红灯"状态，这时候你的行为应该是"停"，也就是暂时不做任何举动，试图让自己冷静下来。

接着是“黄灯”想一想。当我们觉得情绪比较冷静了，脑海里就可以切换到自己处在“黄灯”的状态，进入“想”的步骤，想一想原因、这样做可能产生的后果及有没有更好的解决方式。

最后是“绿灯”做一做。当我们觉得情绪已经冷静了，就处于“绿灯”状态，这时就可以去“执行”“黄灯”时所想出来的恰当的处理方法，尝试最优的解决方案。

2. 正确打开愤怒小贴士

生气发怒不可怕，觉察才能管理它。

愤怒是把双刃剑，压抑有害学表达。

红灯冷静黄灯思，绿灯执行最优法。

迁怒他人不可取，宣泄有度多方法。

微课小结

学完本节课，愤怒是要压制还是该表达？当愤怒来临时，我们又该怎样面对心中的“小火山”？相信这些疑惑，在了解了“情绪温度计”和“情绪红绿灯”后你的心中已经有了答案。虽然不能直接熄灭心中的“小火山”，但通过“停一停”“想一想”和“做一做”就能够更好地管理愤怒情绪。

五、教师反思

处于青春期的初中生，大脑还处在发育时期，情绪容易冲动、不稳定、两极化，所以容易因为愤怒情绪表达不当而导致不良后果的产生。本节课从辩证思维出发，帮助学生了解愤怒兼具积极意义，关键是如何有效管理愤怒。通过“情绪温度计”和“情绪红绿灯”的活动，从认知与行为上帮助学生掌握合理宣泄愤怒的方法，学会有效管理情绪，从而减少因愤怒带来的不良影响。

六、学生感悟

“情绪红绿灯”和“情绪温度计”对缓解愤怒情绪有很大的帮助。愤怒时，先亮“红灯”，停下来让自己想一想，然后再行动。这样可以避免在愤怒情绪下带来不必要的冲动行为。

——陆范雯

日常生活中，总会有愤怒的情绪。愤怒可能会影响到身边的人，带来不必要的后果。但愤怒也有其好的一面，可以在遭遇危险时，起到有效的震慑作用，从而保护自己。所以我们要看到任何事物的两面性，情绪也一样。

——郭生栋

七、绘画作品（我的"情绪温度计"，见图 40、图 41）

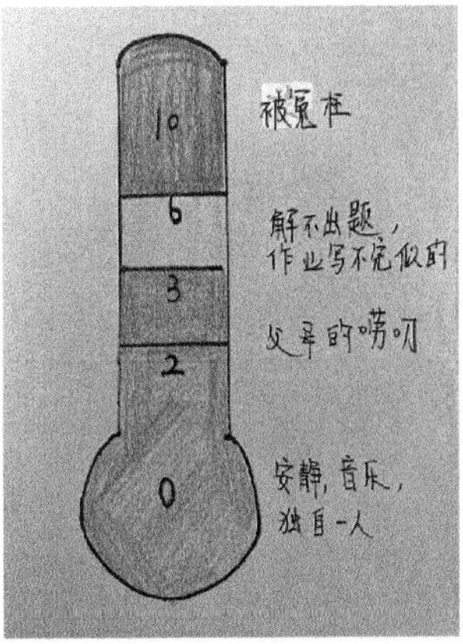

图 40　学生叶九言作品

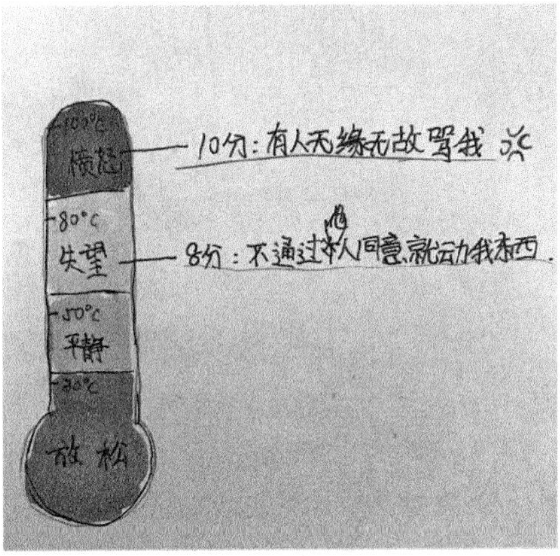

图 41　学生赵慧妍作品

（本课由赵思迪供稿）

和学习焦虑面对面

一、理论链接

焦虑是青少年最为常见的情绪体验之一。处于该状态下的个体会出现害怕、担心、紧张不安、烦躁等情绪体验，也会伴随出现相应的行为表现，如在行为举止上表现为愁眉苦脸、夜不能寐等。适度焦虑，可以提高人们的警觉水平，激发人的应对资源，促使人投入行动；

过度焦虑，则会损害认知功能。青少年时常会因为考试、学业、人际交往等相关事件而产生焦虑情绪。[①]

二、教学目标

了解引发学习焦虑的因素，寻找自身资源，积极应对焦虑。

三、教学导图（见图 42）

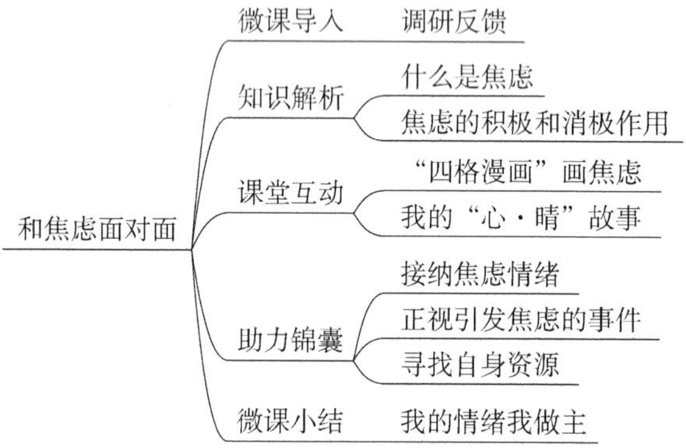

图 42 “和焦虑面对面”教学导图

四、教学过程

微课导入

从学校的调研反馈中，当问及有哪些事件会引发你的焦虑情绪时，有 72.66%的学生选择学习，看来学习还是引发焦虑的主要因素。下面，让我们一起认识焦虑。

知识解析

焦虑是一种综合的情绪状态，就像一棵树的树根，会伸展出许多根系。在这种状态下，可能带来不安、愤怒、失落等情绪体验。学习焦虑是青少年较为普遍的一种情绪体验。

焦虑的积极作用：适度焦虑能够促使我们更全力以赴地投入学习，使学习效率达到最佳状态。从焦虑情绪的功能来看，焦虑具有一

① 林崇德、杨治良、黄希庭主编：《心理学大辞典》（下卷），上海教育出版社 2003 年版。

定的警醒作用。同时，适度焦虑可以激发潜能和创造力。

焦虑的消极作用：焦虑状态如若一直充斥于我们的身体，会给我们带来诸多负性情绪的体验，影响到正常的学习生活和学业水平的发挥。

课堂互动

1. “四格漫画”画学习焦虑

在第一格漫画中，请用一种或几种颜色表示你的焦虑情绪（和学习相关）。

在第二格漫画中，请你画出与学习焦虑相关的事件，可以用符号或者文字等形式呈现。

在第三格漫画中，请你先想一想，该情绪给你带来什么样的影响？请画出你通常的应对方式是什么。

在第四格漫画中，当你采取了一些方式应对后，请你用色彩表示你的心情变化。

（设计意图：本课以表达性绘画为主线，让学生在感受和表达焦虑情绪的同时，发现和寻找自己管理情绪的轨迹。）

2. “四格漫画”话心情故事

把“四格漫画”串联成一个属于自己的“心·晴”故事，这个故事的主题是“我的情绪我做主”。

（设计意图：关注自己的情绪变化，训练成长型思维，在故事表达中开启情绪管理的智慧和动能。）

助力锦囊

1. 接纳焦虑情绪，不因为焦虑而更焦虑

当焦虑情绪来临时，我们可以听听自己心底的声音。焦虑背后又是怎样的一种需求呢？

2. 正视焦虑事件，建构积极认知

当引发学习焦虑的事件发生时，我们要尽可能避免以下几种做法：

（1）从自己的意愿出发，绝对化地去判断一些事情，如：给自己断定一个糟糕的结果。

(2) 以偏概全地得出一些结论,如:因为一次考试成绩不理想,就完全否定自己。

(3) 把情况想象得非常糟糕。这时,我们不妨可以问问自己,如果自己预料的结果发生,我会怎样?我的家人和朋友可能会对我说些什么?我们会发现,有时我们设想的最糟糕的情况也不过如此。

3. 找寻自身的资源和解决方法

(1)"鸵鸟心态"解决不了根本问题。

(2) 合理宣泄情绪。

(3) 采取成长型思维。

微课小结

小小的"四格漫画"有一种神奇的力量,让我们感受和接纳自己的焦虑情绪,看到内心的需求,挖掘自身潜能和外部支持。当我们的"心・晴"故事完成时,你会发现我的情绪我可以做主。

五、教师反思

情绪是一种主观体验,本课以"四格漫画"活动为主线,引导学生走进自己情绪的世界。通过色彩的涂鸦来表达焦虑情绪,以寻找引发学习焦虑的原因,尝试挖掘自己现有的资源应用于情绪的管理。录课之前,我找了几位无绘画特长的孩子参与该活动的体验。孩子们觉得很有趣,并通过绘画对焦虑情绪的成因有了更清晰的认识,也为自己寻找管理焦虑情绪的方法提供了帮助。

焦虑情绪的管理首先在于接纳,让学生不因为自己的焦虑而更焦虑。因此,绘画本身就是舒展身心的一种方式。在完成绘画以后,我又设计了让学生述说"心・晴"故事的环节,在绘画表达的基础上增加了语言表达,"心・晴"一语双关,也预示着情绪的由阴转晴,这一过程自然是情绪管理的过程。在命题故事的叙述中,孩子们能从自己情绪色彩的变化中,寻找情绪管理的有效方法。这一体验本身就是成长型思维的培养,收效甚佳。当然,如若有个别学生,在第三、第四格漫画中留白，则需要教师对其加以关心，深入交流。

六、学生感悟

焦虑就像一个孩子，来得突然。我的“保护伞”是书，它是我抵抗焦虑的“特效药”。看了微课以后，我更加明白，焦虑在“up or down”中徘徊，守望的是希冀呀。因为焦虑，我才借以人世百态而自我慰藉，焦虑使我发掘出自己的潜能。我发现就算遨游在题海，我的思维仍会活跃。

“好风凭借力，送我上青云。”相信一切都是最好的安排。相信焦虑可以被接纳，可以氤氲在年华。

——蒋韵怡

有时学习的焦虑会充斥我的生活，除了合理宣泄情绪外，面对焦虑最有效的方法是积极向上的生活态度，诸如良好的学习态度、合理的作息时间等。

——高珊珊

七、课堂互动作品展示（情绪“四格漫画”，见图 43、图 44）

图 43　学生赵慧妍作品

图 44 学生叶九言作品

人际交往

智慧感官话沟通

一、理论链接

沟通是一个双向动态的反馈过程。这种反馈并非一定要通过语言表现出来，接收者也可以通过其表情、目光、身体姿势等形式，将信息反馈给传递者，从而使发送者得知接收者是否接收与理解其所发出的信息，并了解接收者的感受。[①]

二、教学目标

通过互动游戏，训练倾听、语态、肢体语言等沟通技巧。

① 张岩松、刘志敏主编：《现代管理沟通实务》，清华大学出版社 2015 年版。

三、教学导图（见图 45）

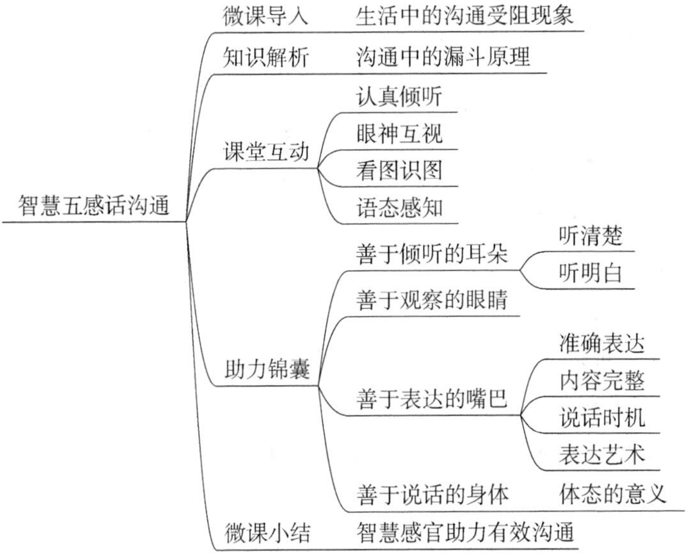

图 45　“智慧五感话沟通”教学导图

四、教学过程

微课导入

沟通是我们人际交往中的必备技能。在日常沟通中，我们有没有这样的感受？常常为自己所说的话对方不能理解而困惑；当对方表达时，自认为已经明白了，却与对方的原意不符，沟通因此受阻。今天我们将和同学们聊一聊面对面沟通的技巧。

知识解析

沟通是人们在社会生活中利用媒介传递信息的过程。在面对面的沟通中，这个信息通常包括语言信息和非语言信息。一般来讲，非语言信息传递的影响力更大。非语言信息包括沟通个体的表情、神态、动作等。

刚才我们所说的沟通中存在的现象，称之为沟通的“漏斗原理”。

“沟通漏斗”就是在人与人沟通时，原信息如若是100%的话，一个人通常只能说出预想的80%，对方听到的最多只能是60%，听懂的却只有40%，执行时，只有20%了。也就是说，一个人所说的80%，对方只能执行到20%。如何尽可能地避免这一现象呢？

（设计意图：通过沟通中信息传递构成的解读，引发后续的内容。“沟通漏斗”现象在学生的日常生活中常有发生，通过心理学知识的解读，孩子们明了沟通中的信息遗漏或者误读等现象，可以通过有效的方式加以规避。）

课堂互动

1. 认真倾听小游戏“商店打烊时”

某商人刚关上店里的灯，一男子来到店堂索要钱款。店主打开收银机，收银机内的东西被倒了出来而那个男子逃走了。一位警察很快接到了报案。

要求：根据提议判断是非。

（设计意图：通过经典游戏，让学生明了在倾听时不能断章取义，主观臆断。）

2. 眼神互视小训练

小训练：请你尝试找一个伙伴或者家人沟通。沟通的内容可以是你近期参与的一项有趣的活动，但沟通时请你不要用眼睛注视对方，或者一直注视着对方的眼睛。请问对方能否听完你描述的趣事？如若没有听完，请你找一下其中的原因。如若听完，你能了解一下对方的感受吗？

（设计意图：通过实操性的体验，学生可以了解在沟通中眼神同样传递着信息。）

3. 看图识图小游戏

小游戏：请看图46（注意：只有表达者可以看原图），用语言进行描述，然后请他人通过你的语言表达画出该图。在他人画的过程中，你不可以看其进程，绘画者也不允许提问。你觉得表达得足够清楚就可以结束。绘画者的作品和原图一模一样为挑战成功。

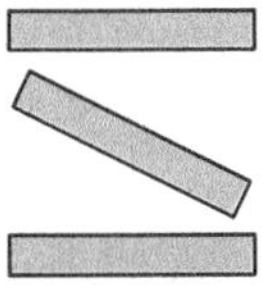

图 46　识图小游戏原图

（设计意图：通过游戏，学生从表达信息要准确、表达内容要完整、表达时机要适中、表达过程要艺术等方面训练表达的技巧。其中就表达艺术中的语态，教师给学生作了具体的训练。）

4. 语态感知小游戏

试一试：你真是一个好人啊？感知不同语态下的不同感受。

（设计意图：通过同一句话在不同语态下的描述，让学生感受，看似一句赞扬的话，但在不同语态下可以给人讽刺、质疑、嘲笑的感觉，从而了解在沟通中语态的重要性。）

助力锦囊

1. 如何有效沟通

善于倾听的耳朵。

善于观察的眼睛。

善于表达的嘴巴。

善于说话的身体。

2. 沟通小贴士

认真倾听再发言，双向沟通尊重先。

眼神关注要自然，面带微笑多友善。

清晰表述择时机，语气语调真诚显。

身体语言也重要，传情达意沟通畅。

微课小结

通过这么多实操性的小游戏，同学们一定对有效沟通又有了进一步的了解。有效沟通不仅仅是信息的传递，更是情感的连结。希望同学们在日常沟通中有意识地融入我们的感官，逐渐提升我们沟通的小技巧。

五、教师反思

鉴于微课资源丰富、可以反复观看的特点，本课在设计的时候尽可能从全面出发，对学生的沟通技巧进行具体的指导。因此，本课重点训练了学生的倾听和表达，同时强调非语言表达的重要性。微课中运用了较多的互动游戏，因为沟通本身就是一种人际互动，只有在切实体验中，学生才可能感同身受。

当然，本课如若运用于课堂，可联系学生生活中沟通受阻的具体情境加以拓展。

六、学生感悟

与他人沟通，要面带友善的微笑，语气语调要真诚，眼睛不要四处张望。若对方进行表达时，要认真倾听，让尊重体现在自己的言行中。

——谢琳

我对本课中的互动环节非常感兴趣，课后我会找伙伴试一试，希望在实践中提升自己的沟通能力。

——王思文

“花”说朋友

一、理论链接

同伴交往对青少年的发展至关重要，能够使青少年得到掌握社会经验的机会，促进诚实品行的养成等。友谊质量作为同伴交往的一部分，是个体对自己与朋友间友谊程度的认知评价，包含支持和信任等积极特征、竞争和冲突等消极特征。[①]

---

① 陈晓雪：《初中班干人格特征与同伴交往、友谊质量关系研究》，内蒙古师范大学硕士学位论文，2016 年。

建立良好的同伴关系需要学生学会尊重，学会宽容，学会换位思考，学会关心他人等。具有耐心倾听、信任、尊重等品质的青少年更受欢迎。[①]

二、教学目标

结合表达性艺术，了解好人缘的特质，学习如何与朋友融洽相处。

三、教学导图(见图47)

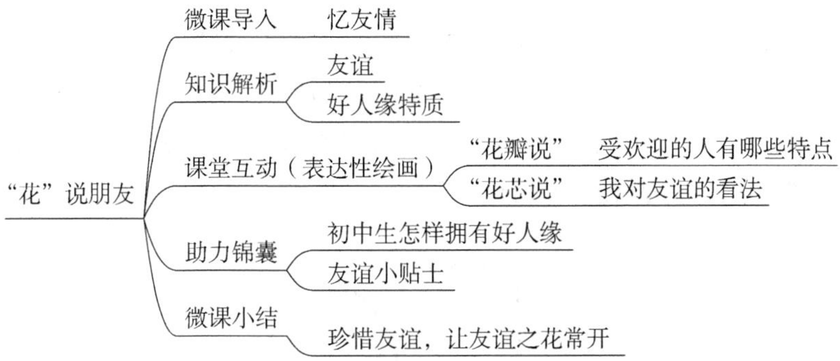

图47　"'花'说朋友"教学导图

四、教学过程

微课导入

我们每个人都有自己的朋友，或许是班级的同学，或许是小时候的玩伴。回忆你和朋友之间的故事，有哪些趣事呢？你的朋友有什么特点？你为什么喜欢和"TA"做朋友呢？

知识解析

1. *友谊*

友谊是在与同伴交往中形成的，是人际交往的重要组成部分，进入学校后生活中最经常、最主要的接触者就是同伴。良好的友谊是

---

① 岳晓：《青少年同伴交往的问题及对策》，《科学咨询(教育科研)》2020年第3期。

青少年心理健康发展的重要精神环境，有利于形成自尊、自信、活泼开朗的性格，有利于促进社会化及心智的发展。

2. 好人缘特质

不论在什么场合，某些类型的人特别讨人喜欢，这样的人往往拥有良好的友谊，他们身上存在这些积极的特质，比如谦虚、幽默、自信、勤劳等品质。

课堂互动

1. “花瓣说”

这是一朵友谊之花（见图48），请同学们想一想，你喜欢的朋友有什么样的特质。如果每片花瓣代表一个特质，请你用颜色、简单图形或者符号来表达一下你对这种特质的理解，并在每一片花瓣旁边的横线上写下这种特质的名称。

图48 友谊花瓣图

(1) 这朵花瓣表示的特质为什么这样画？符号和颜色代表了什么？在画的过程中你想到了什么？你最先画的是哪片花瓣？

(2) 大家也可以将花瓣的照片发给朋友，看看有没有同学画的花瓣特质是和你的一样？有没有同学和你的完全没有重复？也听听他们的想法。

(3) 老师也搜集到了一些好人缘特质，看看老师列举出的一些品质，如善良、谦虚、幽默等，你觉得自己具备哪些？哪些品质还有待培养？

2. 花芯说

（1）你在画画的过程中，有没有想到一些和朋友有关的事呢？请同学们在空白处简要写下你与朋友的故事。

（2）当你回忆与朋友之间经历过的事情，也许你会发现一些自己或朋友的闪光点。面对这份友谊，你希望带着怎样的心情与朋友相处呢？请在花芯处画下这个表情包。

（设计意图：人无完人，所以即使有些品质可能努力了但现在还不具备，但只要让朋友感受到你的真心，同时保持对友谊的真诚，总会遇到那个与你形影不离的知己。）

（3）最后，请你为作品命名。

助力锦囊

1. 初中生怎样拥有好人缘

（1）尊重：平等、友善、礼貌地对待他人，不歧视、不轻视别人，尊重他人的人格隐私。

（2）真诚：在人际交往中，各自都以真实、诚恳的态度对待对方，没有一点虚假。

（3）互助：在同学之间的交往过程中彼此能互相帮助，当一方发生困难时，另一方鼎力相助。

（4）信任：彼此信任对方的所作所为，敢于有所托付。“人无信，不可交”，守信是一个人的美德。

（5）宽容：不苛求别人，不以自己的观点强加于人。

尊重是建立友谊的基石，真诚可以让我们获得真正的友谊。互助可以使友谊之苗发芽，信任可以使友谊之花盛开，宽容可以使友谊之树常青。

2. 友谊小贴士

朋友知己常牵挂，玩耍倾诉共长大。

善良认真好品质，良好人缘需要它。

我的不足我弥补，你的优点我来夸。

微笑阳光捧真心，终会开出友谊花。

微课小结

有了“花芯”的点睛之笔，我们发现这朵花好像被赋予了生命，突然变得鲜活起来。友谊之花是需要我们与朋友共同用心栽培的。请大家珍惜与朋友的这段缘分，发现朋友的闪光点，真诚待人并提升自己，在互助中成长，让友谊之花常开。

五、教师反思

本课通过了解好人缘的人格特质，帮助学生了解人际交往的原则。通过表达性绘画，学生在活动中开发自己的潜能，养成优秀品质。友谊之花就像一面镜子，既绘出了孩子们对朋友的期许，也让他们看到自己在人际交往中需要努力的方向。绘画表达能够展现许多用语言难以概述的场景，通过这些场景的再现，人际交往的原则会自然呈现。本节课充分尊重学生的主体性，以感作画，由画引感，加深学生对友谊的理解。

六、学生感悟

我喜欢的朋友是善良、乐观、积极向上、谦虚、幽默和尊重他人的。我自己也要朝此方向努力。能与他人成为朋友，是一种缘分，所以我们要学会心平气和地与朋友沟通。

——康定

朋友之间应该互帮互助，共同进步。即使有矛盾也应该通过沟通来解决。朋友之间也应是信任、没有欺骗的，大家都喜欢和人品好的人做朋友。

——王琛

要想获得真正的友谊，首先要互相了解、互相体谅，遇到麻烦互帮互助，善于发现朋友的闪光点，这样自己也会拥有更多的朋友。

——孙奕琳

七、绘画作品(我的友谊之花,见图 49、图 50)

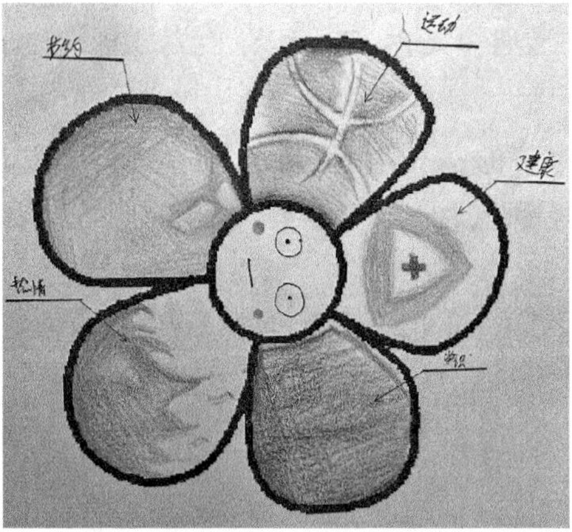

图 49　学生谢翔宇作品

图 50　学生俞诗怡作品

《小别离》中的大烦恼

一、理论链接

进入初中之后,青少年的自我意识高涨,当他们自尊、自主的需要得不到父母的理解和满足时，就容易产生亲子冲突，主要表现为“控制—反控制”的矛盾。[1] 因此对于青春期的孩子而言，亲子冲突往往难以避免，在遭遇冲突后，如何有效化解、积极沟通是本课的重点。

二、教学目标

了解亲子冲突的发生有时不可避免，学习化解亲子冲突的方法。

三、教学导图(见图 51)

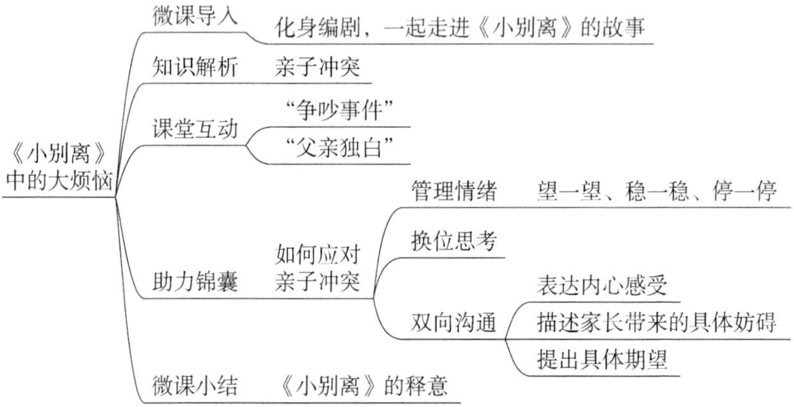

图 51 “《小别离》中的大烦恼”教学导图

四、教学过程

微课导入

今天我们来认识一位朋友，她叫方朵朵，她为我们演绎了《小别离》的故事，《小别离》中有很多“大烦恼”，这些烦恼都是因为亲子冲突而引起的。现在也给微课前的你一个角色，如果你是本故事的编剧，请用你的智慧把这个故事讲完整。当然作为编剧，你要解决朵朵的烦恼，化解亲子冲突。下面，我们先来了解一下什么是亲子冲突。

知识解析

亲子冲突：亲子之间往往由于彼此之间的态度、需求、价值观、

① 钟志农：《改善中小学生亲子关系的主要路径》，《江苏教育》2019 年第 72 期。

实际行动等差异而引发的紧张、不和谐甚至是敌视的关系。

亲子冲突不可避免。一旦亲子冲突发生了，对双方来说没有输赢，因为无论哪方赢了，对另外一方来说都是伤害，赢的那方也没有胜利的感觉。因此，亲子冲突也是青少年压力的来源之一。

亲子冲突的发生是我们自我需求的表达，能够增强个体的自主意识。如若通过反思个人的行为和态度，增强亲子之间有效沟通的技巧，从而化解冲突，这意味着我们的适应水平有了提高，同时为创造和谐的亲子交往氛围助力。

（设计意图：通过释义，学生了解由于亲子之间心理发展水平、角色等差异，亲子冲突不可避免，同时了解化解亲子冲突的积极意义。）

课堂互动

1. 视频1："争吵"

冲突事件"争吵"（朵朵瞒着父母写武侠小说，妈妈无意中发现了，于是两人发生争吵，爸爸前去规劝……）

当时朵朵的心情怎样？她是怎样想的？妈妈的心情又是怎样？妈妈话语的背后有怎样的担心？如果让你用一些词分别来形容，你会用什么？

（设计意图：通过提问，同学们感受到因为误会产生冲突背后的无奈、伤心、急切等心理状态，了解亲子冲突背后彼此的诉求。）

2. 视频2："父母对话"

听了父亲的内心独白，如果你是朵朵，你想对她说什么？

3. 实战演练

编剧们，我们要帮助朵朵化解亲子冲突，请你从以下几个方面设计朵朵的独白：

爸爸妈妈，你们这样做……

我很________（我的感受），我理解________，我觉得________，我希望________。

（设计意图：教师着重通过四句话的填空，让学生尝试在亲子交往中，在关注到自己和家人感受的同时，学会合理表达自己的诉求。）

助力锦囊

亲子冲突发生时，我们可以尝试做以下三部曲：

1. 管理情绪

我们可以通过望一望（观察一下家人）、稳一稳（稳定一下自己的情绪）、停一停（让自己平静下来再开口说话和行动），先管理自己的情绪，再解决冲突。

2. 换位思考

我们可以问问自己，如果我是你，如果我处于这样的情境，如果我遇到这样的事件，心情怎样？会想些什么？最希望的是什么？

3. 双向沟通

表达内心的感受。

描述与家长相处中产生的具体困扰。

提出具体的期望。

微课小结

今天我们一起分享了《小别离》的故事，世界上只有一种爱是以最终的分离为目的的，那就是父母之爱。由此看来，在爱的名义下，我们的父母们有很多的相似之处，但我们却各有各的智慧。当亲子交往出现冲突时，我们不妨积极应对，让“大烦恼”变成“小烦恼”，让“小烦恼”变成“没烦恼”。

五、教师反思

《小别离》是有深刻含义的，唯有以离别为目的的亲子之爱是真正无私的，以此唤起孩子们对父母的爱，再大的烦恼也能解决。本课是笔者将线下课堂内容运用于微课的一次尝试。“《小别离》中的大烦恼”一课曾荣获“2018 年全国优秀教育电视优秀教学录像课例二等奖”。本课选择了其中一例场景，以方朵朵的故事为主线，让学生们以编剧的身份亲历亲子冲突，通过解决冲突，启引学生思考。

通过提问，学生们从亲代和子代的立场上，了解主人公们的内心世界。在了解亲子冲突不可避免的基础上，感受冲突对亲子双方带来的伤害，从而学习在管理情绪的基础上，合理表达自己的主张，并且通过换位思考，更多理解父辈们的期许。当然，孩子们化解亲子冲突的过程就是一次很好的历练和成长。

六、学生感悟

《小别离》是我非常喜欢的一部电视剧，微课又再次将我带入熟悉的情境。亲子之间发生冲突时，及时的换位思考是解决矛盾的一大妙招。毕竟在争吵过后对彼此来说都可能是无尽的泪水。我想作为孩子，我们也要稳住自己的情绪，心平气和地与父母沟通，千万不能像方朵朵一样哦。

——杨淇媛

这节微课让我知道在发生亲子冲突时如何化解矛盾。我在沟通方面并不是很擅长，但微课告诉了我具体的步骤和做法，相信以后的我可以尝试着克服。

——郑博悦

我与老师的“真心话大冒险”

一、理论链接

和谐师生关系的构建要基于和谐关系的概念来进行，主要指大家都喜欢的、让内在心情愉悦、外在联系顺畅所需要的人和人之间的一种彼此尊重、关照、帮助、共同发展的关系。[①]

二、教学目标

学生能够正确处理师生交往中可能出现的冲突，换位思考，尊敬老师，掌握与老师交往的技巧。

---

① 袁瑞：《当前构建和谐师生关系的路径研究》，《科技经济导刊》2020年第19期。

三、教学导图(见图 52)

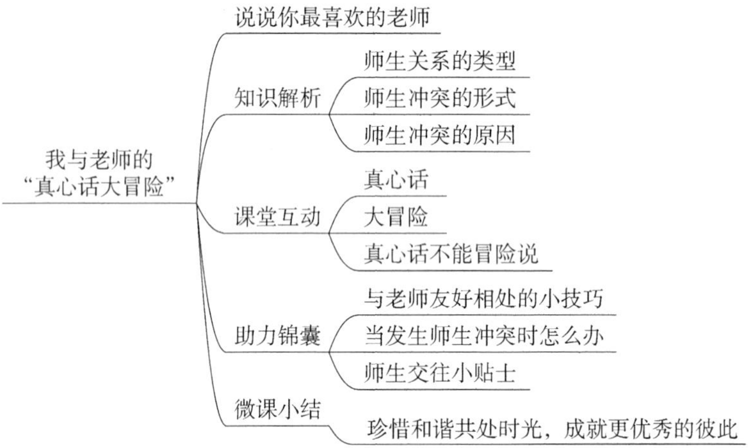

图 52 “我与老师的‘真心话大冒险’”教学导图

四、教学过程

微课导入

同学们,听到老师这个词,你们会想到什么？如果让你说出一个你最喜欢或者印象最深刻的老师,你心里想的是哪一位老师呢？其实不管是哪位老师,都是我们学生时代中非常重要的角色。当你在与老师相处的过程中,会不会遇到一些困惑？这节课我们聊一聊老师与学生的相处之道。

知识解析

1. 师生关系的类型

矛盾冲突型、亲密和谐型、疏远平淡型。矛盾冲突型的关系中学生与教师交往具有较多的冲突和回避,与教师之间的依恋和亲密感也比较低;亲密和谐型的关系中学生与教师之间具有多亲密、多依恋、少冲突、少回避的师生关系,具有良好和谐的师生关系;疏远平淡型的关系中学生与教师交往主要表现出少依恋、少亲密、多回避的特点,与教师交往的态度和行为比较回避、疏远。

2. 容易引起师生冲突的内容

作业问题、课堂纪律、学习成绩等。

3. 师生冲突的原因

从学生方面来说，原因有课程任务繁重，沟通方式不当，学习压力大，不能正确认识自己，对老师有误解等。

课堂互动

1. 真心话

在我们的学习和生活中，接触过许许多多的老师，在与学生交往的过程中，老师扮演着组织者、倾听者、陪伴者等角色。回想一下你与老师交往的场景，你想起了哪些故事？在那些场景中，老师扮演着什么样的角色？请记录在表 2 中。

表 2　老师与学生交往场景表

印象深刻的师生交往场景	老师的角色
师生共同参与环保宣传活动	组织者
为参加运动会，老师和运动员一起在操场准备参赛项目	陪伴者
在课堂上合作学习中，老师教我们怎样读书、如何思考	学习的指导者
课堂上，老师提醒我们要认真听课，课后及时复习	学习习惯的培养者
……	……

回忆过后，请同学们想一想，你与老师是哪种相处模式呢？为什么？（从矛盾冲突型、亲密和谐型、疏远平淡型中选择一种）

2. 大冒险

请想一想，在与老师的交往中，你出现过与老师产生冲突的不和谐现象吗？如果今天给大家一个匿名留言的机会，你能否将之前与老师交往中出现的不愉快诉说出来？比如，有的同学说，感觉某位老师布置的作业很多，不想写作业就受老师批评了。老师在网上调查收集到的 110 名同学的回答（详见表 3），我们看一看，这些冲突的来源主要是哪里，是不是和你有一样的地方？

表3 师生冲突原因调查表

违纪行为	迟到	交头接耳	传纸条	不写作业	顶撞老师	看课外书	睡觉
数量	3	10	18	30	15	25	4

看到这里，我们发现110名同学中，60%都是违纪行为引起了师生冲突。我们知道，师生之间没有根本的利益冲突，为何老师还要冒着有冲突的风险，用纪律来规范学生言行呢？回忆自己或身边的同学，有没有类似的违纪行为引发师生冲突？

还有一部分同学认为，有时候老师的教学方式、说话的方式、对学生的态度等也会引发师生冲突。当出现这种情况时，你认为应当如何向老师提出建议？

（设计意图：教学相长，当老师在教育教学中存在没有兼顾到的疏漏，学生可以用恰当的方式向老师提出意见，或者与老师沟通交流。）

3. 真心话不能冒险说

老师也是普通人，也可能存在错误，我们来看这样一个案例：恰逢自习课，班主任听到兴兴所在的教室一角发出嚷嚷的声音，又看到兴兴一直在动，便将其批评一顿。实际上，兴兴当时并未讲话，而是在找一支笔。兴兴接下来会怎样做？

(1) 在教室里当着同学们的面和老师争吵理论。

(2) 和老师解释无果，当堂罢课。

你赞成这两种做法吗？分别会有什么样的结果？你怎样看待老师的批评？如果你是兴兴，你有更好的方法吗？

助力锦囊

1. 与老师友好相处的小技巧

认识到教师与学生是紧密联系的，正确面对老师的批评和表扬，师生间彼此尊重，把老师当做朋友。

2. 当发生师生冲突时怎么办

自我反思，冷静、客观地分析原因；相信善意，多些宽容和理解；坦诚相待，注意沟通方式；主动分析自己的问题所在。

3. 师生交往小贴士

辛勤园丁本领大，指导陪伴育小芽。

尊重理解讲方式，沟通开出友谊花。

批评表扬皆肥料，及时反思不吵架。

教学相长才结果，成熟丰收别忘“TA”。

微课小结

我相信，同学们多一些理解和尊重，就会感受到老师更多的关注和关爱。让我们珍惜与老师和谐共处的时光，成就更优秀的彼此。

五、教师反思

本节课一方面是从师生间友好相处的角度出发，通过回忆与老师之间的温馨故事，激发学生对老师的美好情感；另一方面从师生冲突的角度出发，通过列举常见的引起师生矛盾的事件，帮助同学们理解老师的管教行为。同时，鼓励学生以合理、恰当的方式主动与老师沟通交流，正确面对老师的表扬和批评。总而言之，良好的师生关系有助于教学相长。

六、学生感悟

回想起我印象最深的老师，她经常和我们一起玩，也十分照顾我们。当有时候产生了不愉快，老师总是会和我们一起解决问题。我们有错时，老师会心平气和地帮助我们改正，同时，当老师有错时，也会及时改正自己的错误。以后我们更要认真聆听老师提出的建议。

——康定

我最认同的老师平时会给我们营造轻松、愉快的课堂氛围，但是该严厉的时候也会严厉，比如有同学违反纪律时。在与老师发生冲突时，换位思考相当重要，我们可以尝试先反思自己是否有违纪行为，如果发生误会，可以稍后主动与老师沟通。

——徐雨湉

青春健康

身体里的“荷先生”和“荷太太”

一、理论链接

世界卫生组织(WHO)把青春期的年龄界定为 10—19 岁。进入青春期,性器官的发育渐趋成熟,第二性征凸显。①

荷尔蒙源于希腊文,就是激素,意思是“激活”。男女第一、二性征的发育,都是荷尔蒙作用的结果。荷尔蒙不但影响着人的生长、发育及情绪表现,更是维持器官系统平衡的重要因素。②

二、教学目标

了解青春期生理和心理发展。

三、教学导图(见图 53)

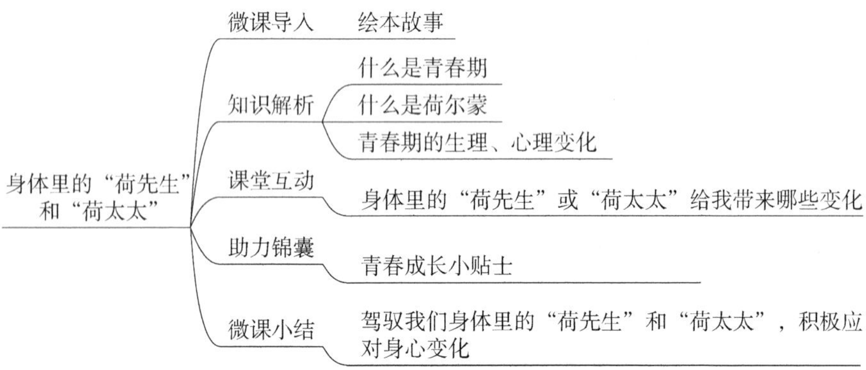

图 53 “身体里的‘荷先生’和‘荷太太’”教学导图

---

① 姜华:《青春期儿童的保健指导》,《中国医药指南》2013 年第 34 期。

② 李越:《青春期发育的启动》,《生物学通报》2002 年第 11 期。

四、教学过程

微课导入

绘本故事《身体里的“荷先生”和“荷太太”》

（设计意图：通过卡通人物形象来解读“荷尔蒙”的作用，把生理知识化成孩子们听得懂、也乐于听的语言。）

知识解析

1. 什么是青春期

青春期指以生殖器官发育成熟、第二性征发育为标志的初次有繁殖能力的时期。青春期指由儿童逐渐发育成为成年人的过渡时期。与此同时，青春期是人体迅速生长发育的关键时期，也是继婴儿期后，人生第二个生长发育的高峰期。

2. 什么是荷尔蒙

荷尔蒙(hormone)指激素，它对机体的代谢、生长、发育等起重要的调节作用。

3. 什么是青春期的生理与心理特点

青春期的生理特点有外形明显变化、机能迅速发展、第二性征出现。

青春期的心理特点：自我意识发展，性意识发展，情绪凸显其冲动性、两极化、内隐性的特点。

课堂互动

请你找一找自己身体里的“荷先生”或“荷太太”给你带来了哪些变化。这些变化给你带来怎样的影响？

老师从生理、情绪、行为以及人际交往等方面为大家罗列了一些青春期可能出现的变化(见表4)，同学们可以在符合自己的相应内容上打“√”：

表4 青春变化主要表现表

类型	主要表现
生理变化	身高突增
	(女孩)乳房发育,开始出现阴毛,月经初潮出现,出现腋毛,脂肪积累增多等
	(男孩)睾丸、阴茎开始增长,出现喉结,出现阴毛,变声,出现腋毛,遗精,出现胡须等
情绪变化	两极化(会为一时的成功激动不已,也会为小小的失意而消沉失落)、易冲动(控制力较差)、内隐性(不善表达)和外显性(有事挂在脸上)并存等
行为变化	开始关注自己的外表,希望表达自己的主张,独立与依赖并存等
人际变化	渴望得到他人的认同,同伴交往的比重增大,亲子交往的冲突开始出现等

思考:如何积极应对这些变化和影响?

(设计意图:有关青春成长的生理话题是孩子们的小秘密,通过绘本故事以及青春期生理和心理特点的解读,孩子们从科学的角度再次明晰这些变化的自然性,从而更好地接纳自己。)

助力锦囊

生理保健须重视,生活规律讲卫生。

独立意识渐增强,个人需求善表达。

情绪变化先接纳,积极管理用方法。

青春心事能正视,解决烦恼寻帮助。

微课小结

通过本课的学习,希望同学们能更好地驾驭我们身体里的“荷先生”和“荷太太”,积极应对生理和心理的变化,发展自我。

五、教师反思

笔者认为,用微课的形式来解读青春期的生理知识是有一定优势的。互联网为教师提供了很多可利用的资源。相关的短视频生动形象地描绘了青春期的生理变化。初中学生已经对自己的生理变化有了一定的了解，因此本课汲取了儿童绘本《身体里的“荷先生”和“荷太太”》的内容，从荷尔蒙的角度向孩子们解释生理和心理变化的成因，为孩子们提供了一个新的视角，也为青春期的心理特点作了科学的释义。这种拟人化的方式更易于被学生接受。

当然，受微课互动性的限制，教师无法聆听到学生与自身成长相结合的具体事例，只能列举一些普适性的变化供学生参考，并且通过提问引发孩子的思考。在后续的课堂中可就此部分进行拓展。

六、学生感悟

本课非常有意思的是引入了绘本的内容，生动形象地展现了男女生发育时的差异，让我明白了自己已经慢慢进入青春期。“要长大”的感觉让我变得和以前不同，我要积极应对自身的变化。

——李益玮

看过微课后，我了解到“荷太太”带给我身体很多的变化，同时我的情绪也发生着巨大的变化。有时我不再是爸爸妈妈眼里的乖乖女了。我想我要合理表达自己的想法，这样大人们才会听到。

——王雪莲

地铁险事巧应对

一、理论链接

性骚扰是一种行为人故意实施的、违反他人意志的、具有性本质的、严重损害他人身心健康的侵害行为。处于青春期的学生如若受到性骚扰，可能会给其带来巨大的精神痛苦，影响正常的生活和学习，甚至带来严重的身体损害和经济损失。①

二、教学目标

识别生活中的性骚扰，学习机智应对性骚扰的技巧。

① 方少雄：《性骚扰入罪的法律思考》，宁波大学硕士学位论文，2019 年。

三、教学导图(见图 54)

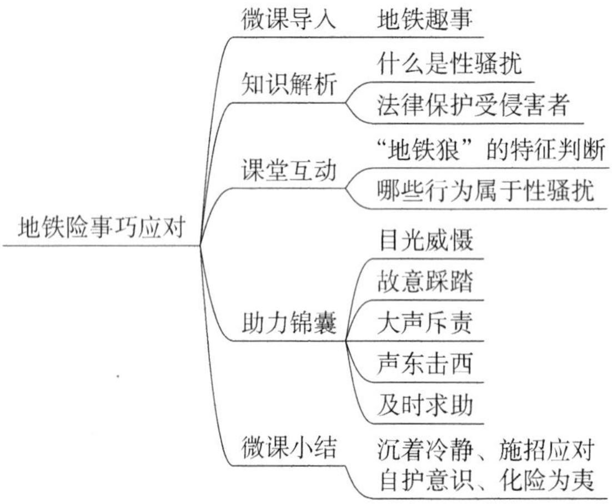

图 54 “地铁险事巧应对”教学导图

四、教学过程

微课导入

“地铁趣事”小视频

假设：主人公换成初中女孩。

旁边的男士故意做出了不雅举动。

这位男士故意用肢体接触女孩身体的某一部位。

结果：“地铁趣事”变成“地铁险事”。

(设计意图：通过角色替换，学生沉浸在情境中，对性骚扰有一个直观的认识。)

知识解析

性骚扰：违背他人意愿，以言语、文字、图像、肢体行为等方式对他人实施的性侵害行为。

性骚扰行为一旦发生，受害人有权依法要求行为人承担民、刑事责任。

课堂互动

1. “地铁狼”有哪些特征和行为

(1) 排队时紧贴在女生身后。

(2) 眼睛盯着女生敏感部位，锁定目标后靠近。

(3) 因为做贼心虚，所以总装出一本正经的样子。

(4) 喜欢乘虚而入，骚扰行为如若得逞，愈加胆大。

(设计意图：生活中的“狼”有各种可能，不能仅仅以衣着、外貌特征来作为判断标准。)

2. 你认为下面哪些行为是性骚扰

(1) 任何造成身体伤害的性暴力动作，如强奸、性虐待等。

(2) 侮辱、贬低、敌视异性的言论。

(3) 带有性别偏见的言论。

(4) 掀衣服、触摸异性的性器官等。

(5) 使用胁迫或者威胁等手段，在违背异性意志的情况下强迫其接吻、搂抱等。

助力锦囊

面对“地铁狼”的性骚扰，如何巧应对？除了在公共场合的穿着要清爽、整洁、大方外，还可以采取以下的措施。

1. 目光威慑

用目光进行威慑，以这样的方式震慑住对方，让其退缩。

2. 故意踩踏

采取一些举动来进行警告，使其知“难”而退，打消邪念。

3. 大声斥责

通过大声斥责进行正面阻止。

4. 声东击西

遭遇类似的情况时，我们可能会害羞，不好意思，不善于表达。这时我们也可以声东击西，引起众人的关注，从而阻止其行为，使其不敢妄自行动。

5. 及时求助

当靠自己的力量难以阻止的时候，我们要学会及时求助，如拨打110报警电话等。

6. 小贴士

沉着冷静、施招应对、自护意识、化险为夷。

微课小结

今天和同学们分享了一些有关性骚扰的相关知识，以地铁为缩影特别介绍了在公共场合识别和应对性骚扰的技巧。希望同学们用智慧和法律保护自己，为自己撑起一把“青春保护伞”。

五、教师反思

本课是在实录室录制的一节微课，曾荣获上海市青春期教育微课大赛三等奖(2016年)。从课的整体架构上，以一段趣事引出课题，激发学生的好奇心。用“地铁狼”的形象来作比喻，让学生了解实施性骚扰者的基本特征。通过具体技能的指导，帮助学生克服羞耻感，使其能够用正当的方式有效地保护自己。随着近几年来侵害未成年人的犯罪案件有所上升，此课在阐述公共场合的性保护方面具有一定的现实意义。此外，遭到性骚扰的对象不仅仅只是女生，男生一样可能成为受害者。教师可以就性骚扰可能发生的场合、对象、实施者等具体要素加以拓展。

六、学生感悟

作为女孩子，我们应该懂得保护好自己。在遇到性骚扰时，我们可以通过引起别人注意的方式来保护自己，同时也要留心周围有没有形迹可疑的人，提高警惕。当我们看到了一些类似“地铁狼”的人，也可以去提醒被盯上的女孩，帮助她们。

——王懿

遇到性骚扰时，一定要学会保护自己或及时求助，不能由于害怕、羞愧而容忍。从自身来看，我们自己首先做到仪表大方、整洁，也可以选择和同伴一起结伴出行，这样会防止一些“地铁狼”行为的发生。

——王梦瑶

青春来“电”

一、理论链接

性心理发展阶段论最早由弗洛伊德提出，青春期的到来唤醒了性意识的觉醒，使青少年自然而然地可能对异性产生好感。另外，青少年必须学会以社会可接受的方式表达这种冲动，用积极、健康的方式对待青春期的两性情感。①

青春期异性交往经历的阶段有：异性疏远期、异性吸引期和异性眷恋期。异性交往是孩子成长所必需的。中学生异性交往，应当把握群体式和公开式两条标准。②

二、教学目标

能够理解并接纳青春期对异性产生好感是一种正常现象，面对异性交往中容易出现的问题，能够以积极的态度与合理的方法面对。

三、教学导图(见图 55)

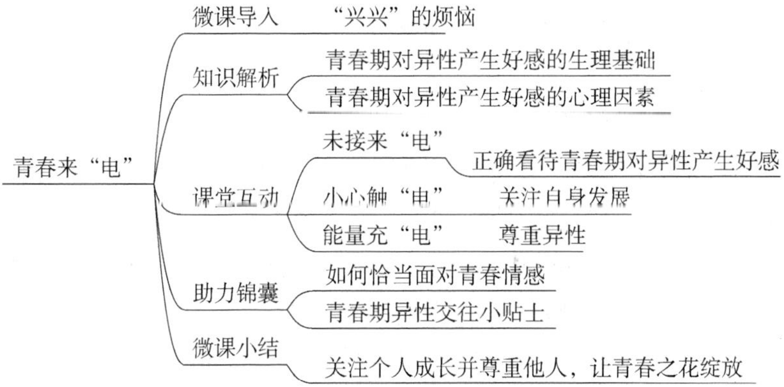

图 55　“青春来‘电’”教学导图

① 郑正：《走出花季雨季的困惑——青春期男女生合理交往的原则》，《中小学心理健康教育》2009 年第 24 期。

② 闵乐夫：《了解　尊重　指导——谈谈家庭的青春期教育》，《少年儿童研究》1999 年第 5 期。

四、教学过程

微课导入

故事的主人公是“兴兴”和“美美”。“美美”是个品学兼优、乐于助人的女孩，在班级担任班干部，老师和同学们都十分喜欢她。“兴兴”是“美美”的后桌，一个有点调皮的男孩，虽然他成绩平平，但却是个乐天派。可是有一天，烦恼在“兴兴”心中悄悄地埋下了种子……

知识解析

1. 青春期对异性产生好感的生理基础

第二性征发育的日趋成熟使男、女生在生理上存在的差异逐渐明显，性意识开始觉醒。

2. 青春期对异性产生好感的心理因素

在荷尔蒙的作用下，青春期孩子的心理发生了急剧的变化。在这一时期，他们需要摆脱对权威的依赖，树立自我的独立性。在紧张的学习生活中，他们有寻求温暖、慰藉和浪漫的需要。异性的某些优势和特点可能吸引彼此的关注，所以在这一时期对异性产生好感，愿意和异性交往，都是非常自然的事情。

课堂互动

1. 未接来“电”

一天晚上放学，“兴兴”写完作业突然看到了“美美”的微信来电。这么晚了有什么事呢？“兴兴”一阵害羞涌上心头，不知道如何组织自己的语言，就在纠结中，电话挂断了，等再回拨过去已经没有人接听了。“兴兴”有点怪自己，一方面他为错过“美美”的电话而惋惜，另一方面他不知道自己为什么会产生这样的反应。想想自从进入初中以来，当“美美”在班级打扫卫生时，他很想帮助美美做点事情；当“美美”转过头向他借橡皮时，他竟然有些害羞地不知道说什么；当“美美”回答问题受表扬时，“兴兴”也会一直注视着她，投去赞许的目光。但“兴兴”总觉得自己好像不如以前那样开心了，像有了自己的心事。

同学们，“兴兴”为什么会产生这样的反应？你认为他的这种反应是正常现象吗？

（设计意图：帮助同学们意识到，青春期时与异性交往的过程中，对异性产生好感是一件非常正常的事情。）

2. 小心触“电”

“兴兴”想了好几天都没想明白，之前他从来不想拿手机，现在他想天天抱着手机，时不时给“美美”发个信息问候；有时即使是在上课的时候，也会因为看着坐在前面的“美美”而走神；他觉得“美美”那天给自己打电话一定也是喜欢自己的，又纠结于如果要告诉“美美”自己对她的感受会不会遭到拒绝。结果当别人在学习的时候，他脑子里总是被一系列纠结的想法所占据。考试成绩出来时，“兴兴”傻眼了……

（1）同学们，如果请你用一种或几种颜色来表达“兴兴”此时的心情，你认为是什么？请你说说理由。

（2）你觉得“兴兴”接下去应该怎么做。

（设计意图：帮助学生认识到，在青春期的异性交往中，当过度关注对方，纠结于这份情感时，很可能会影响到自己的学习和生活。所以在当前阶段，首先应立足自身发展，关注自我成长。）

3. 能量充“电”

“兴兴”把“美美”拉到角落，把手搭在她耳边，正准备悄悄问她那大晚上打的电话是想要说什么，这一幕正好被班里几个“大嘴巴”的男生看到，他们围在一旁起哄。“美美”的脸一下子红了，生气地推开“兴兴”……原来那天，“美美”只是想问“兴兴”是不是拿错了作业。“兴兴”这才知道原来自己误会了，还做了一些让“美美”感到难为情的事情。但他好像松了口气，仿佛明白了些什么。

请思考：

（1）“美美”为什么要生气地推开“兴兴”？

（2）“兴兴”最后为什么松了口气，他明白了什么呢？

（设计意图：与他人交往时，应该尊重对方，关注对方的感受，注意交往的场合和交往的尺度等。)

助力锦囊

1. 如何恰当面对青春情感

青春期是人的一生中最美好的时光,青春懵懂,情窦初开。首先要立足自身发展,在关注自我成长的基础上,尊重青春期的情感。同时,我们更要尊重他人,关注对方的感受,注意交往的场合和交往的尺度等。勿让这份美好的情感影响自己和他人正常的学习和生活。

青春期异性交往需要有一定的准则:以集体交往为宜,自然、适度、独立、尊重。

2. 青春期异性交往小贴士

小小少年意风发,花季少女美如画。

正值青春展芳华,互相吸引勿退怕。

身处集体放宽心,公共场合分寸拿。

关注自身别忘己,互相尊重共成长。

微课小结

每个人都会经历青春萌动的花季。我们会经历好奇和期待,感受欣赏和被欣赏的甜蜜,也同样会感受到纠结、担心和失望所带来的压力。在这个过程中,我们需要学习照顾他人的感受,注意交往的场合以及举止的分寸,同时也要记得,个人的成长才是联系青春和未来最重要的枝干。

五、教师反思

本节课通过设置情景故事,以沙盘动画的方式进行配音演绎,将同学们感兴趣的异性交往话题,以轻松诙谐的方式呈现。一方面,每个课堂互动的情境设计都有其独特的用意,如:“未接来‘电’”引发同学们思考对异性产生好感是否为一种正常反应;“小心触‘电’”通过刻画主人公兴兴的纠结心理,引出恰当应对青春情感的重要性。结合表达性艺术,感受复杂心态带来的情绪体验;“能量充‘电’”中,通过描述真相的水落石出,引导同学们懂得异性交往中需要遵循的准则。这也是本节课的关键。

六、学生感悟

青春，这是人生中最美好、最灿烂的年华，有如朝阳，好比鲜花。青春期又是多思多变的年华，有红色的热情、蓝色的忧郁、白色的单纯、黄色的阳光。通过视频我明白：要做到自尊，自重，自信，自立；对己负责，严于律己，宽以待人，积极向上，恰当面对青春情感。

——沈悦菲

这节青春期教育的微课，描述了“兴兴”与“美美”间的小故事。故事中，“兴兴”对“美美”产生了好感，与之而来的是对这份情感的烦恼和纠结，这些情绪萦绕在“兴兴”的心中，导致他上课分心，成绩下滑。对于这种“青春来‘电’”，年龄尚小的我们总会变得不知所措。而这时，我们需要像微课中说的那样，关注自身发展，做到对异性亲善而不逾矩，这才是我们经历青春期的正确应对方法。

——周涵艺

（本课由赵思迪供稿）

拿什么来保护“少年的你”

一、理论链接

校园暴力不仅损害被欺凌者的身心健康，而且影响学校的正常教学管理。学校既是校园暴力发生的“主战场”，也是预防校园暴力的主体。面对校园暴力事件，学校要承担正面引导的责任，最大限度地预防其产生。①

学校应当在传授专业知识的同时，重视学生的心理健康教育。给予学生人文层面的关怀，能够有效减少校园暴力的发生。②

---

① 范宏民、戴文赟：《从〈少年的你〉看校园霸凌成因与预防》，《新闻研究导刊》2020 年第 12 期。

② 章星月：《未成年人校园暴力的犯罪学研究》，《南方论刊》2020 年第 7 期。

二、教学目标

从校园暴力受侮者、施暴者与围观者三个视角认识校园暴力的危害，树立自我保护意识，拒绝校园暴力行为的发生。

三、教学导图(见图 56)

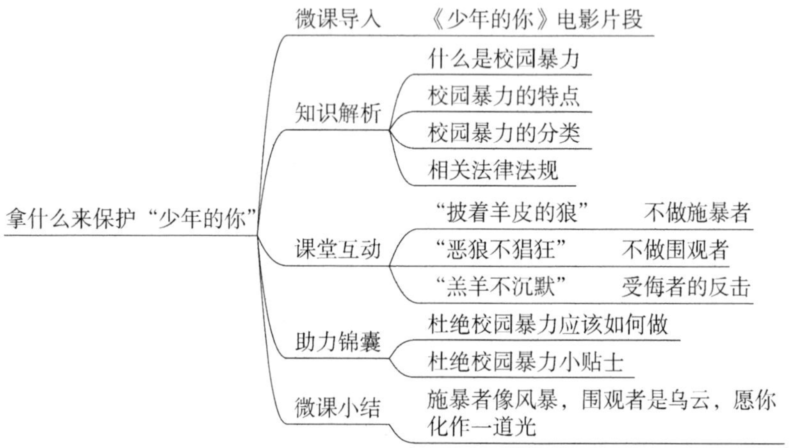

图 56 “拿什么来保护‘少年的你’”教学导图

四、教学过程

微课导入

有这样一部很热门的电影叫做《少年的你》。在这部电影中，当阳光美好的校园成为乌烟瘴气的校园暴力滋生之地，我们会发现少年的青春气息变成了压抑人心的“魔鬼”。今天请跟随老师一起走进电影《少年的你》，也许你会有新的感悟。

知识解析

1. 校园暴力

指发生在校内以及上学路上和放学路上的，由校内人员或校外人员对学生及教师所实施的对人身、财产、心理造成了一定侵害且具有持续性影响的暴力行为。

2. 校园暴力的分类

肢体暴力、语言暴力等以网络或正面直击等方式对未成年人的生理和心理造成损害。

3. “旁观者效应”

也称为“责任分散效应”，是指对某一件事来说，如果是要求一个群体共同完成任务，群体中每个个体的责任感就会很弱，面对困难或遇到责任往往会退缩。对于个体而言能够独立承担责任，后者期望别人多承担点儿责任。结合校园暴力来讲就是，出于某种心理，同学们都不想通过制止校园暴力让自己承担责任，其实这是对校园暴力的纵容。

课堂互动

1. “披着羊皮的狼”（不做施暴者）

教师播放“魏莱”的表面形象和真实内心写照的电影片段。

我们一起来分析一下，在大家看来“魏莱”是一个自信、优秀的女孩，她产生与表面形象不符的施暴想法和做法的原因是什么？

（设计意图：分析施暴者的特点，从表面来说，与外表不符，但可能是女生，从内心来说，容易产生嫉妒心理等。）

在现实生活中，如果你的利益受损时，你是接受同学的赔礼道歉还是选择打击报复？当你与同学发生冲突时，你是选择友好解决还是暴力制胜？两种不同的方式可能造成什么样的后果？

（设计意图：引导学生更多地表达宽容与理解，暴力只会造成双方更加痛苦，而不能解决问题，这有助于学生和谐关系的形成。）

教师解析片段一：不做施暴者。如果让你用一种动物来形容施暴者，可能是什么？

2. “恶狼不猖狂”（不做旁观者）

教师播放“胡小蝶”遭受校园暴力时全校同学视而不见的画面。

请同学们以配音的方式思考视而不见的同学可能存在的心理。

请同学们想一想，假如你目睹了一起校园暴力事件，你会以怎样的方式应对？如果选择冷漠甚至加入，可能造成什么样的后果？

（设计意图：引导同学们不做校园暴力的围观者。当目睹校园暴力发生时，应采用合理的方式向老师反映。）

教师解析片段二：不做旁观者。

3. “羔羊不沉默”（受侮者的反击）

教师播放“陈念”遭受校园暴力的镜头。

我们来总结下电影片段中同学的遭遇，其中哪些属于校园暴力？

（设计意图：了解校园暴力的类型与形式。）

教师解析片段三：受侮者的反击。看到“陈念”不敢反抗，你会对她说些什么？你有什么样好的建议可以帮助她？

（设计意图：唤醒受侮者的自我保护意识，敢于向老师诉说，巧妙地与校园暴力作斗争。）

助力锦囊

1. 要杜绝校园暴力的发生，我们应该如何做

与同学互帮互助友，好相处，互相尊重，用合理的方式解决冲突。

不害怕、不怯弱，及时向家长、老师或可信任的社会力量寻求帮助。

尊重自己和他人的生命健康，当危及生命健康时，学会“智取”。

不做冷漠的旁观者、校园暴力的助长者。

交友需谨慎，不去情况复杂的公共场所，放学后要结伴早回家。

了解相关法律法规，培养法律意识，规范自身言行。

2. 杜绝校园暴力小贴士

校园本是阳光地，可怕暴力来侵袭。

宽容互助共努力，遇事求助才是理。

交友谨慎明法律，危险地方我不去。

旁观助长坏风气，尊重伴我欢笑语。

微课小结

也许电影的剧情有些夸张，但现实生活中频频发生的校园暴力

事件确实骇人听闻。其实，施暴者像是风暴，旁观者像是不散的乌云，作为当代青少年，愿你像一道光，给校园注入更多的和谐生机和欢声笑语。

五、教师反思

在本节课中，通过剪辑电影片段的方式，学生感受到校园暴力带来的危害。电影情节的渲染或许有些夸张，但是对人物的刻画更能给学生带来心灵的震撼。本节课从施暴者、受侮者、围观者三个视角出发，结合电影片段设计了三个与其对应的课堂互动。对于施暴者，关注更多的是与人交往及产生冲突时的合理方式；对于受侮者主要是鼓励其敢于求助，同时学会以正确的方式保护自己；对于旁观者，他们的存在其实是加剧校园暴力事件的“催化剂”，不当冷漠的旁观者，同时也不当助长暴力的“喝彩”者。

六、学生感悟

这节课让我明白，旁观的人越多，就越可能会造成施暴者的变本加厉。而对于施暴者来说，他们会将自己的不满和愤怒传递给别人，就好像一种“传染病”一样，将自己的“心理疾病”传染给了别人。

——于子悦

校园暴力不是一件小事，也不是一句“对不起”就能解决的，我们杜绝校园暴力的发生有许多种方式。为了自己，也同样为了他人的身心健康，大家都可以尝试三思而后行，先给自己十秒的思考时间，这样会有很大的作用。

——范思琪

后 记

半年的时间，当我落下书稿最后一个字的时候，心头并没有涌现出如释重负的感觉，而是意犹未尽。作为自己撰写的第一本书稿，在接受任务伊始曾经是压力满满，但在实践的过程中，更多的幸福感油然而生，因为，我觉得这是一件能够让自己沉浸其中、乐此不疲的事情。忙碌并快乐着，反思并收获着。

作为一名一线的心理教师，我热爱课堂、敬畏课堂，每一堂课都是一件精心打磨的“作品”，它来自学生的需求，并应学生的反馈不断调整和完善。今年年初的新冠疫情，让教育提前进入了“3.0”时代，心理微课也正是在这一情境下诞生的。为了针对应激状态下的心理辅导，我设计了诸如压力管理、情绪辅导方面的课程，同时，为了让学生更好地适应线上教学，设计了有关学习心理的辅导课程。为进一步丰富心理微课系列，给孩子们提供发展性的心理辅导，又增加了生活适应、青春健康和人际交往等方面的内容。在实践和运用的过程中，通过与表达性绘画的结合，展现着孩子们的内心世界。由于笔者自身水平以及篇幅的限制，本书只收入了 28 节心理微课课例，希望大家给予批评和指正。我们对心理微课的实践探究依然在前行的路上。

感谢我的两位导师戴耀红女士和沈之菲女士。戴老师为我提供机会，让我将教学案例集结成册；沈老师逐字逐句地帮我修改文案，还亲自为本书作序。衷心感谢两位导师的精心指导。

感谢我的创作团队，其中特别感谢赵思迪老师，多少次我们伏案思辨，多少次我们课堂研讨。本书中收录了赵老师的多篇教学案例。我们亦师亦友，教学相长。感谢王文静老师，提供了《我的兴趣星空》一课。正是你们的倾力支持，才让本书的按时交稿成为可能。

感谢我的女儿，因为没有她，对于我这个电脑“菜鸟”来说，制作微课几乎是不可能完成的任务。正是她的帮助，让我从零起点到现在的游刃有余。

当然，最要感谢的是我的学生们，是你们给我灵感和启发，也是你们在公众号后的留言和课堂上的反馈给了我力量。

感谢我热爱的事业，这一次结束是为了下一次开始。

2020 年 9 月 27 日于家中

图书在版编目(CIP)数据

心悦青春:上海市中小学骨干教师心理健康教育(青春期教育)德育实训基地成果集. 4,心理微课/戴耀红主编;朱炜著. —上海:复旦大学出版社,2021.6
ISBN 978-7-309-15607-2

Ⅰ.①心… Ⅱ.①戴… ②朱… Ⅲ.①中小学生-心理健康-健康教育-教学研究
Ⅳ.①G444

中国版本图书馆 CIP 数据核字(2021)第 064757 号

心悦青春——上海市中小学骨干教师心理健康教育(青春期教育)德育实训基地成果集
戴耀红 主编
责任编辑/关春巧

复旦大学出版社有限公司出版发行
上海市国权路 579 号 邮编:200433
网址:fupnet@fudanpress.com http://www.fudanpress.com
门市零售:86-21-65102580 团体订购:86-21-65104505
出版部电话:86-21-65642845
江苏凤凰数码印务有限公司

开本 890×1240 1/32 印张 37.25 字数 968 千
2021 年 6 月第 1 版第 1 次印刷

ISBN 978-7-309-15607-2/G·2235
定价:280.00 元(共十册)

心悦青春

上海市中小学骨干教师心理健康教育（青春期教育）德育实训基地成果集　戴耀红◎主编

阅青春　悦成长

初中语文阅读教学与青春期教育的融合实践

杨洁　著

复旦大学出版社

总　序

曾经有四名初中少女，因为她们喜欢的男孩子不喜欢她们，于是开煤气想集体轻生，不料抢救后醒过来的她们几乎说的第一句话都是：怎么没有电视台来采访我们？她们全然不顾父母的着急、老师的担忧，更是把放弃生命当作一场儿戏来“秀”。当成年人为她们的行为感到可笑、可气、可悲的时候，作为教育工作者，我们的心情是沉重的。当青少年以生命的代价去叩问青春命题时，我们不得不反思，教育该如何尊重人的成长需求，体现人文关怀？如何遵循人的发展规律，体现育人价值？

从事青春期教育实践和研究二十多年，我亲历并见证了上海青春期教育的发展。从当年要不要在学校开展青春期教育到如今学校如何实施青春期教育，这场讨论主题的转变是时代对教育的期许，是学生对教育的呼唤，也是教育改革、进步的必然。

由于青春期教育工作者的不懈努力、追求和坚定的信念，青春期教育终于从最初的被指责、被怀疑到现在的被接受、被认同，并在不同学校以不同方式开展。但是随着社会的进步和学生身心的发展，目前青春期教育在观念、内容、形式等方面还有许多需要改进甚至变革的地方。

一方面我们的教育观念比较传统和保守，和社会转型期学生的实际生活、价值观仍有隔阂。我们在教育内容上比较单一，对性的敏感话题心存顾虑。我们在教育方法上还是以过来人和教育者居高临

下的说理、灌输为多。教育过程中缺乏倾听学生的心声和了解学生的感受；教育目标一般也简单定为青春期问题防范和处理，对于学生青春成长过程中的生命关怀缺乏研究。

另一方面教育的整体性和连续性跟不上学生生命成长的需求，学校或教师的教育行为大多数还处在应付处理青春期问题的层面，学科教学与专题教育处于碎片化、断裂式的状态，一些教育内容在许多学科或不同学段中简单重复，一些内容由于敏感或与学业知识相关不大而被空缺、被忽视；对青春期成长有着重要意义的家庭，在孩子身心发展，特别是人格发展方面重视不够、方法欠缺。

众所周知，青春期是一个人价值观、人生观、世界观形成的关键期，在教育部颁布的《中小学德育工作指南》中强调，要对学生“开展认识自我、尊重生命、学会学习、人际交往、情绪调适、升学择业、人生规划以及适应社会生活等方面教育，引导学生增强调控心理、自主自助、应对挫折、适应环境的能力，培养学生健全的人格、积极的心态和良好的个性心理品质”，这也是青春期教育的目标所在。

学校青春期教育是生命教育的重要组成部分，也是当下德育的难点，虽然教育部门有专题教育的要求，但在落实中存在诸多困难，如缺乏合适的教材、创新的教法、有一定水准的教师等。上海市中小学骨干教师心理健康教育（青春期教育）实训基地正是在这样的背景下，由上海市教委为加强学校德育工作、促进德育队伍专业发展而搭建的培养市级骨干教师的高端平台，是由一群经推荐和选拔的中学德育优秀教师组成的实践研究团队。市教委德育处领导、市德育发展中心和市中小学德育研究协会的专家对我们基地的组建、项目研究、成果质量给予了高度关心和鼓励。学员所在学校的领导也给予学员在参与基地活动方面极大的支持。

2018 年初夏，我和学员们带着众多人的期望和对学校青春期教育的信念，开始了一段陪伴学生成长的青春之旅，基地本着“以教师的人文情怀滋养学生青春成长”的理念，致力于学校心理健康教育、

青春期教育的推进与创新，旨在通过项目引领、理论学习、教育实践、研究反思等，更新教育理念、改进辅导方法、改善教育行为，促进教师专业发展，有效发挥学科优势，充分体现心理健康、青春期教育的价值。

三年来，我们聚焦问题，突破创新，通过调研，了解当下学校青春期教育的基本情况、困难和瓶颈，为学校青春期教育提出建设性、突破性的建议；我们更新理念，提升能力，在实践研究中丰富教师的青春期知识，完善教师的教育方法，提高教师的青春期教育素养，培养了一批热衷于青春期教育、有一定创新能力、受学生欢迎的青春期教育的教师。

三年来，我们聘请高校教授、医务工作者、特级教师等担任基地导师团导师，通过讲座、报告等形式在专业知识等方面对学员进行指导，在微课设计、制作及资源开发等过程中，帮助学员把关好教育的科学性、准确性和有效性，提升学员青春期教育的理论水平和专业能力。

三年来，我们以上海市德育理论研究与决策咨文课题“中小学青春期教育一体化建设研究”为抓手，组织学员边学习、边反思，边实践、边积累，边开发、边提升，开展了上海市中小学生青春期教育现状的调研、青春期教育学科融合、青春期专题教育资源开发和利用等研究。在完成项目过程中，研究生命视野下青春期教育内容的适切性。

三年来，我们根据学员的知识、能力、特长等分成若干合作小组，在教育实践中有一定的时间量进行集体备课、听课、评课、切磋指正，在小组学习中互相讨论分享，在项目开发中头脑风暴，分工合作，发挥各自优势，完成相关学习内容及实践任务。

三年来，我们结合日常专题教育、团体辅导、个别咨询、主题活动开展实践研究，每位学员根据自身特点确立明确的实践方向和任务要求，在教育教学实践中关注重点、发现难点、突破瓶颈、探索创新，完善教育方法，完成有推广价值的各学段示范课。

今天，17 位学员中有 9 位独立或合作撰写了青春期教育专著 9 本，有 8 位学员撰写了青春期教育论文。这是他们长期从事学校青春期教育、心理健康教育、开展家庭教育指导等实践经验的积累，更是他们在基地三年的理论学习、探索研究、团队合作的成果。从选题、落笔到改稿、成文，整个疫情期间和暑假，学员们查阅资料、请教专家，一遍遍地推翻、修改，尽可能使作品成为自己满意、教师有用、家长需要的优质教育资源。

牛燕华，基地写手之一，淡然的外表、文艺的内心，始终保持对青少年的好奇心和探索欲，是心理教师难能可贵的品质。《初中生情绪疏导与压力管理》是她多年参与研究积累的成果，是理论与实践相结合的产物。

章诚，基地里年纪最轻的教师，是一位感受力和创新力极强的心理老师。读她的文字，总让我回想起自己年轻的岁月，执着而热烈。《RAIN 的心理时间》是她独自反思教育的节点，更是她分享教育感悟的快乐时光。

杨岚，基地助教，参与并保障每一次研修活动的顺利进行。她撰写的《生命成长视野下的青春期“三情”教育》以亲情、友情、爱情为主题，关注青春期学生情感发展和品德培养，将生命教育和青春期教育有机结合。

朱炜，基地里自带光芒的教师之一，但她不刺眼、不炫目，是柔和而温暖的。我欣赏她的坚持和聪慧。疫情期间，她怀着心理教师的使命感，不失时机地研发了线上课程，《心理微课》应运而生，丰富了线上线下的心理课。

杨洁，一位优秀的语文老师和班主任，因为优秀，所以懂得青春期心理健康教育的重要，有意识地将语文学科与青春期教育相融合，《阅青春 悦成长——初中语文阅读教学与青春期教育的融合实践》也许是学科“跨界”专题研究的首创，在她的阅读教学中，作品散发出青春的光芒。

沈慧，基地里最资深的心理教师，多年的教育教学实践，让她在从容笃定中不失激情和亲和，我想这应该就是优秀心理教师的样子。在她撰写的《跟着电影懂青春》中，我们能体会到她教育的用心，能感受到文化育人的力量。

沈俊佳，其实不是我们基地的学员，却长期在做青春期教育的研究，也是课题组的核心成员。她在《陪伴青春——初中生心理辅导》中，以心理教师独特的视角去观察和诠释初中生的行为表现，体现了她在教育中的人文关怀。

俞莉娜，基地里唯一一位中职校的教师，是一位学习力、行动力极强的德育主任。她对一些职校学生的家庭环境、生存状况极为关切和担忧，在她的《“青”听“春”语》中，我们听到了学生的心声，感受到了教育者的使命。

王铭鸣、冯嫞、李萍，都担任着学校德育的领导工作。在基地的活动过程中，她们那种乐于学习、善于思考、积极参与的态度让我感动。针对家庭教育中存在的现象和问题，她们凭借多年家庭教育指导的丰富经验，合作撰写了《初中生家庭教育那些事》，值得家长一读。

胡敏、杨彦、陈冉苒、汤瑾、宋睿、刘军、王雪凌、张卫琴等参与了《青春期教育实践研究》论文集的撰写，虽然文字不多，篇幅不长，但也是她们三年来实践研究的体会和思考，内容丰富，体裁多样，涉及学科青春期教育、心理健康教育、青春期相关调查分析、家庭教育指导等，学段覆盖小学、初中、高中，多维度、多视角地让我们了解当下学校青春期心理健康教育的状况，给教育工作者、家长以启示。

德润生命，心悦青春。这将是我们永远的追求！

上海市心理健康教育（青春期教育）实训基地主持人：戴耀红

2020 年 11 月 22 日

目录

绪论
初中语文阅读教学和青春期教育融合的基础

一、初中语文阅读教学和青春期教育的联系

作为一名中学教师，对学生进行青春期教育的重要性毋庸置疑。但在日常的教育教学中怎样开展青春期教育，却是需要探索和研究的重要课题。

为了能够更好地对学生进行青春期教育，我进入了上海市中小学骨干教师心理健康教育（青春期教育）实训基地学习。在学习的过程中，我发现学科德育是青春期教育的重要途径。于是，在基地的三年里，初中语文阅读教学和青春期教育的融合成为我研究和实践的主要内容。

（一）语文阅读教学中进行青春期教育的可行性

1. 语文学科的性质和青春期教育的目标契合

“语文课程是一门学习语言文字运用的综合性、实践性课程。初中语文课程，应使学生初步学会运用祖国语言文字进行交流沟通，吸收古今中外优秀文化，提高思想文化修养，促进自身精神成长。工具性与人文性的统一，是语文课程的基本特点。”[①]这里的“人文性”是指

① 《义务教育语文课程标准》（2011 年），北京师范大学出版社 2011 年版，第 2 页。

关注人的发展,健全人格,完善自我。《中小学青春期教育一体化纲要》对青春期教育的目标进行了界定,即:青春期教育应作为人格教育的一部分,以尊重人性精神为基础,促进青少年对自我性别的积极认同和对自我行为的正确评判,让青少年更好地保护自己,形成完善的人格。可见,语文学科的人文性和青春期教育的目标是契合的。“以文育人”“以文化人”体现出语文学科“育人”的强大功能。

2. 语文阅读教学可以加深学生对青春期的理解和体验

“阅读是获取信息、认识世界、发展思维、获得审美体验的重要途径。阅读教学是学生、教师、教科书编者、文本之间进行对话的过程。阅读本身是学生的一种个性化的行为,教师的阅读教学旨在引导学生钻研文本,在主动积极的思维和情感活动中,加深理解和体验,有所感悟和思考,受到情感熏陶,获得思想启迪,享受审美乐趣。”①

初中生正处于青春期中,教师通过阅读教学能够自然地引导学生理解和体验青春期的各种变化,对个人的成长与发展产生感悟和思考,获得思想认识上的提升,成为全面发展的健康的人。

3. 语文阅读教学的内容中包含青春期教育的内容

《课标》中明确指出:语文课程应通过优秀文化的熏陶感染,促进学生和谐发展,使他们提高思想道德修养和审美情趣,逐步形成良好的个性和健全的人格。② 青春期教育包含性道德、性审美等内容,与语文学科“提高思想道德修养和审美情趣”相一致,语文教学的内容包含青春期教育的内容。

4. 语文阅读的教学方式更加适合青春期教育

阅读教学借助古今中外的优秀作品,利用与开发多种类的资源,组织与开展多样化的语言实践活动;通过阅读与鉴赏、比较与交流、梳理与探究等活动,促使学生逐步形成自己的思想观念、行为准则,

---

① 《义务教育语文课程标准》(2011年版),第22页。
② 《义务教育语文课程标准》(2011年版),第1页。

引导学生认识自我、规划人生。这样的教学方式不是直白的告诉，相对来说比较含蓄，更加适合对一些敏感话题进行探讨，更加适合进行青春期教育。

(二) 青春期教育呼唤更多的教育途径

1. “青春期”的定义

我们在《中小学青春期教育一体化纲要》(以下称为《纲要》)中对“青春期”进行了定义:“青春期”即青春发育期，是指由儿童逐渐发育成为成年人的过渡时期，是继婴儿期后，人生第二个生长发育的高峰期，是个体生理和心理不断走向成熟的关键阶段。世界卫生组织(WHO)将青春期的年龄界定为10—20岁。青春期是以生殖器官发育成熟、第二性征发育为标志的，是性的成熟与发展的关键期。在急速的发展和变化过程中，少年的心理特征会发生改变，行为模式、交往形式、人生观等脱离了儿童的特征，趋向成人。虽然儿童向成人的发展趋势是可以肯定的，但是在这个发展过程中的问题却是无法预料的。因此，学生需要学习青春期相关知识，学会正确处理在青春期遇到的各种问题。

2. “青春期教育”的定义

教育作为生物—心理—社会模型中的社会文化因素，在青春期中的操作性最强，可以作为的空间最大。青春期教育应整合个体成长的生物、心理、社会三方面的因素，把青春期的教育素养和教育能力纳入专业化发展的视野，以促进青少年更好成长。

从一份对北京青春期学生的调查来看，男女中学生在青春期教育方面迫切想知道的前5项内容都是一样的，即性生理知识、心理发展知识、异性交往的礼仪和方法、什么是爱情、性对人生有何意义。[①] 可见初中学生最需要的青春期教育内容，是和“性”有关的。

---

① 纪秋发:《北京中学生青春教育状况》,《当代青年研究》2005年第7期。

因此,《纲要》中对“青春期教育”的定义是:针对青少年进入青春期的生理和心理的特点,以人格发展为基础,以性教育(青少年性生理、性心理、性伦理和性道德、性法制等教育)为核心的全人教育,包含生命教育、思想道德教育、法制教育等。以性教育为核心,这是和学生的实际需求相一致的。

(三)当下青春期教育存在的问题

1. 学生:生理发育提前但学习滞后

(1) 生理发育提前带来的问题

随着生活条件的改善和营养水平的提高,学生的身体素质也有明显提升。有些孩子在小学时,第二性征已经变得较为明显。有的孩子虽然还未到青春期,但是看起来已经像个大人了。学生的生理发育时间确实提前了,但身体上的成长,并不代表着心理的成长。很多学生对于自己身体的改变不是很了解,对于异性的发育就更是一知半解了。性疾病、性犯罪在青春期出现的比例也有所增加。

(2) 青春期教育需求未获满足

学生的青春期教育需求是存在的。在心理课和科学课谈到性方面的一些知识时,学生们非常感兴趣,会在课上或是课下对老师进行积极追问。有些性知识,教师认为学生应该在小学就已经学过,但事实上,从课堂上的反应来看学生是未能掌握的。他们对青春期有很多疑问,却不知如何提出,如何获得解答。比如男生不理解女生为什么可以在没生病的情况下在体育课请假,也有男生会偷偷翻女生的书包,对里面的卫生巾感到很好奇;还有在科学课上,询问老师精子和卵子怎么在人体内结合。而学生喜欢异性后不知所措的情况就更常见了。学生有问题,有需求,但是未能得到满足,所以才会产生一系列烦恼。

(3) 青春期知识获取途径不当

学生希望获取青春期知识,但是缺少合适的方法和途径,如果跟老师或家长说,感到不好意思;跟同学说,说不出个所以然。所以很多学生选择了网络，在网上搜索自己感兴趣的问题。但是，网上的信息是需要甄别的，因为有些所谓的知识是错误的。所以会有男生认为遗精是可耻的，也会有女生对痛经觉得难以启齿。性侵、艾滋病这些话题学生基本不会在校园里听到，而在网络上看到的很多东西是耸人听闻的。如果没有正确的青春期知识，就很可能在真正面对问题时手足无措。

2. 教师：认可青春期教育的重要性，但在实践中存在困难

(1) 思想上认可

教师们普遍认可青春期教育的重要性，也会经常讨论学生的青春期问题，认为青春期教育对学生的成长有着不可或缺的作用。教师们也会去听青春期教育的讲座，或是阅读青春期教育的书籍。但是大家也都有一致的看法，就是在教育教学工作中很难有效地开展合适的青春期教育。

(2) 实践中的困难

① 未设置相关课程

国外尤其是一些发达国家，是以课程的形式系统地开展青春期性教育。但是我国的课程体系中没有设置“青春期教育课程”，所以我们的青春期教育在实践中较为零碎和松散。由于青春期的年龄为10—20岁，涵盖了小学、初中、高中三个学段，所以每个学段都应开展青春期教育。在学校开展青春期教育需要教师发挥课堂的主渠道作用，将青春期教育融入学科进行教学。而学校课程中并未安排专门的青春期教育课程，青春期教育的内容是散见于各学科中，所以需要教师自主学习，自觉实践。但并不是所有教师都学习过青春期教育的内容，因此很难在自己的学科教学中进行安排。即使是拥有得天独厚条件的班主任，也会担心自己不够专业，而不敢开设青春期教育的主题教育课。

② 课程开发需慎重

青春期教育是一门特殊的课程，话题较为敏感。教师在课程研

发中不仅要考虑学科的科学性、系统性，也要考虑到文化传统、社会影响。教师要慎重选择教学内容，让学生在学习时，潜移默化地受到青春期教育。对于未接受系统的青春期教育培训的教师，在课程研发、内容选择等方面都存在很大困难。

③ 讲授态度有差异

教师在课堂上讲授涉及青春期教育的内容时，态度还是有差异的。相当一部分教师认为不应该在课堂上对学生讲敏感话题，担心学生本来没有问题，听老师讲了以后，产生了兴趣，反而会出现问题。比如有些老师在遇到生理卫生章节时，安排学生自修；遇到和爱情有关的课文时，迅速讲解完成；遇到学生追问一些让人尴尬的问题时，支吾以对。教师自己都不想讲，不愿讲，青春期教育就成为课堂教学的“禁区”。

有意思的是，调查显示：课堂教学是男女学生都比较认可的教育形式。[①] 学生和家长都认为青春期教育的实施主体是学校，学校应成为学生接受青春期教育的主课堂。教师作为专业的教育人才，对学生进行青春期教育是责无旁贷的。

二、语文阅读教学中进行青春期教育的先天优势

初中四年，学生都处在青春期，始终需要进行青春期教育。语文学科因为具备“人文性”特征，天然和青春期教育有联系。作为初中语文教师，应当在教学中有意识地融入青春期教育。

（一）阅读课在语文课程中所占比例较大

在语文的基础型课程中，阅读课所占比例较大。阅读是一种语文能力，是自主学习的能力，更是人的基本素养。如果教师能够教会

---

① 纪秋发：《北京中学生青春教育状况》，《当代青年研究》2005年第7期。

学生去阅读文本，在阅读中受到青春期教育，那么以后在课堂之外，学生也依然可以通过阅读这种方式进行青春期自我教育，这对学生的持续发展非常有益。通过课堂教学途径，让青少年接受青春期教育，其教育效果具有高效性、系统性、层次性、知识性和综合性。

（二）统编教材特别关注对阅读素养的培养

初中统编教材的一大创新之处，就在于建立了“三位一体”即精读、自读、名著导读合一的阅读体系。无论是精读、自读还是名著导读，都有和青春期教育相关的篇目，可以有效地渗透如男性和女性的性别角色特征，每个成员在家庭和社会中应该承担的责任，性审美，健全人格的自我培养，恋爱、婚姻与家庭的概念等内容，能更好地从人文和社会两方面，培养学生的性别角色意识，养成良好的性审美观念，形成健全的人格。因此，在初中阅读教学中融入青春期教育是合适的选择。

三、语文阅读教学中融合青春期教育的整体设计

（一）确立《纲要》作为总体框架

在语文阅读教学中融入青春期教育，需要有一定的课程安排，能够对整个学段青春期教育的内容与目标进行整体规划，体现螺旋式上升的理念。

我们基地开展了“中小学青春期教育一体化”的课题研究。在课题中，形成了《中小学青春期教育一体化纲要》。在《纲要》中，对初中学段的青春期教育主题、内容、教育教学点做出了明确界定。青春期教育主题有五个：青春期生理与心理、两性伦理与道德、青春期健康与安全、性观念与社会文化、青春志向与人生发展。我根据这五个主题来设计青春期教育课程。每个主题下设两篇（部）作品进行阅读教

学。通过教学可以较为全面地带领学生认识青春期,理解青春期的各种变化,学会自我保护,拥有远大的志向。

(二)选取多种资源进行阅读教学

1. 梳理教学资源

(1)以课内资源为主

根据青春期教育的内容,我梳理了统编教材,先从课文中寻找教学资源。

① 表现两性情感的篇目有:

六年级:《迢迢牵牛星》(牵牛星和织女星看似相隔不远,却无法相见,相思情深)。

八年级:《式微》《子衿》(《式微》表达的是妇人对丈夫的思念,《子衿》写一个女子在城楼上等候她的恋人,望穿秋水,哀怨惆怅),《诗经》二首:《关雎》《蒹葭》(表达对美好异性的追求与渴慕,对爱情求而不得的忧伤)。

九年级:《无题》(表达和意中人难以相见的无尽相思之情)。

② 表现两性伦理与道德的篇目有:

七年级:《散步》(一家四口,三代人,在散步时遇到岔路口需要进行选择,家人之间相互理解、关心、谦让,圆满地完成了选择,体现浓浓的亲情)。

③ 表现青春期健康主要是性审美的篇目有:

八年级:《安塞腰鼓》(陕北的汉子打起安塞腰鼓时的酣畅淋漓,激情四溢,充分体现男性的阳刚之美)。

《美丽的颜色》(对母亲——居里夫人、诺贝尔奖得主,发现镭的过程的记录,展现女性科学家无与伦比的美丽)。

④ 表现性观念与社会文化的篇目有:

七年级:《木兰诗》(木兰替父从军,征战疆场,荣归故里,取得和男子一样的功勋与荣誉)。

九年级:《简·爱》(一位英国女性在各种磨难中不断追求自由与尊严,坚持自我,最终获得幸福。赞美了女主人公作为女性敢于反抗,敢于争取自由和平等地位的精神)。

⑤ 表现青春志向与人生发展的篇目有:

八年级:《钢铁是怎样炼成的》(保尔·柯察金遭遇生命中的各种坎坷和磨难,努力地实现生命的价值,将自己的一切献给人类最伟大、最壮丽的事业)。

(2) 适当补充课外资源

对照《纲要》中的教育教学点,课本资源是无法全部覆盖的。同一主题下的具体教育内容很多,课内篇目并不能够完全满足青春期教育所需。这也让我们看到目前的青春期教育资源确实是零散的,不成体系,也不够完备。因此,需要以课本为基础,进行适度拓展,为学生选择一些课外篇目进行学习。出于对学生理解力的考虑,本书主要选择一些当代作家的作品,篇幅不长,内容较为浅显,便于开展教学。

(三) 调查学情作为教学起点

教学起点非常重要,它能保证教学内容与学生需求的适切性。因此,在每次上课前,教师应对学情进行调查,从而确定具体的教育内容和教学方式。调查学情的方式主要是问卷调查,即在课前下发学习单,对预习情况进行调查,同时要求学生提出自己的阅读问题。如果学生认为没有问题,那么教师应抽取部分学生,提问课堂预设的问题,根据学生的回答,判断学生真实的理解水平。调查学情,有助于教师更好地把握教学内容,设计问题,引导学生开展学习活动,提升教学的有效性。

(四) 采取多种策略进行教学

1. 创设情境,激发兴趣

教师要善于借助多媒体等手段,设定一些特定的教学情境,更好地激发学生的学习兴趣，使之主动参与学习，还能给予学生情感上的熏陶，提升学生的审美。如讲授《迢迢牵牛星》时，播放“经典咏流传”节目中的视频片段：美妙的诗句配上优美的古曲，再加上舞台的灯光布景等渲染气氛，那种思而不得的愁绪很自然地感动了学生，打动了他们的心灵。

2. 解读文本，落点到位

阅读教学时教师要引导学生进行文本解读，通过对字词句的品味，学生深入理解文章内涵。教师在引导学生品读文章时，要注意落实青春期教育点，抓住核心讲深讲透，不要泛泛而谈。如教授《美丽的颜色》时，就是要抓住“美丽”，这种颜色为什么是美丽的？美丽的内涵到底是什么？梁衡有一篇散文《跨越百年的美丽》也是写居里夫人的，为什么人们都选择用“美丽”来评价居里夫人？女性科学家的美究竟在何处？与男性科学家有何不同？教师要通过对重点词语的推敲，落实青春期教育。

3. 多元理解，提升思维

在教学中，教师要能够包容学生独具个性的理解。不同的观念碰撞有助于提升学生的思维力。如学习苏霍姆林斯基《给女儿的一封信》时，学生对于文中“什么是爱情”的回答也有自己的看法。苏霍姆林斯基提到了“爱情是忠诚”，学生对这个回答是有疑问的。他们会疑惑：如果我现在爱这个人，可是以后我不爱他（她）了，还必须在一起吗？这不是违心吗？于是学生就对这个问题进行了充分讨论，深入理解“忠诚”的内涵到底是什么，理解作者说这句话的前提是什么。

4. 联系实际，拓展阅读

在课堂上进行了青春期教育后，教师还应该为学生提供一些与现实相关的实践活动或讨论，让学生在学习之后能够运用所学知识分析问题，解决问题。比如在学习了“两性平等”这一主题后，可以让学生谈谈自己对此问题的看法，如现代社会是否已经实现了两性平等;两性平等是否意味着所有事情男女都必须一样;女性拥有一些特殊的假期和节日是否意味着男女并不平等等。这样可以让学生更好地将学习与生活联系起来,感知青春期教育的现实意义。

教师还要向学生推荐一些拓展型的阅读资源,供他们进行自主学习。让学生将课堂上所学到的阅读方法运用到课外阅读中,可以进一步拓宽知识面,提升理解力。现在适合学生阅读或观看的关于青春期教育的书籍、纪录片、电影等很多,而课堂学习时间有限,无法充分满足学生对青春期话题的探究兴趣,解答他们的困惑,有了这些拓展阅读资源,学生可以对自己感兴趣的内容深入研究,带着困惑探寻答案。

第一章
在阅读中了解青春期知识

《男孩李里》——那些青春期小秘密

一、阅读指向案例——都是好奇惹的祸

刚下课，预备A班的女生小Y就从书包里摸出了卫生巾，急急忙忙跑去卫生间。坐在小Y不远处的男生小P，无意间看到小Y从书包里拿出了一个蓝色包装的东西匆忙离开。因为走得急，她没有发现书包的口敞开了，卫生巾的包装露了出来。小P看到小Y的书包里有个彩色的包装袋，很好奇地走过去，看了看。因为不知道是什么，又忍不住伸手进去拿出来看看。这时，小Y从卫生间回来，看到这一幕，非常生气，把状告到了班主任那里。小P向班主任解释，说自己只是好奇，真不明白小Y为什么会这么生气。

这个场景是在预备年级真实发生的。从这个案例中，我们发现预备年级的学生对女生会有月经这个生理知识是不了解的。男生和女生之间会因为这件事情起冲突。女生认为来月经这件事是令人尴尬的，不知道应当如何处理；男生对女生的心理不太理解，有时会产生错误的认识，使得人际关系中出现问题。

教师可以选择合适的青春期读物，引导学生去思考和解决这些

问题。经过挑选,《男孩李里》成为最终选择。

二、阅读文本简介

《男孩李里》是一篇微型小说,原本是中考“一模”卷中的一篇阅读材料。对于初三的学生来说,阅读它是没有障碍的,需要完成的考题也十分简单。所以对于初三学生来说,它的教育价值并不高。但是对预备年级的学生来说,它涉及青春期生理和心理知识,是对学生进行青春期教育的好素材。

这篇小说讲了一个很有意思的故事:女生冯岚突然来例假,把衣服弄脏了。因为她是一名转学生,刚刚来到新学校,没有什么朋友。因此,她只好在教室待着,想要等所有同学离开后再回家。男生李里是班长,这天他是值日生,他发现冯岚一直趴在桌上,不回家。值日生要等到所有同学离开后才能回家,所以他就一直等着冯岚。等到冯岚准备离开时,李里把自己的雨衣给了冯岚,使得冯岚可以遮掩弄脏的衣服,顺利回家。第二天,冯岚把雨衣带到学校还给李里时,才知道李里在骑车回家的路上摔伤了。于是,冯岚在李里过生日时,送了精美的礼物给李里,但李里却因不知道冯岚为什么这样做,从此躲着冯岚。

三、文本内涵分析

从青春期教育主题来分析,这篇文章主要涉及两个教育点。一是性的发育。第二性征的发育意味着身体的逐渐成熟,月经是青春期到来的生理标志。二是人际关系。异性交往要懂得体贴、关怀、尊重,避免因自己的不当行为使对方难堪。教师要通过对文本的分析,引导学生学习这些知识和能力。

四、文本阅读指南

（一）以学生耳熟能详的男孩女孩故事引发阅读兴趣

在教室里，在我们身边，每天都会发生一些故事。许多作家将这些故事写了下来，于是塑造出我们耳熟能详的一些男孩、女孩形象。比如秦文君写的《男生贾里》《女生贾梅》等。今天，我们也要认识一个男孩，他的名字叫李里。让我们一起看看在他身上发生了什么故事。

（二）整体感知，梳理故事情节

1. 出示学生所提问题，了解学生自读感受

(1) 对学生在自学中遇到的问题进行统计，呈现他们的阅读难点。

(2) 了解他们初读文章后对主题的认识。

2. 从文体特征入手，梳理故事情节

(1) 明确文章的文体和主要人物。

明确：文体是小说。主要人物是李里和冯岚。

(2) 围绕主要人物梳理小说情节。

明确：冯岚突然来了月经，李里在不知情的情况下无意间帮助了冯岚，冯岚非常感激，送给李里一份生日礼物，但是李里不明白，所以疏远冯岚。

（三）深入研读，分析人物形象

1. 从结局入手，分析李里“躲”冯岚的原因

明确：李里不明白冯岚为什么要送他礼物，也怕其他同学认为他们之间有超过普通同学之间的情感，所以刻意要和冯岚撇清关系。

2. 品读心理描写，分析冯岚的心理活动

(1) 默读 1—7 节，圈划作者对冯岚的心理描写，概括其心理变化，为人物绘制一幅“心电图”。

明确：冯岚来了月经，弄脏了裤子，可她没有人能够去倾诉，内心非常难过。“心电图”应体现冯岗心情的持续低落。

(2) 齐读第 3 节，归纳冯岚无人帮助的原因。

明确：冯岚是转学生，又土里土气，性格也比较内向，不善于表达。

(3) 指导朗读第 7 节，理解冯岚送礼的原因。

明确：纯粹出于对李里的感激之情，感谢李里化解了自己的尴尬。

3. 品读动作描写，分析李里和冯岚的形象

(1) 自读 8—16 节，选择人物的一处动作描写，为人物配上画外音。

明确：这里的画外音就是心理活动，是直接把人物内心的想法写出来。

(2) 根据动作描写，归纳李里和冯岚的人物形象。

明确：冯岚内向，有感恩之心；李里善良，尽职尽责。

(四) 小组讨论，理解小说主题

1. 从题目入手，探讨小说主题

(1) 小说题为“男孩李里”，但是写李里的内容并不多，作者取这个题目的用意是什么呢？

明确：人物李里推动了整个故事的发展，他带给冯岚温暖和帮助。但是他的不理解，最终可能还是会伤害冯岚。作者希望男孩能够成长，能够理解女孩，尊重女孩，帮助女孩。

(2) 这篇小说的主题是什么呢？

明确：作者希望青春期的男孩和女孩之间多一些理解，用更加合适的方式相处，结下真挚的友情。

（3）小组讨论：我们如何面对生理“尴尬”？

① 为什么冯岚会将正常的生理现象视作“尴尬”呢？

明确：因为这是突然发生的，刚刚来月经的女孩，往往经期不准，难以做好准备。而且也担心他人知道，特别是被男生看到，会觉得非常丢脸。

② 作为男生，发现身边的某些现象，比如女生上体育课时在旁边见习，女生去卫生间时拿了卫生巾，应该怎么做呢？

明确：发现了不必声张，更不要和其他男生指指点点或是明目张胆地谈论，可以在女生需要的时候给予一些帮助，如请班主任老师帮忙等。女生不希望因这些事被议论，所以男生要学会接纳和尊重，这是人际交往的重要素质。

（五）阅读练习

这篇文章的写作时间距离现在已经有 6 年了，如果现在我们重写《男孩李里》这个故事，请你设计一个对男生或女生来说可能需要获得尊重的场景，再思考一下在这样的场景中，我们应有的尊重行为是什么，尝试重新写作一个具有当下时代特色的新故事。

（六）阅读方法指导

这是一篇小小说。通过阅读这篇小说，学生可以学会这一类问题的阅读方法：通过人物描写，分析人物形象，进而读出小说的主题。同时，也希望男女同学学会互帮互助，结下纯真的友谊，度过最美好的青春年华。

阅读提示：

这是一节青春期教育和语文学科相融合的课，要注意青春期教育在教学中的融入，是润物细无声的。需要学生通过对字词句的品味，通过对人物心理的分析，去理解青春期少男少女的那些小心思，读懂人物言行背后的潜台词。

可以根据学生的实际情况，选择在合适的时机播放“1分钟性教育短视频：初潮是什么”，让学生理解冯岚的“尴尬”。如果学生都能够理解，也可以不播放。

要让尽可能多的学生表达感受，尊重他们的想法，并适时点拨。让学生能够大大方方地谈论青春期话题。特别要鼓励女生，使女生认识到，生理期是一种正常现象，遇到困难可以直接向老师或同学求助。也要引导男生，用合适的方法去帮助女生。

五、资源拓展

学生在课外，可以观看“1分钟性教育系列短视频”。该视频对初潮、遗精等青春期生理知识都进行了介绍，可以帮助学生更好地了解青春期生理知识。

《傅雷家书》——当爱情来临的时候

一、阅读指向案例——青橄榄的滋味

初二的小X，最近有了属于自己的小秘密。因为男生小G邀请自己参加了他的生日会，小X觉得小G对自己非常热情，对他有了不一样的感觉：觉得小G长得很帅，人也很温柔，自己好像有点喜欢小G了。从此，小X会在上课时不由自主地去看小G，会关心他有没有和其他女生说话。晚上做作业遇到难题了，也总想给小G打电话求助。哪怕没有什么事，也会发信息给小G，觉得能够和小G聊几句也好。一段时间后，小X的学习成绩下降了，她的心情总是随着小G起伏，没有心思学习。老师和家长对小X的状态感到不满意，希望小 X 能够把心思放在学习上，小 X 觉得很难过。她觉得心里满满的都是苦涩，就像吃了一颗青橄榄。

歌德在《少年维特之烦恼》里写道“哪个少男不善钟情，哪个少女不善怀春”，少年们在青春期对“爱情”有了懵懵懂懂的憧憬和向往，是很自然的事。可是如何面对这份说不清道不明的情愫，却是需要学习的。少年们知道要以学习为重，却控制不住情绪的滋长和蔓延。他们不想向家长或老师倾诉，因为大人们总是高高在上地教训人，却不能理解少年们内心的感受。

其实，父母和老师也都曾经年轻过，也都经历过这样的青春时期，当学生觉得爱情来临的时候，是完全可以向父母求教的。翻译家傅雷就在儿子们面临爱情时，给予很好的建议。通过阅读《傅雷家书》，可以学习如何面对“爱情”。

二、阅读内容简介

家书就是家信，在通讯不发达的年代，它是漂泊在外的游子与家人保持联系的最重要的方式。它维系着家人的情感，包含着浓浓的亲情。《傅雷家书》是文艺评论家、美术评论家傅雷及其夫人写给儿子傅聪和儿媳弥拉的书信编纂而成的文集。家书开始于 1954 年，傅聪离家赴波兰留学，终结于 1966 年 4 月。十二年间的一百余封家信，贯穿了傅聪出国学习、演奏成名到结婚生子的整个成长过程。其中最长的一封信长达七千多字。字里行间，充满了父亲对儿子的挚爱、期望，以及对国家的高尚情感。在《傅雷家书》中，父亲和儿子探讨很多话题，不仅有艺术的真谛，更有为人处世之道。

傅雷给人的感觉是严肃的、深沉的，但是他对儿子的爱又是那样真挚和细腻。即使是一些小事，他也会细心地教导孩子。正是父亲的这种谆谆教导，引导儿子健康成长，走向光明的人生旅途。他对两个儿子都曾经写过关于爱情的家信，讲述他对爱情的理解。

在给傅聪的信中，傅雷主要谈到了对终身伴侣的要求：本质的善良，天性的温厚，开阔的胸襟。傅雷要求傅聪和未婚妻学习相互尊重、谅解、宽容；要傅聪注意人生不能只有爱情，那是片面的人生观。只有平静、含蓄、温和的感情方能持久。傅雷希望儿子用更加严肃的态度对待一切，尤其要培养忠诚、庄严、虔诚的责任！

在给傅敏的信中，则探讨了如何和恋人交往。首先，态度要尽可能冷静，否则观察不会准确。还有不能为了谈恋爱而荒废正业。傅雷认为不可"恋爱至上"。"真理至上""道德至上""正义至上"这才是立身的原则。要找一个双方缺点都能各自认识，各自承认，愿意逐渐改正，同时能彼此容忍的伴侣。还要注意两人性格脾气是否相投，还要经得起考验，即有形无形的许许多多批评与自我批评，还要注意恋爱与物质不要有太多关联。

三、文本内涵分析

《傅雷家书》中这两封关于"爱情"的家信，虽然是写给两个儿子的，但是内涵却有相通之处。傅雷没有将儿子当作小孩子，而是用一种平等的、与成人交流的口吻，向儿子阐述自己的爱情观。傅雷非常理性，他是非常严肃地在谈爱情和人生的关系。爱情是很重要，但是人生不能只有爱情，而且激情是很难持久的。要爱一个人，需要冷静观察，需要理性思考，这些正是懵懂少年们所缺少的。对《傅雷家书》这两封探讨"爱情"的家信进行阅读，能够帮助学生树立正确的爱情观。

四、文本阅读指南

（一）布置自读任务

给学生一周的时间自读《傅雷家书》中 1960 年 8 月 29 日写给傅

聪的信和 1962 年 3 月 8 日写给傅敏的信。课外查找这两封信的写作原因，将两封信的主要内容用简洁的语言进行概括，阅读中有感触的地方或是不理解的地方，也记录在书上，然后在课堂中进行讨论。

（二）了解初读情况

1. 学生交流两封信的写作背景

明确：写给傅聪的信是在得知傅聪和弥拉订婚后写的。傅雷夫妇二人各写了一封信给儿子，可见父母对儿子的婚姻非常关注。他们作为过来人，给儿子提出了宝贵的人生建议，而且他们不仅给儿子写信，还给弥拉写信交流，指导弥拉阅读文学、文艺类书籍，提高艺术修养。可见，傅雷夫妇是十分开明和睿智的人。

写给傅敏的信是在得知上大学的傅敏开始恋爱后写的。傅敏此时已经 25 岁了，达到晚婚年龄，但是父母觉得儿子还是需要指导的。他们认为对恋爱的经验和文学艺术的研究，以及朋友的事迹和平时的观察思考，使他们比别的父母更有参与意见的条件。他们希望儿子信赖父母，让父母帮助儿子渡过这个人生的大关。

2. 学生概括两封信的主要内容

明确：两封信都是傅雷谈他对于爱情和婚姻的理解（可参见“阅读内容简介”）。

3. 学生交流阅读中的疑难语句

主要是傅雷关于文学作品中的人物评论、傅雷的一些书面语的表达语句，还有就是傅雷某些和现代人不同的观点。这些都是学生在阅读中可能遇到的难以理解的语句。

（三）深入研读理解

1. 组织学生对傅雷的爱情观进行讨论

（1）傅雷为什么认为终身伴侣的要求中最主要的是“本质的善良，天性的温厚，开阔的胸襟”？请从文中找出依据，并结合实际谈谈看法。

明确：因为其他都可以逐渐培养，而这三者是人的内在品质。做艺术家的妻子比做任何人的妻子都难。因为艺术家的妻子的人生中不能只有爱情，更要把兴趣集中在事业上、学问上、艺术上，所以需要有开阔的胸襟。

(2) 傅雷认为“平静、含蓄、温和的感情方能持久”，这种说法你是否赞同？

明确：这是傅雷对于爱情的一种理性认识。恋爱时期的感情高潮也能在婚后维持下去，是违反自然规律的妄想。可引导学生思考父母的爱情，理解傅雷话中的含义。

(3) 傅敏已经二十五岁了，为什么傅雷还要给他讲如何恋爱呢？

明确：因为这是傅敏第一次恋爱，而目前的客观形势并不利于傅敏恋爱。他功课繁重，时间不够分配，身体不好，营养不足。而傅敏的来信语气冲动，可见他对恋爱投入很多，思想上很希望恋爱成功，因此傅雷认为还是需要给傅敏一些指导的。

(4) 傅雷认为恋爱初期交往，“态度和心情都要尽可能的冷静”，要“准确地”“观察对方”，这种看法的道理何在？

明确：因为人在感情冲动时会看不清对方，也会因冲动而荒废正业。而婚姻是需要长期相处的，如果没有看清对方，彼此不能接受对方的缺点，就会产生冲突。恋爱的冲动也常会使人盲目，做出一些不当之举而影响学业，影响身体健康。

(5) 傅雷告诉傅敏，不是找无缺点的伴侣，而是找能够容忍缺点的伴侣，这是什么意思？

明确：每个人都有缺点，关键是伴侣之间能够相互包容。这样感情才能持久。

2. 探讨学生阅读中存在的困惑

(1) 傅雷让傅敏尽量少送礼物，少花钱，这和我们今天经常看到的“仪式感”，用礼物表达心意很不同，傅雷的做法是不是为傅敏的恋爱带来了阻碍呢?

(2)傅敏和傅聪都已经二十多岁了,父亲还要这样事无巨细地叮嘱他们如何恋爱,儿子们难道不嫌烦吗?

提示:要让学生能够畅所欲言,充分表达想法。有思想的碰撞、交锋,才能让学生深入思考。教师可以举出一些事例来证明傅雷的观点是有道理的。

(四)制作"爱的箴言"书签

阅读《傅雷家书》中的爱情篇,理解了傅雷的"爱情观",对现实生活中的爱情也有了更多思考。如果你像傅敏一样,遇到了你所爱的人,你应该怎样做呢?请制作一张"爱的箴言"书签,表达自己对爱情或恋爱的理解或建议。

阅读提示:

《傅雷家书》中可选择阅读的内容很多,可以让学生在阅读时,有意识地把所有写到爱情的篇目串联起来,找到篇目之间的区别与联系,不要让学生孤立地阅读此2篇,只见树木,不见树林。

傅雷自己的婚恋生活中有过一些不当行为,如果有学生提出这个问题,教师要注意引导:我们学的是《傅雷家书》中傅雷说的有道理的部分,《傅雷家书》不是真理,有些观点受个人认识的局限,也是有偏颇的。所以要去理解、去鉴别,取其精华,辩证地理解。

五、拓展阅读

建议学生课外阅读苏霍姆林斯基的《给女儿的信》。在这封信中,苏霍姆林斯基这位教育家作为父亲,用讲述童话的方式,向女儿娓娓道出爱情的真谛。《傅雷家书》和《给女儿的信》都是父亲谈爱情,都是家信的方式,让学生在阅读中进行比较,理解父辈对子女的期望:希望子女能够树立健康、成熟的爱情观。

第二章
在阅读中感悟两性伦理

《散步》——我们承担的家庭责任

一、阅读指向案例——“神兽”大作战

2020年，是特殊的一年。因为新冠疫情的影响，学生们在家中度过了一段线上学习时光。家长和学生的亲子时间大大增加，亲子摩擦也变得激烈起来。小A的家长打电话向班主任“投诉”，小A现在化身“神兽”，在家里“造反”。线上学习时，小A吃零食，开小窗看漫画；线上学习一结束，就开始打游戏；什么家务都不帮忙，也不参加体育锻炼。父母一管他，家里老人就来为小A帮腔，小A越发有恃无恐。一家三代，整天为了小A的学习问题而鸡飞狗跳，闹得不可开交。

这个问题其实在青春期孩子身上十分常见，只是在疫情期间被激化了。家庭中，父母和孩子都应承担相应的义务和责任，父母要通过言传身教，教会孩子承担起属于自己的责任。

莫怀戚在散文《散步》中给了我们很好的示范，告诉我们一个温馨和谐的四口之家如何相亲相爱地生活在一起。

二、阅读内容简介

《散步》这篇散文的篇幅不长，情节也很简单。它记叙了作者一家三代四口人散步的事。春天到了，母亲又熬过了一个冬天，“我”就劝母亲和我们一起到原野散步。后来遇到了分歧，母亲想走大路，大路平顺；儿子想走小路，小路有意思。大家将决定权交到了“我”的手上。“我”决定走大路，因为“我”和儿子相伴的时间还长。母亲却改了主意，决定走小路，走不过去的地方，让“我”背她。于是我们一起走小路，遇到不好走的地方，“我”和妻子分别背起了母亲和儿子，好像“我”背上的和她背上的加起来，就是整个世界。

三、文本内涵分析

这篇文章虽然短，却有很好的教育意义。它体现了青春期教育中“两性伦理与道德”这一主题。它反映了两性在家庭中的责任与义务：父母在家庭中承担着不同责任，婚姻与家庭有其特殊联系。作为父亲的“我”，在家中有着重要的地位。母亲年迈，儿子还小，妻子在外面总是听我的，所以“我”成为这个家的决定者。而文章结尾处，“我”背起了母亲，妻子背起了孩子，我们背上的加起来是全世界，不仅体现了在家庭中“我”和妻子承担的责任，也体现了我们这一代人承担的社会责任。

四、文本阅读指南

（一）配乐朗读，创设情境

学生跟随舒缓的轻音乐，朗读全文。教师引导学生走进散文中的那个春天，和文中的一家人去田野悠闲地散步。

（二）提取要素，梳理事件

从标题能够判断，这是一篇叙事散文。学生在速读全文后，要梳理出散步的人、散步的起因、经过和结果等记叙要素。

明确：散步的人：母亲、“我”、妻子、儿子。

事件的起因：春天到了，全家一起去原野走走，希望身体不好的母亲可以活动活动身体，有利于她的身体健康。

事件的经过：散步的过程中我们欣赏到很多美景，后来遇到了分歧。母亲想走大路，儿子想走小路，最后“我”决定委屈儿子，选择走大路。没想到母亲为了孙子决定走小路。

事件的结果：我们一起向前走，遇到不好走的地方，“我”和妻子分别背起母亲和儿子，也背起了整个世界。

（三）聚焦“选择”，理解“责任”

1. 在散步的过程中，遇到了分歧，为什么让“我”做决定？“我”又为什么做出了走大路的决定？

明确：因为母亲年老，儿子还小，妻子在外面也习惯由“我”做决定。而“我”认为儿子还小，陪伴他的日子还长，可是母亲年迈，身体又不好，“我”能陪伴母亲的时间是短暂的，所以“我”决定委屈儿子。

2. 对这个家庭中成员的做法以及“我”的决定，同学们是否认同？请阐述理由

提示：要引导学生去思考父亲在家庭中的责任。对这样一个三代同堂的家庭来说，“我”和妻子是家里的顶梁柱。我们承担了赡养老人以及抚养儿女的责任，所以理应由我们来做出决定。母亲已经老了，她现在听“我”的话，就像“我”小时候听她的话一样。儿子还小，当然更要听爸爸的话。文中用了“习惯”这个词，表现出“我”在这个家的地位是受到认可的。妻子在外面，也“总是”听“我”的，这表现

出妻子也很尊重“我”。要注意,这里不意味着男尊女卑,或者是封建父权。这里要做的决定并不是有什么重大利害关系的决定,不是母亲的养老问题或是儿子的读书问题,只是生活中一件小事,本身就是母亲和儿子各抒己见才产生了意见分歧,体现出家中民主的氛围,每个人都可以充分表达自己。而妻子在外面听“我”的,这和中国家庭长期以来,男主外女主内的思想有一定关系,这是妻子的主动选择。在家里很可能“我”更多会听妻子的意见。因此,要让学生理解选择“我”做决定的原因,它体现了这个家庭成员间和谐的相处模式。

“我”的决定也是有充分依据的。文中写道“今年的春天来得太迟,太迟了。有一些老人挺不住。但是春天总算来了。我的母亲又熬过了一个冬季”。从这句话中,可以看到有一些老人没有能够安然度过冬天,不能再看到春天。“我”的母亲虽然度过了寒冬,但这个过程也是十分艰难的,是“熬”过去的。作者的父亲去世后,母亲的情绪低落,当医生的弟弟建议作者要多陪伴母亲。我们可以想见这个“熬”,既有生理因素,也有心理因素,母亲需要得到家人更多的爱与关怀,才能继续健康地生活下去。所以“我”要更多地陪伴照顾母亲,顺从她的想法,这也正是中国人“孝”的体现。而儿子尚小,“我”陪伴他的日子还长,也就意味着“我”还有很多机会可以给予儿子爱,因此在眼下,“我”选择听母亲的话,走大路,是合情合理的。“我”既是一个孝顺的儿子,也是一个慈爱的父亲。

3. 母亲改变心意的原因是什么?这是否会让“我”的选择变得没有必要?

明确:母亲改变心意的原因从表面看是母亲看到了小路的景色很美,让她感受到生命的活力。深层原因虽然没有写,但可以推测是母亲作为祖母不想让孙子难过,是祖辈疼爱孙辈的表现。这不代表“我”的选择没有必要,反而更好地体现出“我”的家庭中,长辈对小辈的慈爱。祖母爱孙子,爸爸爱祖母,孙子在这样的环境下长大,能够更好地学会爱家人。

4. 学生讨论：在现实生活中，家庭成员遇到一些选择，彼此意见冲突时怎样解决？

提示：如选择升学的学校、培养爱好特长等问题，都是家庭中常见的冲突，可以引导学生从家庭中每个人所处的位置、考虑问题的角度等方面进行思考，从而增进对父母和长辈的理解。

（四）品读结尾，理解哲理

文章的结尾段有写景，有叙事，有抒情，留给读者思考的空间。“这样，我们在阳光下，向着那菜花、桑树和鱼塘走去。到了一处，我蹲下来，背起了母亲，妻子也蹲下来，背起了儿子。我的母亲虽然高大，然而很瘦，自然不算重；儿子虽然很胖，毕竟幼小，自然也轻。但我和妻子都是慢慢地，稳稳地，走得很仔细，好像我背上的同她背上的加起来，就是整个世界。”学生圈划这段话中触动自己的语句，理解文字背后的情感和道理。

明确：在阳光下，向着菜花、桑树、鱼塘走去。这是在光明中，走向美好的生活。

“我”和妻子背起了母亲和儿子，他们虽然高大或是很胖，但是因为年龄关系都不重。“我”和妻子可以背起他们，更可以背起赡养和照顾他们的责任。“我”和妻子慢慢地、稳稳地、仔细地走，夫妻二人，携手同行，共同承担家庭的责任，而且能够很好地胜任自己的家庭角色，给予老人和幼童很好的照顾。

“我”背上的，是将来的我们。妻子背上的，是过去的我们。这正是生命的循环，是家庭的写照。从幼到老是我们生命的轮回，一个个家庭最终组成了世界。所以此刻，是圆满的，是美好的。作为中年人的我们，不仅肩负着家庭责任，更肩负着社会责任；不仅要在小家庭中尊老爱幼，更要提倡“老吾老以及人之老，幼吾幼以及人之幼”。这样，我们的后代才能拥有更加美好的生活。

(五) 读写结合,描绘家庭

在读了《散步》后,让学生学习作者“以小见大”的方式,用家庭中的小事,来表现家庭成员间相亲相爱的亲情。

阅读提示:

1. 教师在引导学生阅读时,重点落在家庭成员的责任上,每个家庭成员都应承担自己的责任,父母如此,孩子也应如此。

2. 可以在教学中引入汉字“孝”的由来,将传统文化融入现代家庭。

五、资源拓展

推荐同学们阅读林海音的《爸爸的花儿落了》。这是《城南旧事》中的一篇。英子在毕业典礼上,回忆起爸爸对自己的教育,严厉却又不失慈爱,促使自己更好地成长。当爸爸去世后,身边的人都告诉英子,她是家里最大的孩子,要承担起这个家庭的责任了。英子在心里明白,随着爸爸的离开,自己不再是小孩子了,必须为了妈妈,为了弟弟妹妹们,学会成为一个大人,像爸爸那样成为家庭的顶梁柱。英子与学生们的年龄相仿,对于英子的改变,学生是能够很好理解的。

《简·爱》——平等的爱情才能长久

一、阅读指向案例——一味地付出换不来爱请

男生小 H,是班级里的风云人物,长得帅,足球踢得好,学习成绩也很好。这样的男生,自然受到很多女生的青睐,女生小 B 就是其中

表现最明显的一位。她早餐不吃，省钱给小H买礼物。每天下了课就去找小H说话，晚上还给小H发信息。有其他女生来找小H，她就在旁边怒目而视。班主任王老师发现了小B的不当举动，找小B谈心，小B说因为小H很优秀，自己不够漂亮，成绩也不够优秀，所以只能对小B好，希望小B会因此而喜欢自己。王老师听了小B的话，觉得小B的想法存在问题。小B因为这份"喜欢"，已经丧失了自信，看不到自己身上的优点，而一味地贬低自己。老师希望小B明白：爱情不是靠单方面的付出就可以换来，每个人都是独一无二的，都有优点；要有自信，才可能获得期待的回应。

优秀的人总是人群中的发光体，会吸引众多人的目光。喜欢优秀的人本身并没有错，但是为了让自己喜欢的人能够喜欢自己，就让自己低到尘埃里，拼命地讨好对方，这样并不能收获对方的情感回应，因为双方是不平等的。青春期的男孩女孩，如果有了喜欢的人，让自己变得和喜欢的人同样优秀，也许才是最好的选择。

每当人们谈到爱情平等时，都会谈到《简·爱》中那段著名的平等宣言。阅读这部小说，会带给我们很多爱情的启示。

二、阅读内容简介

简·爱年幼时父母双亡，寄住在舅妈家中，身无分文，矮小瘦弱，受到骄横、恶毒的表哥和舅妈的压迫。后来简被送进了孤儿院。孤儿院的生活非常艰苦，简继续受到精神和肉体上的摧残。简在孤儿院接受了教育，后来任教两年。简厌倦了孤儿院里的生活，被桑菲尔德庄园聘为家庭教师。庄园的男主人罗切斯特和简相爱了。但当他们举办婚礼时，简知道罗切斯特的妻子还活着，所以简离开了。后来简回到桑菲尔德庄园，发现那座宅子已被罗切斯特的妻子烧成废墟，罗切斯特的妻子自己坠楼身亡，罗切斯特也受伤致残。简·爱找到罗切斯特并最终和他结婚，获得了自己理想的幸福生活。

三、文本内涵分析

在两性伦理与道德中，两性平等是很重要的教育点。简·爱生活在一个两性不平等的时代。当时，女性处于从属、依附的地位，女子的生存目标就是嫁入豪门，通过婚姻获得财富和地位，女性职业的唯一选择是当个好妻子、好母亲。夏洛蒂·勃朗特在这样的时代背景中，创作出一个独立自主的女性人物形象，本身就体现了她对性别平等的呼唤。简·爱爱罗切斯特，但她不会因为爱，而降低自己的尊严。她要求的爱情是灵魂平等的爱情。而两性伦理与道德中还有一个教育点，就是自由与约束，两性交往的行为要符合社会道德要求，学会自我控制。所以即使简·爱深爱罗切斯特，当知道他的妻子还活着，简·爱毅然离开了他。在简·爱身上充分体现了两性道德。所以在阅读这部小说时，可以引导学生树立两性平等观念，培养两性道德。

四、文本阅读指南

（一）初读小说，撰写小传

《简·爱》是一部长篇小说，里面包含的教育内容比较多，需要阅读较长时间。从题目来看，简·爱无疑是小说的主人公，所以需要对她的人生经历有比较清晰的了解，这样才能理解她在人生中做出的重要抉择。初读小说后，指导学生用思维导图的方式呈现简·爱的人生经历、在不同的年龄段遇到的人生重大事件及这些事件对简·爱产生的影响。再用第三人称写一篇人物小传，从旁观者角度看简·爱的人生。

（二）排演情节，体验人物

学生分小组对小说第23章和第26章进行排演。这两章是整本书中能够充分体现简·爱性格的部分。通过表演话剧，再现小说中的场景和情节冲突，说出人物的心声，有助于更加直观地理解人物形象。

提示：第23章的内容是：罗切斯特让简·爱以为他要和英格拉姆结婚，并且要简·爱离开庄园另谋她职，这让简·爱在情绪激动的情况下，呐喊出自己的爱情宣言，这也是《简·爱》中的传世名句。

“你以为，就因为我贫穷，低微，不美，矮小，我就既没有灵魂，也没有心吗？——你想错了！我跟你一样有灵魂——也完全一样有一颗心！要是上帝曾赋予我一点美貌、大量财富的话，我也会让你难以离开我，就像我现在难以离开你一样。我现在不是凭习俗、常规，甚至也不是凭着血肉之躯跟你说话——这是我的心灵在跟你说话，就仿佛我们都已经离开了人世，两人一同站立在上帝的跟前，彼此平等——就像我们本来就是的那样。”

这段话之所以成为经典，是因为它是一位精神独立的女性来自灵魂深处的呐喊。从世俗的眼光来看，简·爱贫穷，地位低下，外貌平平，身材瘦弱矮小，这使她在爱情中处于劣势。在当时的英国，女性是依附男性而存在的，富有的男性具有天然的优越感。英格拉姆本来是非常想要嫁给罗切斯特的，但是当她得知罗切斯特并不如外面传说的那样有钱后，就对罗切斯特冷淡了。可见，金钱、地位在世俗爱情中的重要影响。简·爱告诉罗切斯特，她也有灵魂，有一颗心，他们在心灵上是平等的。当人们离开人世后，站立在上帝面前是平等的，人的精神是平等的。这里体现了简·爱的爱情观，爱情不应只看外貌、地位等外在条件，精神平等的人同样可以拥有爱情。

这段话让我们看到一位平凡的女性身上的人格魅力。简·爱为长期受压迫、不被平等对待的女性发声，喊出心底的压抑与不满，这也是作者在呼喊。作家在当时被认为是男性职业，作者需要用男性笔名来进行写作，简·爱的这段呐喊何尝不是作者的心声？

第 26 章的内容是婚礼。正当牧师询问罗切斯特“你愿娶这个女子做你正式成婚的妻子吗？”勃里格斯打断了婚礼，表示罗切斯特有一个目前还活着的妻子。婚礼被迫中断。简·爱做出了选择，离开桑菲尔德。

在这里特别值得探究的是，简·爱为什么一定要离开罗切斯特？罗切斯特是在被骗的情况下娶了他的妻子——那个疯女人。罗切斯特的婚姻是一场骗局，他这十五年没有品尝过婚姻的幸福和甜蜜，他是一个受害者。简·爱那么爱罗切斯特，为什么一定要离开，而不去想其他的解决方法呢？

简·爱认为罗切斯特的妻子还活着，如果自己跟罗切斯特一起生活，就成为罗切斯特的情妇。简·爱面对罗切斯特诚恳的请求，仍然不屈不挠地回答：“我自己在乎我自己。越孤单，越无亲无友，越无人依靠，我越是要尊重自己。我要遵从上帝颁发、世人认可的法律。”“法律和原则并不是为了用在没有诱惑的时候，它们正是要用在像现在这样肉体和灵魂都起来反对它们的严肃不苟的时刻。”

简·爱在和罗切斯特的对话中，表明了心迹。她非常自尊，遵从法律。即使再爱罗切斯特，也不允许自己成为情妇，让罗切斯特犯重婚罪。这是简·爱的难能可贵之处，无论多么爱对方，也不会让爱情凌驾于道德和法律之上。简·爱继续和罗切斯特生活，感情上是圆满的，但是在道德上，是存在问题的。简·爱是一个自尊的女性，虽然爱情可贵，但是生命的尊严更为重要。“越孤单，越无亲无友，越无人依靠”，在陷入困境，最渴望温暖的时候，越是要理性地保持自己高贵的人格。简·爱的这种独立意识直到今天仍应成为女性所遵循的做人原则。

（三）联系现实，启迪人生

《简·爱》的故事被认为有作者自传的影子，它是浪漫的现实主义作品。今天，《简·爱》成为我们名著导读中的作品，它的现实意义在哪里？能够给我们带来怎样的人生启示呢？

明确：《简·爱》的现实意义在于她教会了女性要自尊自立，才能成为有着精神高贵的人，才能收获真正的爱情，拥有人生的主动权。2020年夏天，女性的成长成为一个热门话题。无论是综艺节目《乘风破浪的姐姐》还是电视剧《三十而已》，都在探讨女性应当如何成为自己，成为独立的灵魂。简·爱面临的问题，《三十而已》中的王漫妮也遇到了。文学的魅力正在于它探讨的是人类永恒的问题与困惑。

五、拓展资源

推荐阅读简·奥斯汀的《傲慢与偏见》、露易莎·梅·奥尔科特的《小妇人》。这两部作品一样体现了女性的成长历程，倡导女性自立自强。在阅读时，要特别关注时代背景，在那样的时代，女性的独立意识是多么可贵。

第三章
在阅读中让青春期更健康

《安塞腰鼓》——欣赏高原上的阳刚之美

一、阅读指向案例——不吃午餐的爱美女孩

随着老师一声“下课”,很多同学迅速从书包里拿出饭卡,大步流星走向食堂。班主任李老师在食堂巡视,发现小美没来吃饭。李老师担心小美生病了,赶紧回到教室,却发现小美悠然自得地坐在位子上看课外书。李老师很惊讶,问:“小美,你怎么不去吃饭啊? 不饿吗?”小美笑着对老师说:“李老师,您放心吧,我一点也不饿。”“可是下午还有 4 节课,你身体会吃不消的?”李老师关心地说。“老师,我没关系的,我已经挺胖了,就让我消耗一下脂肪吧。”李老师拗不过小美,只好拿了一杯牛奶和几片饼干给小美,让她饿的时候吃。后来,李老师才知道,小美这是受了“刺激”。她和朋友一起外出吃饭,朋友说,好女不过百,像小美这样已经超标了,胖子是没有美感可言的。小美从此就决定控制饮食,一定要把体重降到 100 斤以下。

青春期的女生,在意他人的目光,希望自己变美,但是对什么是美,却缺少认知。为了追求美,可以牺牲自己的健康,这种认识是有问题的。美,是多样的。青春期的少年们,健康就是美,因为他们的

身上充满了朝气和活力。

青春期孩子的审美观念是需要引导的，孩子们只有理解了无论何种性别、何种年龄，都有独属于自己的美，才能健康自信地散发出光彩。

二、文本解读

《安塞腰鼓》是作家刘成章的一篇散文。它描写了黄土高原上一群茂腾腾的后生打出酣畅淋漓的安塞腰鼓的场景。鼓声未起时，这些后生朴实又沉静。但当打起鼓后，他们就忘情了，没命了，让人产生"马鸣风萧萧""落日照大旗"的联想。而这样的鼓，也只有在黄土高原才能听得到，是这里独特的土地、独特的文化、独特的人，才孕育出这种独具魅力的艺术形式。

三、文本内涵分析

青春期自我保健的知识点中，有"青春是最自然的美，均衡营养和适当运动有益于身高的发育，体重管理有科学的方法"这项内容。教师应当引导学生建立正确的审美观，让学生意识到青春是最自然的美；要让学生发现不同的人身上都有自己的美；只要活出自己的精气神，就能展现出美的一面。

现代社会，人们的审美观念悄然发生着变化。社会上出现了以瘦为美、以白为美的片面认识，缺少以健康为美、以上进为美的正确导向。如果人们不能意识到美是多元的，不能学会欣赏美，接纳自己，那就常常会做出一些损害健康的事情。最近常有新闻报道，学生在假期里去做微整形。

《安塞腰鼓》是一篇充满阳刚之气的文章。黄土高原上的后生，那样淳朴憨厚，穿着朴素，饮食简单，生活条件并不好，站在那里其貌不扬，和美扯不上什么关系。可是当他们打起鼓来，就让人对他们刮目相看，人们被他们的表现震撼了。通过欣赏这样一篇文章，可以让学生领略一种阳刚之美、粗犷之美、真实之美。

四、文本阅读指南

（一）创设场境，营造氛围

请去过陕北的学生描述陕北的自然环境，要将一些典型景物描述出来，比如黄土高原、高粱地等，还有那里的人的性格特点。同学们对陕北高原的自然环境产成一些感性的认识，有助于增强对文章内容的理解。

（二）速读全文，梳理线索

这是一篇散文，没有起伏的故事情节，主要是描写黄土高原上的一群后生表演安塞腰鼓的过程。该文是按照表演前、表演中、表演结束这样的过程来写的，表演的过程就是行文线索。

（三）圈划点评，体会人物美

对文中描写后生们打鼓的语句进行圈画，分析鼓手们的形象特点。

“一捶起来就发狠了，忘情了，没命了！……黄土高原上，爆出一场多么壮阔、多么豪放、多么火烈的舞蹈哇——安塞腰鼓！”

明确：这段文字描写了鼓手们表演时的场景。为了充分体现后生们打鼓时的酣畅淋漓，作者用了很多比喻，写出了后生们表演时的力量与疯狂。他们的动作大开大合，强健热辣。看到这样的景象，每个人心中都会感叹，这样一群汉子竟然能够爆发出这样大的能量。

“后生们的胳膊、腿、全身，有力地搏击着，急速地搏击着，大起大落地搏击着。……它使你惊异于那农民衣着包裹着的躯体，那消化着红豆角老南瓜的躯体，居然可以释放出那么奇伟磅礴的能量！”

明确：这是整个表演的高潮，在前面表演的基础上又进了一步。前面的表演更多是对表演者的直接描写，而这里是通过观众的心理来体现安塞腰鼓带给人的感受。震撼、烧灼、威逼，三个词语层层递进，生命的力量直击心底。更让人惊异的是，这群表演者的外形和他们的表演形成了鲜明的对比。农民衣着是怎样的？是朴素甚至是简陋的；红豆角老南瓜等这些食物是怎样的？是非常普通的，是粗粮。就是这样的穿着，这样的饮食，这样的一群汉子却释放出“奇伟磅礴”的能量。“奇伟磅礴”是表现宏大的词，但在这里却没有让人觉得大词小用，反而更好地体现了作者的惊异。平凡的甚至有些卑微的陕北汉子，爆发了前所未有的魅力。

（四）自由朗读，体会鼓声美

这篇散文用了大量诗化的语言，需要通过朗读来体会，特别是描写鼓声的这部分内容：

“这腰鼓，使冰冷的空气立即变得燥热了，使恬静的阳光立即变得飞溅了，使困倦的世界立即变得亢奋了。……隆隆隆隆的豪壮的抒情，隆隆隆隆的严峻的思索，隆隆隆隆的犁尖翻起的杂着草根的土浪，隆隆隆隆的阵痛的发生和排解……好一个安塞腰鼓！”

提示：指导学生选择有感受的语句大声地朗读，体会字里行间蕴含的激情。这里有很多联想和想象，可以在反复朗读中感受鼓声的壮美。

明确：鼓声使得所有的一切发生了改变，空气、阳光、世界都变得不同。作者还引用了古诗和信天游中的句子表现鼓声带给人的联想。先是空间辽阔，悲壮萧瑟，最终走向光明，大彻大悟。就是这样一股子劲，震动山崖，震动心弦，冲破一切阻碍。鼓的响声达到顶点，观众的心潮汹涌到极点。

（五）观看视频，主旨探讨

播放安塞腰鼓表演视频，结合文章内容，思考这样的表演是否适合出现在江南的青山绿水之畔。

明确：不适合。因为文中明确写道“黄土高原啊，你生养了这些元气淋漓的后生；也只有你，才能承受如此惊心动魄的搏击！多水的江南是易碎的玻璃，在那儿，打不得这样的腰鼓。除了黄土高原，哪里再有这么厚这么厚的土层啊！好一个黄土高原！好一个安塞腰鼓！”由这些句子可见，一方水土养一方人，因为黄土高原的土层足够厚重，才能承受这样强烈的锤击。陕北的汉子裹着白羊肚手巾，腰间扎着红绸带，腰鼓也是红色，这一切以黄色的山崖为背景，才见那种不管不顾，挣脱一切的力量。如果这样的表演以江南的青山绿水为背景，就显得太过粗糙了。江南的一切是精致动人的，但这种动人是细腻秀美的，而不是直击人心、震撼灵魂的。因此，这篇文章的作者想要表达的是对陕北大地蓬勃生命的歌颂。一方水土养一方人，只有这里，才能有这样充满生命力的人，才能有这样壮美的风景。

当然，这并不是说江南就没有美景。江南的丝竹之乐，同样有自己独特的美。所以无论何地何人，都可以展现自己的美。

五、拓展资源

建议学生课外阅读艾芙·居里的《美丽的颜色》，或是曲志红的《永远执着的美丽》。《美丽的颜色》是居里夫人的女儿写自己母亲的传记。文中充分展现了居里夫人这位伟大的女性科学家身上美好的品质。居里夫人有美丽的外表，但她惊人的美丽是因为她献身于科学研究的精神。《永远执着的美丽》是写水稻之父袁隆平的通讯。袁隆平从外表来看和美丽毫不相关，但袁隆平始终拥有美好的理想，而且他身上有执着的精神，令人感动，这是美丽的人格品质。央视每年会有一些“最美”评选，比如“最美医生”“最美基层民警”“最美支边人物”等。青春的美也是一样，只要身上有美好的品质，有积极向上的精神，无论高矮胖瘦都是美的。损害身体换来他人眼中的美完全没有必要。

《当你遇见大灰狼》——学会青春期自我保护

一、阅读指向案例

班会课上，老师提到了社会治安问题。“听说地铁站那边有小偷，同学们注意保管好自己的钱包。”同学们一听激动了，特别是男生，“真的吗，老师？那我们要是抓住了小偷算不算见义勇为啊？”“老师，我才不怕小偷呢。要是遇见了，我就大声喊，抓小偷。”一个女生说，“老师，我也很厉害的，上次有一对父子骑电瓶车碰到我，想溜。我跟着他们一直到小区，把他们抓住了”。老师听到这些话，感到哭笑不得。一方面为同学们的正义感而感动，另一方面也为他们的鲁莽而担心。看来，青春期自我保护这一课，同学们很有必要进行学习。

青春期的少年，从力量来说，和成人有较大差异。在遇到危险时，应该首先以自保为主。要在确保自身安全的情况下才能够去和坏人做斗争。还有，青少年要提高自我保护意识，不要因为没有危险，就忽视对自我安全的防护。这些年，性侵未成年人事件时有报道，青春期少年必须提升自我保护意识。

二、阅读内容简介

《当你遇见大灰狼——给女儿的一封信》是作家刘墉在女儿十二

岁时写给她的。作为父亲，他觉得是时候要和女儿谈一谈自我保护的问题了。因为他的女儿对身边的危险缺少认识，对如何应对突发事件缺少合适的方法。女儿天真地表示，如果有人敢欺负自己，就用裁纸刀捅他，自己会把裁纸刀带在身上。爸爸和婆婆用现实生活中的事件教育了小姑娘。爸爸给女儿提出希望，希望她永远要清楚地认识自己，也记住“柔能克刚”，最重要是记住“留得青山在，不怕没柴烧”。

三、文本内涵分析

青春期教育中有“健康与安全”这一主题，它对初中生的自我保护提出了要求：“爱惜身体，做好身体的主人，有不安全感时要及时求助”以及“面对性骚扰的基本应对方式”。初中生处于半大不小的阶段，看起来懂事了，想法却很幼稚。如果不加以引导，会在发生事情时处理不当，产生严重后果。不要说初中生，即使是大学生，被拐卖、被性侵这样的事情也会发生。但直接和学生谈论这个话题，他们又会有些抵触。有的是不好意思，有的则是觉得自己都懂，没必要听老师的。

刘墉的这篇文章，是写给女儿的。从父亲的角度来谈“自我保护”，更加亲切，更有情感，是发自内心，处处替女儿着想。没有严肃的说教，都是用真实事件来启发女儿思考。这样一篇文章，用来对学生进行青春期健康与安全教育是十分适合的。

四、文本阅读指南

（一）思考问题，创设情境

指导学生在阅读前思考自己人生中所遇到的最大的困难是什

么，自己又是如何解决的。在班级中进行交流。

（二）阅读全文，聚焦问题

将文章通读一遍后，找出刘墉在本文中聚焦的问题。

明确：保护自己。

（三）围绕主题，梳理内容

根据"保护自己"这一主题，概括原因、含义和方法。

明确：刘墉和女儿谈"保护自己"的原因是：晚餐时和妈妈谈到父母亲自接送女儿上下学，是为了保护女儿的安全。又问女儿"遇上坏人怎么办？"而女儿的回答出乎所有人的意料，她会拿裁纸刀捅坏人，会把裁纸刀一直带在身上。这个回答显然不正确。因为女儿只有 12 岁，坏人如果是成人，女儿的力量根本不足以对抗。而且用裁纸刀攻击坏人，可能会激怒坏人。这样孩子会受到更大的伤害。

"保护自己"的含义是：使自己受到的伤害减少到最小。

"保护自己"的方法是：逆来顺受。

（四）再读故事，理解作用

这篇文章里，写了三个故事，这三个故事的作用是什么呢？

明确：第一个故事：奶奶说到战争时女人在脸上涂黑灰。这是一个引子，引出下面讨论的话题"保护自己"。因为战争时女人在脸上涂黑灰，就是为了变丑，为了不引起坏兵的注意，保障自己的安全。

第二个故事：张艾嘉的儿子被绑架，正确应对，最终获救的故事。这个故事教育女儿遇事不要冲动。就算自己是对的，但是当形势不利时，也需要忍耐，以免受到伤害。张艾嘉的儿子奥斯卡被绑架，这件事情中奥斯卡是没有错的，但是他没有因此而责骂绑匪，而是主动跟绑匪打交道，安抚绑匪的情绪，告知他们只要自己没事，妈妈就会支付赎金。绑匪遇到这样配合的人质，自然不需要去额外地对人质采取一些极端的措施，以逼迫人质的家属按时交付赎金。最难能可贵的是，奥斯卡在有机会喊救命，却没有十足把握的时候，忍住不叫，一直静观其变地等待救援。因为如果没有把握，喊了救命却没有效果，反而可能激怒绑匪，让自己受到伤害，所以奥斯卡体现了应对危险的智慧，绝对不拿自己的安全做赌注，只是尽全力保护自己不受到伤害。

第三个故事：爸爸二十多年前采访的一个女高中生被奸杀的案子。这个故事教育女儿即使遭遇了侵害，名誉和身体都受到伤害，也要保住自己的生命，只有生命最重要。这个故事，对青春期的孩子来说特别有教育意义。这些年，我们在新闻中会看到一些性侵案件。中国的封建观念中，女性的名誉大于一切。所以有《烈女传》的故事，告诉你“宁为玉碎，不为瓦全”。在古代，女性宁可死，也要保住自己的清白。如果陌生男子为了救你而拉了你的手，那么你就要把自己的手给剁掉，这样才算是贞洁烈女。这种封建思想，直到今天仍有流毒。如果一个女性遭到了侵害，有些无知无耻的人，会指责女性穿衣暴露，或是待人随便，却不去指责实施暴行的人。刘墉通过这个案子，对女儿进行了很好的生命教育。如果一个女孩被强暴，她没有错，她只是遇到了不幸，所有人都应该同情她，她的名誉不应受到任何影响。为了名誉，丧失生命，是不值得的。因为生命不会重来，父母、亲人会因此而心碎。所以即使受到伤害，这不是受害者的错，受害者只要尽力保护自己就好，其他的都不是问题。生命永远是我们最宝贵的东西。

（五）品读俗语，理解含义

这是写给 12 岁女儿的信，所以语言不能太艰深，一些俗语能够更好地表达意思。

“留得青山在，不怕没柴烧。”

明确：青山是指身体、生命。这句话的意思是，当你能保住性命，就能开创无限的未来。它形象地表达了生命的重要性。

“龙困浅滩，虎落平阳。”

明确：即使是再厉害、再尊贵的人，到了不属于自己的地方，无法施展自己能力的时候，也只能屈从于人。这是告诉女儿再厉害的人，也有无法施展、受人压迫的时候，所以适时的妥协、低头是智慧的表现，没有必要为此感到羞愧。

（六）联系现实，学以致用

回到阅读前，同学们所说的自己曾经遇到的危险，分析大家面对危险的方式是否正确。

提示：要引导学生理解，应对危险的方式是否正确要考虑以下因素：自己的力量和处境、处理的结果。要正确地认识自己，也要学会以柔克刚，当然最重要的是记得生命永远是放在第一位的。

五、拓展资源

和青春期自我保护相关的一些电影和书籍，建议学生都能在家长的陪伴下进行阅读。因为这些内容会涉及一些社会敏感问题，让人看到社会的阴暗面和青春的伤痛。

电影方面：推荐观看《少年的你》和《嘉年华》。《少年的你》主要呈现“校园霸凌”这一社会问题。少女陈念在同学坠楼后，受到校园暴力，却又求助无门。母亲的不负责任，警察的无能为力，迫使她只能用自己的方式解决问题，请求少年小北的帮助。最终两个少年，都为青春的成长付出了沉重的代价。而《嘉年华》的色调更加黑暗。《少年的你》中陈念是小北的光，他们互相温暖对方。而《嘉年华》中的两个女孩遭到性侵后，却没有得到成人的帮助，反而承受了来自这个社会的满满恶意。最终一个女孩选择用跳楼结束了自己的生命。这些电影启迪我们要加强对学生的青春期自我保护教育，孩子们要知道什么是霸凌，什么是性侵，更要知道在不利的环境下如何保护自己，如何面对危险。

书籍方面：推荐阅读《房思琪的初恋乐园》。这部带有自传性质的小说表现了少女房思琪在受到补习老师的侵害后内心的伤痛。作者林奕含最终也没能修复内心的伤痕，选择了自杀。读这本书是需要勇气的，读的时候很难受，可以想见作者内心隐藏的痛苦是多么巨大。但还是要推荐更多的人阅读这部小说，它让女孩警醒，更让家长和师者警醒，我们不能再让这样的悲剧发生。

第四章
在阅读中形成正确的性观念

《我的老师》——谈“性”并不可耻

一、阅读指向案例——那些无法言说的烦恼

李老师发现班级里的男生小 M 这几天情绪低落，上课时无精打采，也不和同学说话了。小 M 是个很英俊的男生，因为爸爸是海员，所以从小多是由妈妈独自教育。妈妈是幼儿园老师，跟小 M 说话比较像哄孩子，喜欢给小 M 穿颜色鲜艳的衣服。久而久之，小 M 比一般男生看起来更白净，说话的声音也是轻声细气的。李老师把小 M 找到了办公室，询问他是否有什么苦恼。小 M 看看李老师，说：“我不能跟女老师说，说了你们也不懂。”李老师就请来数学老师 W 来和小 M 谈心。W 老师是位五十多岁的男老师，很受同学们爱戴。李老师发现 W 老师和小 M 说了一会儿后，小 M 的脸上就重新扬起了笑容。李老师赶忙向 W 老师求教：小 M 到底怎么了？W 老师也有点不好意思，想了想对李老师说，这是小 M 的隐私，还是由他自己说比较合适。过了很久，李老师才从其他同学那里了解到小 M 不开心的原因。科学课上老师讲了第二性征发育，有的男生就嘲笑小 M，说他没有第二性征，他不是男的；上厕所的时候，有的男生也会偷看别人

的隐私部位，这些让小M觉得非常难堪。

第二性征的发育本身就有早晚，这是科学知识，完全可以大方谈论。但是小M甚至是W老师，仍然觉得和异性谈论这样的话题有些尴尬。在厕所偷看别人的隐私部位，这种做法更不可取。可见，学生和老师在性的观念上还是不完全正确的。没有意识到性知识是应该学习的，也是可以和教师、父母、同伴讨论的。

二、阅读内容简介

《我的老师》是作家贾平凹所写的一篇散文。他将朋友家三岁的孩子孙涵泊视作自己的老师，因为这个孩子身上有很多珍贵的品质值得成人学习。他不要幼儿园阿姨摘的花，因为这是对生命的伤害；他无所畏惧，敢于指挥国歌；他不恭维“我”的书法，直说事物的根本；街上有人斗殴，他敢去制止；看到裸体挂历，他平平常常，坦坦然然。虽然孙涵泊从未收过作者这个学生，但是作者仍然认为自己应以他为师，并且他也将不会只有作者这一个学生。

三、文本内涵分析

青春期教育中有“性观念与社会文化”这一主题，其中一个教育点是科学、艺术对性的表达与色情是有区别的。西方的裸体油画本身是一种艺术，是不应带着异样的眼光来看待的。儿童的心灵纯洁，因此坦坦荡荡。在“性观念”这个知识点中，提到了“对性产生好奇是正常的，青春期身体的变化可以坦然地用科学的概念解释”，“可以与教师、父母以及同伴讨论有关性及身体发育的问题”，孙涵泊的性观念就很健康，相信将来他也能坦然地面对青春期的变化，健康成长。

四、文本阅读指南

(一) 阅读全文,概括内容

默读整篇文章,找出关键语句,概括主要内容。

第一段:“我的老师孙涵泊,是朋友的孩子,今年三岁半。……许多人都笑我认三岁半的小儿为师,是我疯了,或要矫情。我说这就是你们的错误了,谁规定老师只能是以小认大?孙涵泊!孙老师,他是该做我的老师的。”

结尾段:“我是诚惶诚恐地待我的老师的,他使我不断地发现着我的卑劣,知道了羞耻,我相信有许许多多的人接触了我的老师都要羞耻的。所以,我没有理由不称他是老师!我的老师也将不会只有我一个学生吧?”

总结:“我”将朋友的孩子、今年三岁半的孙涵泊当作老师,因为他使“我”不断发现着“我”的卑劣,知道了羞耻,所以“我”没有理由不称他是老师,“我”的老师也将不会只有“我”一个学生。

(二) 品读语句,理解人物

在文中圈画描写孙涵泊的语句,分析这些描写表现了孙涵泊怎样的优秀品质。

阿姨摘了一抱花分给大家,轮到他,他不接,小眼睛翻着白,鼻翼一扇一扇的。阿姨问:“你不要?”他说:“花疼不疼?”

明确:孙涵泊将花视为和人类同等的生命。对于摘花这样的行为他是非常不满的。翻白眼,鼻翼的扇动,本来是一种不礼貌的行为,表现的是生气。但是孙涵泊的出发点,是对生命的爱护,这就体现了他的善良。在他心中,一切生命都是平等的。人类没有理由伤害其他生命。

晚上看电视，7点前中央电视台开始播放国歌，他就要站在椅子上，不管在座的是大人还是小孩，是惊讶还是嗤笑，目不旁视，双手打起节拍。

明确：孙涵泊的神态和动作，都体现了他并不在意他人的看法。只是坚持做自己认为对的事。

我在他家书写条幅，许多人围着看，一片叫好，他也挤了过来，头歪着，一手掏耳屎。他爹问："你来看什么？"他说："看写。"再问："写的什么？"说："字。"又问："什么字？"说："黑字。"

明确：孙涵泊的行为和围观的"许多人"形成了鲜明的对比。他"头歪着，一手掏耳屎"的行为，表现出他对我的书法作品毫无恭敬之心。而他和父亲的对话，更是和大人们不同。大人们相互恭维，哪怕并不好，但是迫于形势或是对方的地位，为了自己的利益，也只好违心地说好话。而孙涵泊看字就是字，看不出好的地方，就不会说好，体现了他的诚实。

他爹牵他正好经过，他便跑过去立于两人之间，大喊："不许打架！打架不是好孩子，不许打仗！"

明确：孙涵泊的行为有种"初生牛犊不怕虎"的勇气。虽然我们并不提倡这种做法，因为孙涵泊毕竟只是一个孩子，这样做很可能会受到伤害，但是他不怕危险、主持正义的精神是让成人汗颜的。

（三）重点解读，落实教育

阅读"拜年看裸体油画年历"这一段，细读大人和孙涵泊的不同行为，分析作者的写作目的。

明确：大人："来客没人时都注目偷看，一有旁人就脸色严肃。那同事也觉得年历不好，用红纸剪了小袄儿贴在那裸体上，大家才嗤嗤发笑起来，故意指着裸着的胸脯问他："这是什么？""男人们看待女人，要么视为神，要么视神是裸肉，身上会痒的，却绝口不当众说破，不说破而再不会忘记，独处里作了非分之想。我看这年历是这样的感觉，去庙里拜菩萨也觉得菩萨美丽，有过单相思，也有过那个——我还是不敢说——不敢说，只想可以是完人，是君子圣人，说了就是低级趣味，是流氓，该千刀万剐。”

孙涵泊：他玩变形金刚，玩得正起劲，看了一下，说：“妈妈的奶！”说罢又忙他的操作。

通过两种表现的对比，可以看出：大人们十分虚伪。明明对挂历很感兴趣，因为在当时这还是很前卫，很稀有的。但有旁人时，都做出道貌岸然的样子，只在没人的时候很专注地偷看。更可笑的是同事竟然用红纸剪了小袄儿贴在裸体上，简直是欲盖弥彰。本来这个裸体是大方的，是美的，但是这样一来却暴露了人们心中的想法，认为裸体是见不得人的。作者在后面说到了男性对异性的看法，要不就是过分的尊重，要不就是受到了性吸引。可是受到吸引也是不可说的，因为说了会被认为是流氓。这本是人的一种正常反应，却被认为是邪念。

孙涵泊的可贵之处就在于他没有世俗观念，他不虚伪，他只是单纯地将第二性征的器官看作是人身上正常的部位，他没有那些色情的想法。

在孙涵泊面前，成人会为自己的行为感到惭愧。特别是他们自己有不纯洁的想法，还故意去问一个小孩子，本来是想看孩子的笑话，没想到却反而被孩子照出了自己的“小”。

（四）联系现实，深化主题

现代社会中，我们会看到一些半裸甚至全裸的雕塑，比如小爱神丘比特，也有一些衣着较为暴露的壁画，如敦煌飞天，我们应当如何来看待这些作品呢？

明确：我们要意识到艺术就是艺术，它的创作意图不是来唤醒人们的性冲动，而是体现人体线条的美，表达健康的力量。我们应该多阅读一些艺术鉴赏类的书籍，提升个人的艺术修养。

浏阅网页时有时会跳出一些色情网站，我们应当如何面对呢？

明确：应该主动关闭，并且采取一些措施，卸载流氓软件。特别是要学会区分色情和艺术。

对青春期的身体变化如果感到好奇、困惑或不安，我们应该如何做？

明确：如果是对自身的变化有想法，可以找老师、家长或同学，用大方的口吻谈论青春期的变化，通过对青春期知识的学习解答自身的疑问。如果对异性的变化感到好奇，那么最好是和老师或家长坦然地讨论，不要和同学谈论过多。一方面是因为同学的知识有限，另一方面是这个话题相对有些敏感，谈论的分寸不好把握。

五、拓展资源

推荐同学们课外阅读《和儿子说的知心话：父母送给青春期儿子最好的礼物》《妈妈说给青春期女儿的悄悄话》。这两本书是分别写给男生和女生的。它们都解释了青春期生理和心理的各种现象，并传递给少男少女们正确的性观念。

《米洛斯的维纳斯》——女性之美的理解与表达

一、阅读指向案例——课堂上的骚动

阅读课上，杨老师要讲《古希腊神话与传说》这部作品。当杨老师讲到希腊神话中的爱与美之神——阿弗洛狄特（即罗马神话中的维纳斯）时，她在课件上出示了爱神在水中诞生的油画。班级立即起了一阵骚动，响起了窃窃私语的声音：这个维纳斯是裸体啊。有的学生夸张地用手捂着眼睛，有的学生低头伏在桌子上，有的学生用手指指点点。杨老师认为生活在上海这样的国际化大都市，学生们的艺术修养应该比较好，西方的雕塑和油画也应该很早就有接触，不应该在课堂上这样小题大做。杨老师想请学生来说说维纳斯的形象美在何处，没有学生愿意主动发言，被点名的学生也是涨红了脸不说话。

这种场面其实不只在阅读课上出现，科学老师在上课时讲到受精卵，学生们也是这样叽叽喳喳。要让他们回答问题，其实说不上什么，但是又要表现出“我很懂”的样子。

学生这样的课堂表现，反映了他们性文化的缺乏，不明白科学、艺术对性的表达与色情是有区别的。因此，教师有必要通过指导学生阅读，让学生理解艺术对性的表达是美的。

二、阅读内容简介

《米洛斯的维纳斯》是日本诗人清冈卓行所写的文艺随笔。文章主要表述了他的观点：米洛斯的维纳斯的雕塑之美，不仅在于它的秀颜和曲线，更在于它是断臂的，它有一种独特的残缺美，带给人一种无尽的梦幻。

三、文本内涵分析

初三下第四单元学习的是读书方法，山水画的意境，以及审美的原则。朱光潜先生在《无言之美》中谈到欣赏雕塑艺术“无言之美”的方法，并以雕塑“拉奥孔”作为范例。雕塑艺术是希腊文化的最高成就。谈到希腊雕塑，人们第一个想到的，就是维纳斯雕像，它是卢浮宫三宝之一。阅读《米洛斯的维纳斯》，是希望引导学生进一步欣赏雕塑的“无言之美”，特别是理解古希腊文化对两性美的表达，这也是在拓宽学生的文化视野，提升他们的欣赏品位和审美水平。

四、文本阅读指南

（一）结合课文，探究雕塑之美

出示维纳斯图片，根据《无言之美》的相关段落，分析该雕塑美在何处。

明确：维纳斯的眼睛是没有眼珠的，或者可以说是盲的。在《无言之美》中提到，雕刻塑像注重含蓄不露。维纳斯作为爱与美之神，眼睛是盲的，固然是根据希腊的神话，或者说有“爱情是盲目的”之意。另一方面，也未尝不是一种巧思。因为眉目可以传情，流露爱情的眉目太难比拟，干脆雕成盲目，耐人寻味。

（二）阅读文本，提炼概括

阅读《米洛斯的维纳斯》，概括作者所分析的维纳斯之美。

维纳斯的曲线美。“她那丰腴的前胸伸延向腹部的曲线，或是她的脊背，不管你欣赏哪儿，无处不洋溢着匀称的魅力，使人百看不厌。”

维纳斯的神秘美。“她那失去了的双臂正浓浓地散发着一种难以准确描绘的神秘气氛，或者可以说，正深深地孕育着具有多种多样可能性的生命之梦。”

（三）提供资料，加深认识

提供拓展阅读资料，播放视频，帮助学生进一步理解作者所写的维纳斯的秀颜和曲线之美。

明确：维纳斯的五官美。美丽的椭圆面庞，希腊式挺直的鼻梁，平坦的前额和丰满的下巴，平静的面容，她的嘴角上略带笑容，却含而不露，给人以矜持而富有智慧的感觉。这一切流露出希腊雕塑艺术鼎盛时期沿袭下来的理想化传统。

维纳斯的体态美。微微扭转的姿势，使半裸的身体构成了十分和谐而优美的螺旋型上升体态，富有音乐的韵律感，充满了巨大的魅力。女神的腿被富有表现力的衣褶所覆盖，仅露出脚趾，显得厚重而稳定，更衬托出了上身的秀美。她的表情和身姿是那样庄严、崇高而端庄，像一座纪念碑；她又是那样优美，流露出最抒情的女性的柔美和妩媚。人们似乎可以感到，女神的心情非常平静，没有半点娇艳和羞怯，只有纯洁与典雅。

维纳斯的比例美。整个雕像的各部分比例几乎都蕴含着黄金分割的美学秘密（1∶3∶5）。

（四）细读名言，理解裸体美

哲学家黑格尔非常赞赏阿佛洛底忒（维纳斯）的裸体表现，他说，“她是纯美的女神”，“把她雕成裸体是有正当理由的：因为她所要表现的主要是由精神加以节制和提高的感性美及其胜利，一般是秀雅，温柔和爱的魔力”。

明确：裸体的维纳斯充分展现了人体之美，她反映出的秀雅、温柔和爱的魔力，有一种圣洁的美。

拉奥孔的裸体中体现了他在悲痛万分之际，肌肉紧张的线条，将他内心的痛苦通过他皮肤的纹理、肌肉的起伏，显露出来。更加艺术地表达了他被巨蛇缠绕，即将失去儿子的强烈的痛苦。

大卫的裸体，完美地呈现了青年男性健康的体魄、充沛的力量，这正是古希腊人所推崇与追求的。

我们从中发现古希腊人很早就已经意识到人体之美。他们推崇强健的体魄，所以有很多充满力量、健美的雕塑出现。无论男女，这些神祇没有一个是瘦弱的，都是丰腴的、健硕的。

(五) 小组讨论,欣赏方法

学生以小组形式讨论和总结通过阅读所学习到的欣赏雕塑艺术的方法。

明确:雕塑的外貌、五官的特点,与当时审美眼光的契合。

雕塑的身材比例、构图,符合黄金分割比例,富有韵律的线条美。

雕塑的含蓄、留白,带给读者丰富的想象。

了解雕塑产生的时代背景,从而理解雕塑所蕴含的民族文化。

(六) 拓展延伸,话题探讨

呈现博物馆的雕塑图片。提醒同学们在投光人体雕塑时,博物馆所用的灯光是冷光灯,请同学们思考使用冷色灯光的原因。

明确:暖光灯打在人体雕塑上,会有人的皮肤质感,会更加栩栩如生,一些裸露的雕塑,可能会有性的唤醒。这样,作品的艺术性就会受到影响。因此,艺术品,就应该让它保持在艺术品的状态,放在合适的空间内让人们欣赏。人们获得的才是全然的艺术美的享受。

人体之美是最美,但人们对美的认识还是有不同的。汉代以赵飞燕的身轻如燕为美,唐代则以杨玉环的丰腴为美。希望同学们能够不断提升自己的文化修养和审美能力,去欣赏人体之美。

阅读提示:

通过这节课,让学生对性的文化有一些了解:科学、艺术对性的表达与色情是有区别的。希腊雕塑中很多是裸体,但它们是圣洁的,带给人美的享受,绝无粗鄙之感。作为一名语文教师,不能向学生灌输或者说教美的知识,因为美是最难表达的,所以教师要注意借助文本、视频、图片等多种媒介,让学生去接触、去感受这种美。

古希腊的审美和现代中国人的审美一定是有区别的,古希腊式的鼻子、丰腴的身材,未必是今天中国人所追求或认同的美。只要学生能够领悟到其中一点美感,理解美的背后是文化,那么就受到了艺术的熏陶，受到了潜移默化的影响。

语文学科的核心素养中，“审美”“文化”都是关键词。这和青春期教育中的“性的文化”有一定的相关性。将“性的文化”和语文学科有机地融合，会让语文学科散发出青春的光彩，也让青春期教育更有效地走进学生的心灵。

五、拓展资源

推荐阅读《古希腊神话与传说》。通过阅读该书，同学们能够更好地理解古希腊人的审美，也能更好地理解希腊雕塑以及油画中的两性美。同学们也可以阅读散文《秦俑漫笔》。这篇文章描写的是中国的陶俑艺术，体现了中国的审美观念，中国的审美较之西方而言是十分含蓄的。艺术品味较高的同学，还可以观看 BBC 制作的纪录片《罗丹雕塑——吻》。这部纪录片探讨了这个举世闻名的艺术作品诞生的过程，也谈到了人们对它的不同理解。有些人会认为它是色情的、低级的，但只有在理解了这个作品的创作背景后，才能真正理解罗丹的艺术匠心。

第五章
在阅读中培养青春志向

《旅行家》——杰出者敢于做梦

一、阅读指向案例——理想有高贵和低下之分吗?

黄老师在初三班级中开展了“我的理想职业”主题班会,希望借这次班会激发同学们奋斗的热情,为中考竭尽全力,为梦想拼搏。班会上,黄老师请同学们谈谈自己的理想,班级里一下子热闹起来。小A说,我要做一位像屠呦呦那样的女科学家,获得诺贝尔奖,为国争光,那多酷啊。小B说,我想做像钟南山那样的医生,在“新冠”肆虐时挺身而出,是最美的逆行者。小C说,我想做一名将军,指挥士兵用军事高科技保卫祖国。同学们说得热血沸腾,几乎每个同学的理想职业都很崇高,都得到同学们的掌声和赞叹。但在问到小Z时,他说:“我没有理想”,就低下了头。黄老师有些奇怪,初三的学生面临人生的转折点,对未来或多或少总有些想法,小Z怎么会没有任何想法呢?下课后,黄老师喊小Z来谈心,小Z这才说出了心里话,他想做一名厨师,能够做出各种美食。这个理想和同学们所说的相比,简直太俗气,太普通了,所以他不敢说出来,害怕同学们嘲笑。黄老师听了小Z的话,陷入了沉思。课堂上同学们说的那些话,有多少是真实的想法，有多少是因为顾虑他人的看法才说的那样崇高呢？教师在引导学生树立理想的时候，有没有流露出对普通职业的轻视呢？是不是真的尊重了每个学生的兴趣和爱好，帮助他们正确规划了自己的未来呢？

青春期是人生的重要阶段，是“三观”形成的关键期。青春期的学生在老师和家长的引导下，开始规划自己的职业生涯，并为之付出努力。教师可以指导学生阅读相关文章，帮助学生形成正确认识。

二、阅读内容简介

《旅行家》是一篇微型小说，发表于《羊城晚报》。小说的主人公是许永永。他 10 岁时，就树立了理想，要做旅行家。这让同学们非常诧异。老师问他原因，他说因为家乡的天空太小了。同学们因而嘲笑他。但是他对理想很执着，并且付出了努力：从走遍家乡开始，还每天跑步锻炼身体。他真的实现了自己的理想，走遍了中国，而且将要走遍世界。

三、文本内涵分析

在《纲要》中，有一个教育主题是“青春志向与人生发展”。这篇小说，就记录了一个孩子树立青春志向，并为之努力付出，实现人生发展的过程。这个孩子的志向，不是一般意义上的崇高、伟大的志向，甚至是同龄人未听说过的志向，但是他能够始终坚持，无惧别人的嘲笑，一步一个脚印地付出努力。这个过程是艰难的，也是非常动人的。每个人都有拥有理想的权利，每个人的理想都值得尊重，每个理想的实现都需要付出，每个实现理想的人身上都散发熠熠光彩。教师可以带领学生在阅读中感悟主人公的人格魅力，从而树立自己的理想，勇于坚持，努力奋斗。

四、文本阅读指南

（一）初读全文，梳理情节

阅读全文，围绕“旅行家”这个题目，思考以下问题，并在文中找出答案。

1. 许永永为什么想做“旅行家”？许永永说他的理想是做一名“旅行家”时，我们为什么愣住了？

明确：许永永想成为“旅行家”的原因是“杨镇的天空实在是太小了”。一个只有10岁的孩子，却能感觉到自己家乡的天空太小，这个孩子的眼光是比一般同学更加开阔的。

我们之所以会愣住，是因为我们不知道“旅行家是什么，要干什么”，我们可能只知道科学家，许永永的想法和我们的想法有很大不同。

2. 许永永为了成为“旅行家”，做了哪些事？

明确：(1)准备了世界地图，研究将来要去的地方；(2)走遍杨镇所有的村庄，并将去过的地方画成地图；(3)每天都在跑步，为做旅行家打下身体基础；(4)放弃县高中的特招，开始环游世界。

3. 许永永最终实现了成为旅行家的理想吗？

明确：应该是实现了。初中毕业后，“我”与许永永不再见面，“但我总能收到许永永的信件，信封里面总有一张手绘的地图。偶尔还有几张相片……地图上出现的地名离杨镇越来越远，远到我必须去查资料，才能知道许永永是在地球上的哪一个角落里给我画出他的每一个脚印。最近的一封信里面是一幅精心绘制的中国地图，上面标着密密麻麻的小点。……在地图下方，许永永写了一句话：我马上就要走出中国了，勿念”。

从文中的这些内容来看，许永永按照少年时的规划，一步一个脚印地走到了自己曾经想去的地方。从杨镇开始，越来越远，到整个中国。并且将要走出中国，走向更加广阔的世界。他告诉我“勿念”，也意味着他一切都好，相信他一定会越走越远，实现理想。

(二) 圈划描写，分析形象

1. 将文章中描写许永永的句子进行圈划、批注，分析许永永的人物形象

提示：

“许永永大声说，因为杨镇的天空实在是太小了。”用“大声说”，写出了许永永为自己的理想而骄傲，所以在众人面前仍能大声宣告。

“许永永用脏兮兮的手从书包里取出一张破旧的地图，摊开后，用食指指着说，我要去这儿，这儿，这……许永永指了八九下。他把整个世界都指完了。”这里“脏兮兮的手”“破旧的地图”“把整个世界都指完了”，写出许永永只是一个普通的乡村孩子，家庭条件并不好，但是他的志向却很远大，他的征途是整个世界。

2. 文中除了许永永，还写了其他人，如：“我”、老师、马晓波、同学们等，写这些人物与写许永永有什么关系？

提示：其他人物都是作为侧面人物来衬托许永永的形象。

老师、马晓波、同学们，可以作为一类。他们都是不理解许永永的人。

“老师站在讲台上，饶有兴趣地问，许永永你为什么想做个旅行家？”“后来我们把许永永叫做‘旅行家’，一个带着嘲笑意味的外号”，“当时我们已经知道七大洲和四大洋，所以我们笑得更加理直气壮。马晓波起哄说，你知道这个世界有多大么？你能走得完？你怎么去？骑着猪去吧！而后是哄堂大笑”，“整整初中三年，从来没有同学叫许永永的名字，我们都叫他‘旅行家’”，“所有的人都觉得许永永是个傻帽，包括我们的班主任”。

从这些语句可以看出，这些人都对许永永的理想嗤之以鼻，觉得他简直是痴人说梦，并且不断地嘲笑、打击许永永。在这样的情况下，许永永的坚持就显得更加可贵。

“我”是另一类，是被许永永感动的人。

当别人取笑许永永时，“我没有笑。课间十分钟去上厕所的时候，我对许永永说，我觉得你能行”。“我”和别人不同，因为“我”知道许永永五年级时就有这个理想，他已经坚持了三年。这种坚定让人感动。所以“我”不仅没有取笑，还鼓励了许永永。

后来写到“我”的人生历程，和许永永形成鲜明的对比。我是世俗意义上的稳定与幸福，而许永永则是精彩非凡的寻梦历程。

所以，文章写“我”，是以许永永朋友的身份，见证他实现理想的过程。用“我”认识的转变，体现了许永永的可贵精神，让读者看到许永永这类人的价值。

（三）联系实际，探讨主旨

1. 读了这篇小说，同学们有怎样的感受？

提示：可能有各种不同的感受，但是要往正面的方向进行引导。

2. 对许永永放弃特招，选择环游世界的做法，同学们是否认同？请说明理由。

提示：可以认同，也可以不认同。言之成理即可。但要注意：理想没有高贵与低贱之分，只要不违背主流价值观，是对这个社会有贡献的理想，都应该被尊重。每个为了理想拼尽全力的人，都值得敬佩。

五、拓展资源

建议课外阅读路遥的长篇小说《平凡的世界》，去看看一群平凡的人，他们不同的青春志向，以及为了实现志向而做出的努力。看看孙少平、孙少安等一群青年人在大时代历史进程中所走过的艰难曲折的道路，他们的快乐与痛苦、崇高与奋斗。也建议同学们有机会去杨浦职校进行实地采访，杨浦职校是第42、43、44届世界技能大赛中国集训基地，职校的学生在世界技能大赛中荣获金牌，为国争光，让青春闪耀出璀璨的光芒。职业无高下之分，每个职业都有它的存在价值，任何职业都应获得尊重。

《钢铁是怎样炼成的》——磨难是最好的课堂

一、阅读指向案例——为什么受伤的总是我

小A觉得自己的初中生活糟透了。初三第一学期，和同学们在足球场上愉快地玩耍。同学的一个传球有点大，小A跳起来去争抢，结果和小T撞在一起，小A摔倒在地，突然晕厥。紧急送医后，医生说有脑震荡，可能还有一点淤血，要入院观察。休息了两周后，终于可以返校学习，小A却发现自己的鼻子时常流出液体。医生说是脑震荡的后遗症，可能会一直有这样的问题，很难痊愈，要坚持打针。眼看初二的同学都在拼尽全力，小A也不甘落后，一边上学，一边就医。因为住院，小A的课程落下很多，回校后，明显成绩下滑。"一模"考试不理想，自招考试不理想，一次次被心仪的学校拒绝，小A觉得很绝望。在"推优"也遭遇失败后，小A终于忍不住在班主任杨老师面前嚎啕大哭。他想不明白？为什么自己要经历这么多的痛苦？为什么受伤的总是我？

其实，每个人的青春期都不会一帆风顺，都会遇到各种困难，区别在于有的人将困难化为成长的养分；而有的人，被困难击倒，一蹶不振。作为教师，要引导学生正确面对人生的苦难，用积极的心态、

坚韧不拔的毅力去克服重重困难，形成更加健康的人生观。

二、阅读内容简介

《钢铁是怎样炼成的》是语文教材八年级下册第六单元的名著导读篇目。它是苏联作家尼古拉·奥斯特洛夫斯基所著的一部长篇小说，于 1933 年写成，是作者根据自己的亲身经历创作的一部优秀作品。

小说主要记叙了保尔·柯察金的成长经历。他出生于贫困家庭，12 岁时，被送到车站食堂当杂役，受尽了凌辱。后来，因为解救布尔什维克朱赫来，保尔被关进了监狱。被敌人错放后，被哥哥送去参加了红军。保尔在战场上表现出色，在一次激战中受了重伤，无法再回前线，于是他投入恢复和建设国家的工作中去。由于种种伤病及忘我的工作和劳动，保尔的体质越来越坏，丧失了工作能力。1927 年，保尔这个全身瘫痪、双目失明并且没有丝毫写作经验的人，开始了他充满英雄主义的事业——文学创作。保尔忍受着肉体和精神上的巨大痛苦，用生命写成的小说《暴风雨所诞生的》终于出版。

三、文本内涵分析

在《纲要》中，关于青春志向与人生发展的教育有这样的内容：青春期是人生的重要阶段，是“三观”形成的关键期。人生成长有顺境和逆境，青春期培养抗挫折等意志品质有助于增强心理弹性。保尔的人生中有很多逆境，但他勇敢地克服了所有困难，走出逆境，用火粹炼出自己钢铁般的意志。保尔的经历对学生是很好的启示。

四、文本阅读指南

（一）制定阅读计划，完成情节梳理

根据小说的章节数，制定阅读计划。在一个月的时间内，自读完整本小说。一边读，一边梳理保尔人生中的重大事件，比如 12 岁时，因为往神父的蛋糕里撒烟丝，而被开除。将保尔不同年龄段所遇到的事件概括出来，完成保尔的人生大事记。

（二）重点研读“考验”，体会人物性格

1. 概括保尔四次生死经历

明确：在与波兰白军的战斗中，他的腿受了重伤并得了伤寒。

在骑兵部队的战斗中，一颗炸弹在他身边爆炸，他的头部受了重伤。

被繁重的肃反工作击倒，不得不回家养病。

在铁路快修完时，得了肺炎和伤寒。

2. 阅读保尔受伤后的表现，分析人物性格

明确：如“换药的时候，他那惊人的忍耐力使我们所有的医生都吃惊。一般人在这时候常常不断地呻吟或是发脾气。可是他却不做声，并且每次给他的伤口上碘酒的时候，他都不畏缩，只是把身体挺得像绷紧了的弦。他时常疼得几乎失去了知觉，但是从来也不叫唤一声。我问他为什么不呻吟时，他回答说：‘您读读《牛虻》，就明白了。’”

这是青年医生尼娜的日记本中对保尔的记录。从中我们可以看到保尔有着惊人的忍耐力，他是钢铁一样的人。他的意志来自《牛虻》这部小说，牛虻是保尔精神上的偶像。牛虻为革命而献出生命的一生，给了保尔极大的鼓舞。

其他几次受伤经历，也可以按照这样的方式进行分析。

(三) 细读“生命”名段，思考人生哲理

指导学生反复朗读“保尔不知不觉地来到了松林跟前……保尔怀着这样的思想离开了烈士公墓”，圈划有感悟的句子，并写下思考感悟。

提示：这段话原本是上海版初中语文课文《生命的意义》，它是保尔第四次死里逃生后，对人生深深的思考。他去了同志们被绞死、被埋葬的地方。保尔在这里，作为生者与死者进行了内心的对话。

他思索了同志们英勇就义的原因，他们是为了那些一出生就当奴隶的人们能有美好的生活。这是多么崇高的思想，这种牺牲精神让人震撼。

保尔也对自己的生命进行了思考：

“人最宝贵的是生命。生命每个人只有一次。一个人的生命应当这样度过：当回忆往事的时候，他不会因虚度年华而悔恨，也不会因碌碌无为而羞愧；在临死的时候，他能够说：‘我的整个生命和全部精力，都已经献给了世界上最壮丽的事业——为人类的解放而斗争。’”

反复朗读这段话，理解话中所包含的意义。

明确：要珍惜生命，绝不能虚度年华。要把生命奉献给世界上最壮丽的事业，为那些受压迫的人的解放而英勇斗争。

在保尔的人生观中，他的生命不是利己的，而是利他的，这是非常崇高的价值观。

(四) 联系现实生活，讨论阅读价值

有的同学认为，这是苏联的事，和我们隔得很远，今天来读这样的革命文学，有意义吗？请思考我们的现实生活，说说我们今天为什么还要阅读《钢铁是怎样炼成的》。

明确：伟大的文学作品是能够跨越时空的，因为它们阐述的是人类永恒的母题。《钢铁是怎样炼成的》讨论了一个非常重要的问题：人的生命应当怎样度过？

如今，有些人缺少了精神上的信仰。一些中学生遇到一点挫折，就觉得天塌下来了，自己没有办法面对，怨天尤人，向家长和老师发脾气，却不愿意勇敢面对，用挫折和苦难来磨砺自己，使自己变得更强大。而一些大学生，得了"空心病"，当进入心仪的学校就读后，就失去了奋斗的目标。《钢铁是怎样炼成的》之所以经典，就在于它总能带给人们生命的启示，让我们反思自身，让我们变得坚强，让我们活得有意义。

五、拓展资源

建议同学们课外阅读罗曼·罗兰的《名人传》。贝多芬、米开朗琪罗、托尔斯泰等，都是各自领域的伟大天才，却又在肉体和精神上经历了人生的种种磨难，为创造不朽的杰作贡献了毕生的精力。无论是病痛的折磨，还是悲惨的遭遇，或是内心的矛盾惶惑，都不能动摇他们的意志，因为他们对人类始终充满了爱。在人的成长过程中，是需要阅读几本名人传记的，它会让你看到，你所面对的苦难，在真正的灾厄面前不值一提，而人类的意志力与韧性，也远超过你的想象。

第六章
在阅读中成长为青春守护者

教师不仅是教学生阅读，自身的阅读和学习同样重要。在阅读青春期教育书籍的过程中，教师、家长的认知也在发生着变化。教师可以通过阅读，成长为青春期学生的守护者和引路人。

了解与引导，让我们成为青少年的重要他人
——读《解码青春期》有感

《解码青春期》这本书与我阅读过的其他青春期书籍相比，有两个显著的特点：通俗、实用。通俗，是指书中没有太多的专业理论，大多是故事、案例，所以读起来比较轻松。实用，是指文中罗列了青少年成长中的挑战，以及应对这些挑战的方法。我的感受可以用一句话来概括：成为青少年的重要他人。

曾经的我——对成为重要他人充满沮丧

我在日常的工作中经常会遇到学生和老师的对抗。尤其是这几年，因为家长们越来越多的是80后，和过去家长的成长经历不同，教育理念也有很大差异：对孩子给予更多的民主，追求个性的张扬。而孩子并不懂得真正的民主是什么，只要稍有不顺心，就会有情绪。

于是,学生和老师的冲突就多了起来。

当我面对这些“不讲理”的学生时,我经常想,我能做什么呢?他的原生家庭早就在他身上打下了深深的烙印。我能做的非常有限。但是看了作者和“罗德尼”的故事后,我的想法发生了转变。我又想起了毕淑敏的那篇《谁是你的重要他人》。她写道:因为11岁时老师的批评,她多年都无法开口唱歌或是在大庭广众下演说。

从作者和毕淑敏这一正一反两个事例来看,作为教师的我其实并不像我认为的那样能力有限。成为青少年的重要他人应该成为我的教育追求。

现在的我——希望成为那个重要他人

如何成为“罗德尼”,我从这本书中收获了两个关键词:了解和引导。

我们一直以来对青少年其实存在着误解。我们很喜欢用“青春期叛逆”来为他们安上标签,却不愿意去认真思考青少年对抗行为的背后是不是真正的“叛逆”,我们又能对这些所谓的“叛逆”做怎样的引导。

这本书中,作者对青春期的不同阶段做了区分,描述了青少年从11—18岁的每一年所经历的特殊变化,也确切描述了青少年的需要。这让我对青少年行为背后的心理动机有了更多的了解。这样一来,我就不会再对青少年的某些行为感到大惊小怪。

当然,我更加感兴趣的是,作者所归纳的一种思维模式:青少年比看起来更加需要你。青少年对父母和看护者有着强烈的需要,但是他们的表达方式又往往给我们释放了错误的信息:他们讨厌我们,不想和我们待在一起。现在我不禁去思考,到底是青少年反感我们,还是我们其实并不想和他们在一起。

根据我校的调查数据显示,大部分家长认为自己对孩子的有效陪伴时间是在10—30分钟，这个时长是无法满足青少年需要的。这种情况将会导致的结果，就是青少年会出现很多问题，而父母或老师无力教育。我们能做什么？作者教会了我们很多方法。作为教师，从三方面进行引导是非常重要的：引导学生，引导家长，引导教师。

引导学生层面：我要努力像教练那样来管理他们。首先，关注学生的个性发展，而并非只看结果。学习本身是有压力的，教师常常会因为学生的成绩而感到焦虑和担忧。这很容易让学生反感，认为教师只关注学习成绩，只喜欢成绩好的学生。其次，用价值观而非情绪来管理学生。遇到“刺儿头”学生，会使我们偶尔被情绪左右，说出一些不恰当的话来。像班级入场式训练时，我就因为学生的违纪感到愤怒，开始批评他们。但事实上，我应该在训练开始前说清楚要求和规则，不遵守规则的人将接受惩罚，这才是正确的方式。

引导家长层面：要能够发现家庭教育中存在的问题，并予以指导。前几天，一位家长早晨6点半给我发语音信息，要求和我电话联系，说孩子在家里发脾气，并说自己是抑郁症，家长询问心理老师是否曾在课堂上强化过这个词语，对孩子产生负面影响。这位家长又说孩子多次举手，老师却不喊他，孩子觉得老师对他不公平，很失望。读了这本书后，我发现家长和孩子同样存在问题。她对孩子的要求很高，她希望孩子非常优秀，家里又有两个孩子，她的精力也很有限，所以这个大孩子就在想方设法地吸引她的关注。但是她没有意识到孩子的行为背后是对家长的需求，反而把原因全部归结到老师的身上。希望老师多给孩子机会，希望老师在课堂上不要说任何可能产生负面暗示的词语。我把这本书介绍给她，希望她注意到孩子的需要，同时也建议她阅读“人际关系以及交流沟通方面的挑战”这部分内容，特别是让孩子懂得承担责任、学会道歉，以及如何应对一名不好的或者不公平的老师。

引导教师层面：帮助同伴更好地解决教育学生的问题。身为班主任，我需要引导班级的任课教师和学生正确相处。我曾经不止一次地听到家长向我反映自己的孩子对某位老师的教育方式难以接受。我也曾经建议我带教的老师对学生的管理要稍微严格一点，但结果这位老师并没有正确理解我的用意，处理问题非常情绪化。如果我能够对老师们给予更加细致的引导，给他们提供一些具体的、合适的建议或方法，那么这样对学生、对家长、对老师三方而言都将是有益的。

通过阅读，解密青春密码，了解青少年心理；通过行动引导学生、家长和教师，让我们都成为学生成长中所需要的重要他人，我想这就是阅读这本书的意义。

参考书籍：

［美］乔希·西普：《解码青春期——如何陪伴十几岁孩子成长》，李峥嵘、胡晓宇译，湖南教育出版社2019年版。

穿越风暴，守护成长
——读《青春期大脑风暴》有感

阅读《青春期大脑风暴》这本书后，我发现它和现实生活紧密联系，让我深切感受到知识运用到实践的意义。

一、现实教育困惑

我曾和学校德育主任一起接待了来自贵州遵义的优秀班主任代表团队，我们共同探讨了德育问题。最后有个提问环节，一位贵州老师提出了两个问题：

一些学生吸烟，虽反复教育多次，学生也知道吸烟有害健康，但是学生仍然不改，这是为什么？

关于学生刷抖音、玩电脑游戏、沉迷于电脑游戏，老师能采取什么应对办法吗？

这两个问题看似不同，其实质却有相同之处：明知有害的一些事情，青少年却会充满激情地去做。

二、问题成因分析

这种激情来自哪里？来自危险行为的“积极”方面。青少年知道危险行为的潜在风险，但会更在意危险行为带来的刺激、共享的体验、乐趣以及打破规则的兴奋。这其实是青春期大脑结构和功能改变的结果。青春期大脑追求回报的驱动力有所增强，所以引起了这种对积极方面的关注。青春期的少年，多巴胺水平会增加，体现在三个重要的方面：第一，青少年更容易冲动，他们会不经周密思考就采取行动。第二，青少年更容易成瘾。第三，青少年会形成“超理性”思维。所以，吸烟也好，沉迷于电子产品也好，其实和青春期大脑的特点相关。

但是，我们不能因为青少年的大脑发育存在这样的特点而消极地面对青春期，我们需要好好培养和发掘青少年的这些本质。我们要积极接纳青春期的这些行为，用有益的方式去引导这种本能需求。我们不应该用可怕后果来吓住他们，而是要让他们看到不去做这些有害的事情，是他们能够保持强大和独立的表现。只有将积极的价值作为目标才是真正有效的方法。

这本书同时提供了重塑大脑神经网络的方法，就是将注意力集中在某些积极的活动上。同时也告知我们要尊重青少年追求新奇和创造新的做事方法的本能需要。此外，还需注意让青少年保持情绪的平稳，这有助于他们更加高效地思考问题。

我对这些方法进行了尝试，发现还是有一定困难，将理论转化为切实的行动需要进一步的研究。但是，明白了风暴产生的原因，我们才能穿越风暴，走向光明。

三、面临现实挑战

再次让我感受到这本书的神奇，是在我面临现实挑战的时候。几年前我作为班主任接手了一个新的班级。在家访中发现有一些学生存在心理问题，目前已经确认需要服药治疗的有 4 人，其中 3 人为注意力缺陷、多动症，还有 1 位学生除了注意力缺陷还有抑郁倾向，存在自残行为。心理老师调查问卷显示，有 6 位学生的心理测量数值高于正常值。如果不能很好地引导这些学生，到了初中高年级，学习压力增大后，他们的心理问题会越来越严重。另一方面，让人忧心的是，有的家长认为吃药是很糟糕的事情，不同意孩子吃药。甚至有的家长自己也可能存在着心理问题，所以和孩子相互影响。我开始意识到自己面临的形势非常严峻。怎么来帮助这些学生，我想还是要从家庭入手。我曾经见证过，一个和儿子建立起良好关系的父亲，通过努力让儿子从满地爬、坐不住的注意力存在缺陷的孩子成长为市级数学竞赛得奖者，并最终通过“自招”进入交大学习。我希望通过对父母的指导来帮助孩子。

四、书籍连接现实

《风暴》中说到依恋模式的 5 种类型，包括安全型依恋、回避型依恋、矛盾型依恋、紊乱型依恋、反应型依恋。父母能否与孩子建立起安全型依恋是非常重要的。班级中这几个确诊需要吃药的孩子，一个是重组家庭；一个是父亲长期在外地，母亲独自带孩子；一个是二孩家庭，父母对孩子的管教完全无能为力。而和父母关系较为融洽的孩子，其情绪及课堂表现都更加稳定、更加积极。接下来，我将会进一步按照书中所建议的方法，力求给这些家庭以指导。我的突破口有两个：一是修复关系。建立父母与孩子的安全依恋，控制过激情绪，尝试“共情”孩子。二是活在当下。父母设置合理期望，保持开放态度，学习正确回应。

记得有人说过，所谓青春期叛逆，很多时候是为了叛逆而叛逆。如果父母不和孩子对立，孩子想要叛逆也没什么可叛的。如果我们能够更加科学地去看待青春期，就能穿越所谓的风暴，更好地守护青少年成长，这正是我们阅读、学习的意义所在。

参考书籍：

[美]丹尼尔·西格尔：《青春期大脑风暴：青少年是如何思考与行动的》，黄珏苹译，浙江人民出版社 2015 年版。

尘世间，我们都是追风筝的人
——《追风筝的人》阅读分享

如果让你推荐一部适合青春期孩子阅读的作品，你会选择什么书呢？我考虑过很多值得分享的书籍。如果要美一点，有情趣一点，可以分享汪曾祺的《人间草木》；如果要好讲一点，有丰富的内容，可以分享《给孩子的故事》；如果讲对爱情的理解，讲女性的自我觉醒，可以推荐《简·爱》。但是再三思考，我觉得还是要讲自己真正有感触的、被打动过的作品，所以我选择推荐《追风筝的人》。

这本书我最早是在 3 年前上阅读课时读的，但这几年从未感到陌生，因为每一年的学生推荐书目中，几乎都有它的存在。甚至有学生因为对这本书的理解特别到位，获得了我校“少年读书会”的第一名。学生们为什么喜欢这本书？我又因何被打动？我们被感动的原因一样吗？我时常喜欢思考这些问题。我想和大家分享我读这本书的一些体会。

这本书写了一个从风筝而起、又到风筝结束的故事。

阿米尔是富人家的孩子。他家的仆人阿里的儿子哈桑和他是好玩伴。阿米尔是出色的“风筝斗士”，即善于用自己的风筝切断别人的风筝的线；哈桑也是杰出的“风筝追逐者”，因为阿富汗的传统是线被切断而落下的风筝归追到它的人所有。后来，在一次风筝比赛中，阿米尔为了赢得爸爸的好感而勇夺冠军，哈桑则保证去追到第二名的风筝以证明阿米尔的战绩。但哈桑在归途中被仰慕纳粹的普什图族孩子阿塞夫等人截住。阿塞夫要哈桑把风筝给他，哈桑不肯，于是遭强暴。阿米尔看到了这一切，但没有挺身而出。

之后阿米尔由于无法面对哈桑，就陷害哈桑。哈桑洞悉一切，却承认了偷窃。后来阿米尔父子迁到美国居住。直到爸爸的朋友拉辛汗，让他去巴基斯坦救哈桑的儿子索拉博，他已经成了一个被性侵的舞童。索拉博到美国后，因为感情受到伤害不再和任何人交流。一个周末，在一个公园里，索拉博终于因为追风筝而对阿米尔微笑。

这本书特别打动我的是什么？哈桑的那句“为你，千千万万遍”，这也是这本书最有名的一句话。

第一次出现，是在第一章。

“突然间，哈桑的声音在我脑中响起：为你，千千万万遍。哈桑，那个兔唇的哈桑，那个追风筝的人。”

第二次出现，是在第七章。

“为你，千千万万遍。他这样承诺过。好样的，哈桑。好样的，可靠的哈桑。他一诺千金，替我追到了最后那只风筝。”

第三次出现，是在第二十五章，也是文章的结尾。

“‘你（索拉博）想要我追那只风筝给你吗？’

他的喉结吞咽着上下蠕动。风掠起他的头发。我想我看到他点头。

‘为你，千千万万遍。’我听见自己说。

然后我转过身，我追。”

从这三段话中，我们能够看到哈桑的形象：忠诚，一诺千金。他相信阿米尔对他说的一切，他也无私地为阿米尔奉献了自己的一切。我曾经追问过学生，有什么人曾经让你愿意为他，千千万万遍吗？学生说，也许是我的亲人吧。我特别喜欢"千千万万遍"这个表达。记得在电影《复联4》中，钢铁侠的女儿说，我爱你一千遍。然后钢铁侠说，我爱你三千遍。而这里是"千千万万遍"。哈桑一次又一次被伤害，但是他从未报复过阿米尔，而是一次又一次地为他付出，直至死亡。我常想，这是一种怎样的强大的情感力量，才能够让人如此坚毅。如果有这样一个"你"，是不是我们的一种幸福呢？

这本书打动我的还有人性的复杂与自我救赎的主题。阿米尔小的时候因怯懦犯下大错，伤害了自己最好的朋友。阿米尔不能够面对哈桑，应该是他无法面对自己的怯懦。但是陷害哈桑，却使自己成为一个更加卑鄙的人。每个读者读到这里，可能都会觉得愤怒。可是反思我们的人生，难道没有过想要逃避自己的错误而无法面对的时候吗？记得史铁生的《老海棠树》，也曾经写到过，他伤了奶奶的心，但"我记得她终于抬起头时，眼里竟全是惭愧，毫无对我的责备"。只有至亲，才会毫不计较，总是选择原谅。

阿米尔用一生的时间，来完成自我救赎。他本来不想回阿富汗，但是那里有让他"再次成为好人的路"。他想做一个好人，想弥补错误。所以他穿越战火，回到故乡。他被阿塞夫毒打，只为能够救出索博拉。当索博拉脸上露出微笑时，他重新说出了当年哈桑对他的承诺，"为你，千千万万遍"，实现了自我救赎。

打动我的，还有"风筝"这个意象。作家们似乎特别喜欢写风筝。《红楼梦》里，就有群芳放风筝的情节。每个风筝隐喻了每个女子最终的命运。鲁迅也写过《风筝》，兄长不让弟弟放风筝，毁了他的风筝。大了后，想求得弟弟的原谅，弟弟却早已忘记。这成为永不可赎的罪过。本书的结尾，阿米尔去帮索博拉追风筝，"我追"是这本书的最后一句话。阿米尔追的仅仅是风筝吗？也许是亲情、友情，也许是正直、善良、诚实，风筝隐喻了他人格中不可缺少的一部分，所以他要不停地追逐，才能成为健全的“好人”。

只是，不是每一个错误都能够被纠正；不是每一个犯了错的人，都能得到救赎。希望每一个读者，都能从这本书中读出一些感悟。当然，这本书还有其他很多值得读的东西，比如以一个家庭的经历，折射出民族的苦难，我分享的只是我最有感触的内容。

尘世间，我们都是追风筝的人。

参考书籍：

[美]卡勒德·胡赛尼：《追风筝的人》，李继宏译，上海人民出版社 2003 年版。

第七章 在阅读中进行研究与实践

阅读学习的过程，是积累知识、提升学养的过程，更是研究与实践的过程。所有的教育理论最终要和实践相联系，解决当下的教育问题，这样的阅读和学习才是有意义的。本章包括了我作为一名长期在一线开展青春期教育的班主任，针对青春期教育中的一些热点问题进行研究的论文；还有在青春期教育方面开展的专题讲座。希望通过这些经验与智慧的分享，指导教师、家长更好地教育、陪伴青春期的孩子。

发现“性”之美
——论初中生“性审美”教育的实施

摘要：初中生的性审美问题引发了人们的关注，对初中生实施性审美教育有其必要性：它是生命教育的重要组成部分，也是青春期学生成长的需要。当前的初中教育对性审美教育关注不足，初中生的性审美存在着各种问题。教师应通过多种路径，对初中生实施性审美教育。

关键词：性审美；生命教育；两性主体美；两性关系美

作为一名初中班主任，笔者发现学生对个人仪表越来越关注。他们对自己外表美的追求，老师和家长却很难认同。比如，中考前的女生，非要在耳朵上打一排耳洞，因为她喜欢的韩国女星就是这样的。艺术节闭幕式，一个男生梳着少女发髻，穿着美少女战士服饰在台上表演。这一切，让笔者反思，在学生的教育中，我们是不是缺少了什么？我们的学生对于性别美的鉴赏能力似乎有些不足。

2018 年央视的《开学第一课》也曾引起人们对性别美的关注。许多人认为开场演出的男明星们气质阴柔，化妆太浓，太过于女性化，担心会出现“少年娘则国家娘”的问题。更为深层的担忧则是：偶像崇拜让青少年误入歧途，产生错误的“性审美”。对于男性应有的美，缺少认知，性别理解混乱。

基于此，笔者认为教师应该有意识地对学生进行性审美教育。那么什么是“性审美”？它对学生有什么意义？教师又该如何对学生进行性审美教育呢？

一、性审美的含义

“审美”，在《现代汉语词典》中的意思是：领会事物或艺术品的美。但是人不仅是能够领会客观世界的美，人还能够与自身建立起审美关系。也就意味着“人类自身也可以成为审美对象，这一对象包括人的心灵、形体和行为。性美包括两性主体美和两性关系美，性美的领域包括心灵美、形体美、服饰美、行为美等。”①性审美也就是领会两性主体、两性关系之美。这种能力是需要培养和学习的，它可以通过性审美教育来达成。

二、对初中生进行性审美教育的必要性

性审美教育对初中生有着非常重要的意义，在初中阶段实施性

① 闵乐夫主编：《青春期性教育教师使用手册》，西南师范大学出版社 2010 年版，第 88—93 页。

审美教育事半功倍。

(一) 性审美教育是生命教育的重要组成部分

生命教育的内涵可以从三方面去理解：一是生命之真。认识生命，懂得生命是一种独特的现象，懂得生命的内在价值及其重要性。二是生命之善。关爱生命，尊重生命，相信生命，敬畏生命。三是生命之美。享受生命，丰富生命，优化生命等。[1] 性审美教育体现了生命教育的内涵。

1. 性审美教育让学生发现生命之美

性审美的对象就是人类本身。性审美教育的目的是让学生发现无论何种性别，都各有其美。这些美存在于外在的着装、行为、言语等，更蕴含在人的心灵，这是生命之真。

2. 性审美教育让学生懂得尊重生命

性审美教育是与道德教育息息相关的。《美国性知识和性教育委员会学习手册》中就拟定将“使学生懂得如何对别人提供正面满足的欣赏”作为性审美教育的目标，这是生命之善。

3. 性审美教育让学生学会热爱生命

性审美教育的核心是价值观的培养。学生发现了不同性别之美，懂得尊重每一个生命，也会增强自信，增加对生命的热爱，开始享受生命，丰富生命，优化生命，这是生命之美。

(二) 性审美教育是学生的成长需要

初中学生正处于青春期，相对于儿童时的懵懂，他们的审美意识正在逐渐形成。

1. 自主意识增强

初中生的独立意识明显增强，开始摆脱成人的评价，体现出强烈

---

① 马洪丽、程佳：《中小学生命教育理念及其实施必要性》，《新观察》2019 年第 3 期。

的自主性，如在服饰和发型等的选择上表现明显。

2. 评价由外转内

对他人的审美从单纯的"以貌取人"，开始转入对美的内涵评价。在这样的关键时期，性审美教育变得十分重要，在这个审美形成的关键时期，引导得当必将收事半功倍之效。

三、初中性审美教育的现状及存在问题

初中性审美教育一直没有得到足够的重视，学生存在的问题让人担忧。

（一）学校教育关注不够

1. 课程设置不足

无论是在心理课还是道德法制课中，性审美教育的内容都是很少的。其他学科的老师对此就更加疏忽。学校行为规范中对学生的仪容仪表有着明确的要求，但是缺少了有针对性的辅导教育，无法让学生更好地从心理上接受，自觉地遵守。

2. 教师缺少关注

大多数任课教师的教学都不涉及性审美的相关内容，自然不会去注意这个问题。而班主任也缺少心理学专业背景，所以也很少会从心理角度去审视如何对青春期学生进行性审美教育。

（二）学生性审美的问题

1. 以貌取人，不顾道德

初中生，对于偶像往往只看容貌，而不管他们的道德好坏。如对于一些吸毒、家暴的男明星，只要长得好看就可以被原谅，甚至有学生说愿意被男明星家暴，为自己喜欢的明星找各种开脱的理由。这些学生的审美价值观显然与道德教育背离。

2. 刻意造美，失去自我

当前，中国整容的人群有低龄化的趋势。背后其实是对外貌的过于在意。我们会看到有个别初中生为了减肥得了厌食症，有的在网上直播美妆等，这是因为“青春期学生自我认同的方式从学业上的成果转移到了自身的外表修饰以及与异性的交往上”。有些学生不能够正确看待自己的容貌，刻意追求美，甚至到了损害身体的地步，这是失去自我、缺乏自我认同的表现。

3. 性别固化，刻板印象

十多年前，中国台湾一名中学生叶永鋕因为行为举止“娘炮”而时常遭受校园霸凌，直至倒在血泊中。叶母在儿子死后，成为争取性别平等的斗士。十多年后的今天，在台湾校园中这种歧视已经很少了。但是到了今天，对于那些比较文静内向的男生，同学们仍然会说他“娘”，而对于大大咧咧的女生，就是“女汉子”。用“娘”和“汉子”来称呼男女性特质，其实都隐含了一种性别歧视。每种性别各有其美。1964 年罗斯提出了“双性化”概念，认为“双性化”是最适合的性别模式，也就是说，兼具男性与女性的长处和优点的性别模式才是最适合人类的。对于性别的刻板印象，会对一些学生造成伤害。

4. 关系之美，缺少认知

对两性关系美的认知会影响对两性主体美的认识。两性关系错位、扭曲，这其中的两性主体也是存在问题的。在学生日常接触到的媒体中，宫斗、三角恋、高中生恋爱等内容不少。一些乡土气息浓重的作品甚至还有男尊女卑的思想存在。所谓职场剧，我们很少看到两性的敬业精神，多是“傻白甜”或是“玛丽苏”的逆袭。一些青春偶像剧多充斥着各种狗血剧情。学生看到的不乏错误的示范，如果按照这些人物来进行审美，学生的性审美能力只会越来越差。

四、初中性审美教育的实施路径

在学生性审美心理的形成和发展中，遗传是会起到一定的作用，但是环境和教育的影响更加重要。作为教师，可以从环境的营造和有意识的引导等方面来对学生进行性审美教育。

（一）欣赏正面形象

中学阶段，青少年通过阅读大量的小说等文学作品，探索人生，崇拜英雄，识别崇高、丑恶、低级趣味。审美开始摆脱成人评价，开始从外部评价转入到美的内涵、意境、内在异性吸引阶段。但是在整个初中语文课文里，正面的、健康的、堪为榜样的同龄人形象较少。与两性关系相关的课文，像初三的“爱情如歌”单元，很多老师都略过不讲。

因此，教师应当有意识地引导学生阅读和欣赏正面的同龄人形象。比如王嘉鹏的《我不是懦夫》，海伦·凯勒的《假如给我三天光明》等，让学生看到这些人物在遇到厄运、身体存在残缺时的坚毅和勇敢，这些人物的精神使得他们闪闪发光，形象变得特别美好。

还可以通过一些名人故事，让学生去反思什么是外表和内在，什么才是美的评价标准。比如梅兰芳蓄须明志的故事中，梅兰芳在舞台上的扮相柔美，唱的是旦角，而在台下，他的骨头比谁都硬。所以对他人外表进行评判，是极其浅薄的行为。

可以推荐如《泰坦尼克号》《简·爱》等一些爱情影片，学生们能够被感动——真正的爱情可以超越生死，同时也会受到启发，即爱情的背后应有独立的灵魂。这才是真正的两性关系美。

（二）引导树立偶像

六年前，曾经有学生写过一篇文章：偶像陪伴我成长。她写的是韩国男团 exo。笔者本来不太喜欢这类写偶像的文章，觉得偶像多是靠脸吃饭，认为这类文章的立意不高。但是看到她写到这些偶像在做练习生时的种种艰难，觉得挺感动。如果这些偶像给了学生正面的影响，我们为什么要去阻碍呢？学生们喜欢“二次元”，喜欢“流量小花”，这是他们这个年龄段的心理特点。教师不应该一概否定，相反要引导学生从偶像身上汲取正能量，树立正确的偶像观。

（三）家长营造环境

对学生进行性审美教育，还应获得家长的支持。教师应指导家长对孩子进行性审美教育。比如当孩子要求改变自己外貌的时候，父母应该与孩子沟通父母能够接受的服装、外貌和行为的范围。同时也要提醒孩子，在生活中，外貌不如性格、智力、爱和友谊那么重要。父母营造了良好的审美环境，也会对孩子产生潜移默化的影响。[①]

美育是教育中非常困难的一项。因为审美涉及的是人对美的感悟力，人生观和价值观的形成等。这是更高阶段的精神活动。教师有必要对初中生进行性审美教育，引导学生去发现“性”之美，让学生拥有更加美好的人生。

静待花开——做个懂孩子的家长

作为一名教师、一个妈妈，我的双重身份让我既能看到学生的在校表现，又能感受到家长的心情。今天，我将自己这些年在初三的所

---

① [美]黛布拉·W. 哈夫纳：《从尿布到约会》，望秀云译，上海社会科学院出版社 2018 年版。

见、所闻、所想分享给大家，希望能够帮助各位家长更好地陪伴孩子度过中考前这段特别的日子。我分享的题目是“静待花开——做个懂孩子的家长”。

在准备讲座时，我无意间看到了这样一张图，做父母的四个层次。我想今天来到会场的各位家长都已经站在了至少第二层，如果听了今天的讲座，大家能有一些改变，那你就已经妥妥地站上了为人父母的巅峰。

有些家长可能会想，别说巅峰了，你知道我过去两周经历了什么吗？我想“至暗时刻”这个词大概可以概括各位的经历。

过去的两周里，大家和孩子一起经历了自招、志愿填报、二模考试，每一件事可能都不容易。自招的竞争非常激烈，孩子们在努力了很久却对结果毫无把握。因为疫情，不可能像以往那样，在孩子们经过几次综合测试对自己的成绩有充分了解后再填报志愿，所以心里很惶恐。这次二模考试并未降低难度，一些成绩很好的孩子也发挥失常，对 4 周后的中考没有了信心。父母和孩子之间关系紧张，双方一说话就容易呛，整天为鸡毛蒜皮的事发火。

这些经历让家长们感受到前所未有的焦虑、无奈和委屈。

家长们为孩子的前途而焦虑，如果孩子考不上好的学校，怎么办？

家长们为孩子无法进一步提升成绩而无奈。就剩 4 周了，孩子还是这种学习状态，怎么办？

家长们花费大量时间精力关心孩子，却被孩子嫌弃，顶撞。为什么会这样？心里太委屈。

这是家长们的感受，可是孩子们承受了什么，家长知道吗？

各位家长不妨回想一下：填报的志愿是孩子特别喜欢的，还是我们的理想或者理性选择呢？前两天，一个家长和孩子就因为选择保底学校发生激烈冲突。孩子不愿意填这所学校，家长非要填。孩子表示万一真的进了那个学校，他就辍学。家长急疯了。

孩子复课后压力大吗？在家里有笑容吗？他的心情怎么样？晚

上睡得着吗？我时常看到初三的孩子放学后不想回家，宁愿在教室里待着写作业。

家长们觉得孩子在学校里读书能有多累？不就是坐在那里听讲吗？你们有没有试过从早晨7点多到下午5点多，坐在座位上，持续听讲，思考，做练习，晚上还要继续做作业。有的家长可能想，还有课间休息啊。事实上，课间很多孩子都在完成作业订正，或是问老师问题。再加上听说有同学自招成功了，或是发现老师讲的题还有听不懂的而中考迫在眉睫，孩子的心有多急、有多累呢！

最近这段时间，你说过这些话吗？

1. 爸妈这么辛苦还不就是希望你能考个好高中！

2. 你要再努力一点，再加油一点哦！

3. 你是我的孩子，我可以，你也一定可以！

这些话全都会带给孩子压力，有很多负能量。如果真的懂孩子，你一定不会说。

各位家长，我们确实很难。但是想一想孩子，我们真的懂他们吗？我们是否也在无意间伤害了孩子？

张爱玲说“因为懂得，所以慈悲”。如果我们懂得了孩子的苦，那我们就要改变对待孩子的方式，学会“静待花开”。

我很喜欢翁同龢的一句话“每临大事有静气”。我们和孩子一起面临中考，就是人生中的一件大事，我们要做到“有静气”。可是这静气从何而来呢？

静气来源于相信。相信每个孩子都能有自己的发展。有一篇文章，叫《每一棵草都会开花》。它的结尾是这样的：从此面对学生，我再不敢轻易看轻他们中的任何一个。他们就如同乡间的那些草们，每棵草都有每棵草的花期。哪怕是最不起眼的牛耳朵，也会把黄的花藏在叶间，开得细小而执着。

更何况我们的孩子不是那么不起眼的小草。我见过太多在中学时并不起眼的孩子，却在未来绽放了绚丽的花朵。有一个男孩，二模考结束后，成绩仍不理想，和家长的关系也很紧张。我担心他考不上高中，最后他是“压”着分数线进去的。高中三年，他一直来看我，越来越懂事，也知道要学习了，后来他考上了一所外地的“211”大学。我现在真的不敢小看任何一个孩子，因为我知道上职校的一个女孩儿后来考上了东华大学，复读三年才考上普通大学的我的同学一路读到博士，现在在国外的大学任教。所以，我们要坚信在正确引导下，每个孩子都会有美好的未来。

静气来源于接纳。接纳自己孩子与众不同的个性。每朵花绽放的时间不同，每个孩子的个性也不同。我们要无条件地接纳孩子，才能高质量地陪伴孩子成长。有的孩子像兔子，跑得飞快；有的孩子像雄鹰，霸气十足。可是如果我的孩子没有这么厉害，那怎么办呢？

我有一首特别喜欢的小诗《牵一只蜗牛去散步》，想和家长们分享。看了这首小诗，不知家长们是会心一笑，还是会突然间有些伤感。蜗牛已经很尽力，可是它没有办法更快。它的心里也很急，可我还在伤害它。即使这样，它仍在努力。这多像我们的孩子。我的孩子即使只是一只小蜗牛，他也让我欣赏到了人生独特的风景。自闭症患儿喜禾的爸爸蔡春猪说，“我知道他（儿子）是个宝藏，我珍惜这个宝藏”。如果我们能够这样去看孩子，是否会拥有更加平和的心境呢？换一种眼光，我们会看到不一样的风景。

那我们应该如何使自己的内心变得强大，缓解焦虑情绪，成为孩子最坚强的后盾呢？

我想从认知、情绪和行为三个方面来谈一谈。

1. 因为和孩子认知不同，家长才产生焦虑

我们回过头来看看前面家长们耳熟的话，看看这些话听在孩子的耳中是什么意思。为什么说这些话带有负能量？

爸妈这么辛苦还不就是希望你能考个好高中。

（爸妈为我付出是有附加条件的，就是我要考上好学校。考不上好高中，我就辜负了爸妈，他们那么辛苦都是我的错。）

你要再努力一点，加油一点哦。

（我还不够努力，还需要加油，可是我已经很累了，我学不动了，我真的做不到怎么办？）

你是我的孩子，我可以，你也一定可以。

（我又不是你的复制品，为什么要和你一样。你是很厉害，可是我就是不行。我让爸妈失望。）

可见，家长和孩子之间的认知有差异。这就是为什么孩子常会和家长反着来。而自身的压力和父母的压力合在一起，孩子就真的“压力山大”了。

家长常常认为：我说的都是对的。我供你吃，供你穿，把你养这么大，不就希望你学习好，有出息吗？我有什么错？

而孩子是家中那个可以被批评，特别受关注的人。他们的感受是：每个人都在盯着我，批评我。爸妈嘴上说考试失利没关系，其实考不好我就完了。

虽然认知有差异，但孩子还是很受父母的影响。即使你嘴上不说，但是你的眼神、你的动作，可能都会传递给孩子你内心的真实感受。

因此，家长需要改变认知。要认识到：

中考不能决定孩子的前途，成绩不应成为衡量孩子优秀、家长成功的唯一标准。

中考成绩不是靠一时的努力取得的，考不好也没那么可怕。很多时候，是我们自己假想的失败击垮了自己。

我们不全是对的，也需要倾听孩子的心声。后浪们也很厉害，他们有自己的见解。适度放手，孩子会让我们惊喜。

中考应该成为全家人共同面对的事，而不是父母给孩子施加压力，让孩子去面对。

2. 情绪没有语言，却会笼罩、主宰整个家庭

当你生气、焦虑、紧张时，孩子会怎样？他的焦虑将会因为你又

多一层。他不仅会因为考试而焦虑，更会因为“对不起爸爸妈妈，让你们如此失望和焦虑”而感到焦虑。所以成年人一定要学会先整理情绪，再和孩子一起面对。大人情绪好了，可以缓解孩子的情绪。

当有些突如其来的事情让你觉得无法承受，比如听到孩子的“二模”分数不理想，或是“推优”失败，请离开孩子，自我隔离一点时间。平复后再和孩子共同面对，商量下一步规划。千万不要在没有整理好心情的时候，去和孩子交流。

去年，一个男孩，他有一个“心大”的妈妈。孩子无论是“自招”还是“推优”，都没有成功。妈妈在他面前一直是云淡风轻。只是和孩子一起不断调整，保持积极的心态去努力，最终孩子“裸考”600分进入了心仪的学校。孩子觉得他的妈妈特别好，从未给他压力。但我知道这背后，他妈妈曾经为了他的失败多么焦灼不安。她曾经在我面前崩溃大哭，却不在孩子面前流露分毫。可见，作为家长，我们一定要学会整理自己的情绪。

3. 行为上的微小改变，就会为我们带来改善

谨慎入群，学会自我屏蔽。看看这些聊天记录，“数学136”“目标控江”容易实现，各位家长有什么感受？是不是立即感到焦虑不安，产生挫败感。我曾经进过一个类似这样的群，家长们小道消息满天飞，满屏的焦虑与不安，在里面待一会儿就会感到很紧张，觉得自己对孩子投入不足，孩子不够努力，所以我退群了。建议容易焦虑的家长，远离这样的群，有意识地远离“鸡血家长”，多和那些“佛系”的朋友们聊聊天。毕竟，焦虑不解决任何问题。

常思美好，常怀温暖。建议您准备几张孩子可爱的照片，放在经常可见的地方。或者干脆用孩子的可爱笑脸作为手机屏保。当孩子惹你生气了，或者是现实中出现令你非常不快的事情时，请你看看这些照片，我想它们会让你忍不住扑哧一笑，心生暖意。如果我们能够让自己“静”下来，那就已经是为孩子助力了，因为父母的平静具有安抚孩子的力量，孩子的心也会变得安定。

那我们还可以为孩子做些什么，为他们的中考助力呢？

1. 积极回应

如果父母给孩子提供一个稳如磐石的关系，让孩子知道自己无论怎样，父母都会一如既往地爱自己、认可自己，那么孩子的焦虑就会得到很大程度的缓解。

作为父母，我们要告诉孩子："无论你怎么样，无论你考好还是考不好，无论你优秀还是不优秀，你都是我们最爱的孩子，我们会一如既往地爱你。我们爱你不是因为你优秀，而是因为你是我们的孩子。"

家长们请记住，当孩子向你表达对中考的担忧时，本着一个原则来回应：让孩子感受到你是无条件地爱他、支持他，无论什么结果都可以接受。

2. 静心陪伴

家长，特别是妈妈，事无巨细，喜欢跟在孩子后面用"碎碎念"的方式表达对孩子无微不至的关爱。"牛奶一定要喝完，要不没营养。""东西都装好了吗？不要又让我去学校送啊。""今天上什么课，你预习好了吗？""昨天考试的成绩今天会公布吗？"各位家长，当你听到我说这些话的时候，是不是觉得特别烦。那就让我们将心比心，停止唠叨吧。如果真的很想说话，可以找爱人，找朋友，找同学倾诉。让我们牢记那句话："陪伴才是最长情的告白。"

3. 一切如常

不要因为孩子要中考了，就刻意做出改变，比如放下繁忙的工作特地请假在家一个月，专门给孩子做保姆；全家人在孩子面前小心翼翼，不敢大声说话或是随意走动，以免影响孩子学习；到处搜集营养餐的食谱，变着花样儿给孩子补充营养，吃些平时不太吃的昂贵食物等。考试前，那些海鲜或者是不容易消化的如糯米类的食物，不要让孩子多吃。父母在孩子面前一切如常，没有特别关注，反而有利于孩子减轻压力。

最后，是关于中考那两天的实用小贴士。家长们最重要的就是做好自己在中考中的角色。

一是做好后勤员。譬如保证饮食，防止迟到或生病，提醒孩子按时作息，但不指挥孩子如何“作战”。

二是做好啦啦队。用孩子希望的方式为他加油。希望你穿的很漂亮，去送考，那就去；不希望你送，那就心里默默祝福。

三是做好消防员。考试中也可能会出现一些意外，孩子慌了手脚。请一定为孩子灭“火”，镇定自若地面对一切，因为孩子告诉你时，意外已经发生，慌乱于事无补。

最后，我有两句话想与各位家长共勉：

我们不必羡慕他人拥有玫瑰，因为你我手中皆有一朵百合。

就让我们用心陪伴，静待花开。

后记
我与“青春”的三年之约

这本小册子是我在上海市学科德育实训基地三年的学习总结。三年里，我与志同道合的伙伴们在导师的带领下一起相约星期二，赴一场青春之旅。现在到了回顾与总结的时刻，心中有太多的眷恋与不舍。

“青春”这个词，在人们的心目中代表着活力、朝气、未来等许多美好的词语，可是“青春期”这个词就不那么美妙了。不知道从什么时候起，“青春期”就成为一种标签，或者说一种问题的答案。只要是中学的孩子发生问题，家长和老师们常常以处于“青春期”一言以蔽之。作为一名语文教师、一名班主任，工作中我会遇到很多“青春期”问题。可是在我之前的学习和工作过程中，并没有对“青春期”有过关注和研究。当我看到心理健康教育（青春期教育）德育实训基地招收人文类学科教师的时候，我非常惊喜，跃跃欲试。可能是我的诚意打动了导师，我很荣幸地成为基地的学员。

三年里，在导师的指导下，我认真研读了大量的青春期理论书籍和科研论文。对青春期人群的心理特征有了更为清晰的认识，处于青春期的孩子并不是情绪失控的“小怪兽”，而是渴望父母和师长关心的“小可爱”。我聆听了多个青春期专业讲座，与专业研究者面对面，讨论现实生活中的问题，寻求解决青春期问题的方法。我也有了很多人生中的“第一次”：第一次为全区家长做讲座，第一次写青春期教育文献综述，第一次开青春期教育课……这些“第一次”，如同深深浅浅的脚印，它们铭记了我的青春之旅。

三年里，我结识了很多优秀的同伴。他们都有很深的专业素养，更重要的是他们都是爱教育、爱学生的人。我们在基地里无数次的智慧碰撞，各抒己见，在伙伴遇到问题时，热情相助，无私分享。

刚进入基地的时候，我是忐忑不安的。因为和伙伴们相比，我的专业知识是不够的。但在导师和伙伴们的鼓励下，我学会发现自己所长，勇敢地进行实践——在语文阅读教学中融入青春期教育。

这本小书记录了我的学习和实践成果。内容大致可以分为两部分，第一部分是谈我对青春期教育、教学的一些思考。主要是介绍我为什么要将阅读教学和青春期教育进行融合，以及这样做的可行性。第二部分是这些思考在教学中的运用。依据《纲要》中的青春期教育内容，分为五大主题，每个主题有两个案例，包含了我对文本的解读、教育价值的分析以及教学建议等，以课文为主，适当补充其他文本。受个人水平所限，所写内容还很浅薄，但是所有的思考和实践都是真诚的。

希望这本小书的读者在阅读后，能够对青春期教育在学科中的融合有一些兴趣，愿意去进行一些思考和尝试。

我还要特别感谢在写作这本小书的过程中，戴耀红老师、王白云老师、杨岚老师以及基地的所有伙伴们给予我的帮助和支持。你们让我完成了一个“不可能完成的任务”。谢谢！

杨　洁

2020 年 8 月 30 日

图书在版编目(CIP)数据

心悦青春:上海市中小学骨干教师心理健康教育(青春期教育)德育实训基地成果集. 5,阅青春　悦成长:初中语文阅读教学与青春期教育的融合实践/戴耀红主编;杨洁著. —上海:复旦大学出版社,2021.6
ISBN 978-7-309-15607-2

Ⅰ. ①心…　Ⅱ. ①戴… ②杨…　Ⅲ. ①中小学生-心理健康-健康教育-教学研究
Ⅳ. ①G444

中国版本图书馆 CIP 数据核字(2021)第 064758 号

心悦青春——上海市中小学骨干教师心理健康教育(青春期教育)德育实训基地成果集
戴耀红　主编
责任编辑/关春巧

复旦大学出版社有限公司出版发行
上海市国权路 579 号　邮编:200433
网址:fupnet@fudanpress.com　http://www.fudanpress.com
门市零售:86-21-65102580　团体订购:86-21-65104505
出版部电话:86-21-65642845
江苏凤凰数码印务有限公司

开本 890×1240　1/32　印张 37.25　字数 968 千
2021 年 6 月第 1 版第 1 次印刷

ISBN 978-7-309-15607-2/G · 2235
定价:280.00 元(共十册)

心悦青春

上海市中小学骨干教师心理健康教育（青春期教育）

德育实训基地成果集　戴耀红◎主编

跟着电影懂青春

沈慧　著

复旦大学出版社

总　序

曾经有四名初中少女，因为她们喜欢的男孩子不喜欢她们，于是开煤气想集体轻生，不料抢救后醒过来的她们几乎说的第一句话都是：怎么没有电视台来采访我们？她们全然不顾父母的着急、老师的担忧，更是把放弃生命当作一场儿戏来“秀”。当成年人为她们的行为感到可笑、可气、可悲的时候，作为教育工作者，我们的心情是沉重的。当青少年以生命的代价去叩问青春命题时，我们不得不反思，教育该如何尊重人的成长需求，体现人文关怀？如何遵循人的发展规律，体现育人价值？

从事青春期教育实践和研究二十多年，我亲历并见证了上海青春期教育的发展。从当年要不要在学校开展青春期教育到如今学校如何实施青春期教育，这场讨论主题的转变是时代对教育的期许，是学生对教育的呼唤，也是教育改革、进步的必然。

由于青春期教育工作者的不懈努力、追求和坚定的信念，青春期教育终于从最初的被指责、被怀疑到现在的被接受、被认同，并在不同学校以不同方式开展。但是随着社会的进步和学生身心的发展，目前青春期教育在观念、内容、形式等方面还有许多需要改进甚至变革的地方。

一方面我们的教育观念比较传统和保守，和社会转型期学生的实际生活、价值观仍有隔阂。我们在教育内容上比较单一，对性的敏感话题心存顾虑。我们在教育方法上还是以过来人和教育者居高临

下的说理、灌输为多。教育过程中缺乏倾听学生的心声和了解学生的感受；教育目标一般也简单定为青春期问题防范和处理，对于学生青春成长过程中的生命关怀缺乏研究。

另一方面教育的整体性和连续性跟不上学生生命成长的需求，学校或教师的教育行为大多数还处在应付处理青春期问题的层面，学科教学与专题教育处于碎片化、断裂式的状态，一些教育内容在许多学科或不同学段中简单重复，一些内容由于敏感或与学业知识相关不大而被空缺、被忽视；对青春期成长有着重要意义的家庭，在孩子身心发展，特别是人格发展方面重视不够、方法欠缺。

众所周知，青春期是一个人价值观、人生观、世界观形成的关键期，在教育部颁布的《中小学德育工作指南》中强调，要对学生“开展认识自我、尊重生命、学会学习、人际交往、情绪调适、升学择业、人生规划以及适应社会生活等方面教育，引导学生增强调控心理、自主自助、应对挫折、适应环境的能力，培养学生健全的人格、积极的心态和良好的个性心理品质”，这也是青春期教育的目标所在。

学校青春期教育是生命教育的重要组成部分，也是当下德育的难点，虽然教育部门有专题教育的要求，但在落实中存在诸多困难，如缺乏合适的教材、创新的教法、有一定水准的教师等。上海市中小学骨干教师心理健康教育(青春期教育)实训基地正是在这样的背景下，由上海市教委为加强学校德育工作、促进德育队伍专业发展而搭建的培养市级骨干教师的高端平台，是由一群经推荐和选拔的中学德育优秀教师组成的实践研究团队。市教委德育处领导、市德育发展中心和市中小学德育研究协会的专家对我们基地的组建、项目研究、成果质量给予了高度关心和鼓励。学员所在学校的领导也给予学员在参与基地活动方面极大的支持。

2018 年初夏，我和学员们带着众多人的期望和对学校青春期教育的信念，开始了一段陪伴学生成长的青春之旅，基地本着“以教师的人文情怀滋养学生青春成长”的理念，致力于学校心理健康教育、

青春期教育的推进与创新，旨在通过项目引领、理论学习、教育实践、研究反思等，更新教育理念、改进辅导方法、改善教育行为，促进教师专业发展，有效发挥学科优势，充分体现心理健康、青春期教育的价值。

三年来，我们聚焦问题，突破创新，通过调研，了解当下学校青春期教育的基本情况、困难和瓶颈，为学校青春期教育提出建设性、突破性的建议；我们更新理念，提升能力，在实践研究中丰富教师的青春期知识，完善教师的教育方法，提高教师的青春期教育素养，培养了一批热衷于青春期教育、有一定创新能力、受学生欢迎的青春期教育的教师。

三年来，我们聘请高校教授、医务工作者、特级教师等担任基地导师团导师，通过讲座、报告等形式在专业知识等方面对学员进行指导，在微课设计、制作及资源开发等过程中，帮助学员把关好教育的科学性、准确性和有效性，提升学员青春期教育的理论水平和专业能力。

三年来，我们以上海市德育理论研究与决策咨文课题“中小学青春期教育一体化建设研究”为抓手，组织学员边学习、边反思，边实践、边积累，边开发、边提升，开展了上海市中小学生青春期教育现状的调研、青春期教育学科融合、青春期专题教育资源开发和利用等研究。在完成项目过程中，研究生命视野下青春期教育内容的适切性。

三年来，我们根据学员的知识、能力、特长等分成若干合作小组，在教育实践中有一定的时间量进行集体备课、听课、评课、切磋指正，在小组学习中互相讨论分享，在项目开发中头脑风暴，分工合作，发挥各自优势，完成相关学习内容及实践任务。

三年来，我们结合日常专题教育、团体辅导、个别咨询、主题活动开展实践研究，每位学员根据自身特点确立明确的实践方向和任务要求，在教育教学实践中关注重点、发现难点、突破瓶颈、探索创新，完善教育方法，完成有推广价值的各学段示范课。

今天,17位学员中有9位独立或合作撰写了青春期教育专著9本,有8位学员撰写了青春期教育论文。这是他们长期从事学校青春期教育、心理健康教育、开展家庭教育指导等实践经验的积累,更是他们在基地三年的理论学习、探索研究、团队合作的成果。从选题、落笔到改稿、成文,整个疫情期间和暑假,学员们查阅资料、请教专家,一遍遍地推翻、修改,尽可能使作品成为自己满意、教师有用、家长需要的优质教育资源。

牛燕华,基地写手之一,淡然的外表、文艺的内心,始终保持对青少年的好奇心和探索欲,是心理教师难能可贵的品质。《初中生情绪疏导与压力管理》是她多年参与研究积累的成果,是理论与实践相结合的产物。

章诚,基地里年纪最轻的教师,是一位感受力和创新力极强的心理老师。读她的文字,总让我回想起自己年轻的岁月,执着而热烈。《RAIN的心理时间》是她独自反思教育的节点,更是她分享教育感悟的快乐时光。

杨岚,基地助教,参与并保障每一次研修活动的顺利进行。她撰写的《生命成长视野下的青春期"三情"教育》以亲情、友情、爱情为主题,关注青春期学生情感发展和品德培养,将生命教育和青春期教育有机结合。

朱炜,基地里自带光芒的教师之一,但她不刺眼、不炫目,是柔和而温暖的。我欣赏她的坚持和聪慧。疫情期间,她怀着心理教师的使命感,不失时机地研发了线上课程,《心理微课》应运而生,丰富了线上线下的心理课。

杨洁,一位优秀的语文老师和班主任,因为优秀,所以懂得青春期心理健康教育的重要,有意识地将语文学科与青春期教育相融合,《阅青春 悦成长——初中语文阅读教学与青春期教育的融合实践》也许是学科"跨界"专题研究的首创,在她的阅读教学中,作品散发出青春的光芒。

沈慧，基地里最资深的心理教师，多年的教育教学实践，让她在从容笃定中不失激情和亲和，我想这应该就是优秀心理教师的样子。在她撰写的《跟着电影懂青春》中，我们能体会到她教育的用心，能感受到文化育人的力量。

沈俊佳，其实不是我们基地的学员，却长期在做青春期教育的研究，也是课题组的核心成员。她在《陪伴青春——初中生心理辅导》中，以心理教师独特的视角去观察和诠释初中生的行为表现，体现了她在教育中的人文关怀。

俞莉娜，基地里唯一一位中职校的教师，是一位学习力、行动力极强的德育主任。她对一些职校学生的家庭环境、生存状况极为关切和担忧，在她的《“青”听“春”语》中，我们听到了学生的心声，感受到了教育者的使命。

王铭鸣、冯嬿、李萍，都担任着学校德育的领导工作。在基地的活动过程中，她们那种乐于学习、善于思考、积极参与的态度让我感动。针对家庭教育中存在的现象和问题，她们凭借多年家庭教育指导的丰富经验，合作撰写了《初中生家庭教育那些事》，值得家长一读。

胡敏、杨彦、陈冉苒、汤瑾、宋睿、刘军、王雪凌、张卫琴等参与了《青春期教育实践研究》论文集的撰写，虽然文字不多，篇幅不长，但也是她们三年来实践研究的体会和思考，内容丰富，体裁多样，涉及学科青春期教育、心理健康教育、青春期相关调查分析、家庭教育指导等，学段覆盖小学、初中、高中，多维度、多视角地让我们了解当下学校青春期心理健康教育的状况，给教育工作者、家长以启示。

德润生命，心悦青春。这将是我们永远的追求！

上海市心理健康教育（青春期教育）实训基地主持人：戴耀红

2020 年 11 月 22 日

序言
看见电影　遇见青春

社会是座大舞台，我们每个人都是演员，演绎着自己的生活故事。在这戏剧般的人生里，演绎着悲欢离合，也诠释着生活真谛。我们会被或轻或重的心理问题所困扰，也都渴求心理成长，而要改变认知，做更好的自己，需要科学方法的指导。打动人心的影片就如同一个个现实的心理案例，它是对人性的剖析、揭露和治疗，更是对心灵的引导、启发和鼓舞。

在我的内心珍藏着一部影响着我职业生涯的电影，它就是《生命因你而动听》。最初与它相遇，我看见了自己，也细细地思考自己的职业发展。这是美国1995年出品的电影，讲述了音乐家霍兰为了赚钱来完成他的作曲事业，迫不得已在一所中学开始了他的音乐教师生涯。在最初的一段时间里，他承受了学生们给他的“下马威”和校长的批评，在妻子和朋友的劝慰和影响下，霍兰的教育方式和态度都发生了很大改变。在几十年的教育生涯中，霍兰用爱心、信任和理解赢得了学生、同事的尊敬和爱戴。在他退休前，历届学生以一场盛大的欢送会表达了最崇高的敬意。

我与电影中的主人公霍兰产生深深的共鸣，不仅因为我也是一名教师，更是由于电影让我看见了真实的自己。静心观看电影，不断思考回味，我看到了这样一个事实：教育态度的转变可以带来教学方法的改善，教学方法的改善带来教学效果的提升，由此也带来人生体验、生活信心的转变。

心理健康教育首要关注的就是人的生命存在、人的生活价值和生命意义的问题。心理健康教育应从生命发展的视角，引导学生体验生活、体验生命、体验成长中的生命力量，在丰富的感悟中学会选择、学会判断、学会生活、学会生存。

我开始运用电影开展心理健康教育，深深地被电影的教育力量所震撼。电影就像温和的大夫，轻轻呵护我们的心灵。它可能会转化为各种形式。让我们重新拾起它，重温那些感动心灵的故事。

电影提供了鲜活的生命体验以及深刻的思考空间，观众在体验和感悟中主动地建构自己的价值体系。青少年与电影之间的链接更为自然与紧密。电影的开放性符合青少年的心理需求，可以引起积极思考；优秀电影自身的魅力和电影的情境性能让青少年在别人的世界里思索自己；生命是电影永恒的主题，许多充满人文关怀的电影吻合了心理健康教育的具体内容，电影的艺术性能引领青少年产生共鸣和情感体验；电影的价值取向可以引起青少年探索并建立自己的价值观，能够对青少年的心理产生积极而深远的影响。

教育要回归生活，回归学生的生活世界，只有生活世界才是生命成长的地方。心理健康教育正是注重学生对生活体验的教育，通过学生的内心体验，在体验中达到一种心灵的愉悦，进而促进人的身心和谐健康发展。电影《当幸福来敲门》向我们展示了一个普通人真实的生活世界——在经历了太多的"不得不"后，主人公克里斯获得了工作机会。他走在人群里，热泪盈眶，无措地高兴着，慢慢地抬起手来，为自己鼓掌三次。他说："这是我生活里的一部分，短小的一部分，我叫它'幸福'。"只有具有丰富的生活体验的人，才能有丰富的生命情感，才能真正认识生命、理解生命、珍视生命。人生是一条铁路，不同人生阶段有不同的重点。人生的价值没有标准答案，少年时期辛苦求学，青年时期追求理想，中年时期面临着家庭责任、生活追求、事业发展……体验成长是人生的必修课，学会面对成功和失败是人生的教育，追求不同时期的生命之美是人生的不同境界。

尊重生命主体就是尊重生命的自主性、主动性和创造性，尊重生命存在现状，尊重生命发展的潜力和发展的可能性，充分发挥生命自身力量，激发生命的内在活力。电影《自闭历程》讲述的是自闭症女孩坦普尔实现生命价值的故事。真实案例能让学生欣赏到生命的魅力和生命价值得到实现的强大感召力；更让他们学会坚强，珍惜美好生命，发现生活的真谛，保持旺盛的生命意志和积极的人生态度；认识生命之可贵，珍惜生命之存在，欣赏生命之美，尊重生命之个性，创造生命之价值，关注生命之发展。

青少年因为受到自身年龄、阅历、交流对象等方面的局限，对于个人行为的理解往往是以自我需要和经验为中心，较为感性，并很难将视角投向未来，也很难理解到生命的真谛。借由电影可以引导青少年直面人的生命成长过程，关注生命的整体，注重体验感悟，让心理健康教育真正触及学生的生命世界。借由电影向学生传达一种“人”的理念，让生命个体学会自我反省、自我提升，实现充分而自由的发展。

和大家一起看见电影，分享电影与教育的美妙相遇，让我们一起在电影中遇见青春，看见少年心事，迸发教育智慧。

目　录

电影与心理健康教育

壹 青少年亚文化与心理健康教育

青少年亚文化

青少年亚文化(youth subculture)是指青少年群体中存在的与成人文化有一定差距的价值观念和行为方式,它以极强的生命力自发地产生,其传播领域之广、吸引力之强、对青少年身心影响之特殊、表现形式之多样化等都是令人惊奇的。细究这些种类繁多、风格各异的亚文化形式,不是简单的背叛,而是在追求着一种"理想"的生活、"独立"的状态、个人的价值、灵魂的慰藉和情感的抒发。

1. 青少年追求独立的生命意义与表达形式

青少年正处于走向自我发展的年龄阶段,追求独立是他们走向成熟的表现。青少年时期是人的心理发展的"断乳期",是人生中最动荡和躁动的时期。这个时期,青少年情绪容易波动,自我评价不够稳定,亲子关系疏远,逆反心理强烈。青少年个性突出,自我意识增强,喜欢按照自己的意愿与价值观为人处世,设计并体验人生,他们善于以朝气蓬勃的活力和发散性思维接受新鲜事物。他们的独立和自主意识不断增强,却很难有话语权,他们渴望张扬个性,却总被淹没。现实生活没有他们释放的空间,他们寻找独特的方式证实自我、发现自我、表达自我。这种独特的表达有时是吸引成人社会的注意力,是一种让成人看到其存在价值和生命力量的愿望,是"叛逆而不叛道"的。

2. 青少年补偿缺失的生活体验

每一代人都会在青春期创造一些属于自己的文化形式，每一代人的亚文化都与他们独特的生存环境、生长时代、生活经历相联系。当代中国正处于多元文化的碰撞和交融时期，主文化价值判断方向的模糊性，为亚文化的传播起到了“催化剂”作用，而现代传媒的发展为其提供了便利。当今青少年被家长宠爱有加，关怀备至，他们“被安排”的所谓妥帖的生活很难让他们体验到个人成长的成就感和自我存在的价值感。青少年时期，当具有独立发展与表达能力时，他们就加以补偿，追寻一种自我体验的生活。如在大多数的流行歌曲中，青少年们探寻的是一个永远不变的“爱情”主题，但是他们要表达的不是怎么获得爱情，而是在探索爱与不爱的问题。一定程度上，生命体验的缺失，一定会带来意义的危机，青少年亚文化是一种对生命的探求，是对自身使命、责任的思考和行动。

3. 青少年释放心理压力的表现形式

当代青少年面对全球化、网络化、知识化、智能化、创新化、个性化、多元化的社会环境，承载着许多的心理、社会与教育等方面的压力。青少年由于社会阅历和心理调节能力的不足，就会采用一些感性的表达方式来释放压力，这些方式能在同龄人中产生心理共鸣，获得认同并流传。如“刷”韩剧、玩游戏等均成为其缓解压力，甚至逃避责任的表现方式。

4. 青少年适应社会转型的主动创造

青少年是人类社会发展的生力军，发展意识、突破意识是青少年亚文化群不衰的内部动力。当代社会处于高速变化中，世界各国都非常重视青少年的创造性，亚文化实质上是青少年为了适应社会的变化而创造的产物。青少年会主动地调整自己，主动地寻找和发现有效的方式，去了解、经历和接纳眼前发生的如此迅猛的社会变革。人本主义心理学认为，人具有一种天生的自我实现的动机。当今多元文化并存的时代，文化冲突和价值冲突的客观存在，决定了青少年亚文化的客观存在。尽管亚文化中存在一些消极的因素，但是，没有生命意义和生存价值的文化、没有共同心理表达的文化是没有生命力的。

青少年亚文化是需要关怀和引导的文化形式。成人社会需要关注和了解青少年亚文化，从中解读出心理诉求，发现其中的积极意义，从而促进青少年的成长。社会需要认真反思我们的教育，加强青少年的生活体验教育，增强其自我意识的发展。

心理健康教育

当代青少年表现出来的心理问题已经引起了整个社会的关注。未来社会对人才心理素质的要求日益突出，加强学校心理健康教育，已经成为世界共识。

青少年正处于身心发展的重要时期，随着生理发育、心理发展及竞争压力的增大，特别是当前社会的快速发展，生态环境和社会环境的日益复杂，青少年的心理健康问题更为显著和突出。青少年表现出的心理特征有以下几个方面。

一是情绪不稳定。他们情感丰富，容易冲动，变幻无常。他们比较敏感，有时一句无心的话语或是一部电影都能让他们心潮澎湃。他们容易偏激，易受他人影响，容易摇摆。

二是好奇却判断力不足。他们精力充沛，思维活跃，敢于尝试。他们活动的社会性增强，会主动参加各种喜欢的活动。随着交往领域的扩大、活动范围的增加，更容易受同辈群体和社会风气的影响。他们往往侠肝义胆，好奇并愿意冒险，但是因为尚不成熟，缺乏生活和社会经验，难免会出现判断力不足的现象。

三是自我意识强。他们从关注形象到关注自己内在品质，对自我探索的意识和能力都显著增强。他们的独立意识越来越强，有意回避家长与老师，维护自己的小秘密，常以叛逆彰显自己的个性。

四是智力发展迅速。青少年时期是智力发展的黄金时期，他们的抽象能力、逻辑能力和记忆力都大大增强，他们有了自己的思考和观点，经常会出现与老师、同学、家长争论的情况，常会固执己见，而不轻易接纳他人的观点。

心理健康教育是根据心理活动的规律，采用各种方法和措施，以维护个体的心理健康，培养其良好的心理素质。心理健康教育不仅是方法和技术，更重要的是体现先进的科学理念。根据青少年的身心特点，运用心理学的理论与技术，采用动态的心理教育活动的影响、启发、引导，可以有效地提高青少年对自身探索的自制力、对自身调节的自控力，从而帮助青少年的心理健康成长和发展。

亚文化与心理健康教育

青少年亚文化作为社会文化环境的一部分，深刻影响着青少年的思想、品质、心理和生活方式等，给学校心理健康教育带来一定的挑战，影响学校心理健康教育的效果。充分认识青少年亚文化，发挥其积极影响作用，青少年心理健康教育能起到事半功倍之效。

1. 拓展心理健康教育内容，孕育未来社会的发展智慧

青少年亚文化反映了青少年内在的心理需求。心理健康教育要增强对青少年亚文化的研究，以开放的心态去理解和包容亚文化的存在，给亚文化生存的空间，拓展心理健康教育的新内容。心理健康教育也需要探索多元文化整合互补的方法，通过多元文化的交流和碰撞，重视并发挥对亚文化的升华和创造功能，为亚文化注入活力，做好导向，保持敏锐，探寻和孕育未来社会生存和发展的智慧。

2. 创新心理健康教育载体，满足青少年积极的文化需求

载体是心理健康教育理论与实际相联系的重要中介和桥梁。心理健康教育要积极创新和构建能有效发挥亚文化积极影响的载体，倾听青少年的心声，满足青少年多方面、多层次精神文化的需求，促

进他们健康发展。心理健康教育载体注重体验,青少年在实践中体验,在体验中感悟,在感悟中思考,在思考中选择和行动。一个有效的载体可从不同角度展现青少年的生活,从影像视觉文本中寻找青少年的成长轨迹,发现青春成长的心理含义。

3. 拓宽心理健康教育渠道,促进文化融合和统一

青少年亚文化是青少年对社会转型期存在问题的一种思考、一种心理诉求,也是寻求出路的一种探索。开放的社会,也决定了心理健康教育的开放性和多元性。在开放的环境下,尊重青少年的主体地位,坚持教育者和受教育者相结合,因势利导;校内与校外教育相结合,营造良好氛围;继承与吸收相结合,文化兼容并蓄;运用多种渠道,网络与现实相结合。电影中青少年亚文化的反叛与颠覆,常常以一种青少年能够理解、能够表达的方式对既定程序进行挑战与消解。电影以影像呈现教育、法律、道德、伦理的问题,艺术性地表达社会思考,以镜像反映问题。电影与社会问题的结合,可以引发社会思考,预防悲剧再现。

电影里的青少年亚文化现象,表达了青春在成长中的过渡性与不确定性,是青少年意识的觉醒与抗争。青少年亚文化在电影中有形象表达与刻画,电影也在表达着青少年的亚文化,对青少年的成长起着引导作用。

贰 电影与青少年心理健康教育

基于对青少年亚文化的理解和青少年心理特点的认识,心理健康教育需要利用有效载体,以青少年喜欢的方式起到潜移默化的效果。电影之所以能够作为载体,运用于青少年心理健康教育,是因为电影容易引起兴趣,优秀电影自身的魅力更是难以忽略的因素。生命是电影永恒的主题,许多充满人文关怀的电影吻合了心理健康教

育的具体内容，能够对青少年的心理产生积极而深远的影响。一部好的电影如同一个个现实的心理案例，它是对人性的剖析、揭露和治疗，更是对心灵的引导、启发和鼓舞。电影把丰富、独特的个性和复杂、幽微的情感立体地展现在我们面前。通过电影，我们审视自己内心深处的变化，从而进行自我揭示；通过电影，我们畅游于自己的精神世界，从而获得心灵的观照。

电影与心理健康教育的关系

如果说教育即生长，那么，教育的使命应该是为生长提供最好的环境和方法。开展心理健康教育的目的绝不是为了培养未来的心理学家，而是引导学生更好地触摸内心，按摩自己的心灵，引导学生深入内心去思考和体验，发展其心智能力，促成其心理的成长。陪伴孩子一起观看电影，既可以帮助我们读懂青春，也可以帮助孩子借由电影与自己的心灵做个碰撞，通过电影审视内心深处的变化，找到进行自我揭示的尺度，寻找生长点。

1. 电影的开放性符合青少年的心理需求，并引发积极思考

青少年正处于自我意识急速发展期，精力充沛，思维活跃，渴望接受更多的资讯和挑战。灌输式的教育和说教会造成他们的反感，开放的电影能引起心灵的共鸣，对生命和生活进行主动思考。电影是客观的，它展示着一样的画面和情节，没有提供先入为主的理解框架，也没有规定观众的思维。它就像一面镜子，折射出生活、人性、社会、情感的各个方面，青少年可以自由思考和讨论，自我消化和交流。电影也是开放的，为学生体察生活提供素材，把世界各地的故事带到他们身边，每个人可以用不一样的方式和角度来看待电影，而本身生命状态的不同和生活应对方式的不同会产生对电影的不同理解。

2. 电影的情境性能让青少年在别人的世界里思索自己

电影为观众创造着具体的生活情境，它跨越社会的各个阶层，展

示不同人身上的喜怒哀乐,为青少年提供了体验不同人生的机会,让他们在别人的生活里对自己的生命和生活做出思考和选择,找到需要的答案。各国的电影包含了多种多样的风土人情,也带来了多元的文化、传统与价值观,这些丰富的信息不仅促使青少年更积极地思考自己的人生,也可拓展他们的视野,增进理解与包容,不断探索自我,构建自己的生命状态。

3. 电影的艺术性能让青少年产生共鸣,增加情感体验

电影是综合了多种艺术的现代艺术形式。电影是浓缩的精华,充满了感染力与艺术张力。电影形式多样,包容性强,它用不同的表现手法讲述故事、传递信息、表达情感。青少年并未亲身经历的故事和情感,却能通过电影感同身受;素未谋面的电影主人翁,却像熟识多年的老友。电影给青少年的生活打开了一扇充满魔力的门,可以带领青少年在别人的故事里旅行,在不知不觉中探索自己的内心世界,思索自己的人生。

4. 电影的价值取向可以引导青少年探索并建立自己的价值体系

电影的价值取向多是正面的、积极的。大多数主流电影凸显的是人性的真善美,即使揭露人性弱点和批判社会丑恶的电影,其落脚点也是引领人们发现问题、重视问题、思考问题和解决问题。电影给观众无限的想象与自由,为真实生命增添更多心灵的感受,给领悟生命提供更广阔的空间。心灵的沟通有助于青少年建立积极正向的价值体系。

运用电影开展心理健康教育的步骤

在心理健康教育中一堂电影课通常包括选片、看片、讨论提升等步骤。其中选片工作一般是由家长和教师前期完成,后面几个步骤是在家长和教师的指导下以学生为主体逐步完成。

1. 遵循一定原则选择适合中学生的影片

选片应该围绕心理健康教育主题，兼顾学生兴趣进行。在选片过程中，应遵循以下两个原则。

教育性与生活性统一。我们在选择影片时，要选择那些具有正面引导功能的影视作品，能为我们的教育目标服务，同时，影视作品所呈现的内容要“接地气”，摆脱“高、大、全”的桎梏，弱化说教，更易为中学生接受。例如在生命教育板块中，选择《帝企鹅日记》，一部真实反映企鹅生活的纪录片。帝企鹅在严寒中绽放着令我们人类为之动容的爱情和亲情。在这里，生命如此艰难，生命也如此尊贵，让人敬畏。影片指引生命个体尊重人，热爱自然生命，追求和谐的生存环境。

思想性与娱乐性统一。电影作品所具有的感染人、教育人的效力是通过作品塑造的有血有肉的艺术形象实现的。在利用影片进行生涯规划教育时，要充分发挥这一良好的教育载体作用，体现艺术审美的优越性。电影作品的思想性体现在高于娱乐层面的启发引导、理性哲思、行为向导，通常可以提高学生的审美情趣，陶冶学生的情操，从而追求更雅致的生活方式。电影作品的娱乐性体现在缓解人们的心理压力和提供消遣方面。中学生在欣赏影视文娱节目收获快乐、获得情感满足的同时，受到引导，接受教育，实现“润物细无声”的最佳德育效果。日本电影《入殓师》就是这样一部具有美感的职业电影。这部电影向我们展示了一个职业从最基本的生存需要到崇高的精神需要的演变过程，从中挖掘出了职业生活中的美学意味。

2. 根据课堂内容选择观看影片的方式

看片环节是利用电影开展生涯规划教育的中心环节，一般来讲主要采用两种形式。第一种是根据课堂内容截取片段，融入课堂教学的不同环节中，对课堂教学内容起到补充作用。第二种是播放整部影片，学生完整观影后再进行教学。这两种形式各有利弊，前者对影片利用效率高，根据课堂需要截取片段，有助于强化学生对教学内容的理解，缺点是学生无法对电影获取完整信息，缺乏语境，对理解影片所呈现出来的生涯教育信息会有影响。后者的优点是有助于学生理解电影中传递出来的信息，缺点是耗时长，课时不能保证的情况下，导致两次观影间隔时间过长，影响到情节理解的连贯性。但是无论哪种看片形式，教师在观影之前的教学铺垫、问题设计都相当重要。观影前的问题设计应紧扣教学内容，并能引起学生思考，且与后续讨论密切相关。

3. 在讨论分享中提升影片的感染力和影响力

讨论提升环节是利用电影开展生涯规划教育的最重要的环节。一般来讲会采用小组讨论、再全班分享的形式开展。也可采取学生观影完毕后先自我反思，写出观后感，再进行讨论分享。

在讨论分享环节中，可以用四个步骤帮助学生关注电影事实，发现和澄清观点，引导思考和分享，关注未来和发展。

首先，强调电影中发生的客观事实。“电影中发生了什么事？印象最深刻的是什么？……”“在电影中，注意到……”重述情节、事实、画面等。

其次，关注感受和体验。讲述观看电影的情绪反应或者感受，及发生的联想等。“你感觉如何？刚才最令你紧张是什么时候？让你最不舒服或最难受的是哪些？……”

再次，理解和澄清。对电影中某些事情的价值、意义等进行深入思考。“对这个问题的理解是……”“什么原因使你这样认为？你从中学习到什么？过去的生活中有无类似的经验？……”

最后，关注未来，做出决定。把思考和感悟应用在未来的生活中。“电影对你有怎样的影响？如果你也有同样的机会，你会希望怎样安排？……”

讨论分享中，同伴的影响效果更为明显，思考分享更多的是思想火花的碰撞。教师引领作用被弱化，教师本身也是一个参与者和分享者，无论是身份还是观点，都更易被学生接纳和认可。

叁 电影陪伴青少年健康成长

同样的电影，每个人会给予不同的评价，有的人可以接受，有的人却极端抵触。因为观众内心在观影之前不是一张白纸，每个人的阅历、知识结构等不同，其心理架构也各不相同，不同的人对同一事物的理解是不同的，而这个理解是建立在每个人的以往经验之上。借由电影，青少年可以了解自己的内心需求、内在想法，观影的不同启发和感受正是自己内心潜在“需要”的投射。借由电影可以获得心灵的观照。在欣赏影片时，青少年与片中人物产生共鸣，不知不觉分担角色的喜怒哀乐，甚至产生与片中角色同一的心理过程。

青少年在电影中自我疗伤和成长。在观看电影时，总会伴随一定的情绪反应，随着情节的进展，或开怀大笑，或扼腕痛惜，或欣然释怀，或低声啜泣，由此，日常积累的各种负性情绪反应逐步得以释放。借由电影，青少年学会从外部，从别人的故事，尤其通过与别人融为一体的过程进行自我叙述，学会怎样看待自己，利用自己的内在生活，以及怎样组织这种内在生活，甚至是进行着电影疗伤。

有学生在看完电影《遗愿清单》后写道：人生的意义是什么？《遗愿清单》中两个人的人生轨迹截然不同，但仅剩不多的生命成为他们的遗愿，并将清单上列出的一件件疯狂的事一一实现。我知道这样做更需要一颗不畏死亡、看淡人生的心，这是大多数人所缺少的。

青少年表现的亚文化特征，不单是一个年龄群体的问题，青春的成长问题往往以非常态方式展现在世人面前，电影中表现的是人类社会从前、当下和将来状况的综合性征候。电影对青少年亚文化进行表达，并观照当下青少年的成长过程及心理发展，帮助社会全面了解青少年成长。

教育的历程是一个自我创造的历程，自我创造的历程需要足够的时间。不是老师讲解过程，告诉答案；而是老师设计情景和事件，让孩子自己感觉，自己转化，自己提取，自己整合，这个过程一定是缓慢的，但这种影响更多是在潜意识里的，大多会积淀在其人格经验之中。

发 展 篇

壹 青春期自我意识发展

青春期是自我意识发展的重要时期。自我意识是指自己对所有属于自己身心状况的意识，包括意识到自己的生理状况、心理特征以及自己与他人的关系。在个体心理发展中，自我意识的发展是个性形成和发展的重要条件，健康的、成熟的自我意识会给个人带来快乐和积极的社会效应。

青春期自我意识发展的特点有以下几个方面。

1. 独立性和自主性明显增强

青春期自我意识发展的一个特点是自主性和独立性增强。青春期孩子的自我意识发生急剧的变化，他们进入心理“断乳期”，渴望割断与父母亲之间的心理联接，追求独立，他们也关注别人尤其是同辈群体的评价。由于这种心理上急于趋向独立，却又不成熟，以及自我认识水平不能完全自主，青春期孩子容易陷入一种矛盾状态。

2. 自我意识的逻辑性和现实性增强

青少年自我意识逐步向逻辑性和现实性发展。虽然他们对社会的认识尚不成熟，但是，他们已开始初步形成自己独特的世界观，对很多社会现象有了自己的认识，对自己的未来和职业也已开始初步定位。

3. 自我评价能力提高

青春期是自我意识发展趋于成熟的时期。青少年日益能够自觉地认识和评价自己的个性品质、内心体验或内部世界，从而能够独立地支配和调节自己的活动和行为。青少年从个性行为的体验发展到对个性品质的体验，从评价他人到“以人为镜”对照自己，并且逐步区分稳定性和偶然性，逐步完善自我评价。自我评价的能力无论在主动性和全面性上，还是在深刻性上，都逐渐向成人靠拢。

青春期自我意识在不断发展，需要用各种形式、各种途径促进自我意识的成熟和发展。电影浓缩了一种存在于大众心理中最常见的情结，反映了一种普遍的心理状态。人从懵懂走向成熟的过程中，每个人都会遭遇自我意识的觉醒、社会规范的洗礼、心灵相遇的悸动等，这些都成为影视作品的素材。因此，某种程度上，看电影是一种愿望的达成。电影可以帮助人把梦境现实化，将存在于头脑中的虚拟构想呈现在眼前。观看电影时，观众与银幕上自己想象中的化身产生认同，在虚幻的感觉世界中满足自己的自我发展需求，获得对于自己现实生活中的某种心理需求的替代性满足。

贰 化解冲突　舞动身心

看·需要：自我认同

青春期是从幼稚走向成熟的转折阶段，“自我认同”是他们的主要任务，确认“我是谁”“我应该是谁”“我要成为谁”。青少年在成长过程中，是否想象过自己成为什么样的人？是否出现过陪伴成长的假想朋友？是否出现与父母观念和价值观的冲突？是否会因为现在的自己不再是想象中的样子而责备、埋怨甚至谴责自己？是否经常有某些声音在指挥着自己却又令自己不安或焦虑？青春期，是孩子第二次自我意识飞跃发展的时期，心理学上把它叫做“第二自主发展期”，他们年少轻狂，有自相矛盾和混乱的情况，要了解他们心里是怎么想的，就要了解他们内心的矛盾是什么，以及这些内心矛盾的类别和性质。

面对青少年朋友出现的这些情况，我们该如何对待？又该如何和青少年一起携手成长呢？

看·电影：《乔乔的异想世界》

《乔乔的异想世界》荣获第92届奥斯卡最佳改编剧本奖。

影片讲述的是“二战”时期10岁男孩乔乔(Jojo)的成长过程。他常常被同伴嘲笑，被母亲误解。年幼的他，生活在纳粹德国统治下，但是母亲能温柔地告诉乔乔真爱和真相。乔乔渴望加入希特勒(Hitler)青年团，他头脑内出现一个颠覆版的“希特勒”，这个“希特勒”有魅力、傻傻的、天真可爱，是他的朋友，帮助他应付生活中的困境。母亲秘密为抵抗军工作，他不知道母亲在家中藏着一个犹太女孩。从小被洗脑的乔乔认为犹太人是邪恶的，而随着与这位犹太姑娘的接触，乔乔逐渐有了自己独立的思考和认知，并开始迎接战争过后的新生活。

见·心理：假想朋友

首先，请扪心自问一下，在你的成长过程中，你是否有假想朋友？

A. 小时候有1个

B. 小时候有几个

C. 现在还会有

D. 没有

如果出现过，那假想朋友在你的生活中扮演了哪些角色？发挥了哪些作用？

1. 假想朋友是儿童心理生长发育必经的阶段

对于儿童而言，尤其是5岁左右的孩子，想象就是他们的真实，让自己的想象飞一会儿，这是他们的乐趣。影片中，10 岁的乔乔，还不会自己系鞋带，却有了伟大的人生幻想："希特勒"是自己最好的朋友。影片以假想朋友"阿道夫・希特勒"幽灵般的入场作为开头，把孩子不断高呼万岁、纳粹时期人民狂热的录像这些本应恐怖的场景剪在一起，用荒诞不经的戏谑与天马行空的幻想把观众带进这个纳粹帝国儿童的天真臆想世界中。孩子们喜欢漫无边际地幻想，喜欢在想象的世界里创造属于自己的朋友，并从中收获许多现实世界无法实现的满足。作为一个孩子，父母亲肯定是最亲密的伙伴，但是希特勒带来的战争让乔乔的父亲从小不在身边。当局者对希特勒的宣传，让乔乔崇拜他，更让他化身成为陪伴身旁的好朋友。孤单的乔乔是多么需要一个父亲去教导他如何正确认识这个世界，但在那个年代，极端的意识形态是他受到的唯一教育，所以他幻想这个"希特勒"陪在自己身边。

2. 成长过程中有假想朋友是一种常见的现象

心理学家的研究表明大多数孩子曾有过至少一个"假想朋友"，这种幻想或许对孩子心智的成长大有裨益。乔乔的朋友"希特勒"会随时出现在他的幻想里，行为举止有点儿搞笑，这个"希特勒"有时是滑稽风趣的大男孩，有时陪乔乔促膝而谈，有时是循循善诱的人生导师。乔乔不敢杀死一只兔子，被教官和同伴嘲笑为胆小的"乔乔兔"，好朋友"希特勒"发表了一番"兔子其实很勇敢"的演说，在此鼓励下，他疯狂地扔出手榴弹，炸伤了自己，从此退出了青年团。这个朋友有时激励他去疯狂释放，乔乔和幻想中的"希特勒"都很焦虑的时候，"希特勒"给乔乔递香烟，但被乔乔吼了回去：我才 10 岁，不能抽烟！

当然，"假想朋友"可能是人，可能是动物，可能是玩偶，也可能是你完全想象不到的存在。

3. 成长过程中有假想朋友的孩子的共情能力更强

孩子们在无聊时，与想象中的伙伴一起创造美妙的场景，一起进行类似于角色游戏的活动。

4. 与“假想朋友”做伴的孩子往往比他们的同龄人更优秀

他们通常有更强的口头表达能力，在理解他人观点方面也更胜一筹。还有研究显示，拥有“假想朋友”的孩子可能有超出平均水平的智商，更富有创造力。在游戏时，他们比别的孩子显得更快乐、更活泼。

见·心理：内心冲突

整部电影，我们可以看到乔乔两方面的成长过程，其一：父亲缺失—崇拜希特勒—化身朋友陪伴自己—教导自己；其二：自我成长—从笃信的偏差狂热中抽离—找回自身良善—重新定义自己的故事。我们更看到了乔乔内心的冲突和解决冲突、获得成长的过程。

冲突，是成长的机会。能正视自己成长中的那些冲突，及早地觉察和沟通，才能成为更好的自己！发现冲突的来源，并放下与自己的较劲和冲突。真正的成长来自对自我的接纳而非对抗，允许并接纳冲突，成长才会开始。

学会直面现实，是我们必经的成长历程。影片中，美丽、善良又极具智慧的母亲，改变了男孩乔乔的世界，把他从被希特勒洗脑的异想世界中拉了出来，唤出他爱的本能。当她和乔乔看到广场上被绞死示众的民众时，她会扳过乔乔因为恐惧而偏过去的头，让他正视残酷的现实。不要因为恐惧和偏执而放弃用自己的双眼去正视现实的机会。世界在纳粹分子口中被描绘成另一个异想中的样子，目的是为了让人们对现实视而不见，完全被他们的极端思想左右，蒙蔽住双眼，只看他们希望我们看到的，只听他们希望我们听到的，失去自己判别和思考的能力，成为被他们塑造和洗脑的机器与傀儡，心甘情愿地被利用。

不管你看起来怎么样，自信地享受人们的关注。当乔乔对着镜子，觉得自己很丑，害怕别人的目光而不敢出门时，母亲罗茜用轻松、愉快的态度说：享受人们的关注吧，不是每个人都那么幸运，有些人可以看上去很蠢的，比如她自己就是天生丽质难自弃……

生命是用来感恩和舞蹈的。乔乔的母亲还保留了一颗童心。她告诉乔乔：爱是一种力量，爱也是一种痛苦。爱就是肚子里飞满了蝴蝶。生活就是一份赠礼，我们要过好每一天。我们应该跳着舞感谢上帝赋予我们生命。“礼物”——这既是一个形象的比喻，其实也是妈妈自己看待生命的方式。生活不是一个数学公式，它没有固定的样子，也从不亏欠我们什么。所谓的快乐都是由我们自己打开这份礼物的方式来决定的。

影片用儿童世界的奇趣，解释成人世界的荒谬；用一个明亮的母亲，映射一个灰暗的战争时代，在悲伤中赞美可以起舞的人生。

发展：化解冲突

我们的生活里一直都有大大小小的冲突。小到吃喝玩乐，大到升学、工作、结婚生子，我们都有可能与周围人出现对立。有时，我们的愿望可能是相反的。或者，我们必须要做的事情，可能并不是我们想做的事情。我们心中明明很反对的事情，却又必须要考虑别人的看法。

卡伦·霍妮(Karen Danielsen Horney)在《我们内心的冲突》中提出，正常的内心冲突，与神经症的内心冲突有两点不同：正常的内心冲突，虽然令人为难，但还是可以做出取舍的；正常的内心冲突，能够被看见，或者经提醒就能发现其存在。[①] 自我认识的过程，就像是跳入深渊，将心中曾经被压抑、被剥离的东西找出来，让自己复原，照亮生命。

1. 聆听内在的声音

曾奇峰在《幻想即现实》一书中说，幻想是内心的现实，你的眼里

① [美]卡伦·霍妮：《我们内心的冲突》，李娟译，长江文艺出版社 2016 年版，第一章。

是什么样子，与你有关，与世界无关。[1] 成长过程中，每个人都会有内心冲突，想要穿越内心的冲突，我们要做的第一件事就是走进冲突。冲突可以作为进行内外一致沟通的一份邀请，进行开放坦诚对话的一次机会。我们可以找一个放松的环境，想办法与自己的潜意识沟通。想象小孩的样子，诚恳地说：你辛苦了，并希望帮助和支持他，与他手拉手两者合二为一。接受自己，接受内心冲突，那么冲突可以成为我们生活中的积极力量。

2. 唤醒内在的自我

当一个人无力面对现实时，他就会躲在面具下给自己以虚假的安慰。有的人会将自己的问题推给外界，认为是环境不好导致了自己的问题。被压抑的情绪是一个情结，每个情结是自己的盲点。因此，每一种情绪都需要被聆听，去感受，而不是回避。逃避冲突于事无补，只有正确地面对问题，才能解决问题，让自己的心回归平静。

我们可以采取这样的方法来清空心灵深处的噪音，了解自己真实的内心：①先找出一句经常在自己头脑中闪现的话；②将这句第一人称的话改成第二人称的句子；③问自己，谁会对自己说。人要有自己的认识和思考，首先就需要用自己的眼睛去观察周围真实发生的事。

发展：舞动身心

对抗痛苦是痛苦之源。当下的痛苦都是对现状的抗拒，痛苦的程度取决于你对当下的抗拒程度以及对思维的认同程度，因此，我们可以感知我们的情绪和行为，将一些行为和情绪视为可以接受、可以表达的。

埃克哈特·托利(Eckhart Tolle)在《当下的力量》中说，觉知身体的不舒服和不舒服的情绪，再去面对问题，解决办法会从内心深处

---

① 曾奇峰：《幻想即现实》，希望出版社 2010 年版。

浮起。[1] 我们可以尝试：每天早上，花 10 分钟觉察身体，包括细微部位，觉察身体的反应。身体不舒服时，只是觉察它，不做分析和想象。每个人都有一套面对问题的逻辑。带着内在的觉知沉浸在新环境时，全新的办法从心头浮起，以前的逻辑会被打破。

1. 改变，从运动开始

心理和身体是不分家的。美国催眠大师斯蒂夫·吉利根(Stephen Gilligan)指出，每个人的第一个家都在他们身体里，每当你真的需要回家，你的身体值得信任，你可以聆听，可以和它做朋友。那么，我们动一动身体，让我们与身体建立真正的连接。

2. 最好的舞者是为自己跳舞

让我们记住影片最后的诗，面对冲突，舞动我们的人生。

Let everything happen to you.
Beauty and terror.
Just keep going.
No feelings is final.
(接受一切的发生，
美好或恐惧，
坚持下去，
一切都会过去。)

叁 弹出传奇人生

看·需要：个体发展

生活中充满着未知，每个人都可能遭遇各种突发事件，也许疾病

① [德]埃克哈特·托利：《当下的力量》，曹植译，中信出版社 2009 年版。

袭来，也许生活巨变，甚至碰到天灾人祸。遭遇逆境，有人会拒绝、逃避，有人从此陷入焦虑、抑郁的情绪漩涡，还有人彻底被困难打败，以极端的方式伤害自己或家人。然而，也有一些人，就像身体里的“小宇宙”被激发一样，越挫越勇，迎难而上，最终突破难关。这种帮助他们成功和成长的“小宇宙”到底是什么呢？

心理学家在长期的追踪研究之后，发现这种能帮助人们快速从逆境中走出来的能力并不是少数人的天赋异禀，而是取决于我们每个人都拥有的一项能力——心理弹性。心理弹性是指个体在面对生活逆境、创伤、丧失、威胁或其他重大生活压力时的良好适应能力，它意味着面对生活压力或挫折时的“反弹能力”。作为一种重要的心理能力，心理弹性能够帮助个体有效地应对挫折和困难，而不至于被击垮或者心理失常。青少年时期是个体从儿童向成人的过渡时期，处于这个时期的中学生不仅面临着各方面飞速成长所带来的内在压力，而且在学校生活、家庭生活以及社会生活中也会经历着前所未有的挑战。面对这个“内外交困”的局面，有的学生能合理、顺利地解决生活中遇到的逆境，越挫越勇；有些学生却接受不了这些挫折而自暴自弃。对中学生而言，心理弹性水平的提高不仅有助于他们正确应对当前的学习与生活压力，而且对他们人格的健全发展和身心的健康成长都很有必要。

看 · 电影：《我是传奇》

《我是传奇》是一部于 2007 年上映的末世科幻电影。罗伯特 · 奈维尔（Robert Neville）是纽约市一个才华横溢的病原体学者，为美国军方服务。病毒肆虐，政府却无力阻止，最终只能下令封锁纽约。混乱之中，罗伯特亲眼目睹了即将出城的妻女葬身火海。这场灾难导致纽约变成了一座死城，被病毒感染却没有丧生的人变异成一种可怕的生物，他们不再存在任何理智的思考，居住在城市地下的黑暗和阴影当中，他们对新鲜的血与肉有着最原始的渴望。罗伯特因天生的免疫力成为纽约市仅存的人类。长期的军队生活，让他找到了高度系统化的生活方式，而这种生活方式帮助他生存了下来。他每天坚持体能训练，固定时间发送求救信号和寻找其他幸存者。唯一与罗伯特并肩作战的，就是他最为忠诚的伙伴萨姆(Sam)，一只德国牧羊犬。白天，罗伯特带着萨姆外出寻找维持生命的供给，去实验室做研究，用录像记录一天的生活和研究；晚上，他们躲在一个坚固的建筑物中，观察那些怪物"觅食"。罗伯特被自己内在的信念所驱使，坚持不懈地使用自己血液中的免疫系统，寻找逆转病毒的方法。最后，罗伯特迎来了另外两位幸存者，在与变异人的搏斗中，罗伯特牺牲了自己，保护了幸存者母子和珍贵的血清，而这对母子也不负所托，将血清成功送到了幸存者营地。在那里人类将繁衍生息，而罗伯特也成就了自己的传奇人生。

见·心理：心理弹性

是什么支撑着罗伯特在危机重重的环境中独自生活，并且成就了属于他的传奇人生呢？这种在困境中依然能够保持正常生活的心理能力叫作"心理弹性"。

我们来看看罗伯特是怎么做的。

1. 直面现实，冷静接受眼前的事实

当我们面临挫折的时候，接受既定事实是更好面对困境的第一步。影片中罗伯特在艰难处境中没有自暴自弃，而是选择了冷静、理智地面对自己的处境。他每天保持健康而规律的生活，按时起床，吃健康早餐，保持适当运动，带狗散步，坚持工作，记录日常生活。正是这样健康而规律的生活，让他在艰苦的环境里依然能保持着较为稳定的情绪、在困境中生存的勇气和智慧。

2. 价值观坚定,在艰难时期依然能找到生活的意义

影片中,罗伯特保持着坚定的信念,坚持不懈地用专业知识寻找着治愈怪病的方法。在空无一人的音像店里摆上几个模特,每天进出时与他们聊天,并给自己设置找其中一个假人模特搭讪的小目标。在废弃大厦的泳池里养鱼,定时去钓鱼怡情。每天定时在废弃的军舰上发送求救信号,坚持寻找幸存者……正是这些,让他得以在孤独、艰难的生活中寻找到生活的意义,点燃活下去的希望。

3. 思维具有灵活性,应变能力强,擅长利用资源

在资源匮乏的环境中这一点显得尤为重要,罗伯特正是利用这种思维优势,在废弃的城市中穿梭,寻找必要的生存物资,躲避"夜魔人"的攻击,才得以生存下来。

以上三点,也正是心理弹性的三个主要特征:接受现实、寻找意义以及灵活变通。

心理弹性从何而来?研究表明,心理弹性的形成主要包括两方面影响因素:内在保护因素和外在保护因素。内在保护因素指个体自身所具备的某些特质,能调节或缓和危机所带来的影响,比如情绪的稳定性、性格的内外倾向、自我效能感等。情绪稳定的人有较好的自我控制能力,通常不会采用偏激的方式处理问题,从而增加了复原的可能。反之,情绪不稳定的个体容易激动,易采取偏激的行为,使解决问题的难度增加。外向性格的人热爱交际,社交面广,当这类人遇到困难时容易得到更多朋友的帮助和支持,使其复原的可能性增加;而内向性格的人比较沉默,不善于交流,这类人较外向性格的人有较少的支持和帮助,从而降低了心理弹性。自我效能感(self-efficacy)指个体对自己是否有能力完成某一行为所具有的推测与判断。自我效能感强的人,在面对失败时,较自我效能感弱的人有更强的信心,相信自己有能力"东山再起"。外在保护因素指个体所处的环境具有能够促进个体成功调适,并改善危机所带来的影响,如家庭、社会的支持。大量研究表明,家庭是最主要的外在保护因素。父

母的教养方式与一个人的心理弹性有着密切关系，积极的教养方式更利于子女的心理弹性的发展。家庭环境中温暖的亲子关系，支持性的而非严苛批评性的语言，家庭凝结力等都有利于心理弹性的培养和提升。社会因素包括家庭以外的人际关系，包括朋友、同事、社区组织等支持因素。个体有良好的人际关系并且能够很好地利用这些支持资源，主观感受到的社会支持程度越高，就会表现出更好的心理弹性。

发展：弹出传奇人生

回到最初的话题，心理弹性是不是少数人的天赋异禀呢？答案是否定的，心理学研究显示，心理弹性人皆有之，并且通过刻意训练可以提升。我们来看看怎样在日常生活中提升心理弹性吧。

1. 接受现实，解决当下的问题

直面现实，不要逃避现实，以实事求是的态度面对目前的艰难处境。当灾难来袭，尽可能利用身边一切资源应对困境，先解决问题。当问题的结果已经产生时，想想有什么更好的应对措施或补救办法。在问题处理完之后，想想可以改善和优化的地方，以避免下一次的失败。防患于未然，在困境来临前就训练自己做好准备。

2. 宣泄情绪，释放压力

确保你有渠道宣泄情绪和释放压力。你可以尝试从以下几个方面调整情绪。

身体：照顾好自己的身体，摄入适当的营养；多休息；运动也有利于负面情绪的释放。

心智：写日记、画画、冥想、与大自然亲近都是不错的释放压力的方式。

社交：与朋友倾诉、谈话或商讨都对宣泄情绪、缓解压力有帮助。

3. 培养成长型思维

警惕非黑即白的思维，避免“总是”“绝不”等绝对化的思维，用成长型思维和发展心态来看待问题。心理弹性强的人普遍具备成长型思维模式，相信他们的能力会通过辛勤的努力与奉献得到提升。而封闭型思维的人则认为人的能力是不变的。在遭遇失败时，封闭型思维的人把失败定义为自身能力不足，会把自己局限在过去的能力里，而成长型思维的人把失败看成生存体系的反馈。比如，一次考试的失败，成长型思维的人会开始自我评估，包括学习习惯、上课的专心程度以及能够提升成绩的其他可控因素。封闭型的人会认为自己不够聪明，进而停止努力，因为他们认为智商已经不会改变，所以没有必要再努力。失败并不代表一辈子失败，挫折也不代表你永远都做不好。

4. 增强自我效能感

自我效能感越强，心理弹性越强。道格・亨施在其著作《心理韧性的力量》中认为，增强自我效能感的最有效方法有两种。[①]

(1) 发现你的心理优势，并在学习和生活中充分运用它们。心理优势包括你独有的感觉、情绪和行为。研究者发现，使用优势会带来更少的压力、更高的自尊和更高水平的积极情绪。在不同的场合，运用不同的优势和组合性地运营优势，会提高问题的解决效率。所有这些优势会让我们在逆境中更好地管理自己，并建立这样的内在信念：我有这个能力。

(2) 设立合理的目标和期待，在达成后进行自我激励。研究表明，树立更高的目标，并不能让人取得更高的成就。设立目标时，需要考虑在实现过程中可能遇到的困难和不确定因素，并调整自己的期望值。具有心理弹性的人非常擅长实现目标，前提是这些目标符合他们的价值观，他们只会坚持那些能够达成的目标。每天或每周给自己设定小的、可实现的目标，实现后，给自己一个奖励。这样，在看到自己逐渐进步的过程中，会不断地强化一个人的自我效能感。

---

① [美]道格・亨施：《心理韧性的力量》，李进林译，北京联合出版公司 2017 年版。

5. 寻找意义感

当困难来袭,我们可能会将自己视为受害者:“为什么是我?”但是,困苦中蕴含生机,挫折中蕴藏着启示,我们需要从失败中发现意义,让自己和他人从中受益。支撑人克服眼前困难和继续往前走的,是生活的意义,这些意义包括如何获得爱和给予爱,如何让自己变得更好,如何让世界变得更好。寻找生活的意义,能让我们将眼光放长远,将生命拉长,看到这些挫折和失败不过是人生长河中的涟漪,从而获得力量和平静。

6. 寻求社会支持

社会支持可能来源于家庭成员、伴侣、朋友、同事、团体、组织或社区。如果你身边有值得信赖的伙伴或可信赖的团体,你所遇到的阻碍、突发事件及灾难就显得没有那么可怕了。我们并不是生活在真空中,我们都需要爱的互相连接。因此当你正在经历一段艰难的时间时,不要害怕向其他人寻求帮助。

每个人的人生由自己来做主,如果你也想写就自己的传奇人生,还可以怎么做:

(1) 保持正常作息,包括睡眠和一日三餐。

(2) 每天适度运动。

(3) 有仪式感地学习。

(4) 为自己设定一个小目标。

(5) 从微习惯入手,改变自己的状态。

(6) 记录自己的日常生活。

(7) 感恩练习。……

一个人在现实允许的条件下,有意识地调节心理感受的能力越强,即使在巨大现实压力和危险下,也越能保持基本理性。增强心理弹性,构建一个均衡、稳定、可持续的幸福感体系,则可有效抵御人生的惊涛骇浪。

每个人都可以用心理弹性,创传奇人生。

情 绪 篇

壹 中学生情绪发展的特点

著名心理学家霍尔(G. Stanley Hall)将青春期形容为“疾风骤雨”时期,处于这个时期的中学生在情绪上表现出两极性和矛盾性,他们对外界刺激反应迅速敏感,但是情感表露却越来越文饰、内隐。[①] 他们的情绪一方面具有冲动性和爆发性,另一方面又能用理智来思考情绪冲动的后果。

中学生的情绪之所以会有这些表现,是因为他们不仅要在快速的社会变革中选择合适的自我角色,还要调适青春期生理、心理发展所带来的种种压力;既有社会、学校、家庭等外部因素的影响,也有这个年龄阶段特有的生理、心理特点等内部因素的影响。因此,他们常出现一些情绪困扰:情绪不稳定、孤独情绪、敌对情绪、愤怒情绪等。

对中学生来讲,学会管理情绪是成长中的重要课题。电影在帮助青少年学会情绪管理的过程中有其独特的优势,电影兼具艺术性与教育性,可以让青少年在观影的过程中宣泄情绪、放松压力、净化情感和陶冶情操。

个体遭遇打击会产生痛苦情绪,这是生存本能。它能帮助人类回避具有伤害性的情境或事件,但是长期处于这些情绪中,会影响生理和心理健康。青少年在观看电影时会伴随着一定的情绪反应,他们跟随情节或大笑,或哭泣,或痛惜,或欣慰,将自己日常积累的情绪得到表达和释放。

---

① [美]斯坦利·霍尔:《青春期》,凌春秀译,人民邮电出版社 2015 年版。

青少年通过观看影片也可以起到疏解压力、释放焦虑、舒缓紧张的作用。在观影过程中,电影通过影响交感神经和副交感神经的活动,起到放松情绪的效果。

净化是高级的社会性情感,是情感的澄清。任何情感在表现前都是潜藏的无形式的“潜在的能量”。青少年在观看电影时让这些无形式的情感得以“表现”。情感一旦得以表现,也就等于心灵释放了能量。

艺术欣赏中的情感是一种审美情感。在电影欣赏的过程中,青少年全神贯注地投入影片所设定的情节时,在情感上与影片中的人物产生共鸣,从而达到精神的提升。

贰 聊聊愤怒这件事

看 · 需要: 愤怒情绪

愤怒是一种高强度的负性情绪,同时伴随着生理变化、情绪体验、认知改变和外部行为,与个体的侵犯性、攻击行为有关。青少年群体面临着生理和心理的急剧变化,每个方面的变化都会给青春期的个体带来压力,甚至产生情绪失调。这种情绪失调通常会以愤怒的情绪表现出来。青少年愤怒的主要对象是同伴和父母,如果青少年每天都被愤怒情绪侵袭着,冲突无法消解,长此以往将会产生非常不利的后果。因此,对中学生的愤怒情绪的关注必不可少,处理好冲突和愤怒事件对于青少年的心理健康发展具有重要的意义。

看 · 电影:《愤怒管理》

《愤怒管理》是一部喜剧电影。影片讲述了一个看起来“霉运连连”的故事：主人公戴夫(Dave)有着温文尔雅的外表，在一次飞机旅行中，他“被冤枉”后情绪失控，打了空乘小姐，然后被“严厉”的法官判定送去参加一个“30 天的情绪管理课程”。心理医生巴迪(Buddy)采用了许多“非常规”的方法，帮助他一步步认识自己的愤怒，认识自己，从而不断走向成长。

见·心理：认识愤怒

愤怒课程的第一课，主人公走进了一个愤怒管理的小团体。在这里他见到了形形色色的人，也学习到了愤怒是一种自然而然的情绪。喜怒哀乐，人皆有之。有人因为老板的喋喋不休，丧失理智而暴力打人；有人因为听说戴夫“殴打”空乘小姐就怒目圆睁，上前挑衅；有人因为自己喜欢的球队输球，就大吼大叫，暴跳如雷；即使是老好人戴夫，也会在被反复追问同一问题时咬牙低吼拍桌子。

生活中，我们会在各种各样的情境中被惹怒，不同的人会有不同的愤怒的表达方式。狂风骤雨似的表达方式让人害怕，也正因为如此，愤怒被看成是一种低级的情绪。每当我们看见一个人情绪失控地发怒时，我们就会给他贴上一个标签——“情商低”，然后避而远之。

其实，愤怒是对外界刺激的正常反应，是人类的基本感受之一。它可以表现为“大发雷霆”，伴随脸涨红、破口大骂、眼睛瞪圆等行为或表现，更有甚者会丧失理智而殴打别人。愤怒在婴儿阶段就有，婴儿愤怒的表情更加微妙，他们的眉毛下弯，眼睛眯成一条缝，下巴收紧。愤怒是所有的消极情感最后都会通往的一条路，任何过量的负面感受(痛苦、恐惧、羞耻等)都会导致愤怒。

愤怒在人们感觉别人会伤害或阻扰他们时，充当了重要角色。而这种确信别人伤害自己的想法来源于“外界”和“内在”，也就是外界的现实或者内心的感受。所谓“外界”是指，如果一个人童年时期是长时间受到身体虐待或语言辱骂的受害者，这些创伤模式会潜藏在大脑中并创造出小心谨慎的性格和对伤害的恐惧。"内在"指一个人内心所感受到的愤怒被"投射"在其他人身上。为什么愤怒被投射到别处？通常是因为人们认为愤怒是不可接受的或者应当被禁止的，以及认为愤怒是可怕的。如果人们禁止这种感受，不去表达它，那么，我们会将愤怒投射到外界他人身上。

见·心理：愤怒管理

影片中，主人公戴夫在治疗师巴迪的帮助下，逐渐变成了一个敢于愤怒、会表达愤怒的情绪管理高手。他是怎么做到的？

1. 要学会合理地表达愤怒

首先要做的是对自己的愤怒保持觉察，了解到自己在什么样的情境中会被激怒，自己日常是如何表达愤怒的。影片给我们提供了一个很好的方法，准备一个录音笔，记录下我们愤怒时的一些想法，或者使用情绪日记，帮助我们更好地了解自己。

2. 等心情平静下来再往前走

通常来讲，愤怒本身并不会造成伤害，错误的表达方式才会。影片中，主人公戴夫由于快迟到了，于是连闯几个红灯，做出了一些危险的举动，治疗师巴迪让他停在公路上，唱完一首歌，等情绪平静下来再继续前进。戴夫一开始还很不耐烦，但是慢慢地投入歌曲演唱时，那种愤怒焦躁的情绪逐渐消失了。在我们的日常生活中停在马路上的行为不可取，但是相似的情景却很常见。第一，我们可以借鉴影片中的做法，用喜欢的音乐为自己创设一个情绪环境，让自己的情绪逐渐平静下来，避免危险的行为。第二，就是点缀那些让自己烦闷的场景，通过自我觉察的训练，了解到那些让我们心生烦闷的场景，选择一些能让我们放松的方法，为自己创设一个舒适的情绪环境。比如去需要排队很久的地方办事，可以选择提前下载好影视剧或者听喜欢的音乐，让自己暂时从心理上远离这个让人气恼的环境。第三，用语言来表达我们的情绪。当我们生气时，常常会说，“真是气死了，我太生气了”……这样模糊的表达对缓解情绪无益，而要细致地描绘我们的情绪。如，我今天因为被数落而觉得非常难受，当我在乎的人不认可我时就会情绪低落。研究表明，用精准的语言描述情绪可以延缓行动，可以避免在暴怒时做出一些不理智的行为。第四，在情绪激动时倒数“10、9……”也是一个好办法，也可以自创一些安抚情绪的小动作或小咒语。就像影片中那位球迷在心爱的篮球队输球而暴怒时默念咒语“古日福拉瓦”，从而让自己从当下的愤怒情境中暂时转移注意力，达到缓解情绪的目的。

3. 找回自信，建立我可以愤怒的内心自由

心理学家研究表明，很多不敢表达的愤怒来源于创伤，每一个愤怒的成年人背后都有一个受伤的小孩儿。当一个人感受到伤害，或者被批评、羞辱、贬低时，这类刺激会导致悲伤。如果存在太多的批评、攻击或辱骂，会发生什么？悲痛过度之后就会转变成愤怒。想想“路怒症”，刺耳的鸣笛声，就像被别人批评或辱骂了一样，最终导致愤怒，行为失控。影片中的主人公也是从小受到小伙伴的当众羞辱嘲笑，从而变得怯懦胆小，不敢表达自己的愤怒。愤怒是我们过量的负面情感的最后出口，而戴夫不敢表达自己内心愤怒的过程中，存在着很多“情绪黑洞”，其中最根源的原因就是小时候受小男孩的羞辱。戴大成长的第一步就是找到当年羞辱他的小男孩，勇敢地表达了自己的愤怒和不满，这个时刻，当年那个怯懦的小男孩获得了成长；接下来戴夫向一直剽窃他劳动成果的上司表达了自己的不满，申诉自己的需求；最终能够诚实面对自己的感情，勇敢地向女友表达爱意。

情绪：成为愤怒管理高手

1. 愤怒的时候是应该表达，还是压制

当我们面临愤怒的时候，常常会有两种不同的选择。

第一种是选择释放愤怒，这是一种防御本能，将问题指向别人，同时很好地阻止别人进入自己的内心。

第二种是选择压制愤怒，将问题指向自己。一方面在心里认定自己的胆怯和懦弱，自责而不去表达；另一方面又期待自己的隐忍换来别人的理解和改变。当自己的隐忍没有得到期望的结果时，会产生自己是“无用的”和别人是“无情的”这两种错误信念。

压抑的愤怒会不断消耗我们内心的能量，等待时机爆发，从而产生惊人的负面后果。很多路怒症和激情犯罪者，平时都是一个“老实人”，而一件微乎其微的小事，就可以成为“压死骆驼的最后一根稻草”，成为开启“愤怒之门”的按钮。愤怒其实是一种可以推动问题解决的积极力量，如果一直隐而不发，犯错的人也许永远一无所知，更谈不上和你的需求对话，跟你的伤害道歉。

2. 表达愤怒是否代表完成了心理释放

表达愤怒，需要充分地表达出愤怒后面的情绪，就是清楚地让对方知道，你为什么生气。愤怒很容易被感知，但愤怒后面隐藏的情绪却常常让人一头雾水。愤怒常常是其他情绪的衍生情绪，比如悲伤和羞愧，而愤怒的根源只有自己知道。

影片中，巴迪教戴夫的不是去学会发脾气而已。巴迪还让戴夫明白，他内心真正愤怒的原因是：他对兢兢业业工作得不到应有回报的失望，努力想保持美好却被同学捉弄的羞愧，因为自己的不安全感而对女友的不信任的沮丧。

只有充分地表达愤怒的具体原因，才能再往前一步，明确地告诉别人，你的底线是什么，你的需求是什么。父母在帮助孩子进行愤怒管理时，应该告诉孩子，父母可以生气，孩子也可以生气。同时带领他们一起去探究：“我们为什么会生气？生气的表面原因和真正原因到底是什么？”从而让孩子真正地理解和接纳愤怒，在愤怒的契机中认识到真正的自我，懂得换位思考，了解彼此的需求。

3. 建立合理的期望，形成健康的沟通模式

电影中有一情节，当训练班的人要发怒的时候，巴迪让他们一齐在心里默念“古日福拉瓦”。很多情绪管理的书籍都告诉我们如何在愤怒的时候觉察，然后通过调节呼吸等方式控制情绪。然而，我们都知道，多数人在愤怒的时候，是很难控制住的。

在人际交往中避免与人冲突，减少愤怒的方法是，学会在交往中感知和认识自己的需求、和他人的界限，并且明确地让对方感知到。“哪些事情是对我们而言最重要的，哪些事情是我们的底线”，也尽量在言行中传递出相关的讯息。同时我们要告诉自己，“即使别人知道你的期望，不代表一定会满足”，当我们面对失望或者伤害的时候，还可以更多地寻求方法，而不是只用情绪本身来抗争。

我们要学会非暴力沟通，学会展示自己的内心。我们需要勇敢地“秀出自己”，给别人了解你的机会；成为界限分明的人，不给别人侵犯你的机会；在彼此了解的基础上，学会尊重和宽容，不轻易僭越别人的底线。

4. 掌握“停、想、行”情绪管理魔法，成为情绪管理高手

“停”，就是在生气时先暂停一下，让情绪中枢大脑杏仁核平静，并重新启动你的大脑皮质。怎么做呢？请先做个深呼吸，按一拍吸气、二拍吐气的方法，就能让你的大脑杏仁核迅速地安静下来。接下来就要启动理性中枢——大脑皮质。“数颜色法”就是一个好方法。当你预感怒气快要飙升时，告诉自己“先暂停一下”，离开让你愤怒的场景，接着默念周围物品的颜色，比如说：白色的墙，浅黄色的桌子……一直数到第六种物品，用时七八秒钟。

“想”，就是及时与自我对话。你可以问自己两个问题：“我乱发脾气，其实伤害自己也伤害别人，这样有用吗？”“我到底想要什么样的结果呢？”自我对话的目的，是让你找到自己最真实的想法。

“行”就是要采取行动了。首先，你可以告诉对方：“你这么做，

我很生气。”接着，你可以想一些解决方案，比如“我希望你可以这么做……”你会发现，把情绪说出来，自己的愤怒指数也会明显下降。

叁 与压力做朋友

看·需要：压力

青少年时期，个体的身心发展进入加速阶段。青少年身心发展的不平衡容易使他们产生种种心理矛盾或冲突，除自我发展方面的压力外，还有学业、人际、家庭、社会等各方面压力的影响，压力的大幅增加成为青少年的显著特征。

持续出现的压力会危害个体的身体健康，增加患病的风险。研究发现，压力可能会导致个体出现饮食失调，加大超重、肥胖的患病风险。此外，压力是青少年心理问题的主要来源，巨大的压力使青少年心理、社会问题发生的概率和频率比以往任何时期都大。研究发现，持续的压力能够改变与社会情绪调节相关的大脑区域，如杏仁核、海马的体积，进而使青少年产生一系列内化问题，如抑郁、焦虑和低自尊，还会使其难以适应学校生活，导致问题行为的增加，表现为学业不良、对学校持消极态度和攻击行为等。

尽管压力是危及青少年发展的重要因素，压力事件是影响青少年发展的主要外部诱因，青少年对压力事件的特质性反应是心理、社会问题产生的内在因素，但是，并非所有经受压力的人的发展都会受到不良影响。不同个体受压力影响的程度并不相同，它取决于个体特征和应对策略的差异性。拥有较高积极品质水平的个体在压力情境下仍然能够适应良好。

看·电影:《穿普拉达的女王》

影片《穿普拉达的女王》讲述一个刚离开校门的女大学生安德丽娅·桑切丝(Andrea Sachs)进入了一家顶级时尚杂志社*Runway*,当主编米兰达·普雷斯丽(Miranda Priestly)助理的故事。她从初入职场的迷惑,到从自身出发寻找问题的根源,最后成为一名出色的职场与时尚的达人。她为了追求内心真正想要的生活,毅然离开了五光十色的时尚圈,坚持做自己喜欢的报社工作,最终实现了自己最初的梦想,如愿以偿地选择活成了自己希望的样子。

见·心理:压力

在心理学上,对压力的定义是这样的。压力是心理压力源和心理压力反应共同构成的一种认知和行为体验过程。一般来说,压力来源有挫败、变化和压迫感。

影片中的女主人公安德丽娅是一个衣着普通、怀揣记者梦想的女大学生,却阴差阳错地进入了顶尖时尚杂志,成为主编的助理。初入职场的她,像所有职场"小白"一样,遇到了各种挑战,承受了巨大压力。

安德丽娅正是处在这样一种境地中,想当一名新闻记者,却成了主编的助理,帮其处理各种日常事务;对时尚行业的不熟悉,导致处理工作时手忙脚乱;缺乏时尚敏感度,日常穿搭随意甚至有些"土";与同事"三观"不同,无法融入环境;自我要求越来越高,不断督促自己,导致私人生活受到干扰……

挫败源于阻碍你实现自己的需求和目标的事件。变化会加重压力,特别是当生活发生变化,需要我们重新调整适应环境时,人际关系的变化、工作的变化、经济状况的变化,通常都会给人带来压力,即使这些变化是正面的和积极的。压迫感是渴望按一定的方式生活，并对此有很高的期望，它是现代生活中“忙碌病”的一部分。许多人对自己的要求非常高，他们不断督促自己，从来不对自己所做、所能的或者所拥有的感到满足。他们不仅努力达到别人的期望，而且又给自己添上了一些极为苛刻的要求。这样做的结果必然会给自己造成压力。

见·心理：处理压力

你处理压力的方式不同，会导致非常不同的结果。当你选择积极面对压力，而不是企图逃避，或是否认时，你就会用尽一切法子去面对压力带给你的挑战。

有的人会认为压力是有益的。于是，他们会选择主动接受压力事件和发生的事实，采用搜集信息、寻求帮助或建议的方式，来征服，或是消除压力源。与此同时，他们会把压力当成是成长的机会，而不是人生路上的绊脚石。

安德丽娅在面对诸多压力的时候，又是怎么做的呢？

第一步：找到归属感。当我们进入新环境的时候，通常会承受较大的压力。多数人认为他们自己是唯一不属于那个环境的人。缺少归属感会改变你对所有体验的理解。对话、挫折、误解等，所有一切都被看作你不属于那里的证据。自己不属于那里的信念，会引发很多不良想法，这些念头会导致自毁行为，比如逃避挑战、隐藏问题、无视反馈，以及无法建立支持性的关系。这些行为，相应地提高了失败和被孤立的风险，而这些恰恰成为“我根本不属于这里”的证据。安德丽娅首先改变的是自己的外表，她找到了杂志社的时尚总监，从“头”开始改造，逐渐融入了新的环境，找到了归属感。

第二步：成长型思维。起初进入时尚杂志社的安德丽娅是拒绝的，她认为在杂志社当助理并不是她想要的工作，但是时尚“女魔头”

的一番话却激发了她的斗志，她全身心投入新的工作中，从给主编买咖啡这样的小事情做起，逐渐找到了这份新工作的意义，也在这份工作中获得了成长。

第三步：寻找人际支持。与自己的朋友聊天，结识新的朋友。安德丽娅在繁忙的工作中与自己的老朋友保持联系，在聚会中释放压力；在新的环境中，她也敞开心扉，与时尚总监成为朋友。

第四步：找到自己的压力源。安德丽娅最根本的压力源其实是自我实现的压力。即使工作再出色，也无法让她在这样的工作中实现自己的人生价值。所以，压力管理的终极方法是在找到自己真正的压力源之后，诚实地面对自己，择己所需，懂得拒绝。

在这部影片中，承受巨大压力的“小菜鸟”，最终在重重压力下，获得了成长。拥抱压力，在努力中实现自己的潜能和价值。

情绪：与压力做朋友

关于压力，我们问的问题不是“压力应该如何减少”，而应该是“我想在压力中如何成长”。

压力就是我们生活的一部分。我们没有必要、也没有办法逃离，与其恐惧，不如拥抱压力，在努力中实现自己的潜能和价值。压力和意义是如此相辅相成，以至于我们能够善用压力，承担压力，追求生活的意义，达到个人更好的状态。所以，压力管理的最佳方式，不是减轻或避免，而是重新思考压力，甚至是拥抱它。不再想消除压力，而是学会善用压力，改变对压力的看法，这会使你更健康和幸福。如何与压力做朋友呢？

首先，我们要拥抱压力。闭上眼睛想象一下：你正在大街上走着，一个名叫“压力”的人迎面走来，当你准备扭头就跑或者正面厮打时，请你深呼吸……放下你的恐惧和抵抗情绪，从心底接受它，把“压力”当成是我们的好朋友，上前拥抱它，并告诉自己：“一切存在皆合理！压力是我的朋友，而不是要消灭的敌人。它此刻的出现一定是要告诉我关于生活的意义，我真诚地欢迎它的到来！”你会发现，当你说完这些，你的恐惧和抵抗情绪会慢慢缓和，你的内心会更加坦然、更有力量。

接着，邀请“压力”来一场深入灵魂的交流！找个安静的角落，邀请它和你好好聊一聊。闭上眼睛想象一下：“压力”现在就和你面对面坐着，你们准备开始促膝长谈。先告诉“压力”你愿意当个忠实的倾听者，请它告诉你它出现的意义。你可以用提问的方式来开启这场神秘之旅，例如这样的问题：“压力，你是因为什么事情来到我的身边？”“具体是这个事情中的哪个部分让你出现呢？”“当时要是某某核心要素没有发生时，你还会出现么？”“当我成为什么样的自己时，你才不会出现呢？”……当不断提问时，你会发现你离“真相”越来越近，最后就会找到压力出现的根源：通常都是我们对现在的生活或者学习或工作的某个方面不满意而产生的厌恶或痛苦感，以及对自己如果长期处于目前状态可能出现的糟糕的未来的恐惧。此时，你已经成功了一大半！

最后，行动起来，和“压力”一起成长！当我们找到“压力”出现的意义时，心怀感恩和谦虚，从心底真诚地对“压力”说声“谢谢！”感谢“压力”来提醒我们：是时候开启成长之旅了。然后以终为始——把“我们最终想成为的自己”这个目标作为起点，设定我们的成长计划。为了让成长计划更有效能，在条件允许的情况下，可以寻求这方面的专家或导师来帮助我们制定计划。计划制定后就要真正开启成长之旅了，这时候我们要坚定信念，保持自律，无论刮风下雨都雷打不动，每天一定要完成自己设定的计划，虽然刚开始会有很多的不适，但是一定要反复告诉自己：“为了长远的幸福，牺牲眼前的一点点舒适是值得的。”这会让我们更加坚定地走在成长的道路上！如果自己的自律性较差，可以请身边亲近的朋友或者家人一起来帮助！最后你会发现，通过坚持和行动，你的内心会变得越来越强大，曾经让你坐立不安的压力竟然也变得温柔起来。

总之，压力并不可怕，只要我们用积极心态来面对它，努力寻找它想要给我们的启示，并用虔诚的心接受它的指引。你会发现，我们可以和它友好相处，“压力”是我们最好的朋友，它能带领我们去寻找那个更真实、更强大的自己。所以，让我们一起来拥抱“压力”吧，一起去遇见那个更好的自己！

青　春　篇

壹 青春期性心理发展

青春期性机能的成熟使青少年的性意识开始觉醒。青少年性心理的健康发展，对促进青少年的学习与生活，对以后爱情、婚姻、家庭生活的幸福美满有着非常重要的意义。

青少年由于性的萌动和成熟，心理发展会经历三个阶段。

异性疏远期：在青春期发育初期，青少年自身会发生生理上的重大变化，从而产生一些不安和害羞心理，导致本能地对异性短暂地疏远，男女之间会分清界限，保持一定的距离。

异性接近期：青春发育使男女生对性的差异更敏感，渴望了解性知识，他们向往接近年龄相当的异性，渴望交流并发生依恋。如能正确地交往，可以消除异性交往过程中的神秘感和紧张感。

两性爱慕期：随着性机能日趋成熟，青少年的性意识有了更多的自觉性，减少了盲目性和幼稚性。青少年的性意识达到了初步成熟，并形成一定的恋爱观。此时，一些人把恋爱对象偶像化，他们把爱情看作是至高无上和神圣的。

性教育是性科学知识的教育，即向青少年提供性的科学知识，还包括友谊、爱情、婚姻和两性关系的正确理解以及接受这方面道德行为标准的教育。性知识是人类在不断认识自身发展的规律中探索出来的，是文明和智慧的结晶。对青少年进行科学的性知识教育，会促进人类性生活、性心理的健康发展。

研究发现，“00后”青少年的爱情观具有以下几个特点：恋爱观念进一步开放，注重情感体验，认为婚姻并非爱情的唯一目的；已能够理解恋爱关系中的责任、关爱等价值观的内涵与意义；在婚姻爱情观念上，与师长的矛盾冲突问题进一步凸显。因此，针对“00后”的教育理念，应正视和尊重他们的思想与认识发展，不带着“不成熟”的预设立场；在教育方式上，可通过良好的沟通和引导，促进正确价值观的建立和完善；在教育过程中，父母、老师需要放下长辈角色，平等交流和分析。

家庭是性教育的基本场所，家庭性教育具有及时、连续的特点。性教育是“全人”教育，性教育是一门处理个人成长的教育，帮助青少年接纳自己，学习与人相处的态度和技巧，培养出对人对己的责任感。

青少年时期，对性有浓重的好奇和探究的欲望。性不再是青少年不可言说的禁区，青少年群体对性持开放和包容的态度，很多电影中常常对该问题进行呈现和探讨。

对爱情的追求是青春中最浓墨重彩的一笔，一些电影用大量的篇幅来刻画爱情世界中各个角色面对爱情的态度以及他们在爱情中的选择。经典的爱情故事从各个不同角度诉说着对爱情的理解。《乱世佳人》描述爱情是：我一直爱着你，可是你不知道。那是一种纯粹的爱情，没有原因的爱情，恨爱交织的爱情。《魂断蓝桥》里的爱情是：我会永远等着你，这是一首催人泪下的爱情绝唱，有情人终成眷属。《人鬼情未了》的爱情是：阴阳两隔依然爱她，保护她。

青少年对爱情的态度不同，对爱情的选择也会不同。青少年的爱情带有几分梦幻的美好，他们怀揣勇敢无畏之心，但也会遭遇现实的障碍。电影建构的是“爱情梦”，呈现了生活中青少年的爱情选择，有的人敢于追求真爱，有的人默默暗恋，有的人逃避爱情，有的人追逐爱情。能正确处理青春期情感，可以培养良好的个性心理品质。在电影虚构的拟态环境中，爱情和现实有种种矛盾和冲突。当然，青春期的发展任务是多重的，朦胧的青春情感故事虽然没有那么浓郁，却也带来点点青涩的美好。

贰 青春与性

看·需要：性发展

为什么有人为情/性疯狂？为什么有人若即若离？为什么有人喜欢同性？

性作为一种生理、心理和社会现象，始终伴随着每一个人，深刻地影响着每一个人的健康、幸福和人格的完整，它能给人带来欢乐，也能给人以痛苦。

青春期是一生中性最活跃的时期。既是性开始发育并逐渐成熟的时期，又是性问题困惑最多的时期；既是获得性意识、发展性心理的关键时期，又是确立性观念、培养性道德的重要时期；既是最容易出现各种异常性心理问题的敏感时期，又是预防和矫治各种性心理障碍的最佳时期。

但是，我国长期以来的文化造成“谈性色变”，性的不适应问题表现得复杂、隐蔽，影响更为深刻、持久。青春期是一生中精力充沛，对人生充满美好幻想，有强烈的竞争精神和创造力的上升时期。做好青春期性心理的疏导，处理好性发展中的相关问题，能帮助青少年身心健康，走向自我完善，导引生活幸福。

看·电影：《壁花少年》

《壁花少年》是一部具有很强真实感的影片，是典型的“原型故事”。影片将一种普遍性的人生体验带给观众，有关青春，有关爱，是一部真实而温暖的青春独白电影。

影片主人公查理(Charlie)是一个精神有问题的少年。他无比担心未来的1385天的高中生活,因为他自卑而不合群,姐姐不和他玩儿,曾经的老同学摇身一变,成了不打照面的陌生人,最好的朋友也在去年5月自杀了,查理不知道怎样熬过这三年的青少年生活。

影片表面上是一个精神困扰少年的自白,其实是影片作者对于"青春"这个特定时间段和情感内容的一种认识和思考。

见·心理:性侵害

影片描述的是查理的成长,查理和珊姆(Sam)幼年所受的性侵害给他们带来了巨大的心理创伤。

查理不敢正视自己内心真正的障碍,尽管家里人爱他,如同捧着玻璃球般小心翼翼,却无法理解他。年幼的查理受到姨妈的猥亵是他不敢与人亲密相处的原因,潜意识里将责任归咎于自己,他变得内向害羞,在意别人的看法和结果,担心自己的所作所为造成坏的影响。最好的朋友的自杀又雪上加霜,令他深受困扰且痛苦不已。这种压力给他造成了精神疾病,他不知道自己何时、以什么样的形式崩溃。住了院的查理终于鼓足勇气说出自己的过往。

进入高中的查理无疑又是幸运的,安德森(Anderson)老师教会了查理最重要的两句话。

第一句:你应该学会参与。在第一节课结束时,安德森老师对落在最后离开的查理说:"你应该学会参与。"查理做的第一个尝试便是在橄榄球比赛的观众席上主动接近派屈克(Patrick)。查理是幸运的,当他拘谨地第一次释放友谊时,就得到了热情的回应,珊姆和派屈克都是内心温暖而善良、热情外向的人。他们并不在意查理的木讷和不善言辞,热情地将他带入自己的朋友圈。在得知查理最好的朋友自杀后,他们带领大家用最热情的方式,欢迎和安慰查理,这一切无疑给了查理巨大的精神鼓励。

第二句：我们只接受自己认为配得上的爱。影片中光鲜艳丽、热情开朗的珊姆内心有着深切的自卑，她的自卑来源于她童年的经历，当和查理谈到她的初吻时，她说她的初吻在很小的时候就给了他父亲的同事，一个比她大很多的男人。珊姆之所以行为放荡是因为她的童年经历，使她把自己归为不配被爱、不配被好好珍惜的人。珊姆什么时候爱上查理的？也许是第一面，也许是查理为她补习功课的时候，也许是查理送她圣诞礼物的时候，也许是在卧室里她吻他的时候。可她为什么不跟查理在一起？因为查理是个“乖宝宝”，她认为自己从来配不上那种人，所以她宁可去选择一个根本不在乎自己的人，也不敢去接受真挚的爱。

查理对于心仪的女孩，一直默默关怀和守候，他还帮助她复习重考并且实现了大学梦。影片的结尾，她对查理说：“你喜欢我，你就该向我表达，否则我感觉不到。”查理喜欢珊姆，珊姆并不是感觉不到，而是因为她不自信，她太自卑。她需要查理向她讲出：他爱她，这样，她才能感觉到安全感，她才敢于去接受这份她自认为配不上的爱情。她希望有人喜欢真实的自己，可她又觉得那个真实的自己是不值得人喜欢。当查理吻她的时候，她摸到了查理的腿，查理因为童年记忆，自然地逃避了一下，可珊姆的表情里充满了惊恐和无措。她似乎又恢复成了那个自卑的姑娘。

事实上，决定你是什么人的，不是你曾经经历过什么，而是你未来要去经历的事。去真诚拥抱每一个真正爱你的人，因为爱你的人就像查理对珊姆所说的：“you are not small，you beautiful.”（你在我心中从不卑微，你是最美的。）

青春：迷茫与成长

青春是从幼稚通向成熟的云梯，顺着它，走向理想，走向未来。然而，青春期也是心理问题的高发期。

谁的青春不迷茫，谁的青春不疯狂。《壁花少年》突出了查理有精神问题，而与查理的淡然、稳定形成鲜明对比的是，周围那些帮助他走出精神困扰的朋友们却都有各自的困扰和问题。派屈克的疯狂和对布拉德的痴情，珊姆的彷徨、滥交和缺乏自信，爱丽丝的牛仔裤偷窃癖(尽管家里很有钱)等。查理作为“病人”被周围的“医生们”医治，他同时又是“医生”，医治着朋友们的一种叫做“青春”的病。通过这种人物对比性的设置，影片的主题得到了升华。

心中的“壁花”

未成年人的世界往往单纯而脆弱，满怀理想，却无计可施；希望改变，却踌躇不前。有那样一种人，即使在最美好的青春时代，也永远像营养不良一般缩在角落，无人问津，这就是所谓的“壁花”。每个人心中都住过一位壁花少年，羞答答地等待被人欣赏。我们害怕被取笑，我们极其在意自己的行为所带来的反应和后果，所以在大部分事情上我们都会选择做一个旁观者、一个局外人、一个“壁花”。

每个人都有进步的需求，都有实现自我价值和梦想的需求。在追寻理想的过程中，这会让你觉得生活有意义，会让你感受到自己的进步，会让你每天晨起为迎接第一缕阳光而奋起拼搏。这时候哪怕全世界都瞧不起你，也不再重要，因为你终于自己瞧得起自己了。你开始相信自己，相信自己的未来。

影片中珊姆是如何找回自信的？是从她的生活有了目标，未来有了希望。影片中当珊姆为了自己的成绩而头疼时，查理说：“我可以帮你”，也许开始时，她并不相信自己能考上理想的大学，而她选择了努力。在这样的过程中，她找到了自己的价值和奋斗的意义。拿到成绩的那个晚上，她说：“我至今都不相信自己能考上大学，我从未想过自己也会拥有这样的人生。”

查理选择了写作。一朵开在黑暗里的“壁花”，终于等到了阳光。如同查理忠实记录下来的那样，青春期的孩子敏感而脆弱，没有准备好的人被整个社会拔节，痛是不可避免的。

叁 青春爱情

看·需要：爱情

爱情是人类生活的重要领域，是人生的重要内容，它对个人幸福、家庭美满、社会和谐稳定起重要作用。中学生正处于对爱情充满向往与渴望的年龄阶段，正确的爱情观能引导中学生追求和获得幸福的爱情，促进和谐稳定。了解青少年的爱情观、爱情动机的多元化、恋爱方式的多样性，分析和了解爱情中存在问题和影响因素，有助于分析、探讨青少年爱情观，倡导爱情中的自律与自我完善。

看·电影：《左耳》

十七岁女孩李珥，左耳听力不好，如果站在左边说话就听不见。温顺内向的李珥突然暗恋男生许弋——一个样貌清秀、笑容干净的男生。她暗恋他，不敢看他，怕他发现。性格叛逆、敢爱敢恨的黎巴拉以酒吧女的形象出场，张扬放肆。张漾由于对家庭的不了解，对许弋产生仇恨，对张漾一见钟情的黎巴拉自愿成为他的复仇工具。李珥想成为许弋喜欢的女生模样，与黎巴拉交友。黎巴拉出车祸死亡，对许弋造成伤害……这场意外让几个懵懂的孩子蜕变成长。

见·心理：青春爱情

这是一部讲述青年人成长的电影。影片刻画了青春期的爱情故事，展现了他们情感的起伏变化，将爱恨纠缠的情感故事呈现在观众眼前，展示了青春的美好与疼痛。

影片着重表现的是青春时光中的爱情，叙述了青年间爱恨纠缠的爱情故事——黎巴拉对张漾奋不顾身的爱情、许弋对黎巴拉毁其一生的爱情及李珥对许弋默默无闻的暗恋之情，交相呼应，反复纠扯，表现了青春爱情的疼痛与残酷。

从心理学角度来看，恋爱动机主要有一见钟情、摆脱压抑感、证明自己的魅力、满足好奇心以及赶潮流等五种，还包括追求爱情、丰富生活等，也有一些追逐名利的功利性动机。影片把青春期中唯爱至上的爱情形象展现得淋漓尽致。他们把爱情当作了生命要义，为爱不顾一切。

黎巴拉在篮球场一见钟情于已有女友的张漾，展开强烈的女追男攻势，并不惜代价为张漾报复他所憎恨的许弋。为了破坏许弋的名声，黎巴拉在学校操场上当众表白，甚至蓄意侵入学校网络系统公开发布对许弋的暧昧信息，造成学生课堂的混乱。她陷入爱情不可自拔，竭尽全力地办成了张漾提出的“交往条件”，却没有被及时兑现承诺。她喊出“爱对了是爱情，爱错了是青春”的感情宣言，最后在追爱路上付出了自己年轻的生命。

许弋是同学们心中“品学兼优”的好学生，然而在遇上黎巴拉、深陷爱情陷阱后，他不管学业，从一个优秀的学生变成一个问题青年。他视爱情为唯一，在母亲病危时也不悔改，依然执迷于爱情。

见 · 心理：多样青春

电影呈现了青春的多样性，张漾的“坏”，“小耳朵”的纯真，许弋的脆弱与善变，黎巴拉的直爽与风情。每个人都有自己的青春特点和特色。

黎巴拉父母不在，奶奶不管她，所以她很小就混迹酒吧卖场，风骚迷人。她看到球场上的张漾，在明知他有女友的情况下还追上去，往张漾手里塞纸条。张漾走后，她靠在墙上笑，那个笑容十分纯净，是一个女孩沉浸在爱情里的笑容。巴拉是个用情至深的姑娘，她对李珥说："我爱一个人，就可以不顾一切"，"爱对了是爱情，爱错了是青春。"从心理学来说，黎巴拉为自己戴上了面具，表现出来的和内心真实的自我是相反的。

"小耳朵"是一个温顺单纯的女孩。当她发现自己喜欢的男生喜欢黎巴拉那样的女生后，对黎巴拉充满好奇并接近她，她开始学习巴拉的浓妆、抽烟，以巴拉的行为方式追寻爱情。许弋被欺负了，她为他挡啤酒瓶子；落魄了，她就帮他收拾屋子、做饭，还替他还钱……她别无所求，只是简简单单地付出。她在父母反对她接触巴拉时，愤怒地驳斥父母。暗恋是最容易付出心智的事情，怕那个人知道，又怕那个人不知道，更怕那个人知道却假装不知道。这样纠结的小心思，也只有青春里的男男女女才会有。

张漾直到母亲死后才被告知自己是被捡来的真相。十七岁的他，被仇恨蒙蔽了眼睛，他利用巴拉一心想报仇。随着长大，他放下了所有的仇恨，还送书给母校。

许弋帅且聪明，但是他抗压能力不佳。他和巴拉分手后，成绩一落千丈，变成风流浪子。

青春：爱情观

爱情专指情侣之间的爱。爱情是恋人之间强烈的情感，具有依恋、亲近、向往、无私、专一等特性。在传统文化中，爱情具有亲密、激情和承诺等属性，爱情是人性的重要组成部分，爱情在不同的文化、不同的情感基础上体现出不同的特征。

爱情观是人们对爱情问题的根本看法和态度，是人生观的反映，主要包括：什么是爱情，爱情的本质，爱情在社会生活和个人生活中的位置，择偶标准，如何对待失恋等。在不同的历史时期，爱情观的内容也不同。

目前，青少年爱情观的特点有：

爱情观念开放化。青少年敢于追求自己的爱情，不再担心受到批评，坦率、大方地公之于众。

恋爱动机多元化。社会转型期引发价值观、生活方式多样化，恋爱动机复杂。

恋爱方式多样化。"快餐式"恋爱增加，恋爱时间短且快，注重浪漫，爱情的稳定性和保鲜度比较差。

恋爱渠道多元化。网络时代，也改变着青少年的恋爱方式和恋爱渠道，网恋现象迅猛增加。

恋爱自主性要求高。强调自己爱的权利，勇于追求自己的爱情，个人独立并有男女平等的价值观，相互尊重、平等对待的要求明显提高。

青春：爱与成长

青少年正处在转型时期，他们渴望与异性交往，但又有盲目性和盲从性。在青春期爱情中，难免会出现一些问题。

1. 恋爱的盲目性

青少年的价值观尚在形成阶段，感情冲动容易导致意气用事。他们勇于追求自己的爱情，但容易跟随感情而缺乏沟通方法，注重过程而忽略思考，更不关注结果和影响。

2. 恋爱与责任分离

爱情和责任紧密联系，只有以责任感和道德感为基础，才能获取真正的爱情。但许多青少年的恋爱目的不明确，很可能出现"一场游戏一场梦"，一旦感觉不再浓烈，便终止"游戏"。

3. 恋爱影响大

许多中学生在恋爱过程中会遇到问题，从而导致各种问题，如影响学业，导致自我否定，报复心理，恋爱恐惧症等。

中学阶段正处在学习和发展的黄金时期，是人生中精力最充沛、智力和能力发展最高峰时期。当爱情来临时要理性分析，冷静思考，合理选择。当沉浸爱情时，不忘提醒自己，青春不只是爱情，家国情、师生情、亲情都是不可缺席的一部分。当遭遇爱情伤痛后，更要看到，伤痛过后也有感悟，抚平伤口，也能有另一片天空，在伤痛中成长。

亲　子　篇

壹 中学生亲子关系

亲子关系是我们每个人来到世间的第一个人际关系，它对我们每个人的身心健康是十分重要的。孩子的社会化在很大程度上是在亲子相互作用之中进行的，亲子关系的质量决定着社会化过程是否顺利、是否发生障碍或缺陷，也决定着社会化可能达到的水平。

青少年时期——亲子冲突的高发期

亲子冲突是指亲子间由于认知、情感、行为、态度等的不相容而产生的心理或外显行为的对抗状态。青少年与父母的冲突主要表现在学业、家务、朋友、消费、生活安排、外表、隐私等方面。研究发现，亲子冲突在各方面都有不同程度的存在，初二年级学生亲子矛盾处于顶峰，与母亲的冲突明显高过与父亲的冲突。

理想的父母教养方式应当是一种和谐健康的、让亲子双方产生幸福感的、有利于孩子持续发展的关系。

亲子关系影响孩子的心理健康

中学生的心理健康包含六个方面，即智力发展水平、情绪稳定性、学习适应性、自我认识的客观化程度、社会适应性、行为习惯，亲子关系与其中的多个方面都有密切的关系。学习压力大、厌学、考试焦虑是中学生在学习中经常遇到的三大问题，在不和谐的亲子关系中这些问题尤为明显。正向的亲子沟通有助于青少年的人格发展，减少青少年犯罪的机会。反之，不良的亲子关系则容易导致青少年的不良行为增加，攻击性增强，增大了犯罪的几率。民主、和睦的家庭会给中学生一个温暖的归属感，专制式的家庭中父母与子女不能进行正常的沟通，易导致孩子性格偏差。青少年可以在家长对孩子不同的态度和教育方式中模仿和习得社会准则，形成自我价值观。而且，青少年在与父母的互动过程中，孩子也会习得对待自己的方式，并将其带入自身的人际关系处理中。

教育，是父母的修行。看电影也是一个很好的家庭教育的途径。电影里的悲欢离合属于他人，但是以他人的生活为镜，可以让孩子对自己的生活有更多的理解。好的电影不仅是股暖流，更是激荡父母或老师价值观的载体。优秀家庭教育的电影，对应孩子成长路上必须克服的难题，可以提供不一样的视角，启发教育理解和教育方法。

贰 理解 沟通

看·需要：亲子情感

曾经认为青春期是父母退场的时刻，现在越来越多的人认为，青春期是父母持续关注和增强亲子情感连接的机会。

青少年的大脑快速发育，此时正是孩子们最需要父母的时候。青少年自我意识的提升和情绪的多变，也正是需要父母从良师和教练转型成为益友和顾问的时候。

最新对青少年大脑发育的研究，发现多数青少年会经历四个重要的智力、社交、情感、能力的发展阶段。青少年的逻辑和决策能力尚待完善，需要家长训练他们变得更有条理以及思考其他观点，也需要家长帮助孩子建立有效的决策、权衡利弊和思考其他观点的能力。

青少年时期，家长可以通过温暖和支持来影响孩子的脑部发育，降低孩子的焦虑和忧郁水平，培养其更为自律的能力。

在青春期成长最艰难的几年中，青少年需要父母的辅导、支持、良好的榜样，最重要的是得到父母的理解。

看 · 电影：《重返 17 岁》

影片《重返 17 岁》讲述的是父子互换身体后的故事。高中时期的迈克(Mike)英俊潇洒，球技一流，即将得到全额奖学金上大学，不料，得知女友怀孕了。迈克放弃原本的理想，选择去承担做父亲的责任。经过二十年的打拼，迈克还是未能闯出一片天地。迈克苦苦经营的婚姻，矛盾越积越多，竟闹到离婚，子女也对父亲爱搭不理，迈克难于接受这个现实。或许是上帝给了迈克回到 17 岁的机会。迈克与儿子的肉体互换了，迈克回到了 17 岁，其他一切都不变。迈克做回一个青少年，亲近他的子女，用另一种角度来看待身边的人和遭遇的事、看待自己。

见 · 心理：换位思考

重返 17 岁，这是一个有意思的假设。让我们先一起来思考几个问题吧：

你还记得 17 岁时的自己吗？

你想回到 17 岁吗？

假如真的能回到 17 岁，你会做哪些事情呢？

从《重返 17 岁》中，我们看到了亲子矛盾的发生，也看到了亲子关系的转变。迈克变成 17 岁，慢慢地真正参与到儿子的学习和生活中，可以和孩子谈心、交心，真正做到了换位思考。当他知道儿子被篮球队的人欺负，女儿和坏蛋“拍拖”时，才感觉到自己作为一个父亲的失败：原本以为自己很关心孩子，而事实上却连子女最简单的烦恼都一无所知。迈克选择了理解孩子，选择了补救亲子关系。迈克帮助儿子建立自信，和他一起训练篮球，甚至教他如何合适地和女生相处,并传授给女儿正确的恋爱观;最后当然也打动了自己的妻子,挽回了婚姻,结局可谓完美。

电影给了迈克一次机会,让他用另一种角度去看待人生,做出更好的调整,从而改变自己的人生。重返 17 岁给了他深入观察的机会,让他换位了解孩子的生活和思想,也给了他认清自我的机会。但人生不是游戏,不是电影,我们不能像电影中的男主角那样重返 17 岁。但是,既然我们都觉得用现在的知识回到过去,自己会活得更好,那么我们为什么不用十年后、二十年后的角度去思考今天的事情呢? 这也许正是父母在教育孩子时需要转化的思路和方法。

影片中尽管迈克回到过去,但篮球场上的一幕仍然重演,他再次站在人生的三岔口上,结果他还是做出和以前一样的抉择。不难发现,生活中很多的不满往往不是我们走哪一条路,而是我们没有走好哪条路。现实中的我们,尽管都曾想回到过去,却都回不到过去。我们应该做的就是回首过去,吸取经验,面对现实,减少抱怨,珍惜现在,让明天的自己因今天的努力而骄傲,而不是遗憾。

路是自己走的,自己决定的,不能总是想要重新来过,既然无法回到过去,那么,对自己、对自己的选择负责,不能因为生活中的小矛盾和现实的不顺利而忽视了那些我们最珍贵的东西。

亲子: 理解

心理咨询师福沃德(Susan Forward)等在《原生家庭: 如何修复自己的性格缺陷》一书中写道:“父母在我们心里种下精神和情感的种子,它们会随我们一同成长。有些家庭里,父母种下的是爱、尊重和独立;有些家庭里,父母种下的是恐惧、责任或负罪感。”①

---

① [美]苏珊·福沃德、[美]克雷格·巴克:《原生家庭: 如何修复自己的性格缺陷》,黄姝、王婷译,北京时代华文书局 2018 年版,前言。

许多家庭的亲子之间有爱在传递，也有误解在传递。爱不等于了解，有些家庭充满伤痕，但所有人不愿去揭露这个部分；有些家庭在外人眼里很幸福，但家庭成员实际上很疏离，就像一个随时都会分崩离析的群体。

心理学研究早已证实：一个人的童年经历，特别是原生家庭，对个人性格、行为、心理都起着决定性的作用，并且会产生长期的、深远的影响，甚至会成为一个人最终能否获得幸福的最根本因素。

建立和谐亲密的关系

和谐的亲子关系是父母不仅爱子女，更应该尊重子女合理的要求，尊重其人格，满足其合理需要，这样子女才能真正爱父母，信任父母，尊重父母，听从父母的教导，相互间形成和谐的关系。

父母首先要尊重孩子。渴望尊重与理解是青春期孩子迫切需要的。理解就是换位思考，在信任和尊重的基础上想孩子所想，站在孩子的角度想问题。父母应认识到“每一个孩子都不一样”的客观事实，尊重孩子的个性，给孩子“指导而不支配”，“自由而不放纵”。

父母也要学会真诚地与孩子交流。真诚永远是打开任何一扇“门”的钥匙，保持真诚，有助于家庭关系的和谐发展。把孩子当朋友，真诚地听他们的想法，了解彼此的心理，鼓励孩子的独立自主和进取心，支持可行的梦想。

父母还要关注并尊重孩子的内心世界。爱是诉说，了解是倾听。好的亲子关系，不一定是父母口中的：我都是为你好！你想给的，未必是孩子们想要的。父母要通过倾听来了解自己的孩子在想什么、想做什么、有怎样的疑问，然后在慢慢引导孩子的过程中使双方越来越紧密，而不是因为隔阂导致渐行渐远。

建立亲子一体感

亲子教育中，感受比说理更重要。有时我们表达的内容很有道理，但如果我们只在乎道理，我们往往就会忽视人际之间的同理心和情感。

亲子教育中，你觉得孩子有理说不通，也许问题不是出在你说的没道理，而是你忽略了他的感受。不以改变为目的，才有改变的可能。有些父母把自己当成孩子的教练，孩子的老师，甚至孩子的老板，就是不好好当孩子的父母。心理学上，这是一种界限不清的表现，父母通过自己的权威，以及孩子对自己的爱，掌控孩子的个人发展，让他们成为父母欲望的延伸，进而失去自己的未来。

家庭就像演奏一场室内乐，而非独奏。乐手之间互相倾听，避免互相掌控与干扰，才能把乐曲推到最美的境界。

亲子：性教育

青春期是人一生中性能量最旺盛的时期。“性教育”不单是“性知识”传授，而应是涵盖性生理、性心理、性道德等多个维度的综合性教育，以及人际交往的社会化适应，自我保护能力的养成，还包括审美的形成。帮助孩子树立正确的生命观、健康的性文化观念，这才是性教育的根本目的。家长的性教育应以孩子为中心，真正为孩子着想，从他们幸福、健康成长的角度，去关心教育孩子，因势利导，缩小代沟，努力成为孩子的朋友，帮助孩子出谋划策，以取得更大的教育成效。

1. 家长做好榜样示范，协助“同化”

在儿童心理发展过程中，他们会产生“要像大人一样”的愿望，这种愿望会导致他们对同性家长或所崇拜的同性人物进行“认同”，也就是说，被他“认同”的人“同化”，这种同化作用也就是对他人的特征的吸收，可以促使男孩向“男子汉”“丈夫”“父亲”的方向发展，女孩向“女强人”“贤妻良母”方向发展。促成性角色“同化”的最重要机制在于发现相似性。孩子在发现自己与父亲或母亲有某种一致性时，就趋向获得这种他所欣赏的品质。对这种一致性，孩子可以从父母的体形、外貌、风度、能力等方面发现，也可以从父母对孩子的教育中获得。如果孩子对同性家长的某种品质特别欣赏，为了提高自己，他将加倍努力地寻求和家长一致，同时，也促进了他向同性成人的“同化”。

应该说明的是，角色和身份的同化作用并不只是对父亲或者母亲，而往往是同时进行的，不过有所侧重。目前人们认为，儿童和父亲、母亲同时发生“同化”作用，吸取双方各自优点，也就是说无论男、女都应具有双性气质，既具有男子的坚强、勇敢、果断等优良品质，又具有女子的细致、温柔、体贴等优良气质，这才是最全面的。

2. 让孩子愉快地接纳自己的性身份

男孩、女孩在生理上的差别，决定了男女性别上的根本差别。正确对待和接纳自己的性身份，关系到个人身心健康及成年后的幸福。每个青少年不但要承认性身份，而且要愉快地接纳身份。无论男性或女性，都能发挥特长。每一位青少年都要追求与自己的性身份相吻合的言谈举止，追求与性身份相符合的健康美。羡慕异性，有意识地模仿异性的行为举止，是一种心理偏离现象。

3. 指导孩子恰当地调适自己的性情感

随着年龄增长和性生理发育的成熟，青少年不但对自己的性身份有了进一步的认同，而且往往会出现一些微妙的心理变化和特殊的情绪体验，即所谓的“性觉醒”。出现这种心理现象是正常的，也是人生的必经阶段。当对某一异性产生好感时，或得到某一异性的好感时，是否能权衡利弊得失，寻找对策，妥善处理与异性朋友的关系？由于青少年的情绪不稳定，特别是对异性产生倾慕、依恋之情时，往往会出现偏激、冲动等不良情绪和行为。总之，青少年要能充分认识自我，学会良好地调适自己的心情。

家庭性教育，是人格教育，是爱的教育，是生命的教育。性教育是孩子的权利，是父母的责任。对这种权利与责任的忽视，就是对生命的漠视，就是对幸福的扼杀。科学的性教育能给孩子抵抗的能力，能给孩子幸福的人生。

叁 温暖陪伴

看·需要：家庭教育

随着社会的发展，家庭教育的内涵在不断拓展。家庭教育方式往往影响孩子的社会化，同时，家庭教育不是单向的，而是家庭成员之间相互影响、相互作用的双向过程，家庭教育关系到家庭的幸福、社会的进步和发展。

当孩子对你不理不睬，或总是叛逆性地反驳你，你是否想到，自己在孩子心中的形象已经大打折扣？当孩子突然表现得很独立自主，且有意疏远你，你有没有想到，这或许正是因为你对他的“失陪”？事业繁忙、埋头工作的你可否想到，多少次深夜回家，孩子已然入睡？多少次答应陪孩子玩，却一再食言？

随着孩子的成长，孩子的需求也在不断变化，家庭教育的方式也要改变。但是，父母往往用原有的方式爱孩子，孩子渴望的是温柔的关爱，而父母往往希望孩子能顺从。

家庭教育影响孩子一生，父母的温暖陪伴无可替代。温暖而有力的陪伴，可以给孩子足够的安全幸福感，给予孩子有力的支撑，培养健全的人格。温暖而有力的陪伴能看到孩子的需要，温暖而有力的陪伴能引导孩子成长，温暖而有力的陪伴能帮助孩子自主成长。

看·电影：《狗十三》

《狗十三》聚焦中国式“爱的教育”，用极其生活化的方式描摹出一个女孩的成长历程。李玩的父母离异，她和爷爷奶奶一起生活，感情细腻。父亲重新组建家庭，并有了一个儿子。父亲正焦虑着该如何告知女儿时，父女因课业起了争执，为此父亲买来一只小狗哄劝女儿。热爱物理学的李玩将小狗取名为“爱因斯坦”，但小狗在一次意外中走失，李玩为“爱因斯坦”走失的事情难过不已，家人为此也不得安宁。为了安抚李玩，家人用另一只小狗代替“爱因斯坦”，她发现自己无法逃脱成人世界为她编织的谎言。

该片浓缩了人从童年到成年最残酷的变化过程。

见·心理：生长痛

《狗十三》反映了平凡青少年的成长与烦恼，将大部分人年少时的成长经历原生态地雕琢出来。发生在李玩身上的故事，某种程度上是每一个人都能感同身受的迷茫、困惑和挣扎，因此，让更多人有了更细腻的共鸣。

尽管满是伤害，但影片没有恶人或坏人，有的只是各种误会、不理解及因此带来的冲突。少女李玩单纯善良，不爱喝牛奶。她会用筷子挑起煮熟的泡面放到窗外晾凉，然后把泡面举得高过头顶，仰起脸，从泡面的尾端开始吸溜。她任性、做自己，像每个青春期的男孩女孩一样，真实而不掩饰。

“每一场成长都是凶杀案。”这是印在《狗十三》海报上的一句话。电影展示了残酷的青春成长和被驯服的中国式家庭教育。父亲真正关注的是成绩单上的数字，而非她的真实内心。学校中，兴趣小组开始报名。李玩很小就会读《时间简史》，热爱星空和宇宙而选物理。但因“能加分”，而被迫改成毫无兴趣的英语。李玩也不是一个叛逆的坏孩子，她为爸爸着想，也想拉近与同父异母的弟弟的关系，也会在公众场合配合爸爸，让爸爸开心。

爸爸只是城市里无数的中年父母之一，在社会重压下生存。他想对孩子好，但找不到方法，也不知道孩子要什么。他高兴时亲吻孩子，打过孩子后流下眼泪。在女儿十三年的成长岁月中，他是缺席的。他执意让女儿给主人敬酒，酒杯中是李玩从小喝了就吐的牛奶。他或许能够给女儿买狗、买旱冰鞋，或许能够坐在女儿对面谈人生谈理想，但缺席了孩子的成长。频频出现的“这都是为了你好”“你要懂事一点”尤显刺耳。少女的反抗毫无意义，被磨平棱角后的李玩的微笑令人心悸。为了迎合成人世界的利益，牺牲青少年的精神世界，勒令其迅速断层性变异“长大”。

影片的成长话题，不再意味着个性发展与喜悦，而是对青春的抑制，是提前进入成人世界的暴力与冷漠。或许导演想告诉我们，一代又一代，我们就是这样被绑架着长大，总有那么一段孤独的岁月，没有人能够听懂我们内心的声音。

见·心理：比较

《狗十三》这部家庭题材的影片，以深刻的方式展现了年轻女孩在家中迎来期待已久的弟弟后复杂的内心和情感世界。

家有二宝，家中人对两人的要求非常不同。李玩的名字是“随便起的”，而弟弟的名字“昭昭”意味深长，因为爷爷说“男孩的名字不能太随便了”。

李玩十多岁了，奶奶和爸爸还不知道她不喝牛奶。

心爱的小狗丢失后，爸爸不帮助寻找“爱因斯坦”，继母找了新狗来敷衍李玩，一家人强迫她承认新狗就是“爱因斯坦”。

爸爸承诺带李玩看展览却没有兑现，把错误归结于李玩。

爸爸一会儿说“你还小，长大了就懂了”，一会儿又说“你长大了，该懂事了”，在爸爸眼里，李玩永远都是错的，和年龄无关。

反观弟弟，玩椅子摔倒了，父母只是哄他，却不告诉他要注意安全、不要玩危险的东西。

弟弟用晾衣竿打父母、打奶奶、打狗，父母却不批评他。

弟弟挑衅新狗，导致新狗狂吠不止，爸爸却去打新狗。

李玩永远是错的，弟弟永远是对的。

亲子：温暖陪伴

《奇葩说》节目中有道辩题是：如果可以为孩子一键定制完美的人生，你会按下这个按钮吗？我们每个人都可以思考，你是否是或者曾经遇到了按下按钮的家长？有控制欲的家长一定希望能为孩子定制完美人生。但是，你所谓的完美人生是孩子眼中的完美人生吗？父母费尽心机为孩子定制的未来，有多少孩子会欣然接受？

真正的爱：看到孩子真实需求

父母常常困惑于如何与青少年相处，更纠结于如何对青少年进行教育。青少年成长过程中，父母不能从孩子的生活中退场，很多父母也知道严格的管束只会让情况更糟糕，应该做的是给他们更多的空间。

知乎上有条点赞很高的帖子：孩子的沉默、隐忍、恐惧、讨好，在麻木的大人眼中，便是：懂事。这也许是中国式父母在亲子关系中希望对方完美却理解自己的平凡的结果，孩子在成长过程中的对策就是用这样的“懂事”，让父母觉得很“省事”。

要想看到孩子的真实需求，首先需要承认孩子是一个独立鲜活的个体，他的想法、行为和我们脑海中的很多预想都是不一样的，并且我们要允许和接纳他们和我们想象的不一样。但实际生活中，很多家长总是希望孩子能够跟自己预想的一样，而不愿意把孩子当成是独立存在的个体，也没有那么多耐心俯下身来去了解孩子的真实需求。如果父母不能接纳孩子与预想的不同，就很容易感到挫败和焦虑，同时也很容易采取一些强制措施来控制孩子，例如对孩子生气、朝他大声吼叫等方式，而这些措施，只会变本加厉地破坏亲子关系。父母总是用各种方式，控制自己的孩子，其实父母们需要控制的不是孩子，而是自己那颗无处安放的心。父母需要学习的是，正视孩子的成长，放下心来，允许孩子“如他所是”。

真正的爱：还孩子选择和主动权

人类一生都在探寻的问题是：我是谁？我想要什么？幸福感强的人，经常是那些明白自己内心渴望并为之执着追求的人。

社会的许多陈规和身边人的期待，有时会干扰这种思考，让人忘记了心中所爱。不知道自己想要什么，就会让人陷入迷茫，特别是青春期的孩子，如果在这样的思想状态中迷失，就会出现各种行为问题。

优秀父母教育孩子的方式不尽相同。有人是温和派，通过引导来影响、教育孩子；有人是严肃认真派，把教育孩子视为最重要的工作，严谨又尽职尽责。但是，无论是哪种方式，爱和尊重都应该是家庭教育的基础。完美人生，应该拥有充分的选择权。

家庭是给予孩子温暖、关爱、阳光与力量的地方。每一个家长要为孩子未来的成长提供足够的心理能量和心理资源，应该让孩子做自己的鼓手，去掌握人生的节拍，击打或精彩或惊喜的鼓点，家长只需要拍拍手，静静地看着孩子长大。

亲子：家有二宝

国家二胎政策实行后，不少家庭生了二胎。二孩家庭的教育问题值得父母学习和思考。

把爱平等给孩子

偏心是把“双刃剑”，伤害的是两个孩子，得到更多爱的孩子会变得骄纵，缺乏爱的孩子的性格会越来越孤僻。每个孩子的需求不尽相同，如何做到“一碗水端平”是二孩父母需要注意的问题，千万别“惯坏了”一个的同时，让另一个“寒了心”。不管是否招人喜欢，请将爱平等分给孩子。不同年龄段的孩子需要不同的关注，父母也要耐心地和孩子沟通、交流，尽量不让孩子产生误解。

不拿二孩做比较

父母希望两个孩子互相作为榜样彼此进步，但是比较会让两个孩子产生隔阂，甚至会出现恶性竞争。所以，父母千万不能拿二孩做比较。即使在孩子做错事时，也需要单独批评，保护孩子的自尊心。爱孩子要尊重孩子的意愿，发现和尊重孩子的独特性。

以公平和解矛盾

孩子之间发生争执、吵架是正常的，父母要注重孩子之间的和解，教会孩子和平共处，包容对方。处理问题时需要就事论事来分析是非曲直，不是以大小或性别而随意让一方退让，也不因“会哭的孩子有奶吃”，这样才会让孩子形成规则意识和分寸感，也能有利于两个孩子之间感情的培养和建立。

孩子不是父母的附属，不能按照父母的想象去成长。孩子事儿，无小事儿。二孩家庭，尊重个体，有彼此的陪伴，可以体会到更多的乐趣。

生 涯 篇

壹 中学生生涯发展

青春是最好的韶华，是做梦的时光，是幻想的季节。

中学生生涯发展指中学生认识自我，客观分析学校、社会环境，主动确立自我发展目标，科学、合理选择发展方向。中学生可以通过适当的路径，采取有效的措施，制定学习计划、发展计划及实现生涯目标的具体行动方案，获得学业成功及为未来生活做准备。

中学生是一群有着独立思想、独特情感体验、个性化的学习成长需要、个性鲜明的个体，其生涯发展有独特性。运用电影作品"寓教于乐"或"寓教于美"的形式对中学生实施生涯教育符合中学生的发展需求，电影可成为有效的载体。电影可以将在其他地区、其他时间发生的事物呈现在教育对象面前"使他获得间接经验"，为他们体察生活提供了素材，打开他们的视野和思维。丰富的信息也促使学生更积极地思考自己的人生。

运用电影可以提高中学生的生涯意识。每个人都有自己的缺陷，也有自己的弱点和不足。正因为我们的缺陷，所以"我"才是"我"，我们要做的，是以缺陷为师，努力改变我们可以改变的，接受我们不能改变的。接受自己，挑战自己，全力付出自己的爱，感激所有爱你、念你、恨你、伤你的人，投身于社会，并且努力让社会接纳自己。电影《叫我第一名》根据科恩（Cohen）的真实故事改编，主人公科恩患有先天性的"妥瑞氏症"，他无法控制地扭动脖子和发出奇怪的声音。他有成为一名关爱学生的教师的坚定梦想，并为之不懈努力。正式任职的这一年，他就获得了年度最佳新进老师奖。上台领奖时，当被问及自己如何面对妥瑞氏症的人生时，孩子们抢着为他回答：全是因为他们有一位这样执着于教好他们的妥瑞氏症老师。从这部电影，学生们认识到一个事实：一些现实存在，可以随我们的选择而看到不同的东西，关键看我们是把注意力放在那些黑色的负面事件里，还是把注意力放在自己如何有创造性地应对它？我们是认真追求更加美好的明天，还是甘愿把自己困在布满泥沼的过去而自我怜悯呢？科恩接纳自己本来的样子，视自己的怪声和抽动为“朋友、伙伴”，从不自我欺骗，也不祈求外部环境有一天会变好。

运用电影可以提升中学生生涯探索的兴趣。设想一下，你的工作与你大学所学的专业完全不对口，完全提不起兴趣，那么你会妥协吗？电影《三傻大闹宝莱坞》引导学生发现自己的兴趣，并且思考如何把兴趣转化为职业兴趣。片中，法尔汉向父亲说出了自己的梦想，“……爸，我做一名摄影师又会怎么样呢，挣得少一点，房子小一点，车小一点，但我会很快乐，会真正幸福……让我聆听自己的心声”。他最终赢得了家人的支持，将兴趣变为志趣，成为一名出色的野外摄影师。本片对摄影师这个人物的塑造使我们明白，专心于爱好会使我们成功。

运用电影可以提高中学生的生涯决策能力。我们在生涯决策的过程中需要正视自己，做正直的自己。《三傻大闹宝莱坞》中四个人物不同的生涯决策带给学生在兴趣与生涯发展、能力与发展等方面的思考和影响。电影《当幸福来敲门》让我们看到职业选择中的兴趣、能力与价值观之间的决策方法。电影中有这样一段话：“去寻找发现你绝对喜欢去做的事，让你感到兴奋的事，这些事会让你简直迫不及待地希望早晨的太阳赶快升起，因为你太想去做这些工作。如果你做一件工作仅仅是因为你擅长于此，或者仅仅因为他们给你的报酬优厚，那么你不过是个奴隶。”“你必须感到快乐才行。”这是给学生带来深入思考、值得回味的内容。

创造性地去生活，这个能力我们每个人都具备。每个人都不完美，但我们可以积极地规划人生，面对那些我们无法改变的客观条件，接纳是最好的方式。接纳那个不完美的自己，不完美的外在身体条件，不完美的人格，但接纳不等于顺服，生命不仅是一个发现的过程，更是一个创造的过程。在现有的客观条件下，你可以无限发挥你的潜能，为自己的人生寻找出口。即使上帝抛弃了你，也不能阻碍你成为你自己。一个属于你的独一无二的人生，是由你自己书写的人生。

贰 “趣”点生活

看·需要：生涯探索

如何将工作变成一件充满乐趣、值得享受并能满足自己价值需要的事情？

舒伯(Donald E. Super)的生涯发展阶段论把人生大致分为五个阶段，每个阶段都有自己的生涯任务。如果前一个阶段的生涯任务没有完成或完成不好就会影响后面阶段的发展，而且这种影响持续存在，直到解决为止(见图1)。[①]

中学生正处于生涯探索的前期，主要有自我探索和环境探索两个方面。自我探索是从个人兴趣、性格特质、能力、价值观、愿景等各个角度去认识和了解自己，找出自己的独特性，看到人与人的差异，建立自我的概念，找到自我认同感，发现和回答：我想做什么。环境探索是了解宏观环境、行业、职业、专业、高校、人脉关系等，发现和回答：环境支持我做什么。

---

① 转摘自[美]塞缪尔·奥西等：《生涯发展理论》，顾雪英等译，上海教育出版社2010年版。

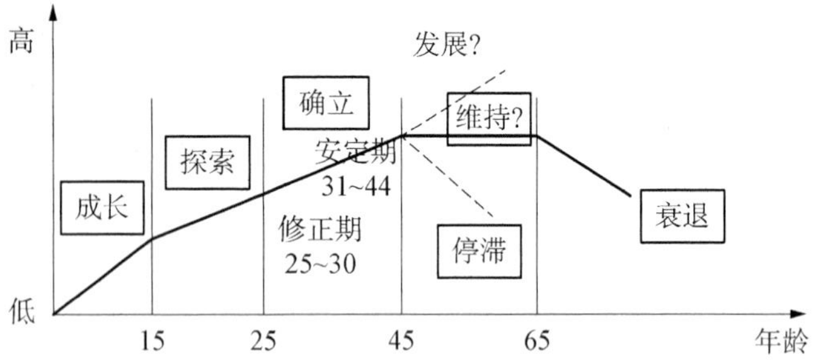

图 1 舒伯的生涯发展五阶段图

中学生对自己的兴趣和特点有清晰的认识：知道是“谁”，要成为“谁”，知道自己在哪里，未来要去哪里，可以把自己的学习和未来生活联系起来，目标更明确，视野更开阔，成为激发潜能、自我管理的有效方法。

看·电影：《叫我第一名》

这是根据科恩的真实故事改编的电影。

科恩患有先天性的“妥瑞氏症”，这是种罕见并且至今无任何医治手段的精神控制失调疾病，这种严重的痉挛疾病，导致他无法控制地扭动脖子和发出奇怪的声音。而这种怪异的行为，更是让他从小不被周围人理解，学校里老师批评他，同学们对他冷嘲热讽，就连父亲也对他失望透顶。只有母亲一直是他的坚实后盾，母亲的坚持与鼓励，让他继续前行。直到在一次全校大会上校长在众人面前巧妙地让大家了解了科恩的真实情况，让他有了成为一名关爱学生的教师的坚定梦想。这个病症让科恩在寻求教师梦想的道路上遭到众人怀疑，屡屡受挫，但他始终坚持着自己的这份梦想，不抛弃梦想，不放弃信念，默默努力，终于找到一个愿意接受自己的学校。而他曾经曲折的人生道路在他的坚持下也开始慢慢好转……

见·心理：生涯兴趣

你的兴趣有哪些？具体是什么？也许你能说出很多种，如音乐、画画等。

心理学中，兴趣被定义为：是人认识某种事物或从事某种活动的心理倾向，它是以认识和探索外界事物的需要为基础的，是推动人认识事物、探索真理的重要动机。于我们每个人而言，兴趣丰富了我们的业余生活，让我们遇到一些志同道合的好友，兴趣更是我们坚定执着、追求梦想的无穷动力。

兴趣是可以培养的

在电影《叫我第一名》中，小科恩的兴趣首先来自校长。

音乐会上，科恩频频发出的声音引人侧目。

音乐结束后，校长走上台，问大家："你们听到什么别的声音么？"所有的孩子都望向科恩。

校长请小科恩上台，"你愿意在这么美妙的音乐声中发出怪声吗？"校长问。

科恩拿着麦克风，面对着全校同学，一边发着怪声，抽动着脖子，一边说："我和大家一样不喜欢我发出的声音。可是，我不能控制，我有妥瑞氏症。"

校长说："那你准备怎么办？"

科恩说："这种病现在没药可治。我想和大家一样。"

校长当着师生的面语重心长地说："我希望你不是被这种疾病所埋没，而是被它所激发。"

校长的鼓励和科恩的坦率赢得了全场的掌声。不仅是校长接纳了他的病，并让全校师生不再用异样的眼光看他，从而开启了科恩正常的学生生活。

"说几句话，教育一下，就像开启了通往全新世界的大门。"这句话，鼓励着科恩正视疾病，以疾病为友，以疾病为师，融入了正常人的生活，并且坚定了自己的理想，当一名教师——教孩子们做自己。

兴趣可以帮助克服困难

大学毕业的科恩到处找招聘老师的学校。为了找到一个愿意接受自己的学校，科恩甚至在全国的地图上圈出未去过的学校，然后带着地图，驾车前往，可因为“妥瑞氏症”而屡屡失败。经过了 20 多次的面试，经受了父亲的不理解和不支持，但他依然坚持。终于，他被一所学校接受，做了二年级的老师。

他上台领奖时，却由于情绪激动，又开始无法克制不断地发出怪声。台下的母亲开始担心，此刻，从不看好儿子教师梦的父亲，握住了母亲的手，眼神坚定并微笑着说：“他可以的。”

兴趣可以激发动力

科恩带着希望来到景山小学，带着二年级的科恩老师开始了教师生涯，和学生的互动透露出的是坦诚、认真。

开班之前，把教室布置得像个小花园，从门到窗台的每个角落、每个细节，他用心做了每个孩子的名字卡片，并摆上孩子们的照片，整齐排好。把自己的宠物、兔子“姜饼”也一起带去教室。门口贴着他亲手绘制的标语“欢迎来到科恩老师的班”，这是他梦想的起点。

课堂上，他让孩子们提问，关于新老师的“怪异特点”，孩子们充满了好奇，但科恩有问必答，即使孩子们会取笑，甚至被骂了“怪胎”。他只是幽默地回答，微笑并且悉心地指引；让孩子们从内心体验，而并不是强迫他们接受任何既定概念；允许他们保有自己的特点，鼓励，并且开导孩子们。

为更好地上地理课，科恩老师特地请来卡车司机麦辛（Maxine）。亚曼达（Amanda）无奈地被父亲调到别的班级后，在门口窥看他的地理课；海瑟（Heather）去世时，她的母亲坚持要他进入教堂，参加告别仪式。对于这样一个用心教育、用心关爱学生的老师，无邪的孩子们很快就喜欢上他。科恩说，孩子看世界的眼光和大人不一样，他们会说“我要做什么”而不是“我不能做什么”，所以我也是这样做的。

兴趣是生涯选择时需要考虑的关键因素，中学阶段正处于生涯发展的探索期，对“我要做什么”等问题充满好奇和困惑，个人的兴趣无形中影响着一个人的成长及发展。中学生对未来生活充满向往。青春前期的生涯课题是：进一步发展能力与才能，发展独立性，选择学习计划，选择适合自己的专业和工作，发展有关的专业技能。

当然，科恩的人生能绽放光彩，还得益于人们释放出的善意。母亲、弟弟、室友、同学、继母、女友、学生、学生家长、同事的善意……善意浮动在科恩周围，传送慰藉，播撒温情，输送力量，让科恩坚强乐观地走下去。

生涯：兴趣

回忆一下，在做某件事时，你是否有这样的经历和感受？

- 让你废寝忘食，虽然工作量很大也花费了大量时间却感觉不到疲劳。
- 能给你带来快乐，让你内心很愉悦。
- 能深深吸引你，激发你的激情，让你充满了创造力。
- 它的吸引力强大，以至于不要钱都愿意干。
- 能让你热血沸腾，注意力高度集中，充满了力量。

如果有以上感受，就意味着这些事情是你喜欢的。兴趣是可以培养的，将自己的兴趣加以发扬，或许能够给自己或者家庭乃至社会创造更大的价值。

选择兴趣

在每个人的生涯发展中，兴趣、能力和价值观起着重要的作用。每个人只有充分地了解自己感兴趣的事情、自己能做到的事情、自己觉得重要的事情，才能最终发现自己未来的方向和目标。

兴趣与天赋

天赋和兴趣不同。关于兴趣，学生通常会出现以下三种情况：没考虑、不清楚自己喜欢什么、想当然以为自己喜欢某东西。现有的科学研究认为，“兴趣”和基因间暂时还没有发现有直接关联，所以暂时我们可以认为“兴趣”不是天生的，兴趣是可以选择和培养的。对于兴趣的探索，我们可以在日常生活中去发现，还可以借助科学的测评量表来帮助我们探索自己的兴趣。

一个人的兴趣可以是多种多样的，可以把那些我们比较擅长、也比较符合自己人格特性的兴趣发展为自己的职业兴趣，并不断提升自己在这方面的能力。当然，选择兴趣还要考虑家庭环境和学校环境。探索自己的兴趣，也能帮助我们更加明确自己的人生目标。

培养兴趣

在培养兴趣的过程中，需要有刨根问底的精神，不断去研究、去发现，对事物了解得越多、认识越深刻，就会越来越感兴趣。

在培养兴趣的过程中，需要正向激励。有目标感，学会设定若干个小目标，刺激多巴胺的大量分泌(见图 2)。

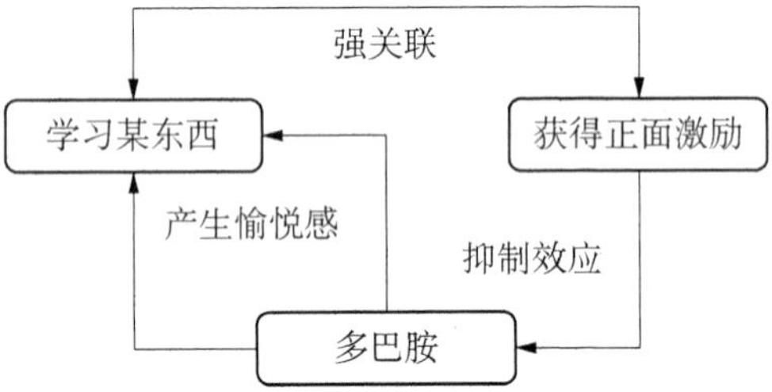

图 2　兴趣形成图

在培养兴趣的过程中，坚持不断地重复。一颗种子变成参天大树，不是一日之功。一万小时定律，是有道理的，持之以恒才能终见成效。

在兴趣发展路上，我们要注意：

避免过于纠结地寻找兴趣。不要简单地用兴趣来判定值不值得去做。

把兴趣变成职业不是自然的事情。兴趣可以很简单,变成职业需要复杂的过程,兴趣转变成职业还受能力和价值观的影响,社会迅猛的发展也让职业多变而不可预测。

正确的反馈有助于兴趣的形成。很多时候,有良好的反馈,感受到价值,能促使你有兴趣做下去。任何兴趣的背后,需要自主感、归属感和成就感。

兴趣发展之路

克伦伯兹(Krumboltz)认为,人必须扩展其能力与兴趣,生涯决定不能仅仅基于现存的特质;各行各业的工作内容不是一成不变的,人须培养职业应变能力;需要鼓舞人采取行动,而不是坐待诊断结果。生涯之路就是要学习新的事物,不断接受新的教育,从事不同的职业,才能增进一个人的职业适应性,丰富一个人的生命。①

兴趣发展三阶段:有趣、乐趣和志趣(见图 3)。

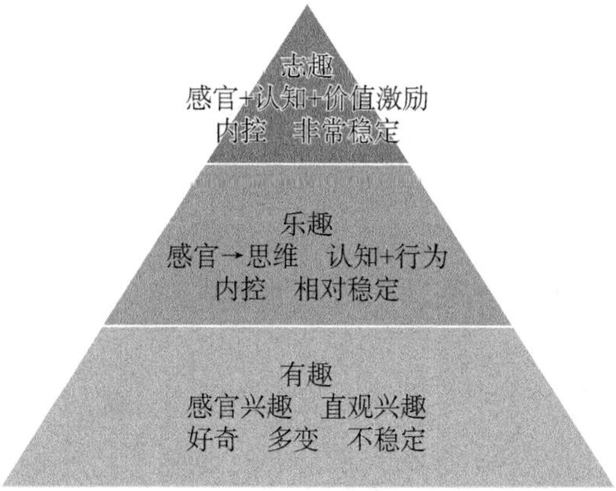

图 3 兴趣金字塔图

---

① [美]塞缪尔·奥西普等:《生涯发展理论》,顾雪英等译,上海教育出版社 2010 年版。

有趣：短暂易逝，非常不稳定，常常与对某一事物的新奇感相联系，随着这种新奇感的消失，兴趣也会自然地逝去。

乐趣：在有趣定向发展的基础上形成，在这一阶段中，你的兴趣变得专一、深入起来，如若你喜爱文学创作，则可能成天沉溺于文学作品创作中。

志趣：志趣与社会责任感、理想、奋斗目标紧密结合，具有社会性、自觉性和方向性，是取得成就的根本动力，是成功的重要保证。

最后，分享以下几个关于兴趣的观点：

我们要以开放的心态面对兴趣，因为生命有无限可能。有时，我们感兴趣的，可能只是兴趣的光环。真正的兴趣具有一定的稳定性，又具有一定的可塑性，它可以在做事情的过程中被培养。兴趣测试可以助人了解自我，提供方向性指导。了解兴趣类型是为了有方向地进一步探索，当然，兴趣类型对应的不是具体的工作岗位，而是一类广泛的职业领域。现实生活中，并不是所有兴趣都能成为职业，职业也并不能满足所有的兴趣，真正的兴趣是不会被放弃的，随时在等待你的召唤。

叁 生涯选择和决策

看·需要：生涯选择

生涯发展教育是中学生身心发展的需要。中学生正处于思考未来、向成年过渡的时期，面临大量重大的选择。中学生的自我意识迅速发展，个性特征更鲜明，关注自身内心世界，他们开始思考“我未来会是什么样的”等问题，并希望能定位自己的态度和人生价值观。但是，中学生的人生观、世界观尚未成熟，进行自我探索、生涯定向和规划、生涯准备等需求较高。

看 · 电影:《三傻大闹宝莱坞》

《三傻大闹宝莱坞》是一部经典的印度影片。影片讲述了三位主人公莱俱(Raju)、法罕(Farhan)与兰彻(Rancho)在大学求学时的故事。兰彻顶替别人来到印度名校皇家工程学院读书,同学们的学习压力巨大。兰彻用他的智慧、幽默、善良和开朗的性格影响着周围朋友,法罕心怀摄影梦却学习着枯燥无味的工程学;害怕、紧张的心情使莱俱被病毒院长强迫退学而跳楼,后被兰彻和法罕救活;查尔图用死记硬背方式成为模范学生。经历了酸甜苦辣的大学生活,兰彻用智慧征服了印度科学界,他成为有400项专利的天才科学家;莱俱成为工程师;法罕成为野生动物摄影家,三人都实现了梦想。

见 · 心理:生涯抉择

这是一部在幽默中思考教育和学生发展的影片,整部片子洋溢着喜剧的欢快,在快乐中让人思考。

模范生查尔图(Chatur)有自己的价值观。他是传统意义上的好学生,读书、背书,考高分。课堂上,老师问机械的定义,兰彻的回答简洁,而查尔图完全按照书本背了一大段,得到了老师的嘉奖。十年后,查尔图当上了副总裁,得意扬扬。

主人公兰彻自信、快乐、执着、机智,他对自己有充分的了解,并且清晰地希望"做自己"。他喜爱工程学,面对刁难,他用钟爱的工程学方法做出反抗,在被赶出课堂后,他换个教室继续上课。他有自己的思想,不盲目跟从老师的节奏和要求,敢于提出自己的意见。他目标明确,成绩优秀,与众不同,不落俗套甚至不拘一格。

中产家庭出身的法罕,有个强势的父亲,从小就被要求做工程师，性格怯懦的法罕真正的理想是做摄影师。兰彻鼓励法罕坚持自己的兴趣，追逐梦想，兰彻想办法说服了法罕的父亲并联系摄影师学习。在兰彻的帮助和引导下，法罕感动了父亲，终于选择了自己感兴趣的摄影，去巴西实现了自己的梦想。

莱俱家庭贫困，肩负家庭重担。在成绩滑坡后，他用死记硬背的学习方法。兰彻用事实告诉莱俱那种学习方法行不通。莱俱是个虔诚的教徒，为了学业、为了家庭一直虔诚地祈祷。在遭受强迫退学而跳楼后，在兰彻的鼓励下，他明白了一味祷告没有用，未来只掌握在自己的手中。

中学生需要生涯发展的指导，四个人的生涯发展体现了生涯选择和生涯决策等内容，值得学习和借鉴。

见·心理：成功

“学习是为了完善人生，而非享乐人生；追求卓越，成功就会在不经意间追上你。”这是电影中的一句话。成功是一个令人兴奋的词。但究竟什么是成功？每个人的理解不同。

查尔图认为的成功是有名、有钱、有地位。他开着豪车来接法罕、莱俱，为的是要证明一个10年前的誓言。查尔图已经成为一个成功的“副总裁”，他的家庭美满、财富显赫、地位颇高，他要让他们三人知道，他比兰彻更成功、更伟大。查尔图炫耀自己成功有钱时，他万万没想到，自己合作的老总竟然就是兰彻，只不过用了一个别的名字，一个大名鼎鼎的发明家。

法罕的成功是做自己喜欢的事情，尽力做出自己的成就。影片中，法罕经慎重考虑后，决定毕业后当摄影师时。当时和父亲的一段对话如下。

法罕：“爸爸，我不喜欢机械工程，也不可能成为一个好的工程师。兰彻说得很对，要让自己的兴趣变成职业，这样工作起来才快乐百倍。”

父亲反问：“你在丛林里能赚到钱吗?”

法军：“报酬虽然少一点，但收获一定很多。”

父亲：“五年后，等你见到同学们和朋友们又买房又买车时，你就后悔了。”

法军：“当工程师只会让我郁闷，到时我会更后悔。我想走自己的路，爸爸。”

……

法军：“做摄影师钱少点，房子小点，车差点，但是我会很快乐，我会非常非常快乐。以前不管您让我做什么，我都会听您的，只是这一次，让我自己决定好吗？求您了！”终于，一家人愉快地达成共识。

兰彻的成功就是做自己想做的事情。在法罕和莱俱开车去寻找兰彻的途中，弯弯曲曲的盘山公路下尽是美丽的风景，火红的叶子煞是美丽。这是兰彻的选择，在喜欢的地方开办希望的学校，用自己希望的方式创造性地培养学生。

“生活是场赛跑，跑快点，不然你就被别人踩到。”这句话在电影中出现多次。成功就是在喜欢的擅长的领域中耕耘，实现自己的理想，体现自己的价值。

生涯：生涯发展能力

生涯贯穿人的毕生发展，它帮助我们在人生的每个阶段，向内了解自己，向外了解工作世界，最终实现自我发展。生涯教育是一门“应变之学”，是增进个人对性格、兴趣、信念、能力、价值等的了解，提升生涯发展能力，在快速变化的社会中寻找到适合自己的生涯角色，创造出幸福、美满的生活。

每个人一生当中都要面对很多种的选择。生涯教育，就是为了让每位学生都拥有选择和决策的能力，当面临重要的选择时，能把握机会，在自我认识的基础上，结合自身的兴趣特长、性格、智能、价值观、家庭条件等因素做出最适合的选项。

生涯决策是选择与放弃的历程，是一个复杂的认知过程，是个人根据自己的特点，并经过一系列活动以后，进行的目标决定，以及为实现目标而制定优选的个人行动方案。它是一个循环过程。生涯决策要有一个明确的目标，结合自己的性格、兴趣和能力价值观，进行具有可行性的选择和决定。

生涯决策通常有三种类型：（1）理性型：他们会收集生涯的相关信息，分析各个选项的利弊，以做出最佳决定。（2）直觉型：以自己的感受或情绪做出直接的决定。往往会出现信息不全，决定冲动，但他们能为决定负责。（3）依赖型：他们等待或依赖他人收集信息且做决定，关注别人的意见和期望，被动顺从。每个人都在用独特的方式来看待自己和世界，生涯决策的本质是一种实验，我们反复去尝试，去期待最好的那个结果，反复进行选择，给我们带来更多的经验。一个生涯决策不是一个实验的终结，而是一系列连续实验的开始，一个人面临决策困难就表明他常用的决策框架出现了问题，因此理解一个人的决策框架要比关注决策结果重要得多。

生涯决策方法有很多，在中学生生涯规划中最易行的常用方法是“5W”法。具体来说，通过思考我是谁，形成一个比较清晰、全面的自我认识；我想做什么，逐渐固定个人的兴趣和目标；我能做什么，对自身的能力和潜力进行总结和评估；环境支持或允许我做什么，了解客观因素和支持系统的影响；我的生涯目标是什么，发现自己最想做、最能实现的生涯目标。

每个决策都有优缺点，就如三傻中四个人的决策一样，每条路都会有挑战和阻碍，是否能走过这些坎，还需要个人的努力。生涯决策往往是各种影响因素之间相互作用的结果，生涯决策没有标准答案，一个阶段的经验会影响到下阶段的决策，每个不确定性都可能引发下一个不确定性。

中学生生涯发展中还需要做好生涯角色平衡。角色平衡能力指每个人有多重角色，“生涯”统整了人生各个阶段的角色，舒伯的生涯角色中包括子女、学生、父母、工作者、休闲者、持家者等，需要在角色上寻找平衡和补偿，并能做好时间管理，提高生涯幸福指数。

生涯：成功之道

似乎每个人都在追寻着成功，究竟什么是成功？实际上，成功的定义，每个人内心都会有不同。有人认为家财万贯、富可敌国是成功；有人认为事业有成、官运亨通是成功；而有人则认为家庭和美、身体健康就是成功；还有人觉得在工作中获得自己想要的东西就是成功……

一生的成就，它来自你的工作和生活中创造的一种有意义的感觉。《三傻大闹宝莱坞》影片结尾处，死党三人中，一个是有几百项发明专利的教师；一个是出了好几本书的摄影家；一个是有火热博客的高级管理人员，全都是社会认可的成功人士。那如果他们的成功打了“折扣”呢？一个是普通小学科学教师，还是在乡村学校，只不过抱着崇高的目的；一个是普通摄影记者，没什么过人之处；一个是公司小职员，朝九晚五，那么这些普通职业算成功吗？成功是一个过程，而不是终点，每个人在平凡的岗位上做好平凡的事情，都可以是成功者。追求成功的过程是一个自我修炼、彻底改变自己、改变现状的过程，成功无关钱财和声誉，而是让自己感觉有意义、有价值。成功的模型是有一个明确可行的目标，有正确的方法和计划，坚持不懈地努力与坚持。

当今社会，所有成功方面的界定都来自目前的普世价值观，但是多元化的时代，成功的标准会有变化。真正的成功是物质财富的丰富与精神财富的丰盈。树立成功的外部形象，建立和谐的社会关系；内外兼修，完善自我。

人生不是战场,人生也不需要去寻觅对手,它只是一局与自己下的棋,是你的勇气、坚韧、执着、智慧与你的胆怯、退缩、软弱、愚蠢之间的较量,所以你只能战胜自我或输给自己。

打造高度的生命视野,找到生命意义,实现自身的生命价值。

生 命 篇

壹 青少年生命教育

青少年生命观

青少年期是每个生命个体的必经阶段，也是人生的关键时期。这个阶段是青少年世界观、人生观、价值观形成的重要时期，同时也是个体生命观形成的关键时期。每个青少年由于受主客观条件的影响和成长环境的不同，对生命的认识和理解程度不同，面对生命及其相关问题会产生不同的态度和不同的处理方式。青少年期，需要建立积极的生命观，意识到生命的宝贵和短暂，从而懂得去热爱生命、珍惜生命，进而发展生命、弘扬生命，提升生命质量，实现生命的价值和意义。

生命观主要包含：生命认识、生命态度、生命价值和生命责任四个层面。生命认识指的是让个体认识到自己生命的存在，认识到他人生命的存在，认识到世界上一切生命的存在以及生命间的相互关系。每个处在青春期的青少年在认识自己生命存在的同时，还要认识其他生命体的存在，了解各个生命体之间的关系，包括对自我、他人、动植物生命的认识，对自我与他人、社会的关系的认识以及对他人与他人间关系的认识等。正确的生命认识是形成科学生命观的前提，只有全面了解生命，领悟到生命的奥妙，才会真正感受到生命的重要，才会懂得珍惜生命。

生命态度指生命个体在其言行中所表现出来的对生命的看法和倾向，是建立在一定的生命认识基础上的。生命态度既包括对“生”的态度，也包括对“死亡”的态度，生与死是生命不可分离的一体两面。生命态度有积极和消极之分，这主要取决于生命个体对生命认识的正确与否以及有着怎样的生命情感和体验。生命态度是通过个体的生活来展现的，由于每个个体所处的环境及自身条件有很大的差异，其对自身的认识、评价与定位也会不同，因而会影响其生活态度和生命态度。生命个体的生活状况、生活感受以及在面临挫折和压力时所采取的应对方式都会直接影响他们对待生命的态度。积极向上的生命态度会促进生命的持续健康发展，激发生命的活力；消极的生命态度则会影响生命的成长，消退生命存在的意义，甚至会终止生命的存在。青少年处在特殊的年龄阶段，正值生理、心理趋向成熟而又未完全成熟的时期，相对于其他年龄段的人来说，他们对生活层面的认识正在经历一个由不成熟到成熟、由感性到理性、由肤浅到深刻、由模糊到清晰的过程，折射到生命态度上也会有其特殊性。

生命价值指的是生命个体对生命价值与意义的认识与看法，即生命价值观。生命价值观也是一种生活态度和理想，指引着人们前进的方向，同时作为一种价值观念，对人们的日常行为起着导向和规范的作用。生命价值观的正确和积极与否，决定着生命个体能否发现并创造有价值、有意义的人生。生命价值观不是与生俱来的，而是生命个体在生活实践中逐步形成的，需要在实践中不断修正和改善。

生命责任指尊重生命、关爱生命和提升生命价值。生命责任是最基本的也是最重要的责任，它是每个生命个体必须承担的，是我们精神的支柱、力量的源泉。青少年的生命责任意识是指青少年对自己所应承担的生命责任的自觉意识，它要求青少年除对自己生命负责外，还必须对他人和他类生命负责，正确处理与他人、他类生命及人类生命繁衍和社会发展的关系。有了生命责任意识，对生命本着一种负责任的态度，自觉遵守法律和道德的规范，学会珍惜生命、尊重生命，而不轻易漠视生命、践踏生命，实现自己与他人、他类生命之间的和谐。

青少年生命教育

生命是教育的根本出发点，生命个体的自由全面发展是教育的终极目标。意大利教育家蒙台梭利也曾深刻地指出:“教育的目的在于帮助生命力的正常发展,教育就是助长生命力发展的一切作为。”[①]教育作为培育人的一种活动,其存在和发展的基础就是人的生命,离开了人的生命,教育就成了无源之水、无本之木,丧失了其存在的意义。因此,开展教育活动首先就应该要关注受教育者的生命,对他们进行生命教育。

生命教育,顾名思义,就是关于生命的教育。青少年生命教育,是以生命为核心,遵循青少年生命成长与发展的规律和特点,采取优良的教育方式对广大青少年进行阶段化、个性化的教育,帮助青少年全面、正确地认识生命,从而学会尊重生命、欣赏生命、珍爱生命、保护生命、提升生命、超越生命,达到生命与自身、与他人、与社会、与自然的和谐统一,促进生命自由而全面发展。青少年的生命教育不仅要传授生命的知识和技能,而且要培养一种科学、积极的生命观,健全生命个体的人格,感悟生命的真谛,追求生命的价值和意义。教育必须根据青少年的自身特点来开展,要在充分了解青少年生命状况的基础上采取有针对性的、个性化的且适应青少年生命发展需要的方式对其进行生命教育,只有这样,生命教育的目的才能得以真正实现,效果才会更加显著。

贰 向死而生

看·需要:生命价值观

生命价值观是生命教育的核心内容,生死观是生命价值观的重

① 转引自邓涛:《教育视域里的生命教育》,《教书育人》2002 年第 8 期。

要组成部分。中国传统的生死观是“未知生，焉知死”，主张将死亡视为一种归宿而泰然处之。缺乏对死亡意义的探寻，也在一定程度上否认了死亡对人的生命所具有的终极关怀意义。这种生死观导致中国人长期缺乏生命神圣的观念，缺乏对生命存亡的深切关怀；政治化的死亡态度弥漫社会各个领域，使有关死亡的诸多复杂问题被简化和弱化。但是随着人类理性觉悟的提高，死亡的各种特性已逐渐被世人所认识，死亡也逐渐成为人们积极思考和筹划人生的逻辑起点。对于青少年来讲，死亡的发现则是他们个体意识走向成熟的必经环节。正如《苏菲的世界》里的苏菲，她在经历了祖母的死亡之后，开始思考生命的意义，意识到生死如一枚硬币的正反面，“假如你没有意识到人终将死去，就不能体会活着的滋味。然而，同样的，假如你不认为活着是多么奇妙而不可思议的事时，你也无法体认你必须要死去的事实”。由此可见，没有生命，死亡的意义和价值便无从依托，无法实现；没有死亡，生命的整体性和有限性则无从体认。因此，教育应从生死相联的角度考察人的生命与死亡，促使青少年形成合理、合意的生死智慧。

青少年正处于价值观逐步成熟的阶段，他们的生理和心理都处在不断成熟的过程中；且人的价值观具有社会性，随着社会的快速发展，它也在不断的变化中，相对成年人较稳定的价值观，青少年的价值观具有很大的可塑性。当代中国，急剧变革的时代带来了东西文化的碰撞和新旧观念的交锋，人们的思想和行为受到了困扰。生活于这个变革时代的青少年，其生活方式、思维方式、行为方式也必然打上这个时代的鲜明烙印。越来越多的青少年在生命成长的历程中逐渐陷入“和自然疏离”“和社会疏离”及“和人自身疏离”的困境焦虑之中，找不到生命的意义，精神失衡，心理失调。本应是热爱生命、青春焕发的年龄，有时却对自己和他人的生命状态表现得异常冷漠。当代青少年的生命价值观主要存在以下两个问题：一是对于生命价值的迷茫，二是对生命意蕴的模糊。青少年对“死亡”缺乏认识和思考，虽然社会新闻中充斥着自杀、车祸等死亡事件，但距离青少年的生活有一定的距离，无法引起学生的关注和思考；中国的传统文化中对“死亡”这一话题颇为禁忌，青少年在心理上无意识地对死亡这一话题进行了心理隔离，从而引发了对死亡的恐惧、焦虑，对生命的迷茫、冷漠等心理问题。

看·电影：《入殓师》

《入殓师》，2008 年于日本上映，2009 年摘得第 81 届奥斯卡金像奖最佳外语片，成为当时最大的一匹黑马。同年在第 32 届日本电影学院奖上斩获包括最佳影片、最佳导演等 9 项桂冠。

《入殓师》的主人公——小林大悟是一位蹩脚的大提琴乐师，购买了昂贵的大提琴后，却迎来乐团解散的噩耗。失业仿佛是头顶的达摩克利斯之剑，受困于高额的债务与对自己人生价值的深深怀疑，他与妻子搬回了过世的母亲留给他的老屋，过起了轻松且清贫的生活。一则招聘启事给小两口平静似水的生活带去了涟漪。这份不限年龄、不需经验、短工时、高待遇的工作吸引了大悟前去面试。身穿正装的他带去的简历被社长随意扔在一边，面试问题更是只有一句“能做全职么?”面对社长抛出的高薪，和对工作内容的避而不谈，大悟再三逼问方才得知，原来这份工作是入殓师。大悟畏惧这份工作，却又贪恋高额的薪水，在纠结中他选择接受了这份工作，开始了一段身边人不理解，甚至厌恶的人生。但是随着时间的流逝，大悟对“入殓师”从恐惧到尊重，妻子及友人对大悟从不解再到敬重，大悟对父亲从埋怨到冰释前嫌。入殓师擦拭逝者的身体后更换寿衣，再为往生者化好生前的妆容，这一过程最重要的是尊重。入殓师的这一系列步骤，都笼罩着一股庄严、神圣的气氛，配合着特意放大的棉布擦拭身体的声音，衣料摩擦的声音，入殓师行云流水的举动将家属的情绪逐渐安抚下来，从暴躁不耐烦转变为欣慰与哀恸，让家属更好地与亲人告别。原来，入殓是一种道，一种因为仪式感而使死亡升华的道。

见·心理：亲情

生与死，是大自然永恒的主题。从出生到死亡，亲情是陪伴我们最久、最重要的情感，但亲情也是我们最容易忽略的情感。影片通过充满仪式感的入殓仪式，向我们展示了夫妻之间、父母与子女之间、长辈与晚辈之间，甚至朋友之间的至亲情感。

“男儿身女儿面容”的止夫，父母在他死后尊重他的意愿给他化上女生的妆容，穿上女孩的衣服，这是尊重，尊重家人的意愿和选择；因车祸身亡的叛逆女孩，父母和男友在入殓仪式上情绪崩溃，互相指责，这是悔恨，后悔没有珍惜与逝者共同生活的岁月；脸上印满晚辈唇印的老爷爷，妻子、女儿在老人脸上印满唇印，又哭又笑地向他表达感激之情，这是感激，感激逝者为家庭所付出的一切；过世后心愿是穿长筒袜子的奶奶，孙女们为逝去的奶奶穿上她最喜欢的长筒袜，完成她的遗愿，这是圆满，是对曾经共同度过的美好岁月的纪念；为了方便邻里坚持开澡堂的老板，儿子在入殓仪式上痛哭流涕，这是遗憾，因为从未认真了解母亲的真实愿望。

庄严肃穆的入殓仪式贯穿了整部影片，通过主人公小林大悟的视角看到了亲人在入殓仪式上的情绪起伏，有悲伤，有遗憾，有感激，有不舍，也有愧疚和悔恨。我们开始通过“死”思考“生”，意识到当我们面对“死亡”的时候，我们更多是在思考“生”的问题。思考生活中我们应该怎样对待自己的亲人？是在亲人逝去后才追悔莫及？是在酿成大错后，痛苦自责一生，还是善待、理解亲人，珍惜每一天来之不易的生活，以一种包容和理解的态度与亲人共度人生？影片已经给我们展示了答案。

见 · 心理：生死观

生死观就是这种特有的生物种类对于生存与死亡的一种主观理解和主观态度。从生命体征来讲，死即是机体生命活动和新陈代谢的停止，但从精神意义上理解，生与死的关系其实并没有实质上的割裂，在人们的观念中生与死存在着一定的循环过程。这种认知同时也是该片所极力传递出的生死观念，即客观生命体征的终结并不代表着真正意义上的死亡，在生与死之间，还有着非常强烈的情感连接纽带。由于入殓师这一职业的特殊性，要不断面临各种生离死别的场景，在这个过程中，小林大悟思考着自己的生死的辩证意义，重塑着自己的生死观。

机缘巧合下，主人公小林大悟开始了自己的入殓师生涯。他职业生涯的第一份工作任务是处理一具腐烂的老太太的尸体。整个工作过程中，小林大悟不可抑制地疯狂呕吐，下班后依然反复在浴室中冲洗身体，看到妻子端上来的生鸡肉也完全无法下咽。这样的场景非常符合正常人对于死亡的态度，充满恐惧，避之不及。

然而，小林大悟看到社长怀有崇敬的心态，一丝不苟，充满感情地为死者执行入殓仪式的过程，亲身体会到来自死者家属真诚感谢的时候，大悟又对入殓师这个职业有了新的认识。就像社长对于这个职业的解释一样："让已经冰冷的人重新焕发生机，给他永恒的美丽容颜。这需要冷静、准确，还要怀着温柔的情感。在分别的时刻送别故人，静谧，所有的举动都如此美丽。"

对于生死意义的思考，还有一次是大悟站在河边，看到为了在上游产下后代逆流而上却最后累死的鲑鱼，感到非常不解，不由感慨，"让人觉得悲伤，为了死而努力，终归一死，不那么努力也可以吧。"而一位途经的老者的话却内含关于生死态度的玄机："是自然定理吧，它们天生就是这样。"这也是影片想表达的一种隐含的生死观。因此，如果说死亡对于每个人都是不可避免的结局，那么通过入殓师直面逝者的过程，让观众体味生死交界的过程，让观众对影片所传达出的对于死亡的朝圣般的态度，而产生由衷的敬意。生和死这两者永远是相对的概念，敢于直面死亡，需要一定的勇气，由生终会走向死亡，而由死亡又能够反观生者。

影片的结尾，以大悟为父亲入殓作为终结，却又迎来了妻子怀孕，其肚子里孕育着新生命作为承接，也是一种生死循环意象的体现。虽然每个人的生命终将终结，然而却仍然有生的希望在日月更迭中升起，这正是影片所要传达的一种观念，这种练达的生死观念不由得让人敬佩和赞叹。

生命：向死而生

中国传统文化中讲“未知生，焉知死”，而西方文化中则认为“未知死，焉知生”，这是两种不同的生死观，却传达出一种共同的意蕴，即生死相连。生与死不是硬币的正反面，而是一段生命旅程的起点和终点。《入殓师》使人生成为一次旅行，用近乎诗意的方式将生死娓娓道来，没有死亡的悲悲切切，反而充满亲情和温暖，散发着亲切的人情味。正如电影中的台词：“生死，只是一扇门。我们穿越生之门，呱呱坠地，很多年后，我们就走了，轻轻掩上门，就像当初来的时候般简单。”《入殓师》在内心深处带领我们进行了一场关于死亡这一包含着深刻的伦理道德内涵的思考经历，让我们在内心中接受了一场关于亲情、灵魂的洗礼。

青少年应该更加珍惜生死之间的这段人生旅程，认识到生命是一种联系，自己生命的存在与父母亲人，与朋友同伴，甚至与世间万物之间都存在着千丝万缕的联系。青少年需要建立起积极的生命态度，重视生命机体的健康，选择健康的生活方式；能够认识到生活的快乐，感受到生活的意义，对未来生活充满期许。形成健康、积极的生命价值观，尊重个体生命，相信每一个生命个体都是独一无二的，积极去感受客观世界，感受生命的价值和意义，创造丰富的精神世界，不断提升生命质量。青少年需要提升生命责任感，除了对自己生命负责外，还必须对他人和他类生命负责，正确处理与他人、他类生命及人类生命繁衍和社会发展的关系，对生命本着一种负责任的态度，自觉遵守法律和道德的规范，学会珍惜生命、尊重生命，而不至于轻易漠视生命、践踏生命，实现自己与他人、他类生命之间的和谐。

叁 追问生命　无问西东

看·需要：生命意义感

当人自我发问"我是谁？我从哪里来？我往哪里去？"的问题时，他就开始了探索自己的生命意义。追求生命意义是人的一种本能需要，如果找不到生的意义，人就会产生莫名的空虚感，并引发一系列心理疾病。生命意义感是个体对生命存在所作的一种价值判断，有了它就意味着个体找到了生命存在的理由和意义，就觉得生活有价值，接纳和喜爱自我生命，肯定和欣赏生命的意义，并且对他人的生命乃至整个生命世界产生同情、关怀与珍惜的情感。

生命意义感是一种高层次的心理感受，有了它就意味着个体有了充实感、活力感、快乐感、幸福感。当个体直面自己的困难与威胁，会体验到生活的酸甜苦辣，丰富生命的意义感；当个体反思各种危难和死亡事件，会感受到生命的脆弱，进而敬畏生命、珍惜生命；当个体鼓足勇气战胜困难和威胁，会感到成功的精彩。总之，生命意义感是在多种生活体验中产生的积极心理感受。

青春期是最容易感受到生命意义的敏感时期，青少年是人生中的一个重要时期，他们的生命普遍存在空虚的倾向，所以青少年需要特别的意义关怀。同时，青少年乐于探索生命的意义与价值，充实生命的内涵以及扩充生命的广度，调和、扮演好所被预期的角色，发现世界上属于自己的地方和责任。

对于青少年来说，年龄、人际关系以及生活压力事件、家庭关系、学校教育等对生命意义的影响尤其显著。第一，生命意义与年龄密切相关，研究表明青少年的生命意义感普遍较低，他们没有明确的生命目标和存在价值感，与此同时，这一时期的个体却有寻找生命意义的强烈动机。第二，青少年通过完善自己的友谊，发展自己的人际关系，来构建积极的生命意义。通过在人际交往中获得友谊而获得生命的意义与价值。研究表明 13—15 岁和 17—19 岁的青少年在生命意义上的得分低于其他年龄段的青少年群体。第三，生活中的重大事件也会影响青少年的认知，从而深刻改变其生命意义。第四，家庭是青少年成长的重要环境，它对青少年的身心发展有着十分重要的影响。研究表明，单亲家庭、家庭关系不和睦以及父母不当的教养方式都会影响青少年生命意义，在这样家庭中的青少年的生命意义普遍较低，缺乏明确的生活目的。第五，学校教育也是青少年生命意义的影响因素之一，尤其是学校的生命教育，对于帮助学生理解和探索生命意义，提升他们对生命的尊重和关怀有十分重要的作用。

生命意义感影响到青少年的身心健康、幸福感以及自杀态度等方面的发展，高生命意义感的青少年能够通过经验价值、创造价值形成自己的生命意义。生命意义是维持和提高身心健康的一个重要指标。心理学家指出生命意义感对于心理健康来说是必需的。生命意义也是幸福感的基础，是幸福感产生的条件。

看 · 电影：《无问西东》

《无问西东》是一部剧情片，于 2018 年 1 月 12 日在中国内地上映。

影片讲述了四个不同时代却同样出自清华大学的年轻人，对青春满怀期待，也因为时代变革在矛盾与挣扎中一路前行，最终找寻到真实自我的故事。

第一个故事发生于民国初期的清华学堂，在文科与理科之间纠结的吴岭澜听从清华老校长梅贻琦的建议选择遵从自己的内心，学习自己擅长但社会主流并不认可的文科。

第二个故事发生在抗日时期的西南联大(当时的清华大学)，联大学生富家公子沈光耀在国家危急存亡之际，选择弃笔从戎，成为一名空军飞行员最后以身殉国的故事。

第三个故事发生在20世纪60年代的清华校园，清华学生陈鹏，面对被批斗的爱人，不顾世俗的反对，也不管会导致的严重后果，选择与王敏佳相爱的故事。

第四个故事发生在2012年，由张震扮演的张果果面对可能会为自己招致麻烦的四胞胎家庭，依然遵从自己内心的呼唤，无视了上司的暗示，选择用心照料他们，并且在险恶的商场之中，独善其身，不同流合污。

见·心理：选择

“选择”是《无问西东》这部电影最核心的主题。在这部电影中，不同时代、不同境遇的主人公，在面对人生重大问题的时候，都做出了自己的选择。

20世纪20年代，“一战”刚结束，中国仍处国家危难中。学子们认为学习“实科”才能更好地为国家效力。电影主人公之一吴岭澜文学天赋极高，国文和英语都是第一，但是物理、化学成绩却不怎么样。在接到建议转科通知时，吴岭澜是矛盾的。他知道自己具备文学潜力，同时他也热爱文学，但他认为最好的学生都是读实科，这个年纪就应该读书学习,每天把自己埋于课本中,何用管他读什么书。当时他的老师梅贻琦向他解释了何为真实,在听过泰戈尔演讲过后,吴岭澜听从自己的内心,选择了文科。吴岭澜所面对的恰是我们每个人曾面对过的难题:高考选科到底选哪些学科。而电影想要告诉我们的是,尊重自己内心的选择,路终归要自己走,只有尊重内心的声音,人才能活得真实。

20 世纪 40 年代,祖国在战火中跌宕前进,学子们被战火逼退到祖国的西南方,西南联大由此建立。主人公沈光耀是个富家子,接受了良好的教育,知识面宽广。他看到祖国被欺凌,和众多年轻人一样要报效祖国。母亲希望孩子可以享受自己的人生,不必为了功名利禄而奉献自己的一生。但当日军轰炸我们的国土,部队招收飞行员时,长官说的"世界上不缺完美的人,缺的是从心底给出的美好的事物"打动了他,他坚定地当了飞行员。主人公进行的是家国之间的选择,母亲希望他能想好怎样过一生,而他决定了为国奉献一生,所以在他最后选择冲向敌人的战船时,脸上是平静的笑容。他的选择是大爱,是国家。

20 世纪 60 年代,祖国在自立后需要自强,想要强大军事实力研发核武器。校长挑选了成绩优异的清华大学学生陈鹏去研究当时的机密任务核弹的制造。陈鹏、王敏佳和李想是同一个班的,身份相仿,都是孤儿。陈鹏喜欢王敏佳,他毫不犹豫地拒绝了校长而选择了爱情。李想也喜欢王敏佳,浪漫而充满理想主义的李想更受王敏佳的欢迎。陈鹏思考后默默退出爱情"三角",接受了校长的邀请,去研究核弹。但王敏佳出事的时候,李想为了自己的前途抛开了王敏佳。王敏佳被批斗、被殴打到休克时,陈鹏上前帮她,把她带回了自己的老家。在爱情与前途面前,很多人会迷茫,到底是成就自己还是选择感情,陈鹏用自己的赤子之心告诉我们:爱自己所爱,做自己喜欢做的事儿。

现代时期的主人公张果果面临许多难题,职场的斗争让他迷茫。

刚开始他选择帮助四胞胎是因为公司需要，他离职后，四胞胎被公司放弃，他选择继续帮助四个小生命。他同事的经历让果果怀疑自己的选择是否正确。清明扫墓时，父亲的故事及意味深长的话，让他坚守了自己的初心。他继续帮助四胞胎家庭，电影结尾是他的独白，希望你在被打击时，能够记起你自己的珍贵，去抵抗世俗的恶意；希望你在迷茫时，坚信你自己拥有的珍贵。

选择是人生的重要课题，选择是残酷的，因为选择也意味着放弃，吴岭澜选择了“无用”的文科，放弃了有用的“实科”；沈光耀选择了正义和无畏，放弃了优渥的生活和光明的前途；陈鹏选择了爱情，放弃了前途；张果果选择了坚守初心，不管初心带来的麻烦。四个不同年代的主人公不约而同做出了最遵从本心的选择，也正是这样的选择照亮了别人的生活。吴岭澜最终成为西南联大的老师，以自己的言行影响了沈光耀。沈光耀成为飞行员后为那些孤儿们投下食物，使得陈鹏生存下来。而陈鹏在王敏佳墓前开导李想时说的那一句逝者已经逝去，生者还得继续活着影响了李想。李想在大雪中救下张果果的父母，由此才会有张果果的烦恼，一环扣一环。

正是因为做出了遵从本心的选择，四个主人公在不同的时代，在人生的各个至暗时刻，都能坚强地面对生活中的苦难，依然能在黑暗中不断追寻自己的生命意义。

生命：活出精彩人生

对于成长中的青少年来讲，有很多途径和方式可以感受到生命的意义，不仅有知识能力上的发展，更应该通过精神上的愉悦体验获得丰富的生命涵养，提升自己的生命境界，成为对社会有用之人和幸福之人。

1. 培育积极的生活情趣

青少年成为一个有生活情趣的人，既关注其外显的活生生的生命展示，也关注其内隐、活泼、丰富的生命情感。有了生活情趣，就会产生良好的生命感觉，热爱生命，呵护生命。有了生活情趣，就会在学习和整个生命过程中，乐于投入，愉快地从事各种有意义、有价值的事业和活动。总之，有生活情趣，才能对人生、对未来、对事业有热情的追求，才能让生命能量健康、有效地释放出来，活出充实而有品位的人生，并以阳光的心态关心别人、爱护别人。

2. 树立生命责任感

生命是不可逆的，一旦失去永不再来。一个生命不仅仅是属于自己的，它还属于和它相关的家庭和社会，自杀对个人也许是一种解脱，可是对亲人和社会无疑是极大的伤害，是极端不负责任的表现。因此，教育关怀学生的生命意义感，使之珍视生命，而不能轻视生命，就要培育学生的生命责任感、家庭责任感和社会责任感，努力担负起这些责任，活出生命的意义来。

3. 获得生活愉悦感

生活愉悦感并不等同于物质利益的满足，而是一种由于取得理想成就、工作胜任、人际关系和谐等而产生的感受。因此，创造条件满足青少年在自尊、自我期望方面的高级心理需求。引导青少年学会热爱生活、珍惜生活，学会关心与感恩；帮助他们树立符合实际的目标和期望标准，培养创造幸福的能力；帮助他们用正确的方式处理人际关系，塑造个体健全的人格、理性平和与积极向上的心态以及良好的文明素养，实现个人和群体和谐。

4. 积极直面缺憾的力量

人生在世总是有各种各样的缺憾，生老病死、天灾人祸、暴力、贫穷等，无疑容易让人产生悲苦感，容易遮蔽生命的意义。寻找生命的意义感，并不是逃避这些阴暗的方面、缺憾的问题，而是要学会积极充实自我，把握现在所拥有的一切，把握好当下，过好人生中的每一天。

主要参考文献

[1] 吴增强主编:《学校心理辅导通论: 原理·方法·实务》,上海科技教育出版社2004年版。

[2] 胡克、游飞主编:《美国电影分析》,中国广播电视出版社2007年版。

[3] 朱小蔓:《关注心灵成长的教育: 道德与情感教育的哲思》,江苏凤凰教育出版社2015年版。

[4] 祁春风:《自我认同视野下的"80后"青春叙事》,山东大学博士学位论文,2016年。

[5] 苏兴莎:《影像的力量: 20世纪以来好莱坞电影与美国价值观的塑造和传播》,吉林大学博士学位论文,2016年。

[6] 王定功:《人的生命价值研究》,北京交通大学博士学位论文,2012年。

[7] 吴龙远:《青少年亚文化对中学德育的影响及对策研究》,苏州大学硕士学位论文,2011年。

[8] 徐珊珊:《以电影为载体探索大学生生命教育》,湖北大学硕士学位论文,2010年。

[9] 袁勤:《90后高中生人生价值观形成问题探析》,苏州大学硕士学位论文,2010年。

[10] 聂子春:《心理电影疗法的理论研究》,青海师范大学硕士学位论文,2009年。

[11] 张静雯:《心理分析视域下的电影观照》,河北大学硕士学位论文,2009年。

[12] 俞国良等:《高中生心理健康的横断历史研究》,《教育研究》2016年第10期。

[13] 冯嘉慧:《美国生涯指导理论范式研究》,华东师范大学博士学位论文,2019年。

[14] 杜晓娟:《新媒体时代高校心理健康教育路径研究》,黑龙江大学硕士学位论文,2017年。

[15] 胡寒春:《青少年核心心理弹性的结构及其特征研究》,中南大学博士学位

论文,2009 年。
[16] 李贺:《青少年生活事件、应对方式、心理弹性及焦虑情绪的关系》,河北师范大学硕士学位论文,2017 年。
[17] 朱丽雯:《青少年愤怒情绪的特点研究》,河北大学硕士学位论文,2007 年。
[18] 刘伟伟等:《心理弹性的国内外研究回顾及展望》,《宁波大学学报(教育科学版)》2017 年第 1 期。
[19] 张苏:《中学生心理弹性及其与应对方式的关系研究》,四川师范大学硕士学位论文,2010 年。
[20] 陈旭:《中学生学业压力、应对策略及应对的心理机制研究》,西南师范大学博士学位论文,2004 年。
[21] 蔡靓:《电影的"情绪效应"——论电影的情绪元素对人的心理的影响》,《台州学院学报》2010 年第 2 期。
[22] 彭成:《生死如同一首诗——析〈入殓师〉的亲情》,《文学教育》2010 年第 8 期。
[23] 董雪:《〈入殓师〉:奏响生死之隽永乐章》,《电影文学》2012 年第 23 期。
[24] 陈秀娣:《儿童青少年生命认知及生命价值观的发展特点》,上海师范大学硕士学位论文,2008 年。
[25] 郭平:《青少年生命教育现状研究》,华东师范大学硕士学位论文,2009 年。

后记

很多人的心中会珍藏一部电影，很多人的人生就如同电影一样，只是，这部电影的导演和演员都是自己。

在自我成长之路上，相信所有人都有这样的体验："道理我都明白，但我做不到。"原因是头脑了解了知识，知识却很难成为自己内在的需求，只有感悟、接纳，才可能经历转化的心理过程。

2005年开始，我陆续开始了"电影中的心理学"的探索，并在《上海计算机时报学生导报》上连续刊出"电影心理分析"，我推荐的第一部电影是《垂直极限》，这是触动我的心灵的作品，分析了兄妹在登山过程中目睹父亲为了保全他们而割断绳索牺牲自己的举动后接下来截然不同的表现，当时就其中体现的心理防御机制和同理心进行了分析。一个学期的摸索后，我开设了选修课"电影中的心理学"，每次选课人数众多，不少学生连续两年都来选择上课。我们欣赏电影作品的意义一是运用电影作品"寓教于乐"或"寓教于美"的形式，可以引领人们发现问题、重视问题、思考问题和解决问题。更重要的是，电影可以深入世界的各个角落，跨越了社会的各个阶层，创造着一个个具体的情境，体验着一次次不同的人生，让青少年在别人的故事里找寻自己生活的答案。而实际上，我也在和学生一起分享电影的过程中思考和成熟。

几年的实践探索后，我开发了校本课程。后续又在一些专题上进行思考和探索，申请了市级和区级的课题，在生命价值观教育和生涯辅导领域中开展相关的实践，取得了非常好的效果。我的内心一直有个愿望，希望自己能十年磨一剑，把运用电影读懂青春的相关内容写下来与大家分享，却每每因惰性和思考尚不成熟而搁浅。

2018 年，我有幸参加了上海市中小学骨干教师心理健康教育（青春期教育）德育实训基地学习，有幸遇到具感召力、前瞻性和包容性的基地导师戴耀红老师，我被导师的理想情怀和严谨的治学态度所感染。导师的鞭策和鼓励促成我将自己实践摸索了 15 年的事情整理成小册子。

生命成长需要系统的支持。因此，此书不仅让青少年从电影中得到启发和成长，我更希望能转换视角，希望借由电影，让家长和老师来读懂青春期的孩子。这样的转换却让自己进入一个脱胎换骨的思考角度，几经痛苦挣扎，终于完成稿件。也许读者依然能看到我内心的挣扎和转换的纠结。在此，特别感谢给予指导的吴增强老师，他的肯定让我得以坚持。感谢鞠瑞利老师的指点，让我在困顿时获得灵感。感谢李莉老师，我们一直以来共同实践探索，彼此的心灵感应、点子碰撞，让我们心有灵犀，互助成长。也感谢一直以来给我机会实践探索的学校领导和给我信心、热心捧场的那么多的学生。

我也把此书送给我成长中的孩子，陪伴孩子成长的你，和我自己。

有一句广告词这样说："心有多大，世界就有多大。"得到精心呵护的青春、细心观照的生命，一定会有无限前景的未来。

沈　慧

2020 年 9 月 30 日

图书在版编目(CIP)数据

心悦青春:上海市中小学骨干教师心理健康教育(青春期教育)德育实训基地成果集.6,跟着电影懂青春/戴耀红主编;沈慧著. —上海:复旦大学出版社,2021.6
ISBN 978-7-309-15607-2

Ⅰ.①心… Ⅱ.①戴… ②沈… Ⅲ.①中小学生-心理健康-健康教育-教学研究
Ⅳ.①G444

中国版本图书馆 CIP 数据核字(2021)第 064764 号

心悦青春——上海市中小学骨干教师心理健康教育(青春期教育)德育实训基地成果集
戴耀红 主编
责任编辑/关春巧

复旦大学出版社有限公司出版发行
上海市国权路 579 号 邮编:200433
网址:fupnet@fudanpress.com http://www.fudanpress.com
门市零售:86-21-65102580 团体订购:86-21-65104505
出版部电话:86-21-65642845
江苏凤凰数码印务有限公司

开本 890×1240 1/32 印张 37.25 字数 968 千
2021 年 6 月第 1 版第 1 次印刷

ISBN 978-7-309-15607-2/G·2235
定价:280.00 元(共十册)

心悦青春

上海市中小学骨干教师心理健康教育（青春期教育）
德育实训基地成果集 戴耀红◎主编

陪伴青春

初中生心理辅导

沈俊佳 著

復旦大學出版社

总　序

曾经有四名初中少女，因为她们喜欢的男孩子不喜欢她们，于是开煤气想集体轻生，不料抢救后醒过来的她们几乎说的第一句话都是：怎么没有电视台来采访我们？她们全然不顾父母的着急、老师的担忧，更是把放弃生命当作一场儿戏来“秀”。当成年人为她们的行为感到可笑、可气、可悲的时候，作为教育工作者，我们的心情是沉重的。当青少年以生命的代价去叩问青春命题时，我们不得不反思，教育该如何尊重人的成长需求，体现人文关怀？如何遵循人的发展规律，体现育人价值？

从事青春期教育实践和研究二十多年，我亲历并见证了上海青春期教育的发展。从当年要不要在学校开展青春期教育到如今学校如何实施青春期教育，这场讨论主题的转变是时代对教育的期许，是学生对教育的呼唤，也是教育改革、进步的必然。

由于青春期教育工作者的不懈努力、追求和坚定的信念，青春期教育终于从最初的被指责、被怀疑到现在的被接受、被认同，并在不同学校以不同方式开展。但是随着社会的进步和学生身心的发展，目前青春期教育在观念、内容、形式等方面还有许多需要改进甚至变革的地方。

一方面我们的教育观念比较传统和保守，和社会转型期学生的实际生活、价值观仍有隔阂。我们在教育内容上比较单一，对性的敏感话题心存顾虑。我们在教育方法上还是以过来人和教育者居高临

下的说理、灌输为多。教育过程中缺乏倾听学生的心声和了解学生的感受；教育目标一般也简单定为青春期问题防范和处理，对于学生青春成长过程中的生命关怀缺乏研究。

另一方面教育的整体性和连续性跟不上学生生命成长的需求，学校或教师的教育行为大多数还处在应付处理青春期问题的层面，学科教学与专题教育处于碎片化、断裂式的状态，一些教育内容在许多学科或不同学段中简单重复，一些内容由于敏感或与学业知识相关不大而被空缺、被忽视；对青春期成长有着重要意义的家庭，在孩子身心发展，特别是人格发展方面重视不够、方法欠缺。

众所周知，青春期是一个人价值观、人生观、世界观形成的关键期，在教育部颁布的《中小学德育工作指南》中强调，要对学生“开展认识自我、尊重生命、学会学习、人际交往、情绪调适、升学择业、人生规划以及适应社会生活等方面教育，引导学生增强调控心理、自主自助、应对挫折、适应环境的能力，培养学生健全的人格、积极的心态和良好的个性心理品质”，这也是青春期教育的目标所在。

学校青春期教育是生命教育的重要组成部分，也是当下德育的难点，虽然教育部门有专题教育的要求，但在落实中存在诸多困难，如缺乏合适的教材、创新的教法、有一定水准的教师等。上海市中小学骨干教师心理健康教育（青春期教育）实训基地正是在这样的背景下，由上海市教委为加强学校德育工作、促进德育队伍专业发展而搭建的培养市级骨干教师的高端平台，是由一群经推荐和选拔的中学德育优秀教师组成的实践研究团队。市教委德育处领导、市德育发展中心和市中小学德育研究协会的专家对我们基地的组建、项目研究、成果质量给予了高度关心和鼓励。学员所在学校的领导也给予学员在参与基地活动方面极大的支持。

2018 年初夏，我和学员们带着众多人的期望和对学校青春期教育的信念，开始了一段陪伴学生成长的青春之旅，基地本着“以教师的人文情怀滋养学生青春成长”的理念，致力于学校心理健康教育、

青春期教育的推进与创新,旨在通过项目引领、理论学习、教育实践、研究反思等,更新教育理念、改进辅导方法、改善教育行为,促进教师专业发展,有效发挥学科优势,充分体现心理健康、青春期教育的价值。

三年来,我们聚焦问题,突破创新,通过调研,了解当下学校青春期教育的基本情况、困难和瓶颈,为学校青春期教育提出建设性、突破性的建议;我们更新理念,提升能力,在实践研究中丰富教师的青春期知识,完善教师的教育方法,提高教师的青春期教育素养,培养了一批热衷于青春期教育、有一定创新能力、受学生欢迎的青春期教育的教师。

三年来,我们聘请高校教授、医务工作者、特级教师等担任基地导师团导师,通过讲座、报告等形式在专业知识等方面对学员进行指导,在微课设计、制作及资源开发等过程中,帮助学员把关好教育的科学性、准确性和有效性,提升学员青春期教育的理论水平和专业能力。

三年来,我们以上海市德育理论研究与决策咨文课题"中小学青春期教育一体化建设研究"为抓手,组织学员边学习、边反思,边实践、边积累,边开发、边提升,开展了上海市中小学生青春期教育现状的调研、青春期教育学科融合、青春期专题教育资源开发和利用等研究。在完成项目过程中,研究生命视野下青春期教育内容的适切性。

三年来,我们根据学员的知识、能力、特长等分成若干合作小组,在教育实践中有一定的时间量进行集体备课、听课、评课、切磋指正,在小组学习中互相讨论分享,在项目开发中头脑风暴,分工合作,发挥各自优势,完成相关学习内容及实践任务。

三年来,我们结合日常专题教育、团体辅导、个别咨询、主题活动开展实践研究,每位学员根据自身特点确立明确的实践方向和任务要求,在教育教学实践中关注重点、发现难点、突破瓶颈、探索创新,完善教育方法,完成有推广价值的各学段示范课。

今天，17 位学员中有 9 位独立或合作撰写了青春期教育专著 9 本，有 8 位学员撰写了青春期教育论文。这是他们长期从事学校青春期教育、心理健康教育、开展家庭教育指导等实践经验的积累，更是他们在基地三年的理论学习、探索研究、团队合作的成果。从选题、落笔到改稿、成文，整个疫情期间和暑假，学员们查阅资料、请教专家，一遍遍地推翻、修改，尽可能使作品成为自己满意、教师有用、家长需要的优质教育资源。

牛燕华，基地写手之一，淡然的外表、文艺的内心，始终保持对青少年的好奇心和探索欲，是心理教师难能可贵的品质。《初中生情绪疏导与压力管理》是她多年参与研究积累的成果，是理论与实践相结合的产物。

章诚，基地里年纪最轻的教师，是一位感受力和创新力极强的心理老师。读她的文字，总让我回想起自己年轻的岁月，执着而热烈。《RAIN 的心理时间》是她独自反思教育的节点，更是她分享教育感悟的快乐时光。

杨岚，基地助教，参与并保障每一次研修活动的顺利进行。她撰写的《生命成长视野下的青春期“三情”教育》以亲情、友情、爱情为主题，关注青春期学生情感发展和品德培养，将生命教育和青春期教育有机结合。

朱炜，基地里自带光芒的教师之一，但她不刺眼、不炫目，是柔和而温暖的。我欣赏她的坚持和聪慧。疫情期间，她怀着心理教师的使命感，不失时机地研发了线上课程，《心理微课》应运而生，丰富了线上线下的心理课。

杨洁，一位优秀的语文老师和班主任，因为优秀，所以懂得青春期心理健康教育的重要，有意识地将语文学科与青春期教育相融合，《阅青春 悦成长——初中语文阅读教学与青春期教育的融合实践》也许是学科“跨界”专题研究的首创，在她的阅读教学中，作品散发出青春的光芒。

沈慧，基地里最资深的心理教师，多年的教育教学实践，让她在从容笃定中不失激情和亲和，我想这应该就是优秀心理教师的样子。在她撰写的《跟着电影懂青春》中，我们能体会到她教育的用心，能感受到文化育人的力量。

沈俊佳，其实不是我们基地的学员，却长期在做青春期教育的研究，也是课题组的核心成员。她在《陪伴青春——初中生心理辅导》中，以心理教师独特的视角去观察和诠释初中生的行为表现，体现了她在教育中的人文关怀。

俞莉娜，基地里唯一一位中职校的教师，是一位学习力、行动力极强的德育主任。她对一些职校学生的家庭环境、生存状况极为关切和担忧，在她的《“青”听“春”语》中，我们听到了学生的心声，感受到了教育者的使命。

王铭鸣、冯嫵、李萍，都担任着学校德育的领导工作。在基地的活动过程中，她们那种乐于学习、善于思考、积极参与的态度让我感动。针对家庭教育中存在的现象和问题，她们凭借多年家庭教育指导的丰富经验，合作撰写了《初中生家庭教育那些事》，值得家长一读。

胡敏、杨彦、陈冉苒、汤瑾、宋睿、刘军、王雪凌、张卫琴等参与了《青春期教育实践研究》论文集的撰写，虽然文字不多，篇幅不长，但也是她们二年来实践研究的体会和思考，内容丰富，体裁多样，涉及学科青春期教育、心理健康教育、青春期相关调查分析、家庭教育指导等，学段覆盖小学、初中、高中，多维度、多视角地让我们了解当下学校青春期心理健康教育的状况，给教育工作者、家长以启示。

德润生命，心悦青春。这将是我们永远的追求！

上海市心理健康教育（青春期教育）实训基地主持人：戴耀红

2020 年 11 月 22 日

目 录

第一章
绪　论

第一节　初中生的青春期特点

大自然将自己手中所有的资源物尽其用，把青春期的孩子们武装起来，让他们有能力去应付将来的冲突。他们的活动速度加快，肩膀变得更加结实有力，肱二头肌鼓起来了，胸部变得宽阔或者丰满……这一系列变化使得男孩显现出雄性的攻击性，女孩也具备了初步轮廓，开始为将来的生儿育女做准备。

——斯坦利·霍尔：《青春期》

一、初中生的生理特点

青春期是儿童发育为成人的过渡时期，一般年龄在 10—20 岁之间。女孩青春期开始的时间一般比男孩早一到两年。青春期是人的一生中一个比较特殊的时期。在这个时期，孩子们的身心都进入一个快速发展的阶段。就生理的发展而言，呈现出以下特点：

（一）身体发育迅速

身体迅速地长高，是青春期外形变化最明显的特征。12 岁前后少年的身高每年可增长 6—10 厘米，体重每年可增加 5—8 千克。由于女生比男生早发育，一般情况下，初中生进入预备班的时候，很多女生会比同班的男生高。随着年龄的增长，男生长高的速度要大于女生，到了初二，男生的平均高度会明显高于女生。当然，不是每个学生生长的速度都很快，也会有一些学生由于生长速度相对较慢而导致个子偏矮，这些孩子往往会表现出一定的自卑感，需要老师和家长及时疏导。

（二）体重明显增加

12 岁后少年的肌肉在机体中的比例增加，而且肌肉组织也变得更为密实，使少年体力随之增强，尤其是男生的力量明显增大。女生的肌肉相对发育较慢，但脂肪却逐渐积累，使她们的身体开始丰满起来。就跟男生在乎自己的身高一样，青春期的女生普遍比较在乎自己的体重。也许这和当今社会以瘦为美有关。青春期的女生已经开始关注自己的形象，希望自己的外形更加符合大众的审美，因此过于肥胖的女孩往往有一定的自卑感，她们中有些人甚至会通过一些方法减肥，比如节食、吃减肥药等，以达到控制体重的目的，这样的心理和行为会带来一定的负面影响，也需要家长和老师能提供及时的教育与引导。

（三）心肺功能增强

12 岁左右少年的心脏重量达到出生时的 12 倍，到 14—15 岁时血压和脉搏分别达到 110/70 毫米汞柱和 78 次/分。12 岁左右的孩子肺脏的重量达到出生时的 9 倍，10 岁时肺活量只有 1 800 毫升左右，到 15 岁就达到 3 000 毫升以上了，基本达到成人水平。

（四）脑和神经系统发育基本成熟

青春少年的脑重、脑容积与成人基本相同，脑中沟回增多、加深，机能趋于成熟，第二信号系统占据优势地位。神经系统的结构和功能趋于成人化,为逻辑思维逐渐占主导地位和整个心理机能的大发展奠定了基础。所以他们思维跟小时候相比要成熟很多,开始观察、思考所处的世界,开始考虑像“我是谁? 我从哪里来?”这样有哲学意味的问题,有的时候他们会觉得这个世界很有趣,有的时候他们又觉得这个世界很陌生,与自己格格不入,很多青春期的孩子认为自己非常与众不同。他们总觉得很多人在关注自己,所以他们非常“爱面子”,最不能忍受的事情之一,就是在众人面前失了面子。

(五) 出现第二性征

青春期的孩子身体在快速发育成熟,包括性的成熟。他们开始出现第二性征。所谓的第二性征是指在青春期才会出现的与性别有关的身体特征。比如男性开始长胡须,喉结突出,肩宽骨盆窄,躯干呈倒三角形的体型,骨骼粗大,肌肉开始有力,声音开始发生明显的变化;女孩则开始乳房增大隆起,皮下脂肪增多,肩窄骨盆宽,臀部较丰满,呈正三角形体型,出现柔美的女性体态。12—13 岁的少女出现月经初潮,14—15 岁的男孩首次遗精。如果这个时候有性行为,会导致怀孕,给孩子们造成非常严重的身心伤害,因此在这个阶段,科学的性教育有助于孩子的健康成长。

二、初中生的心理特点

(一) 自我意识增强

初中生正处于由儿童向成年人转变的过渡阶段。他们的自我意识不断增强,开始意识到自己是一个独立的个体,希望得到尊重和认可。他们开始关注自己的形象,希望自己能以最独特、优美的样子出现在众人面前。他们希望能掌控自己的生活,对于生活开始有自己的看法,不再无条件地接纳父母或师长的观点,父母、师长的权威感在他们心中也逐渐减弱。他们虽然开始追求独立，但是对父母的依赖感同时存在，这就使他们面临着一个矛盾：一方面想挣脱父母的掌控，另一方面又对父母有着依赖，这样的矛盾常会使他们感到困惑。他们开始有成人感，希望像成人那样参与社会生活，他们甚至模仿成年人的一些行为，以显示自己是个大人。

（二）性意识增强

随着性器官的发育成熟，第二性征的出现，初中生的性意识开始增强。他们开始对性感到好奇，关注跟性有关的知识和信息，他们会有意无意去获得这方面的知识，来满足自己的好奇心。他们会开一些和性有关的玩笑，讨论与性有关的话题，比如男生会拉彼此的裤子，在厕所比较性器官的大小，女生会讨论胸部的问题等这种行为与道德品质无关，他们只是对自己的身体和性感兴趣而已。他们开始对异性感到好奇，觉得异性神秘而具有吸引力，希望和异性进行进一步的交往，他们非常关注异性交往的话题，喜欢在异性面前表现自己，常常喜欢传播诸如“谁喜欢谁，谁是谁的男（女）朋友”这样的话题，而且他们中有些人会把有男（女）朋友作为自己已经长大的标志，觉得这是成熟有魅力的表现。

（三）情绪丰富、易变

由于大脑的发育，初中生对周遭的人和事感受更多、更细腻，整个人变得敏感而多思，使得他们的情绪体验变得复杂而深刻，但是他们大脑中管理情绪的前额叶发展并不是同步的，所以他们管理情绪的能力较弱，就出现所谓“高马力低控制”的情况。因此初中生的情绪特点是丰富、易变且不稳定，易冲动，具有明显的两极性，情绪高涨的时候欢天喜地，情绪低落的时候颓废至极。同时他们的情绪带有“文饰”和“曲折”的特点，常常把自己的内心世界隐藏起来，对父母和成年人封闭，在封闭自我的同时又会感到孤独。

（四）重视同伴关系

由于初中生的自我意识增强，他们开始有了成人感，希望更多地向社会人靠拢，而不再局限于家庭。同时，他们觉得同伴与自己更有共同语言，更加理解自己的处境与感受，所以他们最重要的人际关系开始由亲子关系慢慢向同伴关系转变。他们向同伴表现出极大的开放性，愿意分享自己的烦恼与痛苦（而向家长却表现出闭锁性，常常掩饰自己的真实想法和情绪）。青春期同伴关系会对青少年产生极大的影响。与同伴相处，被同伴接纳的程度以及青少年在同伴群体中的角色和地位对青少年的成长都非常重要。同伴关系可以带来很多愉悦和激动，但是当隔阂发生时，也会带来痛苦和羞辱。他们非常喜欢结交朋友，常常把是否受同伴欢迎看成是衡量自己是否具有人格魅力的标准。

第二节 初中生常见的心理问题及成因分析

青少年阶段是毕生发展历程中的一个时期，我们要把这个阶段放在毕生发展的框架中理解。发展和问题不是孤立存在的，可能在婴幼儿时期、学龄前以及学龄期就已经有所铺垫，如果在青少年阶段他没有得到解决，也许会在成年早期、成年中期和成年晚期持续甚至加剧。

——北京大学心理与认知科学学院教授 苏彦捷

一、自我悦纳的困难

（一）自我悦纳的重要性

自我悦纳是指个体能正确评价自己、接受自己，并在此基础上使自我得到良好的发展。自我悦纳不仅指接纳自己的优点、长处，更要接受自己的缺点与不足。在接受不足的基础上，努力改进自己、完善自己，而不是妄自菲薄、失去信心。

悦纳自我是初中生心理健康的表现。他们只有既能看到自己的优点，也能勇敢面对自己的不足，才是真正接纳完整的自己，也才能真正建立起自信。良好的自我悦纳可以有效缓解初中生发展中的矛盾冲突，使个体得到健康发展。在悦纳自我的基础上，初中生才有可能更全面、更客观地看待自己，形成相对稳定的自我评价。

（二）自我悦纳困难的表现

初中生自我悦纳困难的最常见表现是自卑。

自卑感是指由于低估自己而产生的情绪体验。有些初中生只看到自己的不足，往往喜欢拿自己的不足与别人的优势相比较。或者是因为曾有过的挫折、失败的经历而导致对自我的评价偏低。也有一些同学会因为自我认知不清楚，对自己有过高的期望，当这样的期望一直无法实现的时候，就会产生挫败感，他们不喜欢自己，无法接纳自己，觉得自己一无是处。

自负是初中生自我悦纳困难的另一表现。从表面上看，自负的人只看到自己的优点，盲目自大，这种人应该是喜欢自己、接纳自己的，但事实却不是如此。自负是人失去自知之明的一种心理状态。自负心理和自卑心理一样，都是自我认识不全面造成的。人都有自己的优势也都有自己的不足，而真正的自我悦纳是建立在全面认识自己的基础上，既要看到自己的优点，也要看到自己的不足，并且接纳自己的不足，这才是接纳真实的自己。自负的人有意或无意地回避自己的不足，这正是他们不接纳自己的表现。

（三）自我悦纳困难的原因

自我悦纳是指个体能正确评价自己、接受自己，并在此基础上使自我得到良好的发展。

由于初中生年龄和阅历的限制，他们往往缺乏自我认识的方法。不了解自己的优点和缺点，无法对自己形成正确的评价。他们会根据个人实践的成败和他人的评价来改变对自我的看法。他们可能忽而只看到自己的这一方面，又忽而只看到自己的那一方面；时而能较客观地评价自己，时而又不能这样做；时而肯定自己，时而又否定自己；时而感到自己什么都行，时而又感到自己特别幼稚；时而对自己充满自信，时而又感到自己无能，对自己不满等。他们会为了自己的某一次成功，觉得自己无所不能，也会为了自己的某一次失败而觉得自己一无是处。正因为这样，他们很难做到真正的悦纳自己。

另外对于初中生来说，发现自己的优势自然是一件高兴的事情。但是要求他们能坦然接受自己的不足却有一定的难度。因为发现不足毕竟不是一件令人愉快的事情，意味着自己在某方面是不如别人的，这往往会让自我意识不断增强、极其希望得到认可和肯定的初中生感到非常沮丧。

二、人际交往的困惑

（一）初中生人际交往的重要性

人际交往，需要由两个或两个以上的社会个体共同活动产生，通常是进行认识性与情绪评价性的信息交流，是社会个体确立交往对象和彼此之间相互联系的复杂过程。人际交往能力是青少年在人生道路上健康成长的重要能力。青少年要学会发展适当的人际关系及与他人密切的互动，这对于青少年习得社会交往技巧，更好地与他人交往，适宜地表现自己，更好地适应社会都非常有利。青少年阶段的良好人际交往能让青少年在未来的成人社会里得到良好的发展。

研究表明，疏离群体、孤立独行的学生会经常表现出高焦虑、低自尊、情绪不稳，出现回避或攻击性不良行为，甚至出现过失和犯罪行为。因此，加强对初中生的心理健康教育，帮助他们处理好人际交往中遇到的实际问题，引导他们建立良好的人际关系，不仅有助于他们身心健康成长，有益于他们未来事业发展，而且有利于整个社会的和谐稳定。

（二）初中生主要的人际关系

1. 同伴关系

同伴关系是指年龄相近或相同的一种共同活动并相互协作的关系，或者主要指同龄人之间或心理发展水平相当的个体在交往过程中建立和发展起来的一种人际关系。同伴关系是初中生最为重要的人际关系。他们在与同伴的交往中，学习如何与人相处。志同道合的学生每天在一起，共同学习，共同玩耍，交往相当频繁。这种同伴间的交往能促进初中生各方面交往技能的发展。同龄人之间更容易相互理解，所以初中生在遇到困难或者问题的时候，往往喜欢彼此间相互商量、相互帮助、共出主意，关系越来越密切，这就为学生交际搭建了良好的平台，促进学生的同伴交往。学校是社会的缩影，学生如果能很好地处理同伴关系，那么也就有了社会交往的基础，有利于提高今后的社会适应能力。

2. 亲子关系

亲子关系即为家长和孩子的关系，是我们在一生中最早接触的、影响最深刻、接触最为频繁、交往最为稳定的关系。家是孩子健康成长的港湾，良好的亲子关系会让孩子感受到爱和温暖，有助于孩子形成完善的人格。家庭地位的平等、家庭氛围的和谐，对于孩子优良情操的陶冶都起到了关键的作用；相反，不良的亲子关系则会影响孩子的心理健康，不但影响他们个性、人格的形成，对他们长大以后对自己的家庭和子女的态度都会产生消极的影响。

3. 师生关系

师者不仅授业解惑，还是人类灵魂的工程师。他造就学生的品行，培养学生的交往能力。良好的师生关系对上面提到的不良的亲子关系有补偿的作用，可以促进学生的人际交往。在实际的师生关系中，由于老师往往占主导位置，同学由于惧怕或是自卑心理，会回避与老师的正面接触与交往，在这种情况下，老师需要投入较多的情感和耐心去关心学生、去与学生进行交流和沟通，才能形成良好的师生关系，从而促进学生的人际交往。

（三）初中生人际交往常见的问题以及成因

初中生已进入青春期，他们的身高和体重快速增长，生理发育和性成熟促进少年学生“成人感”和“独立感”的出现。这个时期孩子的思想处于半成熟阶段，他们的独立倾向和尚未真正具备独立的能力两种状态实际上是并存的，他们总是想摆脱父母和老师的教育，形成自己的独立意识，按照自己的想法去处理事情。但他们的思想尚未真正成熟，辨别是非的能力还不够强，心理上的适应能力、自我调节能力、自控能力也不完善，这导致他们在人际交往中常常会产生困惑。

1. 同伴交往不顺

初中生渴望进行同伴交往，希望自己获得同伴的认同和赞赏。初中生的同伴交往常常以小团体的方式开展。他们希望自己能从属于某一个小团体，这让他们产生一种归属感和安全感。研究表明，同伴关系好的同学，心理更加健康，人格发展更加完善。

并非所有的初中生都能拥有让人满意的同伴关系。造成同伴交往不顺的原因一是缺乏交往能力：大多数同伴关系不好的学生，都是由于交往能力较弱导致的，他们有交往的意愿，但是不知道怎么与人相处。二是缺乏交往动力：虽然同伴关系对于初中生的健康成长具有重要意义，但不是所有的初中生都有同伴交往的意愿，这可能与孩子的个性有关，比较内向的孩子在人际交往的时候往往表现出退缩与羞怯，不愿意主动与人交往；有些是与孩子的自我认知有关，过于自负或者自卑的孩子往往缺乏交往动力。自负的孩子觉得所有的人都不值得交往，而自卑的孩子则觉得别人都不愿意与“我”交往，所以“我”在别人拒绝“我”之前，先关上自己交往的大门。

初中生在面对同伴的时候具有开放性，他们愿意和同伴分享自己的欢乐和痛苦。一旦同伴交往不顺利，会让初中生感到孤单，觉得自己被孤立，他们缺乏安全感和对于集体的归属感，这给初中生带来痛苦和迷茫，是导致初中生心理问题产生的重要原因。

2. 亲子矛盾突出

初中生的亲子关系表现出明显的青春期特点。初中生与父母仍然保持着密切的联系，但是由于他们自我意识的发展，独立性不断增强，他们对事物有了自己的想法，父母在他们心中逐渐变得不再权威，他们不再无条件信任父母，对父母关闭了自己的心扉，不愿将属于自己的情感和秘密向父母敞开，但是他们内心深处对父母还是依赖的，父母仍然是他们生命中最重要的人。所以一方面他们依赖父母，另一方面又希望摆脱父母获得更多的自主权。这就使初中生与他们的父母之间经常爆发亲子冲突。

亲子之间发生矛盾最常见的原因是相互间交流的匮乏，很多父母忽略孩子的心理，很少去深入了解孩子的情绪、内心以及学习生活中的压力等，这让孩子产生不满，觉得父母不关心、不理解他们；有些家长没有真正意识到自己的孩子已经长大，他们不注意改变自己的教育方式，不尊重孩子，试图用家长的权威来压制孩子，这样的家长特别容易与孩子发生亲子矛盾。

3. 师生冲突多发

师生关系是初中生在学校重要的人际关系。俗话说：亲其师，信其道。良好的师生关系对于初中生有着极其重要的意义，是教师开展教育引导的基础。我们发现，大部分初中生在学校生活中，能有相对和谐的师生关系。也有一些同学与老师之间常会有冲突发生。

爆发师生之间冲突的原因是多方面的。就学生而言，他们对于教师的引导教育不能正确对待，认为老师的批评使他们“失了面子”，或者觉得老师有意针对，觉得老师不公平是激起他们负面情绪的主要原因。就教师的行为来说，唯分数论、处事不公、不注意教育方法等，都是引发师生冲突的原因。

初中生的人际交往问题需要得到广泛的重视。他们在人际交往过程中遇到一些障碍、困惑或挫折时，如果缺乏正确、及时的心理疏导，容易造成心理问题，还会形成一些极端化的性格特征，如孤僻、封闭、自卑或者脾气暴躁、易怒等，会给初中生的健康成长带来非常不利的影响。

三、无法承受的学习压力

（一）产生学习压力的原因

学习压力是学习者在学习环境中产生的任何物理刺激和心理需求，这种刺激或者需求超出了学习者的应对能力范围。当学习的要求让学习者感到超出了自己能承受的范围，压力就会产生。哪些要求会让学习者感到无法承受而产生压力呢？

1. 学习内容与难度的增大

初中的学习跟小学相比，科目多，难度大，要求高，内容丰富。学生每天要做很多作业，还经常测验。特别是到了初三将会面临中考，这次考试对所有的初中生来说都至关重要，他们将面临着人生第一次重大考验。为了在中考中取得好成绩，他们需要花费大量的时间和心血。所有的这些对有些同学来说，是非常难以承受的，产生压力也不足为奇。

2. 外界的压力与竞争

整个社会舆论对于学习成绩的重视、家长的期盼、老师的要求、同伴之间的竞争，无形中给初中生增加了学习压力。

3. 自我的期待

每个孩子都对自己有一定的要求，他们希望自己能取得更好的成绩，从而证明自己的优秀，也对自己今后的发展更有信心。这样的一种期待如果不能实现，他们会非常沮丧，甚至会对自己产生怀疑，就会产生心理压力。

（二）由学习压力引发的问题

学习压力在初中生群体当中普遍存在。适度的学习压力能提高学习的效率，增强学习的动机，但是学习压力过大，可能会导致学生出现一系列负面情绪和心理问题。对于初中生来说，学习问题是诸多问题的源头。

1. 自我评价问题

学习是初中生现阶段的主要任务，学习成绩的好坏也常常被用来作为衡量一个同学是否优秀的重要标准。在这样的情况下，几乎所有的初中生都非常关注自己的学习成绩。因此有些同学如果没有获得让自己满意的成绩，就会产生心理压力，从而影响对自我的评价，他们会觉得自己一无是处，产生自卑感。

2. 情绪问题

初中生处于青春期，由于身心的发育，他们的情绪体验深刻，但是管理情绪的能力比较弱，所以他们情绪变化多端、极不稳定。当他们长期处于学习压力下，紧张焦虑的情绪经常与他们相伴，导致他们情绪容易失控。一些学习压力较大的同学，常常会情绪低落，如果再有外界其他事情的刺激，就非常容易情绪崩溃。我们会发现，由于学习压力而导致情绪崩溃的现象，不仅仅出现在成绩较差的同学身上，一些成绩较好，但是对自己要求过高的同学更容易发生，因为这些同学的学习压力更大。

3. 亲子冲突

出于“望子成龙，望女成凤”的心态，家长普遍对自己孩子的学习成绩有一定的要求，抱有一定的期望。他们对自己孩子的未来非常焦虑，总觉得孩子如果成绩不好，将来就无法在社会立足。他们把这种焦虑化为对孩子学习的过度关注。甚至有些家长把成绩作为衡量孩子是否优秀的唯一标准，只要成绩好，其他都无所谓，他们无视孩子的心理需要，不关心孩子其他方面的发展。一旦孩子成绩不好，就会严厉批评，甚至打骂孩子。这种行为引起孩子极大不满，亲子冲突不可避免地产生了。

4. 考试焦虑

考试焦虑是由学习压力引起的常见的心理问题。由于学生过于重视考试成绩，对自己在考试中的表现没有把握，并把考试失败的后果想象得非常严重，以致在考前的一段时间表现出紧张、焦虑，感受到压力巨大。另外，在躯体上也会出现一些症状，比如说引发睡眠障碍等一些情况。这种紧张、焦虑的情况会一直延续到考场，有些考试焦虑比较严重的，甚至会在考场上心慌、心率快、手抖、爱出汗、坐立不安，严重影响学习水平的正常发挥，导致考试成绩不佳，然后又加重了考试焦虑，形成恶性循环。

5. 拒学

所谓的拒学就是拒绝走进校门，不愿上学。他们不愿意学习，情愿呆在家里。一旦要求他们上学，他们就会表现出各种身体、情绪的不适。近年来，拒学的孩子越来越多，原因主要有两方面。一是学习本身的艰苦让有些孩子无法承受。知识难度不断增加，要求不断提高，作业繁重，经常考试，还要面对中考的考验，对于初中生来说，能坚持学习确实是一件很辛苦的事情。二是在这样艰苦的学习中，有些同学无论怎么努力都无法让自己、父母满意，这让他们灰心丧气，于是干脆选择逃避，不愿面对自己的失败。

四、烦恼的青春期问题

伴随着身体的快速生长，尤其是第二性征的迅速发育，初中生的自我意识、性意识和性情感开始萌发，进入人生的特殊时期——青春期。青春期在人的一生中是比较特殊的一个时期，是生长发育的第二高峰期，随着生理上的快速发育，它也给青少年带来心理上的动荡，使得他们产生了一系列青春期独有的问题。

（一）性知识匮乏

在这个阶段，初中生开始对性好奇，他们看到了自己身体的变化，也注意到了别人的变化，但是他们对性知识的认识匮乏，有些甚至是错误的。他们对自身生殖系统的结构、避孕、性传播疾病、性道德、性健康保健知识比较匮乏，他们希望了解更多的跟性有关的知识，所以有些同学会通过非正规的渠道获取，这样获取的知识往往是错误的，这给青少年的健康成长带来了负面影响。比如他们对青春期出现的月经初潮、遗精、手淫、性梦、性冲动、与异性交往、性要求的应对等性现象缺乏必要的了解，因而产生了困惑、苦恼、惊慌、自责、罪恶感等心理。

（二）体像不适应

体像是指对自己身体的意象，是关于自己的外貌、身体形象在他人面前是怎样的一种想象，也包括别人是如何看待自己的身体功能方面的意象；也就是说，一方面是自己对自己身体的想象，另一方面，是别人对自己身体的想象。初中生对于自己身体的发育往往有一定的不适应。比如有些女生会掩盖胸部的发育、女性体态的出现，而男生对于胡须、喉结的出现以及变声等现象，往往感到尴尬。这些不适应可能会带来孩子的自卑感以及体像烦恼的产生。

（三）异性交往不适应

随着性意识的增强，初中生开始表现出对异性交往的兴趣，希望和异性进行进一步交往。但是同伴交往和异性交往是有区别的，同学们不能适应异性交往的新要求，他们在异性交往的能力方面还是有所欠缺，主要表现为不受异性欢迎、掌握不了异性交往的尺度、不了解异性交往原则、不会拒绝等。异性交往的不适应带来一系列的情绪和行为问题：由于被异性拒绝而产生情绪低落，不受异性欢迎而造成的对自我魅力的怀疑，不会处理与异性的矛盾而导致的人际纠纷，无法把握异性交往尺度而造成过早陷入情感漩涡，控制不住性冲动而造成身心伤害等。

因此，在这个阶段坚持适时、适度、适当的原则；正面疏导与丰富活动相结合的原则；性心理知识教育和性道德教育相结合的原则，对青少年开展青春期心理健康教育，让他们了解性的自然发展规律，保持性心理正常发展，自觉地使性行为受社会道德规范和法律的约束就显得非常重要。初中阶段是关键时期，在这个时期开展合理、有效的青春期教育，将会对孩子一生的健康幸福起到非常重要的作用。

第二章
初中生的自我认知问题辅导

第一节 初中生自我认知的特点以及自我认知问题的表现

我喜欢做一些心理测试，比如喜欢什么颜色代表我是什么个性，还有星座我也喜欢，每一种星座代表不同的个性，我觉得挺准的……其实，我就是想知道我是一个什么样的人！

——一名初二女生

一、初中生的自我认知特点

自我认知(self-cognition)指的是对自己的洞察和理解，包括自我观察和自我评价。初中生已经进入青春期。随着身心的发育，他们的自我意识开始增强，开始思考一些关于自我发展的问题，其中有一个问题是他们经常思考，并且非常想知道答案的：我是一个什么样的人？

根据埃里克森的八阶段理论，人要经历八个阶段的心理社会演变，这些阶段包括四个童年阶段、一个青春期阶段和三个成年阶段。每一个阶段都有这些阶段应完成的任务，并且每个阶段都建立在前一阶段之上，这八个阶段紧密相连。青春期(12—18 岁)阶段的主要任务是自我同一性与角色混乱的冲突。

“自我同一性”本意是证明身份，指个体尝试着把与自己有关的各方面结合起来，形成一个自己决定协调一致不同于他人的独具“统一风格”的自我。心理学家詹姆斯·玛西亚(James Marcia)是这样界定同一性的概念的：同一性是指个体将自身动力、能力、信仰和历史进行组织，纳入一个连贯一致的自我形象中。

所以，青少年对自身的关注变得敏感，诸如“我是谁”“我想成为什么样的人”等问题几乎引起每个青少年的思索。青少年必须仔细用全部积累起来的有关他们自己及社会的知识去回答它，并借此作出种种尝试性的选择。由于自我认知的发展，初中生表现出以下特点。

(一) 自尊心增强

自尊(self-esteem)，即自我尊重，是个体对其社会角色进行自我评价的结果。由于自我同一性的发展，初中生开始进行自我评估，希望能知道自己是怎样的人。他们开始强调“我”这个概念，不仅自己重视自己，尊重自己，更希望得到别人的尊重与认可，在别人的尊重与认可中获得自我价值感，完成对自我形象的概括与勾勒。由于自尊心增强，他们变得非常敏感，在乎别人的看法与评价，外界的风吹草动都可能会引起他们的情绪变化，他们会因为别人一句微不足道的话语或者一个无足轻重的举动而引起内心强烈的冲突。自尊心增强是初中生情绪、行为不稳定的原因之一。

(二) 自我评价不稳定

初中生还没有形成比较稳定、成熟的自我评价，他们会根据个人实践的成败和他人的评价来改变对自我的看法。他们会为了自己的某一次成功，觉得自己无所不能，也会为了自己的某一次失败而觉得自己一无是处。

（三）在意外界评价

他们正在试图通过各种办法获得信息，以便知道自己是个怎样的人。他们在集体中扮演的角色、所处的地位以及周围人对他们的评价是他们参考的主要信息来源，所以他们非常在乎外界的评价。他们尤其希望得到父母、师长的积极评价，这是他们建立自信的重要依据。而同伴的评价对他们来说也至关重要。他们会因为同伴的负面评价而沮丧，甚至会因为同伴的负面评价而怀疑自己，有些同学会试图通过改变自己的行为来迎合同伴，以期获得同伴积极的评价，从而在集体中获得一定的地位。

二、初中生常见的自我认知问题

随着身心的快速发展，初中生的自我意识不断增强，他们不断探索，想要了解自己是个怎样的人。他们产生了成人感，希望能够独立，希望能够得到尊重与认可。由于自我认知的不完善，当他们在学习、生活中遇到问题的时候，无法形成稳定、有效的应对方式，常常在生活中碰壁，他们期望能够掌控自己的生活，但往往事与愿违，他们常有挫败感，情绪波动明显，行为容易冲动。在这个过程中，常常会出现一些心理问题。

（一）自卑心理

自卑感是指由于低估自己而产生的情绪体验。气质抑郁、性格内向者大都对事物的感受性强，对事物带来的消极后果有放大趋向，而且不容易将其消极体验及时宣泄和排解。因而外界因素对他们心理的影响往往要比对其他气质、性格类型者的影响大，产生自卑的可能性也相应增大。

对于初中生来说，他们自卑感的产生除了个性特点以外，主要原因还是他们的自我认知特点引起的。他们还没有形成比较稳定、成熟的自我意识，所以他们的自我评价是非常不稳定的。由于初中生比较在乎别人的看法，所以有的时候他们也会因为别人的负面评价而产生自卑感。自卑感每一个人都有，但自卑感也不是没有正面作用的。根据阿德勒的理论，由于有自卑感，所以人类才保持上进的动力。

对于初中生来说，自卑感强的学生难以体会到幸福感，他们会为了自己遇到的困难感到焦虑，缺乏安全感，并且长时间处于紧张的应激状态。长期保持这种状态会影响到心理健康和人格发展。自卑感强的学生往往不擅长交际，因为无人交流，他们会感到孤独，甚至和其他人格格不入，也不愿意为团体承担责任和义务，在一个团体中时常被人排斥，不被人接受，没有要好的知己。心理学研究发现，学习成绩和自卑感有显著关系，可能是自卑感导致学习成绩不好，也可能是因为学习成绩不好而产生自卑感。同时，研究还发现，自卑感强的学生在参加学校活动方面的表现不如其他学生积极、活跃。同时，中学生的大部分行为问题，例如吸烟、离家出走、自杀、校园暴力等，都和自卑感有显著的关系。

（二）自负心理

自负心理就是盲目自大，过高地估计个人的能力，失去自知之明的一种心理状态。自负心理和自卑心理一样，是自我认识不全面造成的。每个人都有自己的优势和不足，自卑的人只看到自己的不足，并拿自己的不足与别人的优势相比较；而自负的人则只看到自己的优势，喜欢宣扬自己的优势，看不到自己的不足。

有自负心理的初中生往往自视过高，认为自己非常了不起，别人都不行。很少关心别人，与他人关系疏远，时时事事都从自己的利益出发，从不顾及别人，总认为自己比别人强很多，总是将自己的观点强加于人。在明知别人正确时，也不愿意改变自己的态度或接受别人的观点，因此他们的人际关系往往不太理想。

值得关注的是，自负心理往往与自卑心理相伴。原因之一是：有自负心理的学生的心理承受能力往往更差，他们盲目地认为自己各方面都比别人强，所以他们不能忍受别人对他们的质疑。在学校生活中，如果有同学不认同他们的观点，他们就会特别生气。他们也不太能接受师长对他们的批评和指责，这些指责会让他们感觉“没面子”，反应比较激烈。而且他们一旦受挫，会让他们发现自己并不像自己想象的那样优秀，从而彻底怀疑自己，觉得自己一无是处，所以很容易变得较为自卑。原因之二是：有些孩子由于某些原因导致自我评价偏低，有自卑心理。为了获得自我价值感，他们采取的方式不是勇敢面对并克服自己的缺点，而是表现出极端的自负来掩饰。他们往往表现出对别人的不屑一顾，常常宣称他们是最优秀的，什么事情都能做到最好。他们过度强调自己的优点，不承认自己有不足，但是他们的内心深处往往认为自己是无能的，这种特意表现出的自负其实是为了掩盖内心深处的恐慌，他们怕别人看出自己的不足，怕别人觉得自己其实是不行的，这其实正是自卑心理的表现。

（三）逆反心理

逆反是人们为了维护自尊，而对对方的要求采取相反的态度和言行的一种心理状态。由于初中生的自我意识增强，他们希望独立，摆脱成年人的监护。他们不希望成年人过多地干涉自己的事务，总觉得自己能处理所有的事情。他们希望得到成年人（尤其是父母与师长）的尊重与认可。当成年人的教育方式不能被初中生接受的时候，他们往往会对成年人的教育内容提出抗议，会采取和成年人的要求完全相反的行为来应对或者对成年人的要求不予理睬。

有的时候，初中生产生逆反心理的原因甚至不是因为成年人采取了不当的教育方式或者他们认为成年人的观点错误，只是因为初中生想要彰显自己已经是一个大人，或者正在成为大人，他们应该有自己的思考和主见，这样才能符合他们心目中对自我形象的勾勒。所以只要是成年人提出的要求与建议，无论是否正确，都会让他们感到厌烦，因为这会提醒他们，自己还是个孩子，缺乏足够的自主权，这会让他们产生挫败感。

比如当一个孩子长时间地在玩电子产品，如果家长给予提醒，有逆反心理的孩子会如何反应呢？他可能会我行我素，一些情绪管理能力差的孩子甚至会口出恶言，说出诸如“不要你管，你烦死了”这类的话，充分表现出他的烦躁情绪。这种表现除了他觉得自己沉浸在游戏中的愉悦被打扰以外，更重要的原因是他觉得自己被控制了，可能他也意识到自己长时间玩电子产品是不对的，但是这种“不对”让家长指出来，这让他很沮丧。

逆反心理是初中生自我意识发展过程中出现的心理现象，这种心理的消极影响是很明显的。逆反心理比较强的初中生往往亲子关系、师生关系比较糟糕，尤其是亲子之间经常会产生矛盾。这个年龄的孩子其实非常需要家长、老师的正确引导，但是逆反心理较强的孩子会让这种引导变得困难，这对于他们的健康成长是不利的。

在看到逆反的负面影响后，我们也要看到逆反心理背后的积极意义，这是孩子成长的标志，是孩子力量的彰显，有逆反心理的孩子往往自主意识、独立意识较强，我们要保护孩子的这种意识，不能一味压制。所以，对于逆反心理较强的孩子来说，父母、师长的教育方式就变得尤为重要。如何在尊重孩子独立性的情况下，用合适的方式教育引导孩子的成长，是他们要关注的课题。

第二节　自我认知问题辅导策略与方法

这种统一性的感觉也是一种不断增强的自信心，一种在过去的经历中形成的内在持续性和同一感(一个人心理上的自我)。如果这种自我感觉与一个人在他人心目中的感觉相称,很明显这将为一个人的生涯增添绚丽的色彩。

——埃里克森

一、自卑心理辅导策略与方法

(一) 正确认识自卑心理

关于自卑,心理学家阿尔弗雷德·阿德勒讲过这样一个小故事:有三个小朋友,都是第一次到动物园。他们站在狮子面前,被它的威严吓坏了。一个小朋友躲在妈妈的背后说:我要回家。另外一个小朋友脸色苍白全身发抖,但他站在原地仰着头说:我一点都不害怕。第三位小朋友恶狠狠地瞪着狮子,问妈妈:我能向它吐口唾沫吗?

这三个小朋友当中,谁在凶猛的狮子面前表现出自卑呢?人们对于第一个小朋友表现出自卑没有疑义。对于第二、第三个小朋友的表现就有些众说纷纭了。阿德勒认为,自卑感的表达方式有数千种,这三个小朋友都害怕、都自卑。但每个人根据自己的生活方式,以自己的方法表达了这种感觉。

在阿德勒看来,自卑感是人格发展的动力,每个人都有不同程度的自卑感,因此心理上的自卑是每个人要面对的基本处境。自卑感会带来心理上的不舒服,每个人都会做出努力来摆脱这种不舒服,只是每个人的摆脱之途径或方式可能不同。

有些人畏缩、躲避,他们逃避与人交往,自我封闭,对集体活动较为冷漠。他们推卸、退让,与人交往看上去是正常的,但是对别人的称赞或信任总感到自愧不如,缺乏自信,他们总以“我不行,我不会”为借口推脱。

有些人以相反的方式表现自卑。他们在交往中表现得很活跃，在活动中表现得非常积极，以此来掩饰自己的自卑。总感觉别人看不起自己，情绪压抑、忧郁，悲观失望，在自己的小天地里自受煎熬，还伴有焦虑、失眠等。

自卑心理辅导，其实不是希望通过辅导可以消除自卑感，而是在于通过辅导可以帮助来访者正确认识自己，并学会一些方法来应对由于自卑而产生的心理不适的感觉以及功能失调的行为。

（二）自卑心理辅导策略

1. 全方位认识自己

自卑的人往往只看到自己的不足，而忽视自己的优势，在与别人比较的时候，也往往只是拿自己的不足与别人比较，越比较越觉得自己一无是处。我们在辅导中最重要的就是让来访者全方位认识自己，建立来访者正确的自我评价。在认知治疗中，这牵涉到人的核心信念，比较难以改变。对于学生来说，这样的核心信念改变起来要比成年人简单一些。下面是一些帮助来访者正确认识自己的方法：

（1）请学生为自己设计一张名片，名片上要写出自己的优点和不足。（尽量全面）

（2）请学生去采访自己最信任的人（父母、老师、好朋友），询问他们对自己的看法，并记录下来。（自卑感强的学生往往找不到自己的优点，而且他们往往非常在乎别人的评价。所以可以事先与来访者在乎的人进行沟通，要求他们尽量给予来访者积极的评价，帮助来访者改变自我认识。）

（3）要求来访者回忆曾经做过的让自己满意的一件事，并从中总结出自己的优势。（开始辅导的时候可以要求来访者回忆自己的成长经历并总结，到后期，就可以请来访者在自己刚过去的一周中进行总结。并且要求来访者每当自己成功地完成一件事情就可适当地奖励自己。）

（4）在以上训练完成的基础上，请来访者完成表1。

表1　自我认知表

我的优势	我的不足

在完成表1以后，请来访者根据表1的内容，用“虽然……但是……”的句型练习造句。比如：“虽然我长的不好看，但是我很善良”，并将这些句型写下来。

2. 建立有力的支持系统

进入青春期的中学生，他们的自我意识不断增强，希望得到赞赏和认同。尤其是他们认为重要的人对他们的评价，会影响他们对自己的评价。对于中学生来说，来自家长和老师真诚的鼓励和欣赏能帮助他们建立自信。因此，在辅导一个有自卑心理的来访时，不妨与来访者的家长以及老师进行沟通，要求他们注意平时与来访者的交流方式，多鼓励，多提希望，不要打击来访者的自尊和自信。

3. 解决由于自卑产生的问题

一个有自卑心理的来访者，往往不会来找咨询师解决自卑的问题。他们往往是基于一些其他的原因来寻求帮助。比如：成绩不好，人际关系（同伴关系、师生关系、亲子关系）有问题，甚至有社交恐惧等，而这些问题的背后往往都有自卑的原因。当我们面对这样一个来访者，可以先帮助他解决急需解决的问题。比如：如果我们能将来访者自己感觉到的人际关系的问题解决，使他变得在同伴中受欢迎，那么这位来访者的自卑感自然就会减轻，在这个基础上再运用认知治疗的一些其他方法让来访者意识到自己的核心信念有问题，并加以纠正，这样就能从根本上解决自卑问题。

二、自负心理辅导策略与方法

（一）理性看待自负心理

小辉能引起老师的注意完全是因为他与众不同的行为。他是一个热情开朗的男生，成绩也不错，可是同学们却都不喜欢他。老师观察以后发现，小辉特别喜欢表现自己，每次有一点小的成绩就在同学中大肆宣扬，平时喜欢称自己为“天才”，一旦他和同学发生争执，他的观点遭到质疑，他就会特别生气。同学说他过分骄傲，小辉对此评价不屑一顾，他认为自己是一个有自信的人，同学们不喜欢他完全是因为嫉妒。像小辉这样的孩子，在如今的中学生中并不少见，这是自负心理的表现。他们自我感觉非常好，对自己充满信心，认为“我是最棒的，我能做好一切事情”。

值得注意的是，这样的一种状态有时甚至还会得到家长和部分老师的赞赏，认为这是自信的表现。但事实上，自负和自信是完全不一样的。真正自信的人应该对自己有充分的认识，知道自己有优势，也能接受自己的不足，并不会因为发现自己的不足而产生消极的自我评价。而自负的人是完全看不到或者是故意忽视自己的不足，一味地妄自尊大。

自负心理辅导要让孩子们正确认识自己，知道每个人都有自己的优势与不足，没有一个人可以“做好一切事情”。要让他们理解这样的观点：我不一定是最棒的，但我一定是最特别的，我有我的优势，并且我会充分发挥我的优势，我也有不足，我会尽量克服和弥补，不断完善自己。所以自负心理辅导不是要打击孩子的自信而是让他们建立真正的自信，这正是自负心理辅导的关键所在。

（二）自负心理辅导方法策略

1. 形成正确的自我认知

自负的人自我认识的特点就是，只看到自己的优势，并夸大这种优势，而看不到自己的不足。因此在开展干预的时候，最重要的就是帮助来访者形成正确的自我认识。要让他们知道，要全面地认识自我，既要看到自己的优点和长处，又要看到自己的缺点和不足，不可一叶障目，不见泰山，抓住一点不放，未免失之偏颇。认识自我不能孤立地去评价，应该放在社会中去考察。

要注意的是，自负的同学往往心理承受能力较差，在进行干预的时候，不可直接指出他的不足，并强迫接受，这样可能激起来访者的反抗，甚至有时会让来访者直接由自负转向自卑（此二者本身就是相通的）。我们可以根据来访者的特点，设计一些作业或练习，让来访者自己感悟体验。比如：

请来访者完成表 2：

表 2　自我认识调查表

我最擅长的	
我比较擅长的	
我不太擅长的	
我不擅长的	
……	

在完成表 2 的基础上，给下面的花瓣涂色（见图 1），不同的颜色代表不同的特点，比如：红色代表成绩很好，绿色代表体育不太理想，黄色代表不太善于人际交往等。等到所有的花瓣涂满以后，来访者就会看到一朵色彩绚丽的花朵。咨询师可以告诉来访者，这朵花就代表着他自己，有优点，也有不足，优势当然是足以自豪的，但是这

些不足也是构成自己的组成部分，优势和不足一起构成了一个特别的你。

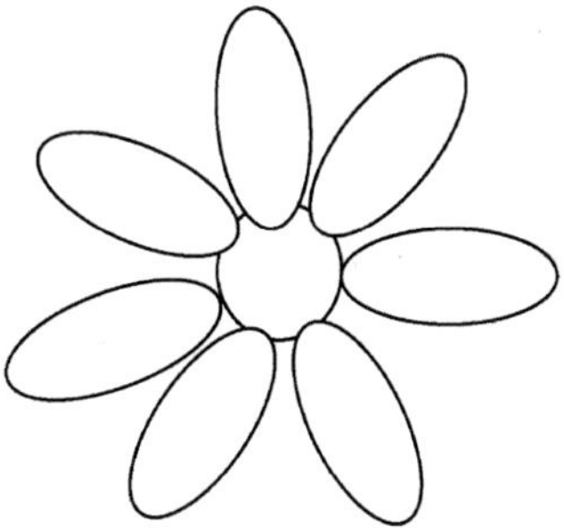

图 1　优势和不足花瓣图

2. 平等地对待他人

自负者以自我为中心，视自己为上帝，无论在观念上还是行动上都无理地要求别人服从自己。平等相处就是要求自负者以一个普通成员的身份与别人平等交往。如果自负者能做到开始考虑别人的感受，他就会从自高自大的自我世界里走出来了。要自负者学会平等地对待他人并不容易，我们可以循序渐进地培养他们这方面的能力，一般有以下几个步骤。

(1) 看到别人的优点。让来访者通过仔细观察，列出同学的优点，并和自己进行比较，哪些优点是自己也具备的，哪些优点是自己不具备的。经过一段时间训练后，请来访者为自己的同学从欣赏的角度写评语。

(2) 接受别人的评价。自负者的致命弱点是不愿意改变自己的态度或接受别人的观点，接受批评即是针对这一特点提出的方法。它并不是让自负者完全服从于他人，只是要求他们能够接受别人的正确观点，通过接受别人的批评，改变过去固执己见、唯我独尊的形象。可以建议来访者去找自己欣赏或信任的同学、师长，请他们客观地给自己进行评价，在肯定优点的同时，指出自己的不足之处。可以适当多找一些人，客观的评价越多，来访者越能了解自己在别人眼中的形象，有助于他形成正确的自我评价。

(3) 学会和他人合作。要求来访者选一名同学，主动去和这位同学合作完成一件事情。在完成这个任务的过程中，要求来访者做到以下几点：

尊重他人，能听取他人的意见。

用恰当的方法与他人交流，让对方了解自己的想法。

分析自己的想法和他人想法的利弊。

与合作者一起形成最终完成任务的方法，并实际使用这些方法。

最后写出整个过程中的个人感受。

当自负者能静下心来听别人的意见，他会发现，每个人都有自己独立的想法，这些想法不见得不如自己的。当我们学会从别人的意见中吸取有用的东西，就更有利于我们获得成功，有这样的一种心态，自负者也不再会妄自尊大，把自己的观点强加给别人了。并且这样的一种合作态度，会让自负者改善人际关系，更有利于其发展。

3. 用发展的眼光看自己

自负者往往对自己是一种盲目的、不切实际的自信，当他们遇到挫折的时候，很容易产生心理问题（比如嫉妒、怨天尤人、自卑等）。因此在辅导中要让来访者对自己的发展有合理的规划和目标。既要看到自己的过去，又要看到自己的现在和将来，辉煌的过去可能标志着你过去是个英雄，但它并不代表着现在，更不预示着将来。

帮助来访者实事求是地评价自己的能力、知识水平，定出符合自己实际能力的奋斗目标。知道自己并不是什么都能做，了解自己目前能做什么，并且能为自己的将来做些什么，这样才能在发展中始终保持上进的动力，并对自己充满自信。

三、自我认知问题辅导案例

自卑的女孩

案例呈现

贝贝是个 14 岁的女孩，今年上初二，成绩中等。小学四年级时父母离异，法院将其判给父亲，母亲一周和其相聚一次，父亲工作较忙，实际上一直由爷爷奶奶照顾其学习和生活。贝贝一直感觉自己是个一无是处的人，没有特长，长相普通，家庭也不完整。别人都不喜欢自己，所以她也不敢和别人交往，没有朋友，很孤独。当她走进心理咨询室的时候，面部表情伤感，自我形象不佳，情绪比较低落。她跟辅导老师说自己平时较少主动和同学、老师交流，渴望别人能主动接近。睡眠正常，偶尔有失眠。

案例分析

根据来访者的陈述以及情绪表现，诊断为来访者对自我的认知不合理，具有明显的自卑，并有轻度的抑郁倾向，使得人际关系受到影响，产生困扰。

贝贝觉得父母离异有自己的责任，如果自己能优秀一点，讨妈妈喜欢的话，说不定父母就不会离异。她和年迈的祖父母生活在一起，平时交流比较少，性格比较内向，也不太和同学接触，怕人家知道父母离异的事。所以贝贝可能是由于父母的离异，一直心怀内疚，觉得是自己的“不优秀”造成，这种想法使得她产生了自卑，不敢和同学主动交往，导致人际关系出现问题。

案例辅导

1. 达成共识的心理咨询目标

基于以上分析，首先帮助贝贝纠正自我认知的误区，正确认识自己,让她明白每个人都有优势和不足,学会发现自己的优势。同时鼓励贝贝主动与人交往,并教她一些与同学交往和沟通的技巧。在交往中,学会给自己一个正确的评价,学会接纳自己。

2. 心理辅导计划与干预情况

根据贝贝的实际情况,主要帮助贝贝建立积极的自我评价。辅导分为三个阶段:

第一阶段:针对贝贝认为"父母离婚是因为我的不优秀造成的"想法,鼓励贝贝和父母交流和沟通,把自己一直以来对于他们离异这件事的看法告诉他们,听听父母的回应,纠正贝贝个人化归因的错误认知。

第二阶段:和贝贝一起分析她的特点,引导贝贝一起探讨,发现自己的优势,从而改变对自我的负面想法,确立积极的自我评价。

第三阶段:鼓励贝贝主动与别人沟通和交流,学习一些与同学交往的技巧和方法,在与别人的交往中,学习正确评价自己、接纳自己。

来访者实际情况反馈:

第一阶段进行了两次。刚开始对于咨询者提出和父母沟通的要求,来访者表示接受,但是事实上来访者并没有完成。后来咨询者重申了这个要求,并和来访者一起讨论了沟通的方法,来访者表示接受,并且最终完成了沟通的任务,家长的反馈也是积极的。

第二阶段进行了两次。不再害怕人家知道父母已经离异,觉得自己也是有优点的,并希望能够发挥自己的优点,能够得到更多人的认同。

第三阶段进行了一次。来访者愿意主动去尝试和别人交往,但是对于自己的交往能力有些怀疑,希望在以后如果遇到困难,还能得到帮助。

案例反思

贝贝从踏进咨询室的那一刻开始,就表现出紧张不安,头始终没有抬起来，说话声音也很轻。我让她坐下，她选择了一张角落里的凳子。为了让咨询能够继续，我采取了一些方法。当时我正在放一张唱片，我就开始和她讨论流行歌曲，过了一会，我问她愿不愿意坐得靠近我一些。她表示愿意，我才开始进入谈话。这个过渡我觉得还是比较自然的。

贝贝长得挺招人喜欢，看上去清秀乖巧，是个内向的孩子。所以听她说她没有朋友、比较孤独的时候，我心里比较认同，并且马上产生了判断：肯定是因为太内向，人际交往出现了问题。在后来的谈话中，我发现问题没这么简单，贝贝交往问题的产生是有心理原因的。作为一个咨询师，要耐心、细致地听来访者述说，并且要有敏锐的洞察力，善于发现蛛丝马迹，如果先入为主，凭第一印象或者自己所谓的经验，往往对问题的把握会出现偏差。

我发现贝贝的问题可能与她对童年时父母离异的真正原因有错误的认识有关，这让我很兴奋。我认为这是一个很好解决的问题，只要让贝贝了解事情的真相就可以了。于是我给她布置了一个任务：回去和父母沟通，了解离异的真正原因。但是，让我出乎意料的是，这个看似简单的任务贝贝没有完成。这让我很困惑。

经过反思，我意识到是我出现了问题，如果贝贝有勇气问的话，这怎么可能成为她的心结呢？我想起，我在第一次咨询中，向贝贝布置这个任务时，她是表现出犹豫的，我当时忽略了她的情绪。于是我对于贝贝没有完成任务表示理解，并了解她的顾虑是什么，然后一起探讨合适的沟通方法。最终决定用写信的方法，询问和贝贝比较亲近的母亲。结果是积极的。贝贝的母亲说，她和贝贝的父亲都认为，贝贝是个很优秀的孩子，父母的离异完全和贝贝无关，而且她和贝贝的父亲都非常爱贝贝。

在解决这个问题以后，我能感觉到贝贝的轻松。在咨询过程中，我发现，贝贝由于自卑，一直不敢和别人主动交往，并且认为别人都不喜欢自己，所以，我要进一步建立贝贝的自信。在以后的咨询中，我和她一起寻找她身上的优势，她也比较能够积极参与。

在这个案例中，我觉得有两个问题，是必须要引起注意的。首先，是贝贝自卑的根源。我想，引起自卑的原因可能是多方面的，也许是性格问题，也许是家庭环境引起的，也有可能是早期受到的创伤造成的，我没有能够深入挖掘。如果我能找到真正的原因，就可以帮助她获得更好的认知。

其次，我应该引导贝贝去同学、老师处询问，了解大家对她的看法，也许可以更好地纠正她过低的自我评价。

第三章
初中生的人际交往问题辅导

第一节 同伴交往问题

谁在最需要的时候轻轻拍着我肩膀，谁在最快乐的时候愿意和我分享，日子那么长，我在你身旁，见证你成长让我感到充满力量。谁能忘记过去一路走来陪你受的伤，谁能预料未来茫茫漫长你在何方，笑容在脸上。

——《和你一样》(歌词节选)

一、初中生同伴交往的特点

对于初中生来说，同伴关系是非常重要的人际关系。从初中开始，青少年对家人和教师的心理及情感依赖就开始逐渐转向自己的同龄伙伴，在学习和生活中，他们更加注重与自己的同龄伙伴一起通过相互协作和密切配合完成学习与生活中的各种任务和课题。他们更愿意与同伴分享自己真实的情感，觉得同伴更加能够理解他们。因此，对初中生而言，同伴在其心理发展和社会化过程中的作用是父母和老师无法替代的。拥有良好的同伴关系，是促进初中生健康发展的重要条件。正因为如此，由于同伴交往不顺利而导致心理问题产生的，在初中生中屡见不鲜。相较其他年龄阶段，初中生的同伴交往有着鲜明的特点。

（一）小团体交往

随着年龄的增长，初中生的成人感不断增强，他们希望自己能像成年人一样建立自己的社会关系，并且能够在社会关系中得到认可。由于种种条件限制，他们无法真正完全进入社会，他们所处的班集体就成了一个“小社会”，在班集体中形成的同伴关系就是他们学着进行社会交往的尝试。在这种情况下，初中生的同伴交往就具有成年人交往的某些特点，他们的交往对象经过选择，形成小团体交往。这种小团体交往具有一定的排他性，不属于这个团体中的成员，很难加入。

（二）邻近性交往

初中生在选择交往对象的初期往往是选择邻近的同伴。这个邻近一方面指空间距离较近，比如同班同学、座位靠近的同学、同桌、住在附近的同学等；另一方面包括经常参加同一活动的同伴，比如共同参加学校的社团、校外的补习班、某一项比赛等。这种邻近性有助于初中生互相熟悉，在初中生刚进入一个新的集体时，这种邻近性交往是他们形成新的人际关系的主要途径，容易形成较为稳定的同伴交往。

（三）相似性交往

随着时间的推移，由于邻近性交往而形成的小团体会发生变化，他们中有些人会退出，有些新的成员会加入，从而形成新的小团体。造成这些变化的原因是相似性。俗话说：物以类聚，人以群分。初中生的同伴交往中，有相似的个性、兴趣爱好，甚至对某个事物观点一致或喜欢同一个明星等都有可能形成相似性交往。由于相似性而形成的小团体比邻近性小团体更为稳定，团体成员往往统一行动，一起学习，一起活动，他们有自己的秘密、自己的语言体系，相互了解，亲密无间。

二、初中生同伴交往中的常见问题

随着青春期的到来，初中生的心理出现了闭锁性和开放性并存的特点。闭锁性是指他们在面对家长和老师时，常常会掩盖自己的真实想法和情感，不想让大人了解自己，觉得这是不安全的；同时，他们又时常感到孤独，希望有人能理解自己，他们愿意向同伴倾诉心事、分享快乐、分担痛苦，所以，面对同伴，他们表现出开放性。正因为如此，拥有良好的同伴关系对他们来说至关重要。在实践中我们发现，拥有良好同伴关系的初中生心理更加健康，患抑郁和焦虑的概率会更低。

我们也很遗憾地看到，不是所有的初中生都能够顺利地进行同伴交往，他们在同伴交往中会遇到各种问题，这些问题如果得不到解决，会影响他们的同伴关系，从而使他们产生困扰，影响他们的心理健康。初中生在同伴交往中的常见问题如下。

（一）退缩与羞怯

有些学生在同伴交往中表现出明显的退缩行为。不愿意主动与人交往，喜欢独来独往，不从属于任何一个小团体，不太与人交流，也不太愿意参加集体活动。有些同学甚至在和同伴交往的时候表现出紧张与无所适从。久而久之，这些同学就成了集体里的“灰色人群”，他们不引人注目，老师和同学往往忽视他们的存在。他们没有朋友，没人可以与他们分享快乐、分担痛苦。当他们有困难的时候，得不到同伴的支持与理解，所以有经验的老师会发现，容易产生心理问题甚至是有极端行为的往往就是这些“灰色人群”！

（二）被孤立与排斥

有些同学有与人交往的强烈愿望，但是由于种种原因，他们的交往非常不顺利，在集体中被孤立与排斥，不被同伴接纳。有些“校园暴力”往往就是在这个基础上形成的。这些被孤立与排斥的学生对集体缺少安全感和归属感，他们中有些人表现出自卑，怀疑自己的魅力，有些人为了引起别人的关注故意做出一些引人注目的夸张行为，或者表现出攻击性，故意去招惹别人，通过这种方式来和别人沟通，而这些行为往往会招致同伴更多的反感，从而更被孤立与排斥，形成恶性循环。

与那些同伴关系较好的孩子相比，这些孩子的情绪更不稳定，心理压力更大，更容易产生心理问题。

三、初中生同伴交往问题辅导策略与方法

（一）初中生同伴交往问题辅导的原则

在开展初中生同伴交往问题辅导的时候，需要仔细分析问题背后的真正原因是什么，然后针对初中生的身心特点，以理解与尊重相结合、发展与干预相结合的原则，从交往认知调整、交往技能提升等方面开展辅导，并充分发挥家长和老师的作用，建立学生的支持系统，帮助学生形成良好的同伴关系。

1. 理解与尊重相结合的原则

尊重是理解学生的前提，也是辅导学生的基础。理解是指在尊重学生权利的基础上，从学生的角度出发思考问题。虽然我们的辅导是为了帮助学生建立良好的同伴关系，但其实这不是最终目的。最终目的是为了让学生在良好的人际关系中获得认同和接纳，满足青春期孩子健康成长的心理需要，所以我们在辅导过程中要深层次

感受学生的内心活动，评估他们是否通过我们的辅导获得了尊重与理解，是否产生了积极的情感体验。

2. 发展与干预相结合的原则

良好的同伴关系对于初中生的健康成长有着重要的意义，如何建立良好的同伴关系对于所有的初中生来讲都是需要学习的，是发展过程中的重要一课。因此面向全体学生，发展全体学生的交往能力，提升初中生交往的整体水平是应该引起学校、社会和家庭重视的。对于那些已经产生同伴交往问题的学生，则需要我们重点干预，深刻分析其产生问题的原因，有针对性地予以指导和建议，帮助其走出困境。

（二）初中生同伴交往问题辅导方法策略

我们分析初中生交往问题就会发现，产生问题的孩子一般具有这样两个特点：

一是缺乏交往能力。大多数同伴关系不好的学生，都是由于交往能力较弱导致的，他们有交往的意愿，但是不知道怎么与人相处。

缺乏交往能力与青春期孩子的年龄和身心发育特点有关，初中生正处于情绪波动大、容易冲动的阶段，他们之间很容易产生矛盾。由于年龄的关系，他们缺乏社会交往的经验，不会处理人际矛盾。还有一个很重要的原因是与初中生的教养环境有关。大多数孩子在家庭中处于“中心”位置，几个大人围着一个孩子，使得孩子形成了“自我中心”的思维方式。比如说有些孩子比较“自我中心”，不太能够考虑别人的感受；有些孩子比较任性，要求同伴始终遵从他（她）的意志等，这些都会给他们的人际交往带来一定影响。而且，人际交往的方法是需要学习的，需要在实际生活中加以引导与训练。在这方面，家长应该发挥更大的作用。但事实是，很少有家长会关注孩子人际交往的能力，更谈不上有意识地加以培养。

二是缺乏交往动力。虽然同伴关系对于初中生的健康成长具有重要意义，但是，不是所有的初中生都有同伴交往的意愿，有些学生缺乏同伴交往的动力。缺乏交往动力的原因是多种多样的。有些是与孩子的个性有关。他们比较内向，在人际交往的时候表现出退缩与羞怯，不愿意主动与人交往；有些是与孩子的自我认知有关，过于自负或者自卑的孩子往往缺乏交往动力，自负的孩子觉得别人都不值得交往，而自卑的孩子则认为他们会在交往中被人拒绝，所以干脆不与人交往。

鉴于以上的特点，我们在开展初中生同伴交往问题辅导的时候，可以有以下策略。

1. 调整交往认知

交往认知会对交往的互动关系产生一定的影响。许多初中生在交往过程中，都存在一定程度的认知偏差，而认知的偏差会导致交往心态、行为的偏差，所以初中生的同伴交往辅导首先要调整他们的认知。

第一，克服自我认知偏差。初中生往往对自我的评价不太准确，容易产生自卑或自负心理，而这两种自我认知偏差都会影响初中生的同伴交往。因此，我们在辅导的过程中，要帮助他们较为准确地评价自己，知道自己的优势与不足，能以自信、从容的态度与同伴互动，在交往过程中充分发挥自己的优势，克服不足，建立良好的同伴关系。

第二，调整对他人的认知偏差。由于年龄与阅历的限制，初中生在交往过程中往往会对他人了解不够深入，容易以偏概全，造成对他人的评价不够公平、客观，影响自己选择交往的对象。在辅导的过程中，要帮助他们学会多注意观察、总结，尽量全方位地评价一个人。

第三，改变对交往本身的认知。很多初中生由于对同伴关系的重视，往往对于同伴交往有着非常理想化的认知。他们对交往的同伴有一些过于严格的要求，一旦同伴达不到他们的标准，就会对交往现状产生强烈的不满。因此对初中生而言，他们还需要学会用相对理性的态度看待同伴关系，在交往过程中逐步建立合理的交往标准。

2. 提升交往技能

从初中生交往的现状来看，由于交往技巧缺乏，许多学生不能处理好与同伴之间的交往关系，导致与同伴间的交往活动出现障碍。我们应该通过辅导，帮助学生掌握人际交往的基本原则和技巧，在此基础上提升同伴交往的能力。

第一，了解交往的原则。每个人都有自己的特点，交往的实际环境也是变化多样的，因此交往的技巧也是多种多样、因人而异的。但是无论怎样的技巧都必须在一定原则下实施，只要掌握交往的原则，万变不离其宗，建立良好的同伴关系就不再那么困难。同伴交往的原则有：尊重、平等、互助、真诚。同伴交往只有处于平等的地位，抱着真诚的态度，互相尊重，互相帮助，才有可能使同伴交往健康、轻松地进行。

第二，掌握交往技巧。建立良好的同伴关系，除了掌握交往原则以外，还要讲求交往的技巧。交往的技巧有很多，比如如何倾听，如何表达，如何寻找共同话题，如何处理矛盾冲突，如何管理情绪等，我们在辅导的过程中要根据学生的具体问题，给予具体的指导，并且可以通过角色扮演、空椅子等技术，让学生在模拟的环境下予以训练。

3. 建立支持系统

对于有同伴交往问题的学生来说，他们非常需要来自师长的帮助与支持。我们在辅导过程中，可以在获得来访者同意的情况下，与来访者的老师和家长联系。教师的合理关注可以创建良好的班级氛围，避免同学之间产生孤立和排斥的行为，而家长可以在家庭中为孩子提供人际交往的建议和意见，帮助孩子更好地与同伴相处。

四、初中生同伴交往问题辅导案例

小谢的烦恼

案例呈现

小谢是被他的班主任带进我的咨询室的。这个初一的男孩长得虎头虎脑，圆圆的脑袋，圆圆的脸庞，圆圆的眼睛，非常讨人喜欢。看到他有点防备地看着我，我微笑了一下，问他："我有什么地方可以帮你的吗?"小家伙一口回绝："老师，我不需要帮助!""怎么不需要帮助？你不是跟我说，你觉得非常烦恼吗?"他的班主任说道，"你可以把你的烦恼跟心理老师说说，看看她能不能帮助你?"我看着小谢问："你愿意告诉我吗?"小家伙低下头想了一会，点点头。

班主任离开了。我坐了下来，身体微微前倾，做出倾听的姿态。小谢看了我一眼，又低下头叹了口气："不知道为什么，我们班的同学都针对我。"我问小谢："你能举个例子给我听听吗？同学们是怎么针对你的?"他轻声地说："班级里没有同学愿意理我，他们在说什么话，只要我走过去，他们就走开了，体育课打篮球也没人愿意带我，出去搞活动也没人愿意和我一组。"从他的神情看得出，他很难过。我继续问："面对这种情况，你是怎么应对的呢?"小谢抬起头来："老师，其实我也不是很在乎，他们不理我，我还懒得理他们呢！他们不跟我玩篮球，我就抢他们的，他们说我坏话，我就狠狠地骂他们！我才不怕他们呢!"我笑了，摸了摸他圆圆的脑袋："可是，如果有选择，你还是愿意选择和同学们友好相处吧?""那倒是!"他又低下了头。我说："这样吧，我们先找到同学们针对你的原因，我们请你的班主任帮你去问一下同学们好吗?"小谢看着我点点头。

我把情况跟班主任老师说了，并得到了班主任的支持，她找了合适的时机了解一下情况。原来小谢在班级里非常喜欢惹同学，给这个同学起外号，把那个同学的书包藏起来，人家要是表示不满，他就说人家小气，开不起玩笑。久而久之，大家都对他敬而远之，不愿意搭理他，而他就更加要去招惹别人，希望引起别人的关注，就这样形成了恶性循环，在班级里的人缘越来越差。

案例分析

显而易见，小谢需要学习怎么跟同伴交往。他有交往的意愿，可是他交往的方式是给人家起绰号，藏人家东西，这种方式是别人不能接受的。他不反思自己的行为出了问题，反而将别人的正常反应看成是“小气，开不起玩笑”，他的这种态度自然会引起同学更大的反感，别人对他敬而远之是情理之中的事情。

案例辅导

面对这种情况，首先我给小谢讲了交往的原则。同伴交往的原则是尊重、平等、互助、真诚。只有处于平等的地位，抱着真诚的态度，互相尊重，互相帮助，才有可能使同伴交往健康、轻松地进行。在人际交往中，你想要别人怎么对你，你就得怎么对别人。给别人乱起绰号，藏人家的东西，是对同学缺乏起码的尊重，违反了最基本的交往原则，同学们当然不愿意与他交往。小谢意识到了自己的错误。

其次，我又和他一起进行了交往技巧的训练。针对他想要和人交往的真实意图，我们学习了如何准确地表达自己的想法、如何倾听别人的反馈、如何有礼貌地询问别人的想法；由于他经常会与人发生冲突，我们训练了如何管理自己的情绪以及如何正确处理与同学的矛盾。学习了这些小技巧以后，我们通过角色扮演模拟了交往的场景，让小谢练习如何运用这些技巧。

最后，我们寻求了老师的帮助。小谢非常喜欢画画，我们希望老师能够安排一些适合小谢参加的活动，让小谢可以充分发挥自己的优势，让同学们看到小谢优秀的一面。老师让小谢参加了新一期的黑板报设计。当同学们看到让人耳目一新的黑板报时,纷纷竖起了大拇指,小谢有点羞涩地笑了。接着老师又有意识地让几个班干部带着小谢一起玩,小谢非常开心,也很注意自己的行为。渐渐地,小谢的人际关系得到了明显的改善,不再被全班孤立和排斥了,看着小谢脸上的笑容,班主任老师也松了一口气。

案例反思

社会学家、心理学家和教育学者普遍认为,同伴关系不仅会影响青少年的身心健康和学业成绩,最重要的是会影响其今后的社会适应能力。美国社会心理学家鲁宾的相关研究表明,同伴关系对于青少年自我意识的形成、学习成绩的提高以及身心健康成长都有着直接影响。但是在工作中我们发现,家长和老师往往比较关注孩子学习能力的发展,而对孩子交往能力的提升不予以重视,导致许多孩子在同伴交往中遇到困难,给孩子的健康成长带来了不利的影响。为此,我们要从关注孩子生命健康成长的角度出发,重视初中生同伴交往能力的培养,给予他们该有的教育与训练,帮助他们形成良好的同伴关系,促进他们更好地成长。

第二节 亲子关系问题

你的孩子,其实不是你的孩子,
他们是生命对于自身渴望而诞生的孩子。
他们通过你来到这世界,却非因你而来,
他们在你身边,却并不属于你。
你可以给予他们的是你的爱,却不是你的想法,
因为他们自己有自己的思想。

——纪伯伦:《你的孩子其实不是你的孩子》

一、初中生亲子关系的特点

常听到有家长抱怨：我的孩子进入初中以后，就好像换了一个人，乖巧听话、围着父母转的孩子再也不见了！在家跟父母也不说话，动不动就关上房门，不知道他整天在想什么！

正如家长所感觉到的，进入初中以后，亲子关系确实是在悄悄地发生改变。初中阶段是个体从童年期向青年期转化的一个重要阶段，随着初中生的生理和心理走向成熟，他们的自我意识正在不断增强，他们追求独立，希望得到更平等的对待，希望被尊重与认可，这样的一种心理需要使得亲子关系与儿童时期相比有了较大的变化。似乎孩子对家长的依恋正在减弱，他们想要挣脱家长的束缚，亲子矛盾也日益增多。国外已有文献表明，相对于儿童期，初中生亲子关系的变化主要表现在初中生与父母在一起的时间逐渐减少，亲子依恋的行为特征发生了变化，对父母的情感表露及对自己私密的坦露减少。

初中生的亲子关系特点主要有以下几点：

（一）初中生与父母的亲密性处于较低的水平

初中生与父母仍然保持着密切的联系。但是由于自我意识的发展，他们的独立性不断增强，他们对事物有了自己的想法，父母在他们心中逐渐变得不再权威，他们不再无条件信任父母，对父母关闭了自己的心扉，不愿将属于自己的情感和秘密向父母敞开，他们相对于父母是闭锁的。亲密性随着初中生的年龄变化而变化，一般来说，这种亲密性在初二年级表现出最低。

（二）初中生与父母的依恋性仍处于较高的水平

值得重视的是，虽然初中生对父母的亲密性降低，不愿和父母分享秘密和真实的情感体验，但是他们对父母的依恋并没有降低。父母仍然是他们心目中最重要的人之一，与父母仍然有着密切的亲情，并且这种亲情在初中阶段保持稳定。他们思念父母，在心里关心父母，不愿意让父母感到伤心难过。他们在意父母的看法，希望获得父母的认同与肯定。但是有些初中生会觉得让人知道自己对父母的依恋，就意味着自己还没长大，所以他们往往将这种依恋“隐藏”起来。

（三）初中生与父母的冲突性不断发展

这种冲突性主要表现在他们和父母的观点不一致。随着身心的发展，他们对事物有了自己的思考，并且形成了自己的判断标准。父母在他们心中不再是权威，他们觉得父母的观点和行为不一定是对的，于是会对父母的教育表现出反抗。有的时候，这种冲突也会由父母的不当教育方式引起。有些父母对于初中生的教育方式没有随着他们的长大而发生改变，仍然以对待小学生的方式来和初中生相处，容易激发他们的不满。

二、初中生亲子交往中的常见问题

亲子关系随着孩子年龄的变化而发生变化。不同年龄段的孩子与父母的关系表现出不同的特点，在亲子关系中出现的问题也不一样。对于初中生而言，他们在亲子交往中的常见问题有以下几个。

（一）亲子沟通不顺畅

沟通是人与人之间、人与群体之间思想与感情的传递和反馈的过程，以求思想达成一致和感情的通畅。所以顺畅的沟通一定是建立在平等与尊重的基础上，这样才能使双方思想与感情得到传递与反馈，否则就是单方面的，就达不到沟通的效果。初中生的自我意识不断发展，他们渴望得到认可和尊重。但是有些家长往往把说教当成沟通，用居高临下的教育者的态度与孩子进行所谓的沟通，不尊重孩子的感受，不认可孩子的观点，所以“沟通”进不了孩子的内心，无法达成互相理解，实现沟通的目的。还有些初中生的家长只关注孩子的成绩，沟通内容大多是围绕学习，也容易引起孩子的反感，使他们关上心门，导致亲子沟通无效。还有一种现象值得重视，那就是“隔代抚养”的家庭，亲子之间的沟通往往是不顺畅的。

(二) 亲子关系边缘化

跟小学生相比，初中生的交往意愿和交往能力都有所增强，他们的交往范围在不断扩大。在他们的生活中，父母不再是他们最关注的交往对象，与亲子关系相比，他们往往更重视同伴关系的维系。再加上初中生的自我意识不断增强，他们不希望父母过多干涉自己的生活，同时他们认为父母不理解自己，因此很多时候，他们会向父母刻意隐瞒自己的真实情感。以上种种原因导致亲子关系的边缘化，亲子之间很少沟通，互相不理解，容易发生冲突。

(三) 与母亲的冲突增多

当今社会，很多家庭中是由母亲承担了照顾和教育孩子的责任，因此孩子与母亲的关系往往比较密切。当孩子进入初中以后，由于身心的发育，他们的独立意识增强，有了成人感，他们渐渐试图摆脱对家长的依赖。如果家长缺乏家庭教育的能力，没有根据孩子的变化调整自己的家庭教育方式，就容易引起冲突。因此，对孩子管教比较多、与孩子关系比较密切的母亲更容易与孩子产生冲突。这些母亲有着共同的特点：管得较多，比较啰嗦，虽然客观上知道孩子已经长大，但是主观上对孩子的认知始终停留在儿童甚至更小的阶段，没有随着孩子的成长改变教育方式，与孩子之间的界限不清楚，不尊重孩子的选择等。

三、初中生亲子交往问题辅导策略与方法

（一）正确认识初中生亲子交往问题

无论初中生的亲子关系表现出怎样的问题，我们要相信，绝大多数孩子和家长之间是有着深厚的亲情的。我们要做的，就是通过辅导，将这种爱激发出来，让亲子双方能够意识到，并且能用适当的方式表达。

亲子关系作为初中生重要的人际关系之一，对于青少年的健康成长有着直接的影响。西方有学者认为，青少年在获得独立自主的同时，仍然可以保持与父母的依恋，并且在这种情况下才更有可能发展成为健康而快乐的成人。因此我们不要把青少年对父母的闭锁和冲突性的增强看成是消极的特点，其实这两个特点有其积极的意义，它是青少年内在能量的体现，是青少年成长的表现。

亲子关系和谐与否受多方面因素的影响，国内外学者从不同的视角对亲子关系的影响因素进行了分析，得出了许多富有意义的研究结果。国内外相关的研究都表明了父母是促进亲子关系良性发展的主要力量，父母教养方式和态度对亲子关系具有直接影响。提高父母亲的素质，加强亲子间的沟通，使子女的主体作用得到充分发挥等有助于良性亲子关系的建立。

交往是双方面的，要改善亲子关系，家长和子女都应该付出努力，亲子关系的形成是父母与子女双方互动的结果，父母与子女相互经常沟通、相互理解，才会有良好的亲子关系；反之，亲子关系将会紧张。因此，父母、子女在改善亲子关系中缺一不可。在开展心理辅导的时候，要着眼于亲子之间的沟通方式、相互理解、相互信任，这些是形成良好亲子关系的基础。

(二) 初中生亲子交往问题辅导方法策略

1. 学生方面

第一，帮助初中生学会理解家长。每个人都有自己的立场和出发点，孩子和父母亦是如此。因此孩子和父母出现观点不一致很正常。帮助孩子学会从父母的角度来思考问题，孩子们就能理解为什么父母会有那样的观点和行为。这样做的目的并不是要孩子无原则地赞同父母，只是为了让孩子知道，父母不是不可理喻，他们这样做是有原因的。只有看到这一点，孩子们才会愿意尝试去解决与父母之间的矛盾与冲突。

要让孩子们学会理解父母，可以运用一些心理辅导的技术和方法，比如角色扮演，心理剧，或者用家庭治疗的方式，在进行家庭辅导的时候，鼓励亲子之间开诚布公地表达自己的真实意图。

第二，鼓励初中生主动与家长沟通。到了青春期，初中生对家长会表现出闭锁性。他们认为家长不理解自己，因而不愿意将自己内心的真实想法与感受告诉父母，造成父母不了解自己的孩子，很多的亲子矛盾就此产生。如果孩子能够将自己的真实想法告诉父母，让父母了解自己内心的感受，也许就能减少亲子之间的矛盾。

第三，教会初中生应对亲子冲突的方法。无论怎样努力达成一致、互相理解，亲子之间还是会有观点不一致，从而产生矛盾的时候。初中生由于年龄和阅历的关系，大多无法正确处理与父母的冲突，会产生一些错误的观点与行为，而导致矛盾的激化。因此要让初中生学会一些具体的方法来应对亲子冲突，比如如何用合适的方式准确地表达自己的想法，如何在父母情绪激动的时候避免进一步激发他们的情绪，在与父母冲突比较激烈的时候如何求助等。

2. 家长方面

研究表明，虽然亲子关系的改善需要亲子双方的共同努力，但是其中起着主导作用的是家长。

第一，提高家长各方面素质。在亲子关系的互动过程中，父母不仅引导初中生的行为，还是初中生成长的榜样，在向成人转变的初中生阶段，他们急切想成为“成年人”，他们很多的办事方法和行为举止都会向父母学习。因此，父母素质高低对亲子关系的好坏有直接作用。父母应该提高自身各方面素质，为初中生做示范榜样，促进初中生的身心健康；学会正确处理和初中生关系的方式方法，改善亲子之间的关系。

第二，让家长了解初中生的身心特点。只有了解初中生的身心特点，家长才能更理解初中生的思想与行为。根据初中生的青春期特点，特别注意对待初中生的态度及方式，用初中生能够接受的方式开展家庭教育。多了解初中生，包括兴趣爱好、情绪感受等，能增加和初中生的共同话题，让亲子关系更加和谐。

第三，学会尊重初中生。初中生是一个独立的主体，他们已经有自己的想法和价值观，因此，要尊重他们的观念、独立和自由，尊重他们的兴趣爱好、性格特征，尊重他们的人格尊严和理想抱负，尊重他们的判断选择和处理问题的能力。只有真正承认初中生是个独立的人，与他们平等对话，尊重他们的想法与感受，才有可能获得初中生的信任。

第四，学习与初中生沟通的方法。亲子之间的沟通对亲子关系的协调有着重要意义。它能够增加父母与子女之间的相互了解，增强对对方的理解、信任和尊重，促进亲子之间的关系。家长要改善与初中生的沟通方式和沟通态度，学习亲子沟通的技巧，如：如何与对方进行良好的语言沟通，怎样处理好亲子之间出现的分歧与矛盾等，改善亲子沟通的观念及知识学习。学校可以为家长提供这些方面的培训，例如：开展亲子游戏、角色扮演、知识讲座和团体辅导等。

四、初中生亲子交往问题辅导案例

我讨厌妈妈

案例呈现

小龚的母亲又一次坐在我办公室里，满脸焦灼，眼巴巴看着我："老师，你说怎么办？这个孩子真的要废掉了，这样下去我还有什么希望？老师啊，你一定要好好教育他！"我看着这个情绪激动、喋喋不休跟我数落他儿子的中年妇女，真的有点无语。我耐着性子，跟她说："小龚妈妈，你不要激动，我们一直很关心你儿子，而且说实话，你儿子在学校里的表现还是可以的。团结同学，尊敬老师，学习也比较自觉，成绩也不差……"我还没讲完，这个妈妈打断我："老师，你们都被他骗了，真的，他就是个不学好的孩子，在家里一点不听话的，我叫他写作业看书，他从来不理我的，就当没听见，我多叫几遍，他就嫌我烦，跟我发脾气，摔东西。"我觉得很诧异，这和在学校里那个文静有礼的男孩相比，简直是两个人啊。小龚妈妈看到我的表情，好像怕我不相信她，就继续跟我"控诉"："老师，他真的特别不听话，凡是我叫他做什么，他一定不肯做。他已经几天不在家里吃饭了，因为我会叫他吃，只要我叫，他就肯定不吃，宁愿出去买。还有，他几天没洗澡了，因为我叫他洗澡。"我更加诧异了，这就很有问题了，这孩子怎么了？我安抚了这个焦急的妈妈，跟她说让我跟她儿子谈谈，了解一下孩子的想法，问问他为什么要这么做。

放学以后，小龚来到我的办公室，我问他："听说你几天没在家吃饭，没洗澡了？"小龚很惊讶地看着我，然后低下头去。我又追问是不是真的，他点点头。我问他为什么？小龚低声说："我讨厌妈妈，她很烦，不停地说话，一句话要讲很多遍。我不想理她，也不想听她的话。"

案例分析

在了解了小龚的家庭情况以后，我做了如下分析：小龚和他妈妈的亲子关系出了问题。

小龚的父亲在小龚很小的时候就和他母亲离异了，小龚是母亲一手带大。可以说他母亲在他身上倾注了自己所有的心血，对儿子的期望特别高。小龚小学里也一直没有辜负母亲的期待，很听话，成绩也很好。进了初中以后，小龚的成绩没那么突出了，妈妈就特别着急，不停督促他，教育他，希望他能进步，但是没想到事与愿违，小龚非但没有进步，还一直在走下坡路。妈妈又气又急，开始打骂儿子，亲子关系紧张起来。儿子越来越不听话，在家里也不跟妈妈交流，对妈妈就像个陌生人。

从小龚的成长经历我感觉到，主要问题可能还是出在妈妈身上。妈妈对于孩子的发展过于焦虑，给孩子带来了压力，反而不利于孩子的进步。妈妈的教育方式也存在一定的问题，对于处于青春期的小龚来说，妈妈的啰嗦、打骂起不到任何的教育作用，只会激起他的反感，加剧了亲子关系的恶化，导致儿子完全听不进妈妈的意见，也不肯与妈妈有任何的交流。

案例辅导

亲子关系问题的辅导，我们要从家长和孩子两方面同时入手。

孩子方面：

1. 唤起美好记忆

我让小龚把自己小时候和妈妈一起拍的照片带来给我看，并且给我讲讲照片背后的故事，回忆小时候和妈妈的快乐时光。让小龚想起当时自己对妈妈的爱和依赖，以及妈妈对自己的关心和爱护。

2. 寻找问题根源

让小龚回忆什么时候自己对妈妈产生反感，什么原因产生反感。

小龚感到就是进入初中以后，自己不如小学优秀，其实自己也很着急，可是妈妈一点没有安慰和鼓励，反而觉得是自己不努力，他觉得很委屈。而且妈妈一直唠叨，还打骂自己，他觉得妈妈不爱自己，只关心成绩。

3. 训练沟通技巧

鼓励小龚把自己的内心想法告诉妈妈。通过空椅子的技术，让小龚把空椅子当成妈妈，将自己的不满情绪发泄出来。然后教会小龚怎样与妈妈沟通，才能让妈妈理解他的感受。

家长方面：

帮助家长了解青春期孩子的身心特点，知道初中生自我意识增强，有了独立意识，需要得到尊重和认可。家长要改变以往的教育方式，不能一味打骂。

让家长把接下来的重心放在改善亲子关系方面。关系是教育的基础，只有亲子关系好了，孩子才能更好地听取家长的意见。良好的沟通是改善关系的前提。教家长学习和青春期孩子的沟通方法。鼓励家长主动与孩子心平气和地交流自己的想法，和孩子商量怎么一起面对如今的困境，制定有效的计划，对孩子进行具体的有可操作性的指导。

案例反思

经常听到家长抱怨，进入青春期的孩子就像变了一个人，变得不听话，难教育，就像个浑身长满刺的小刺猬，一动就要把尖刺对着家长，这让家长烦恼的同时也有点伤心，感觉自己的心血都白费了，养大了一只“白眼狼”。

其实孩子的这种表现背后有青春期特有的心理原因。随着身心的快速发育，孩子们的自我意识不断增强，他们希望得到尊重与认可，家长所谓的权威感在他们心中逐渐减弱。而我们的家长往往意识不到这一点，还把已经进入青春期的孩子当成是以前那个事事依赖父母的不懂事的孩子，希望通过说教、命令、强制要求等方式让孩子“听话”，这样的教育方式缺少对孩子基本的尊重，满足不了孩子的心理需要，当然会招致孩子的反抗，从而导致亲子关系紧张。因此，在改善亲子关系的过程中，家长发挥的作用更大，只要他们愿意改变自己的教育方式、沟通方式，往往就能获得比较明显的效果。

第四章
初中生的学习压力问题辅导

第一节 学习压力问题表现以及产生的原因

孩子，我要求你读书用功，不是因为我要你跟别人比成绩，而是因为，我希望你将来会拥有选择的权利，选择有意义、有时间的工作，而不是被迫谋生。当你的工作在你心中有意义，你就有成就感。当你的工作给你时间，不剥夺你的生活，你就有尊严。成就感和尊严，给你快乐。

——摘自龙应台：《亲爱的安德烈》

一、常见的学习压力问题表现

对以学习为主要任务的学生而言，学习压力是他们所面临的主要压力，对他们的生活、身心带来广泛的影响。

林崇德等(2003)在《心理学大辞典》中将学习压力定义为“由学习引起的心理负担和紧张，来自外部环境因素或个体的期望”①。陈旭(2004)从压力源的角度指出了学习压力的含义，他认为学习压力是学习者在学习环境中产生的任何物理刺激和心理需求，这种刺激

---

① 林崇德、杨治良、吴希庭主编：《心理学大辞典》，上海教育出版社2003年版，第1490页。

或者需求超出了学习者的应对能力范围。[①] 学习压力在初中生群体当中普遍存在。适度的学习压力能提高学习的效率,增强学习的动机,但是学习压力过大,可能会导致学生出现一系列负面情绪和心理问题。

有研究表明,对于初中生来说,学习问题是诸多问题的源头。比如很多中学生的自卑,就是由于学业成绩不佳引起;再比如亲子冲突,主要是因为孩子的学业成绩达不到父母的期望而造成等。值得关注的是,有学习压力的不仅仅是成绩不好的同学,成绩好的同学也一样感受到压力,甚至从某种程度上说,成绩好的同学更容易感受到学习压力。最常见的由学习压力引发的问题有以下一些。

(一) 学习压力引发心理健康问题

青少年时期是情绪障碍发生率上升的时期,来自生理、心理、人际等各方面急剧变化所带来的适应性压力,导致青春期各类情绪障碍的发生率都较于儿童期来说有显著提高。而过重的学业负担和学习压力,加剧了各类情绪障碍的发生。

近年来,青少年的焦虑和抑郁多发,很多时候与学习压力有关。学生在学习时总处于一定的心理激发水平或情绪状态,精神压力或情绪紧张,有可能助长学生忧郁和偏执行为的发展;同时由于成绩不能满足学生或者家长的期待,引起学生对自我价值的怀疑以及对未来的担忧,这些都会引起学生的焦虑或抑郁的情绪。对于青少年来说,这类情绪障碍如抑郁、烦躁和焦虑等都会对他们日常的学习与生活产生不利的影响,更有甚者,极有可能会阻碍他们的发展。当个体在很长一段时间内持续处于抑郁、焦虑情绪中,会降低他在活动中的积极性、主动性以及全身心投入的程度,导致学习成绩的进一步下

---

① 陈旭:《中学生学业压力、应对策略及应对的心理机制研究》,西南大学博士学位论文,2004 年。

降。更极端的情况是，有些孩子承受不了学习压力会采取一些过激行为，如自伤、辍学等，甚至自杀等情况也极有可能出现。

（二）学习压力引起拒学行为

所谓拒学是指孩子由于心理性或情绪性原因，而不能正常上学的状态。它比较接近学生的行为适应问题，基于拒绝上学这一现象，故将之称为“拒学”。“拒学”的孩子拒绝到学校上课，对学校有恐惧与抗拒，他们一提到上学，便表现出相当强的焦虑与恐惧，在行为上表现出严重的反抗，会有哭诉、闹脾气等行为。有些孩子还会有生理反应，比如头疼、胃疼、肠胃不适等，经医生检查，并没有器质性问题。

拒学和逃学虽然都是不进学校上学，但是有本质的区别。逃学的孩子离开学校以后，积极参加除学习以外的其他活动，正常地进行社交，和朋友一起玩。而拒学的孩子拒绝上学以后，大多是待在家里或附近的地方，他们不愿出门，甚至不愿意与人多交流，比较颓废，生活作息也不规律；有些学生因为拒学而沉迷网络，在网络中获得安慰，导致复学的困难更大。拒学的时间越长，他们自我封闭的程度越厉害。他们中的很多人对自己不能去学校上学是感到焦虑的，但是因为某种原因他们又无法走进校门，哪怕他们前一天晚上已经做好充分的心理建设，但是第二天到了要上学的时间，他们仍然无法克服心中对学校的恐惧，他们感受到巨大的压力，在这种情况下，他们往往就又一次放弃去学校。很多拒学的孩子经过无数次与自我的斗争，都以失败告终，因此他们的情绪常常处于一种很不稳定的状态。值得注意的是，一旦孩子出现拒学，在家待的时间越长，就越难跨进校门。很多拒学的孩子最后就彻底放弃学习了。

二、学习压力问题产生的原因

(一) 外部原因分析

1. 家长期望

“望子成龙,望女成凤”是中国家长普遍的心态。他们希望自己的孩子能够考进比较好的学校学习,便于将来更好地在社会上立足。有些家长甚至把自己未实现的理想寄托在孩子身上,希望孩子能够帮助自己实现。因此很多家长对孩子学习成绩的关注超过其他方面,忽视其他方面的发展。他们与孩子之间缺乏沟通与交流,不顾孩子的实际情况,给孩子制定过高的学习目标,报补习班、特长班,督促孩子认真学习,经常告诉孩子如果成绩不好将面临严重的后果,这其实是家长焦虑情绪的反映。而家长焦虑给孩子带来了巨大的压力。

2. 教师希冀

虽然基础教育的改革一直在深化,中考制度也发生了变化,提倡素质教育,尽量减轻应试教育的负面影响,但是初中生仍然需要面对升学压力,考试成绩、优秀率、合格率是横亘在一线教师面前的一座山,给老师带来了工作压力,这种压力势必会让老师倍加关注学生的学习情况。很多教师将提高学生的学习成绩作为自己工作的第一要务,并且把学习成绩的好坏作为评价孩子是否优秀的唯一标准。在日常的教学工作中,成绩好的孩子也更容易获得教师的喜爱和关注。教师的态度加重了孩子的学业负担和压力体验。

3. 社会舆论

对于初中生来说,他们已经开始产生成人感,希望更多地参与社会生活,希望得到社会的认同,因此他们关注社会的主流价值。当今社会不少人认为,读书是孩子的唯一正当出路,学习是初中生最该关注的事情,作为一名学生,学习是第一位的,其他事情都可以为学习让步。如果没有好好学习，就是不务正业，没有尽到自己的责任。不好好学习的孩子就是错误的，是需要被教育和引导的。我们姑且不管这些观点的正确与否，有一点非常肯定，这样的社会环境下，孩子更容易感受到学习压力。

4. 学业要求

初中生的学习科目增多，内容丰富，难度加大，有更多的作业与考试需要应对，要花费更多的时间和精力，学习的自主性和独立性的要求相比小学阶段也要高得多，这对孩子们来说一种挑战。尤其是对于初中生来说，他们还要面临中考，这可以说是他们人生所经历的第一次重大的选拔与淘汰，所有的这些学业要求本身就容易给孩子们带来压力。

(二) 内部原因分析

1. 自我评价不稳定

初中阶段是自我评价的最佳发展阶段，对自我评价的强烈意向是少年期学生的典型特征，但在评价别人和评价自己时却不够全面，或只看到某些缺点就抹杀全部优点；或只看到某些优点，却忘掉自己的缺点，这与初中生思维发展水平有密切联系。这一特征导致初中生很容易因学业成绩的好坏而影响自我评价。一旦学业成绩出现问题，初中生往往会产生自责、内疚，觉得自己不如别人，从而产生紧张、焦虑的情绪体验。

2. 对自我期望过高

每个孩子对自己都是有所期待的，希望自己能够发展得更好，能够得到更多赞赏和认同。对于初中生来说，他们对自我的期待中有很大部分是关于学业的发展。一旦他们无法满足自我期待，达不到内心对自我的要求，就会产生挫败感，压力也就随之而来。所以我们会发现，往往是一些学习成绩较好的同学更容易有压力感，因为他们和他们的家长怀有更高的期待。

3. 学习能力有欠缺

初中生的学习活动效果和质量如何，主要取决于他们学习能力的强弱。缺乏学习能力的学生是不能顺利完成学习任务的。而有些学生确实在学习能力方面有所欠缺，比如有些学生的注意力水平较低，有些学生的理解能力较差等，导致这些学生无法较好地掌握所学的知识，学习成绩较差。由于无法完成学习任务，他们也会产生学习压力。

第二节 学习压力问题辅导策略与方法

通过自己的认识，调动自己的力量，是解决自身压力问题、心理问题的最佳选择。因为，这个世界“从来就没有什么救世主”！

——摘自郜启扬等：《幸福心理学：心理学家谈自我减压》

一、考试焦虑辅导策略与方法

（一）考试焦虑辅导策略

1. 考试焦虑的产生原因

考试焦虑是由考试情境引发的，影响个体不能积极地做出反应且同时伴有明显的紧张不安和自我怀疑的复杂的情绪反应，是学业压力的一种具体表现。考试焦虑的产生主要是因为考试本身是对学生学习成效的一种检验，当他们面临这种检验时，害怕自己会表现不好，无法获得自己想要的成绩，就会产生紧张甚至过分担心的情绪状态。考试焦虑是中学生常见的问题。许多学生因受考试前和考试中情绪状态的干扰而影响水平的发挥，考不出真实的成绩，这种状况又进一步干扰考试后的情绪体验，对以后的学习也产生不良影响，因此考试焦虑是必须面对且亟待解决的问题。

2. 考试焦虑辅导的策略

现有的缓解考试焦虑的辅导策略有三类：第一类是以情绪为中心的疗法，主张在治疗考试焦虑时，应致力于缓解焦虑情绪；第二类以技能为中心的疗法，主张通过提高学生的学习能力和应考策略缓解学生的考试焦虑，通过加强学生对知识的掌握，教会学生有效学习知识和科学备考的方法，在技能水平上提高学生的应考策略，从而降低学生的考试焦虑水平；最后一类为以认知为中心的疗法，这类疗法认为影响考试焦虑最主要的因素是学生的认知过程，因为它调节个体在压力情境中的情绪反应和行为表现，要想改变个体的消极情绪反应，就要帮助他重新建立自己的认知和假设，主要的方法包括合理情绪疗法、认知行为改变技术等。段添翼（2016 年）通过对干预疗法的使用频次和有效性方面的比较得出，以认知为中心的治疗无论是频次还是有效性都处于相对较高的水平，可有效降低考生的考试焦虑水平；除此之外，江光荣和靳岳滨（1997 年）也认为：考试焦虑更多地受认知这方面因素的影响，在对考试焦虑进行干预时，采用认知技术的效果要比行为技术好。

考试焦虑是个体的一种情绪体验。正如我们所知道的，某种情绪的背后一定存在着某种认知，因此考试焦虑的形成更多地取决于学生个体对考试的认知和评价。所以我们在实践中，一般使用以认知为中心的疗法比较多，从学生个体出发，改变不良的认知和评价，同时考虑到初中生的心理、年龄特点，还可以结合情绪为中心的疗法，通过适当训练，缓解焦虑情绪。

（二）考试焦虑问题辅导方法

1. 提高初中生的自我评价水平

自我评价是个体对自己与环境和社会之间关系的认识，也是对自身的价值观念的认识。形成初中生积极正确的自我评价，能够帮助他们确立对学习要求的正确认知和评价，明确自己的学习活动目标，主动地对自己的心理和行为加以调节，以避免不良情绪的发生。教育心理学研究表明，一个有着积极、正确自我评价的学生更富有自信，在学习上更容易成功。初中生的自我评价不稳定，容易向两个极端发展，顺风时沾沾自喜，甚至忘乎所以，逆境中则妄自菲薄，甚至自暴自弃。当考试成绩较好的时候，他们比较容易产生积极的自我评价，觉得自己高人一等；而当考试成绩较差时，他们的自我评价就比较消极，觉得自己一无是处。所以他们特别关注考试成绩的好坏，从而导致他们产生考试焦虑情绪。因此在辅导过程中，应该时刻注意观察初中学生的自我认知倾向，加强自我评价的辩证性，知道学习成绩不能作为衡量学生好坏的唯一标准。

2. 对初中生进行努力归因训练

归因作为一种认知变因，对初中生的自我评价和学习都有着深远的影响。澳大利亚安德鲁斯等人的研究表明，着重学生努力的归因可以增强学习的动机，因为努力是可控制的、不稳定的因素，当归因于努力而不是其他难控制的因素时，学习的成功就会增强学习的动力。当学习失败时，把失败归于缺乏能力的学生和把失败归于缺乏努力的学生，将来对学习要求的再度理解是完全不同的，因为能力是不可控的、稳定的因素，它会使学生产生一种自我无能的感觉，对进步的学习要求失去信心。因此，积极进行以“努力定势”为主要目标的认知归因素训练，引导初中学生从自身内部可控的因素去归因，可以充分调动学生的主观能动性，使他们积极努力地去完成各种学习任务，让他们看到，即使考试成绩不佳，也不是世界末日，我们可以通过努力，来改变现在的状态，从而减轻考试带来的压力。

3. 提供客观的外部评价

初中生的自我评价一般从评价别人开始逐渐过渡到评价自己，因此对别人如何评价自己表现得极其敏感，特别是教师和家长的评价。诸多实验表明，在有利的外部评价影响下，自我评价就会提高，反之，在不利的外部评价影响下，自我评价会降低。初中生常常试探教师和家长对自己的评价，如果教师和家长能够比较客观、公正地评价他们，对他们的优点加以肯定，对他们的缺点给予恰当的批评与监督，教师和家长这样全面、客观的评价可以纠正初中生自我评价的盲目性、片面性。只有对自我有个正确的认知和评价，才能正确地认知和评价外界环境所提出的学习要求，才会更有勇气去从容面对考试。

4. 改变对考试的认知

以过分担忧为特征、形成消极的自我评价或他人评价的意识体验，为考试焦虑的认知成分。主要包括认知干扰、自我占据和自我集中以及对失败过度担忧。处于高水平考试焦虑的个体，普遍存在如下想法：对成绩的低自信；将自己的成绩与同伴成绩相比较；担忧、害怕考试、预期考试失败；对评价过度担心；因父母对待成绩的态度而引起的烦恼；深感考试准备不充分，产生自我顾虑、担忧知识遗忘等与考试无关的想法。在辅导过程中，我们要让学生明白，考试只不过是为了测试你本阶段学习情况的一种手段，如果没有考好，那只是说明你本阶段没有学好，只要下阶段努力进取是有可能改变的，一次考试并不能定终身。

5. 缓解焦虑情绪训练

教师可以教授学生一些简单的情绪放松方法（比如肌肉放松法、深呼吸等），在考试之前如果感到特别紧张，可以通过这些方法进行缓解；或者开展系统脱敏训练，假设一个考试的场景，让学生身在其中，感受那些焦虑和害怕，多模拟几次以后，学生会逐渐适应这样的场景，等到真正身处考场的时候，焦虑情绪会得到缓解。

6. 提升学生的学习能力

对于学生来说，如果能够经常在考试中取得较好的成绩，让他们看到自己的实力，他们就会建立起信心，能够比较从容地面对考试。因此我们要提升学生的学习能力和应考策略来缓解学生的考试焦虑。比如帮助学生学会更有效率地听课，更好地利用时间，养成复习、预习的好习惯等，加强学生对知识的掌握，教会学生有效学习知识和科学备考的方法，在技能水平上提高学生的应考能力，从而降低学生的考试焦虑水平。

二、拒学问题辅导策略与方法

（一）拒学问题辅导策略

1. 拒学问题的特点分析

西方学术界对于拒学的定义，具有广义和狭义两种。广义的拒学是指学生具有特殊的心理问题不想上学，包括学生长期、短期的旷课，及学生带着极大的困难在部分时间或全天上学。狭义的拒学定义为学生因为心理压抑而产生的旷课现象。这种因心理问题导致的拒学与非心理因素导致的逃学现象，虽然都表现出不喜欢上学的旷课状态，但是两者是有明显区别的。拒学的学生就算不进本校上学，他们也不太愿意走出家门，而且他们拒学期间常处于焦虑状态，因为他们知道这种拒学行为是不合适的。而逃学的学生离开学校以后会积极开展各种活动，而且通常不会有负面的情绪体验。

2. 拒学问题辅导的基本要求

对于一个有拒学行为的孩子来说，最能体现心理辅导效果的，就是能让这个孩子重新回到学校上学。拒学的孩子在家里待的时间越长，其回到学校的困难就越大，因此基本的矫正就是把孩子尽早送到学校，尽量避免为学生增加待在学校外面的借口。

3. 拒学问题辅导的要点

干预者主要评估来访者心理问题形成的原因，并进行干预，开展行为矫正。到底是什么原因造成了拒学行为，每个孩子都不一样。干预者要通过与来访者交谈，或者量表测试等方式，来评估来访者的心理状态、情绪特征等；与家长、学校老师，甚至来访者的同伴沟通，了解到底是什么原因使得孩子会拒学。内容包括：学业压力、身体状况、人际关系（师生、生生）、家庭环境（家庭成员关系、经济状况、教养方式等）。在充分进行评估的基础上对拒学行为进行概念化。

同时还要指导家长和学校老师在家庭和学校为来访者提供良好的环境，建立支持系统。家长和老师作为团队的成员，要为干预者提供来访者真实的信息，及时反馈来访者的问题，可以提出建议帮助干预者完善干预计划，一旦计划开始，要认真按照干预者的要求去做。

在干预过程中，父母的配合和学校的参与是非常有效的、必不可少的。对于年龄小的学生，如果只是出现轻微的拒学症状，那么矫正者应直接告诉父母和学校老师进行调整，而不必进行介入性的干预矫正。对于那些长期不上学、社交技能匮乏和心理诊断明确的孩子，则需要干预者与学校、家庭充分合作，共同矫正。

（二）拒学问题辅导方法

拒学行为看似是行为问题，事实上此行为是外显表现，其背后是孩子的心理因素和社会因素交互作用的结果，与家庭教育和学校环境有密不可分的关系。因此我们在对有拒学行为的学生进行干预之初，就要意识到这一点，建立一个由干预者、家长、学校老师（班主任及任课老师）组成的干预团队，并各司其职。

1. 家庭配合

父母的家庭调整方面，主要是建立促使学生上学的积极强迫性措施和使用降低孩子待在家里的积极强迫性方法，不直接强迫孩子上学，而是改善家庭教育环境。

建立家庭中有效的奖惩规则，约束小孩的行为（比如不能让孩子待在家里想干嘛干嘛，建立合理的作息制度）。重新恢复家庭内的生活规律；欢迎同学来家游戏；改善教育的方式，根据孩子的实际情况制定合理的目标和期望。多和孩子交流，鼓励孩子表达并倾听孩子的心声。不要一直强调自己（家长）的焦虑，这样会加重孩子的焦虑情绪，使得孩子更容易回避，不愿意交谈。要告诉孩子现在大家正在帮助他（她）改善目前的状态。有条件的话，陪同孩子走出家门，进行一些体育锻炼。

有些家庭由于孩子长久不上学，会为孩子提供家教，其实这并不妥当，会为孩子创造不去学校的理由，让孩子整天待在家中，从而无法达成拒学问题的解决。若无法马上上学，则可以考虑补习教育单位，让他与其他孩子一起念书，也是一项不错的中途解决方式。

2. 学校调整

学校的调整主要指为学生的返校提供积极的强迫性措施，进行学习、情感、生活方面的适当调整。比如根据学生的情况，降低课业要求，在班级中建立良好的人际交往氛围，改善师生关系等。为他们复学建立一个过渡的平台，且承认他们的出勤及学业状况。若康复后就慢慢恢复到拒学前的状态，完成自己的学业。可以跟学生协商先进校门，可以不进教室，在某一个地方自学并适当完成作业；或者可以先上半天学。总之要想办法让孩子跨进校门，这是拒学问题辅导最基本也是最核心的要求。

3. 认知干预

在拒学现象的矫正方案中，认知性行为治疗是主要的方法；认知性行为治疗主要包括行为的暴露矫正与相应的心理认知矫正，前者主要是逐渐增加学生在学校情境中的暴露，后者主要是鼓励学生面对恐惧的情境，并教会孩子如何调整自己的负面想象。

暴露矫正（exposure-based treatment），是将学生暴露于其所恐惧的对象或情境之中，面对恐惧对象和情境的暴露可以有效地降低恐惧感和增加继续暴露的尝试，这一矫正方法还包括家庭或者学校为学生上学提供的一些积极的强迫性措施。行为矫正主要集中于孩子的行为，而非在家庭或学校情境中对孩子的心理冲突或忧郁进行治疗，包括系统性的去过敏化（如逐渐地暴露于学校之中）、放松训练、情感想象、偶然性事件管理、社会技能训练、呼吸训练、应对同伴拒绝的技巧训练与认知重建等。国外已有的经验和研究表明，暴露矫正疗法具有非常明显的效果。心理认知矫正是在暴露矫正的过程中，针对学生的具体行为，帮助学生建立正确、积极的认知状态，从而克服恐惧、焦虑与压抑等负面心理状态。[①]

值得注意的是，对于拒学行为来说，孩子的年纪越小，处理的时间越早，则成功的机会越大。即使回到学校，孩子的学业压力、情绪症状及关系问题仍常会持续，拒学仍有可能复发，我们要加以关注，并不断提供支持，必要的时候主动加以干预。

三、拒学问题辅导案例

无法呼吸的鱼

案例呈现

小鱼是初一某班的班长。她文静内向，不苟言笑。组织能力很强，工作积极主动，考虑事情也非常周到、仔细，平时协助老师管理班级，干得非常出色。虽然学习成绩不是特别出色，但仍是老师眼里的好学生。

小鱼的身体不太好，有的时候会因为身体原因不来上学。进入初一下学期以后，她的身体似乎更加不好了，三天两头请假。期中考试前两个星期左右，小鱼连续三天没有来上学，老师很着急，打电话问家长，小鱼到底得了什么病，家长总是支支吾吾，这让老师非常困惑。第四天，小鱼还是没有来学校，她的父母来了。老师这才知道，小鱼总是说自己不舒服，家长带她去医院并没有检查出什么问题，以前，在家休息一天半天的，也就好了，可以继续上学。可是这一次，小

---

① 刘录护、李春丽：《西方青少年逃学与拒学现象的研究与矫正》，《青年探索》2013 年第 2 期。

鱼一直坚称自己身体不舒服，无法上学。这几天，小鱼就待在家里，不出去玩，也不和老师、同学联系。家长一说让她上学，她就大哭大闹，说自己不舒服。家长不知道该怎么办，班主任老师也很困惑：这是一个好孩子啊，成绩也不差，这是怎么了呢？

班主任老师上门家访，见到了小鱼，准备做做她的思想工作，让她尽快回到学校上学。小鱼一见老师就说："老师，我会回学校上学的，我也知道这样不好，可是我真的不舒服，老师，你看我在家自己看书，做作业，等我好了，我就回学校。"班主任老师一下不知道该说什么好了。

回到学校以后，班主任老师将自己的困惑告诉了心理老师。心理老师建议班主任征求小鱼以及小鱼家长的意见，看看是否需要心理老师的帮助。小鱼和她的父母都同意了。

她的父母先来到了心理咨询室。他们告诉心理老师，小鱼是个很懂事的孩子，很能干，一直是班干部，老师们都挺喜欢她，关于这一点家长觉得很欣慰。他们唯一遗憾的是，小鱼的学习成绩不太出色，所以他们在学习上对小鱼要求很严，希望小鱼的成绩能和她的工作能力一样棒。

心理老师约了小鱼第二天 8 点在心理咨询室见面。小鱼迟到了，她向老师解释："老师，其实我早来了，因为同学们还没上课，我怕被他们看见，所以就躲起来，等到大家进教室了，我才过来的。""你很在意别人怎么看你？"心理老师问。小鱼点点头。心理老师接着问："你希望大家怎么看你？""我希望大家觉得我是一个优秀的班长。""什么才是优秀的班长呢？""工作能力强，成绩好，各方面都能成为大家的榜样。""你是吗？"小鱼一下沉默了，过了一会，低声说："我不是。""这让你很难受？"心理老师试探着问。小鱼点点头："我爸爸说，我的成绩这么差，根本不配做班长。我一直担心同学们会觉得我不配做他们的班长！我已经非常努力学习了，可是我的成绩还是不理想，我的心里就像有一块石头，我觉得我一直生活在重压下，无法呼吸……”小鱼低下了头，眼睛里含着泪水：“马上要期中考试了，我觉得我肯定考不好的。我每天晚上都睡不好，老师，我很害怕，万一我又没考好怎么办呢?”小鱼哭了起来。

案例分析

经过仔细的了解，心理老师发现由于学习成绩没有达到家长和自己的期待，小鱼的自我评价比较低，她认为自己是个不称职的班长，觉得自己学习成绩很差，配不上班长这个称号。她虽然在学习上也花了时间和精力，但是似乎没什么起色，这让她非常沮丧，越发觉得自己不行，不配做班长，她一直非常焦虑。马上要期中考试了，小鱼担心这次考试又不理想，达不到自己的目标，所以她的心理压力很大。在这种情况下，小鱼出现了睡眠问题(每天晚上都睡不着觉)和躯体化现象，她感觉不舒服，因此可以名正言顺地请假不去上学，不参加考试，这样就可以避开压力。

案例辅导

对小鱼的情况进行评估以后，心理老师和小鱼的家长以及小鱼一起商量，答应小鱼可以暂时不进教室上课，但是每天都要到学校，就待在心理活动室里自习。同时，每周二接受心理老师的心理辅导。小鱼思考了一下，同意了。从那以后，小鱼每天一早和别的同学一样跨进校门，不一样的是，她不进教室，而是在心理活动室看书、写作业。心理老师按照事先商量好的安排，每周二为小鱼进行心理辅导。

在心理辅导的过程中，心理老师采取了以下措施：

1. 建立良好的支持系统

请家长不要再强迫小鱼进课堂上课，也避免用“成绩不好不配当班长”此类的语言刺激小鱼。在家庭教育中，尽量多地鼓励小鱼发现自己的优势，不要将学习成绩作为评价孩子是否优秀的唯一标准。同时请小鱼的老师对于小鱼不上课的行为予以理解，并给予尽量多的帮助。

2. 改变认知(核心信念)

在辅导过程中发现,小鱼有着这样的信念:成绩好的学生才是优秀的学生,因为我成绩不好,所以我不优秀,我不配做班长。使用认知疗法,改变小鱼的中间信念,使小鱼明白,学习成绩好的学生和优秀的学生不能画等号,让小鱼发现自己的优点,认识到自己也很优秀,从而最终改变小鱼的核心信念。

3. 行为治疗

让小鱼产生焦虑的,归根结底还是学习成绩不够理想,达不到自己的目标。因此帮助小鱼提高学习成绩是非常必要的。跟小鱼的任课老师联系以后得知,小鱼学习很努力,智力也是可以的,成绩不理想可能跟她自身的焦虑情绪以及学习方法有关。因为小鱼不用进教室学习,目前也不参加考试,小鱼的焦虑情绪有所好转。在老师的指导下,小鱼也改善了自己的学习方法。小鱼在自习的这段时间内,经常主动去请教老师,认真完成老师的作业,老师们也在课余时间帮助小鱼补习。几次的小测验,小鱼都在老师的办公室进行,成绩有了明显的进步,这给小鱼带来了希望。

经过一段时间的休整以后,小鱼终于重新走进了教室,和同学们一起正常上课,她还是那个工作积极主动的班长,但是面部表情不再那么严肃,和同学之间的交流也多了,感觉整个人轻松了很多。就像一条重新获得活力的小鱼,在水里自由自在地遨游……

案例反思

几乎所有的孩子对自己的学习成绩都非常重视。他们都曾经或者正在努力学习,使自己的成绩能够有所提高,以满足自我的期待和父母、师长的要求。但不是所有的努力都有成效。由于种种原因,有些孩子的努力并不能看到明显的效果,这时孩子会感到沮丧,内心会产生压力。

面对这种情况，他们中有的同学会继续努力，尽量使自己的成绩有所提高，对这部分同学而言，压力就变成了动力；但是对有些同学来说，由于自己的努力没有回报，就会采取回避的态度，出现学习态度不认真，甚至拒学的表现，导致出现学习困难，这其实是学习压力造成的一种消极反应。而我们的家长、老师往往看不到这一点，一味批评学生不认真学习，辜负家长期望等，这些指责又进一步增加了学生的压力，导致孩子更加不愿意学习。其实对于这些同学来说，如果能帮助他们增强自信、让他们树立合适的目标、并提供有效的可操作的学习方法指导，就会使他们缓解学习压力，更好地完成学习任务。

第五章
初中生青春期问题辅导

第一节 青春期体像烦恼

亲爱的老师：

都说青春期是花季，是人的一生中最美的季节！可是我一点也感觉不到青春的美。自从初二以来，我越长越胖了，脸上也长了痘痘。我的同学们给我起了个外号，叫我“胖豆”，我真的不喜欢这个外号，可是又不能阻止他们这么叫我，我想如果我变瘦了就好了。所以我决定减肥。可是我试了很多办法都没有什么效果，看着镜子里的自己，我真是觉得越来越难看了，老师，你帮帮我吧，我该怎样才能变瘦呢？

——一封求助信

一、体像烦恼及其产生的原因

“青春期体像烦恼”是指青春期的孩子由于对自我体像失望引起的烦恼。体像烦恼具体表现为形体烦恼、性别烦恼、性器官烦恼和容貌烦恼等。

青少年的各类体像烦恼存在着性别差异。从形体烦恼角度讲，女性青少年的形体烦恼比男性青少年明显、普遍。在形体烦恼中，女孩子关注的大多是肥胖问题，而男生则更担忧自己的个子高矮问题，认为个子矮的男生缺乏男子气概，会受人欺负。

另外，在容貌烦恼和性别烦恼方面，也是女性青少年较男性青少年明显。从性器官烦恼这一角度讲，男性青少年有性器官烦恼的发生率高于女性青少年。比如一些男孩会担心自己的性器官发育较小等。

有体像烦恼的孩子对自己的形体、外貌等“吹毛求疵”，感觉自己的体像不能达到自己的理想，会产生很多焦虑和烦恼，感觉周围人都在关注并嘲笑自己体像上的不完美，也因此常常会有自卑感。如果青少年学生存在的体像烦恼问题不能得到及时矫正，可能进一步发展为体像障碍，从而对青少年学生的生理、心理的正常发展造成极大的危害，进而影响其健康心理的形成。

研究表明，青春期有体像烦恼的孩子并不在少数。那么，为什么青春期的孩子会容易产生体像烦恼呢？原因有以下两个方面。

（一）青春期的心理特点

进入青春期以后，孩子们的自我意识不断增强，他们开始关注自我。在这期间，他们的身体开始发生很大的变化，这种变化自然引起了他们的关注。身体的形象在自我意识中占据重要位置，青春期的孩子希望得到赞赏和认同，他们渴望自己拥有健美的身材和漂亮的脸庞，渴望被别人注视和赞美。他们认为身体形象决定着自己在同龄人中的威信和声望，因此希望自己的形象能够足够完美，然而现实和期望往往是不合拍的。任何人都不是完美无缺的，都有自己的优点和缺点。由于对自己体像的过高的自我期望，当现实生活中自己的形象达不到理想的标准时，就会出现自我丑化或者过分夸大自我缺陷，而忽略了自己的优点和长处，也经常感到别人在关注着自己的缺点。久而久之，在他们的心理上最终产生烦恼和焦虑。

(二) 社会因素的影响

青少年学生由于本身认知发展水平的限制,对事物的判断能力相对比较薄弱,容易受外部因素的误导。社会上某些时尚倾向也对青少年产生了很大的影响,使其容易对自己的体像产生认识上的偏差,难以接纳自己体像,进而诱发体像烦恼的产生。

比如,很多影视剧里的男主人公都是高大威猛的,青少年就会觉得,男孩子只有高大威猛才会受欢迎;现在社会上流行女性的身材消瘦苗条,结果许多体形较胖的女生开始担心自己的体重是否超标,体形是否苗条,一旦发现自己略微发胖,就庸人自扰,杞人忧天,采取节食、吃减肥药等方式,既影响了身体的成长,也造成了心理压力。

值得注意的是,有些家长在教育方法上存在欠缺,这也会导致孩子的体像烦恼。青少年在第二性征发育时特别需要家长耐心的解释和适当的鼓励,来度过这个变化时期,如果此时家长采取避讳或不屑的方式,往往会使处于发育期的青少年感到自卑,如果不及时纠正,甚至可能影响其一生的成长。比如,有一个女孩这样表述:有一次她的母亲看到她对着镜子梳头,就不屑地说:"照什么照,长得像猪八戒一样!"女孩深受打击,觉得连自己的母亲也这么说,那自己一定是很丑的,很不受欢迎的。

二、体像烦恼辅导策略与方法

(一) 体像烦恼辅导方法

体像烦恼如果不能够进行很好的自我调节和自我疏导,给青少年带来的心理危害是很大的。我们在开展个别辅导的时候,发现有体像烦恼的同学不仅仅表现为对体像的不满和焦虑,而且往往这种不满和焦虑已经影响了青少年的其他方面(就如以上案例中表述的那样)。因此,我们在进行个别辅导的时候,可能不仅仅解决体像烦恼的问题,还要解决其他问题。个别辅导可以从改变认知和行为治疗两个方面入手。

1. 改变对体像的认知

首先,认识我的身体。青春期青少年身体变化很快速,而目前我们的学校也好,大多数家庭也好,并没有对此有详细的教育,很多青少年关注身体的变化,但又不知道为什么会发生这样的变化,容易产生困惑。因此我们在进行个别辅导的时候,可以从认识青春期身体变化发展这个角度入手。比如我们在面对一个为自己肥胖问题烦恼的女孩时,就可以这样开展辅导:

布置家庭作业:要求来访者自己查询资料,了解青春期女孩身体的变化规律。知道青春期对于女孩来说,有一个脂肪堆积的过程。

告知体重计算的公式:女性:身高(cm)－100＝标准体重(kg)。评价指标如下:标准体重的60%以下,严重营养不良。标准体重的60—80%,中度营养不良。标准体重的80—90%,轻度营养不良。标准体重的90—110%,正常范围。大于标准体重的120%,肥胖。

一些女孩明明不算太胖,却始终认为自己体重超标。这样的步骤是为了让女孩子们知道什么是真正的肥胖,而不是将社会上一些不健康的标准作为衡量自己胖瘦的标准。

其次,在你心中我最美。青春期孩子有体像烦恼的原因之一,就是自我意识的发展,他们希望自身的形象更能得到大家的关注和赞赏,当感觉自己的形象不够完美的时候,他们往往认为别人会因此嘲笑自己。因此,在这个环节中,要求有体像烦恼的来访者去询问自己的父母、好朋友等,了解在他们心目中,自己的形象是怎样的。他们会发现,有的时候,是他们自己过度关注了体像的缺陷。

再次,我胖(矮),我可以。青春期的孩子往往过度关注了体像,他们觉得自己的外貌几乎就是自我的全部象征,直接关系着自己在同龄人中的地位和尊严,因此容不得半点差错。其实除了体像以外,还有很多方面的发展值得关注。因此在这个环节中，引导来访者关注自己的其他优点，比如个性方面、能力方面等，让他们看到，这些方面的优势完全可以弥补体像的不足。

“她(他)和我一样”：要求来访者收集一些和自己有相同体像特征的名人成功的事例(比如韩红、潘长江等)，以此证明优秀与体像无关。

“我胖(矮)，我可以”：整理自己成功的经历，总结自己的优势，并列出以后发扬自己优势的计划。

2. 开展行为治疗

前面我们提到，有体像烦恼的同学不仅仅表现为对体像的不满和焦虑，他们的自我评价偏低往往也会产生其他方面的问题。这些问题又反过来证明“我确实是不行的”，形成恶性循环。所以我们在改变来访者对体像认知的基础上，还要帮助他们处理一些实际问题，在解决这些问题的时候，他们自然会改变对自我的评价。

比如，一个有体像烦恼的学生伴有人际交往问题，那么我们可以教给他一些人际交往的方法和技巧，帮助他改善人际关系，使得他感到自己并没有因为体像问题而被同伴排斥。

(二) 体像烦恼辅导的注意事项

青少年学生的自我体像认知是其对自我身体的评价，是个体的自我系统中最早发展起来的部分，是整体自我概念中一个基础而重要的部分。对自我总体价值的情感上的评价就形成了个体的自尊。如果青少年对自己的身体不满意，就会影响他对自我的整体评价。也就是说，有体像烦恼的青少年往往是低自尊的。尤其是初中生，对于自己身体的满意程度对其整体自我价值感影响较大。

我们在开展辅导的时候要注意以下几个方面：

1. 不要过多关注体像

让青少年明白关注自己的体像是一种青春期正常的心理现象，

是自我意识增强的表现，但是，自我的发展不仅仅体现在体像上，还有其他方面也正在快速发展，引导他们将精力分散到关注心智的成熟、能力的发展等其他方面，不要过多关注体像。

2. 建立正确的审美观

从身心发展的角度讲，青少年往往对自己的体像有一个构想，希望能够达到自己设想出来的标准，如果没有达到，就会觉得有缺憾。我们在进行体像烦恼辅导的时候，要注意建立正确健康的审美观，知道青春期的美是健康的、积极向上的。

3. 注意性别差异

青春期的体像烦恼其实是有性别差异的，一般情况下女生比男生更关注体像问题。而且，不同性别关注的具体问题不一样。比如：女生比较在乎自己的肥胖问题、容貌问题；而男生比较在乎个子高矮，同时，还比较关注性器官的发育问题。我们在进行辅导的时候，要注意有针对性，才能够更好地取得效果。

三、体像烦恼辅导案例

你能成长

案例呈现

小王是个矮个子的男生。他身上的两个问题一直让老师很头疼。第一就是小王基本放弃学习，不花一点功夫在学习上，导致成绩很差，他常常考个位数，有时甚至交白卷。还有就是小王脾气暴躁，经常和同学发生争执，甚至打架。

我作为他的新班主任接班才两个月，就遇到了一件棘手的事情。小王和同学发生争执，将人家的眼镜踩碎了。我没有一味责怪小王，而是认为一个巴掌拍不响，两位同学发生争执，另一个肯定也有不当之处。我冷静地分析了事情的始发原因和过程，公平、公正地处理了这件事。自从发生这件事情以后，小王对我的态度有了改观，看我的眼里有了信任。渐渐愿意和我接触，也愿意对我说一些心里话。

案例分析

在和小王接触的过程中我做个有心人，不断注意观察，收集信息，渐渐对小王有了一些了解。我发现他的放弃学习以及常和同学打斗的背后，隐藏着对自我的错误认知。主要有以下两个：1.“我”的个子矮小，没什么能力，所以学习很差，干脆放弃算了。2.“我”的个子很小，别人都看不起“我”，取笑“我”，“我”是被欺负的对象。在小王的这些错误认知中，矮个子问题似乎是关键。

案例辅导

辅导目标有三个。

目标一：使小王领悟到他目前的烦恼：个子矮、厌恶学习、和同学相处不好、总是被人欺负的自卑来源于自己不合理的信念和错误的认知。

目标二：改变认知结构，建立正确的观念以产生良好的情绪与适应性的行为，最终达到人格的自我完善。

目标三：肯定自己的价值，重新建立积极的自我形象，恢复健康、积极的学习和生活方式，把精力投入学习中。

辅导过程节选

一次特殊的谈话改变了我的工作艺术与理念，也为改变小王奠定了基础。

师：你在意自己的个子吗？

生：是的。

师：能不能具体点。

生：我在班中一直属于个子矮的，别人都笑我长不高了，给我取了很多绰号，很多人因为我矮就欺负我，打我，拿我当出气筒。

师：你有没有想过自己目前个子矮的原因？你认为自己将来还会长高吗？

生：没有，不知道。

师：我们先来分析一下你的个子。据老师观察，你的父亲、奶奶都是身高正常的，你的父亲还称得上高大。从生物遗传学的角度分析，你的个子遗传你的家庭因子，可能不会太矮。老师还看了你的出生年月，你在班级里年龄偏小，你还没进入青春期生长高峰。

生：可能吧。

（我向小王介绍了简单的骨骼和肌肉发育的知识，建议他到图书馆查找具体的科学方法来锻炼身体）

师：如果将来你的个子仍然比别人矮，怎么办？

生：不知道，可能会被别人看不起吧。

师：个子矮就注定一辈子被人看不起吗？

生：……

师：听说你喜欢成龙？他的身高也不是很高，但仍旧有那么多人崇拜他。要不要老师再举一些小个子大出息的实例给你听？

……

师：你刚才提到在班中因为个子矮而被欺负，你是否注意到班级中除了你，还有一个矮个子男生小顾，为什么你总是被欺负，而他没有？你能不能回忆一下一些细节？

生：小顾读书好，而我……可能我有时要惹他们，去骂他们。

……

通过以上谈话，我让小王明白了目前个子矮不等于将来一定矮，没出息。而被同学欺负也不一定就是因为个子矮，其他因素也很多。谈话后，我给小王布置了以下家庭作业。

作业一：了解家中长辈的身高，让小王知道，自己可能会随着年龄的增长而长高，要加强锻炼。

作业二：列出每次被同学欺负的细节，找出除了个子矮以外的其他原因。分析其中有几次是同学故意欺负你，有几次是你主动惹别人引起的。目的是要找出被同学欺负的真正原因，把以点概面的想法转化为实事求是的想法。

作业三：如果被同学欺负了，你该怎么办？列出你的几个方案。目的是让小王找出可行的与同学交往、处理摩擦、冲突的方法。

日常保健包括以下三项。

首先，寻求家长的支持，要求家长多关心儿子的心理变化，多关心鼓励儿子，少一些打骂和责罚。

其次，有针对性地找几个经常欺负小王的同学谈话，予以教育，要求在班级里友爱同学，相互帮助。

最后，在日常的学习中，多鼓励小王，发现他的优点，有一点进步就表扬。

（以上案例选自房玉兰：《有这么一群孩子——你能成长》，百家出版社）

第二节 青春期两性情感问题

你说过牵了手就算约定
但亲爱的那并不是爱情
就像来不及许愿的流星
再怎么美丽也只能是曾经

——《亲爱的，那不是爱情》歌词节选

一、青春期两性情感的特点

进入青春期以后，孩子们的身体和心理都会发生很大的变化。

他们的身体会进入快速成长发育的时期，会长高、长大，在身体上会出现第二性征，性器官会逐渐发育成熟，性意识也会逐渐增强。随着身体和心理的变化，他们会开始对异性产生好奇，希望能够更多地了解异性，对那些符合他们心中交往标准的异性，会产生好感，希望能够更进一步交往。这是身心发展到一定阶段以后，自然会出现的一种情感体验，这种情感并不是真正的爱情，我们把它称为青春的萌动。

这种情感有以下一些特点：

（一）自然发生

进入青春期以后，身体会快速发育，性意识和自我意识不断增强，对异性产生倾慕是非常正常的。它是一种生理、心理的需要，就像太阳升起落下一样，是自然发生的。当然产生这种情感的年龄是不一样的，有早有晚，但是每个孩子都会经历这样一个过程。

（二）情感不稳定

青春期两性之间的情感是不稳定的，孩子们可能因为某种原因今天喜欢这个异性，明天又喜欢另一个，甚至同时喜欢几个。只要是符合心目中交往标准的异性，他们都有可能会喜欢，不具备恋爱的唯一性，因此初中生对异性的倾慕之情，与成年人的恋爱有较大的区别。严格意义上讲，它不能算恋爱，我们可以认为它是正式恋爱的前奏或基础。

（三）情感炙热

初中生在与自己喜欢的异性交往的过程中，发生亲密肢体接触的现象屡见不鲜。亲密接触的原因有两个。一是表达感情的需要，初中生也有性的冲动，当两个人之间感情非常深厚的时候，自然会发生亲密接触。另一个重要原因是同学们认为“外面谈恋爱都是这样的”。可见这种性的冲动除了是感情发展的延伸以外，可能更多是受到了社会（包括网络、电视剧等）的影响，他们觉得自己是在谈恋爱了，而谈恋爱就该有亲密的接触。

二、青春期两性情感问题辅导策略与方法

（一）正确认识青春期两性情感问题

青春期两性情感的发生本身不是问题，只有忽略或禁止才是危机的根源。青春期两性情感的发生是青春成长过程中的正常现象，是纯洁的、美好的，是应该得到尊重和善待的。老师和家长应认同青春期两性情感是正常的心理需求，从正视和善待的角度建立肯定性、接纳性的青春期两性情感辅导的理念。

1. 正视青少年两性交往的心理需要

两性交往已成为当代中学生学习生活和心理发展不可缺少的需要。这种两性交往趋向的强化是当代青少年主体意识不断增强的体现，也是他们开始走向成熟的标志。我们应正视青少年的这种现实需要而不应人为地设置障碍，影响或阻碍青少年两性之间的正常交往。

2. 看到青春期两性交往的积极意义

我们要从生命发展的角度，真心接纳这样一个事实：初中生必须学会两性交往，初中生对异性的好感，是身心发展到一定阶段自然产生的情感需要。在这个阶段让孩子们学会和异性正常交往，有助于他们将来的发展。他们在青春期通过积极健康的两性交往，学习如何与异性打交道，可以让他们的人格发展更加完善。有研究表明，既有同性朋友又有异性朋友的人，更具有个人的魅力。同时，青少年形成积极、健康的两性关系，对他们以后的婚姻和家庭都是有好处的。

3. 重视青少年两性交往的教育指导

青春期的少男少女，一方面处在性发育高峰期，对异性有一种本

能的情感需求，另一方面开放的社会环境也使这种情感在部分中学生中有了产生的可能。但是他们心智发育还不成熟，爱幻想、易冲动、极敏感，这种两性间的好感常常是极不稳定的。这样一种情感如果处理不当，会给青少年的身心带来伤害，甚至还会引起更严重的心理问题、社会问题。因此需要家长、老师通过合适的方法，对青少年的两性交往进行教育和引导，以保证青少年的两性情感发展是积极的、合理的、健康的。

（二）青春期两性情感问题辅导方法策略

青春期两性情感问题辅导是以学生为主体、以当事人身心合理需求为本的教育方法或手段，消除青少年的困惑与苦恼，使男女生关系自然融洽，交往有度，让学生在两性交往中懂得明智、知礼、懂情、正行的重要性。

1. 改变立场

如果青少年的两性交往出现不当行为，就需要教师、家长进行及时、正确的引导。初中生具有较强的逆反心理，我们对于中学生两性交往表示反对，并采取种种措施阻止交往进一步发展，显而易见是站在了学生的对立面。这种旗帜鲜明的反对，常常会起到相反的作用。事实证明，师长们的反对常常会让当事的学生觉得他们在共同承受压力，反而会使他们走得更近。因此要让我们的教育更有效，不妨考虑改变我们的立场，以支持和理解的态度开展工作。这种支持绝对不是指放任自流，而是真心接纳，积极引导。

2. 改变角度

有一些家长和老师开展两性交往辅导，往往是从强调两性交往会带来不良后果这个角度开展的。而在这些不良后果中，影响学习成绩又是最重要的一项，常被家长、老师提及。根据调查，在学生的心目中，学习成绩远不如家长、老师想的那样重要。而且师长以影响成绩为由反对中学生两性交往，会给学生错误的引导：只要我成绩好，就能放心谈恋爱。

恋爱是一件很美好的事情，但它不是那么简单，而是需要学习。初中生不适合恋爱，不是因为恋爱会带来严重后果，而是因为他们稚嫩的心智发展水平显然还不具备这个能力。

我们可以根据学生年龄以及心理的特点，从“如何帮助学生更好地开展两性交往”这个角度，给青少年提供一些具体的指导。比如：教他们怎样爱和被爱。比如怎样尊重自己，尊重别人，因为只有这样才会更受人欢迎；怎样坚持自我价值的体现：只有有能力的人，才更具有吸引力；怎样注意异性交往的礼仪：有修养的人才更有魅力；怎样选择交往对象：与适合自己的人交往才更愉快；怎样保护自己：让自己不受伤害等。

3. 关注重点人群

整个初中阶段，初二是比较难管理的年级。根据调查发现，初二学生最容易在两性交往方面发生问题。他们进入学校已经两年，对学校比较适应，同学之间也更加熟悉，从心理发展来看，他们性意识和自我意识比初一更强，而且又不要面临初三那样的升学压力。在这个阶段，他们精力充沛，非常关注两性交往。

在这个时间段，我们应该鼓励孩子多参加各种丰富多彩的活动，给孩子广泛的与异性正常接触的机会，使孩子们青春期异性交往的需求得到满足。在这样健康的环境中，有利于规范孩子的交往行为，培养孩子的交往能力，有利于其在交往过程中，感受到尊重和自我价值。

三、青春期两性情感问题辅导案例

当孩子来“敲门”

案例呈现

马上要期中考试了，为了给同学们鼓劲，也为了缓解同学们的学习压力，初二年级的班主任李老师在语文课上对同学们说：如果谁能在这次考试中前进 5 名，老师愿意帮他实现一个小愿望。

成绩公布后的那天下午，李老师在办公桌上看到了一本周记本。周记本是班上男生小陈的。小陈是一个单亲家庭的孩子，他从两岁开始就和父亲一起生活，平时比较内向寡言，成绩平平，但是个遵纪守规、很听老师话的学生。他在周记本中这样写道："老师，这次考试我进步了 8 名，您说过会帮助进步 5 名的同学实现一个愿望。我非常喜欢小圆同学，想和她坐在一起。您能兑现您的承诺吗？"周记本里提到的小圆是班级的副中队长，学习成绩优秀，工作能力突出，长得楚楚动人，是老师眼中的乖女孩。

读完小陈同学的周记，李老师陷入了沉思。作为班主任，该如何正确地解决这件因自己的承诺而引发的事情呢？

案例分析

一个青涩的少年，正静悄悄地长大，观察这个世界，体验这个世界，用自己的方式理解这个世界。他一会欢喜一会忧伤，自己也不知道为什么；他总觉得自己已经是大人，可是却不能像大人那样主宰自己的生活，这让他郁闷；他的心里悄悄住进一个人，不知道该拿这个人怎么办？于是，在他的心里就常常会刮起风来，下起雨来！但是在风雨中又夹着一丝期盼和甜蜜，就像窗外透进的那一丝若有若无的栀子花的甜香。他想和"她"坐在一起，于是鼓起勇气向信任的班主任提出请求。

案例辅导

李老师是一个对学生充满爱意的班主任。她关心学生的发展，并且重视对学生的承诺；她一定是深受学生的信任和爱戴的，否则，学生不会向她提出这样的请求。这位李老师一定正在伤脑筋：像小陈这样一个内向寡言，成绩平平，但遵纪守规、很听老师话的学生，要向老师提出和自己喜欢的女孩坐在一起，得需要多大的勇气啊！说不定，正是因为怀有这样一个愿望才促使他努力学习，在考试中进步了8名。如果李老师拒绝了，不仅仅是不兑现承诺，有伤班主任威信，对小陈来说，更是一种打击吧。但是，如果同意了，小陈和小圆天天坐在一起，万一小陈控制不住自己感情，又该怎么办呢？作为班主任，这确实是一个两难的问题啊！

既然李老师两难，就找小陈谈谈吧，把自己的担忧坦诚地告诉小陈。告诉他，老师为你的进步高兴，老师也愿意兑现自己的承诺。目前你的成绩有如此大的进步，老师看到了你的潜力。可是，老师有些担心，担心你会控制不住自己的情感，影响了你的进一步发展。你能想办法打消老师的顾虑吗？

青春期的孩子，生理、心理都在经历快速的发展，性器官的发育成熟，性意识的不断增强，使得他们开始对异性产生好感。小陈从小没有母亲，家庭关爱的缺失，会让他更加渴望爱与关注，小圆又是那样优秀的女孩，于是小陈对她产生了欣赏和爱慕，这是很容易理解的。

青春期的感情是热烈的。所以才会让一个听话的、内向寡言的男孩勇敢地向老师提出要和“她”坐在一起。所以他才会沉迷于这种热烈的情感中，只考虑如何离自己喜欢的人近一些，希望自己的喜欢能被对方接受，并且那个“她”也能喜欢自己，对于其他的问题他往往会忽略。

老师的坦诚会让孩子更加信任你，而且，老师并没有不遵守自己的诺言，只是从关心的角度提出自己的顾虑，并与学生一起讨论。这样的一种态度，会让学生有一种被重视、被尊重的感觉，他也会认真思考如何来打消老师的顾虑。他可能会做出种种保证，甚至提出种种措施，不管这些保证与措施有没有用，至少，在这个过程中孩子会发现，除了坐到“她”身边以外，他还有很多事情需要面对。这会提醒孩子从“情感世界”里探出头来，重新打量周围的世界，他会知道，除了“她”，他其实还有很多东西需要关注。

青春期的感情是无助的。孩子们没有处理感情的经历，当情感产生以后，他们往往不知道如何是好。尤其是像小陈这样沉默羞涩的男孩，喜欢上一个楚楚动人的女孩是一件很容易的事，可是，要如何去面对并妥善地处理，就没那么容易了。也许，坐到“她”的身边是这个内向的男孩唯一知道的喜欢的方式吧。

如果老师能告诉小陈：除了接近“她”，其实你还可以有其他的方式来喜欢“她”。比如：你可以让自己保持上升的趋势，让自己更加优秀，“她”会关注到你的进步；你可以让自己更加助人为乐，在帮助其他同学的同时，也贴心地帮助“她”，“她”会感受到你的温暖；你可以更主动地参加“她”组织的集体活动，甚至积极出谋划策，接近“她”的同时，会让“她”看到你的热心与能力……当小陈知道，他的情感有更多、更合适的表达方式，那么坐到小圆身边就不会是他的唯一选择。

案例反思

青春期的感情是宜疏不宜堵的。青春期的两性情感产生以后，如果受到来自父母、老师的反对，反而会让孩子们过度关注情感问题，并且他们会有共同承压的感觉，会让当事的双方联系更加紧密。如果李老师不答应小陈的要求，可能会激起小陈的反感，他会更加渴望和小圆在一起。不如同意小陈的要求，给他一个宽松的、正常的交往环境，也许，他反而没那么纠结。不过，我们可以和小陈一起，对可能出现的一些问题进行假设，并制定出具体的应对措施。

青春期的两性情感就像那春雨中开放的栀子花。当栀子花开的时候，最好的欣赏方式是隔着雨帘，远远地欣赏那些雪白的花朵，它们好似雨中的精灵静静地盛开着，那么美丽！我们可以告诉孩子们：距离产生美，欣赏风景不一定要身在其中，有时候远远地欣赏反而更能感受它的美好！就像我们喜欢某一个人，有时候，把她(他)藏在心底，远远地欣赏，静静地守候，也是一种爱！

第六章
初中生常见心理危机识别与预防

适应力强的孩子唯一的共同点是，这些孩子与给予他们支持的父母、看护人或其他成年人之间至少保持着一种稳定、忠诚的关系。这种关系能针对孩子的个人需要做出及时的响应、给予支持、提供保护，从而减少孩子发展过程中受到的干扰。

——[美]乔希·西普：《解码青春期》

第一节 初中生常见的心理危机

一、心理危机的概念

心理危机是指人在面临自然、社会或个人的突发的、重大的事件时，由于无法通过自己的力量控制和调节自己的感知和体验而出现的情绪与行为的重大失衡状态。

处在严重心理失衡状态的人或人群除了有典型的生理方面的应激反应障碍以外，通常在情绪上表现为暴躁冲突或抑郁强迫、狂躁多语或者孤独少语、痛苦不安或激情难抑、绝望麻木或者焦虑烦躁等严重的情绪与行为的失衡状态。

校园心理危机是指在学校校园生活范围内，由于各种突发的、重大的危机事件所引起的校园成员(学生、教师、职员等)心理严重失衡的状态。这种严重心理失衡状态如果只在学校管理、社会治安以及社会法律的层面上得到阻止和解决,而没能在心理层面予以疏导和干预,则可能转换成潜在的压力和焦虑,进而形成严重的心理障碍和心理疾病,直接影响青少年人格的健康发展。近年来,由于心理危机而导致的这类突发性行为是造成学生非正常死亡的原因之一。

二、初中生常见的心理危机表现

初中生由于其特定的角色、所处环境和身心特点,在成长过程中会遇到各种各样的问题,处理不当容易引发学业危机、情感危机、人际关系危机、生活危机、青春期心理危机等。由于社会转型过程中学生内部、外部的危险性因素在增加,学生发生心理危机的可能性也在不断增加。

2016 年上海市对 1 304 名中小学教师开展学校危机预防与干预工作调查。发现情绪失控、逃学旷课、离家出走、自伤自残、攻击他人、爆发精神障碍和自杀是中小学生发生心理危机的常见形式。其中,初中生主要出现自残、自伤、逃学旷课、离家出走和自杀等心理危机形式。

三、诱发初中生心理危机的主要因素

心理危机是由急性心理应激事件引起的心理反应,它受应激事件、对该事件的认知和应答方式、人格特点等因素的影响。对于初中生来说,常见的诱发心理危机的主要因素有以下一些。

(一) 学业压力

作为学生来说,学习是他们的主要任务。家庭、学校、社会以及学生自己，都对学习成绩非常重视，有些人甚至把成绩作为衡量学生是否优秀的唯一标准。再加上学习本身是一件艰苦的事情，尤其是作业、考试等，给学生带来了很大的负担，因此对于初中生来说，学业压力是普遍存在的。一般情况下，学生可以通过自我调节，或者向老师、家长、同伴等求助缓解学业压力。但是如果学业压力过大，学生在无法缓解的情况下，就容易产生心理问题，给他们带来心理危机。

我们看到，学业压力带来的心理危机表现出一定的时间特点。比如在开学前后的一至两周内、考试前后等。尤其是考试前后，特别要引起我们的关注。考试是最常见的检验学生学习情况的方法。不管是教师、学生还是他们的家长，都非常关注考试成绩，并以此为依据，来判断学生是否认真学习和掌握了相关的知识。一旦学生考试失败，家长和老师往往会对学生提出批评，有些家长甚至会恨铁不成钢地打骂孩子。与此同时，孩子们也非常关注自己的成绩，有些孩子会认为他们在考试中失利是一件非常严重的事情，他们会非常沮丧，对自己丧失信心，对生活失去期待。在这种情况下，常常会产生心理危机。

（二）亲子矛盾

初中生处于青春期，他们的自我意识不断增强，希望得到家长的尊重与认可，时刻希望摆脱家长的控制，独立处理跟自己有关的事务。但是很多家长没有从心底接受我的孩子已经长大这个事实，他们教育子女的方式并没有随着孩子的成长而发生改变，因此青春期的孩子与父母之间容易爆发冲突，引发“战争”。这种“战争”对孩子的冲击力是很大的，孩子们无法控制好自己的情绪和冲动行为，就容易引发心理危机。

（三）人格特点

每个人都有自己的人格特点。初中生正处于身心发展非常迅速的阶段，他们的情绪不稳定，易冲动，对事物有自己的见解，但是受年龄和社会阅历的限制，这种见解往往偏激。同时，这个时期的孩子对世界的感知非常敏感，他们的自尊心强，灵活性差，易钻牛角尖。这些人格特点也是导致初中生易激发心理危机的原因，特别是一些本身有心理疾病或人格缺陷的学生往往是发生心理危机的高危人群，比如个性过于内向、暴躁易怒、心理测试显示抑郁倾向较高、有狂躁倾向以及反社会型边缘人格特点的，患有心理障碍且出现心理或行为异常者。

值得关注的是，我们在平时的工作中，往往会被一些特殊学生吸引，他们个性张扬，经常犯错，成绩较差，常与家长老师发生冲突，他们中有些人甚至公然宣布要自杀或者要做出其他会引起严重后果的行为。我们会紧盯这些同学，生怕他们会做出不当的行为。但我们会发现，可能正是由于我们的关注，这些同学真正出问题的较少，往往是那些比较内向，不太与人交流，在班级里也不声不响的同学（我们称之为灰色人群），容易产生心理问题，发生心理危机。

第二节　初中生常见心理危机的识别

心理危机的发生会给当事人带来巨大的痛苦，同时也会给他们的老师、家人、同伴甚至社会造成很大的负面影响。一旦心理危机发生，我们需要花大量的成本来善后，因此，能及时识别心理危机信号，采取积极有效的应对措施，化解有可能发生的心理危机，就显得非常重要。

一、初中生心理危机的特点

心理危机的识别与预警，需要多维度的生命知识，充分了解中学生的生理、心理特点，以及所处环境（包括学校、家庭等）的变化。初中生正处于青春期，他们的身心发展迅速，面临着更多的内心冲突，加之外界某些突发事件的作用，以及他们自身的一些人格弱点，如敏感、自我中心、耐挫力不强等原因就诱发了心理危机。

心理危机形成的最初诱发因素大多为学生在其成长过程中遇到的一些困扰或压力。对于初中生来说，最主要的压力来源就是学习压力、亲子矛盾、人际关系等。近年来，初中生由于心理疾病（青少年抑郁、焦虑等）引发的心理危机也开始增多。

根据以上特点，我们在心理危机的识别与预警方面可以预先确定一些重点关注人群：学习有困难的同学，在学习上对自我要求过高的同学，重要考试中失利的同学，亲子关系不佳的同学，明显有人格缺陷的同学，个性较内向、缺少朋友不善交流的同学，有重大家庭变故的同学（父母离异、亲人去世等），患有心理疾病的同学等。

二、初中生心理危机发生的过程

心理危机是当事人一些不良心理状态累积的结果，当累积到一定程度就会爆发，所以一般说来，心理危机的爆发都会有一个过程。当然这个过程的长短不一样，有的可能几个月、几个星期，有的可能几分钟。

在心理危机从潜伏到爆发的过程中，只要细致观察，是可以发现当事人情绪、语言、行为和躯体方面的蛛丝马迹的。卡普兰在危机理论中描述了危机反应的演变过程。第一阶段：当个体遇到某件突发事件，内心平衡被打破，表现出紧张不安，试图用自己惯用的方式应对。这个阶段个体一般不会求助。第二阶段：个体发现惯用的方式无法解决问题，焦虑程度加强，试图尝试其他方法，并有了求助的动机。第三阶段：个体发现其他方法也没有效果，焦虑持续加强，并想方设法寻求新的办法解决问题，有较强的求助动机，并不分时间、场合、对象等发出求助信号，会采取一些行动来宣泄自己紧张焦虑的情绪，有的时候有明显的行为失常。第四阶段：由于前三个阶段都没有解决问题，个体开始对自己失去希望和信心，怀疑生命的意义和存在的价值。

针对心理危机发生的不同阶段，关注心理危机易发人群所呈现出的不同现象，尽早采取有效措施，可以预防心理危机进一步发生或者对心理危机进行及时干涉。

三、注意识别心理危机和求救信号

心理危机常见的症状主要表现在情绪、认知、行为和躯体四个方面。情绪方面：当事人表现出高度的紧张、不安、焦虑，伴随着恐惧、罪恶、羞愧、愤怒、悲伤、绝望或者表现出空虚、麻木、对周围世界完全不感兴趣等。认知方面：无法对事物做出正确判断，身心沉浸于悲痛、绝望的情绪中，导致记忆和知觉的改变不能把思想从危机事件上转移，认为他(她)所面临的困境(事实上或想象中的)是无法逃避、无法忍受、无法改变的，观点偏执，钻牛角尖，注意力不集中等。行为方面：退缩，兴趣消失或发生改变，不能专心学习，自责或责怪他人，对自己或周围有破坏性行为，与社会联系消极，出现过去没有的怪异行为。躯体方面：疲乏，失眠或睡眠质量差，食欲不振或暴饮暴食，头晕，胃部不适，乏力，身体有明显不适，但说不出具体部位等。

这些生命危急信号的捕捉，会让我们更早发现初中生心理危机的蛛丝马迹，并及时进行干预。能更有效化解心理危机，帮助初中生健康成长。

在心理危机的各种表现形式中，自杀是非常极端的一种。近年来，初中生自杀的现象也时有发生。研究发现，很多人在自杀前都曾经发出过求救信号，但是被忽视了，以致错失了化解他们心理危机、挽救他们生命的最好时间。及时发现自杀者的求救信号，对于挽救他们是非常重要的。一般来说，可以从以下几个方面观察：个性突然改变（如内向的突然变得外向，外向的突然变得内向或更加封闭、沉默）；谈论自杀并考虑过自杀方法（如作业或者作文中常提及与死有关的话题或表达生活没有意义等感受）。收集过关于自杀的资料、写过要自杀的文字、生活习惯突然改变、成绩下降明显、逃课或离家出走、有暗自流泪或与家人朋友告别的言行、情绪和行为突然明显异常，如不明原因地突然给同学、朋友或家人送礼物、请客、赔礼道歉、诉说告别的话等。

第三节 初中生常见心理危机预防与处理对策

一、初中生常见心理危机预防

（一）加强学生心理健康教育

初中生已经进入青春期。在这个阶段学生的身心发展非常迅速，他们的自我意识不断增强，情绪不稳定，敏感，自尊心很强、他们开始思索人生的价值，不断完善自我评价，会面临内心的种种矛盾，比如：自尊与自卑的矛盾、独立与依赖的矛盾、闭锁与开放的矛盾等。在这种情况下，初中生整个心理状态就不是很稳定。因此我们要预防初中生的心理危机发生，就必须加强他们的心理健康教育。普及心理健康知识，帮助他们了解自己的身心特点，学会处理内心的冲突与矛盾，学会管理自己的情绪，学会用积极的心态看待自己的生活；让他们学会自助的同时，懂得求助，知道当他们陷入困境的时候，哪些人可以为他们提供援助。

（二）关注重点人群及敏感时段

心理危机产生的原因错综复杂，是生理、心理、家庭、学校、社会等多种因素相互交织作用的结果。结合初中生常见的心理危机，我们会发现，有些重点人群比较容易发生心理危机，比如学习有困难的同学，在学习上对自我要求过高的同学，重要考试中失利的同学，亲子关系不佳的同学，明显有人格缺陷的同学，个性较内向、缺少朋友不善交流的同学，有重大家庭变故的同学（父母离异、亲人去世等），成长环境不利的同学，患有心理疾病的同学等。这些人群我们要加强关注，及时进行疏导，实施早发现、早干预的原则。工作中我们还发现，在有些特殊时期，初中生的心理危机发生率会显著提高，尤其是考试前后、长假返校前后、家庭发生重大事件后（父母离异、丧失亲人、搬家等）等。在这些敏感时期，我们尤其要关注学生的情绪、行为表现等，以便及时从蛛丝马迹中发现问题。

（三）加强学校相关人员培训

目前中小学生的心理危机事件频发，不仅与社会转型期间的各种矛盾激化以及升学压力、家庭矛盾等有关，也和学生成长环境中的各种“师源性”心理危机来源相关。主要是由于学校的一些管理者或者是一些教师缺少必要的心理健康教育知识，不了解青少年的心理发展特点，不注意教育方法，手段较粗暴引发。因此必须加强教师的心理健康知识培训，以减少这种“师源性”心理危机事件的发生。

心理危机干预是一个体系，需要学校各个部门各司其职，通力合作。班主任、心理老师、学科教师、行政人员、后勤人员等都需要了解心理危机干预的相关知识，知道如何识别危机，学习如何结合自己的岗位有效应对危机。因此要加强相关人员的专业培训，定期开展心理危机应对的演练，才有可能有效预防心理危机发生，提高应对心理危机事件的有效性。

（四）重视家庭教育指导

初中生心理危机干预工作不仅在学校要开展，在家庭也要开展，需要学校与家庭两方面的密切合作。家长是孩子的第一监护人，担负着教育、抚育孩子的责任，也是最熟悉孩子情况的人。在危机干预的过程中，很多工作的开展都需要家长的支持和配合。但是就现状来看，大部分家长对于孩子心理危机的预防和干预不了解，也不是很重视。同时，我们也看到，相当一部分初中生心理危机的发生与家庭教育、家庭环境有关。因此我们要加强家庭教育指导，提高家长开展生命教育的能力，帮助他们更好地了解孩子的身心特点，掌握心理危机识别和干预的基本知识，构筑家校合作的网络，形成合力，共同为孩子的健康成长保驾护航。

二、初中生常见心理危机处理对策

（一）心理危机干预模式

贝尔金等提出了三种基本的危机干预模式，即平衡模式、认知模式和心理转变模式。这三种模式为许多不同的危机干预策略和方法提供了基础。

1. 平衡模式

危机中的人通常处于一种心理和情绪的失衡状态，在这种状态下，原有的应对机制和解决问题的方法不能满足他们的需要。平衡模式的目的在于帮助人们重新获得危机前的平衡状态。在当事人重新达到某种程度的稳定之前，不能采取、也不应采取其他措施。平衡模式最适合于早期干预。

2. 认知模式

危机干预的认知模式基于这样一种认知：危机根植于对事件和

围绕事件的境遇的错误思维，而不是事件本身或与事件和境遇有关的事实。该模式的基本原则是，通过改变思维方式，尤其是通过认识其认知中的非理性和自我否定部分，通过获得理性和强化思维中的理性和自强的成分，人们能够获得对自己生活中危机的控制。认知模式最适合于危机稳定下来并回到了接近危机平衡状态的求助者。

3. 心理转变模式

人是遗传天赋和从特别社会环境中学习的产物。人们总是在不断变化、发展和成长，他们的社会环境和社会影响总是在不断变化，危机可能与内部和外部（心理的、社会的、环境的）困难有关。危机干预的目的在于与求助者合作，以测定与危机有关的内部和外部困难，帮助他们选择替代他们现有行为、态度和使用环境资源的方法。心理转变模式最适于已经稳定下来的求助者。

（二）心理危机干预步骤

每一个具体的心理危机表现形式都不一样，但是它们的核心都是一样的：当事人受到某个突发事件的影响，而导致情绪与行为的重大失衡。所以，不管是怎样表现形式的心理危机干预，都须遵循规范的干预步骤，才能有效解除或者缓解危机。

1. 确认问题

从当事人的角度出发，理解当事人遇到了怎样的困境，干预者不能有任何的假设与揣测，要充分体会当事人的感受。在这个部分，倾听、共情、接纳、真诚、理解是关键。

2. 生命至上

在危机干预的过程中，最重要的要求是保证当事人的生命安全，确保他们不伤害自己或者他人。在制定干预的行动计划的时候，这一点是必须放在首位考虑的。

3. 给予支持

之所以会有心理危机的发生，是因为当事人觉得自己已经到了绝境，无法应对目前的困境，因此才会情绪失控、行为失衡。干预者要给当事人提供有效的心理支持，让当事人看到自己并非孤军奋战，而是有人在关心和爱护自己。

4. 提出方法

和当事人一起探讨解决目前困境的办法，如果不能彻底解决，那就提出有解决的希望或者是能缓解目前的困境的方法。当事人由于受到刺激，无法理性思考，如果愿意和干预者探讨，那就意味着他已经开始进入理性思维的部分，是解决危机的重要环节。

5. 得到承诺

在当事人情绪平静以后，进一步提出摆脱目前困境的具体实施步骤，让当事人切实看到自己是可以改变目前状况的，从而增强信心。在这种情况下，要求当事人及其家长做出承诺，确定能够将摆脱困境的具体步骤付诸行动，以期真正改变目前的状态，避免危机的再次发生。

三、初中生心理危机应对案例

不愿回家的孩子

案例呈现

小王是个男生，今年 12 岁，上预备年级。性格内向，不善于主动与他人交流。个子较高，但看上去比较瘦弱。

小王父母都是高级知识分子，尤其是父亲，他是人工智能团队的领衔人。父母对小王的期望很高，希望儿子能像自己一样，所以对儿子的学习成绩非常关注。但是小王的学习成绩一直不太理想，为此不断遭受父母的批评，父亲对他尤其失望，经常流露出“你丢了我的脸，你不配做我儿子”这样的情绪，有的时候还因为考试成绩不理想而打过他，或者采取过不给吃饭、不让休息等极端手段。

一个冬天的晚上，小王父亲接到老师的电话，说小王的数学测验又不及格，要求小王父亲配合学校做好小王的教育工作。父亲放下电话又气又急，打了小王一顿，并且要求小王站在客厅里反思，不许睡觉，然后小王的父母自己去卧室休息了。第二天一早，小王的父母起床来到客厅，发现客厅里空无一人，儿子早已不知去向。父母到处寻找无果，只好报警并联系了学校老师。

经过紧张的寻找，最后在某幢大楼的锅炉房找到小王。他在角落里缩成一团，看上去非常可怜，可是当家长和老师靠近的时候，小王却非常抗拒，他大喊大叫，不许大家过去。父亲大声嚷嚷，叫小王跟自己回家。小王声嘶力竭地叫父亲滚开，还宣称自己宁愿冻死在外面，也不愿意回家，不愿意看到父亲。母亲在一旁哭泣，试图安抚儿子，但是小王不为所动，表示如果非要自己回家，那么自己就去自杀。眼看着小王的情绪越来越激动，小小的锅炉房里吵成了一锅粥。

危机处理

1. 共情与理解

心理老师叫大家先退到锅炉房外面，然后用平静的语气跟小王说:“没有人逼你回家，你放心吧。你这一天一夜，一定没有好好休息吧？是不是觉得很累?”小王看到父母退出去了，也平静下来，他一言不发，倔强的脸上满是戒备。心理老师接着说:“你昨晚一定很难过，才会在这么冷的冬夜从家里出来，你心里不好受吧?”小王的眼睛里开始蓄起了眼泪。心理老师说:“老师理解你的感受。如果你觉得委屈，你可以哭的。”小男孩顿时大哭起来。

2. 问题在哪里

心理老师等小王哭得差不多的时候，慢慢走近他身边，并递过去一包餐巾纸。小王接受了。心理老师乘机坐到了他的身边，小王并没有抗拒。老师温和地问:“你能跟老师说说，昨天你遇到了什么委屈吗?”小王把父亲打他，不让他睡觉，让他一个人在客厅里反省的事情告诉了老师。老师说:“这样啊!挨了父亲的打,还一晚上不许睡觉,确实挺委屈的,如果我是你,也一定很难过。”小王一边抽泣一边说:“我爸不是第一次打我了,我早就想离家出走了,我不要回去,不要做他的儿子。他根本就不喜欢我!”心理老师问:“为什么你会觉得爸爸不喜欢你呢?”“喜欢我会打我吗?会让我晚上不许睡觉吗?”小王愤愤地说,“既然他不喜欢我,我为什么要回家?我回家他还是会打我的。”

3. 解困新思路

心理老师问小王:“那你不回家一个人怎么生活呢?现在天气这么冷,你总不能一直呆在这里,你还要吃饭,怎么办呢?”小王显然没有解决的办法,他又开始一言不发。老师继续问:“爸爸不喜欢你,那妈妈呢?她喜欢你吗?”小王点点头:“妈妈虽然也会骂我,但是她从来不打我。”老师建议到:“那你看可不可以叫妈妈过来,问问她有没有什么办法?”小王同意了。

小王妈妈一进锅炉房就开始哭了起来。心理老师安抚了一下她,请她平静一下情绪。小王看到妈妈哭了,他的眼睛里又一次蓄满了泪水。心理老师问小王妈妈:“你很担心吧?”“是啊,我找不到儿子,觉得天都要塌了。我就这一个儿子,从小就是我的宝贝。”妈妈一边哭一边说。心理老师对小王说:“你的感觉没有错,妈妈是很爱你的。”“其实你爸爸也很爱你,所以才会恨铁不成钢。”妈妈对小王说道。可是小王一听到“爸爸”两个字,本来已经缓和的情绪,立刻又暴躁起来:“你胡说,他从来就不喜欢我,老是看我不满意,打我,骂我,嫌我丢他的脸!”心理老师连忙安抚他:“看来爸爸的行为确实太让你伤心了。不过,好在妈妈还是爱你的,对吗?”小王点点头。“你不愿意看到爸爸,所以不想回家,是吗?”小王又点点头。心理老师说:“那这样,你跟妈妈去外婆家,这样你既可以有地方睡觉,有地方吃饭,又不用看到爸爸,可以吗?”小王眼睛一亮,一言不发地看着妈妈。妈妈想了想说:“只要你肯离开这里,你想去外婆家,那我们就去外婆家。”

4. 危机暂解除

小王要求爸爸离开锅炉房门口，他就愿意出来，跟妈妈去外婆家。并且答应心理老师和妈妈，去了外婆家以后，不会再离家出走。在得知小王的想法以后，爸爸没有说什么，只是默默地离开了锅炉房。小王终于牵着妈妈的手，平静地走了出来。一场危机得到了暂时的解除。但是，小王和爸爸的矛盾并没有解决，完全会有可能再一次爆发冲突，从而引发心理危机。

案例反思

一场危机过去了，但是问题的症结并没有得到解决。在工作中我们发现，很多家长对青春期的孩子缺乏了解，在教育孩子的时候，不懂得方式、方法。而简单粗暴的教育方式，不仅达不到教育的效果，有的时候还会带来孩子的心理危机。因此接下来的工作，应该着重于解决小王和爸爸的亲子矛盾。我们要加强家庭教育指导，提高家长开展生命教育的能力，帮助他们更好地了解孩子的身心特点，掌握心理危机识别和干预的基本知识，构筑家校合作的网络，形成合力，共同为孩子的健康成长保驾护航。

图书在版编目(CIP)数据

心悦青春:上海市中小学骨干教师心理健康教育(青春期教育)德育实训基地成果集.7,陪伴青春:初中生心理辅导/戴耀红主编;沈俊佳著. —上海: 复旦大学出版社,2021.6
ISBN 978-7-309-15607-2

Ⅰ.①心… Ⅱ.①戴… ②沈… Ⅲ.①中小学生-心理健康-健康教育-教学研究
Ⅳ.①G444

中国版本图书馆 CIP 数据核字(2021)第 064759 号

心悦青春——上海市中小学骨干教师心理健康教育(青春期教育)德育实训基地成果集
戴耀红 主编
责任编辑/关春巧

复旦大学出版社有限公司出版发行
上海市国权路 579 号 邮编: 200433
网址: fupnet@fudanpress.com http://www.fudanpress.com
门市零售: 86-21-65102580 团体订购: 86-21-65104505
出版部电话: 86-21-65642845
江苏凤凰数码印务有限公司

开本 890×1240 1/32 印张 37.25 字数 968 千
2021 年 6 月第 1 版第 1 次印刷

ISBN 978-7-309-15607-2/G · 2235
定价: 280.00 元(共十册)

心悦青春

上海市中小学骨干教师心理健康教育（青春期教育）

德育实训基地成果集 戴耀红◎主编

“青”听“春”语

俞莉娜 著

复旦大學出版社

总　序

曾经有四名初中少女，因为她们喜欢的男孩子不喜欢她们，于是开煤气想集体轻生，不料抢救后醒过来的她们几乎说的第一句话都是：怎么没有电视台来采访我们？她们全然不顾父母的着急、老师的担忧，更是把放弃生命当作一场儿戏来“秀”。当成年人为她们的行为感到可笑、可气、可悲的时候，作为教育工作者，我们的心情是沉重的。当青少年以生命的代价去叩问青春命题时，我们不得不反思，教育该如何尊重人的成长需求，体现人文关怀？如何遵循人的发展规律，体现育人价值？

从事青春期教育实践和研究二十多年，我亲历并见证了上海青春期教育的发展。从当年要不要在学校开展青春期教育到如今学校如何实施青春期教育，这场讨论主题的转变是时代对教育的期许，是学生对教育的呼唤，也是教育改革、进步的必然。

由于青春期教育工作者的不懈努力、追求和坚定的信念，青春期教育终于从最初的被指责、被怀疑到现在的被接受、被认同，并在不同学校以不同方式开展。但是随着社会的进步和学生身心的发展，目前青春期教育在观念、内容、形式等方面还有许多需要改进甚至变革的地方。

一方面我们的教育观念比较传统和保守，和社会转型期学生的实际生活、价值观仍有隔阂。我们在教育内容上比较单一，对性的敏感话题心存顾虑。我们在教育方法上还是以过来人和教育者居高临

下的说理、灌输为多。教育过程中缺乏倾听学生的心声和了解学生的感受；教育目标一般也简单定为青春期问题防范和处理，对于学生青春成长过程中的生命关怀缺乏研究。

另一方面教育的整体性和连续性跟不上学生生命成长的需求，学校或教师的教育行为大多数还处在应付处理青春期问题的层面，学科教学与专题教育处于碎片化、断裂式的状态，一些教育内容在许多学科或不同学段中简单重复，一些内容由于敏感或与学业知识相关不大而被空缺、被忽视；对青春期成长有着重要意义的家庭，在孩子身心发展，特别是人格发展方面重视不够、方法欠缺。

众所周知，青春期是一个人价值观、人生观、世界观形成的关键期，在教育部颁布的《中小学德育工作指南》中强调，要对学生“开展认识自我、尊重生命、学会学习、人际交往、情绪调适、升学择业、人生规划以及适应社会生活等方面教育，引导学生增强调控心理、自主自助、应对挫折、适应环境的能力，培养学生健全的人格、积极的心态和良好的个性心理品质”，这也是青春期教育的目标所在。

学校青春期教育是生命教育的重要组成部分，也是当下德育的难点，虽然教育部门有专题教育的要求，但在落实中存在诸多困难，如缺乏合适的教材、创新的教法、有一定水准的教师等。上海市中小学骨干教师心理健康教育(青春期教育)实训基地正是在这样的背景下，由上海市教委为加强学校德育工作、促进德育队伍专业发展而搭建的培养市级骨干教师的高端平台，是由一群经推荐和选拔的中学德育优秀教师组成的实践研究团队。市教委德育处领导、市德育发展中心和市中小学德育研究协会的专家对我们基地的组建、项目研究、成果质量给予了高度关心和鼓励。学员所在学校的领导也给予学员在参与基地活动方面极大的支持。

2018 年初夏，我和学员们带着众多人的期望和对学校青春期教育的信念，开始了一段陪伴学生成长的青春之旅，基地本着“以教师的人文情怀滋养学生青春成长”的理念，致力于学校心理健康教育、

青春期教育的推进与创新，旨在通过项目引领、理论学习、教育实践、研究反思等，更新教育理念、改进辅导方法、改善教育行为，促进教师专业发展，有效发挥学科优势，充分体现心理健康、青春期教育的价值。

三年来，我们聚焦问题，突破创新，通过调研，了解当下学校青春期教育的基本情况、困难和瓶颈，为学校青春期教育提出建设性、突破性的建议；我们更新理念，提升能力，在实践研究中丰富教师的青春期知识，完善教师的教育方法，提高教师的青春期教育素养，培养了一批热衷于青春期教育、有一定创新能力、受学生欢迎的青春期教育的教师。

三年来，我们聘请高校教授、医务工作者、特级教师等担任基地导师团导师，通过讲座、报告等形式在专业知识等方面对学员进行指导，在微课设计、制作及资源开发等过程中，帮助学员把关好教育的科学性、准确性和有效性，提升学员青春期教育的理论水平和专业能力。

三年来，我们以上海市德育理论研究与决策咨文课题"中小学青春期教育一体化建设研究"为抓手，组织学员边学习、边反思，边实践、边积累，边开发、边提升，开展了上海市中小学生青春期教育现状的调研、青春期教育学科融合、青春期专题教育资源开发和利用等研究。在完成项目过程中，研究生命视野下青春期教育内容的适切性。

三年来，我们根据学员的知识、能力、特长等分成若干合作小组，在教育实践中有一定的时间量进行集体备课、听课、评课、切磋指正，在小组学习中互相讨论分享，在项目开发中头脑风暴，分工合作，发挥各自优势，完成相关学习内容及实践任务。

三年来，我们结合日常专题教育、团体辅导、个别咨询、主题活动开展实践研究，每位学员根据自身特点确立明确的实践方向和任务要求，在教育教学实践中关注重点、发现难点、突破瓶颈、探索创新，完善教育方法，完成有推广价值的各学段示范课。

今天,17位学员中有9位独立或合作撰写了青春期教育专著9本,有8位学员撰写了青春期教育论文。这是他们长期从事学校青春期教育、心理健康教育、开展家庭教育指导等实践经验的积累,更是他们在基地三年的理论学习、探索研究、团队合作的成果。从选题、落笔到改稿、成文,整个疫情期间和暑假,学员们查阅资料、请教专家,一遍遍地推翻、修改,尽可能使作品成为自己满意、教师有用、家长需要的优质教育资源。

牛燕华,基地写手之一,淡然的外表、文艺的内心,始终保持对青少年的好奇心和探索欲,是心理教师难能可贵的品质。《初中生情绪疏导与压力管理》是她多年参与研究积累的成果,是理论与实践相结合的产物。

章诚,基地里年纪最轻的教师,是一位感受力和创新力极强的心理老师。读她的文字,总让我回想起自己年轻的岁月,执着而热烈。《RAIN的心理时间》是她独自反思教育的节点,更是她分享教育感悟的快乐时光。

杨岚,基地助教,参与并保障每一次研修活动的顺利进行。她撰写的《生命成长视野下的青春期“三情”教育》以亲情、友情、爱情为主题,关注青春期学生情感发展和品德培养,将生命教育和青春期教育有机结合。

朱炜,基地里自带光芒的教师之一,但她不刺眼、不炫目,是柔和而温暖的。我欣赏她的坚持和聪慧。疫情期间,她怀着心理教师的使命感,不失时机地研发了线上课程,《心理微课》应运而生,丰富了线上线下的心理课。

杨洁,一位优秀的语文老师和班主任,因为优秀,所以懂得青春期心理健康教育的重要,有意识地将语文学科与青春期教育相融合,《阅青春 悦成长——初中语文阅读教学与青春期教育的融合实践》也许是学科“跨界”专题研究的首创,在她的阅读教学中,作品散发出青春的光芒。

沈慧，基地里最资深的心理教师，多年的教育教学实践，让她在从容笃定中不失激情和亲和，我想这应该就是优秀心理教师的样子。在她撰写的《跟着电影懂青春》中，我们能体会到她教育的用心，能感受到文化育人的力量。

沈俊佳，其实不是我们基地的学员，却长期在做青春期教育的研究，也是课题组的核心成员。她在《陪伴青春——初中生心理辅导》中，以心理教师独特的视角去观察和诠释初中生的行为表现，体现了她在教育中的人文关怀。

俞莉娜，基地里唯一一位中职校的教师，是一位学习力、行动力极强的德育主任。她对一些职校学生的家庭环境、生存状况极为关切和担忧，在她的《"青"听"春"语》中，我们听到了学生的心声，感受到了教育者的使命。

王铭鸣、冯嫣、李萍，都担任着学校德育的领导工作。在基地的活动过程中，她们那种乐于学习、善于思考、积极参与的态度让我感动。针对家庭教育中存在的现象和问题，她们凭借多年家庭教育指导的丰富经验，合作撰写了《初中生家庭教育那些事》，值得家长一读。

胡敏、杨彦、陈冉苒、汤瑾、宋睿、刘军、王雪凌、张卫琴等参与了《青春期教育实践研究》论文集的撰写，虽然文字不多，篇幅不长，但也是她们三年来实践研究的体会和思考，内容丰富，体裁多样，涉及学科青春期教育、心理健康教育、青春期相关调查分析、家庭教育指导等，学段覆盖小学、初中、高中，多维度、多视角地让我们了解当下学校青春期心理健康教育的状况，给教育工作者、家长以启示。

德润生命，心悦青春。这将是我们永远的追求！

上海市心理健康教育（青春期教育）实训基地主持人：戴耀红

2020 年 11 月 22 日

目 录

前 言

青春期是从童年走向成年的过渡期，它的主要标志是性发育和性成熟，也被称为生命的“第二次诞生”。高中生处于青春期后期，他们在生理上，进入了人生第二次生长发育的高峰；在心理上，性心理日趋完善，情感活动异常丰富活跃。同时，此阶段也是人格发展的关键期。

作为一名兼任心理教学的政教主任，我在和这群见证技术迭代的青春期孩子相处的过程中，深刻感受到他们性意识的萌发和自我意识的觉醒。第五次信息革命时代带来的机会与挑战让很多不可能成为可能，自媒体时代的到来让资讯变得随手可得，非常时期“宅家学习”带来了线上和线下教育的互通，这一系列变化都对我们的学生提出了新的素养要求。他们也是无比焦虑的一代，不断提升的学习任务和来自家庭、老师、社会的全方位360度无死角的关注，给了他们前所未有的压力；同时，他们也经历着从独生子女向二胎甚至三胎的过渡时期，变化的家庭养育方式需要他们去面对、去适应。他们有时看上去成熟，有时却又幼稚得可笑，有时冲动、不计后果，有时又仿佛深谋远虑；他们仿佛就是“搞”的代名词，但又自己都弄不懂自己。他们让老师感到既可爱又无奈，让家长感到既熟悉又陌生；他们对性充满了好奇，对人际交往既渴望又困惑。

有人说，青春是首歌，让人尽情吟唱；有人说，青春是幅画，让人随意涂鸦；还有人说，青春就是用来浪费与犯错的，人总是在不断试错中成长。的确，青春期教育是生命教育的重要组成部分。而生命的真谛并不是通过传授、模仿习得的，是学生在亲身实践、生命经历中感悟出来的。现如今的青春期教育也面临着新课题，它既要充分考虑青少年身心发展的实际需求，又要考虑新时代特点，因为孩子们更需要平等倾听、换位思考、懂他们语言的青春期教育。

本书分“破解沟通的误区”“应对网络的挑战”“直面成长的困惑”“引领青春的志向”四个板块，通过个案解读，从教师、学生、家长三个角度提出相应思考与建议。所以，无论你是正处在青春期的孩子，还是正为青春期孩子焦虑的家长，抑或是老师，我希望此书能为你打开探秘青春期的一个小视角。书名《“青”听“春”语》，“‘青’听”即取倾听之谐音，“‘春’语”寓意青春少年的心声。我期待每位家长、老师都能将自己换位成青少年，回想一下自己的青春期，静下心来听一听青春期孩子的“春”语。

《解码青春期》的作者乔希·西普说，每个孩子都需要一个“罗德尼”，那么，谁是“罗德尼”，我认为，他可能并不是什么成功人士，但他有爱又温暖，温和而坚定，是孩子张皇失措时有力的臂膀，是孩子痛苦无助时安全的出口。每个孩子的青春期都是无价的，让我们一起通过阅读，更好地认识青春，和孩子一起享受青春。

最后，仅以此书献给每个致力于做孩子生命中的“罗德尼”的成年人，和每个在这个时不我待的时代里勇敢成长的少年。

第一章
破解沟通的误区

孩子进入青春期后，家长和孩子的沟通变得困难。经常听到家长们有这样的抱怨：

孩子人倒是越长越大，但跟家人说的话却越来越少；

孩子表面上看起来听话、懂事，但其实他内心里有自己的“小九九”，而且就是不跟家长说。

的确，沟通是一门艺术，与青春期的孩子沟通更需要父母的耐心与智慧。

为什么父母与孩子的交流就那么难？是所谓的代沟吗？

我以为，非你以为

山山是个帅小伙，在旁人眼中他懂礼貌、知礼节，堪称典范；他做事靠谱，凡是老师交待的事必有落实与回音；他成绩虽是中等偏上，但学习态度认真；他乐于帮助同学，在同学中很有人缘。

但近来山山妈妈却感觉儿子仿佛“杠精”上身，和他说什么他都要抬杠，即使明明知道家长的建议是正确的，依然要对着干。妈妈搞不懂：昔日听话懂事的儿子怎么进入了青春期就变得这样难搞？

事件背景：

一模考在即，山山的英语成绩一直不如人意，父母想利用晚餐时间和孩子谈谈。

妈妈：山山，英语单词背了吗？

山山：嗯。

爸爸：你英语成绩不好，单词学习要抓紧哦。

妈妈：英语学习就要利用好遗忘曲线，最好早上一起床就看一下，晚上临睡前再看一下。

山山：这些都是别人的经验，不适合我。

妈妈：这是专家研究的结果啊，怎么会不适合你？

山山：你们不懂，这种办法只适合别人，不适合我。更何况现在所谓的专家满天飞，也就你们这些家长会信。

爸爸：山山，你说的或许有道理，但每个人都有每个人的办法，我们不用直接否定，不妨可以多方采纳一下。

山山：不适合我的，不用试。

妈妈：你怎么不听劝啊！

山山：你们怎么也不听劝啊！

思考

父母的经验有没有道理？孩子“杠”的原因到底是什么呢？

解读

青春期是自我意识的觉醒期，在这个时期父母与孩子的关系之所以紧张，是因为孩子已彻底摈弃了“听话”，换言之，青春期的孩子与父母的斗争其实就是父母和孩子争抢权利之战。父母们处处要求孩子“听话”，希望孩子能听我们的，而孩子希望做独立的人，强调自己的想法。青春期孩子的典型心态中有一条就是“即使我知道你说的是对的，我也不会听你的，因为那是你的想法，而不是我自己的想法”。案例中的对话正体现了青春期孩子的这个心态。

美国心理学家丹尼尔·西格尔在《青春期大脑风暴：青少年是如何思考与行动的》这本书中提出，青春期不是因为激素造成的疯狂，而是大脑发育中出现变化造成的；青春期不是一个难熬的过程，而是一个不断探索、不断成长的过程，这个过程能够激发出巨大潜力，也会导致不成熟的或冒失的行为；青春期不是从依赖到独立的过程，而是重塑亲密关系的过程。在青春期，孩子与父母关系的本质已经发生了改变，朋友关系显得更重要。

乔希·西普在《解码青春期》中也写道：孩子进入青春期后，游戏规则要变了，家长的身份需要完成一个重大的转换。孩子在 10 岁之前，大量父母的身份是一个空中交通管制员。就是说，父母说孩子该做这个，该做那个，该去上培训班了，该去写作业了……家长往往是陪着孩子上课、做作业的。可孩子进入青春期后，父母需要一个新的身份——教练。教练能替球员上场打球吗？所以，父母要知道，解决问题的人，一定是孩子自己。乔希·西普还说：你可以控制孩子，或者你可以帮助他们成长，但是二者不可兼得。

虽然很多家长为了避免在与孩子沟通中“踩雷”，也主动听了不少关于青春期如何做父母的讲座、学习了许多有关青春期方面的书籍，但真遇上自己家孩子犯“熊”时，所有的理念、技巧好像都不起作用。反思一下，是否可以在这几点上有所提高。

1. 别以为自己是对的

家长们总认为自己吃过的盐比孩子吃过的饭要多，但家长们的经验是否就一定是正确的呢？

孩子在长大，他们不再像小时候那样崇拜父母，因为他们意识到家长也是凡人，也会犯错，也有无奈，更有自己知识的盲点。青春期的他们努力在家长面前彰显自己的长大，他们会对家长的行为产生质疑，而此时如果家长依然以居高临下的态度和他们对话，以爱的名义，强调为他好的名义，这些行为都会引起孩子的反感，他们会认为家长们在他们面前扮演上帝，仿佛大人们做的都是对的，大人们知道什么东西对他最好，知道什么样的道路是适合他走的……

时代在发展，当我们作为家长自己都不能确定自己的经验是否科学，还依然一味地坚持，结果只能一点点束缚孩子的思考与成长，一点点成为孩子眼中的假想敌人。

2. 变身为一位好的“教练”

青春期的家长要放下对孩子的控制，转变角色，做个好的“教练”。何为好的“教练”？

(1) 有绝对的权威。这里的权威不是用控制孩子的经济获得的。有时候，我们家长以为自己是孩子的“金主”，孩子必须听自己的。假如父母与孩子的亲子关系仅是建立在经济利益基础上，那么彼此的沟通起点显然是不平等的，也是冷漠的。

沟通的前提是彼此尊重与平等，家长的权威应该是建立在信任、影响、书面约定的规矩及价值观等平等沟通交流的基础上。

(2) 会鼓劲的人。很多时候,孩子眼中的家长就是个负面情绪的持有者,只会指责孩子这儿做得不好,那儿有待提高。孩子们自认为他们在家长眼中就是个没有优点的人,这种没有被看见的感觉非常不好。每学期学生写自评总结,总会发现相当一部分的中职学生自我认同感不高,总是感觉自己可写的闪光点不多,缺点倒是一堆,甚至有些孩子直接认为自己就是一个没有优点只有缺点的人。这种自我否定式的评价,究其根源即学生在过往的经历(包括学校教育和家庭教育)中习得的自我否认。

总之,好的"教练"不会替代孩子成长,他只是把技能教会孩子,使之成为一种习惯,从而让孩子自律地成长。我们要相信每个人都可以是成长型人格的人,只是每个人都有惰性,这就需要好的"教练"在训练时进行督促和提醒,最终实现自我的成长,完成从他律到自律的蜕变。

3. 和孩子共情很重要

现在的学业难度、竞争压力与家长们的学生时代已经全然不同。面对孩子的成长困惑,作为家长理应是孩子的坚实后盾,是孩子内心安全感的源泉。所以家长们与其一味地指责,还不如陪伴他一起学习成长,而陪伴学习也是需要智慧的,应避免两个误区。

误区一:孩子学习你玩手机。这样的陪伴不仅起不到作用,而且容易引起孩子内心的不满。因为它非陪伴,只是形同虚设的监督。

误区二:你和孩子一起学习。有些家长在陪读的过程中把自己培养成六艺兼通,虽然很佩服这样学霸型的家长,但不是所有的家长都能做到,更不提倡家长都如此去做。家长有家长的事,建议家长可以在孩子学习时,学习自己需要的技能而非孩子学习的内容,所谓"鸡"娃还不如"鸡"自己,家长不断学习对孩子是做榜样,它可以激励孩子向父母学习,不断成长。

总之,家长通过陪伴一方面可以体会孩子学习的辛苦,另一方面能及时给予孩子心理支持，体现共情。比如当孩子想懈怠时，拍拍他的肩，给他个拥抱，这样孩子内心就会有安全感，体会到即使有再大的困难，父母和他也是在一起战斗。

4. 控制好自己的情绪

每个人都会有情绪，也很容易成为情绪的奴隶，孩子如此，家长也是如此。在和孩子的争执中，每个家长要记住自己是成年人，孩子有时极端的行为不代表他们的真实想法，他们只是在不断试探自己在家长心目中的重要性。所以当情绪来临时，家长要控制好自己的情绪，不对孩子说出一些无法挽回的气话。

经常听有些家长抱怨自己的孩子不听话，说自己的孩子就是来讨债的。其实，这样的语言是万万说不得的，因为一是破坏了亲子关系，二是给自己埋下了自己是受害者的心理暗示，百弊而无一利。

给学生的建议

1. 学习是你自己的事

人生的每个阶段都有各自的重心，现阶段你的任务就是学习。靠家长逼迫着学习，是没有动力的学习。学习肯定是辛苦的，你即将长大，自己要想清楚为什么学，为谁学，怎么学。

2. 理解父母的焦虑

作为命运共同体，家长和你是一体的，所以他们为你着急，为你焦虑，这样的心情你应理解。

3. 开放的心态听取多方意见

不要用否定来彰显成长。一个拥有开放心态、会听取多方意见、懂包容的人才是成熟的人。所以，当听到不同的声音，先静下心来，想一下其合理性、可取性，再用你聪明的大脑选择你需要听取的意见。

4. 培养自己求真、求知、开放、公正的思维品质

作为未来的人才，你需要有思辨能力，也就是批判性思维能力，

这是国际社会公认的21世纪人才必备的核心素养。但批判性思维不是一味否定，独立思考的结果也可能是认可和支持；它并不是不顾情感，更不是“杠精”“刺头”，它是要考虑场合和表达方式。所谓思维决定选择，选择决定人生。我们愿你，自省、谦逊与好奇；我们愿你，时刻保有对他人的共情和善意；我们愿你，努力培养自己求真、求知、开放、公正的思维品质。只有这样，才有利于建立良好的人际关系；只有这样，才能带来内心的安稳，更好地发挥潜能；只有这样，你才会在迅速变化的21世纪，拥有明智判断的能力，而不是一味地与父母一“杠”到底。

给家长的意见

1. 和孩子聊天不要目的性太强

很多时候家长和孩子沟通的话题非常局限，对于一个在学习上没有成就感的孩子，直奔主题式的聊天往往会把天聊“死”。作为家长要学会和孩子说点废话，在讲废话中把你的价值观表达清楚，聪明的孩子是会领会的。

2. 不要在餐桌上谈论学习

餐桌是个“talk time”的好场合，但忌谈学习。这样刀光剑影的谈话，不利于餐桌和谐的家庭氛围，更不利于彼此身体消化系统的运行。假如总是在餐桌上谈论不愉快的话题，长年累月也容易引发胃病。

3. 家庭战争中没有赢家

孩子的话不一定都是错的，大家只是观点不同，在家庭中没有谁一定要听谁的之说，在家长与孩子的家庭战争中更没有赢家。家长们需要耐住性子，控制情绪，别妄下定义，试着多问孩子一个为什么，试着引导孩子把自己想要表达的意思表达完整。作为成年人，我们不要急着评判，更不要把孩子往外推，冲动的气话伤了孩子，也伤了自己。

是父母人到中年开始变得啰嗦，还是被孩子逼得如此？

别啰嗦

妈妈：儿子，英语就是要多听多读多背，没有其他捷径。

爸爸：马上要春考了，再加把劲啊！

妈妈：前面苦点，养成习惯就好了。

爸爸：儿子，你最棒了，相信你肯定可以的。

妈妈：每天背个几页，积少成多就好了。

山山：天天说英语，你们怎么不说说我数学呢？

妈妈：因为你数学好啊，我们不担心。

山山：你们就只看到我的弱项。

爸爸：我们看到你强项的，但弱项不是应该更引起重视吗？

妈妈：是啊，是啊。我们一起努力把英语搞上去，好不好？

山山：英语，英语，天天说英语，你们烦不烦？

（沉默）

山山：这样吧，你们给我一个可行性的建议，我照做就是啦。

妈妈：前面不是和你说了，用好遗忘曲线，多读多背多记。

山山：可行可操作的，有没有？

妈妈：这就是啊！

山山：不是。

妈妈：……

爸爸：……

山山：吃顿饭都不消停，真烦！（离开饭桌，回房，关门锁门）

（妈妈敲门，喊儿子出来吃饭）

山山：不吃（委屈）……

不久，儿子的房门上贴出来这样一张纸：

爸、妈：

我知道你们是为了我好，但请你们跟我说话前，先整理好自己的思路，把你真正想说的建议、想法或是期待，用最简单明了的话讲出来。另外，别掺杂那么多激动的情绪，更不要用那么高亢或低落的语气跟我讲话，能用一句话把事情讲清楚的就别拆分成十句话来说。我是大人了，请别啰嗦！

思考

孩子是否对父母的要求过高了？在他要求的背后有没有其他的含义？

解读

多么似曾相识的对话，它体现了焦虑的家长和被家长弄烦了的孩子之间的矛盾。应该说，山山的家教是不错的，家长和孩子的亲子关系也是良性的，但依然会出现这样让彼此情绪失控的对话，究其原因，到底是哪儿出现了问题呢？

1. 沟通的立场决定了结果

人在沟通的过程中，总是不由自主地站在自己的立场上，看似道理都对没毛病，但在听话人听来就是各种窝火。美国的阿戴尔·费伯和伊莱恩·梅兹立希在《如何说孩子才会听，怎么听孩子才肯说》一书中提到，错误的沟通方式大致有以下几种：

（1）不愿倾听，急于否定式。

（2）不懂共情，忽略感受式。

（3）只看成绩，鸡同鸭讲式。

案例中家长强调孩子的弱项英语，淡化孩子长处，专注自我的话语权，正是进入了沟通的误区。

2. 停止无效的夸赞

案例中看似家长在夸赞孩子，其实这种“你最棒”“相信你可以的”鸡汤式的夸赞不仅不会被孩子接受，还会让孩子感到不舒服。家长对孩子的夸赞应该关注于孩子的行为，所谓有效的夸赞通常包括了两部分内容：

（1）家长以赞赏的口吻描述自己所看到的或所感受到的。

（2）听到家长的描述之后，孩子能自己夸自己。

比如：

妈妈：我看到你把陌生的单词抄下来了，还重点划出来……我还看到你把中文抄下来，留了空白……

山山：是的。

妈妈：我看到你很努力地在背单词。

山山：的确，我是很努力。

当我们描述之后，孩子夸奖自己，这会帮助孩子更加自知，更加珍惜他们自己的长处。

3. 听懂孩子的抗议声

案例中的孩子向父母抗议道，“怎么不说说数学呢”。他的言下之意就是希望父母能看到他的长处，而非总是盯着他的短处。很显然，父母没有意识到这一点，还在一味地强调英语学习的重要性，这样的交流方式只会让孩子更痛恨英语。心理学上有个词叫“习得性无助”，说的是当一个人总是被否定、被认为做不好某事，久而久之，他就会真正陷入到自我怀疑之中：“反正我做不好的，那我干脆就不做吧。”这种心态，不仅不会让事情往期望的方向发展，还会引起情绪上急躁、不耐烦，甚至是暴怒。

4. 没有人喜欢被啰嗦

李玫瑾教授说，养好一个孩子，就是要小时候斗勇，长大了斗智。

人到中年，难免会啰嗦，但这样喋喋不休，无论是青春期的孩子，还是成年人，都会觉得生厌，让人情绪崩溃。

案例中的孩子希望父母给他提供可操作性的建议，他的言下之意就是“你们说这些话有用吗？能不能不要说啦！”但家长没有听出他的那一声声呐喊，依然强调着理由及自以为是的建议，于是就有了后面的爆发。孩子写在门上的那段话，看似强硬，但其实说得很好。当家长与孩子的谈话抓不到重点，整天泛泛地要求他应该这样，应该那样，一见面就反复叮嘱“要好好学习”，成天将陈词滥调挂在嘴边，孩子不烦才怪！

给学生的建议

当父母没有听明白你内心的一次次抗议时，选择文字沟通是个避免矛盾激化的好方法。建议在写给父母的文字中包含几个内容：

向你的父母表述爱意。

你对问题的理解。

你目前在做的事，及你处理问题的办法。

你希望听到的父母的建议。

最后为过激的话语、失控的情绪真诚道歉。

给家长的建议

纪伯伦在诗歌《你的孩子其实不是你的孩子》中这样写道：

你的孩子，其实不是你的孩子。他们是生命对于自身渴望而诞生的孩子。他们通过你来到这世界，却非因你而来，他们在你身边，却并不属于你。你可以给予他们的是你的爱，却不是你的想法，因为他们自己有自己的思想。

良性的沟通是成功的一半。家长的焦虑、担心或要求，从某种程度上也说明了内心深藏的恐惧、狭隘的见解、自以为是、好为人师等无明之相。教育是一种自省的途径，孩子是你的投射之物，教育是你的投射手段。所以，向外劝导你的孩子，向内劝导你自己。

1. 耐心倾听

有时和孩子的争吵只因为我们太快地否定了他，而没有倾听、读懂他本身的意思。当你耐心地倾听，孩子会敞开他的心扉的。

2. 不要表现得你都是对的，你什么都懂

我们不是上帝，我们只能分享自己的经验。有时不妨向孩子示示弱，表现一下自己的不懂或许会有意想不到的好效果。

3. 学会夸赞孩子

夸赞他的行为，而不只是一些单调的夸赞词，这部分需要不断训练。

4. 说话抓住重点

训练自己把话只讲一遍，并试着用数据说话。

孩子到底是父母上辈子的小情人，还是冤家？

请尊重我

妈妈：山山，爸爸妈妈看了你门上的纸条，想了很多。

（沉默）

妈妈：今天晚饭后，我们开个家庭会议，大家讨论一下吧。

爸爸：对，对，开个家庭会议。

山山：我不开。

爸爸：为什么？

山山：没空。

妈妈：时间不会长的，我们是民主家庭，家中的事当然一家人要共同商量的。

山山：说得好听，“民主”家庭会议，其实开的就是批斗我的会而已。

妈妈：怎么可能？我们是一家人、是亲人，是大家来协商。

山山：哪次开会不是你们两个串通起来批斗我，一个唱红脸一个唱白脸。你们眼里只有分数、成绩，从来没有我。

爸爸：不可以这样说的，我们最爱你，什么都是为了你。

山山：算了吧，你们名义上是为了我，其实都是为了你们自己的面子。

妈妈：胡说！

山山：这就是事实，你们尊重过我吗，真的听过我的意见吗？每次看上去是协商其实就是命令、控制，我只是你们的傀儡。

……

思考

为什么每次沟通前的心平气和，到最后都变成了这样的剑弩拔张。问题究竟出在哪里？

解读

孩子的话句句扎心，他批评父母的虚伪，批评父母的假民主，批评父母对他的控制，而这些批评的背后隐藏着他希望父母能尊重他的内心诉求。

谈到尊重，很多家长都感觉很委屈。因为家长们相比自己父母的养育方式，自感对孩子已经非常尊重了。在家庭中，孩子与父母的关系是建立在平等、尊重的基础上，任何一种高高在上的控制，都会让青春期的孩子产生反感。电视连续剧《小欢喜》中区长季胜利由最初与孩子对话时的多指责、打官腔，把孩子的成绩当作自己的面子，口头禅就是“我季胜利的儿子就该……”，到后来放下身段，真诚向儿子道歉，他的举动让孩子看到了他这个父亲想要改善亲子关系的诚意，季胜利用倾听、陪伴等行为靠近孩子，走进了孩子的内心，最终达到了化解隔阂的目的。

1. 态度比内容更重要

不要用命令和咄咄逼人的语气跟孩子说话，既然讲民主，就要真民主。孩子常说，比起所说的内容，他们更在乎家长说话的态度，孩子们希望父母与他们的对话多一点，用商量的语气和态势，这样的谈话态度会让沟通事半功倍。

诚然，现如今职场压力大，当家长拖着疲惫的身心回到家中，难免会将一些职业习惯、工作烦恼带回家。有时候家长对孩子生硬的态度或许只是一种职业病，自己有可能都没有觉察到自己在语气、态度上的严肃、不可亲近,但这样的态度极易引起敏感的青春期孩子们的不适感,甚至是内心的反感。

所以请家长谨记,无论你在外的职位有多高,但回到家,你的职位只有一个,那就是孩子的父母。家庭中没有阶级,没有上下级,唯有亲情。孩子是上天给每个家庭的礼物,他不是父母的附属品,因而请用尊重和平等的语气、态度和孩子沟通,因为态度远比内容更重要。否则,即使家长说的话再有道理,青春期的孩子也会自动把耳朵封上,不想听的。

2. 相信自家孩子是最独有的

有一种孩子叫"别人家的孩子",所有孩子最烦听到的话就是家长说"你看看某某……"家长无意识的比较,在孩子听来就是一种贬低。有时候家长的比较对象也不局限在孩子的同龄人,像季胜利一开始把孩子和自己当年比,这些没有可比性的比较不仅不会激发起孩子内心的斗志,反而会引起孩子的反感,更重要的是孩子会认为家长对他的爱是有条件的。

有些孩子在应对家长的比较时,会直接怼家长说,"我还想要别人家的家长"。是啊,所有人都怕被比较。作为家长,我们应该接纳孩子,没有人是完美的,孩子如此,家长也是如此。接受孩子的一切,包括他的逆反,和孩子一起度过与成长,这也是亲子关系中最长情的告白。

当然,更别把孩子的话,特别是气你的话当真。孩子的内心是极需要家长的支持与关心,否则他们就不会抱怨家长不够爱他了,只是他们用过激的话,在不断试探你对他的爱而已。

3. 耐心地听他说话

家长们常说自己和孩子有代沟,所以兴趣爱好不在一个点。在这一点上,季胜利又为我们做了榜样,他为了了解儿子、改善父子关系、让孩子接纳他,特意去玩赛车,还隐身和儿子网聊,这种俯下身的倾听,怎么可能打不开孩子的心扉呢?

生活中，我们也常常看到当孩子怀着激动的心情和家长分享趣事时，有些家长会认为孩子说的话题不重要，或是因为话题是非学习性的，就习惯性地打断，这种不尊重感让孩子渐渐地关闭了与你沟通的心门。

特别是当家长和孩子意见不一致时，不要急着评判他、否定他，其实关于对错孩子心中是明白的。假如你一味地否定他，只会引发他的叛逆。建议家长听孩子把话说完，引导他进行自我分析，有时候孩子会在这样自问自答的过程中解决所有的问题。所以，耐心听、合理引才是家长的智慧。青春期的孩子特别敏感，他们渴望被当成大人，更渴望被尊重。假如父母一开口就是下命令，“你应该……”“你不能……”在孩子心里，你只是一个领导。

不想过多地批评家长，因为谁都是第一次做家长，谁也没有经验应对青春期的孩子，所以就做父母而言，更主张家长把自我成长放在首位。

孩子出现的问题，有时就是父母自己的问题，所以父母作为一个独立的个体，首先是个成熟的大人，其次才是孩子的父母。父母应有自己的生活，父母的言行举止、素质修养在不断提升和磨炼后才能成为孩子更好的老师。父母也应学会收敛情绪，遇事理智冷静，做一个智慧大方、心态平和的大人。

给孩子的建议

1. 不要过多指责父母

他们和你一样，都是第一次。大家都很难，有时候你愤怒的指责很伤他们的心。

2. 给予父母改正态度的时间

当父母虚心地和你探讨问题时，不要一味地排斥他们。你不喜欢父母指责你，同样你也不要习惯性地否定他们的努力。

3. 相信父母是爱你的

每个人表达爱意的方式是不同的，你要相信你的父母对你的爱，有时你的试探只会增加彼此的不信任。

4. 不要抱怨你的原生家庭

世上没有十全十美的事，所有人的原生家庭都有或多或少的问题，更何况抱怨改变不了现实。与其抱怨不如拥抱，你将来也要为人妻、为人夫、为人母、为人父，做好自己、对自己负责才是最重要的事。当我们不能改变别人时，只能改变自己。只有把自己变得更好，才会生活得更好。

给父母的建议

尊重是沟通的基础，父母及时的回应，能给予孩子安全感；父母真心的鼓励，能增强孩子的自信心；父母善意的引导，能激发孩子的勇气；父母坚持原则性，能刺激孩子的耐挫力。

1. 改变说话的习惯

（1）全神贯注地聆听孩子说话。

（2）用“噢”“嗯”“我知道了”等来先认同孩子的感受而非否定式的陈述观点。

（3）把孩子的感受用适当的词表达出来。

（4）借助想象满足孩子的愿望。

2. 适当示弱

当亲子关系紧张时，父母要收敛并且想办法修复。青春期孩子的情绪爆发来得快去得也快。所以不能硬来，家长可以通过适度示弱并结合安抚，等孩子情绪缓和了，再继续讨论有争议的话题。青春期的孩子遇到问题时，会有自己的主张，即使家长知道最佳解决方式，也不建议直接告诉孩子，更不要强迫孩子听取和采纳，家长可以使用发问式的沟通法。比如：

你觉得这个事情怎样处理比较好？

需要爸爸妈妈为你做些什么？

你想听听我们对这件事情的看法吗？

3. 给孩子面子，多肯定

与孩子沟通的前提，是要认识到孩子的独立性，站在孩子角度理解他，以平等的身份尊重他，以理谈事说服他；既指出问题又给足面子，既找到不足又善于肯定。试着相信孩子，试着给孩子充分成长发展的机会，只有这样，孩子才会慢慢理解家长的苦衷，才会慢慢敞开心扉。

第二章
应对网络的挑战

2020年是中国全功能接入互联网的26周年。这26年来,中国互联网从无到有、由弱到强,深刻改变着人们的生产和生活。由中国互联网络信息中心(CNNIC)牵头组织开展的中国互联网络发展状况统计调查,在2020年4月发布了《第45次中国互联网络发展状况统计报告》,报告中指出截至2020年3月,在我国网民规模达9.04亿,其中学生最多,占比为26.9%。

青少年作为互联网的“原住民”,学习方式、生活方式、交往方式、思维方式,甚至是价值观念,都正在受到互联网潜移默化的影响。网络是把双刃剑,特别是新冠疫情以来,由网络引发的矛盾、麻烦更是叠加而来。

对于“机”不离手的学生党，手机到底应该怎么管理才能“岁月静好”呢？

手机之争

2019 学年刚开学，学校结合国务院印发的《关于实施健康中国行动的意见》中的相关规定，再次强调了学生到校后手机一律交给班主任管理。通过前期教育宣传，一开学各班执行情况良好，但渐渐地班主任和学生们的抱怨开始多了起来，有些班级偷偷不收手机了，有些虽形式上收了，但其实只是糊弄一下领导检查；有些学生开始号称手机没有带，故意隐藏不交，还有些学生则“一颗红心两种准备”，带了两个手机，交一个自己留一个。

手机管理成了“猫抓老鼠”的游戏，搞得领导、班主任、学生都身心疲惫。

领导说，收手机既是执行文件，又能督促学生认真学习，所以一定要替学生保管手机。

班主任说，理解学校的做法，但执行起来太有难度，曾尝试了几种管理办法，但都有弊端。

1. 采用在教室内悬挂手机袋的弊端：学生没有自觉性，拿了不放回，老师提醒了，有些学生说谎说没有带，引发学生与老师的矛盾；另外，放在教室内有安全隐患，万一发生手机失窃就说不清了。

2. 采用班主任早自习收手机统一保管的弊端：老师的办公室又不是保险柜，万一手机在班主任保管期间失窃，班主任的月津贴都不够赔的；有时老师外出开会，学生手机何时还？

学生说，手机是我的私有财产，更何况你有政策我有对策，你能拿我怎么办！

家长们说，因为孩子天天“机”不离手，耽误了学习，而家长们在家又管不住孩子，一管就有矛盾，想着学生总是听老师的多于听家长的，寄希望于学校，希望老师一定要加强学生手机管理。

思考

学生手机管理到底应该是谁的责任？手机又应该怎么管理？

解读

2020年4月发布的《第45次中国互联网络发展状况统计报告》中指出，截至2020年3月，我国网民规模达9.04亿，其中学生最多，占比为26.9%。而据2019年5月发布的《2019中国网络视听发展研究报告》显示，截至2018年12月，中国网民平均每天用手机上网5.69小时。所以在这个成年人都离不开手机的时代，要让孩子远离手机，真的不是一件容易的事。

手机管理的难题存在于社会各个领域。有些企业将员工在上班时间如何使用手机的规定明文写入了员工守则，成为员工与企业之间必须遵守的准则，因为与经济利益挂钩，管理起来倒相对简单，容易操作了些。

2020年5月13日，共青团中央维护青少年权益部、中国互联网络信息中心(CNNIC)联合发布了《2019年全国未成年人互联网使用情况研究报告》。《报告》显示，中职学生网络普及率是四个学历段(小学、初中、高中、中职)中最高的，达到99.0%；也是日均上网时间最长的，2小时以上的达到51.5%；自认为对上网存在主观依赖的中职学生网民占32.5%。

所以，作为学校，如何管理好学生的手机，如何教育好学生合理使用手机呢？

1. 不是强收，而是代管

当代学生的权益意识都很强，案例中学生们所强调的手机是自己的私有品正体现了这一点。因此，班级在制定学生手机管理措施时，除了刚性的规定外，还要彰显一定的柔性，即手机管理中要体现对学生的尊重与理解。

建议在制定、执行措施前，先在班级群里多和家长及孩子沟通，取得大家的理解和支持，以使形成大家共同遵守的决议。

2. 探索新的管理办法

2014 年，笔者曾在学校推行过事务性班会，当时有一个班开了一堂关于班级手机管理的班会课。这个班在一年级时制定的手机班级管理办法是“老师一早来收，放学了还”。学生们到了二年级开始有了自己的想法，打起了“小九九”，于是在二年级下半学期的事务性班会上通过集体决议，出台了新的关于班级管理手机的办法，即手机由学生自行管理，班级中一旦有学生出现任何不合理使用手机的行为，即全班此项权益作废。在这节班会上还讨论出了具体哪些行为是属于不合理使用手机的行为。因为细则明确，管理到人，全班同学人人都感觉到自身的责任。

办法实行的一段时间内，学生真的做到了自我管理，老师再也不用与学生们“猫抓老鼠”、斗智斗勇，更不用天天提心吊胆，担心手机失窃。师生关系也变得异常和谐，学生干部的作用更是发挥得淋漓尽致，重要的是还培养了学生的自律能力。

3. 引导学生用好手机

手机是个好东西，能培养孩子的信息化意识，还有开发想象力等优点。现如今，不会用手机、玩手机的孩子，恐怕也很少。因此，在能够有效管理手机的基础上，不妨尝试让手机成为学习工具。特别是新冠疫情之后，线上教育颠覆了传统的教学，以前不让学生用手机，疫情期间孩子必须天天对着手机学习。

所以，一味地“禁”不是办法，让学生学会运用 APP 查找资料，完成预习和复习、上交作业，玩转手机的学习功能才是老师的智慧。

4. 提高老师课堂教学的吸引力

学生上课玩手机，除了是学生自控力的问题，是否老师课堂的吸引力也需要进一步提升呢？假如我们的有些老师备一次课用几年，那肯定不符合学生需求，学生会觉得你讲的都是过时的东西，当然不会听，假如是照本宣科，那更不行。

手机管理问题，是个大问题、大难题，它考验的是管理者的智慧。聪明的管理者会在纪律需要和学生需求之间，寻找到一个最佳结合点，让手机成为学生的友人、伙伴，而不是敌人、对手。

诚然，有些学校为了规范学生行为、打造高效课堂采用"一刀切"——严令禁止的管理办法，或许起初是有用的，但时间长了难免会走偏，没有了实效性。而通过基于"教师为主导，学生为主体"的教育思想，从老师的层面倾注更多的心力在学生本身的思想动态上，引导学生面对问题、自主解决问题，或许能做到化"堵"为"疏"。

给学生的建议

手机不是洪水猛兽，只是在一个没有自控力人的手上，便可能成了容易上瘾的"毒品"。你是否有这样的经历：拿个手机，随便翻翻，就是几个小时，既占用了做作业时间，又影响了睡眠；如果与同学聊微信、QQ，那时间就更没有数了，时间就这样在你的指间流失。虽然心里知道这样不好，但却控制不了自己，停不下刷手机的欲望。

每个人都有着积极向上的愿望，但在诱惑面前，惰性又往往战胜了自律。于是，渐渐地就成了语言的巨人、行动的矮子。我给你的建议是：

1. 设置一个闹钟

自我规定好学习多少时间可以看手机，此时手机的作用是放松。并设定休息的时间，到点无论看得多尽兴都要关上手机。

2. 设置一个监督人

监督人的作用，就是负责执行，没有理由，你也心甘情愿地服从他的执行。

3. 关闭手机中容易分心的软件或设置

养成在固定的休息时间看手机的习惯，这样既可以避免漏了一些重要信息，又可以不被即时响起的手机打扰。

其实关于痴迷手机只是一个问题表象，其根源则是你的内驱力和自控力。假如你具备了这两项能力，你也就有可能拥有了赢得幸福人生的能力。那如何具备呢？

1. 制定合理的目标

理性看待自己的梦想，你想成为一个什么样的自己？你可以拥有一个什么样的人生？你希望获得什么样的成就？这些都是你的欲望和愿景。有了目标，就有了奋斗的方向。

2. 分解目标，制定计划

目标不宜太大，可以将大目标分解成阶段性的小目标，再把计划分解为长期计划、中期计划、短期计划。另外目标一定要与能力相匹配，计划一定要结合自身实际情况来制定，并把年度计划分配到月计划、周计划、日计划当中，把任务合理分配和落实到每一天去。

3. 及时奖励

每完成一个阶段性的小目标都要适当奖励自己，让自己坚信努力付出是会有回报的。

4. 定期总结

定期对计划的完成情况做一个总结，快速排查计划中出现的问题，并及时修正，优化迭代。

给家长的建议

家长因为管不住孩子，而寄希望于学校管理，这是种无奈，也是种推卸。孩子手机管理问题的职权归属是父母,也是孩子自己的事。今年疫情居家学习期间,手机使用问题也是许多亲子矛盾的导火线。家长往往将手机视为影响孩子学习效率的罪魁祸首,孩子则拼命捍卫自己使用手机的权利。面对这些分歧,不妨试试以下几个建议:

1. 跟孩子一起商量如何自我控制

如,共同商量制定合理的使用时间,并将制定好的计划表贴在明显的位置,例如书桌前、冰箱上,时刻提醒自己,父母则帮助孩子一起实施并检验。这里切记:孩子需要管理,但最好是他自己管理自己,自己控制自己,而不是你去管他。任何东西如果有可能影响生活和学习,作为家长应该坦率地向孩子提出你的担心,并跟孩子一起头脑风暴,讨论出解决方案。再次提醒:只有孩子自己提出的规则,他(她)才更容易遵守。千万别把你的意图强加给孩子。

2. 在家里设置“手机专区”

很多父母自己也是手机重度依赖者。如果家长自己都无法控制自己,做不到理性使用手机,那你的教导很难有效。父母可以跟孩子商量,达成共同的协议,即互相监督使用手机情况。孩子放学或者父母下班后,统一把手机放在一个地方。真的必须要使用手机的话,需要向对方提出申请。如,签约划定底线,严格遵守。线上不可逾越,线内自主安排,这样的话孩子有自尊,爸爸妈妈少焦虑。

3. 父母少在孩子面前玩手机

对于成人来说,手机已经是必不可少的工作和生活联络工具,但还是建议父母少在孩子面前使用手机。比如可以趁孩子睡觉或者写作业时,发完所有该发的短信和邮件。在陪孩子出去玩或者家庭晚饭时间,最好把手机收起来,没有一个孩子喜欢父母在陪自己的时候经常被手机打扰。

4. 多陪孩子参加户外活动

父母只要有时间,就要多带孩子出去玩,一定要走出去。可以开发更多亲子项目,玩玩桌面游戏、开展亲子运动,聊聊趣味话题,或者一起做做家务等，孩子有事可做，就不会惦记手机了。特别是参加户外活动，如逛公园、跑步、跳绳、打篮球……让孩子有更多的时间去呼吸新鲜空气的同时，也是让他的精力得到充分释放。

5．共情，理解孩子

有的时候，家长不用把电子产品看成是洪水猛兽，孩子在很多时候沉溺电子产品，可能只是因为孤独、无聊，需要寻找聊天伙伴，或者是处于叛逆期的孩子因为家长的“不允许”而偏要去做。坦诚各自的内心想法，澄清误解，并开发手机中更多助学软件，既兼顾学习，也可拥有“手握手机”的满足感。

微信朋友圈、群聊中的互相谩骂算不算欺凌？自媒体时代如何规范青春期孩子的行为？

应对欺凌

Z 和 W 是中职三年级的学生，都是外来随迁子女。W 是父母各自带娃重组家庭后生的孩子，但在她 12 岁时父母又离异，母再婚又生一子，她则由父亲抚养，父亲感觉亏欠她，在经济上对她特别大方。Z 来自二娃家庭，Z 小时候父母对她很宠溺，养成了她的“公主”性格，弟弟出生后，Z 感觉失宠，与家庭的矛盾不断。

W 曾在高一时担任班长，后因经常与同学闹矛盾，被班主任撤了职。撤职后，W 感觉身边的朋友迅速变少，只有 Z 和她一直要好，于是感叹人情淡泊，与 Z 成了死党。

她俩有个共同的爱好就是喜欢在网上聊天议论同班同学的容貌，因为自感长得漂亮，于是嘲笑同班的其他女生都是丑小鸭。另外，还经常断章取义地怀疑其他同学心理不健康，诬蔑别人抢男友等。

一日 Z 得知，看似死党的 W 居然也在别人面前说她心理不健康，于是心生恨意决定报复。Z 趁 W 病假未来校之际，将之前 W 说其他同学的坏话一一告诉了当事人，这激起了全班 33 人的“民愤”，当即学生们组成了讨伐 W 的群聊。

W 得知后，扬言等 Z 放学后找她“谈谈”，Z 随即报了警。在警察局两人旁若无人公开互相谩骂，最后还是由各自监护人将她们领回家教育。

回家后，Z 即将在警察局发生的事告诉同班其他同学，大家对 W 的行为义愤填膺。当晚就有同学在微信朋友圈发布谩骂污辱 W 的帖子，还有的学生则通过多方收集W"罪状"，制作了PPT在各QQ群、微信群传播。

第二天，班主任转交给政教处这份已在昨晚传得全校学生人尽皆知的、名为《W罪状》的PPT，其中罪状的第一页就是W谩骂班主任，猜测造谣老师家庭生活的聊天截图。班主任也认为W"做恶太多"引起了学生们"群愤"，故要求学校严肃处理W。而此事也因为网络传播的迅速发酵，让W不敢面对同学，不敢来学校上学。

思考

在这起事件中，谁是受害者？谁又是加害者？

解读

此案例是典型的由女生间的矛盾上升为群体网络欺凌的事件。网络暴力主要指网民通过互联网对他人实施辱骂和言语攻击，可看作是社会暴力在网络的延伸。社交网络的高速发展为网络暴力的产生和蔓延提供了滋生环境，网络身份具有匿名性，用户在网络上缺乏理智的言行会煽动其他网民情绪。未成年人的价值观正处于形成阶段，对于网络暴力的抵御能力低，愈益需要受到重视。

2020年5月13日，共青团中央维护青少年权益部、中国互联网络信息中心(CNNIC)调查了我国18周岁以下覆盖中国大陆31个省(区、市)小学、初中、高中、职高、中专、技校在校学生的34 661个样本后，联合发布《2019年全国未成年人互联网使用情况研究报告》。《报告》显示，未成年网民在网上遭到讽刺或谩骂的比例为42.3%；自己或亲友在网上遭到恶意骚扰的比例达到22.1%；个人信息未经允许在网上被公开的比例达到13.8%。2019年4月至7月由南都未成年人网络保护中心、南都民调中心、南都教育联盟等组成的课题组发起了全国问卷。通过田野调查与个案收集，在针对网络欺凌与色情暴力信息的调查中显示，12.47%的学生表示曾受到网络欺凌。调查认为随着年龄的增长，遇到过这类问题的学生比例也整体呈上升趋势。

2017年上海市教委就在全国率先发布《预防中小学生网络欺凌指南30条》，中职学校这几年对学生间网络欺凌的防护与教育也一直在进行，但随着网络社交的盛行，校园内的“网络欺凌”却存在依然严重的现象，究其原因是每个人都可能是暴力和谩骂的承受者与施加者。

1. 案例原因分析

(1) 学生个体及家庭因素：W的特殊家庭背景造就了她从小就争强好胜，恃宠而骄。父亲感觉亏欠她，对她很宠爱，母亲因为再婚生子，爱的重心他移，让她感到失落。很多研究表明，相较于父亲，母亲的远离，对学生欺凌的影响尤为突出。W内心渴望被爱，需要被认同，虽然父亲对她关爱有加，但两性的差异加上父亲忙于生计早出晚归，没有时间与孩子进行很好的情感互动，而正处青春期的她又有很强的依赖感，所以长时间的情感缺失很容易让她缺乏有效的行为指导和监督。

Z是二娃家庭，小时候父母对她的宠溺和弟弟出生后重心的他移，让青春期的她感觉失宠。二娃家庭中大娃青春期出现叛逆，包括极强的妒忌心理，假如家长处理不当，一味地纵容，很容易让孩子走偏。

由于家庭环境、社会环境等原因，中职校学生的父母或忙于生计，或因为二孩，对看似长大的孩子不够重视，简单地以给钱替代亲子陪伴与教育。从某种角度来说，因为有些家长在家庭教育方面的薄弱，在青春期教育方面的缺失，所以孩子很容易产生一系列的问题和困惑。

(2) 学校因素：中职校的学业压力较轻，即便是将面临三校生高考的高三学生，依然存在学习目标不明确，学习动力不足的现象。再加上女生与生俱来的性别基因，相对敏感嫉妒、自尊心容易受挫，所以发生在她们间的欺凌事件，其起因通常没有实质性的矛盾焦点和利害之争，多为“看不惯”“没面子”或是“为什么不是我”，欺凌方式也多为动口不动手，以侮辱诽谤、散播损害他人名誉的谣言为主的言语欺凌和排挤孤立等。案例中无论是 W 和 Z 之前对其他同学，还是之后全班同学对 W 都是此类欺凌方式。它看似不如肉搏那么“腥风血雨”，但欺凌的言语、鄙夷挑衅的眼神等无声的身体语言都可以“杀人于无形”，对受欺凌学生造成的心理层面的伤害甚至远远超过肉体伤害。

这个班级中拉帮结派的问题，相信是由来已久的。如果说之前是 W 作为班长欺凌其他同学，班主任采取撤职的办法看似是制止，但其实只是头痛医头，没有解决根子问题，反而造成了同班级内的学生在欺凌者与被欺凌者两者间不断转化角色，欺凌的毒瘤在一个班级内蔓延，并越来越大。特别是最后，学生还利用了老师的情绪，使老师也成为一个促进欺凌的力量。

在这个案例中，无论是班主任还是学校的管理者，对此事件都有不可推卸的是责任。他们既没有做到早发现，也没有做到发现后及时有效的处理。

2. 后续工作的建议

（1）加强法制教育：学校无论是开大会还是开小会，都会进行相应的法制教育，每学期也会专门开展“对校园欺凌说不”的专题教育。但为什么这样的事件依然发生，而且从此事件来看，无论是学生还是班主任，相关的知识和意识匮乏，这不得不让人反思校园法制教育的实效性。每次干货满满的法制讲座、专题教育，到头来只是台上的人讲得声情并茂、口干舌燥，台下听的师生却依然无动于衷，收效甚微。

法制教育不能是简单的“听法”而是要“说法”，可以让学生结合实例自己剖析。针对这个事件的后续处理，建议无论是在全校的告知教育,还是事件所在班级的深入教育,都更应体现"事情过去不代表就结束",要用事实告诉学生加强法律知识学习的重要性,因为只有知法、懂法才能守法。

(2) 提升媒体素养:对于青少年来说,互联网是专门用来社交的工具之一。学生们热衷于在网上发布一些内容,像自拍照,给朋友评论和点赞等。但是因为青少年的大脑尚在发育中,他们还没有成年人那样的人生阅历,所以经常会逾越正常的社交界限。他们有时会做不该做的事情,甚至犯错误,互联网也会把他们所犯的错误全部记录下来,留下痕迹。研究表明:青春期的孩子大脑中调和冲动的组织(前额皮质)还未发育完全,所以易冲动。青少年在网上欺凌他人是因为他们不会去考虑自己的行为会给他人带来什么样的负面影响。

在这个事件中,同学们在网上的谩骂之所以肆无忌惮,就是因为他们以为私聊或屏蔽了对方的谩骂,对方就不会知道,所以抱着眼不见心不念的想法,谩骂的言语越来越难听。但这些言论还是会让彼此受到伤害,更何况她们是在如此看重别人对自己看法的年龄。

所以,面对这样的事件,开展媒体素养的教育,引导学生正确使用网络,合理发声;引导她们对自己有正确的评价,从网络欺凌中走出来;教会他们明白哪些声音要调高,哪些声音要调低,就显得尤为迫切。

(3) 老师的作用:老师作为学校环境中的特殊成员,他(她)的行为对学生的影响非常大。研究表明,老师如果认为欺凌是学生成长经历中的一部分而较少去介入,那么所在班级会产生出更多的欺凌受害,同时会有更少的旁观介入行为。同时,老师在遇到欺凌事件时,拥有妥善处理事件的能力也是十分重要的,正确的应对欺凌事件的方式,不仅能够帮助受欺凌学生得到心灵上的安慰,还能够使欺凌他人的学生产生改正错误的意识,从而防止事件的再次发生。

案例中的班主任在应对校园欺凌时因缺乏对学生正确的引导,

未能及时采取比较合理的应对方式，导致学生欺凌情况的不断延续。特别是后期学生把老师也牵涉了进来，老师的情绪更带动学生的反应。回想平时与一些老师的交谈，深感有些老师自身法律意识淡漠，特别是对校园欺凌的认识不足。他们通常认为取外号或捉弄取笑他人不能称之为校园欺凌，只有发生肢体冲突、暴力行为，或是对对方造成严重伤害的行为才能称之为校园欺凌，所以目前一些老师和学生对校园欺凌行为的认知是不全面的。

如何正确处理和应对校园欺凌事件，教师作为教育工作者，具有举足轻重的作用。所以学校要加强对教师相应的课程培训，如组织教师集中学习针对校园欺凌事件进行预防和处理的相关政策、措施与方法等，强化教师在面对欺凌情况时及时阻止事件进一步恶化的能力，提升教师的法律意识，加强教师对校园安全潜在威胁、校园欺凌早期预警标志的识别和反应，提高他们的安全管理技能，例如怎样缓解矛盾、管理现场和及时调停等技能。

（4）加强对随迁子女家庭的青春期教育辅导：近年来二胎家庭教育问题、青春期孩子叛逆问题越来越凸显。特别是中职校随迁子女家庭在青春期教育上存在一定的盲区，家长特别需要学校提供这方面的辅导与帮助。其实，孩子的问题只是家庭问题的折射点。针对家庭问题，虽然老师、学校的作用是有限的，但还是可以家校联合，共商教育策略，帮助家长解决一些问题。

给学生的建议

1. 珍惜同学情

校园的友谊是最纯真的。所谓与人为善，不要使用语言攻击他人，如通过短信、微信，或在论坛、聊天室、微博、贴吧、QQ 群、微信群等公开威胁、侮辱、诽谤他人；尊重别人的隐私，不曝光他人隐私，如传播或公开可能令他人受到威胁、伤害、侮辱或尴尬的文字、照片、图像、视频或音频等；更不能制造与传播虚假信息，如通过拼接图片，或加上侮辱、诽谤性文字，散播谣言，发布不实信息。

2. 学会求助

遭受网络欺凌后心里很难受，要学会第一时间向自己信任的人，特别是成年人求助，他们可以是你的父母、亲友、班主任等，也可以向专业机构咨询求得帮助，如12355热线或是12338热线。千万不要闷在心里，这会让欺凌越来越厉害，也会让你的心理承受过重的负担。

3. 被欺凌不是你的错

有时因为太看重别人对自己的看法，所以当被别人诋毁时，容易把这些侮辱记在心里，并误认为自己就是这样的人，从而对自我产生怀疑。但其实每个人都要明白“我是谁”是由自己定义的，而非旁人定义。只有学会正确认识自我、发现自我、了解自我，学会不放大别人的评价对自我的作用，才能拥有一个强大的内心和正确的自我认知。

4. 历练成长

正如“雪崩时没有一片雪花是无辜的”，事件中的每个人都是加害者，亦是受害者，所以人人感觉受到了伤害、感受到了痛苦。但痛苦的经历也可以是丰富人生阅历、磨炼品质的一个途径。校园不是象牙塔，它也是小社会。在痛苦中总结经验教训，培养应变能力，思考并学会与人相处，从而使自己学会处理各种情绪，并相信自己有能力解决社会性和人际关系方面的问题。

5. 正面沟通比以恶制恶好

对付网络谩骂的最好方法不是以恶制恶，而是正面沟通。报复并不会把受伤情绪缓解，反而会造成新的伤害。人生的路很长，每个人都会遇到各种非议。面对非议，认定自己，培养排除困难的勇气与智慧。

给家长的建议

1. 孩子是被欺凌者

(1) 教会孩子屏蔽对方。以最快、最坚决的方式，切断与对方的一切联系，避免再收到不良的信息。

(2) 安抚孩子的情绪。告诉孩子这不是你的错，不要轻举妄动或采取报复行为。以牙还牙无法解决任何问题，只会给自己招来更大的麻烦，更何况网络不是法外之地，用合理合法的方式解决才是正确的应对方式。

(3) 联系欺凌者，要求其停止对孩子的攻击。如果欺凌者与孩子在同一所学校，应联系学校和老师，共同解决问题。

(4) 必要的情况下可以选择报警。

(5) 建议进行心理咨询。寻求专业心理咨询，给孩子一定的心理疏导。

(6) 向网络服务供应商投诉。网络欺凌大部分是骚扰、威胁、侮辱等信息，它们都有悖网站或互联网服务供应商的“服务条款”，可要求其及时对相关内容进行屏蔽、删除。

2. 孩子是欺凌者

(1) 告诉孩子，通过网络发表不实的、不负责任的言论，对他人进行侮辱、诽谤、攻击等是不道德的行为，应该受到谴责。如触犯法律，还要承担法律责任。

(2) 要求孩子立即停止网络欺凌行为，并主动向对方赔礼道歉。

(3) 禁止孩子一段时间内使用手机、电脑、网络，借此达到教育和惩戒作用。

(4) 联系老师、联系对方家长，进行沟通，妥善处理孩子间的矛盾、冲突。

(5) 联系心理老师或专家，对孩子进行必要的心理疏导。

在骗你没商量的网络诈骗面前，如何防患于未然？除了技防还有没有其他需要注意的地方？

我被诈骗了

某中职学校一年级学生小张在疫情期间突然打电话给班主任，要求借钱200元，说有急用，并许诺当天就可以还款。班主任感觉事情很蹊跷。

小张是个喜欢玩网络游戏的男生，业余生活也有一半时间用于打游戏，平日生活花销主要靠周末和寒暑假打小时工挣取。他高大英俊但性格非常内向，不善于言辞。他喜欢同班的一个女生，据说当初报考这所中职学校也是因为心仪的女生要报考，才跟着一起报考。小张进入中职学校后，由于性格问题在班级中除了跟心仪女生有交流，和其他同学基本没有交集。渐渐地同学们也与他疏远了，他几乎没有知心朋友。

小张是随迁子女，其父母关系非常差，经常吵架冷战，处在离婚边缘。母亲基本不管孩子，父亲对孩子的要求和期望值较高，但缺乏合适的教育办法，主要靠打骂管控孩子。孩子对父亲比较惧怕，父子间平时也没有什么交流。

在班主任的再三追问下，小张告诉老师，他心仪的女孩快过生日了，他想送给女孩一份贵重的礼物以表达爱意，但苦于没有那么多钱，于是他就在某游戏平台出售自己的游戏装备。平台提出出售物品前需要先提交押金，小张在给班主任打电话前已经陆续给平台支付保证金700元。

警觉的班主任马上意识到小张有可能遇到了网络诈骗，于是让小张向平台提出马上终止交易的请求，并要求对方退还先前的保证金。此时平台以各种理由不退钱，并拉黑了小张。

在小张与平台交涉的同时，班主任联系了小张的父亲，告知家长情况，并建议家长和学生报警。最后经查小张浏览的是非正规交易网站，无法追回损失，为此小张懊悔不已。

思考

看似离我们遥远的网络诈骗，为什么却离青春期的孩子那么近？如何避免被诈骗？及发现被诈骗后的注意事项有哪些？

解读

2020年5月13日，共青团中央维护青少年权益部、中国互联网络信息中心(CNNIC)联合发布《2019年全国未成年人互联网使用情况研究报告》，此报告调查了我国18周岁以下中国内地31个省(区、市)小学、初中、高中、职高、中专、技校在校学生的34 661个样本。报告显示，66.0%的未成年网民表示在过去半年内遭遇过网络安全事件，高于整体网民的55.6%。其中54.6%的未成年网民会有意识地避免在网上发布个人信息；41.3%的人会将网上个人信息设置为好友可见；29.8%的人会在网上发布个人信息之前征得父母同意；但是，也有20.8%的未成年网民不具备上述任何隐私保护意识。

对报告数据进行分析后，可以发现中职学生是在小学、初中、高中和中职四个学历段中网络普及率最高的(达到99.0%)，日均上网时间最长的(2小时以上的达到51.5%)，但运用互联网进行网上学习、搜索信息、网上听书/听电台的比例偏低，网上购物、网上聊天、社交网站、看短视频的比例却是最高的(超过平均水平20个百分点以上)。

结合案例，再结合这些数据可以得出，中职学生的网络安全问题急需引起我们每个中职学生、家长与老师的重视。

1. 亲子陪伴很重要

笔者曾在学生中开展过"当你遇到网络诈骗相关信息时，你的应对……"的小调查，多半学生会选择不理会或是通过网络投诉、举报的方式来应对。对于诈骗信息，65%的青少年的态度是"当作没看见，不理会"；43%的青少年会对诈骗信息进行"网络投诉或者举报"。这反映了目前学生具有一定的网络安全防范意识；但选择告诉父母、老师、兄弟姐妹以及爷爷奶奶或者外公外婆的比例分别为18%、5%、4.2%和2.1%，这里除告诉父母的比例超过10%外，与其他人的交流均不足一成；选择"跟同学或者朋友讲"的比例为18%；选择"报警"的比例仅为7%。

显然青少年遇到诈骗信息时更倾向于自己解决而不是告诉周围人，但是与遇到色情信息、网络暴力相比，在遇到诈骗信息时愿意与父母交流的比例增加了，为15%。这一方面说明诈骗信息与色情信息、网络骚扰、网络欺凌相比，没有那么敏感或者尴尬；另一方面也反映了青少年具有一定的自我保护意识，能够甄别诈骗信息并采取措施进行自我保护，但是仍有很高比例的青少年选择不与父母或监护人交流，这可能出于受到惩罚、让父母担心等顾虑，但也因此增加了潜在的网络风险。

2019年笔者对学生开展了"当心里有烦恼时，你会向谁诉说"的调查，排在第一位的是"朋友"，占48.6%；其次是"放在心里"，占30.17%；接下去是"父母"，占17.88%，"网友"和"老师"的比例比较小。这个数据说明对于中职学生来说，影响比较大的是朋友，而有三成学生选择"放在心里"这个选项，体现了亲子沟通的潜在问题。更值得关注的是，2017年、2018年同样问题的调查结果，"放在心里"的比例也在三成以上。

案例中的小张因为班级中除了心仪的女生外几乎没有朋友，和父母又关系紧张，所以当他发生与心仪女生有关的烦心事时，只能找信得过的班主任寻求帮助。幸好有经验的班主任第一时间发现了问题，提醒了小张，并告知了家长，才避免事件的进一步恶化。细心的班主任在与家长沟通时，还反复嘱咐家长不要过分责怪孩子，平时要加强与孩子的沟通，加强网络安全教育。

我们常说和谐的夫妻关系、亲子关系是幸福、稳定家庭的模型。当家庭中夫妻关系不和睦时，往往会造成孩子内心的不安全感。从学校教育的层面来说，我们无权干涉别人的家庭，但依然希望家长能将对孩子的伤害降到最小，不做幽灵式的家长，不做不管不问的家长，这是作为成年人对孩子的一份责任。

另外，青春期的大多数孩子只会听从尊重自己的父母所讲的道理，假如父母对孩子的教育是靠严厉、靠控制，那只会造成孩子的叛逆，所以家长除了在平时对孩子进行保护性教育，还要做好引导性教育，最重要的是要与孩子耐心、真诚地进行沟通。

2. 不贪图小利

某区检察院未检科负责人曾在对全区学生的法制讲座中说过这样一个案例。

一群学生在微信群、QQ 群里看到有人说，转发兼职信息、小视频就可以赚钱。学生们抵制不了每转发一次视频就能赚 3 至 9 元钱的诱惑，帮助淫秽视频网站传播淫秽小视频。短短一两个月间，传播的人次达数十万次，非法获利达几十万元，甚至人被抓获了，小视频还在传播，他的账户还在赚钱。最终，经过鉴定，这些年轻人传播的小视频系淫秽视频。根据《中华人民共和国刑法》第 363 条第 1 款规定，犯传播淫秽物品牟利罪的，传播 100 个以上的，即构成情节严重的，处三年以上十年以下有期徒刑，并处罚金；传播 500 个以上的，即构成情节特别严重，应当判处十年以上有期徒刑或无期徒刑，并处罚金或没收财产。最后，这一群年轻人，多数获判三年以上有期徒刑的刑罚。

网络世界是一个每分每秒都充满着新鲜感的世界，海量的信息也是触手可得，信息的传播轻而易举，甚至动动手指就能兼职赚钱，这对青少年学生来说是充满着诱惑的。但其实只要仔细想想，这样天上掉馅饼的好事是不可能的，所以学生们要增强网络信息识别能力，对于不良信息主动抵制，假如发现涉黄、涉恐、涉暴等内容的信息，要及时向公安机关报告，千万不能为了贪图小利而成为犯罪分子的帮凶，避免自己陷入违法犯罪的泥潭。

小张的案例也是因为骗子给他画了个“饼”：你想要拿大钱，就得先付点小钱。或许一开始小张也是警惕的，也曾质疑收取保证金的要求，从学生提供当时的聊天记录来看，他最后还是因为自身急需用钱，出于贪利的心理，让骗子得了逞。

3. 礼物不是越贵越好

小张急于用钱的原因是给心仪的女生买生日礼物。青春期的男女生产生好感，这种感情是纯洁的，也是美好的，但很多时候孩子们会认为只有用金钱才能表达爱意。

小张性格内向，从初中时就心仪这位女生，并跟着她一起报考学校，同时在班级中除了这位女生没有结交其他朋友，所以当女生生日在即，他有这样的举动是可以理解的。但作为未成年人，对爱情的理解却不全面。

心理学家默斯特因(Murstein)有一个关于爱情的“SVR”理论，认为两个人从相识到结婚分为三个阶段：“S”即刺激阶段，“V”即价值阶段，“R”即角色阶段；斯滕伯格(Sternberg)在1986年提出的爱情三角理论(triangular theory of love)指出，爱情包括三种成分：亲密(intimacy)、激情(passion)及承诺(commitment)。其中亲密是情趣相投和价值观一致基础上的心灵相近、互相契合、互相归属的感觉，亲密属于爱情的情感成分，是爱情中的核心成分，持久的爱情基本都源于亲密。亲密主要包含了尊重、支持、理解、关心。

真正的爱情应该是建立在相同的价值观层面的，而不是像小张以为的只有送给女生贵重的礼物才是爱的诚意的体现。因而，无论是学校、老师还是家长都要对孩子进行爱的教育。男女生的友谊，包括爱情不是靠一份贵重的礼物来建立的，要量力而行。青春期阶段的孩子切忌盲目攀比，要树立正确的人生观、价值观及爱情观。

疫情让孩子们接触网络的机会比过去多，网络诈骗也随机潜伏其中。网络刷单、账号欺诈和网络购物诈骗等犯罪手段，正把黑手伸向学生。毫无疑问，执法机关的严厉打击和制裁必不可少，但提升孩子的网络安全意识，是整个社会的责任。未成年人对于网络诈骗手段的辨识能力有限，一些在成年人看来有些幼稚的诈骗手段，未成年人却可能会上当。孩子们对互联网所带来的海量信息缺乏基本的辨识能力，作为家长、老师、学校越早给孩子补上网络安全这门课，就越能更好地保护孩子不受网络诈骗的侵害，引导其走向正确的方向。

给学生的建议

1. 事先多搜索

很多时候我们习惯于凡事问“度娘”，这种搜索依赖也给不法分子们提供了便利，所以不妨提高熟练运用多种搜索引擎查询的能力。通过多查查同类商品交易情况，做到事前多防范，事后不着急。

2. 不要贪小利

当高于或低于市场价太多时，就要在心里打个问号，千万不要过分追求利益。这种凭空掉下的“馅饼”，不是假货就是骗人的幌子。练就火眼金睛，识别陷阱，认清所谓“扫二维码拿奖品”“点击领红包”……的真面目。

3. 不随意点击陌生人发来的不明链接和网站

在这些不明链接和网站中，常常隐藏着一些不良木马程序，随意点击会造成安全隐患。其实即使是熟悉的朋友发来的链接，也请先不要点击，必须确认对方的身份，以免对方被盗号。了解朋友发来链接的相关内容，在确认安全的情况下再打开。

4. 注意个人信息的隐私性

不要在朋友圈、个人空间等社交平台发布涉及个人信息的内容，有时你不经意的随手拍，无意泄露了诸如父母姓名、工作单位、家庭住址、身份证号码等重要信息。

5. 不加陌生人的微信和QQ

"猜猜我是谁"、冒充公检法等诈骗手段在生活中很常见，但依然会屡试不爽。请谨记凡是涉及汇款、转账的，一律不理。

6. 当发现自己被网络诈骗后，切莫自认倒霉或慌张

父母永远是你最可依赖、信任的人，请第一时间告诉你的父母，并选择报警，向警方提供相应的证据，避免事态的进一步恶化。

给家长的建议

1. 多陪伴

孩子依赖上网，和家长缺少陪伴有一定的关系。只有多关心、多陪伴孩子一起学习、娱乐，才能避免孩子将上网作为精神寄托。

2. 提高家长自身的网络素养

网络有利也有弊。作为家长不能一禁了之，而要合理引导。家长自身网络素养的提高，对孩子潜移默化的作用也是无法估量的。

3. 保护好自己帐户的安全

各位家长要重视自身手机的支付安全保密措施，保护好"密码""二维码""验证码"这三个码，不要轻易把支付密码告诉孩子，以防孩子们落入网络诈骗的圈套。

4. 发现问题，及时举报

2020年的"清朗"专项行动再次打响，作为家长也要积极参与，向网站平台和有关部门举报相关问题，携手共建清朗网络空间。当孩子遭遇网络诈骗，拒绝私下解决，保留证据，选择报警是每个公民的权利，也是家长给孩子做出的表率。

第三章

直面成长的困惑

世界卫生组织(WHO)将青春期的年龄界定为10—20岁。“青春期”即青春发育期，是指由儿童逐渐发育到成人的过渡时期，是以生殖器官发育成熟、第二性征发育为标志的，是个体生理和心理不断走向成熟与发展的重要人生阶段，是世界观、人生观、价值观形成的关键期。

根据《教育部中小学健康教育指导纲要》《中小学德育工作指南》《上海市中长期教育改革和发展规划纲要(2010—2020年)》《上海市中小学生生命教育指导纲要(试行)》精神，高中阶段的孩子伴随着性的成熟，他们要逐步学习、了解两性情感产生的心理原因和发展规律，了解合乎伦理的性行为与性关系，学习处理两性交往带来的情感问题，包括正确应对性侵害的方法等。

通过相关的学习，让学生开始直面成长的困惑，思考和理解生命的价值与意义。

童话故事《白雪公主》中的皇后每天会问镜子：镜子，镜子，谁是这世界上最美的人？在今天这个人人“P图”的时代，你有没有和皇后一样的烦恼呢？

我美吗

史同学是个漂亮、独立，有想法的女孩子。

中考前，她看了《中招手册》上学校的专业介绍，执意要从嘉定报考到市区某职校。报考前，家长不理解为何女儿会选择离家那么远的学校，于是特地带着她从嘉定赶到学校进行现场咨询。在咨询的过程中，家长几乎无话，全是小史在问，负责招生的老师对小史印象深刻，认为这个女孩不仅漂亮大方，而且有思想、个性独立。

刚入学时，班主任对她的评价也很高：军训中当班级与其他班级闹矛盾时，是小史带头鼓掌，化解了矛盾；她还在会操时被推选为旗手，成为全校瞩目的焦点；开学后她又成为班级的文艺委员和校礼仪队员。但渐渐地，班主任发现她每天都要化妆，对学校的仪容仪表要求，她也是虚心接受，但屡教不改。

小史父母在她很小的时候就离异了，并分别重组了家庭。父母虽然非常爱她，对她也很关心，但总感觉不知道女儿真正需要什么。小史小的时候在老家读书，初中才来到上海。来沪就读期间曾因为和同学相处不好，转过一次学。

某日，班主任又与她进行了谈心，当询问她为什么要天天化妆时，她哭着说是因为长得很丑。小史还告诉老师，初中时周围的人都说她丑，所以她认为如果不化妆她就更丑了，根本不敢出门。她还说，因为自己长得丑，影响心情，也摧毁着自信，妨碍她的人际交往。她总觉得同学们看她的眼光和别人不一样，所以只有不停地化妆，才感觉有那么点自信。

老师问她,哪儿丑?她说哪儿都长得有问题,还说等她有钱了一定要去做整容。

思考

女生的化妆问题,能用学校的仪容仪表规章制度来强行规范吗?

一个大家眼中亭亭玉立、大方漂亮的校礼仪队员,为什么会对自己的容貌有这样低的评价呢?

解读

学生的仪容仪表一直是中职学校、老师眼中的老大难问题,很多时候校方三令五申学生的仪表要求,但总有学生会打个擦边球"以身试法"。男生们今天染个发,明天烫个头,后天剃个奇异发型;女生们则是天天偷偷摸摸地化妆。现代化妆品升级换代,素颜霜、变色润唇膏等新式化妆品,也让老师对化妆的概念界定有了难度;抖音、短视频、网红等的推波助澜,更让学生们关注化妆技巧与产品。很多学校原来都是依照中学生行为规范的仪容仪表规则,明确要求学生"不染发、不烫发、不化妆",但往往是"猫捉老鼠",管得累,成效差。

每个人行为的背后都有其内因。女生热衷于化妆一方面有可能是因为青春期性心理发育正经历三阶段(疏远异性阶段、接近异性阶段和爱慕异性阶段),所谓女为悦己者容,通过关注容貌,力求追求个性,达到两性吸引的目的;另一方面则像案例中的小史,通过化妆试图改善自认为的体像不足,其实质就是自我认同和青春期体像烦恼。

1. 自我认同

自我认同,是指自我认知达到了良好的、适应性的水平。自我认同良好的个人能够理智地看待、接受自己以及外界的大部分事物,一般对生活持有热爱的态度,这样的人往往也会给身边人留下热情、活泼、开朗的印象，他们自信、大方，不容易在生活中产生挫败感。

心理学家埃里克森提出了人格发展八阶段理论，认为青春期的主要任务是建立自我认同感。他认为“如果这种自我感觉与一个人在他人心目中的感觉相称，很明显这将为一个人的生涯增添绚丽的色彩”，否则就会产生同一性的混乱，如：怀疑自我认识与他人对自己认识之间的一致性；看不到努力工作与获得成就之间的关系。

小史对自己外貌的不认同，正像她自己所言影响着她的心情，摧毁着她的自信，影响着她的人际交往，她总感觉同学们看她的眼光和别人不一样。这一系列的影响导致了她在角色同一与角色混乱这一发展阶段出现了问题。这个问题不解决，势必影响她以后的成长和发展。

自我认同是青春期每个青少年都面临的问题。要形成良好的自我认同，最基础的是生理层面的认同，就是身体的认同，集中体现在对自我形象的认同。外貌对自我认同的影响不是直接的，而是通过主体对外貌的认知来影响，即自我外貌评价或他人外貌评价转化后的自我外貌认知，以及自身对外貌的关注度会影响人的自我认同，也即真正影响自我认同的主要不是客观的体貌，而是主体对外貌的认知评价。

2. 体像烦恼

所谓体像烦恼，是一种由于个体自我审美观或审美能力偏差导致对自我体像失望而引起的心理烦恼。其主要表现为：过分关注自己的体像，有强烈的改变自身某方面体像的欲望，同时也会产生一些消极情绪。

青春期的孩子，伴随着性的发育成熟、自我意识的增强，更喜欢在异性面前展现自己的风姿，因而青少年比其他年龄段的人更关注自己的容貌、形体、姿态、语言，对自身的体像缺陷和弱点十分敏感，容易产生体像烦恼。有的男生会困惑自己的外生殖器到底该有多大，有的女生总感觉自己的身材不够有吸引力。这些问题常常使许多学生备感困扰，甚至产生自卑感。

据相关数据显示，80%以上的中职学生有体像烦恼，其中又以容貌烦恼占多数。分析原因，主要是源于孩子成长过程中的经历，即所谓历史因素是造就我们现在如何看待自己的外观的根源性原因。

（1）文化压力。每个孩子从出生就开始在学习。他们从周围人身上明白了女孩要有什么样，男孩要有什么样，包括有关身体外观的社会价值观，在孩子习得的过程中，体像就形成了。

比如动物卡通人物及部分电影中，“失败者”和“坏蛋”通常都是形象丑陋。最为重要的是，孩子在观看的过程中，开始审视自己的外表——如何才能达到“应该”的外表标准？这个问题的回答将会影响他们的自我价值感。

现如今，随着社会文化、大众传媒的渲染，颜值红利被刻意放大，于是被物化的男性和女性，会进一步苛责自己的外貌。

（2）人际经历，即我们和同龄人以及家人的关系经历。在一个孩子成长的过程中，家人的影响是潜移默化的。家人不仅影响着孩子穿衣的风格和习惯，还会传达期望。

假如在孩子的成长过程中，父母总是抱怨自己的外表，作为孩子就会学习到外表是一件需要担心的事情；假如孩子的朋友老是想要变得更漂亮，孩子可能也会怀疑自己的外表是否也有缺陷；假如孩子在童年或青春期时，他（她）的外表被反复评论或取笑，这也会对体像发展产生持续的影响。

研究表明很多不喜欢自己外表的成人，都有小时候因外表被嘲笑或评论的经历，这些经历深深印刻在记忆中。案例中小史就自述有初中时被人嘲笑容貌的经历。

（3）身体特征和变化。在青春期，身体会经历巨大的变化。这些变化会引起人对外表的强烈关注。发育早晚对体像发展也很重要。臀部和胸部发育相对较早的女孩，会觉得不自在；而身高和肌肉发育得相对较晚的男孩，则可能暗自焦虑何时才能变强壮。

目前中职生的身体素质与以往相比，有明显不同。原本人们认为中职生通常都长得人高马大，运动能力强。但这几年家长对体育越来越重视，认识到体育运动对孩子心智发展有促进作用，所以往往越是重点高中的孩子越是德智体美劳全面发展，而中职校的学生特别是本地生源，往往是除了学业上有困难，身体素质也有诸多不如意之处。

(4) 人格特征。俗话说，个性决定命运，不同的个性会有不同的发展道路。适应力强、有安全感、自信和高度自尊的孩子不容易有体像烦恼，而那些低自尊的孩子比较容易有体像烦恼。

中职学生从某种程度来说，在学业上是缺少成就感的一群人。再加上目前中职随迁子女学生有的曾经是留守儿童，有的原生态家庭比较复杂，有的青春期教育几乎为零，所以有相当一部分学生存在自卑心理。

案例中小史的原生态家庭提供给她的心理安全感较弱，因为父母的离异、家庭重组，家长对青春期相关知识缺乏等原因造成家长无法走入孩子的心灵，再加上孩子从小生活在老家，青春期时才来到上海，生活环境的变化，学习跟不上节奏的压力，被同学嘲笑，特别是初中时被迫转校等的经历，都有可能是她产生体像烦恼的原因。

3. 加强性审美教育

2016 年 9 月教育部印发了《中等职业学校学生公约》，《公约》增加了贴近时代、贴近学生实际的表述。其中有关学生仪容仪表行为规范的内容见第六条："辨美丑，立形象。情趣健康，向善向美；仪容整洁，衣着得体；举止文明，落落大方。"这样的表述体现了国家在培养中职生的审美观，发展他们鉴赏美、创造美的能力，培养他们的高尚情操和文明素质等方面的价值导向。

《中国性科学百科全书》中提出："性美育，是通过教育，使受教育者从外部(体貌、服饰等)到内部(智能、情感、道德等)两方面来提高自己美的素质，形成正确的性审美意识，从而能正确进行一切与性有美的审美活动。"

青少年性审美教育的核心就是树立正确的审美价值观。所以，学校要教育学生感知、理解、鉴赏、评价美，进行美的创造，树立正确的性审美价值观，培养健康的审美情趣，形成崇高的审美理想。这是中职学生性审美教育的任务和内容。

2013年开始笔者于每年9月在所在的学校开展"礼在宝职，美在心中"的主题活动，通过让学生学习自编的礼仪操，训练规范的站、立、坐、走等，使学生习得礼仪行为；通过听讲礼仪讲座，让学生了解服饰美、仪表美、语言美等知识；通过"眼界计划"，带领学生走出学校，走进高校、企业，见天地，见世面，见众生，最后达到见自己的目的；通过鼓励学生参加各级各类比赛活动，如文明风采、星光计划、时政大赛等，培养和锻炼学生的能力，树立自强榜样，让学生看到自己的精彩之处；通过倡导做儒雅绅士、优雅淑女，评选学校礼仪示范生，形成评价体系。通过这些年的实践探索，这样的美育教育不仅陶冶学生情操、提升学生素养，最重要的是让学生明白什么才是真正的美。

开展对学生的性审美教育，其目的就是为了引导青春期的学生树立正确的性审美价值观，注意内在美和外在美的统一。通过性审美教育，使学生真正理解"好男孩"与"好女孩"的内涵；教会像小史一样的孩子明白每个人都是独特的，都具备个人的美，而人的美与魅力不仅仅在于容貌，还包含了心灵美、性别美、体态美、服饰美、语言美、气质美等；教会学生选择适合自己年龄特征、性别特征的服饰；并在认知青春阶段美的基础上，初步掌握创造青春美的方法，塑造青春期的人格魅力。通过性审美教育让学生看见自己的青春之美，并合理引导学生正确认识自我，进而接纳自我，尤其是要把对自己身体的接纳和认同作为学生教育的一个必要的教育内容，最终方能培养出积极向上、自信、自尊、自强的学生人格。

给学生的建议

假如正值青春期的你也有案例中小史同学一样的烦恼的话，建议你用“爱自己三步曲”走出体像烦恼。

1. 觉察自己

以清晰和平衡的方式觉察到当前的情形，既不忽视也不对自我或生活中的不利方面耿耿于怀。

2. 觉察他人

认识到人无完人，每个人都会失败、犯错，都有缺陷，都有担心、恐惧、焦虑和悲伤。“我”不是一个人，“我”是这个必然有缺陷的人类中的一员。

3. 理解和关心自己

“我”不完美，没有人完美，完美是绝对不可能实现的，这就是“我”的状况，“我”的理解，完全接纳自我，鼓励、善待自己，给自己一杯热茶或者看一场电影、听一首歌曲，要像爱你的朋友那样爱你自己。

关心自己的容貌和长相是每个人的必修课，这说明我们长大了，开始走向成熟。发现自己不完美，甚至有许多先天的不美也是非常自然的事情。天生丽质的人其实不多，绝大多数人都是普通人。长得再好看的人身上也有不完美的地方，要学会发现自己的美。注重修饰自己是必要的，但如果过度在意就会陷入误区。

自信本身就是美，你在别人眼中是什么样，不是你能控制的。你能控制的是你在自己眼中是什么样。自我接纳、自我欣赏永远比自卑强。所以，无论如何请先喜欢自己。

给家长的建议

在孩子进入青春期前，父母或监护人是影响孩子体像最重要的人。

1. 避免消极的身体谈话

在孩子面前或和孩子交流的时候，父母应该注意自己谈论体重和体型的方式，避免对身体做轻蔑评论，因为这会给孩子传递信息：人的价值源于身体外表。

2. 停止批判自己的身体

作为父母，我们需要表达对不同体型的人的尊重。这意味着要尊重自己的身体，对自己的身体感到满意，并注意如何向孩子表达这些感受。尽量避免对自己的身体做任何负面的判断和评论，比如“我太胖了”或“我没法穿上 XL 号”这样的话。

3. 强调其他价值

家长要致力于营造一个“免谈身体”的家庭氛围，这等于告诉孩子们，有比我们外表或别人外表更重要的事情要讨论。用自己的行动传达给孩子一个信息：重要的不是人们的外表，而是他们做了什么和说了什么。

4. 关注媒体影响，引导多样性

目前大众传媒对人的影响巨大，孩子更是容易受此影响。作为家长要向孩子推荐那些促进外表多样性的信息，而不是只关注美丽和外表的信息。引导孩子们懂得欣赏各种外表，珍视多样性。

总之，作为家长，要为孩子树立接纳他人和自我身体的榜样，同时培养孩子去接纳多样性的个体，帮助他们建立一个更包容的世界。在这个世界里，他们知道自己是受欢迎的，他们也欢迎别人。

哪个少年不多情，哪个少女不怀春？但什么是爱情呢？因为颜值，因为性格，因为他（她）对你好？

爱情的真谛

刘同学在刚入学的时候，给人的印象是一身正气、自律，被大家推选为班长。但渐渐地，老师发现他性格敏感，一方面特别在意别人对他的评价；另一方面又非常自我，表现为与其他同学相处时不考虑他人的感受。刘同学是由爷爷奶奶带大的，其母亲患产后抑郁症，常年服药无法上班；父亲是家中的老大，他说的话孩子都要听，如果不听就打。刘同学很怕父亲，但在家校联系中他父亲又给老师们的印象是非常的负责。

一日午间，有学生反映刘同学与另一班的女生在楼梯角落处接吻，女生见很多同学路过害羞想逃避，却被他强行拉回。两位班主任随即分别对他们进行了教育，学校还特意召开了关于异性交往的心理讲座。他俩也表示以后会保持正常的异性交往，特别是刘同学更是保证要"发乎情，止乎礼"，克制性冲动。

可没过多久，两人因琐事发生争吵，女生提出分手后，刘同学竟一下课冲进女生的教室，不顾及女生意愿强行将其拖出教室谈话。女生班主任闻讯赶来，刘见到老师后马上承认自己的过错。但放学后又对女生进行纠缠，还在校外将女生顶到墙角，强行接吻，并跟踪她回到家中。女生家长对他下了逐客令，可他依然赖着不走。最后家长联系班主任，由班主任通知刘父将他带回家。

第二天，学校领导约谈了刘同学的父亲，父亲对儿子的行为表示不理解。他说一开始听老师反映儿子恋爱了，就和儿子聊了几句，问了问女生的情况，对儿子强调了谈恋爱不能影响学习等，但没有料到儿子竟然会做出如此出格的举动。他还说因为孩子成绩不理想，无奈虽然中考时是选择了中职，但刚进学校时，儿子表现不错被选为班长，父亲还高兴了一阵，想着儿子终于懂事了，可没想到现在又出了这种事，父亲感觉恨铁不成钢。

思考

刘同学对女生的感情是爱吗？所谓"发乎情，止乎礼"能做到吗？

解读

刘同学和某女生，从一开始的异性吸引到交往，再发展到跨越身体距离有了亲密接触；当恋爱受挫时，他对女生采取了不尊重、强制，甚至有侵犯的行为，构成了对女生的性威胁。从他的本意来说只是为了表达爱意，但这样的行为让人感觉害怕，更何况他的行为已经不仅仅是性冲动，还违背性道德，如不加以教育很可能会引发更严重的后果。

青春期阶段的异性交往是青少年的必修课。社会对男女同学正常的交往是鼓励的，但关键是"度"的把握。相对比较好的方式是集体交往、公开交往、适度交往。彼此相互尊重、保持距离，对跨越界限的行为要坚决说"不"，这样可以让青少年既能享受与异性正常交往带来的欢乐，又能把握好一定的行为界限，让青春不留遗憾。

关于中学生恋爱，很多人习惯用的名词是"早恋"。教育专家闵乐夫在 2002 年 3 月《中国性科学》第 11 卷第 1 期上发表了《对"早恋"的再认识及教育对策》一文，他认为，"早恋"是成年人对中学生异性交往产生恋情现象的反省式、演绎式、批判式的定性表述，是成年人对中学生异性交往及中学生恋爱的误解而制造出的一个不科学概念。他说，中学生恋爱是正常的，中学生不恋爱也是正常的。他还认为，要大力提倡中学生的友谊交往，个别发生恋情不能压制，既不急于定性也不代替学生抉择，鼓励当事人学会选择，学会承担责任。在当事人选择出现困难时，老师和家长则要起到保护和限制作用。

从闵老师发表此文到今天，已经走过了十余年，无论是学校、老师还是家长，对中学生恋爱的态度也由严防、恐慌、棒打“鸳鸯”，发展到现在更多采取不出事的话睁一眼闭一眼的态度，这样的态度是一种默许。我们说，不作为式的默许其实就是失职。

正确的处理方式应该是理解、宽容、不强化；引导、指导，重在疏导。异性交往是人格教育的一个组成部分。拥有健康人格的学生，将对自己负责，对家庭负责，对社会负责，对生命负责，更对自己宝贵的青春负责。

在这个案例中，如果老师和家长，除了对刘同学明确自己对中学生恋爱问题的态度外，科学地加以指导，让他知道什么是重，什么是轻；什么是大，什么是小；什么是急，什么是缓；什么可做，什么不可做，告知刘同学用正确的价值观选择行为方式，或许就不会让事态进一步恶化。

1. 性冲动的疏导

青少年的青春期性意识表现与发展大致分为疏远异性阶段（初期）、接近异性阶段（中期）、爱慕异性阶段（末期）。高中阶段的学生正处于最后一个阶段，此时的他们一方面身体发育已经基本完成；另一方面心理还不够成熟，还没有形成稳固的性道德观和恋爱观，再加上青春期的孩子自我控制能力较弱，较容易受到外界因素的影响。

案例中刘同学因为难以控制自己的性冲动，对女生动手动脚，甚至在公共场合都没有顾忌，并有逼迫对方产生亲密行为的倾向，从某种意义上来讲有侵害异性之嫌，如果不加以制止、教育，很有可能会进一步升级，甚至酿成性犯罪。据数据统计，青春期也是性违法犯罪的高峰期。

青少年有性冲动是性生理发育成熟的正常反应，性冲动并不是不道德或可耻的行为，它是在性激素的作用和外界有关刺激下产生的。适度的压抑是社会化的需要，也是一个人性心理健康的反映。刘同学的母亲因为生病，所以其功能性角色并没有得到很好的发挥。他缺少母爱，再加上父亲的强势，对他的教育方式又以粗暴为主，这更造成了他在青春期渴望与异性交往。所以当性生理日趋成熟，加上其他社会媒介等的诱因，刘同学就更容易克制不住自己的性冲动。此时，老师可以教育学生：一正视自己的性冲动，理解这不是病；二教会他们用其他积极的行为，如兴趣爱好、体育锻炼、社会活动等来转移性的欲望。

2. 性道德的教育

性道德，是指调节人类性行为的道德准则与规范。性道德是人类所特有的、区别于动物的一个典型特征。性道德主要包括羞耻感、义务感、责任感、良心感、公德感及贞洁感。

随着时代的进步，人们对教育十分重视，现在无论是学校和家长都比过去更加重视孩子的性教育。但依然有部分家长狭隘地认为只有女生家长需要对孩子进行相关青春期教育，并且教育内容也多为提醒和教导女儿要学会保护好自己，部分敏感话题更只是点到为止。而男孩的家长则很少对孩子进行青春期性教育，更少会教导男孩尊重对方的意愿，不要去伤害女生。很多男孩的家长因为自身的成长经历，错误地认为在性知识上孩子是会无师自通的。还有少数男孩家长则抱有“反正我们家是男孩，不会吃亏”的心态。

电视连续剧《小欢喜》中黄磊饰演的父亲对儿子性教育的场景堪称对男孩进行性教育的典范，方圆对儿子说“做任何事都要尊重人家”“如果真的有性行为，一定要做好保护措施”，这种观念体现了目前一部分家长先进的育儿思想。在这场亲子谈话的最后，方圆又特意叮嘱儿子说：“方一凡你现在18岁，就是男子汉了，一个男人最重要的，就是要学会控制自己的欲望，有些事不能冲动，尤其是男女之事。”

对比案例中刘同学的父亲在初期得知儿子恋爱所持的态度，两者间的根本性差异清晰可见。小刘父亲的态度也正是目前大多数中职男孩家长的态度：当发现孩子在恋爱，他们关心的是女孩的情况，是不是会影响自己孩子的学习成绩。父母的态度传递给孩子的信息是“只要女孩不错，又不影响学习，恋爱是得到父母的默许的”。再加上，刘同学父亲的强势甚至有些暴力的倾向，使孩子有可能习得了在处理矛盾时所持的暴力态度，具体表现为对女性的不尊重。

记得有一位国外学者做过一个非常形象的比喻：如果对孩子只进行性教育而不进行性道德教育，就好比发给了这个孩子一杆枪，但是没有教会孩子怎样去使用。所以性道德教育比性教育更重要，因为它不仅仅关系到孩子身心的健康成长，也是家庭和睦、社会和谐的基本保障。性道德与性违法之间没有一条不可逾越的鸿沟，如果孩子没有性道德的约束，非常有可能跨越法律的底线，走上犯罪的道路。

青少年性道德的教育是个系统工程，它需要家庭、学校、社会的齐抓共管。从学校教育的角度来说，利用课上或课下的有利时机，对学生进行开诚布公的、坦诚的、正面的性道德的教育，包括性法律和性保护相关的教育，也是现阶段德育教育、青春期教育的重要一环。

给学生的建议

1. 异性交往忌“排他性”

青春期正常的异性交往是被鼓励的，但当出现“排他性”，即男女单独行动，排斥其他同学加入，那就是个危险的信号。更别说跨越了身体亲密距离的行为，容易产生性冲动，导致不必要的后果。

2. 异性交往要彼此尊重

在男女交往中，没有自尊与尊重的爱是畸形的，更是短命的。真爱是需要等待的，女孩只有自尊、自爱，才能赢得真正的爱；男孩只有自立、自强，尊重别人，才能赢得别人的尊重。

3. 发乎情止乎礼

无论是男生还是女生，当你对异性产生好感时，建议适度交往。真爱不是占有，而是彼此给予、相互扶持。一方面，我们可以在交往过程中大方接受对方的善意；另一方面还要学会克制自己，有效拒绝异性的过分要求。

总之，培养适度的、有节制的态度和行为是异性交往的正确打开方式。同样，我们也相信，一个能控制好自己的行为、把握好自己情感的人，才能拥有更有控制感、更加自信的生活，从而收获更理想的人际关系。

给家长的建议

家长是孩子性教育的第一任老师，对孩子的性教育宜早不宜晚。性不是什么晦涩的话题，当家长能大大方方谈性的时候，孩子内心的困惑就有地方倾吐，也能得到及时的解答。

面对孩子的性教育，家长们要做的是学习——提高认识，调整——放平心态，交流——平等沟通，宽容——谨防伤害。在此特别要提醒广大家长，无论是男孩、女孩都需要性教育。

另外，性教育也是对孩子的一种人格教育。当孩子遇到问题时，家长的态度决定了事件的发展，仅仅对"早恋"的孩子说不要恋爱是不够的，而是要再跨一大步，直面孩子的性心理现状，抢在孩子"犯事"前做好提前尝试性行为的防患教育工作。帮助孩子树立性道德观念，明确放纵与自控的道理，让孩子了解性欲望、性冲动、性行为是所有动物的本能，而人与动物的区别就在于人有自控力。

我们说最好的性教育存在于生活细节中，比如坦诚开放地和孩子谈论性的疑问和好奇，又比如增强孩子对性侵害的自我保护意识等，家长通过多陪伴、多沟通，包括和孩子一起运动，共读青春期读物等，和孩子一起成长。

你知道你的性别是什么吗？人的性别是否只有男和女的二选法？

探秘性别

小张是个长相秀气、身材瘦弱的男生。因为举止动作偏女性化，说话轻声细语，所以刚进校的时候很多同学都说他不男不女。小张虽内心想沟通、交流，但总感觉同学们对他有鄙夷的神情。

小张的父母是外地来沪务工人员，平时忙于工作，与孩子相处的时间并不多。家里还有个妹妹。小张懂事、乖巧，做事细心，照顾妹妹的主要任务都是小张完成的。父母过去也感觉小张有点像女孩子，总以为等他长大后会变得阳刚。

班主任注意到了他的孤独与不同。为了鼓励他，班主任询问他是否愿意担任心理课代表。小张欣然答应，并告诉老师他对心理学很感兴趣。心理老师对他印象也不错，反映小张同学做事心细、靠谱，课上积极发言，是各方面表现都不错的暖男。但周围的同学反而对他更嘲笑了，说就是因为他举止不正常，班主任才让他做心理课代表，小张为此非常苦闷。

某日，心理老师给学生们上了"生理性别和社会性别"这节课。课后小张神秘地对老师说，他怀疑自己应该是个女孩，而且有同性恋倾向。小张还认真地对照书本上的知识，进行了自我分析。

1. 他会做很多应该女孩子做的家务，比如做饭、洗衣，甚至剪纸、绣花，能像妈妈一样照顾妹妹等，所以他认为父母从小把他当成女孩子养。

2. 恋爱受挫。曾经向女孩子表白过，被拒，理由就是他没有男子气。

3. 自认为对同性有性幻想。比如,喜欢同班高大威猛的小陈,看他打篮球、踢足球,就感觉特别有男人味。小陈让他做什么事他都愿意,甚至闻到小陈的汗味都感觉很性感,总想粘着他,想被小陈保护,享受小鸟依人的感觉。

他还说,因为同学们都说他不男不女,他之前还有些自卑,但听了老师这节课后,特别是课上看了“昔日道德楷模刘霆变性”的视频后,他对自己的生理性别有了新的认识,他认为自己更适合做女性,而且现在“耽美”文学中描绘的“男男之爱才是真爱”让他的内心既期待又害怕。

思考

你会对小张投去异样的眼神吗?你是如何理解所谓“男男之爱才是真爱”这句话?

解读

青春期是人一生中最美好的时期,然而并不是每一个孩子都能拥有平坦顺利的花季。客观地说,小张同学目前的情况,一是性别认同的问题,二是青春期同性依恋问题,同时还存在着性别刻板印象。

1. 性别认同

性别认同,是指个体对自我所归属性别的自我知觉。按劳伦斯·科尔伯格(Lawrence Kohlberg)在1966年提出的认知发展理论中所说,3岁左右的儿童能够知道自己是男孩还是女孩;5—7岁是性别一致性阶段,形成稳定的性别认同,儿童明白自己的性别是不会变的;青春期是对性别角色的认同期,认同所属性别群体的理想的心理结构,会根据社会文化对男性、女性的期望而形成相应的动机、态度、价值观和行为,并发展为性格方面的男女特征。性别角色的认同,也决定了一个人性心理健康的水平。

由于家庭和社会因素的影响，有的学生会在性别角色自认方面产生混乱或偏离。研究表明，家庭因素对性别认同障碍的形成有着重要影响。案例中小张所谓的父母把他当女孩子养，这在表述中并不明显。小张认为他会的家务，都是女生才应该做的，这其实是性别刻板印象造成的误区，家务没有女性与男性之分，洗衣、做饭以及照顾妹妹也不是女性独有的工作。

心理学家贝姆(S. L. Bem)提出人的性别角色分为双性化、男性化、女性化、未分化四种。其中双性化人格是一种综合的人格类型，它既有明显的男性人格特征，又具有明显的女性人格特征，集两者优点于一体，所以在社会表现上更优秀；而未分化人格则指男性特征和女性特征都弱，性别边界模糊化。根据小张的自述及心理老师对他的评价，他是个"暖男"，建议他做相应的量表，让他了解自己的人格类型；至于他提到的刘霆变性成刘婷的案例，和他的情况有差异，所以更需要深入科学地评判，不能妄议，瞎扣帽子。

2. 青春期同性依恋

小张的烦恼来自自己长相的清秀、身材的瘦小、言语举止的女性化，也来自同学们对他的嘲笑、不理解。他曾追求过异性，但因被认为其没有男子气而被拒，使他对异性失去兴趣转向同性。从他对同性产生的依恋来看，目前他的情况更像是"青春期同性依恋"，而非"同性恋"。

青春期同性依恋只是青春期少男少女的一种情感联结方式。从表述看，造成他目前情况的原因有以下几点：

首先，与异性交往受挫，回到同性寻找寄托，即"移情"。

其次，同学间的嘲笑，包括班主任的好意被学生们误解，使他心灵受到了伤害，产生自卑。

最后，"耽美"文学中对同性恋的唯美描写，及现代社会对明星偶像"出柜"等现象的披露对他产生误导，误认为同性恋爱很前卫、很时尚，有意模仿。

3. 探秘性别，加强性教育

青春期是性角色自认的阶段，每个人在社会化的过程中都会意识到自己的生理性别和社会性别，逐渐认识当前社会认定的男性和女性的性别特点，也学习按照自己的性别角色规范行事。青少年时期，孩子们既受到来自家庭、学校、同伴和社会的性别塑造，也会随着成长逐渐形成新的性别观念。性别观念会影响到性别角色认同，也或多或少地影响他们的社会适应能力和身心健康。

随着社会的进步，越来越多的国家已经将不同性取向的选择去"罪"化（1997 年中国新《刑法》正式删除了流氓罪，过去用于惩处同性性行为的"鸡奸"之名随之而除）、去"病"化（2001 年 4 月我国已在《中国精神障碍分类与诊断标准》中将同性恋从精神疾病名单里删除）。人们随着科学的进步，从人类基因学、生物学等领域中，找到了更多的关于性别多元化自然存在的可能性。但对于同性恋或是同性恋倾向的认定这项工作的专业性非常强，不论是自我，还是医生，都很难甄别。要允许学生对自身的性别有一个自我认识的过程，老师、家长以及学生本人都不要急于下定义。像小张强调的他对高大威猛同学有性幻想这一点，从他表述来看不能说明他对同性有性冲动。小张因为身材瘦小，向往具有男性魅力的高大威猛的身材，认为这样的人能给他安全感，这些都只能说明他对强壮男性身体的向往和他在性方面的青涩。

《国际性教育技术指导纲要》中明确指出，所谓性教育就是采取适合一定年龄、具有文化相关性的方式，通过提供在科学意义上准确的、真实的、不带任何评判色彩的信息，传授有关性和人与人之间关系方面的知识。性教育为一个人提供了探索自身价值观和态度的机会，有助于培养其就有关性的诸多问题做出决策、进行交流和减少风险的能力。

学校开展青春期教育的目的，就是要引导学生懂得：在人生成长的过程中，只有正确认识自我、悦纳自我，才能完成自我探索、向阳生长。而教师也要了解孩子，在他们成长的过程中予以信任、接纳。青春期是迷茫期，父母、老师要成为孩子可以依赖的人，对孩子的情绪变化加以关心。青春期的同性依恋在成人后真正成为同性恋的比例并不多，但当他们对自己的性别、性取向产生怀疑时，老师、家长要正确认识，一方面要为他们严守秘密；另一方面要引导他们去科学探秘，而不是妄下定论。即使最终孩子经过科学诊断后，判定是同性恋，也要明确他们不是犯罪，也不是邪恶，更不是性变态。这只是他（她）自己选择的一种生活方式，与道德品质无关。这既是对人的尊重、对人性的尊重、对人权的尊重，更是对生命的尊重。

给学生的建议

1. 不要乱贴标签

人在青少年时期，往往会产生偶像崇拜的心理，在心目中树立一个或几个至高无上的偶像对之尊崇、喜爱备至。这种偶像可能是同性，也可能是异性，可能是年长者，也可能是年轻者，可能是遥远的，也可能就是自己生活周围的。比如小张喜欢小陈，因为小陈身上有他所没有的威猛身材和男性气质，这与自己向往的男性人格模式相吻合，于是产生了赞赏和喜爱之情，这本是一种正常的自然心理现象。不要将这种尊敬与爱慕混为一谈，给自己贴上“同性恋”的标签。

2. 不要错记“心理账”

通常人一旦给自己贴上某个标签，就会在随后的生活中反复验证此类事。案例中的小张因为给自己贴上了“同性恋”的标签，就用仅有的知识来论证，并认定自己为同性恋。由于“验证心理”的作用，人会把任何有关自己喜爱同性的蛛丝马迹都立刻记在“自己是个同性恋”的“心理账”下，这样越疑越像，越像越疑。

3. 探秘性别，认同悦纳

面对性别认同与性别期望的矛盾，先试着合理认知自己的性别，认同悦纳自己的性别，并试着模仿学习相应性别的社会角色，边学边做边体会，寻找正确的性别感觉。

4. 客观分析自己

青春期性荷尔蒙及成长荷尔蒙的增加，不只导致性器官的成熟、第二性特征的出现，同时也会增加性欲及攻击性，并伴随着强烈的性幻想。在青春期的早期，面对这种来自性的焦虑会很自然地使得少男少女们偏好与同性的朋友在一起。在这个时期常见的同性吸引及相互探索通常是为了寻求安心，而非同性恋。

5. 合理寻求帮助

与更多的同学交往，不要陷入两个人之间一对一的圈子，以减少相应的接触，避免产生依恋感，积极地与异性同学正常交往，发展性别角色的认同感。必要的时候可以寻求正规的心理辅导，进行疏导。

给家长的建议

1. 帮助孩子客观地分析问题

我们都希望孩子有性别特有的形象，如男生要威猛、果敢、独立；女生要温柔、细巧、柔美。但随着社会的进化，我们发现双性化(既有男性特质，又有女性特质)人格的孩子更具灵活性和社会适应性，即我们俗称的暖男、女汉子。所以，外表上的阳刚、阴柔不代表什么，有内涵的男性美、女性美才是真的美，这样的人才会随着年龄的增长更有魅力。

2. 正面沟通表达爱意

面对孩子的困惑，家长唯有陪伴和正面沟通。比如，可以心平气和地与孩子探讨，告诉孩子说“我爱你”，父母永远是接纳你的。就算孩子不屑一顾，父母也要再说一次。事实上，他们在听，因为在面对问题时能长久相伴的，只有父母与孩子。

3. 树立信心寻求帮助

一个人如果不自立自信自强，当感情受挫、被人嘲笑，很容易否定自己，出现沮丧、自卑、怀疑情绪，其实这都是正常的情绪反应。父母要教会孩子自己解决问题的能力，比如引导孩子不要局限在一对一的交往中，从物理距离上减少同性依恋感。同时当父母自己在这方面知识欠缺时，要教会孩子求助科学的外援的方法。

4. 控制自己的情绪，正视问题

做父母不易，父母要和孩子一起成长。当孩子对自己的性别产生困惑时，请记住家长是成年人，家长得做孩子最有力的后盾。所以控制自我情绪，少抱怨，科学判断，不要凡事都上网搜索，盲听盲从一些不靠谱的建议。正视问题，理解、宽容、关心孩子，尊重他（她）的感受，特别是在帮助他（她）走出困惑时，要特别有耐心，给他们认识、醒悟和提高的时间。

“元芳”，你怎么看待青春期孩子发生性行为？如果一方提出性要求，你会愿意吗？

Yes or No

新生入学两个月后的一天，班主任李老师向政教处汇报说，据班级学生反映，小洁可能怀孕啦。听到此消息的政教主任当即找来了小洁，或许因为政教主任身份，一开始小洁矢口否认，还一脸严肃地对老师说，没有证据的事如果老师胡乱猜测就是诬蔑。后经过老师晓之以理、动之以情地再三开导，小洁承认了她怀孕的事实。

原来小洁入学后，感到职校的学业压力轻了许多，无所事事的她见初中同学进入高中后都谈了恋爱，心生羡慕，于是通过所谓朋友介绍在网上认识了自称是本市某高校学生的陈某。交往初期，两人通过网络连线，感情迅速升温。小洁眼中的陈某言语幽默，外表帅气，对她体贴入微。小洁认为自己遇到了白马王子，在同学面前各种显摆。网聊一周后，陈某约小洁周六下午线下见面，见面后陈某就把小洁带到了一家小旅馆，发生了性行为。小洁自述，这是她的第一次，虽前期有拒绝，但在陈某的一再要求下还是发生了。当天分开后，小洁给陈某发信息告知对方自己身体的不舒服，一开始陈某还安慰她，但慢慢就音讯皆无。小洁对这段感情百思不得其解，想尽了办法联系他，最后等来的却是陈某认为两人不合适，已经分手的答复。小洁为此很伤心。本以为这只是一场没有结果的恋爱，哪知不久小洁却发现自己意外怀孕了。盲目无助的她又想办法联系上了陈某，陈某却声明孩子不是他的，随即拉黑了小洁。这一系列事情，让小洁身心受到了巨大的打击。

小洁的父母都是上海本地人，对女儿管教很严。关于女孩子要自尊、自爱的教育也经常讲，关于性教育的内容母亲也和女儿有交流。父母不允许女儿夜不归宿，通常女儿外出都是要和父母先报备的，得到允许后方可出门。周六下午与陈某的线下见面也是小洁借口和同学外出购物，向父母撒了谎。虽然见面时间就短短 2 个小时，却没有想到发生了这样的事情。小洁害怕父母知道后责怪她，只能在同学间偷偷打听怀孕的事。就这样关于她怀孕的消息也不胫而走，这又给小洁带来了巨大压力。

了解完情况后，政教主任让班主任马上联系小洁的父母来校，同时对班级同学进行了隐私保护的教育，避免负面舆论的传播造成小洁的二次伤害。

当小洁父母得知女儿怀孕的消息时，一下子懵了。他们第一反应就是询问老师，那个男孩是同校的学生吗？当得知是女儿通过网络认识的人时，父亲更感到问题的严重性。在考虑陈某直接抵赖和无法联系的事实后，父亲听从了校方的建议，决定报警，小洁的母亲则带女儿去医院做了手术。家长离校时，政教主任也反复叮嘱家长，对孩子除了身体上的照顾，更要注意心理上的抚慰，并推荐了纪录片《长大未成人》和一些青春期性教育的书籍，让家长和孩子共同收看。

后经警方调查，陈某是个骗取少女贞操的惯犯，他打着大学生的名义，在网上结识一些涉世未深的女孩子，在骗取女孩子好感后发生性行为，之后就迅速分手，屡试不爽。这次，当他得知小洁怀孕的消息后立即意识到事态严重，于是百般抵赖，并说小洁是个不自重的女生。他本以为小洁会为了自己的名誉就此吃了哑巴亏，没想到她父亲报了警，最终陈某也得到了相应的法律惩罚。

学校在小洁重返校园前，又对学生进一步做了相应的法律、性保护教育。小洁回校后，班主任和心理老师也经常对她进行疏导。最终，小洁在家长、老师、同学的关心和帮助下，走出了阴霾，顺利地度过了中职学习生活，踏上了工作岗位。

思考

如何避免发生此类案件？你认为青春期教育中，对孩子进行性教育的尺度是怎样的？

解读

这个案例看似是个比较极端的事件，但在现实生活中并不是个案，它包含未成年人的性态度、网络交友、性法制意识和自我保护意识等诸多问题。

1. 明确告知你的性态度

2019 年上海社科院对上海 1 958 名青少年开展问卷调查，并在《上海社会发展报告(2019)》蓝皮书中“生育与青少年发展”章节中发布了上海青少年性健康调查报告。据报告显示：上海初中生有过恋爱经历的比例为 9.9%，高中生比例为 37.2%，大学生比例为 53.9%；初中生中有过接吻体验的比例为 8.7%，高中生的比例为 24.9%，大学生的比例为 40.6%；有过性交体验的高中生比例为 8.3%，大学生的比例为 13.7%；认同“结婚之前，应该守贞洁”的男女生比例分别为 55.8%和 65.5%。而 1999 年，这一数据是 60.6%与 74.9%。值得一提的是，在调查中认为“即使没有爱情，也可以发生性关系”的男女生比例分别达到 20.5%和 7.2%。而 1999 年的这一数据为 4.8%与 0.9%。青少年对“少女怀孕”态度日趋宽容。对少女怀孕的态度表明为“关心帮助”的男女生比例分别达到 44.4%和 54.9%。数据说明了青少年性行为低龄化已经是趋势，青少年在性领域的宽容性与开放度日趋提高。

中职生处于青春期，一方面本能性冲动的高涨，另一方面学业压力减轻后的空闲，再加上周边环境的影响，他们通常对爱情是向往与期待的。过于亲密的无底线的接触，思想上的日渐开放，很容易出现感情用事，品尝禁果的行为。而那些坏人也正看中了他们在心理上尚未成熟，缺乏社会阅历，缺乏必要的性法制意识和自我保护能力，对他们实施了性侵，让本来鲜艳绽放的花朵蒙上一层霜。所以，在未成年人两性交往过程中，当出现过于亲密的举动时，任何一方的"踩刹车"行为，都可能有效地避免事态的进一步发展。我们要教会学生明确、果断地表达自己的感受，理智地说"No"，而不是暧昧、商量式地说"不好、不舒服"，因为这样的语言在性冲动面前显得软绵无力，甚至有可能会被对方错误地理解为你在撒娇。

2020 年笔者在本市某中职学校对学生开展了"你的性态度"的问卷调查，共收到有效问卷 320 份。在回答"谈恋爱时，你能接受的最大限度的亲密行为"时，有 15%的学生选择了除牵手、拥抱、接吻、亲抚外的"只要对方同意，任何行为我都接受"，即只要对方提出，他(她)都选择"Yes"；在回答"如果你的结婚对象在你之前发生过性行为，你会……"时，只有 40%的学生选择"很难过，不接受"，即学生对婚前性行为的接受程度相对比较高；在回答"现阶段，假如你身边的(男或女)同学曾发生过性行为，你的态度是……"时，25%的学生选择"可以理解，但他(她)需要懂得安全措施"，5%的学生选择"理解，这是很自然而然发生的事"，即学生对发生过性行为的同学有一定的宽容和理解。

运用此次调查的数据，笔者尝试开设了"Yes or No"的青春期性教育课，设置了四个会引发亲密接触、性交行为的语境，通过课堂讨论，学生们分别给出了自己的意见。从一开始的课堂反馈来看，男生选择"Yes"的比例高于女生；通过课堂上相关性法律和青春期知识的讲解后，学生在性态度上有了新的认识，即明确了两性交往有底线，只有互相尊重才能共同成长。

2. 网络交友需谨慎

2010 年前后，中国社交媒体井喷式出现，网上交友逐渐成为潮流趋势，越来越多的青年利用网约平台来拓宽自己的交友圈。青年人，尤其是青少年，他们是网络和智能手机的频繁使用者，同时也是性行为的活跃群体。

2018 年中国红丝带网“青少年全力以赴”新媒体平台曾开展过一次网约性行为调查，这个调查是在中国疾病预防控制中心性病艾滋病预防控制中心和中国性病艾滋病防治协会等机构的指导下，针对 15—24 岁的青少年开展的。整个调查通过线上的形式，从 2017 年 9 月 8 日到 2017 年 11 月 29 日，共收到 8 771 份有效样本。调查显示有 1 177 人有过网约性行为，其中 15—19 岁青少年有网约性行为的占 11.81%；有 20 人导致意外怀孕的状况，占比 10%。

这份调查反映的数据让学校、家长警醒。15—19 岁的高中生因为互联网带来的信息爆炸，让他们在更早的年龄接触和认识了性，网络信息的不完整又让他们对性的风险和责任缺乏完整的解读。网约社交平台的出现为青少年提供了满足性好奇的机会，同时，也因为安全性行为引导的缺位导致了很多问题的出现。网约平台大大减少了陌生人之间的社交成本，也成了发生偶遇型性行为的便捷工具。

在深入调查中这群高中生也承认之所以会网约，一是因为本来就对性好奇，网约平台为他们提供了尝试的机会；二是因为网约性行为有的时候也会成为谈资，性是大家聊天时经常会探讨的话题。

的确，随着互联网的普及，学校、家长眼中还没有长大的孩子们的交友方式和性交往的方式也发生了相应的改变。前述案例中的小洁因为对爱情的向往，却误成为陈某网约性行为的猎物。其实，现实生活中一些学生涉世未深，加上被所谓的爱情冲昏了头，在网络聊天中将自己的个人信息、家庭信息毫无保留地发给对方，以此向对方表明自己对对方的信任、好感、喜欢。这些不懂得自我保护、不懂得个人信息重要性、没有网络安全意识的行为，让那些图谋不轨的人抓住未成年人的弱点来满足自己私欲的案例也不在少数。

网络成为犯罪分子美化和包装自己的“滤镜”，缺乏辨别能力的青少年往往成为犯罪分子的“完美猎物”。近日媒体报道，暑假期间很多未成年人瞒着家长去见网友，虽然学校、社会媒体一直对学生进行网络安全的教育，告知他们网聊的行为规则，不要轻易透露自己的隐私，不能轻易见面。但这样的告诫在有些打着交友幌子，或是所谓的通过熟人介绍的坏人面前却显得苍白无力。

今年引发人们热议的广东深圳某位女生与所谓认识 4 年的男生见面，这位男生趁女孩离席期间在水杯中下药事件，假如没有那位好心的店员以添水为由把水换掉，并告知女生，这位女生之后的结果会是怎样？假如这位女生是未成年人，你作为家长、老师会怎么做？假如你作为未成年的女生，遇到这样的情况你是否会像这个事件中的女生一样选择报警，最终将男生绳之以法呢？

所以青春期教育还需要加强性法制和自我保护教育，让孩子们知道假如遇到类似情况该如何正确处理。

3. 性法制教育和培养自我保护能力

性法制意识与自我保护能力培养是青春期健康教育中的一个重要组成部分。伴随着我国法制建设的不断完善，性法制的内容在《宪法》《婚姻法》《刑法》《未成年人保护法》《妇女儿童权益保障法》等中都有涉及。一方面，现在各学校都有法制副校长，学校可以通过校检合作的形式，请检察院的专业人员利用讲座等多种形式对学生加强性法制的教育。

笔者每学期会邀请学校的法制副校长为学生开展法制讲座，前几年的法制教育内容偏重于未成年人因小纠纷酿成的暴力案件，近几年开始侧重于网络贷等未成年人的经济犯罪和校园霸凌事件。去年，在邀请法制副校长做讲座时，自定了关于学生网络发言、性犯罪与性保护的内容。法制校长的专业，加上鲜活案例，让学生们受益匪浅。

另外，通过训练加养成的模式，教育学生树立预防被害的自我保护意识，并具备一定的预警措施。老师要告诉学生每个人都有性权利，包括性教育权、性平等权、性表达权等；告诉学生当受到性侵时可采取积极的应对措施，如尽最大可能留住证据，如精液、毛发等物证，完成"生理救助"；不要害怕，敢于报警，采用法律的手段保护自己；运用恰当的方法反抗、求助和求救，但同时也要明白任何情况下，生命始终是第一位的；当受到性侵后，内心的压力、痛苦需要释放，可以寻求心理援助等。

最后，老师除了相关法律知识的储备，还需要有青春期心理健康知识的储备，以免在询问孩子的过程中造成孩子的二次伤害。当我们自感在这方面不够专业时，作为教育工作者的老师要了解、知道如何寻求更好的支持，以此来积极为学生解决和处理此类问题。

给学生的建议

1. 两性交往要有距离

言行、态度的随意，会引发误会。有的时候，你不经意的言语会让异性误以为是某种暗示，请记住"男人来自火星，女人来自金星"，所以不要用带有暧昧的动作、语言，引发对方的想象与误会，最终造成不必要的麻烦。

2. 网络交友需注意

古话说得好，害人之心不可有，防人之心不可无。请记住网聊就是网聊，不要用你的想象美化了对方的容貌和人品；对一个隔着屏幕的对方，不要暴露自己的隐私，更不要轻易见面。假如真的准备见面，请注意：一、不要单独见面；二、请告知你的监护人；三、见面的地点应设置在人多聚集的地方，不要设置在晚上，更不要设置在电影院等光线昏暗、有私密性的场所。

3. 你的态度决定了事情的结果

请记住你的身体是神圣不可侵犯的，别以为仅仅是敏感部位不可触碰，其实坏人都是先从抚摸头发、脸蛋、手臂、肩膀这些"非性感"

区开始，因为没有被制止，所以才胆子越来越大，才会步步深入。孩子，请记住坏人从来不会在脸上写明他是坏人的，坏人也总是一上来先伪装自己。所以，必须一开始就明确你的底线，告知你的态度。

4. 当遭受性侵时你的求救很重要

大多数性侵都是有预谋的犯罪。如果有人要对你进行性暴力，求救一定要审时度势。如果是熟人作案，一定要大声告诉对方，他(她)在做一件错误的事情，并且要说明利害；如果施暴者是陌生人，在有可能得到其他人帮助时，一定要进行大声呼救，例如公交车上有人伸出了"咸猪手"，反手就要给他一个耳光。而如果发生危险时四下无人，就要先记住保护好自己的生命安全。大多数犯罪分子在实施第一次犯罪的时候心里是慌的，他们甚至比你还想快点结束这件事情，因为他们也在承受心理的煎熬，只要你能让他感觉这是件无利可图的事，他就会犹豫，会迟疑；只要你能让他感觉今天不会成功，并且提示他你能保证不会泄密(假的，安全后立即报警)，基本会直接取消对你的侵犯。

5. 遭受性侵不是你的错

当你反抗后最终还是遭受了性侵，不要害怕，不要感觉耻辱，更不要自责，请记住性侵的过错方只有一个，就是性侵者本人，这才是我们对性侵最基本的常识。选择报警，在你的监护人的陪同下应对一切，如果心理不舒服，一定要寻求心理援助，学会放下，走出阴霾。

给家长的建议

就像案例中的小洁一样，很多孩子在遭到性侵后是不愿意告诉家长的。原因是害怕父母责怪，感到羞耻尴尬。有时候，孩子也会用别人的故事作为开头，试探家长的反应。假如家长感觉到孩子最近的行为有异样，一定要多问一个为什么，并告诉孩子，无论发生什么事，家长永远是孩子的保护伞。具体建议如下：

1. 倾听孩子的声音

如果一个孩子向你倾诉了她(他)遭受到的性侵行为,家长需要保持冷静,仔细倾听,永远不要责怪孩子。要感谢孩子告诉你,并向他(她)保证你会给予支持和帮助。研究表明,得到父母支持的孩子将更快从性侵的伤害中康复,案例中小洁之所以能走出阴霾与她父母的支持是分不开的。

2. 报警,将罪犯绳之以法

保留证据,立即报警,拒绝私下解决。在小洁的案件处理过程中,陈某方面也曾提出私下解决,但被小洁的父亲严辞拒绝。家长坚定的态度会让孩子感觉受到保护。当然有时候家长也会有顾虑,害怕自己孩子名誉受损等,但这些顾虑反而会让坏人得逞,一方面会伤害更多的人,另一方面也会让自己的孩子缺失安全感,对将来的健康成长造成阴影。

3. 避免孩子受到二次伤害

当孩子勇敢地说出事实后,家长要避免孩子受到二次伤害。目前不是所有的机构和工作人员都是经过专业训练的,当受害人来报案时,询问过程中很容易出现对孩子的二次伤害。此时的家长在自己不专业的情况下,一定要寻求帮助,请专业人士介入。

4. 多方合力,共同给予帮助

小洁是幸运的,因为父母、老师、校方的齐心协力,再加上专业的心理指导、同学们的保护、宽容,她成功地走出了阴霾。在青少年遭受性侵伤害后,家长的心理压力也是巨大的,所以同样需要关注自身的心理,及时疏导。同时也要利用多方合力,注意孩子的隐私处理,将伤害降到最小。

第四章
引领青春的志向

青春期教育的最终指向是人格的健康发展。这是以尊重人性精神为基础，让青少年更好地保护自己，促进青少年对自我性别的积极认同和对自我行为的正确评判，建立良好的“三观”，形成完善的人格。

现阶段，因为受社会、家庭等诸多影响，部分中职学生中存在新“读书无用论”的思想，存在“等、靠、要”的思想。作为老师，除了教书，还要育人，特别对一些来自贫困家庭的中职学生，要激励他们自立、自信、自强，引导他们发现、遇见最好的自己；激发他们对生命的珍惜，对自我的悦纳，对他人的了解和接纳。

让每个孩子心存梦想，担负起对社会的责任；树立青春志向，对未来充满向往；不断努力奋斗，体会成长的快乐。

只要给孩子一个支点，他是否就可以撬动一切不可能？

在创新中成长

罗雪峰是个外来随迁子女，他小小的个子其貌不扬，不善言语，但熟悉他之后会发现这个孩子身上有股钻劲。

家住罗店的他每天骑着电瓶车上学，来回近40千米。单程一次就得花1个多小时。高一时，他加入了学校自主管理委员会，为了不耽误每日7:15到校的值勤工作，他早出晚归，从不迟到，如此吃苦耐劳的品质在“00”后身上是少见的。

作为2016级汽修专业的学生，他当初入校的中考语文、数学、英语三门的总分只有230分。家庭条件一般的他，本想着按照父母的意愿读个中职，将来就业赚钱养家，毕竟家里还有个妹妹，父母的经济负担也不轻，但没有想到一次比赛改变了他的人生轨迹，让他从此对参加各类比赛的热情暴增，学习动力十足，最终考入了心仪的高校。

2017年4月，他参加了“JA全国创新挑战赛”。通过全国海选，成功晋级全国二十强。为了冲入全国十强，他在团队成员的帮助下，将原来只是一个交通杆的想法变成了公益创意作品，得到了来自复旦大学等高校评委及社会投资人的一致好评，入选全国十强。并于2017年7月，在强手如云的全国总决赛的赛场上名列全国第五，和北师大附中的团队并列获得三等奖。

2018年6月，他用手机拍摄的视频作品获得“上海市文明风采视频类比赛”三等奖；同年12月，他作为汽修班的学生，自学了很多计算机软件制作程序，在上海市中学生“改革开放40周年”H5制作设计大赛中获得了十佳设计奖，击败了很多专业选手；2019 年 1 月获得了汽修高级工证书，3 月他被上海市交通职业技术学院（新能源汽车技术专业）免试录取，9 月其在中职三年级时制作的作品《光影青春点燃梦想》，荣获全国文明风采德育主题活动视频类作品优秀奖。

如今的罗雪峰谈起 2017 年的比赛场景依然记忆犹新，因为当时有太多的故事，太多的困难，但所有的努力都会有收获。现在的他活跃在高校的创新创业活动中，组织着班级的各类活动。他感觉自己的组织能力、策划活动能力都是在中职学习生活中培养的。

思考

一场比赛改变一个人的人生轨迹，其背后的必然原因是什么？

解读

罗雪峰因为参加竞赛活动激发了他对生活、对未来的憧憬与向往，改变了他的人生轨迹。

目前中职学校全面实行帮困资助政策，中职学生中家庭贫困的多，随迁子女多。特别是随迁子女家庭，很多家长都忙于生计，对孩子的教育关心程度不够，部分家长存在着"读书无用论"的思想，有些学生学业读到一半就中途退学。

受家庭经济状况的影响，这些学生的梦想很容易受到阻碍；家人的不支持，也会让他们停止前进；周围同学的消极学习态度，更会让他们产生懈怠。中职生想成才要面临的困难，除了他们本身的学习基础差，其他客观的因素也很多。作为中职教师一定要给学生坚强的支持，鼓励他们通过参加比赛加上自身努力，丑小鸭也可以变成白天鹅。而一次次比赛，更可以让孩子品尝到胜利的喜悦，找到曾经失去的自信心。

罗雪峰在中职期间获得了很多的奖项，但在他高三是就业还是升学的抉择上，依然遭到了来自家长的质疑与阻碍，最终还是老师出面说服了家长。正像习总书记所说，治贫先治愚，扶贫先扶智。教育是阻断贫困代际传递的治本之策。在学校开展的帮困资助工作中，我们常会发现，单纯经济资助虽然看似给予了贫困家庭一些帮助，但有可能反而更容易造成他们“等、靠、要”的思想。

通过鼓励学生参加比赛，让学生们见世面、开眼界；通过自强教育，增强学生自立、自信、自强的人格品质的培养；通过加强家校沟通，帮助家长对孩子未来有更长远考虑与合理规划。只有坚持点滴的努力，中职学校培养学生的成才之路才会越走越宽敞、越长远、越光明。

给孩子的建议

看了罗雪峰的成长故事，对比一下自己的学习与生活，是否产生了一些新想法？

1. 创新源于生活

罗雪峰当初的创意，就来自每天骑助动车上下学时看到的各种不遵守交通规则的险象。每个人都是会思考的，想一想你最近的思考是什么？

2. 与其天天刷手机，不如学点新东西

罗雪峰的学习能力是非常强的，指导老师给一个想法，他就学着去探索、去寻找答案。有些学生凡事没有自己的思考就直接问。两者的差距更多的是习惯不同。作为成熟的个体，学会询问前先理清思路，是高效提问的好方法。

3. 对自己要有信心

很多时候我们总在羡慕别人，有的人会因此沉沦、懈怠。人最大的敌人就是自己。只有当你拥有必要的知识储备时，才能遇事不慌。

所以只有不断学习才可以给你提供信心，为你的将来提供价值筹码。

给家长的建议

在罗雪峰的案例中，家长虽然文化程度不高，但他们相信老师。即使经济不允许，只要是应该做的事，有利于孩子发展的事，家长还是不遗余力地支持。

孩子是上苍给父母最好的礼物。孩子早期的人生，需要家长去帮助规划。但家长不是万能的，当我们的条件有限时，不如做个放手的家长。把握孩子成长的大方向，放手让他自己去尝试、探索。至于经济上的支持，尽家长的所能来提供。家长的眼界、格局决定了孩子的发展道路。鼓励孩子多参加学校的活动，多见世面，让他们在活动中开拓自己的视野，让他们在活动中发现自己的优缺点，从而不断完善自己。

努力是一种态度，真努力还是假装很努力，最后的结果是不一样的哦！

你努力的样子最美丽

李欣然同学是学前教育专业的学生，在中职学校学习的近两年时间里，她变得越来越自信。她不仅取得了学业水平考试的语文、数学、英语的3A成绩，还通过了素描考试八级。

李欣然同学初中就读的是一所名校，但由于偏科，她虽然很努力，但依然没能考入理想的高中。初入职校时，她很迷茫。班主任王老师看出了她的心思，对她说："生活像一面镜子，你对它笑，它也对你笑。振作起来，用心感受新环境和新生活。"

为了能多多锻炼自己，克服胆小的毛病，让自己变得更加自信，她勇敢地踏出了第一步，报名参加校学管会的选拔，并顺利通过了面试。从此以后，她每天坚持7:00前到校，7:15进行早点名，认真完成学管会布置的任务。每天的工作虽然有点枯燥，但她毫不懈怠。在学管会工作的近两年时间里，李欣然找到"比学赶帮超"的氛围，和同学们一起完成任务，互相学习，共同进步。她也收获了友谊，结识了新朋友，拓展了朋友圈。

去年李欣然同学参加了"文明风采——《我和我的祖国》征文演讲比赛"。她从准备到参加最后的校级选拔前后用了两个多月时间。征文一遍遍地改，另外为了能在演讲时表情自然，她除了熟练背诵演讲稿，还每天对着镜子，对着好朋友，一遍又一遍地练习。在参加学校分校区选拔时，她获得了行知校区一等奖，有了进阶全校比赛的资格。在学校总决赛前，她更是抓紧课余的每分每秒，去找老师指导，一遍遍地练习动作、表情。虽然最终她没有荣获学校总决赛的前三名，失去了被推荐参加市级比赛的机会，但也因为经历此次活动，她一改原来胆小的性格，瞬间成了自带光环的“小太阳”，不仅在学业上突飞猛进，还经常用自己所学到的知识技能帮助同学们，在学业水平考试中获得了 3A 的好成绩。

今年疫情期间，她制作了名为“‘微笑抗疫’在行动”的短视频，参加由上海市教委发起的“守护你我，爱满天下”上海师生主题网络文化原创行动。复学后她又参加“文明风采微电影制作大赛”，还在“上海市第十七届时政大赛”中获得了三等奖。暑假期间，她积极参加各类比赛活动，丰富锻炼自己，如“进馆有益微论文”“中学生进法院”“璀璨星光‘面对面’课程学生作品创作活动”等。

从李欣然同学身上，我们可以看到一个学生的蜕变，她由当初的怯懦、胆小，变得阳光、自信、开朗、能干，更重要的是她的能量值因为一次次锻炼而暴增，心里常怀着对美好未来的憧憬，有了足够清晰的目标——考入本科，她就像她参加“《面对面》征文”中所选的吴冠中先生的画作《汉柏》一样，在消沉中苏醒，在成长中顽强。

思考

一次次努力尝试是对自己的突破，也是将好习惯的不断强化。如何培养这种好品质？

解读

杨绛说：“好的教育”首先是启发人的学习兴趣，学习的自觉性，培养人的上进心，引导人们好学，和不断完善自己。

李欣然从一个胆小的女孩，成长为对什么都有兴趣、都想要尝试的女孩。在她身上既有踏实、合作的一面，也有因为好奇心而激发的探究的一面。如何打破自我，发现自身的潜能，可以从以下几点做起：

1. 培养良好的行为习惯

良好的行为习惯往往会影响一个人的发展。著名教育家叶圣陶先生说过："什么是教育？简单一句话，就是养成良好的习惯。"李欣然身上有很多好的学习习惯，但不是所有中职校的学生都有这样好的学习习惯，他们中有的沉溺游戏，有的对学习不感兴趣。这些问题，都是需要学校、老师提醒、引导他们改正。

2. 自信是最好的法宝

中考时欣然的成绩不理想，使她对自我的能力产生了怀疑，从而变得非常不自信。她的转变就是从找到自己的价值开始的。她因为踏实、努力，在学管会中得到了学生、老师的肯定，获得了正面的评价；一次次考试成绩的提高，使她渐渐地发现她可以做好很多事情；文明风采演讲比赛，对她来说是一次质的突破，她终于敢在大庭广众下大胆吐露心声。虽然她没有最终获得参加市级比赛的资格，但她还是突破了自己，训练中、比赛中发现了自己的潜能，从而变得更自信。中职学校的老师要善于给学生搭建平台，有针对性地表扬、肯定这些在中考中失利的学生，帮助他们树立自信，提供给他们正能量。

3. 拥有超越自我的能力

人总有向上的欲望，而人的潜能更是需要被激发。当人在舒适圈呆得时间越久，越会缺少尝试的动力。李欣然同学在学校期间，老师们对她的激发也让她渐渐地从他律走向了自律。

对孩子的建议

1. 要"逼"自己

人是靠"逼"的，但这个"逼"不全靠外力，更靠自我驱动式的"逼"。要想成功，就要付出努力和行动。

2. 要努力

人人都想成为成功者，但成功的第一要义是付出努力，所以自问一下，你努力了吗？是真努力还是假努力？另外，不要以为努力是万能的，努力首先要确保方向是正确，否则就是在做无用功。更何况既然努力的方向正确，但光努力也不一定有好结果，更何况不努力，那更是没有结果的。

3. 自信很重要

人什么时候最美丽，那就是自信的时候。当你自信时，自然是会带着光芒的。但自信不是凭空而来的，这里的自信指的是自己相信自己，正确评估自己，确定自己的目标是正确的，并有能力实现自己所追求的目标。所以，建议多参加活动，培养自己的自信，找到属于自己的那份自信。

给家长的建议

1. 共同制定计划

一定要和孩子一起商量，然后共同制定一个计划，包括短期的、中长期的、长期的，并坚持不断地检验、修正。

2. 培养孩子平和的心态

做任何事情，不要急功近利。不成功、不得奖也不要紧，关键在于参与，在于成长。

3. 及时肯定孩子的努力

特别是当孩子长期努力没有得到回报时，作为家长一定要肯定孩子，和孩子复盘在努力过程中的成长与收获。

4. 培养自信

自信的养成，家长的作用功不可没。给孩子一个可以表达的地方，可以展示的平台，而不是事事家长做主，家长包办。维护孩子的自尊心，不要讽刺、讥嘲、责备、歧视。当孩子没有信心时，家长要给孩子减负，多倾听、多理解、少控制。

附：李欣然参加《面对面》课程学生作品创作的总结

在今年“停课不停学”的3月31日晚上，我收到了俞老师转发来的一条链接——“关于发布2020年‘璀璨星光’校园文化节系列活动文化艺术场馆《面对面》课程设计与创作作品大赛实施方案的通知”。

当时对活动不是很了解的我，在俞老师的鼓励下，还是鼓起了勇气，报名参加此活动中文字创作类的比赛。

“面对面”文字类比赛需要我在中华艺术宫参观后，选择一幅自己心仪的画作（或画家、活动）进行文字类创作。为此，我特意去中华艺术宫参观了几次，仔细思考、选择自己心仪的画作作为文章的切入点。

选画

中华艺术宫里收藏了很多吴冠中先生的画作，其中有好几幅画都让我颇有触动。到底选哪一幅来写作呢？这让我在它们之间摇摆不定，选择困难。

直到我看见了吴冠中先生创作的《汉柏》，感觉这幅画所表达的内容和我自己的经历有些相似，于是最终确定了将它作为我的创作对象。

写作

在写作刚开始的时候，我碰到很多问题，比如例子没有写好，想要写的东西没有写透，过渡不好等，甚至有一大段被俞老师看过后认为需要重写。虽然这让我有点崩溃，但我也深知一篇好的文章肯定是需要一遍又一遍地修改和打磨的。

于是我反复修改，俞老师作为指导老师也每次不厌其烦地回答我的问题，并提出修改意见，帮助我进一步完善文章。

虽然到5月底，文章的框架已经基本搭建完成，但好似进入了瓶颈期，因为俞老师总说感觉还少了点什么，需要进一步再细雕一下。此时正好我又有文明风采的视频类拍摄比赛和市时政大赛的备赛任务，于是俞老师建议我先把文章放一放，她说或许过一段时间我会有更好的理解。

7 月 21 日，市时政大赛决赛结束后，我又投身到了“进馆有益”中学生微论文的申报工作中。这些活动都让我学到了不少东西，我对生活、对学习也有了一些更深的认识。7 月 31 日晚上，我把修改后的文稿再次交给俞老师审读，她对整篇文章做了一些调整和修改，当看到经老师修改后的最终稿时，我真的是非常激动。因为这反复磨稿的过程，不正像吴老先生所画的汉柏一样吗？我在不断苏醒，不断顽强成长。

总结

俞老师说，艺术能启迪智慧，提高修养。回顾《面对面》创作大赛，更是让我理解了“一千个读者心中有一千个哈姆雷特”这句话。每个艺术作品在每个人眼中都是不同的，因为每个人对艺术作品的理解都饱含了个人的思想、情感和表达方式，这也就是这次比赛的意义与魅力所在吧。

我不在意是否得奖，只欣喜自己在每次参与活动过程中的收获与成长，感谢老师，也感谢努力的自己。

作为后浪，只有拥有家国情怀和社会担当的人生才是精彩的。

志愿点亮青春

万洪林是个常被老师笑称为“老干部”的随迁子女，他最大的优点就是组织能力强、情商高、做事踏实。他热心公益事业，刚入校的时候，就自己联系了学校附近的二康院做志愿者，还带动了其他学生一起去做。在他的牵头下，学校和二康院签定了志愿服务协议。之后学校推荐他去参加区团学联，参加了“中国 100 青年英才匠人”、市学生党校等的培训，这些培训都给他提供了更广阔的舞台。因为做事靠谱，他也越来越得到大家的信任，他创立了知行者志愿者团队，承接了很多社会志愿者服务工作。作为一名外地随迁子女，他靠自己的能力成功开拓了一些公益活动，其背后的困难和他所付出的努力可想而知。

父母对他的教育属于“放养式”。学校开展的家长接待日活动，他的父母总说工作忙，一次也没有参加过。这样的现象，在外来务工人员身上是常态，生存是关键，所以只要不是孩子犯了错误必须来学校，家长通常是不参加学校活动的。老师们说他父母属于“躺赢式家长”，但相信父母对他潜移默化、言传身教的培养也是造就他的重要因素之一。

万洪林同学作为“2019 年度上海市百优新时代好少年”和“上海市优秀共青团员”于 2020 年 6 月从中职毕业，成为杉达大学的一名大学生。他说他会继续脚踏实地，用自己的努力走好每一步，过好每一天，发挥出自己的潜力，体现出自己的价值，为国家为人民做出自己力所能及的贡献。用他自己的话说：“没有最好，只有更好。”相信将来的他会一如既往地严格要求自己，将爱心志愿事业传递下去；更希望他的行为不仅是自己回报社会，更是带领一批像他一样的孩子回报社会。

思考

用自己青春的热血回报社会，体现对社会的责任感，万洪林同学的行为给你的启示是什么？

解读

万洪林同学的成长看似是个不可复制的案例，但依然是有规律可循的。

2018 年，笔者曾经对学生做过一个主题为“做个靠谱的学生”的讲座，以英国和我国的两部纪录片 *56UP*、《出·路》为例告诉学生们，特别是随迁的学生们：没有伞的孩子，唯有努力奔跑。人无法改变自己的出身，所以无须抱怨，更多的是发现自己的潜能，做好自己。我希望我的每个学生，做个可靠的人；做个事事有回音、件件有落实的靠谱之人。

高中阶段是三观形成的关键期，从某种意义上来说，教育只是工具，它并不能造就人，但教育是激发人的潜能的一个极为重要的手段，所以无论是老师还是家长都要真心地帮助孩子找到他们的使命和他们钟爱的事业。

2020 年 1 月，“世界经济论坛”（达沃斯论坛）发布了一份对教育界来说举足轻重的报告《未来学校：为第四次工业革命定义新的教育模式》。报告提出了“教育 4.0”全球框架，为未来世界需要的人才勾勒了画像，即基于未来人才需要的技能分为基础素养、能力和性格特点。其中基础素养包含读写文章的理解能力、进行四则运算的算术能力、科学素养、ICT素养、金融素养、文明市民素养等6种；能力包含批判性思考能力以及解决问题的能力、创造力、沟通能力和协作能力这4种；而性格特点则是好奇心、进取心、耐力、适应能力、领导能力和社会文化意识等6个方面。只有拥有这16种能力素养的人，才可以称得上是第四次工业革命时代的标准人才。

在万洪林同学身上，你就能看到这些优秀的品质。他是个会思考、又有能力解决复合问题的创新型人才。他的能力不仅是学校培养的，更是家庭教育及他本身的个人素养等造就的。从某种角度上来说，学校只是给这样的孩子一个平台，同时营造良好的氛围，让更多的孩子看到身边人的榜样，靠近他、学习他，逐渐成为他。

教书育人绝不能急功近利，要注重学生能力的培养，培养学生适应、立足、服务、贡献社会的能力；要注重学生个人品质的培养，教会学生做人是素质教育的首要任务；要注重生存本领的培养，培养学生遇到事情后冷静思考、智慧判断的能力。

给孩子的建议

一是对自己进行“哲学三问”：我是谁？我从哪里来？我要到哪里去？

二是梳理自己的优缺点，然后思考自己的兴趣与所学专业之间的联系，思考自己的性格与未来职业之间的联系。

三是了解自己想要从事的职业所需要的技能，做个初步的职业生涯规划。

四是确立目标，定下计划，及时调整。

五是寻找你信任的老师、有经验的学长和家长，讨论和分析你所制定的规划的可行性，并试着在讨论中思考如何来完善自己的规划。

六是在校学习期间尝试不同类型的工作，在工作中多观察、多学习，并经常复盘，分析自己学到了什么，比较现实和自己预期的区别。

给家长的建议

1. 帮助孩子分辨信息

互联网时代，孩子能接触到的信息量是巨大的，但在这些海量信息中，由于孩子的社会阅历较浅，难辨真伪，所以作为孩子的监护人，父母要帮助孩子寻找真实的、科学的信息。

2. 关注孩子的发展

孩子在尝试某项任务、工作时，会遇到各种难题。在解决这些问题的过程中他的成长也是很快的，这些都不是课本上可以教会的东西。所谓放养式的养娃模式，并不是什么都不管不问，而是默默地支持与关注。在孩子遇到问题时，父母提出建议，引导孩子思考解决问题的最佳途径与方法。

3. 鼓励孩子自主学习

学习是终身性的，父母要帮助孩子规划职业前景，引导孩子去探索学习，鼓励自主学习。自主学习会让孩子成长得更快，发展得更好。

后　记

感谢指导老师张勤在我写作初期对我的“逼”，写作中期对书稿的“较真”。这本书和我第一本书《且行且思且成长》完全不同，虽然两本书都是案例故事的写作模式，但本书更像是一本读本，由案例、思考、解读、给孩子的建议、给家长的建议五部分组成。

本书的创作时间是在2020年的暑假。因为疫情，暑假虽只能待在家里，却异常忙碌。天天准点打开电脑开始码字，时而陷入僵局，时而又文思泉涌，整个创作过程让我痛并快乐着。

写作的过程是一个自我梳理的过程，它逼着我去思考理论与实践的关系。这些年我从事青春期教学工作，同时担任学校德育主任，但自感青春期教学和德育工作还是两回事。本书的开始章节，特别难写，总感觉有点力不从心。边写边思考，倒是自感把这两张“皮”合成为一张，渐渐地也就越写越顺畅了。

孩子的青春期困惑与家庭、学校、社会等都有着密切关联，所以每个案例都不能用简单的理论来概述，但因为本书的侧重点为青春期教育，故在写作时均从青春期教育的视角来看待，分析这些我亲历的真实案例。

特别感谢游鹂、关欣、郭浩、李婧四位老师应我之邀，和我一起回忆了“我美吗”“爱情的真谛”“Yes or No”及“我被网络诈骗了”四个案例的原型事件；感谢我的家人，给我的所有支持。第一部分破解沟通的误区中的案例就源自我的家庭，这是一个自我反省的过程，我通过书写来反省自己与青春期儿子沟通上的问题。这几年,我虽然学习了很多青春期教育方面的知识,但当出现涉及自身的现实问题时,依然会冲动、困惑、焦虑,但高兴的是,通过这次书写,我边反思边练习,不仅化解了当时与儿子的矛盾,也获得了写作的原始素材,更重要的是享受到了陪伴儿子成长的过程。

记得2017年我在上海市普教系统第三期名师名校长培养工程德育二组毕业典礼暨"德润生命"丛书首发仪式上,对未来的自己许下了愿望:我希望自己能在德育道路上继续保持在"双名"学习时的那份热情,遇到最好的自己。反思从2018年进入青春期实训基地至今,我的确看到了那个最好的自己,不断探索,也不断收获成长的喜悦。

回顾整本书,虽然还有诸多不足和有待改进的地方,但我很喜欢、也很享受这种成长的快乐。最后谨请广大读者提出宝贵意见与建议。

2020年9月29日于上海

图书在版编目(CIP)数据

心悦青春:上海市中小学骨干教师心理健康教育(青春期教育)德育实训基地成果集. 8,“青”听“春”语/戴耀红主编;俞莉娜著. —上海: 复旦大学出版社,2021.6
ISBN 978-7-309-15607-2

Ⅰ. ①心… Ⅱ. ①戴… ②俞… Ⅲ. ①中小学生-心理健康-健康教育-教学研究
Ⅳ. ①G444

中国版本图书馆 CIP 数据核字(2021)第 064770 号

心悦青春——上海市中小学骨干教师心理健康教育(青春期教育)德育实训基地成果集
戴耀红 主编
责任编辑/关春巧

复旦大学出版社有限公司出版发行
上海市国权路 579 号 邮编: 200433
网址: fupnet@fudanpress.com http://www.fudanpress.com
门市零售: 86-21-65102580 团体订购: 86-21-65104505
出版部电话: 86-21-65642845
江苏凤凰数码印务有限公司

开本 890×1240 1/32 印张 37.25 字数 968 千
2021 年 6 月第 1 版第 1 次印刷

ISBN 978-7-309-15607-2/G · 2235
定价: 280.00 元(共十册)

心悦青春

上海市中小学骨干教师心理健康教育（青春期教育）德育实训基地成果集 戴耀红◎主编

初中生家庭教育那些事

王铭鸣 李萍 冯嫣 著

復旦大學出版社

总　序

曾经有四名初中少女，因为她们喜欢的男孩子不喜欢她们，于是开煤气想集体轻生，不料抢救后醒过来的她们几乎说的第一句话都是：怎么没有电视台来采访我们？她们全然不顾父母的着急、老师的担忧，更是把放弃生命当作一场儿戏来“秀”。当成年人为她们的行为感到可笑、可气、可悲的时候，作为教育工作者，我们的心情是沉重的。当青少年以生命的代价去叩问青春命题时，我们不得不反思，教育该如何尊重人的成长需求，体现人文关怀？如何遵循人的发展规律，体现育人价值？

从事青春期教育实践和研究二十多年，我亲历并见证了上海青春期教育的发展。从当年要不要在学校开展青春期教育到如今学校如何实施青春期教育，这场讨论主题的转变是时代对教育的期许，是学生对教育的呼唤，也是教育改革、进步的必然。

由于青春期教育工作者的不懈努力、追求和坚定的信念，青春期教育终于从最初的被指责、被怀疑到现在的被接受、被认同，并在不同学校以不同方式开展。但是随着社会的进步和学生身心的发展，目前青春期教育在观念、内容、形式等方面还有许多需要改进甚至变革的地方。

一方面我们的教育观念比较传统和保守，和社会转型期学生的实际生活、价值观仍有隔阂。我们在教育内容上比较单一，对性的敏感话题心存顾虑。我们在教育方法上还是以过来人和教育者居高临

下的说理、灌输为多。教育过程中缺乏倾听学生的心声和了解学生的感受;教育目标一般也简单定为青春期问题防范和处理,对于学生青春成长过程中的生命关怀缺乏研究。

另一方面教育的整体性和连续性跟不上学生生命成长的需求,学校或教师的教育行为大多数还处在应付处理青春期问题的层面,学科教学与专题教育处于碎片化、断裂式的状态,一些教育内容在许多学科或不同学段中简单重复,一些内容由于敏感或与学业知识相关不大而被空缺、被忽视;对青春期成长有着重要意义的家庭,在孩子身心发展,特别是人格发展方面重视不够、方法欠缺。

众所周知,青春期是一个人价值观、人生观、世界观形成的关键期,在教育部颁布的《中小学德育工作指南》中强调,要对学生"开展认识自我、尊重生命、学会学习、人际交往、情绪调适、升学择业、人生规划以及适应社会生活等方面教育,引导学生增强调控心理、自主自助、应对挫折、适应环境的能力,培养学生健全的人格、积极的心态和良好的个性心理品质",这也是青春期教育的目标所在。

学校青春期教育是生命教育的重要组成部分,也是当下德育的难点,虽然教育部门有专题教育的要求,但在落实中存在诸多困难,如缺乏合适的教材、创新的教法、有一定水准的教师等。上海市中小学骨干教师心理健康教育(青春期教育)实训基地正是在这样的背景下,由上海市教委为加强学校德育工作、促进德育队伍专业发展而搭建的培养市级骨干教师的高端平台,是由一群经推荐和选拔的中学德育优秀教师组成的实践研究团队。市教委德育处领导、市德育发展中心和市中小学德育研究协会的专家对我们基地的组建、项目研究、成果质量给予了高度关心和鼓励。学员所在学校的领导也给予学员在参与基地活动方面极大的支持。

2018 年初夏,我和学员们带着众多人的期望和对学校青春期教育的信念,开始了一段陪伴学生成长的青春之旅,基地本着"以教师的人文情怀滋养学生青春成长"的理念,致力于学校心理健康教育、青春期教育的推进与创新，旨在通过项目引领、理论学习、教育实践、研究反思等，更新教育理念、改进辅导方法、改善教育行为，促进教师专业发展，有效发挥学科优势，充分体现心理健康、青春期教育的价值。

三年来，我们聚焦问题，突破创新，通过调研，了解当下学校青春期教育的基本情况、困难和瓶颈，为学校青春期教育提出建设性、突破性的建议；我们更新理念，提升能力，在实践研究中丰富教师的青春期知识，完善教师的教育方法，提高教师的青春期教育素养，培养了一批热衷于青春期教育、有一定创新能力、受学生欢迎的青春期教育的教师。

三年来，我们聘请高校教授、医务工作者、特级教师等担任基地导师团导师，通过讲座、报告等形式在专业知识等方面对学员进行指导，在微课设计、制作及资源开发等过程中，帮助学员把关好教育的科学性、准确性和有效性，提升学员青春期教育的理论水平和专业能力。

三年来，我们以上海市德育理论研究与决策咨文课题“中小学青春期教育一体化建设研究”为抓手，组织学员边学习、边反思，边实践、边积累，边开发、边提升，开展了上海市中小学生青春期教育现状的调研、青春期教育学科融合、青春期专题教育资源开发和利用等研究。在完成项目过程中，研究生命视野下青春期教育内容的适切性。

三年来，我们根据学员的知识、能力、特长等分成若干合作小组，在教育实践中有一定的时间量进行集体备课、听课、评课、切磋指正，在小组学习中互相讨论分享，在项目开发中头脑风暴，分工合作，发挥各自优势，完成相关学习内容及实践任务。

三年来，我们结合日常专题教育、团体辅导、个别咨询、主题活动开展实践研究，每位学员根据自身特点确立明确的实践方向和任务要求，在教育教学实践中关注重点、发现难点、突破瓶颈、探索创新，完善教育方法，完成有推广价值的各学段示范课。

今天，17 位学员中有 9 位独立或合作撰写了青春期教育专著 9 本，有 8 位学员撰写了青春期教育论文。这是他们长期从事学校青春期教育、心理健康教育、开展家庭教育指导等实践经验的积累，更是他们在基地三年的理论学习、探索研究、团队合作的成果。从选题、落笔到改稿、成文，整个疫情期间和暑假，学员们查阅资料、请教专家，一遍遍地推翻、修改，尽可能使作品成为自己满意、教师有用、家长需要的优质教育资源。

牛燕华，基地写手之一，淡然的外表、文艺的内心，始终保持对青少年的好奇心和探索欲，是心理教师难能可贵的品质。《初中生情绪疏导与压力管理》是她多年参与研究积累的成果，是理论与实践相结合的产物。

章诚，基地里年纪最轻的教师，是一位感受力和创新力极强的心理老师。读她的文字，总让我回想起自己年轻的岁月，执着而热烈。《RAIN 的心理时间》是她独自反思教育的节点，更是她分享教育感悟的快乐时光。

杨岚，基地助教，参与并保障每一次研修活动的顺利进行。她撰写的《生命成长视野下的青春期“三情”教育》以亲情、友情、爱情为主题，关注青春期学生情感发展和品德培养，将生命教育和青春期教育有机结合。

朱炜，基地里自带光芒的教师之一，但她不刺眼、不炫目，是柔和而温暖的。我欣赏她的坚持和聪慧。疫情期间，她怀着心理教师的使命感，不失时机地研发了线上课程，《心理微课》应运而生，丰富了线上线下的心理课。

杨洁，一位优秀的语文老师和班主任，因为优秀，所以懂得青春期心理健康教育的重要，有意识地将语文学科与青春期教育相融合，《阅青春 悦成长——初中语文阅读教学与青春期教育的融合实践》也许是学科“跨界”专题研究的首创，在她的阅读教学中，作品散发出青春的光芒。

沈慧，基地里最资深的心理教师，多年的教育教学实践，让她在从容笃定中不失激情和亲和，我想这应该就是优秀心理教师的样子。在她撰写的《跟着电影懂青春》中，我们能体会到她教育的用心，能感受到文化育人的力量。

沈俊佳，其实不是我们基地的学员，却长期在做青春期教育的研究，也是课题组的核心成员。她在《陪伴青春——初中生心理辅导》中，以心理教师独特的视角去观察和诠释初中生的行为表现，体现了她在教育中的人文关怀。

俞莉娜，基地里唯一一位中职校的教师，是一位学习力、行动力极强的德育主任。她对一些职校学生的家庭环境、生存状况极为关切和担忧，在她的《"青"听"春"语》中，我们听到了学生的心声，感受到了教育者的使命。

王铭鸣、冯嬿、李萍，都担任着学校德育的领导工作。在基地的活动过程中，她们那种乐于学习、善于思考、积极参与的态度让我感动。针对家庭教育中存在的现象和问题，她们凭借多年家庭教育指导的丰富经验，合作撰写了《初中生家庭教育那些事》，值得家长一读。

胡敏、杨彦、陈冉苒、汤瑾、宋睿、刘军、王雪凌、张卫琴等参与了《青春期教育实践研究》论文集的撰写，虽然文字不多，篇幅不长，但也是她们三年来实践研究的体会和思考，内容丰富，体裁多样，涉及学科青春期教育、心理健康教育、青春期相关调查分析、家庭教育指导等，学段覆盖小学、初中、高中，多维度、多视角地让我们了解当下学校青春期心理健康教育的状况，给教育工作者、家长以启示。

德润生命，心悦青春。这将是我们永远的追求！

上海市心理健康教育（青春期教育）实训基地主持人：戴耀红

2020 年 11 月 22 日

目　录

学习篇

情绪篇

交往篇

沟通篇

学 习 篇

孩子偏科怎么办?

情景再现

今天走进咨询室的是小红的母亲,只见她还没坐定,就忙不迭地嚷着:“怎么办啊,老师,你说说,我家小红的数学怎么办啊?我担心她连普通高中都无法考进!”通过进一步的询问,老师大致清楚了小红目前的情况,这个女孩从小就喜欢阅读,语言能力较强,对语文情有独钟,语文成绩因此名列前茅,但数学与之相比,成绩中等偏下,明显属于短板。其后,小红也来到了心理老师面前,这是一个文文静静的女孩,很健谈,坐定之后,她就和老师说:“老师,我很清楚我目前的情况,初二之前我认为数学不好没有什么大不了,因为我能从语文的学习中收获很多快乐。老师,你看连文学大家钱锺书先生当年报考清华大学的时候数学都是0分。现在我上初三了,要中考,我想考一个好的高中,可是我的数学拖后腿,如果没有改观,一定会影响我的总分。我想改善,妈妈也带我去读过校外的各类补习班,但我就是不喜欢数学,有时候偶尔扫一眼数学书的封面,都觉得头疼,恨不得将数学书埋掉。如果中考不考数学就好了。老师,数学对我而言,真是想说爱你不容易啊!”

问题解读

偏科是中学生学习过程中存在的一种现象,一直以来令家长和学生头痛不已。有些学生尝试了补课、强化做题等，依然成效甚微。实际上，每个孩子的个性特点不同，学习环境不同，学习方法不同，产生偏科的原因也各不相同。

原因分析

形成偏科的原因多种多样。初中生特定的心理特征、生理特征以及课业任务的加重，都会使孩子对某个学科产生偏好或厌倦的心理，进而逐渐形成偏科现象。有的孩子甚至出于对任课教师的喜好，进而影响到学习态度，从而造成偏科。也有的孩子受到家庭的影响，出现偏文或偏理。

破解思路

遇到孩子刚开始出现偏科的时候，家长不要急着给孩子“贴标签”，不要过早断定孩子就是没有文科（理科）学习细胞，因为心理暗示对孩子的影响是非常大的。同时，更不要盲目地对孩子的弱势学科进行强化补习，因为过多的补习只会加大孩子对这门学科的厌烦情绪，另外，一些补课形式缺乏针对性，效果也会打折扣。我们能做的是找到原因，对症下药，进行有效防止和根治。

给家长的建议

案例中小红的数学成绩虽只是中等偏下，但相比于语文和其他科目，明显是弱势学科。享受不到那些擅长的学科所带来的掌控感和成就感，又屡屡得不到积极反馈，导致她长久以来对数学学习没有兴趣。因为不感兴趣，对数学就尽量不接触，但越不接触就越生疏，越生疏就越得不到正面反馈。久而久之，数学成绩也越来越惨不忍睹，最终形成偏科。

要让小红从这个恶性循环里走出来，最好的方法是缩短她与数学的心理距离。家长可以和数学老师沟通，先弄清楚小红在哪些知识点上有欠缺，因为毕竟最了解小红学情的就是她的数学任课老师。一般而言，即使是对于学得很差的学科，孩子也并不是所有问题都一无所知，有些问题还是略知一二的，真正让孩子拖后腿的是这个科目中的某些知识点。如果家长和教师能帮助孩子把这个“差中之差”找出来，进行强化或突击性的训练，就可以让孩子在短时间内在该科目的学习上有一个较大的改善和提高。为此家长可以帮助孩子有针对性地制定一份学习计划表，比如：每天让小红自己挑选两道数学题作为家庭作业，这些题不需要另外出，只要小红根据学情需要从教科书上挑选出来就行，同时完成这些题目用时不应超过半小时，这样负担也不会很重。虽然每天只有两道题，但日复一日，一日两题，积累也是很大的。更关键的是能最大限度地缩减孩子与数学的心理距离。两道题不多，不需要孩子花费很多的时间，孩子再也没有“我要学数学了”的沉重感与抵触情绪，毕竟小红需要做的，只是两道题而已。

类似的事情还可以应用在孩子学习英语的过程里。有些孩子非常“怵”背英文单词，一些简单的词汇还好，稍微复杂点的词就怎么也记不住。有些孩子干脆不背，英语考试做阅读理解的时候，只能连蒙带猜。面对这种情况，家长也可以建议孩子：把那些记不住的词抄写下来，贴在家里的任何地方都行，关键是要做到转身即单词，睁眼即单词。提高见到这些单词的频率。也许你会问：何必非要抄下来糊墙，常看单词书不也是一回事么？但关键是，孩子会不会这么频繁地翻看单词书呢？答案一定是“不会”。表面上看，把单词抄在纸上和翻书，两者花的力气差不多，但殊不知省下的是“心理力气”。怕背单词的孩子其实一看单词书就会感到心累，觉得自己是在逆着劲儿下功夫；但把单词贴在随处可见的地方，随眼一看就直接进入记忆环节，不需要告诉自己现在要开始背单词啦，最大限度地缩短了自己与障碍间的心理距离。此外，还可以将差的科目夹杂在强的科目中学，交替进行，避免枯燥乏味的学习。

生活中有时候需要仪式感，但如果把“仪式感”放在学习这件事上，它会起反作用，因为它会不断提醒我们：自己即将要努力了，自己即将要“遭罪”了，自己现在正在用力，自己现在正在受苦。“仪式感”在我们对困难的想象中注射进很多虚高的成分，让我们还没有出发，就感觉到心理疲惫。面对困难，我们要做的就是缩短与障碍物之间的心理距离，轻松面对困难，日积月累，形成进步的惯性。

此外，“偏科”现象是客观存在的事实，想要改变孩子的偏科绝不是一蹴而就的事，家长和孩子都不要着急，要做好打持久战的准备。家长要配合老师从各个方面培养孩子的学习兴趣，如目标激发兴趣、成功激发兴趣等，让孩子把被动、消极的“要我学”变成热情、主动的“我要学”，同时让孩子理解和认识这些学科在现实生活中的重要性。比如，可明确告诉孩子我们与钱锺书不是生活在同一个时代，今天没有基本的数学知识就不可能接受高等教育，在未来的 IT 或 AI 时代就很难立足，初高中的数学知识是现代人的必备。

临近中考，家长要帮助孩子按照学习目标制定一份学习时间表。学习目标不要过高，只要划出起码线即可，给孩子一个可以跳一跳就能摘到“果实”的机遇。对弱势学科的学习要从做简单的习题入手，逐步提高，以夯实基础为要；对强势学科则是要发挥“强科”之长，以长促长，取长补短。中考总分的组成中，无论强科弱科，一分也不能少。

孩子粗心怎么办?

情景再现

今天来咨询的是一个女孩的妈妈。她讲述到:“老师,我女儿今年读预备班,她不管做作业还是考试,总是不够细心,很马虎。做数学试卷时,计算题总会错一两道,她写完后也不回头检查。有时候列方程式计算,还会把数字看错。语文也是这样,默写经常扣分,全是会写的字写错了。一问她,她都说是因为粗心。每次考试前我都叮嘱她:不要粗心,不要粗心!可是我发现说了也等于白说,她一直都改不过来,考试成绩也因此不理想。”

问题解读

很多孩子在课堂上似乎能认真听讲,课后也能按时完成老师布置的作业,可到了考试,成绩就不理想。在查阅试卷时会发现很多已经熟知的题目,孩子竟然做错。孩子和家长都把这种情况归结于粗心。

原因分析

粗心的毛病在孩子身上普遍存在。已经掌握的知识,却因粗心导致考试成绩不理想，对孩子来说，一定是遗憾和难过的。其实孩子之所以粗心主要是因为注意力不集中、学习能力不强、学习习惯不好等，这些原因有的是学习方式的问题，有的是孩子自身存在的小毛病。

破解思路

遇到孩子粗心，家长要弄清："我的孩子是不是真的粗心？""我的孩子为什么会粗心？"如果家长把孩子会做的题目做错、考试成绩不理想简单归因为"孩子粗心"，而不去思考上述两个问题，那可能会掩盖产生粗心的真正原因，从而蒙蔽自己的同时也蒙蔽了孩子。孩子不去仔细分析试卷、分析试题、查明自己出错的根源，就可能忽视实质的问题。其实孩子学得扎不扎实才是大问题。另外，家长还可能将这种知识上的欠缺误以为孩子态度的不认真，从而无法采取相应的弥补措施。好比头疼，却偏去医脚，既耽搁时间，也治不了病。作为家长，要弄明白孩子粗心背后掩藏着什么问题。找到解决这些问题的有效办法，这才是正解。另外粗心不仅是糟糕的学习习惯，也是不良的心理品质，会影响终生，家长必须帮助孩子认真改正。

给家长的建议

孩子会做的题目做错，家长认为是粗心的原因，其实是不准确的。粗心是做错题的现象，而不是原因。

首先，家长要对孩子做错的题目进行仔细分析。孩子粗心的前提是他（她）对所学知识确实已经学会并且能正确运用，只是因为不够细心谨慎才会犯下简单低级的错误。举例来说：1+1=2，孩子熟稔于心，肯定不会计算错误，考卷上如果写成了1+1=3，这叫粗心。但如果孩子并不特别清楚1+1为什么等于2，而是觉得可能等于2，也可能等于3,那这种情况下的出错就不是粗心。又比如说,古诗文默写中孩子弄错形似字,把“大”写成“太”,“待”写成“侍”,这叫粗心。但如果孩子把“孤蓬万里征”中“蓬”字写成“篷”那就不是粗心,因为孩子没有弄清楚这个字的含义以及古诗句的意境。

另外,家长要分析孩子粗心的原因是什么。在不同的孩子身上,粗心的原因其实不尽相同。通常我们会在这样的情况下,认为是孩子粗心,如:“平时能做对,应该是会了,怎么一到考试就做错了”,“不是不会做,是题目没审清”。家长常常会想当然地认为,这些题目孩子平时都做过,到了考试时,那自然就能顺理成章地做出来,而且肯定能做对,但其实不然:孩子会而不对,可能是“假会”。孩子对某些知识点的理解有误差,对于基本概念的认识不透彻,存在模糊的地方或者有疏漏,似是而非。“假会”导致孩子在考试中可能侥幸过关,但更可能是蒙混不过关。孩子会而不对,还可能是学习习惯不好。一些孩子平时做作业不仔细,不打草稿,不列步骤,也不检查;有的还喜欢跳步骤做题,结果偏巧在没有写出来的步骤里犯了错,就算检查都无迹可寻。孩子会而不对,还有可能是因为熟练度欠缺。所谓熟能生巧,一个题型做得多了,才能做得又好又快,若只一两遍做对了,其实并不能表示就掌握了。一种题型,至少要反复练习三次以上,并且每次都要多想想这种题型将来会用在什么地方,这样才能巩固记忆,便于举一反三。

如何帮助孩子改掉“粗心”的毛病?

1. 认真审题

无论是数学、语文、英语,哪个学科都一样,做题之前必须要认真审题。所谓磨刀不误砍柴工,题目审对了,审出了题目里的考点、陷阱、障碍,就有相应的解决办法。题目审错了,审偏了,要么陷入僵局,要么南辕北辙。审题最重要的,就是要认真且仔细。认真态度下的细细读、慢慢品,认真琢磨,写出已知,求出未知。有的孩子性子急、浮,题目还没看完,就开始解答了,哪有不吃亏的道理?

2. 注重步骤

考试时，包括作文在内，能列提纲都要尽量列提纲。数学、物理等理科科目更是如此，一是要把步骤都写完整；二是在草稿上写得尽可能有序，过程完整，页面干净，条理清晰，这样的话哪里会犯誊写错误呢？而且，这样也方便检查。另外阅卷的标准中都有步骤分，即便是最后结果错了，只要步骤正确也能得分，那也不至于颗粒无收。

3. 多加检查

只要时间允许，就一定要回头检查。实践证明，检查之后发现错误并修改比不检查、相信第一直觉好得太多了。如果考试时间不够，那自然另当别论。但平时做题应该养成规范检查的习惯，一步步检查下来，基本可以判断出结果是否合理，步骤是否缺失，数字是否误写等。

总之，家长要耐心细致，注意观察，悉心陪伴，弄清自己孩子的粗心是因为浮躁，学习、做事只图快，不求精；还是因为他（她）对待学习的态度不认真，满足于一知半解、不求甚解；又或者是因为孩子学习缺乏主动性，为了完成任务而敷衍了事。要对这些不同的原因进行区别对待，“对症下药”——急躁的孩子要使其慢下来，浮躁的孩子要使其沉下来，敷衍的孩子要使其学会认真负责……同时还要容忍孩子的反复。让孩子不粗心，家长自己必须先细心、专心、耐心、静心。

孩子做作业拖拉怎么办？

情景再现

小明是名初三学生，课业负担重，学习时间紧。按常理放学回家后他应该立刻抓紧完成作业才对，可是他回到家的第一件事就是躺在沙发上玩游戏。妈妈看到后会督促他去做作业，但是他对妈妈说："我太累了，让我玩一会，待会马上去做作业"，妈妈摇摇头，无奈地走开了。半个多小时后，小明放下手机坐到了书桌前，打开作业本，可没做多久，又忍不住拿起手机，因为他想看看同学们在群里的聊天……转眼又过了半个多小时，妈妈让小明洗洗手吃饭了。吃完饭后，小明又躺在沙发上看电视了，爸爸看到后数落说："怎么一吃好饭就看电视啊，你昨天不是还说，从今天开始要抓紧时间完成作业，争取早点休息吗？""有专家说人在饱腹状态下，所有的血液会优先供应消化系统，这时候脑部的血液就会不充足，思维不活跃，反应不灵敏，做作业的效率也不会高，与其如此，还不如索性让大脑休息一下。"小明理直气壮地回答。时间就这样悄然流逝……从放学到现在已经过去了两个多小时，但小明的作业连一半都没有完成，今天注定又是一个要晚睡的夜晚了。面对这种情况，爸爸妈妈忍不住数落小明："我看你就是不够自觉，对自己要求太低，就是太懒，总喜欢磨蹭……"小明内心也很懊恼，心想："我也想早点完成作业、早点睡觉，可就是做不到啊！"

问题解读

举手即可完成的事情，却总是拖着不办，明明一个小时可以写完的作业，总要拖到两个小时以上。这种现象在教育心理学中被称为“学习拖延”，指的是学生在有时间和精力的情况下往往把学习任务不断往后延迟的一种非理性的行为倾向。[①] 这种行为会造成大量的时间被无谓地浪费掉，从而因时间和精力投入太少，导致学习效率低下，成绩不佳。

原因分析

“学习拖延”有生理原因，也有心理原因和行为原因。凡是拖延的孩子，可能会有性格急躁、期望值高和控制欲强的父母。在教育孩子的过程中，这些父母总是不断地在“督促”和“强制”孩子完成既定目标，很少给孩子选择的机会。面对强势的父母，孩子很无助，只能将拖延作为无意识的隐性对抗语言，不断给自己心理暗示“我斗不过你，但是可以拖”，并由此强化了自己的拖拉行为。

美国心理学家、《教养你失控的孩子》一书的作者卡帕卡(George M. Kapalka)博士认为，孩子一直拖延、抗拒写作业，很可能是学习困难症的信号。其实，孩子在拖拉行为的背后，除了学习能力这个客观原因之外，还和时间管理、环境因素有关联。如果一个孩子没有时间观念，他就意识不到用两小时的时间做完原本一个小时就可以完成的作业，是一种不当行为或者会带来某种损失。当孩子没有计划性或者做事没条理，不能很好把握事情的重点和节奏，那么效率势必会大大降低。此外，如果孩子写作业时，环境嘈杂，总是面对这样那样

① 包翠秋、冉亚辉：《中小学生的拖延心理及其矫治》，《教育探索》2007 年第 12 期。

的诱惑，自然也难以专注于完成作业这个既定目标。

破解思路

有了拖延症的孩子，很难短时间内通过自我控制来改变拖延行为，因为拖延行为只是孩子的外在表现，还存在内部动机。有研究表明：孩子“学习拖延”行为的主要动机为自我设阻。① 自我设阻是指人们针对可能到来的失败威胁而事先设计障碍以完不成目标，从而达到自我保护或自我提升的目的。例如当孩子面临较为困难的学习任务时，为了逃避可能失败的风险和来自他人、社会可能的批评，在学习的时候磨磨蹭蹭，一拖再拖，时间过去了，任务还没完成，那是时间不够而非我能力不够，把拖延当成一种暂时的自我保护手段，这就是自我设阻。只有正确识别孩子的拖延动机，并有针对性地采取相应的矫正措施，才能促进孩子学习成绩的提高和人格的发展。

给家长的建议

1. 开展有效的时间管理，分清事情的轻重缓急

家长可以帮助孩子把要做的事情区分轻重，排列先后顺序。比如“情景”中的小明放学后先打游戏、看手机，自然就把做作业的时间挤压了。家长就要帮助孩子确认放学后完成作业是第一位，权重最大，打游戏必须在保质保量完成作业后才能享受，而妈妈也不能听之任之，必须帮助督促小明放学后即刻开始做作业，而非摇摇头走开。

2. 制订详细可行的学习计划，避免泛泛而谈

例如小明在前一天也做出了要抓紧时间完成作业的决心，但对于一个之前一直做事拖拉的人而言，要让他一回到家就开始集中精

---

① 包翠秋、冉亚辉：《中小学生的拖延心理及其矫治》，《教育探索》2007 年第 12 期。

力立刻写作业，这种期待过于乐观。小明在做计划的时候更强调目标意图——“我要尽快做作业、我要早点休息”，而忽视了执行意图——“放学回家到晚餐之前，我要先完成一张数学练习卷”。这两者的区别在于：一个是愿望层面的想要做什么，但没进入行动和操作层面的“美好愿望”；而另一个则具体说明了，在规定的时间内我要做、要完成的某项具体任务。小明因为没有参考自己以往的时间计划执行经验，也没有区分学习任务的难易程度，只是笼统地说明了自己想要“尽快完成作业”，他制定的其实只是一个目标，而没有付诸实际行动，更没有具体到什么时间做什么具体的事情。在实际操作中，由于屡次执行不了，总以失败告终，就会产生严重的“习得性无助”。所以家长引导孩子制订计划时要紧密结合自身情况，不能过高，也不能过低。可从短期计划入手，按时间和任务制订双向计划，并把长期目标和短期目标写清楚，每天能顺利地完成计划，可以让孩子随时体验到成就感，这对以后的学习活动有积极的暗示作用，从而逐渐减少孩子的拖延行为。

3. 采用化整为零的学习方法，小行动大力量

杨浦区区本教材《心灵体操》中有这样一则故事：一只新组装好的小钟放在了两只旧钟当中。两只旧钟“滴答”“滴答”一分一秒地走着。其中一只旧钟对小钟说：“来吧，你也该工作了。可是我有点担心，你走完三千二百万次以后，恐怕便吃不消了。”“天哪！三千二百万次”，小钟吃惊不已，“要我做这么大的事？办不到，办不到”。另一只旧钟说：“别听他胡说八道。不用害怕，你只要每秒滴答摆一下就行了。”“天下哪有这样简单的事情”，小钟将信将疑，“如果这样，那我就试试吧”。小钟很轻松地每秒钟“滴答”摆一下，不知不觉中，一年过去了，它摆了三千二百万次。类似的方法，美国的一位作者斯蒂·芬盖斯(Stephen Guise)也把它写在了他的代表作《微习惯》里。作者曾要求自己每天只做一个俯卧撑，每天只读一页书，结果两年后，不仅拥有了健美的身材，阅读量还达到了以往的 10 倍。

当孩子面临一个较为困难或是需要付出较多精力的学习任务时，由于畏难情绪的作怪，孩子便迟迟不愿意动手去做。这时，教会孩子采用化整为零的学习方法就非常重要。这样可以帮助他们把一个较大的任务分解为几个较小的任务，把大目标化解为小目标，并把完成的时间详细规划好。这样每天完成一点点，日积月累终会成功地达到目标，顺利完成学习任务。微小行动的力量，超乎我们的想象。

4. 建立奖惩分明的监督机制，强化正反馈

计划的顺利执行，不能仅仅依靠执行者的自控力，最好还有外在的推动力。例如案例中的小明同学在完成作业过程中要不断地对抗自己原有的惰性，对抗玩乐的需求，对抗手机的诱惑，这对他而言，已经消耗了极大的自控力。所以，没有自我奖惩措施、父母的监督以及又得不到父母的积极肯定，是难以继续坚持的。

中小学生由于其特殊的心理特点，内心迫切需要得到别人的回应和认同，而及时有效的反馈能够满足他们的这种心理需求。当一项学习任务布置下去以后，家长要随时检查他们的学习进度，并给予他们及时和明确的反馈。

我们要推动正反馈效应。美国芝加哥德保罗（DePaul）大学的心理学教授法拉利（Joseph R. Ferrari）博士说："我们倾向于惩罚拖延行为，而不是表扬提前完成的行为。"所以家长要转变评价角度，设定一个计划完成"期限"，如果孩子提早完成任务，就给予额外的奖励。当然孩子也可以为自己设定一些奖惩措施，以督促自己更好地执行计划。例如当按时完成某项任务后，就可以奖励自己做一件期待很久而又不能随时可做的事情。当然，如果无法按时完成任务，那么也可以自行剥夺做自己喜欢做的事情的权利。自我奖惩和父母的鼓励是孩子持续执行计划的外在动力。

总之，父母应该在孩子失败时给予鼓励，在执行时给予监督，在微小的坚持中给予激励，给孩子带来内心的成就感和价值感，进而推动孩子继续努力地把计划执行好，而且越做越好。

孩子做事虎头蛇尾怎么办?

情景再现

“我那孩子脑袋可好使呢,可就是没耐性,做事总是虎头蛇尾,三分钟的热度,没坚持两天就放弃了,练琴是这样,跑步是这样,就连喜欢的舞蹈也常常拖着不肯去跳。”

“我儿子去年寒假打算锻炼英语口语,一开始劲头还很足,一大早就起来朗诵课文,但还没坚持一周就放弃了,所以也没什么成效。今年又说暑假要继续补口语,很担心他像去年一样,三天的精神头,怎么办?”

经常会听到家长有这样的抱怨,自己的孩子做事不是虎头蛇尾,就是半途而废,不能善始善终。面对这种情况怎么办?

问题解读

不难发现,一些孩子做事总是只有三分钟热度,三天打鱼两天晒网,缺乏意志和耐性,在兴趣减弱之后或者面对困难之后便会想方设法拖延或是放弃。有些家长可能不知道孩子为什么总是虎头蛇尾,其实这是孩子面对困难能否克服的问题,是孩子缺乏坚持性的表现。对于孩子来说,做事不能坚持到底、缺乏耐心是一种常见的现象,这也是孩子在发展过程中的一个显著缺点。但是一个人的意志是否坚强，对他以后的学习、工作的成败有着重要的决定作用。如果孩子一遇到挫折就放弃，一定不会成功。半途而废是一种严重影响学习效果的不良习惯。

原因分析

一般来讲，做事不能有头有尾的孩子，往往生活习惯、学习习惯都不太好，意志力较差，情绪不稳，注意力也不太集中和长久。造成这种情况的主要原因可能有以下几种。

一是家长自己也常有不能善始善终的情况，影响到了孩子。父母是孩子的第一位老师，父母的一言一行对孩子会产生无形的影响，孩子存在缺乏耐性和意志力的问题，多数是因为家长也缺乏耐性，家长本身也过于急躁，不愿意面对困难或是拖延不想做的工作。

二是孩子的意志力比较差，不愿吃苦下功夫，做事一遇到困难就打退堂鼓。我们知道烧开水的时候，只要温度尚未达到 100 度，水就不会沸腾。但如果继续加热，一旦温度达标，水就会冒气沸腾。可是如果每次在烧开水时，中途停顿下来，让它冷却，那么无论重烧几百几千次，水也永远不会沸腾，只是在浪费燃料和时间而已。学习就像烧开水那样。只有不断加热直到达标，才能一次就把水烧开，不然，即使学习多少次，也难以产生从未知到已知的质变。

三是父母要求不严。孩子的坚持关键在于家长的坚持。有时候孩子向家长抱怨学习某项技能太苦了、太累了，家长听了后也心疼孩子，所以就默许孩子放弃了。

四是父母扼杀了孩子再跳一次、再跳高一点的努力愿望。心理学家做过这样一个实验：他将一只跳蚤放进没有盖子的杯子内，结果跳蚤轻而易举地跳出了杯子。随后，他又用一块玻璃盖住杯子，于是，跳蚤每次往上跳时，都因撞到玻璃而跳不出去。过了一会儿，他把玻璃拿掉，结果跳蚤再也不愿意跳了，自然也就不能离开杯子了。

这个“跳蚤实验”给人很大的启示。其实，在许多情况下，孩子和跳蚤一样也以为自己跳不出去就不再努力尝试了。

当孩子经过一段时间的努力而没有达到预定的目标时，便会灰心丧气，认为自己比不上别人，不是学习的料，永远也达不到预定的学习目标，于是就开始忽视自身潜能的激发，并放弃为实现预定学习目标的努力，久而久之，将自己困在失败的阴影中爬不出来，以致最终一事无成，虚度光阴。

破解思路

孩子做事虎头蛇尾，家长应深入了解原因。如果是孩子能力不足，难以达成目标，就不要强求，因为孩子的发展具有多面性，“有心栽花花不开，无心插柳柳成荫”。如果事情是孩子力所能及的，孩子却不肯坚持学习训练，那么父母就要引导、鼓励和监督并举，让孩子不再做事“三分钟热度”。

给家长的建议

1. 帮助孩子找到真正的兴趣

父母在教育孩子的过程中要学会发现什么是孩子真正感兴趣的东西，什么不是孩子感兴趣的东西。只有这样，父母才能对孩子的学习要求进行分辨，了解孩子是否是出于真心喜欢而提出，一旦发现适合孩子学习的项目，就要鼓励孩子全力以赴，坚持到底，家长则鼎力支持，耐心等待。所选项目不宜太多，只需培养一两样稳定的兴趣即可。只有心无旁骛，孩子才会专注做事情。

2. 帮助孩子提升自控力

首先，先控制形式，再控制内容。举个例子：有位孩子说，他看过一篇鼓励英语学习的文章，读罢血脉贲张，立誓要在 26 天内将高考英语词汇手册中 26 个字母开头的所有词语全部背光。结果网上买了词汇手册之后，只背到第三个字母就背不下去了……

类似的情景不止发生在一个孩子身上，比如还有的孩子说他暑假里想看一些中外名著，提高阅读和写作能力，结果只看了半本书，就放弃了。

不论孩子想做哪方面的改变，我们家长都请记得：告诉孩子，给自己一点时间和空间，初始阶段别要求太多，告诉孩子对自己的要求是：只要今天比昨天好一点点就可以了，这就是希望。在改变的过渡期，先控制形式，让自己适应一下新的生活：想好好写作文，先要求自己每天写一篇日记，甭管写了多少字；想好好看书，每天看两页就行，无需记多记少，初始阶段能看能写就成；想改变作息时间，先要求自己明天几点起床，至于起床后犯困，效率还是低，不用责备，在过渡阶段的任务就只是起床。所以家长先别心急，对孩子要求不要过高，一点点改良即可。

另外，别把孩子偶尔的放松当成犯罪，而把它转化为对孩子行动的奖赏。在自控和努力的过程中，允许孩子出现反弹，孩子也很可能会出现反弹的状况。

比如孩子学了一阵子，突然想给自己放两天假，这很正常。家长通常会把这个最合人性的需求视作洪水猛兽。然而堵住孩子的这个小反弹，可能会迎来的将是一个最大的反弹——到了临界点，孩子干脆撂挑子不干了，这样只会得不偿失。例如：孩子勤奋学习了四十分钟之后没忍住，打了十分钟游戏，你对孩子说：看，你又犯懒了吧。结果孩子索性就破罐子破摔干脆打游戏去了。别把孩子当机器使唤，不怕孩子放松，只要孩子记得补回来就行了。治水用疏不用堵，别轻易扼杀正常的行为。

3. 为孩子营造张弛有度的学习环境，少批评多鼓励

家长对孩子的教育要始终充满热情，要求孩子做事有始有终，自己也必须言出必行，当好表率。给孩子布置的学习任务要难度适当。

父母在督促时，不宜时时紧盯，只需心平气和地提醒，让孩子在张弛有度的环境中学习和做事。家长在评价孩子的时候要多鼓励少批评，这样会增强孩子的成功感和自豪感，帮助孩子树立自信心，使他明白自己能做很多的事，并且能做得很好。要想方设法让孩子体验成功，感受有付出就有收获的快乐，让孩子对所做的事情保持持久的兴趣和注意力，克服惰性，将事情做好、做精细。

总之，孩子意志力的培养非一朝一夕可以达成，家长要帮助孩子从小事做起，小步子前进，坚持努力，在远大目标的引导下一步一个脚印地努力，不放松，不放弃。

孩子课余爱好影响学业成绩怎么办?

情景再现

小明今年读初二,喜欢跳街舞,平时有空就跳,周末也会花半天时间去学街舞。但因为今年下半年要升入初三,家长提前给孩子打"预防针",要求儿子在初三阶段把爱好暂时放一放,先考上好的高中,再跳街舞也不迟。儿子非但没同意,反而闹起了情绪,无奈之下,家长只能和孩子妥协,要求孩子每周减少练习频率,孩子勉强答应。但是进入初三之后,随着学业负担的加重,小明的学习成绩出现了下滑,小明爸爸认为这和儿子在课余参加跳舞培训班有关系,因为精力被分散了,所以坚决要求小明在现阶段立刻放弃跳舞,好好读书。他认为:孩子的兴趣爱好固然重要,但绝对不可以影响学习。可是小明却表示:"我从小就是你们带着我去上兴趣班,绘画、唱歌、下棋、跳舞等,每个周末都被你们安排得满满当当,一点玩耍的时间都没有,学到现在,我好不容易找到了自己真正感兴趣的东西——跳舞,我喜欢跳舞,我把跳舞当做了一种'休息'、一种放松,初三学习压力那么大,你们为什么就不能让我偶尔透口气,理解我一下呢?"

问题解读

孩子成长过程中,兴趣爱好与学习发生冲突是常有的事。随着孩子进入高年级，学习任务越来越重，学习压力越来越大，坚持了多年的兴趣爱好是放弃还是不放弃？家长希望孩子放弃爱好，认真学习；孩子希望家长继续支持，不要干涉。再加上这个阶段的孩子正处于青春期，自我意识增强，他们希望能得到成人的承认和尊重，希望摆脱师长的约束，渴望独立，这样一来，亲子之间势必会产生矛盾。

原因分析

现实生活中，虽然不少父母嘴上不断重复：孩子有爱好，我们做家长的应该支持。许多父母也不辞辛苦地带孩子参加课余兴趣班，但当孩子的兴趣爱好与学习发生冲突，尤其是因为兴趣而占用学习时间，导致学习成绩暂时性退步时，家长们往往会毫不犹豫地出手干涉孩子的兴趣爱好。究其原因还是家长对孩子的学习成绩过于在乎，对孩子的自制能力缺乏信任，对兴趣爱好在孩子学习、成长中的作用缺乏全面理解。

破解思路

当我们发现孩子的兴趣爱好影响了学习时，往往是因为我们发现孩子为兴趣爱好花费的时间过长，压缩了学习的时间，分散了学习的精力。这时家长首先不要急着斩断孩子的兴趣爱好，而是要帮助孩子及时反思，调整孩子在业余爱好上花的时间，让孩子把主要精力放在学习上，做到业余爱好与学校学习两不误，甚至互相促进。这样，学习与兴趣爱好就不会冲突了。做这一切的前提条件是绝对要和孩子面对面平等对话，共同商议，切不可粗暴干涉。

给家长的建议

1. 宜疏不宜堵，平衡兴趣与学习

当家长发现孩子的兴趣爱好与学习发生冲突而影响正常的学习时，首先要冷静分析造成孩子学习成绩退步的真正原因是什么，然后再对症下药。如孩子的兴趣广泛，耗时过多，可建议适当取舍，留下孩子真正感兴趣的，鼓励孩子持之以恒，学有所成；如孩子对兴趣爱好过于痴迷或借以逃避学习，要引导孩子认识学习的重要性。

有些家长也许会感慨，培养孩子的兴趣爱好遇上"中国式高考"，鱼和熊掌是不能兼得的。孩子在学龄前兴趣爱好为上，等进入小学、初中时则以学习为重。其实不然，只要合理地分配时间，兴趣爱好不仅不是孩子学习成绩进步的阻碍，反而会成为给孩子助航的风帆。当发现孩子的学习退步时，可以提醒、帮助孩子安排更多的时间到学习上，而不是一味地对孩子的兴趣爱好说"NO"，从而激起孩子的叛逆心理而更不愿学习。特别是青春期的孩子，家长要给予更多的信任，可以和他们一起探讨目前在学习时间的分配上究竟遇到了什么问题及如何解决这些问题，可以让孩子自己制定相应的学习时间分配计划，家长从旁只进行协助和督促，要让孩子感觉到这是我自己要做出的改变，而不是在家长的高压下才不得不改变的。

很多事例告诉我们，只要正确处理好学习和兴趣爱好在时间分配上的关系，学习与兴趣爱好不仅可以并存，而且可以相得益彰。

2. 宜扶不宜废，平衡期待与个性

前一阶段描述高三备考家庭面临升学压力和亲子关系难题的电视剧《小欢喜》开播，其中恨铁不成钢的妈妈童文洁和"学渣"儿子方一凡令人印象深刻。学霸妈妈毕业于名校，自然希望儿子能好好学习，最终考上好大学，但"学渣"儿子一直以来学习位于中下游，甚至到了高三竟在全班排倒数第一，但他自幼喜欢唱唱跳跳，想走艺术之路。起初的时候，妈妈恨铁不成钢，呵斥责骂是家常便饭，甚至满操场追着打骂，但最终妈妈还是理解了儿子，全力支持儿子，最终儿子考取了艺校。

我们知道每一颗种子都有着自己的个性，只有在适宜的环境里才能生根发芽，茁壮成长。同样，每一个孩子也是带着自己的种子来到这个世界的。有的孩子喜欢唱歌，有的孩子对色彩的选择和运用有着独特见解，有的孩子对数字敏感。如果这些孩子都能按照自己的个性来生长，就像落在适宜环境里的种子一样，必能呈现出自己最美好的样子。这就对父母们提出了很高的要求，因为父母对于孩子来说就好比种子生长发芽所需的土壤环境，只有环境适宜了，种子才能生根发芽，开花结果。①

这看似简单的道理，在生活中却并不容易践行。对于父母来说，孩子不仅是自己血脉的延续，更承载着自己未实现的梦想与希望，所以很多父母从孩子出生起就开始规划孩子的人生，希望孩子在自己的安排下能少走弯路，在日趋激烈的竞争中能拔得头筹，将来会有一份好的前程。父母们以自己的方式毫无保留地爱着孩子，但有时孩子们所呈现的结果却让父母感到挫败无力，感到焦虑失望。台湾作家张文亮有一首诗《牵一只蜗牛去散步》，其实就是告诉我们养育孩子的初心就是要多一份等待和耐心，给孩子足够的信心，等着他们慢慢成长。

家长们不要再把孩子看成是自己的一部分，而是要把孩子当成一个独立的个体，尊重孩子。纪伯伦在《孩子》一诗中写道："你的儿女，其实不是你的儿女。他们是生命对于自身渴望而诞生的孩子。他们借助你来到这个世界，却并非因你而来。他们在你身旁，却并不属于你。你可以给予他们的是你的爱，却不是你的想法，因为他们有自己的思想。你可以庇护他们的身体，却不是他们的灵魂，因为他们

① 陈玉曦：《父母的期待与孩子的天性》，《中小学心理健康教育》2020年第7期。

的灵魂属于明天,属于你做梦也无法到达的明天……”①

总之,家长要尊重子女的课余爱好,特别是青春期的孩子强烈要求自主、要求平等,父母的粗暴干涉往往适得其反。

① 伊宏编选:《纪伯伦诗选》,时代文艺出版社 2020 年版,第 14 页。

孩子痴迷网络游戏怎么办?

情景再现

小明是个聪明的孩子,但从小就喜欢打电子游戏,平时吃完饭就关在房间里,不爱跟家里人交流,周末和寒暑假期间常常不吃不睡连续"作战"。上了初二之后更是经常玩网络游戏到深夜,因此影响了睡眠,第二天上学起不来,上课时也一点没精神,常常打瞌睡,学习成绩明显退步。学科老师多次向班主任反映,老师联系父母,爸妈说,看到孩子玩起游戏来废寝忘食,真是恨铁不成钢,忍不住要说他,可是说轻了没啥用,说重了就要吵架,爸爸有时候实在忍不住要动手,妈妈又心疼,夫妻俩常常因此起冲突,搞得家里鸡犬不宁,实在不知道该怎么教育。

班主任老师找小明谈话,小明说:"老师,我也知道游戏玩多了不好,可我就是管不住自己。再说爸妈一见到我打游戏就要骂我,可是他们自己不也喜欢玩吗,干嘛光管我!"

问题解读

很多青春期孩子都会出现小明这样的情况,尤其是男孩子,在网络世界他们能体验现实生活中做不到的事情,更是特别迷恋网络。同时初中孩子的自控力不强,就算明知道这样做不好也还是忍不住。

青春期又是所谓的“叛逆期”，父母的管教很容易引起亲子冲突。

原因分析

现在手机、电脑普及率高，网游又做得非常吸引人，孩子甚至成人都喜欢打游戏，这是很常见的现象。青春期的同龄人之间交流的话题也常常是围绕网络游戏展开。

破解思路

如果家里的孩子也有这样的情况，家长首先要反思一下自己，是不是给予孩子足够的陪伴时间；同时看看自己与孩子的认知差异在哪里，是不是沟通有问题，试着去理解孩子，调整教育方式。与孩子达成共识之后，针对存在的问题跟孩子一起商量应对的办法，共同制定计划，并认真执行。

给家长的建议

第一步：接受事实，试着了解孩子的“世界”

在批评之前，首先要了解孩子的“世界”。当今社会，信息技术和科技产品已经成为生活中不可或缺的学习工具和必需品。有时候孩子的回家作业也需要用到电子产品，不要轻易剥夺孩子使用电子产品的权利，切不可因噎废食。

青春期孩子需要认同，通过探索自己、探索同伴、探索父母，逐步走向自主。他们更多地希望跟同伴一起，“远离”父母。科技产品提供了这样的可能，使孩子们在虚拟空间里有了可以“避开”父母的地方。家长不要一看到孩子打游戏就批评指责。跟青春期孩子沟通需要注意方式，要学会倾听与共情，切忌居高临下，用成人的价值观去衡量和评价孩子的思想和言行。其实有时候他们也知道该怎么做，但是青春期孩子就喜欢“较劲”，特别是面对一味的指责时，他们一定会跳起来反驳，哪怕你说的是对的。

第二步：积极陪伴，认同网络世界也是孩子交友的一种方式

现在的孩子学业压力较大，娱乐的时间本来就不多，周末还常常被父母逼着去参加各种课外学习班，同龄人之间较少有机会一起外出活动，常常只能借助于网络进行交流。数据表明，至少有九成孩子在网上交流，智能手机成为一种主要的交际设备。而游戏类主题也成为他们社交聊天的主要内容之一，一个不玩游戏的“乖孩子”如果与同学没有共同话题，很可能成为被同学孤立的对象。

因此，要鼓励孩子跟同龄人出去进行社交、运动，养成适宜的兴趣爱好，家长再忙也要尽量多抽出时间陪孩子。要放下架子，与孩子多交流，甚至可以一起玩玩游戏，看看他们喜欢的是什么，为什么会喜欢，努力成为孩子生活中的玩伴和好朋友。建立了良好的亲子关系，站在孩子的立场上跟他们提出要求，孩子把你当“好哥们”，总会给你点面子，问题就更容易解决。

第三步：坚守原则，与孩子签订“君子协议”

手机和电脑逐渐成为必备的社交和学习工具，但孩子自律性不强，随之而来的负面后果是不少孩子沉迷于电子游戏。这种痴迷不仅是在校中小学生，大学生也不少，如果不对网络游戏时间加以限定，就很容易出现前述情况。

过度沉迷网络游戏严重影响孩子的健康和学习。解决问题的关键是加强控制和自我控制，家长的监督和孩子的自控二者都不能少。在给孩子购买电脑和智能手机之前就要跟孩子制定使用规则，晚上一般不使用电子产品，如果必须使用，约定好使用条件。周末可以适当使用，但必须限定电子产品的使用时间。如果已经买了手机但孩子使用不当，无法保证充足的睡眠和正常的学习，就必须跟孩子一起坐下来，共同评估网络游戏的影响，例如有没有影响到正常的学习，

孩子是否能够保证足够的睡眠和锻炼，是否有时间发展自己的兴趣爱好等。如果答案是否，那就必须跟孩子共同商量，制定具备可操作性的合理的规则，并认真加以实施。在理解孩子的基础上，家长理性、冷静、坚定、坚决的控制绝不能少。

我们的目标是让孩子五育并举、全面发展，手机、网络是我们的工具，是我们使用它们，而不是我们被工具所控制、所奴役。父母自己要以身作则，注意言传身教。如果单凭家长的力量还不足以扭转孩子的不良习惯，可以寻求老师和专业人士的帮助，例如在校期间将手机交给老师帮忙保管；如果有网络成瘾的情况，可以请心理老师或心理医生介入。

防止孩子沉溺于网络游戏，预防远比控制更重要。在孩子还没有痴迷之前，早早就应该重视和预防。在孩子刚开始玩网络游戏之时，家长就应当与其约法几章：1.学习第一位，每天保质保量完成作业后才允许玩，不可颠倒顺序。绝不开“我先玩一会儿就做作业”的口子。2.限定游戏时间。一旦认可确定，不可讨价还价。时间一到，立刻关机，不管是否通关或打完一局。如果没有严格限定，孩子每天都可以耍赖，“再玩一会儿”“再玩一小会儿”……那就如大坝溃堤，再难控制。3.限定游戏内容，凡是少儿不宜、暴力黄色的坚决杜绝，绝不放松。4.限定参与游戏的人员。家长要清楚地知道与孩子一起打游戏的是否是学校的同学，最好不要与校外、社会上的人员一起玩，等等。这些要求一开始就与孩子共同商讨后确定，一旦确定，监督孩子遵从。不允许随意打破规定，一旦妥协，这些规定就毫无意义，发展成网瘾之后再来矫治就事倍功半、收效甚微了。

孩子不喜欢运动怎么办?

情景再现

小红是个很文静的女孩,喜欢看书,喜欢画画,性格乖巧,讨人喜欢,可就是有点太安静了。她从小就不爱运动,进了中学之后尤甚。学校里规定每天运动一小时,可是体育锻炼的时候,她总是一个人待在一边,课余抓紧一切时间写作业,回家吃过饭就去房间里看书,基本上不怎么运动,除了参加兴趣班的学习,周末和假期也一天到晚"宅"在家里。最大的运动量就是有一次大楼里停电,自己爬上了10楼。久而久之,小红之前的苗条身材变得圆润不少,小学同学聚会,大家差点认不出她。

妈妈担心她长成"胖姑娘",天天督促她锻炼,还给她报名,参加拉丁舞学习,可她嫌太累,三天打鱼两天晒网,总是找各种借口不去,觉得那是浪费时间。妈妈问她,不好好锻炼以后体育中考怎么办,可她却有自己的想法:"天生喜欢安静有啥错,我就是擅长思考的类型,将来我又不靠运动技能吃饭,我有我的长处,找工作也一定可以胜过那些喜欢体育运动的孩子。"

问题解读

现在的孩子大多娇生惯养,不明白运动对他们的重要性,进入中学后，随着学业压力逐渐增加，缺乏时间锻炼，再加上怕苦怕累，没有足够的毅力坚持每天运动。学习成为孩子的主旋律，运动的时间大幅度减少，导致孩子的身体素质越来越差，眼镜的度数也越来越高。

原因分析

孩子不爱运动有多种原因。一是自身身体原因，现在的孩子吃得比较好，往往营养过剩，体重超标使得他们越发不爱运动；二是心理原因，城市里的孩子大多不肯吃苦，运动量一大就更吃不消；三是环境原因，家里面父母工作繁忙，没时间陪孩子运动，周末和假期小伙伴们要参加各种培训班，孩子一个人没有坚持运动的动力。

破解思路

兴趣是最好的老师。培养孩子多方面的兴趣爱好，包括体育锻炼的爱好，例如滑冰、打篮球、骑车等，并坚持不懈，往往可受用终生。兴趣转变成为习惯才能坚持下去，家长可以陪孩子一起运动，也可以鼓励孩子多跟同伴一起，循序渐进，养成良好的运动习惯。

给家长的建议

1. 适度锻炼，保持身心健康

有的人可能认为运动特别累人、身体吃不消，运动浪费时间、学习的时间都不够。事实上，运动带来的好处数不胜数，一个人的全面发展必然包含通过体育锻炼而身心健康。

首先，适当的运动不仅能强身健体，还有助于提高大脑功能，让思维更加敏捷灵活；有助于减轻压力，使人心情愉悦。尤其是对于青春期孩子来说，正是长身体的时候，要想身心健康，一定要坚持运动，保持一定的运动量。钟南山院士热爱体育锻炼，坚持运动，80 多岁了还保持清醒的头脑，健康工作，为社会作出巨大贡献，成为我们心中的英雄。

目前国家级的升学考试也强调考生必须通过体育测试，哪怕进了大学也要通过体育考试才能获得毕业证和学位，这正说明了人才不仅需要德才兼备，更需要体魄强健，才能在岗位上作出更大的贡献。

另外，体育运动不仅能锻炼孩子顽强的意志品质，还能提升孩子的审美能力。今天的青春美绝不是红楼梦里林妹妹的病态美，而是健康、阳光、积极向上的健康美。要激发孩子的锻炼兴趣，可以利用青少年的追星热情，将青春靓丽的体育明星树为榜样，激活榜样模仿。

2. 帮助孩子找到运动的乐趣，培养良好的运动习惯

运动的项目有很多，经常带孩子去现场观看体育比赛或观看其他人参与体育活动，感受现场的氛围，有助于提高孩子对体育运动的兴趣。有的孩子喜欢跑步，有的孩子喜欢球类，有的孩子喜欢蹦蹦跳跳，父母要让孩子多去接触和尝试不同种类的体育运动，找出孩子的兴趣所在，从中挑选孩子喜欢并且适合的项目，给孩子创造相应的运动条件。

在体育锻炼上遗传因素不重要，家庭的运动氛围更重要。父母是孩子最好的榜样，父母要以身作则，给孩子创造运动的氛围，“虎父无犬子”。如果父母总是让孩子出去运动，自己却窝在电脑前打游戏，孩子也就有样学样，不愿意出门。父母与孩子一起运动，不仅能锻炼身体，还能促进亲子关系的亲密发展。周末爸妈可以带孩子一起打羽毛球、游泳。没有条件可以创造条件，与孩子一起锻炼，全家获益。但是千万不要强迫孩子，硬凑在一起，命令他们一起运动，反而会让孩子逆反。

父母还要多创造机会让孩子与小伙伴一起锻炼。同龄人共同语言比较多，与小伙伴一起打篮球、踢足球……既能锻炼身体又有助于

孩子拓展社交圈,一举多得。孩子们可以三五同学一起出去,小伙伴们一起锻炼乐趣多;家长们也可以组织几个家庭带着孩子一起锻炼,大人、孩子各得其乐。

3. 循序渐进,坚持锻炼讲科学

家长可以有意引导,养成孩子的运动习惯,特别是长跑、游泳等需要长期坚持的耐力项目。可以找一个好的教练,好的教练不仅能进行专业指导,还能调动孩子运动的积极性,孩子觉得好玩,才更容易"玩起来"。一旦孩子喜欢上了某项运动,也获得了一定的成就,就比较容易坚持了。

孩子参加体育运动一定要循序渐进,不能一味追求专业技能和技术动作。兴趣和技能本就是一对矛盾体,技能强化需要加强练习,而练习过多容易扼杀孩子对体育锻炼的兴趣,要在孩子的兴趣与技能之间找到平衡点。千万不要对孩子要求过高,一开始就让孩子挑战高难度的动作,也不要一次运动过量,导致孩子抵触运动,这是在培养孩子运动兴趣、养成运动习惯中常见的阻力,会影响接下来的运动计划。切记:欲速则不达。

另外,运动也要因人而异。如果孩子经常喊累、说"脚痛",不愿意走路、不愿意多运动,可能不是懒,而是因为扁平足之类的身体缺陷,所以首先要排除身体原因。同时还要避免走另一个极端,例如:有的女孩子通过过度运动来减肥,这很可能带来副作用。

孩子不爱劳动怎么办?

情景再现

小明是初一学生，学习比较认真，可是每次轮到卫生值日，总是提前溜走，大扫除时更是找不着人影。为此，班主任几次谈话也不见大成效。老师家访时了解到，小明在家更是什么家务活都不干，连自己的房间也不整理：床上被子不叠、桌上书本不理，家长刚理好转眼又乱七八糟。不管家长多忙，每次找衣服、找袜子、找作业本都要大喊大叫，令家长筋疲力尽。家访后，小明略微有点改变，可不久后又恢复原样了，甚至为了家务劳动问题，情绪变得暴躁易怒。

为此，心理老师和小明进行了沟通，几次谈话之后，小明告诉心理老师："我是到学校读书的，不是到学校扫地的。扫地都是那些书读得不好的人才干的事情。你看那些做清洁工的，扫大街的，不都是些学习不好、没有本事的人吗？而且，手也会弄脏，衣服也会弄脏，所以我才不愿意参加劳动。"于是老师继续问小明："那你为什么在家里也什么都不愿意做呢?"小明回答说："从小到大，我吃的、穿的、用的都是爸爸妈妈准备好的，我从来不需要自己动手。他们总是说，你只要把书念好就可以了，别的都不用管。怎么现在到了初中，他们倒又经常唠叨'都这么大了，还不理房间，不整理桌子'，真的很烦人。再说我也不会整理呀。所以他们越说，我越不想干，反正最后他们还是会帮我整理的。”

问题解读

有很多孩子都会出现小明这样的情况，不喜欢劳动，怕吃苦，怕累。在学校表现为不愿参加卫生值日，不愿参加义务劳动，在家里更是养成了懒惰骄纵的习惯，认为家长应该把一切都为自己准备好，发生争执后，更是倔强地坚持自己的做法，认为这是一种胜利。

原因分析

原因之一是家长对劳动的意义不理解。现在生活条件好了，繁重的家务劳动也有很多机器帮手，家长觉得自己操作方便，加之对孩子的溺爱，把孩子本应自己做的事全包揽下来，由于父母较多地剥夺了孩子们参加各种劳动的权利和机会，孩子的自理能力下降，劳动的观念也在淡化，对劳动缺乏正确认识，吃苦耐劳的精神弱化。二是孩子不爱劳动更不会劳动，缺乏叠衣服、叠被子、整理房间等基本的自理能力。不会劳动，也就体会不到劳动的快乐。

破解思路

这种情况发生以后，家长不要急着“教育”孩子，纠正孩子的行为，而是要寻找这种行为背后的原因。一般而言，爱劳动的习惯不是一朝一夕养成的，家长过去的大包大揽和对劳动的一些错误观念可能无形中地影响到了孩子。认识到这个问题后，家长首先要纠正自己对劳动的认识，帮助孩子调整对劳动的认同感，指导孩子学会劳动、学会自理、热爱劳动，感受劳动带来的成就和喜悦。

给家长的建议

第一步：深入了解孩子不喜欢劳动的原因

孩子不喜欢劳动的原因，一是缺乏劳动习惯和能力。现代家庭经济条件普遍较好，孩子一出生就没受过什么苦，由于事事都有大人护着、顶着，慢慢就养成了依赖心理，做一点事就觉得苦、觉得累。不管父母在家里怎样忙，孩子就是不知道帮父母分担一些事情，理所当然地享受着父母为其做好的一切。二是对劳动的认识偏狭，把日常卫生打扫整理等归类为低等劳动，言行间对清洁工等一类职业带着偏见，使得“劳动”在孩子心目中成了没能力、“苦差事”的代名词。因此不尊重普通劳动者，更不会去热爱劳动了。

第二步：培养孩子“劳动光荣”的意识

劳动教育是培养艰苦奋斗、吃苦耐劳精神的重要途径。“劳动光荣，懒惰可耻”是孩子要从小铭记于心的。现在整个社会的风气都在改善，提倡幸福是创造出来的，提倡工匠精神。任何一门职业都离不开艰辛的劳动。

引导孩子树立“劳动与学习同等重要”的观念，明白其实劳动和学习不冲突。在劳动过程中，所运用的技能可能会涉及阅读、数学、逻辑、信息和组织能力等。学到的知识能够在现实生活中利用上，有利于孩子学习兴趣的提升。

引导孩子对于清洁工、摊贩等职业的正确认识，要让孩子知道任何劳动都是有意义的，值得尊重的。只有认识到劳动和劳动者最光荣、最伟大，孩子才会喜欢做个爱劳动的人。劳动无贵贱之分，生活中的衣、食、住、行等等都离不开劳动，只有人人尽力劳动，才能享受到劳动的幸福成果：干净的环境、美味的食物、便利的设施。

第三步：掌握劳动技能，享受劳动快乐

缺乏劳动习惯和能力，怕苦怕累是孩子逃避劳动的另一个主要原因。对进入青春期的孩子来说,掌握劳动技能,享受劳动喜悦是帮助他们热爱劳动的重要途径。首先,家长给孩子正确的示范。孩子的行为习惯通常是从父母那里学习到的,而同性别的父母对孩子的示范作用更大。母女一起做针线手工,父子一起修理家具等亲子劳动具有传承文化的特殊作用。因此,要想孩子勤快起来,父母在生活中要向孩子展示良好的习惯,让孩子体会到舒适的生活环境需要个人的辛勤劳动来创造。

家长也要注意激发孩子热爱劳动的内部动机,家长可以先请孩子帮忙打下手,在一起做家务劳动的契机中,给孩子讲解家务劳动的价值。教孩子做饭菜,让孩子看到妈妈做一顿饭,需要多长时间,需要哪些程序,这样的劳动会让全家人吃上可口的饭菜。当看到了这种辛苦的过程,并意识到它的价值时,孩子会渐渐地树立起劳动的意识。对孩子所做的家务,家长要表示真诚感谢,这会令孩子更积极地成为做家务的好帮手。还可以列出“家务清单”,让孩子自己安排计划,而不是随时使唤孩子。同时,还要列出父母应做的事情,以便让孩子知道父母要做的远比孩子要做的多。家庭分工明确,这种形式会让孩子明确自己的责任,起到一种契约的作用。这会使孩子的劳动目的更加明确,更有成就感。让孩子做家务时要特别注意安全,但不要过多干预,因为孩子认为“这些活是我自己做的”,就会有满足感、幸福感。对于健忘或较懒的孩子,父母可采用“帮助促进法”,促使孩子劳动,如帮孩子只洗一只鞋、一只袜,给孩子收拾柜子、整理书桌时,只收拾一半,也让孩子感到别扭而不得不动手干。告诉孩子,做家务和学习,和爱爸爸妈妈是同等重要的。

习近平总书记在全国教育大会上强调,“在学生中弘扬劳动精神,教育引导学生崇尚劳动、尊重劳动,懂得劳动最光荣、劳动最崇高、劳动最伟大、劳动最美丽的道理,长大后能够辛勤劳动、诚实劳动、创造性劳动”。劳动教育是孩子成长中不可缺失的一课,是培养艰苦奋斗、吃苦耐劳精神的重要途径,需要社会、家校携手努力,为孩子养成终身受益的好习惯。

孩子不懂勤俭节约怎么办?

情景再现

小明是初一男生，个子高大，不爱穿校服，特别注意着装打扮，班主任与他几次谈话后也不见成效。和家长进行沟通，家长也大倒苦水：小明特别在意服装打扮，过年亲戚给的压岁钱自己全用来买名牌衣服。买的运动鞋更是过分追求名牌，尽管鞋子不少，但一旦看到有喜欢的牌子的运动鞋就催着家长去买。平时也是大手大脚，不喜欢吃的东西随手丢弃。家长为此多次批评小明。在班主任老师建议下，小明的家长带着小明一起约见了学校的心理老师。

心理老师和小明进行了沟通，小明告诉心理老师："从小到大，我吃的、穿的、用的，爸爸妈妈都是买好的给我用，我不需要自己买。他们总是说，你只要把书念好就可以了，别的都不用管。可是现在到了初中，他们倒又经常唠唠叨叨我追名牌，买名牌鞋子，太浪费了？再说家里又不是很缺钱。为什么老说我浪费？"

问题解读

孩子进入青春期，开始注重外在形象，这是正常的。但有的学生盲目追求名牌，在零用钱的数量上进行攀比。有的学生的零用钱用得不是地方，如给同学买生日蛋糕、纪念品等，开销很大；有的学生要求父亲开豪华车接送，炫耀家庭的富有。特别令人不安的是，大多数学生对勤俭节约缺乏正确认识，有一部分学生认为：吃好、穿好、玩好是我天生的权利，勤俭节约与我无关；还有少数学生对什么是勤俭节约根本不清楚。

原因分析

在家庭教育方面，一些学生的父母对子女过分娇惯、溺爱，助长了子女乱花钱的势头。经济比较富裕的家长，对子女的过分要求不仅不制止，反而千方百计予以满足。一些家庭经济条件不怎么好的家长宁可自己省吃俭用，也怕苦了孩子，别家孩子有的东西，自己孩子也要有。还有的家长用金钱激励子女学习，譬如，有的家长就给孩子规定，考全校第一名奖励 100 元，第二名奖励 50 元……这种做法使学生认为，上学读书是为父母而读书，家人都必须为"我"服务，"我"就应该饭来张口，衣来伸手。另外，社会上有些人吃穿讲排场、花钱阔气的不良风气也影响学生思想的健康发展，使他们产生虚荣心和追求享受的思想，社会上的不正之风削弱了学校思想教育的力量。

破解思路

在孩子进入青春期之后，个子长高了，但是过分追求名牌，行为铺张浪费，这种情况发生以后，家长不要急着"教育"孩子、纠正孩子的行为，而是要找到这种行为背后的原因。一般而言，铺张浪费的习惯不是一朝一夕养成的，家长过去的一些观念可能无意识地影响到了孩子。认识到这个问题后，家长首先要身体力行、自己提倡并践行勤俭节约，再帮助孩子学会勤俭节约，有的放矢地解决问题。

给家长的建议

1. 对孩子进行国情教育，培养孩子的民族责任感

为了抵制不良风气的蔓延，引导孩子养成勤俭节约的好品质，再加上现在全国上下、齐心协力共建“节约型社会”，中小学生更应立即行动，从身边的小事做起，争做一名“节约小能手”。进行勤俭节约教育，并不是要孩子吃得差，穿得破，过“苦行僧”的生活，而是要教育孩子发扬中华民族吃苦耐劳、勤俭节约、艰苦奋斗的光荣传统。要着重让孩子认识到：要建设繁荣昌盛的国家，还需要我们作长期的艰苦努力，要担起如此重任，就必须从小磨砺自己的意志，为将来干一番轰轰烈烈的事业，做好思想上的准备。

2. 在家庭内部开展节约小能手活动

养成节约的好习惯，培养艰苦奋斗的好品德，光靠父母来做还不够，要鼓励孩子用自己稚嫩的小手拉起父母的大手，共同创造节约型社会。让孩子在家庭里当好节约的监督员，看一看房间里多点了几盏灯，家里每天浪费了多少水，还要把眼睛盯到餐桌上，倡导节约用餐。

孩子勤俭节约的作风并非一朝一夕就能形成，还需要家庭和学校共同努力，勤俭节约思想品德的形成，是学校、家庭教育综合作用的结果。家庭对学生的成长至关重要，家庭教育能否与学校教育保持一致，并不取决于家长的主观愿望，在很大程度上取决于家长综合素质的高低。家长是孩子的第一任老师，更是常任老师。父母平时以身作则会使孩子受益无穷。家长可创造条件让孩子较为广泛地接触社会，适当参加社会实践，如组织到工厂、农村搞社会调查，参加公益劳动和社会服务活动等，通过这些活动使孩子懂得，一颗螺丝钉、一粒米、一分钱、一张纸都渗透着劳动人民的心血和汗水，来之不易。珍惜劳动成果，养成节约习惯和意识，会使孩子受益终生。

情 绪 篇

孩子学习努力，但成绩一直没有提高怎么办？

情景再现

小红是一个刻苦、上进的孩子，在学习上她往往要比其他同学多付出几倍的努力，但是学习成绩一直处于班级中等偏上的水平，鲜有大的提高。现在升入初三年级，成绩不仅没有提高，反而出现了滑落，甚至还有几次单元测验成绩不及格。这一次期终考试成绩揭晓后，小红依旧没有考好，心情低落的她给妈妈发了一条微信："妈妈，我太难受了，数学又没上 70 分，而且还比班级平均分低，看了看试卷，感觉有好多自己料想不到的扣分……英语也是跟上次差不多，70 多分，我感觉我也复习了，要背的都背好了，数学也用初二时一样的方式来复习，为啥进入初三就一直没考好过？落差有点大，感觉心态崩了……我不知道哪里出问题了……太难受了，妈妈，太难受了！"

问题解读

每年初三的时候，都会有一些学生与小红有类似的经历，其实这反映的是即将中考的初三学生，在面对人生中第一次"大考"时的强烈焦虑。他们急于提高学习成绩，但是其主观的学习意愿和客观的学习效果之间出现了矛盾，接踵而至的很可能便是一系列情绪问题和心理问题。

原因分析

我们每个人都有关于自身的一些看法，心理学称之为自我概念。它有两种形式：理想自我与现实自我。理想自我指的是人们希望自己拥有的特点和状态，现实自我则是人们实际生活中的特点和状态。[①] 大量心理学研究发现：理想自我与现实自我的失衡是造成学生心理健康问题的重要原因。当理想自我与现实自我差距过大时，人会感到自己在理想面前的渺小和无能，严重时还会产生焦虑、易怒、抑郁等情绪，甚至演变成心理疾病。案例中的小红就是一个典型案例。初三学生最可能遭遇的就是人生中第一次理想自我与现实自我的严重冲突。

破解思路

跨入初三的一些学生之所以会遭遇这些心理问题，是他们构建的理想自我与现实自我发生了激烈冲突。他们觉得自己通过努力能够取得理想成绩，毕业后能够考入重点高中，因此当实际情况给予他们打击，让他们从理想自我的巅峰跌落到现实自我的谷底时，巨大的落差使这些孩子的心态崩溃了。作为成年人的家长这时候要及时帮助孩子对自己形成更清晰的认识，找到真正适合自己和自己擅长的方向去努力。

---

① 文小宁：《承认局限，或许是实现梦想第一步》，《中国青年报》2020 年 6 月 12 日。

给家长的建议

1. 问诊把脉，对症开方

“孩子已经很努力了，但学习成绩一直没有提高”，问题在于“努力”两个字。

第一种情况：孩子真的“努力”了，但成绩就是上不去。之所以会出现这种情况，肯定是因为孩子在学习方法上有了偏差，那就需要帮孩子找出来，到底哪里有偏差。这个偏差，靠孩子自己是很难找出来的，最好的方法就是去找老师，哪一科的成绩上不去，就去找哪一科的老师，让老师帮孩子分析到底是哪里出了问题：是课堂听讲没有真正理解，还是课下作业解题思路出错，抑或是缺少复习巩固？

第二种情况：孩子可能只是表面上很努力。当然他(她)这样做并不是为了做给你看，而是他(她)给自己的一个心理安慰。他(她)只是想努力，但并没有动脑子去想，到底要朝哪方面去努力、怎样去努力。战术上的勤奋，弥补不了战略上的懒惰。战略就是方法，战术就是平时付出的时间，即使孩子在时间上付出了很多，但是不动脑子，不去想想正确的方法是什么，缺乏学习技巧，这样的学习效率自然会非常低下，成绩自然很难得到提升。所以家长要从战略上帮助孩子尽快掌握正确的、适合自己的学习方法，让他们享受到付出才有回报的喜悦。

第三种情况：孩子到了初三，学习成绩不仅没有提高反而出现了滑落，这应该是和孩子在预备年级到初二年级的学习有缺陷、知识有漏洞相关。中考的知识面覆盖整个初中阶段所学，各个学科都具有知识量大、系统性和综合性强的特点。初三阶段每一次大大小小的测验基本都有能力综合运用题目。如果孩子到了初三出现成绩下滑，那就不仅仅只是初三的问题，追根溯源，一定是前面疏忽、缺漏了很多，那就要抓紧弥补。家长要帮助孩子一起梳理整个初中阶段所学的知识点，补漏补缺，重整知识架构。

2. 溯风而上，借力行远

不可否认还是有一些“苦学”的孩子，无论采用什么方法但依旧没有取得良好成绩，那么家长又该如何帮助这样的孩子？

(1) 帮助孩子承认局限性

承认自己的局限性，并不是一味地否定自己，而是要对自己有客观的认识，帮助孩子认识到自己只是一个能力有限的普通人。心理学研究发现：那些不愿承认自己的局限性但又无法实现目标的人，往往会发生“自我妨碍行为”，从而保护自己的自尊不受伤害。“自我妨碍行为”是指：一个人为了回避糟糕的表现带来的消极影响，而干一些更糟糕的事，从而将失败的原因外化。举个例子，当一个孩子不愿承认数学能力不佳时，很可能在考试前一晚通宵打游戏。这样，即使成绩很差，他(她)也可以为自己辩解——我不是数学差，只是没好好复习而已。帮助孩子承认自己的局限性，主要是帮助他们及时停止“自我妨碍行为”，调整目标，放弃好高骛远的目标，脚踏实地，为可实现的目标而努力。

承认自己的局限性绝不等于放弃。孩子努力了，千方百计想改善学习仍未能达到理想目标，这样就不能盲目给孩子设定不现实的高目标。比如数学成绩一直以来不理想，就不要逼迫孩子在数学上出现奇迹。这时可能需要适当调整目标，比如要求经过努力达到班级平均水平，或保证过及格线等。数学成绩上的不理想则通过提高擅长科目的成绩来弥补。这对于孩子是可行、可保证的成功。

(2) 帮助孩子重新定义理想自我

很多孩子在为自己树立目标、树立理想自我的时候，都不是以自身具体条件作为参考系，而是直接照搬一些网络媒体或他人的励志故事。但我们要意识到的一点是：当孩子给自己设立一个遥不可及的理想自我时，即使他们再怎么努力，也很难实现，结果只能给自我以沉重打击。这在心理学上叫“自我效能感”，它指的是人们对自己实现特定领域目标所需能力的信心或信念。如果付出了巨大努力，却一直实现不了理想自我的目标，这种挫败感会让孩子们的“自我效能感”跌入谷底。他们就会对实现这一目标失去信心，甚至抵触和回避目标。因此，帮助孩子在描绘理想自我时，应该设定一个可以实现、可以企及的目标。只有这样，孩子才能够建立起自信并为之付出相应的努力。

总之，要让孩子们意识到：眼下看似漫长而艰辛的初三，其实只是漫长人生中的一小段旅程。而每一个人迥异于他人的经历，都将塑造自己独一无二的人生。

孩子学习缺乏自信心怎么办?

情景再现

小红是一个初二女生。她遵守校纪校规,上课认真听讲,课后按时完成作业,和同学能友好相处,从不让老师操心,但学习成绩一直处于年级中下游水平。

据小红妈妈讲,小红的爸爸工作很忙,每天早出晚归,很少有时间在家陪孩子;妈妈是个家庭主妇,自从孩子出生后就不再上班,在家里专心照顾一家人的生活起居,所以小红的学习和日常生活都是妈妈在操持。从小到大,小红一直是老师眼里的乖孩子、好孩子。但小红上学后,学习并不出色,小红妈妈性格有点急,又爱面子,看看周围邻居的孩子学习都不错,再看小红的作业不是这儿出错、就是那儿出错,就会很急躁,于是每次小红做作业的时候她都会在边上陪着,督促着;每到双休日还会送小红去参加各类补习班。但即便如此,小红的学习成绩依旧没有多大起色。这时候妈妈就会训斥小红"你怎么回事啦,这些题目说过多少次了,你还错,你在想什么啊,笨死了"。被妈妈责备的小红只能暗暗伤心,在心里小声嘀咕:"我也想考得好一点的,可就是考不好呀,我能怎么办啦,我就是笨呀。"

问题解读

孩子学习成绩不好，是父母最头疼的事。很多父母以为孩子学习差，一是由于孩子天生脑子笨，二是由于贪玩不用功。其实，心理学研究表明：天才儿童和弱智儿童都只是极少数，绝大多数孩子的智力都属于正常，其智力水平足以承担学校的学习任务。很多孩子学习成绩差，并不是笨，也不是不用功，抛开学习能力和学习方法不谈，主要原因还是在于孩子缺乏良好的心理适应能力，缺乏自信心。

原因分析

上述案例中的小红因为学习不好，害怕被训斥，所以她就在其他方面表现得很努力，如很乖、上课认真听讲、作业按时完成、遵守校纪校规、和同学友好相处……从这些方面来得到她渴求的老师、家长、同学的认可与表扬。小红的爸爸工作很忙，妈妈性子又急，除了在学习、生活上照顾她，孩子的心理问题，家长很少关注或给予帮助。另外，最重要的是小红的妈妈太爱面子，爱攀比，教育孩子的方法简单化，只是一味地批评和训斥。因此，造成小红学习成绩不好的主要原因在于她缺乏自信心。

破解思路

当一个孩子全身心投入学习中的时候，学习态度、学习习惯、学习方法等他（她）都会努力去培养、去解决，但前提是，他（她）对眼前的问题有解决的信心，他（她）有学好的自信。作为父母要能看到孩子的点滴进步，要及时表扬孩子，帮助孩子建立自信，让孩子知道“我能行”。另外，由于社会节奏加快，现在的爸爸妈妈们工作都很忙，工作压力也比较大，回家之后不要看到孩子的一点点不足就向孩子吼叫、发火，要尽量给孩子营造一个和谐、温馨的学习环境。更重要的是家长应该把孩子的智商与学习能力、学习方法分开，不应该仅仅因为学习成绩不好就断定孩子智商低，给孩子贴上一个“脑子笨”的标签，而应想方设法地增强孩子的自信心，帮助孩子掌握科学的学习方法，提高学习能力，从而提高学习成绩。

给家长的建议

1. 爱“你”没商量

某年高考作文题中有这样一幅漫画，画意是，一个孩子考了100分，父母喜笑颜开，冲着那红彤彤的脸蛋吧唧亲了一口，另一个孩子考了59分，父母怒上心头，扬手在他白嫩嫩的脸蛋上扇了一个红彤彤的巴掌。父母的这种正负反馈，向孩子传达了这样一种信息：我们对你的爱，是有条件的，你达标，爱会加倍；不达标，爱就会撤回。这种看似赏罚分明的机制其实在孩子的潜意识中根植了一个错误的自我认知，那就是：我是否配得到爱，不在于我是谁，而在于我做没做对，做没做好；我这个人有没有价值，取决于我的成就和来自外界的认可。当我做得好时，人人会爱我，我是骄子；当我表现差时，人人会唾弃我，我是“小垃圾”。当然孩子有这种认知，并非是出于家长的本心，因为每一个家长肯定都是爱孩子的，但正是由于家长这种错误的行为机制才让孩子有了错误的认知。在这种意识主导下，孩子自然就不敢尝试，害怕失败，因为他(她)觉得如果失败就意味着爱会撤回，会消失；自己会被看不起，会失去存在的意义。孩子还会把自己做的事等同于自己，搞砸一点事，就会上纲上线到“我这个人很糟糕”的层面。试想，一个对自己缺乏信心、不敢尝试、害怕失败的孩子，如何有勇气去改进学习方法，提高学习能力，去解决学习过程中遇到的问题呢？

2. 加强与学校联系，正确对待孩子的学习成绩

每个孩子从入学一直到学业结束，历经大大小小的考试数不胜数，真可谓是身经百“战”。爸爸妈妈不能只看见考试的分数，而要充分关注孩子平时的学习过程，这才是孩子学习态度的真实反映。爸爸妈妈要认真分析每次孩子的考试情况，做个有心人，把自己孩子的成绩做纵向比较，这样可能就会感到孩子进步了。还可以和老师取得联系，了解一下班里这次考试的总体情况。即使发现孩子的成绩确有下降的趋势，在孩子面前也不能一味地训斥，而应该和孩子一起心平气和地分析原因。假如是孩子自身放松引起的成绩下降，应及时予以指出；假如是家庭客观环境的改变影响了孩子，做家长的应及时调整；假如孩子在这一阶段存在知识缺陷，可以和任课老师取得联系，加以弥补。

3. 多管齐下，综合调理，对症下药

首先，家长要给予孩子良好的期待。鼓励、激励、以表扬为主的家长行为是提升孩子学习信心最根本、最有效的方法。古人云：“数子十过不如赞子一功。”孩子成绩差，父母的态度不应是责备、谩骂，甚至是粗暴的武力惩罚，而应是给予良好的期待。父母的心理预期，会微妙地传达给自己的孩子，使他渐渐树立起学习的信心，并积极地向所期待的方向发展。长此下去，孩子就会产生心理学上的所谓“皮格马利翁效应”，即良好的期待会获得良好的回报。

其次，家长要培养孩子良好的心理适应能力。成绩差的孩子，往往敏感、自卑、情绪低落，对学习缺乏兴趣和动力，所以应留意孩子的心理状态，通过交谈、写信、说悄悄话等方式引导孩子消除自卑心理，克服情绪障碍。同时，要学会赏识孩子，要有意识地为孩子提供进步和成功的机会，发现孩子有一丁点儿的进步或者成功，要及时地指出并给予表扬。这种成功的反馈，对于孩子产生学习兴趣、激发学习动机、培养良好的心理适应能力有巨大作用。此外，还应尽力保护孩子的自尊，消除对孩子成绩的不良态度所造成的伤害。

最后,家长要指导孩子科学的学习方法。孩子的思维、记忆等都有自己的特点和规律,每门学科又有自身的知识体系,如果孩子学习方法不对,即使拼命用功,也会收效甚微。家长要帮助孩子科学分析自身存在的问题,找准解决问题的方法,根据自己的学习特点,找到适合自己的提分策略。

心理学研究表明,孩子成绩的好坏,既取决于智力因素,也取决于非智力因素。而非智力因素的作用,随着年龄的增大而增大,其中,缺乏学习的自信心就是一个非智力因素,想要提高孩子的学习成绩,从提高孩子的学习自信心做起。孩子越自信,学习成绩的提升就会越快。

孩子考试前很焦虑怎么办?

情景再现

家长们先来回忆一下,我的孩子是不是有以下类似的情况:不管大考小考,考试前一天的晚上,他(她)会翻来覆去,担心忧虑得睡不着;第二天要上考场了,他(她)会丢三落四,不是忘了带橡皮就是忘了带尺子或者其他学习用品;有时,坐进考场里临考了,他(她)忽然说想要去上厕所;老师发考卷的时候,他(她)也会心慌心悸,好像心都要跳出来似的;考试的时候,注意力难以集中,脑袋经常会突然一片空白,被简单的题目卡住,但往往考试结束铃一响起,考卷一交,原先卡住的题目立刻就有了破解思路。这种现象尤其在期末大考时表现得更明显,所以他(她)的考试成绩总是不如平时作练习时理想。

问题解读

孩子出现以上的现象其实和焦虑有关。焦虑是常见的一种情绪状态。孩子在考试前,担心考试的试题太难,考试成绩不理想,导致在考场里看到监考老师发考卷,就心跳加快、心慌心悸,这就是焦虑。只要不影响孩子正常的学习生活,这就属于适度焦虑。适度焦虑实际上是有益的,可以促进学习,提高解决问题的效率。但如果焦虑的情绪像"情景再现"中所描述的那样影响到了孩子正常的饮食、睡眠,影响到学习功能的正常发挥，甚至出现了身体的症状，比如头疼、胃疼、肚子疼等。这个时候，孩子的焦虑就需要引起家长的重视。

原因分析

焦虑具有普遍性，每个人在生命的不同时期几乎都会感受到焦虑。有的是为结果的不确定而焦虑，有的是因为觉得自己不够好而焦虑，有的是因为时间、精力等各方面的资源紧张、力不从心而焦虑。有研究表明，焦虑的原因既包括先天因素，也包括后天因素：一方面，孩子可能继承了让他（她）更容易感到焦虑的遗传因素；另一方面，孩子可能经历了容易导致焦虑和带来压力的事件。当然还包括父母的焦虑模式对子女的影响。因为孩子是善于模仿的，他（她）会从父母身上习得一部分焦虑的模式。所以孩子在考试前的焦虑一般有两方面的原因：其一，害怕失败。孩子存有一定要赢的信念，这和父母的灌输密不可分。把自身的价值与考试成绩的好坏连在一起，孩子觉得自己考试考得好，就什么都好；自己考试没考好，就一无是处。其二是害怕父母失望。全面二胎政策近几年才刚刚实施，现在大多数家庭都还是独生子女，家人几乎把所有希望都寄托在孩子的身上，期待他（她）能好好读书，将来可以有所作为，所以在生活上无微不至地照顾孩子，除了读书，不让孩子分一点心。孩子承载着父母长辈太多的“爱”，家长对他（她）那么好，如果他（她）连个考试都没有考好，他（她）该如何面对父母？

破解思路

当我们发现孩子开始焦虑的时候，不要觉得他（她）是小题大做，不要觉得他（她）在无理取闹，更不要无端指责，我们要好好了解一下孩子焦虑的真正原因，去关注他（她）的情绪。同时家长要调整好自己的情绪，一般情况下情绪是互相感染的，家长的担心、焦虑情绪会传递给孩子，所以家长要首先确保自己处于一个稳定平和的情绪状态，这样才能让这种平和的态度感染到孩子，帮助孩子稳定心态。只有父母放松了，才能降低孩子的焦虑。

给家长的建议

1. 给孩子积极的心理暗示，增强信心

心理学中有一个“皮格马利翁效应”。皮格马利翁是古希腊神话中塞浦路斯的国王。这个国王性情孤僻，常年一人独居。他善于雕刻，孤寂中用象牙雕刻了一座他理想中的女性雕像。久而久之，他对自己的作品产生了爱慕之情。他祈求爱神阿佛罗狄忒赋予雕像以生命。阿佛罗狄忒为他的真诚所感动，就使这座美女雕像活了起来，皮格马利翁为这座活了的雕像取了一个好听的名字，并娶她为妻。在这个神话的基础上，美国著名心理学家罗森塔尔(Robert Rosenthal)和雅格布森(Edith Jacobson)进行了一项有趣的研究。① 他们先找到了一所学校，然后从校方手中得到了一份全体学生的名单。在经过“挑选”后，他们向学校提供了一些学生名单，并告诉校方，他们通过测试发现，这些学生有很高的天赋，只不过尚未在学习中表现出来。其实，这是从学生的名单中随意抽取出来的几个人。有趣的是，在学年末的测试中，这些学生的学习成绩的确比其他学生高出很多。研究者认为，这是由于教师期望的影响。由于教师认为这个学生是天才，因而对他寄予更大的期望，在上课时给予他更多的关注，通过各种方式向他传递“你很优秀”的信息。学生感受到教师的关注，因而产生一种激励作用，学习时加倍努力，最终取得了好成绩。这种现象说明教师的期待不同，对儿童施加影响的方法不同，儿童受到的影响

① 蔡燕丽：《积极的心理暗示　教育的“灵丹妙药”》，《中国体卫艺教育》2009 年第 9 期。

也不同，把教师的角色换成家长亦是同理。其实，皮格马利翁效应也被总结为：你期望什么，你就会得到什么。只要充满自信地期待，只要真的相信事情会顺利进行，事情就一定会顺利进行。在这个过程中，家长要做到共情：试着站在孩子的角度去看待问题，尝试用孩子的心态接纳和理解孩子的行为，建立信任感，给予情感支持，让孩子感受到自己是被爱的，而不论这次考试的结果是什么，父母都会和他(她)一起面对。

2. 引导孩子学会自我放松

腹式呼吸放松法是最简单、有效的减压方法，而且随时随地都可以用。当孩子考前紧张、翻来覆去睡不着的时候；当孩子进入考场，大脑一片空白的时候，都可以用该方法。具体的方法就是，闭上眼睛，深吸一口气，再缓缓地吐出来。需要注意：吸气的时候肚子要鼓起来，想象着大量新鲜的氧气，进入身体，直至头顶；吐气的时候，肚子收回去，想象着体内浑浊的气体排出。同时内心暗示自己，每一次的吸气，都让自己充满能量；每一次的吐气，都会让自己的肩膀更放松。反复做多次的深呼吸练习，孩子的焦虑情绪自然就会得到缓解。此外，在平时的生活中，家长也可以有意识地鼓励孩子多锻炼、多运动，这对于调节孩子的心态是很有帮助的。

3. 家长在考试前不说“这些话”，考试后不做“这些事”

考试前不说：“这次考试很关键，你一定要好好把握！”这句话意味着，这次考砸了，你就功亏一篑了。当人生只有一个选择、非成即败的时候，可想而知孩子的压力会有多大！

考试前不说：“什么事情都不要你做，你只要好好复习就行了！”这句话的潜台词就是，爸妈极其重视考试的事情，什么都不要你做，你还考不好，怎么对得起我们？孩子内心会带着对考试的焦虑、对父母的交代，在这样的双重压力下，他如何能轻松应考？

考试前不说：“好好考，不要紧张。”这是对孩子再次强调你就是个一到考试就会紧张的孩子。试想，孩子怎么能甩掉包袱，轻松上阵呢？

考试后不要问他（她）考得怎么样。如果孩子考得好，他（她）自然会和你说，如果他（她）考得不好，你的询问只会让他（她）的心情更加沉重。

考试失利不要急着和孩子谈心，开导孩子，不要逼迫孩子开口讲话，家长只需要默默陪伴，多给孩子信任和自由的空间即可。待孩子情绪缓过来之后，你可以帮孩子分析一下失败的原因，是心理状态不好还是知识掌握不牢固，又或是做题速度太慢、对题型不熟，帮助孩子对症下药，在今后练习中让孩子多记多练，夯实相关知识点。

总之，家长要引导孩子正确看待考试的意义，不给孩子过多的压力，为孩子营造一个和谐的家庭氛围，做好孩子的“后勤部长”。

孩子有自残自伤行为怎么办？

情景再现

小红在学校里是个不太引人注意的孩子，平时比较听话、不惹事，学习成绩一般。可是细心的老师发现，她的手上常常有明显的受伤痕迹，问她原因，她也不肯说，总是含糊其词。老师开始暗暗留意，并请班干部日常多关心她。一天中午，同学发现小红躲在角落里用美工刀划自己的手腕，割出了血印，还用手挤出了血，被发现之后她说："不许告诉老师，不然我现在就从楼上跳下去！"同学悄悄地告诉了老师。老师很重视，跟家长联系，妈妈却不以为然，"应该不要紧吧，可能孩子只是想发泄一下"。

班主任还是不放心，又请来心理老师一起找孩子谈心。通过谈话，老师了解到，小红家里爸爸不在身边，而妈妈平时比较忙，工作压力大，教育方式也比较简单、直接，孩子有了什么心事没人说，憋在心里难受，于是常常通过自残自伤的行为，来发泄和缓解自己的压力。孩子还承认，曾经有过自杀的念头。

问题解读

孩子成长过程中会遇到各种各样的问题，无可否认，这时候最需要的是父母或老师的及时关心和指导，当孩子遇到困难无法独自处理、又得不到可信赖的成年人的帮助时，可能会选择自我伤害的方式来引起家长和成人的注意。

原因分析

青春期孩子处于人生成长的关键期，可能会遇到形形色色的问题，如学校里跟老师、小伙伴们相处不好，在家里跟父母发生冲突等。而现在的家庭养育情况比较多样，有的父母之间有冲突，孩子夹在当中左右为难；有的父母双方工作都比较忙，平时由祖辈照顾孩子生活，对孩子的精神世界关注比较少；有的父母一方长期不在身边，孩子跟另一方父母沟通不良、矛盾累积；或是重组家庭中孩子随父母一方与继父或继母或继兄弟姐妹共同生活等。如果父母等家长的教育方式简单粗暴，孩子遇到困难得不到成人的支持，缺乏解决问题的途径与方法，孤独绝望中就可能以自我伤害来发泄愤怒和寻求关注。

破解思路

孩子有自残自伤行为，说明他们内心有愤怒、烦恼、悲伤和痛苦，不仅无处宣泄、无法宣泄，而且还没有得到成人的关注和理解。引起问题的原因可能各有不同，有的孩子是因为学习压力增加，有的孩子是因为交友或两性情感问题，也有的是亲子冲突引起……要找准问题，对症下药。及时关心理解、有效沟通交流，与孩子共同面对遇到的问题，寻求合适的解决之道，这是帮助有自残自伤倾向和行为的孩子顺利度过青春期的根本途径。

给家长的建议

1. 认真对待孩子的自我伤害行为

孩子的自伤自残行为千万不可大意疏忽，这是青春期孩子的一种求救呼声。当孩子遇到难以解决的困难或学习压力、情感压力大时，有的孩子会用割伤、烫伤、砸墙等不当方式纾解压力。有些孩子的家人或朋友当中有人患抑郁症，其消极对待自己的态度也会负面影响孩子的认知。自残自伤行为虽然看起来没有自杀那么严重，但它更有可能发生在经常考虑或尝试自杀的青少年身上。反复自伤自残者预后不良，不一定就会走向自杀，但对当事人的心理健康破坏极大，影响其人格发展。无论在生理上还是心理上，父母需要认真对待孩子的自伤自残行为，并了解其危险性。一旦发现孩子有自伤自残倾向，就要及时干预。

2. 良好沟通，耐心陪伴

抚育一个孩子长大成人，不仅仅是生活和物质上的满足，父母工作再忙，也要及时关注孩子的内心世界，对比较内向的孩子更是需要如此。家长要及时发现孩子成长过程中遇到的困难并帮助梳理解决，在他们需要的时候站在身边。

在接送孩子上学、放学的路上，吃完饭休息的时候，家长可以很自然地跟孩子聊聊学校发生的事情，分享孩子的快乐一刻，或听听他们遇到的不开心的事。节日、周末、闲暇时多与孩子共同活动，一起运动嬉戏、开展亲子活动，这些有助于更好地了解孩子。要耐心地陪伴孩子成长，但是如果人在心不在，光是坐在孩子旁边，自己都在看手机、打游戏或忙于处理工作，这些都不能算是有效陪伴。另外，现在的家庭中独生子女居多，孩子个性比较强，如果教育方式不当，也会引发亲子之间的矛盾冲突，特别是二胎政策之后孩子之间、亲子之间还可能存在新的问题，不要只关心一个孩子而忽视另一个。有句话说：做父母也有有效期，一旦错过了孩子青春期这个重要的成长阶段，以后你再想跟孩子好好沟通可能会事倍功半，甚至冷漠疏离。

3. 对症下药，消除隐患

有的孩子自我伤害比较隐蔽，粗心的父母可能不容易发现。如果发现孩子有自残自伤行为，一定跟孩子认真谈话，寻找原因。如果孩子因为成绩不好而着急，帮着一起找一找原因。孩子自己一定是想好好学习，只是有时候不那么自律，不太有毅力。如果孩子确实养成了不良的学习习惯和态度，家长可以跟老师联系，听听老师的建议。不要光是责备孩子，要有针对性地给予帮助。

如果孩子对父母有意见，父母要反思自己的教育方式，要与孩子及时沟通并改进。如果孩子是因为朋友之间的矛盾，或是因为两性情感而烦恼，可以分享自己或身边人的有用的经历，教给孩子一些方法，增强人际沟通能力，让他们自己有足够的力量去面对，去主动解决问题，或积极调整心态。有时候孩子可能是在学校受了委屈，要在弄清事实的前提下，直接跟老师沟通解决。

对习惯于并反复自残自伤的孩子，家长要及早带孩子寻求专业人士的帮助，耐心倾听孩子的心声，帮助孩子缓解痛苦；并带孩子参加相关训练，学习解决问题的策略方法和技能技巧。教孩子遇到想不通的事情时，通过吃好吃的美食，听自己喜欢的音乐，跟要好的朋友、家人通电话，跳跳舞、唱唱歌、跑跑步、打打球……来调控情绪，激发快乐。同时要把家里的尖锐器物，例如厨房里的刀具、剃须刀、剪刀、美工刀等收好，放在安全的地方。总之，不是批评孩子，而是帮助孩子。

交 往 篇

孩子不喜欢新换的老师怎么办?

情景再现

小明是初二学生,这个学期他所在班级的数学学科新换了一个老师。随着老师的更换,小明的数学成绩也开始一点点下滑。为此,班主任几次找家长沟通,希望家长能督促孩子认真学习。家长收到老师的反馈后,也会及时督促教育,但基本处于家长管一下,孩子好一下,家长一不管,孩子就恢复原来的状态。面对这种情况,在班主任老师的建议下,家长带着小明一起约见了学校的心理老师。

几次见面之后,敞开心扉的小明告诉心理老师:“我非常不喜欢现在的新老师,我很想念之前的老师,我希望能回到从前。以前,我回到家,总是先做数学作业而后再做其他作业,但现在我很讨厌写数学作业,一直拖到不能再拖的情况下再写,写数学作业的时候,我也只选择简单的题目做,凡是要动脑筋的难题一律放弃不做,就让它空在那里。上数学课也是,看到新的数学老师就讨厌,不想上他的课。”于是老师继续问小明:“你为什么不喜欢现在的老师呢?”小明回答说:“我觉得新换的数学老师不喜欢我们班,因为他总是在课堂上指名道姓地批评同学,还特别喜欢讲大道理,说学好数学有多么多么重要……唠唠叨叨的,很烦人。有一次考试,我有一道题只是在最后一步因为粗心算错了,以前的老师最多扣一个步骤分就 OK 了,但他却把这道题的分数全扣了,还在课堂上点名批评我,我讨厌他。”

问题解读

有很多青春期孩子都会出现小明这样的情况，因为种种原因不喜欢新换的老师。于是，因为不喜欢老师也就不喜欢这个老师所教的学科，例如：上课故意捣乱，不认真听讲，面对老师布置的作业也马马虎虎，有时候在考试中故意考得很糟糕。孩子认为自己这样的做法，是对新老师的“报复”。当看见新老师为自己头疼的时候，心里会产生一种恶作剧的快感。

原因分析

孩子因为某方面的原因不喜欢新换的老师，甚至专门与新老师做对而做出一系列不理智的行为，其实，这是青春期心理叛逆的一种表现。

破解思路

这种情况发生以后，家长不要急着“教育”孩子、纠正孩子的行为，而是要寻找这种行为背后的原因。一般而言，当换了新老师之后，如果孩子出现这样的现象，应该是与不喜欢新换的老师有关。家长要在日常生活中“不露痕迹”地留意孩子无意中透露的信息，在取得孩子信任的基础上，和孩子一起分析，到底是哪方面的原因导致他不喜欢这位老师，帮助孩子调整对老师的认同感，有的放矢地解决问题。

给家长的建议

第一步：深入了解“不喜欢”的原因

让孩子接受他“不喜欢”的老师前，家长关键在于和孩子建立良好的沟通关系，成为孩子心目中真正的朋友，那么再讨论任何问题就容易得多了。家长切忌一上来就用个人的价值观去评价孩子的思想和言行，应该无条件地接纳孩子，这样才有机会了解孩子的真实想法。了解到孩子的想法后，也不要盲目信从，而是要及时与老师联系，先听听老师对孩子的评价和想法。另外，还可以和孩子的同学、家长联系，听听他们对此老师的看法。这么做不是不相信孩子，而是孩子的年龄导致他的思维可能会有一些偏见和不客观，找到原因，才可以对症下药来解决问题。全面了解后，再做进一步的分析，找到解决办法。

一般而言，初中孩子不喜欢任课老师的原因有两类：第一类，孩子认为老师存在人品或者形象等方面的问题；第二类，孩子不喜欢老师的某些教学方法和管理方法。

第二步：坦然接受老师的不完美

面对第一类原因，我们需要和孩子达成一个共识：人无完人，老师肯定会有缺陷和不完美的地方。只要不是原则性的人品道德问题，我们要学会接纳不同的人。你可以不喜欢他/她，但应当尊重他/她。面对第二类原因，我们需要技巧性地做好老师和孩子之间的沟通桥梁。孩子放学回家后往往会不经意地和家长谈起某位老师怎么样，说起老师的一些缺点。这时家长除了耐心倾听，应该从侧面讲一些自己所知道的这位老师的优点，帮助老师在孩子的心目中树立威信，因为“亲其师，信其道”，只有孩子亲近老师才愿意听从他（她）。日常生活里，家长需要经常性地主动和老师沟通，以尊敬、虚心的态度，倾听老师的说法。如果的确是老师存在问题，家长可以委婉地提出，但最后一定要记得感谢老师，要考虑老师的心理感受。如果是孩子出了问题，千万不要一回家就对孩子一顿打骂，因为这样做，只会让孩子对任课老师更加反感，孩子会认为自己之所以被打骂都是任课老师“告状”导致的。

没有完美的人，也没有完美的老师。教师是普通人，有缺点，会犯错。家长切忌站在狭隘的立场，对老师评头论足，一旦老师在孩子心中没了地位，老师的教育就会在孩子身上“失灵”。家长需要正面引导孩子，帮助孩子看到老师积极的一面，使孩子坦然接受老师的不完美，这样对孩子的学习和心理成长会有很大好处。

第三步：积极适应新的老师

感情是可以慢慢培养的。在孩子新换了老师因不适应而不喜欢时，家长首先可以到学校做一些观察、调查，尽可能多地了解老师的闪光点，然后把老师的这些长处告诉孩子，去冲淡孩子对老师的不良印象。其次，家长还可以设法取得老师的帮助，让新来的老师多给孩子一些表扬和鼓励，因为孩子的可塑性很强，很快就能改变对新老师的看法。

总之，当我们听到孩子在抱怨说不喜欢某一位任课老师，或者说老师有多“可恶”的时候，我们首先需要做的是冷静地倾听和观察。我们先判断一下，孩子这样抱怨是否只是需要找一个倾诉的对象，仅仅是把自己的一些不良情绪或不满发泄出来，并不是想找家长去帮助自己解决这个问题。如果是这样，我们就做一名忠实的听众，与孩子取得“共感”。但如果我们观察到孩子已经像小明一样，被这种不良情绪干扰到学习了，那么我们就需要有步骤、有策略地帮助孩子。当然，这个前提是这个老师的品德或者教育方法不存在比较严重的问题。如果万一教师的人品道德、专业素质存在问题，家长就需要适当地与其他家长沟通，如果大家都比较认同，那就需要考虑向学校反映真实情况。

青春期的孩子正是处于最叛逆的时期，对老师和家长都倾向于求全责备。家长在和孩子交流时可更多地强调：人的求学生涯中，不可能一个老师伴其终身或整个初中或高中的若干年，我们正是在不同老师的教育帮助下成长，接触不同的老师、适应不同的教育方式是我们成长的必经之路。家长要培养孩子的适应能力，使孩子积极适应新老师。

孩子不爱与同学交往怎么办？

情景再现

小明是个比较孤僻的孩子。“从没看到他有朋友来往，在校门口接他，他总是独来独往，从不跟同学搭讪，看其他孩子都是三五成群、有说有笑的，只有这孩子一个人形单影只，显得特别不合群，跟他说了几次，要多交些朋友，他都好像当作耳旁风，依然我行我素，真的让人很担心”，小明的妈妈如是说。

班主任反映，小明学习成绩很好，但身材比较矮小，平日里跟同学不太说话，喜欢一个人看书或者发呆。一般不太与同学产生矛盾，只是到了探究性合作学习的时候会发现，小明很难合群，就算分到某个组，他也常常选择自己一个人完成探究报告，但因为他的成果不比小组合作的差，老师也没怎么注意到这个问题。

在与小明妈妈具体沟通后老师了解到，小明从小就寡言少语，和家人也不太说话，进入中学以后越发孤僻。小明的妈妈特别担心和焦虑，未来社会不是仅仅靠智商，还需要情商，不会与人打交道的话将很难融入社会。而在与小明单独谈心时，小明表示自己不太喜欢和同学交流，总觉得说不上话，大多时间就是附和着听听，自己觉得也挺累的。进入初中后，他有了烦恼的事：一方面来自自己的身高问题，有点自卑；另一方面是妈妈不停地让自己结交朋友，她越是天天唠叨，自己就越不想和人交流。

问题解读

小明在与人交往的认知和能力方面都存在一定的不足。他认为交往能力并不是必需的，在与人交流过程中也不会有回应，有时候不知所措，小明明显缺乏交流技巧以及交往的良好体验。更重要的是小明缺乏准确的自我认知，其实在交谈中能感受到他对不会交往的自我产生了厌恶感。

原因分析

小明的自尊心本来很强，但进入青春期后身高问题令他滋生了比较严重的自卑心理，对他在与人交往方面起到了一定的抑制作用。他本身的个性也更喜欢独处和安静的环境，母亲没有全面了解、正确认识孩子的气质特点，只从自身个性特点出发去评价孩子，令他产生了自卑感和一定的焦虑情绪。这样非但不能帮助小明完善个性，反而妨碍了小明主动去发展人际交往。

破解思路

小明最主要的问题是身高自卑。身高不理想是青春期男孩最大的体像障碍和自卑源头。家长首先要搞清楚问题，是孩子的发育比同龄孩子慢了半拍还是家族的遗传因素，并据此寻找合适的对策。同时母亲应当观察和了解孩子的个性特长、气质兴趣，并尽可能客观、科学地了解这类孩子所喜欢和擅长的人际交往方式，而不要简单从“我觉得”“社会需要”等角度来强行贴标签和自以为是地进行“纠正”。在了解孩子最擅长的空间、领域和方式后，为他创设适合的场域，并帮助他扩大交往圈。个性相同或者兴趣相投都更容易帮助孩子找到合适交流的朋友。

给家长的建议

社会交往是孩子成长的必需。随着社会发展，人际交往能力的重要性日益突出，即使内向的孩子也需要交流交往，需要有知心朋友的友情来支撑。完全封闭内心、没有朋友交往的青春期孩子是不健康，乃至可怕的，有可能对今后人生产生消极的影响。

第一步：静心观察，全面了解孩子的特点

每个孩子都是不一样的，都有自己擅长的天地和不擅长的领域，不能用一刀切的方式来衡量每一个孩子。他们是有血有肉的个人，而不是一模一样的产品。我们的目标是帮助孩子健康、快乐地自我成长，创造自己的幸福人生。

当家长对“初心”有所定位后，首先要做的是静心观察孩子的特点和特长，而不是早早定制一个模板，把孩子往里面套，哪里短板修补哪里。培养孩子的人际交往能力一定不能急。有的孩子喜欢有自己独立思考的时间和空间，不愿被别人打扰，只要不是自我封闭就没关系。

小明一方面由于身高问题而出现自卑情绪；另一方面，从其自身特质来看，小明的独处是他自身的“舒适区”，是他深度思考的需要，这是作为研究型学习者的一种特质。或许小明的妈妈理解这一点也就不会增加自己和孩子的焦虑情绪了。

第二步：针对问题，适时提供科学的方法

当孩子进入青春期后，家长需要不断寻找交流的机会来与之沟通，了解孩子在这一阶段的困惑。青春期的体重、身高等问题是青春期孩子烦恼的核心内容，家长一定要引起高度重视，因为女孩子的体重超重、男孩子的身高不足等引发的自卑问题处理不好的话，可能影响一生。显然作为母亲，小明妈妈并不了解小明由于身高不理想而产生的青春期烦恼。

针对这一阶段孩子产生的问题,家长一定要认真对待。抓住青春期身高发育的关键期,重视孩子的营养、睡眠、体育锻炼等因素,例如通过让孩子早睡、多喝牛奶、加强锻炼等方法来促进身高增长。如果一般的方法不能奏效,应该及时去医院咨询就诊,寻求科学的解决方法,以免错过促进孩子长高的最佳时期。除了借助科学手段帮助孩子外,为了避免增加孩子内心的焦虑,也可以通过榜样人物的故事来引导孩子,帮助孩子形成正确的认知,接纳自己的不足。这有利于帮助孩子建立自信,从而能积极尝试与人交往。

第三步:针对兴趣,积极拓展孩子的活动范围

通过兴趣爱好来发展孩子的社会交往能力是个好办法。要提升孩子的交往能力,还需要帮助其寻找合适的活动场所。教育是精细活,需要润物无声、因材施教、"投其所好"。家长可以通过寻找孩子喜欢的兴趣班,帮助孩子拓展社交圈和交流场域。在兴趣班里不仅可以培养孩子的兴趣,还能帮助孩子树立信心,更重要的是孩子容易遇到兴趣相投的同伴。当孩子找到一两个能一起研究、一起培养兴趣的朋友,就已经走出了第一步。

值得提醒的是,切忌拔苗助长。有的家长直接把孩子放到"演讲班""口才班",结果往往适得其反,甚至可能造成严重的后果。家长也不能过度插手孩子的交往圈,即使邀请孩子的朋友到家里来,也不要"代替"聊天,这反而会加重孩子的心理负担,也影响孩子自身交往的信心。

总之,家长首先要接纳孩子喜欢独处的个性;其次,要针对其问题提供科学的方法;最后就是要针对孩子的兴趣爱好来寻找合适的场域,为孩子提供实践的平台。

孩子进入青春期对异性产生懵懂喜欢怎么办?

情景再现

心理热线近期接到两位男生小 A 和小 C 的求助。他们说,进入初一以后,感到自己的身体和情绪都产生了一些变化。除了正常的身体发育,他们还发现对异性有一种别样的冲动和好感。

男生小 A 特别喜欢坐在他座位后面的女生小 B,每天都忍不住想回头看她几眼,对于这位女生的说笑和一举一动,他都非常关注;每次和她说话,心总是怦怦跳;做作业或上课时常常会想到她,有一种异样的感觉。一天放学后,小 A 一直在教室里磨磨蹭蹭,一直到小 B 值日生工作完成要回家时,他才叫住了小 B,吞吞吐吐了好久,说:“小 B,我……我喜欢你!”得到小 B 的回应后,小 A 特别高兴。但这件事没多久就被老师发现了,不仅找他们谈话,还找了家长。最近小 A 不仅要经历老师和父母的轮番“谈心”轰炸,还发现小 B 同学总是躲着自己,他难过地睡不着觉,对什么都提不起精神,甚至产生了怨恨父母和老师的情绪。

学生小 C 则特别喜欢“惹”前排的女生小 D。他总是忍不住有时候拉拉她的辫子,有时候故意把她的文具盒碰到地上,看到小 D 涨红的脸,小 C 觉得有一种说不出的异样感觉。而小 D 看到小 C 就想逃开,小 C 心里特别难过,甚至上课时难以集中注意力。有时候看到小

D 和其他男生有说有笑，他就会心中莫名忌妒，控制不住情绪地生气。他对于这样的自己一点都不喜欢，但就是控制不住。

问题解读

小 A 同学以为找到了自己心仪的女孩并得到了对方的回应，正处于甜蜜的朦胧好感期，但因为父母与老师的干涉，使得他出现了情绪困惑。小 C 同学同样处于这样的情绪困惑中，他也同样不会处理自己的情绪问题，也不懂得如何与异性交往，甚至产生了忌妒、焦虑、自卑的情绪。

原因分析

青春期对异性产生爱慕的情感是自然现象，但如何处理这份美好的情感，却是需要青少年、家长和老师正视问题。小 A 和小 C 都到了青春期对异性产生懵懂喜欢的阶段，但他们自己以及父母和老师都没有找到适合他们的解决策略，使得他们陷入困境而无法自拔。

破解思路

处于“相思”中的青少年面临着诸多挑战，他们需要学习处理自己的情感与同学关系，这需要长辈的支持和引导，帮助孩子建立健康的异性观。青春期少男少女的朦胧好感是人生中非常美好的感情，家长和老师不要轻易给这一现象或青少年的行为贴上“不好”“早恋”的标签，要引导孩子们珍惜这种感情而不沉溺于其中。

给家长的建议

第一步：自我接纳，帮助孩子全面了解青春期

爱情是发生在两个相对成熟、负责任的成人身上的，这需要恋爱双方具有稳定的自我、良好的情绪处理能力和关爱他人的能力。小A、小C对女同学的喜欢还谈不上“初恋”，只是一种青春期的朦胧好感和喜欢。老师和家长确实不宜匆忙给他们打上“早恋”的标签，不必轮番“轰炸”和吓唬孩子们，应通过与孩子一起阅读专业的书籍或聆听专业讲座来全面了解青春期的特点，了解青春期出现对异性的好感是很正常的、美好的。无论学生、家长、老师都要提升自身认知，并能以接纳和珍重的态度来对待青春期的朦胧好感，不要轻易贴上“早恋”或“早恋就是不良少年”的标签。

在了解青春期的普遍现象和特征后，家长还要对孩子自身有一个深入剖析，每个孩子的认知水平和思维方式不同，内心反应更会不一样。因此，只有不断帮助孩子探索自己、发现自己，才能寻找到真正适合自己的方法。同样，父母和老师也需要通过认真分析每个孩子不同的特征和理解、接受能力，因材施教地提供解决策略。

第二步：坚守原则，帮助孩子提升问题解决能力

作为老师和家长，要接纳并帮助孩子认识到青春期两性之间的情感是正常的、美好的，但要特别地爱护和保护其不被污染、不被扭曲。帮助孩子把握交往尺度与方式也极为重要。鼓励青春期孩子打破一对一的男女隐秘交往方式，鼓励建立青春期男女生的友情交往，把对异性的欣赏和赞美放在更广阔的同龄伙伴友情中。

首先，男女同学之间，完全可以堂堂正正地交往。但要学会尊重与自尊，学会自控，学会给自己的行为划定安全的保护圈，明确中学生可做的和不可做的行为红线。

其次，过早地沉溺于异性的卿卿我我不利于孩子的成长。青春

期的男孩女孩相处要保持自尊、自重的美德，遵从社会道德规范，行为大方得体、男女有别，言行礼貌不逾矩。

另外，异性相处时，一定要善于自我保护。青春期男女生相处最好避免一对一单独接触，不轻易让异性进入自己的个人私密空间。男女生都要学会自我保护和防范侵害，遇到侵扰和挑逗要冷静地设法摆脱，遇到更严重的侵害要及时报警。

第三步：转变角色，做一个好的倾听者与陪伴者

最重要的是，老师和家长要真正帮助孩子解决问题，推进有效沟通，这就需要转变角色，在了解孩子的基础上，建立民主、平等、友好的关系，做一个好的倾听者与陪伴者。

首先，现在的孩子需要被聆听、被重视。很多情况下，其实长辈们一句话都不说，只是认真地聆听，也能让孩子在滔滔不绝的表达过程中得到宣泄，甚至不断厘清自己的思路，自己找到适合的解决策略，这比我们用强压的方式来解决问题更有效。

其次，陪伴者的身份更强调能够与孩子产生“共情”，能站在孩子的角度来思考和体验，这点尤其重要。当孩子们感受到有人能理解他，并陪伴他一起经历、一起感受、一起悲伤与快乐的时候，他们也更能以共情包容的方式来对待他人。这有利于孩子完善个人品格，成长为完整的社会人，这才是我们培养孩子的最终目的。

最后，爱护和保护孩子们的这种朦胧好感的美好。喜欢美好的东西没有错，但少年的成长首先要学会的是珍惜美好，小男孩喜欢小女孩的一颦一笑，那是美。但是美需要珍惜，家长要陪伴孩子在感悟美的同时，引导小男孩认识到，只有自身成长得更成熟、更睿智、更有力量、更美好，才能真正欣赏这种美，并发扬这种美。

孩子受到校园霸凌怎么办？

情景再现

小明从小一直跟爷爷奶奶住在一起，性格比较内向，胆子特别小，在学校里遇到什么事都不敢告诉老师，在家里也不说。有一段时间爸妈发现他情绪低落，早上不愿意去学校，经过反复询问，才知道孩子在学校里经常被同学欺负。小明告诉妈妈，同学小贾又高又壮，总是在老师看不到的地方欺负他，平时语言上各种冷嘲热讽，说他“娘娘腔”，有时候在厕所和无人的角落里遇到他会推推搡搡，放学后还在校外逼着让他请客买零食、饮料等。小明心里既委屈又害怕，却不敢对别人说，只能默默忍受，因为小贾威胁他，如果告诉老师或爸妈就见他一次打一次。妈妈心疼儿子，说要告诉老师，让老师来批评教育，可是小明吓得连连说，“千万不要告诉老师，不然就算他在老师面前表现得很乖，背地里还会变本加厉地欺负我！”

妈妈不放心，还是悄悄联系了老师，班主任觉得这个问题处理起来很棘手：如果情况属实，管的话，小明自己有顾虑，而两个孩子之间冲突的真实情况比较难以了解和取证；不管的话，怕小贾同学没有受到应有的教育与惩戒，以后会变本加厉。

问题解读

现在的校园霸凌往往比较隐性，一般不会发生像电影《少年的你》里面那样危及生命的极端案例，但是语言上的侮辱和讥讽、持续的精神和身体上的伤害是会发生的。这些可能引发孩子的恐惧不安，造成身心创伤，这种也属于校园霸凌。

原因分析

校园霸凌普遍存在，而青春期的孩子因为生理、心理的迅猛发展，情绪冲动，因而更容易发生冲突，如女生之间的语言暴力、男生之间的肢体冲突，有时还包括网络上的"围攻"、校园内的孤立等。如果没有及时制止与纠正，可能会引发当事人的身体伤害、心理创伤等一系列严重后果。

破解思路

大多数孩子在最初遇到这类情况时会告诉老师或家长，但发现效果不明显甚至起反作用时，会选择隐忍，直到产生严重后果。父母不要责备孩子，不要一味地要求孩子告诉老师或者"打回去"，而是要尽早介入和干预。通过学校和法制机构来坚决制止霸凌的继续发生，支持被霸凌者，帮助受害孩子认识到他们没有做错事情，帮助孩子学习在遇到这类情况时如何及时求助、如何选择恰当的应对方式等。

给家长的建议

1. 对校园霸凌要有一个清晰的认知

校园欺凌通常会发生在力量不均衡的双方当事人之间，有“一对一”，也有“一对多”。比较常见的是发育较早、体格比较强壮的男孩子欺负比自己弱的“乖孩子”，或是女生之间语言上进行奚落、讽刺、侮辱、孤立，还有所谓的“好学生”欺负行为习惯与学习成绩比较差的学生等。另外还有一种“旁观者”，因为怕自己成为那些霸凌者欺负的对象，遇到事情不敢站出来发声，甚至有时候有意无意地站在霸凌者一方，帮着一起欺负别人。

父母和孩子要明确知道，校园霸凌通常会反复发生，而且并非只有身体上的伤害才算伤害，有时候心灵上的伤害远远大于身体上的伤害，而后果更为隐蔽和严重。受到霸凌的孩子可能会伤心、恐惧、焦虑、痛苦，当他们觉得没有人可以帮助自己的时候，可能会自暴自弃、一蹶不振。也有的孩子可能会因为控制不了愤怒的情绪而做出过激的行为。与此同时，霸凌一方也不一定“占便宜”，可能会因行为偏差影响三观的养成和今后的成长，无论哪一种结果都不是我们希望看到的。

2. 父母的态度影响孩子的认知与行为

通常家长怕自己的孩子在学校被人欺负，都会教育孩子如果受到霸凌了，要告诉老师、告诉父母。孩子遇到自己处理不了的事情时主动寻求成人的帮助，这是正确的做法。当家长知道孩子遭遇霸凌之后，千万不要置之不理，要主动去了解情况，并站在孩子的角度去理解事情，同时要让孩子知道在他(她)无助的时候永远有父母站在背后支持他(她)。

但也有一些做法不可取。有的家长比较冲动，特别是平时比较宠爱孩子的祖辈，一听到自家的孩子受了欺负，就失去判断力，在没有了解清楚事实的情况下，仅凭孩子的一面之词，就冲到学校质问对方孩子或老师。比较极端的是在校园外对对方孩子用语言或肢体威胁，做出种种不理智行为。作为成人，在安抚孩子情绪的前提下，首先应冷静判断孩子是否真实地反映了事实，有没有隐瞒自己的不当行为，或放大自己的不良情绪，既不要用“你去惹他干嘛”“你怎么这么没用”之类的语言贬低孩子，也不要用“你直接打回去呀”来逼迫他（她），从而让孩子受到双重伤害。

3. 寻找恰当的方式减轻对孩子的伤害

通常校园霸凌的发生比例并不高。但如果不幸遇到了，家长要教会孩子正确的应对方式。要让孩子认识到，遇到霸凌不是他们自身的错误，生活中遇到什么样的人和事都是有可能的，重要的是遇到事情之后怎么用积极的心态去面对，家长可以用自己或他人的“亲身经历”去教育和引导孩子，增强孩子的抗挫能力。

最好的方式是引导孩子自己解决问题。家长可以跟孩子一起坐下来，商量比较合适的解决方式。教育孩子勇敢自信，内心强大，敢于反击，绝不软弱而任人霸凌。孩子不能事事都依赖别人，但如果仅凭自己的力量不足以脱离困境，可以寻求班主任、德育主任、校长等有力量的成人的帮助，一旦遇到霸凌情况，一定要及时告知学校主管老师和法制机构。目前我国有反对校园霸凌的相关法律规定和措施。学校除了严正惩戒校园霸凌行为，也应做好教育工作。

对遭受了霸凌的孩子，如果有肢体上的伤害，家长要立刻做出反应，及时与老师和学校联系，积极送医治疗。如果有心理方面的困扰，家长可以拨打心理热线咨询，必要时家长应带孩子寻求心理老师、心理医生等专业人士的帮助。

孩子爱攀比怎么办?

情景再现

“孩子最近情绪一直都不好,我问她,她说想买一双名牌运动鞋,我一看价格要几千元,是限量版的,有什么意思?后来,我就在网上买了双样子差不多的鞋子,便宜多了,这却成为我们母女吵架的导火索……”小红妈妈一脸委屈地说,“拿到鞋子,我细看了,无论是款式还是大小,穿上都很合适,但是孩子却好像受到了极大的侮辱似的,说一定要到专柜购买正品,这种仿品会被同学笑话”。原来,小红自从步入初中就开始悄悄发生变化,尤其在意自己的穿着打扮。父母觉得,女孩子到了青春期,出现这样的心理状态也正常,但家里毕竟还是工薪阶层,日常生活也不富裕,更重要的是爸爸妈妈觉得作为学生还是应该把心思放在学习上,老想着打扮的话自然学习不专心。但小红不这么认为,她觉得穿着跟不上潮流的话,在班里根本抬不起头来,这很伤自尊。父母与孩子的冲突愈演愈烈,终于在上周爆发了。

小红妈妈对于女儿的反应非常震惊。她没有想到女儿从追求明星同款笔袋到同款书包,现在已经出现了对品牌的苛求。小红后来也委屈地解释道,她知道家里经济不宽裕,但班级里大多数同学穿的都是名牌,而她一直穿的都是网购的杂牌子,尤其是仿冒品,这让她更为难堪。上一次的仿冒球鞋就被同学嘲笑,聊到品牌的时候,身边的同学都不让她“入伙”或者刻意回避话题，她感到特别伤自尊……小红觉得其他地方可以节约，饭可以少吃，但面子不能丢。小红的话让父母彻夜难眠。

问题解读

攀比心理普遍存在于初中生之间，虚荣心是造成初中生攀比心理的主要原因。他们有的比玩具，有的比电子产品，有的比学习用具。有新闻报道说，河北沧县一个小学六年级学生频繁光顾校外玩具店，5 天共消费 1 100 元。小红这个案例正是攀比的一种表现，希望通过购买与同学一样的品牌来获得归属感与同学的尊重。

原因分析

在马斯洛(Abraham H. Maslow)的需要层次理论中，要求被尊重是较高层次的需要，初中阶段的孩子愈来愈重视同辈群体的评价和关注，这也是正常心理现象，但当形成脱离自己家庭的实际收入水平而盲目攀高的消费心理时，就值得注意了。

破解思路

当孩子出现此类现象时，家长应当及时“出手”，让孩子谈谈对于周围“攀比”现象的看法，了解孩子对于这一问题的认知起点和孩子周围环境的情况，适时做一些价值观方面的引导工作。家长要站在朋友的立场上理解和引导孩子，与孩子交心，切忌做出“人生导师”的姿态，以免造成孩子的反感，效果也适得其反。只有将攀比的心理和被尊重的心理转变为理性意识驱动下的正当竞争，引发孩子个体积极的竞争欲望，不断提升自身的学习能力，不断提升自身的品质，才能产生克服困难的动力，真正践行正确的价值观。

给家长的建议

攀比心理的消除不可能一蹴而就，这需要家庭、教师和全社会的共同努力。无论是家长还是教师，自身要身体力行，做到勤俭节约、奋发向上，用自己的实际行动践行这些理念。

第一步：端正孩子自我认知，建立正确的消费观

攀比心理的消除，最好的方法就是要对自己有一个客观、全面的认识，这是一种“元认知”的能力，能深入挖掘攀比行为背后的心理需要，寻找能替代的、基于正确价值观之上的适宜方法。究其根本，还需要从孩子自身入手。针对孩子追求名牌的攀比心理和行为，通过召开家庭会议，爸爸妈妈一起坐下来和孩子坦诚讨论家庭的经济状况。通过这样的交流让孩子懂得感恩，懂得父母工作挣钱之不易。

无论是学校里还是社会上的攀比现象和行为，家长一定要旗帜鲜明地反对，要帮助孩子建立正确的价值观，教会孩子在面对纷繁的世界以及各式各样新鲜事物的时候，保持理性的思维能力，及时分析外在表现背后隐藏的真实问题和需要。孩子要积极回应家长和老师的正确引导，逐步把注意力放在提升自我综合素质上，并在培养自身积极的比较心理过程中，不断挑战自我、超越自我，实现青春期心理的健康成长与自身的良好发展。

第二步：家长身体力行，做好正确示范和引领

虽然青春期同辈群体的互相影响会越来越大，但家长潜移默化的正确榜样示范作用依然是至关重要的。家庭是孩子的第一课堂，家长是孩子的第一任老师。无论是从家庭小环境还是社会大环境来说，父母对于孩子的影响都是最为深刻的。

首先，家长要给孩子树立良好的榜样。家长要树立正确的价值观与消费观，自己不攀比，并将其落实于实际生活中。

其次，当孩子显现出对某位同学的穿着打扮有浓厚兴趣且盲目追求高消费时，家长就必须正确引导孩子。通过开家庭会议，父母与孩子深入探讨和交流这些问题，也可以用榜样人物故事来引导，如一些平凡而伟大的人物，他们并没有华丽外衣包装，但他们用实际行动凸显自身高尚的品格，擦亮了看不见的人生"铭牌"，这才是无价的。

最后，家长还要帮助孩子建立正确的消费观。从生活的点点滴滴开始，例如对孩子所提出的要求，应当有选择性地满足，让孩子参与家庭财政规划的过程，共同判断消费是否合理，帮助孩子掌握正确消费、适度消费的能力。对于孩子一些确实不合理的要求，家长一定要坚持说"不"！

第三步：学校积极引导，开好"主题班会"

俗话说："近朱者赤，近墨者黑。"环境对于一个人的成长与发展有着重要作用。学校是个小社会，对于孩子的影响也是潜移默化的。

如果班级同学有比较严重的攀比现象，学生要及时与班主任沟通，由班主任对班级中的不良风气进行及时纠正与正向引导，帮助学生树立正确的价值观。教师应为班里树立新的"攀比目标"，将物质上的攀比，转变为学习、品德、情商上的提升与竞争，使得学生们在"竞争"中得到成长与发展，实现综合素质的提升。

孩子不懂正确交友怎么办?

情景再现

小明升入初一年级后,告诉家长可以独自上学。家长很高兴,就同意了他的想法。可是过了一段时间,小明放学后不按时回家,老师反映,他的作业也不能按时完成,学习成绩下滑了不少。家长经过了解才知道小明每天放学后都和高年级几个小玩伴一起回家。那几个孩子都是比较调皮又贪玩的,经常不按时完成作业,在课堂上不认真听讲。家长于是让小明不要和这几个伙伴来往,小明却很反感,表面上答应,可是依旧把他们当朋友,和他们形成小圈子,甚至偷拿家里的钱和他们一起出去买东西吃。面对这种情况,在班主任老师的建议下,小明的家长带着小明一起约见了学校的心理老师。

心理老师和小明进行了交流。几次谈话之后,敞开心扉的小明告诉心理老师:“我一个人上学放学很孤单的,他们会带我一起玩,还买吃的给我,还告诉我什么游戏好玩。我们还会议论各个老师的趣事。以前我回家就写作业,现在我也只选择简单的题目做,凡是要动脑的难题一律放弃不做,就让它空在那里。这样的日子很舒服。上课时故意捣乱,和同学聊天。”心理老师继续追问:“你觉得现在的你和以前比,有哪些变化吗?”小明仔细想了想,回答说:“现在老师经常批评我,爸爸妈妈也经常骂我。”心理老师问:“那你为什么常被批评呢?”小明说:“我没有按时回家,作业没有完成,偷拿家里的钱……因为我跟着他们一起玩,他们也经常不写作业的,他们经常请我吃东西……”

问题解读

刚进入青春期的孩子,有了渴望独立、渴望同龄伙伴友谊的需求。但对“朋友”含义的理解是片面的。而盲目交友容易使孩子染上不良行为与习惯,妨碍健康成长。

原因分析

孩子开始自己寻找朋友,组成伙伴群,这是进入青春期的一大特点。但如果家长对孩子交友没有给予及时的引导,不知道孩子经常和什么样的人交往,不知道孩子结交了哪些朋友,没有注意到孩子与不良朋辈交往,或与社会青年交往,没有注意到孩子拉帮结派组小圈子,就容易发生大问题。不妥善处理孩子的交友问题,还容易引起孩子青春期的叛逆情绪。

破解思路

俗话说“近朱者赤,近墨者黑”,家长都希望自己的孩子能和好孩子交朋友,在良好的朋友圈子里学到更多的东西。但孩子到底交什么样的朋友却不是家长能完全左右的,有些孩子偏偏喜欢同“坏孩子”交朋友,让家长们很头痛。当孩子的行为出现这种偏差的现象时,家长不要急着“教育”孩子,硬性纠正孩子的行为,而是要找到这种行为背后的原因。家长要在日常生活中不露痕迹地留意孩子无意中透露的信息,在取得孩子信任的基础上了解孩子的交友情况,引导孩子调整交友的圈子,引导孩子慎重交友,帮助孩子选择好朋友。

给家长的建议

第一步：要关心和了解孩子的交友情况

家长要关注孩子交友和交友后在情绪、学习、行为上的表现和变化，以平等的语气和方式了解孩子的交友状况。如果发现与孩子经常来往的朋友热情、友善、诚实、正直、上进心强，就要鼓励他们多来往，相互促进和提高。如果发现与孩子经常来往的朋友行为习惯不好、学习不努力、语言不文明，或过分追求打扮、追星谈八卦，就要提醒孩子，要少与这些孩子来往，慢慢地不来往。一旦发觉孩子的朋友行为不端或有抽烟、喝酒等不良嗜好，立即要求孩子同他们断绝来往，因为这一时期孩子模仿力强，可塑性大，极易受到不良影响。

第二步：要潜移默化地告诉孩子交友的基本原则

同道为朋，同志为友。首先，家长要帮助孩子选择一起玩的朋友，要发现孩子的兴趣和志向，引导孩子积极上进的生活态度。要和有上进心的人交朋友，朋友之间要有共同的志向、共同的语言、共同的爱好等，才能拥有真正的友谊。

第三步：创造条件，鼓励孩子主动交友

中国古代有“孟母三迁”的故事。现今，许多家长也注意选择环境良好的社区居住，目的就是为了给孩子创造更好的外部环境，让孩子结识益友。如孩子的朋友来家里玩，家长可提供活动空间和活动器材，如棋类、书本、乐高玩具等。

家长要以身作则，起到良好的示范作用。身教重于言传。让孩子知道，家长的好朋友是谁，是怎样和好朋友相处的。家长平时要注意处理好与朋友的关系，在待人接物上要力求热情、大方，要尊敬长者，与同事、邻居关系融洽，对待孩子的同学也要热情、主动，关心他们的学习与生活，培养孩子良好的交往态度。鼓励孩子遵循交往原则，有志同道合的好朋友，让良好的同伴关系帮助孩子成功度过青春期。

沟 通 篇

孩子处于叛逆期经常与父母吵架（冷战）怎么办？

情景再现

小明的妈妈是单位里的高管，却拿自己上中学的儿子一点办法都没有。“一天到晚打游戏，不能多看看书嘛？”“都这么晚了怎么还不睡觉？明天还上不上学啦！”“怎么回事啊？叫你好好收拾房间，怎么总是乱得像垃圾桶！”“头发都这么长了还不去剪，留着扎辫子啊？”妈妈经常对着小明大吼，小明却对此充耳不闻，自动屏蔽妈妈的唠叨。孩子现在跟爸妈基本没话可说，学校里的事情回家从来不提，还总是把自己关在房间里不出来，也不许爸妈进去。以前一家人经常一起出门吃饭，现在小明也不爱一起去。

小红小时候乖巧听话，进了中学之后脾气变差，平时情绪波动起伏大。爸妈的叮嘱使她感到厌烦，批评则更会引起她的反感，她经常跟爸妈起冲突，例如她晚上睡得很晚，常常跟同学或网友聊天到深夜，爸妈一说，她就像火药桶，反应激烈。父母实在管不住，去跟老师反映情况，想让老师教育她，结果孩子更加愤怒，觉得“家丑”外扬，父母这样做让她特别没面子。她对父母的做法非常生气，因为这件事，她好久都没有理睬他们。

问题解读

随着年龄的增长，孩子进入青春期，他们觉得自己长大了，父母说他们几句，他们就会问“为什么我不能……”当青春期遇上更年期，父母若总是对孩子不放心，就常常会因为学习、交友、生活琐事等与孩子起冲突。有的孩子可能会对父母不理不睬，不愿意互动沟通；有的孩子则专门和父母唱反调，不愿意接受父母的意见。

原因分析

青春期的孩子因为生理、心理原因，情绪起伏大，特别易怒、易冲动，往往会在家里表现出最“坏”的一面。他们不想被管束，喜欢辩论，比较容易跟人起冲突。而他们又总觉得自己已经长大了，不愿意被父母过多干涉，有些话他们宁愿告诉同伴，也不跟父母说。如果父母不能理解孩子，仍然沿用小时候的管教方式，整天对孩子管头管脚、唠唠叨叨，就会出现亲子矛盾。

破解思路

青春期的孩子身心都开始发生巨大的变化，也逐步具备了从不同角度看世界的能力，开始追求自我的独立与个体的自由。父母作为成年人，要多包容进入青春期表现出叛逆的孩子，提前学习相关知识，尽量理解他们，并改变与孩子的交流方式，给予他们足够的尊重。

给家长的建议

1. 放下身段主动学习，尊重孩子，与孩子平等交流

青春期的孩子进入了自我发现的阶段，更追求自由，并渴望得到成年人的认可和尊重。家长必须承认孩子长大了，与过去不一样了。

由于物质条件的改善，现在的孩子相对以前来说更为早熟，信息化社会的飞速发展也让他们接触到更多信息，接受新事物的速度更快。有的孩子认为父母思想陈旧，跟不上时代的步伐。而父母要接受自己在某一方面知识的欠缺。父母要学着蹲下身来，与孩子平等交流、共同学习。父母与子女共同学习也有利于改善亲子关系。

2. 改变观念，调整对孩子的管教方式

青春期的孩子希望获得自由与尊重，喜欢与愿意聆听自己的成人交谈。如果父母还用小时候对待他们的方式居高临下地进行说教，甚至限制他们的行为，那么就很难取得好的效果。

因为刺激过多、过强或作用时间过久，从而引起心理免疫甚至心理逆反的心理现象，被称之为“超限效应”。“超限效应”在家庭教育中时常发生。父母对孩子的批评不能超过限度，对孩子应犯一次错，只批评一次。如果非要再次批评，那也不应简单地重复，要换个角度、换种说法，这样，孩子才不会产生厌烦心理和逆反心理。

3. 逐步放手，建立平等和谐的亲子关系

父母的责任是帮助孩子树立正确的价值观，建立个人行为准则，但随着孩子的长大，教育方式上要与时俱进。要放开手，给孩子冒险和试错的机会，引导和教育他们做好应对失败和不良后果的准备。切记：一定要肯定孩子的长处，多多鼓励。

放下架子，父母要努力跟孩子做朋友，享受与孩子的共处时光。父母与孩子可以一起阅读观影、一起运动嬉戏、一起外出旅行……了

解孩子的朋友圈，知道孩子喜欢打什么游戏等。在孩子遇到学习上的问题、情感上的困扰时，父母可以分享自己的工作和成长经历，与孩子建立融洽的亲子关系。

孩子与父母沟通很低效怎么办?

情景再现

小明爸爸和妈妈都在公司上班,平时加班比较多,一家三口很少能够一起吃饭。今天凑巧大家都按时回家,难得一起共进晚餐。小明很开心,想跟他们交流一下最近在学校的趣事。三人一上饭桌,父母就开始对小明的学习情况喋喋不休起来。爸妈一番唠叨下来,小明已经没有想跟爸爸妈妈交流的兴致。

问题解读

原本一家人聚在一起吃饭是件难得而温馨的事,然而小明的爸爸妈妈却利用这种轻松的氛围来谈论小明的学习问题,问东问西,讲大道理,大大破坏了亲子交流的和谐气氛。

原因分析

没有哪个孩子会喜欢"饭桌教育"。饭桌上的氛围轻松活泼,并不是所有的话题都适合拿在饭桌上对孩子说。每个家长都很关注孩子的学习,但是到了餐桌上,就应该把这个问题先放一放。饭桌上父母过多地追问孩子的在校表现或是考试名次,只会招致孩子的反感。

饭桌上，不问学习，不说烦恼，只享受美食，只享受亲情，这样才能强化和巩固亲子关系、促进平等交流，在这个基础上才谈得上教育。

破解思路

在饭桌上，适合进行最简单的交谈。想要孩子多主动和父母说话，就要营造畅所欲言的愉快氛围。父母不妨跟孩子一起分享在学校里发生的好玩的事情，拉近与孩子的距离，也可以和孩子讨论最近看过的电视剧或电影等。最重要的是父母要多去真诚地了解孩子的感受。

给家长的建议

心理研究表明，青春期是亲子沟通最容易出现问题的时期。以下给家长提供几点亲子沟通的建议，帮助亲子沟通更畅快、更高效。

1. 真诚倾听是与孩子交流的前提条件

听孩子说话，这看似是一个简单的问题，现状却不容乐观。中国青少年研究中心、新航道家庭教育研究院、新家庭教育研究院联合美国、日本、韩国的研究机构，开展了网络时代亲子关系的比较研究。其报告显示，中国中小学生和父母交流频率最低，交流的首要话题是学习。听孩子倾诉烦恼的中国父母最少。近半数中国中小学生的父母有一边玩手机一边和孩子讲话的情形。

如何倾听孩子的诉说？首先是放下手机，停下手中忙碌的事情。其次是掌握一些倾听的艺术。著名企管专家谭小芳女士表示，倾听需要专心，每个人都可以透过耐心和练习来发展这项能力。

2. 会说话是与孩子交流的必备技能。

《中国青年报》的调查显示，在与孩子沟通的内容上，中国父母关注的内容排名前五位的是：学习方面（71.8％）、学校的事（69.6％）、孩子的兴趣爱好(35.4%)、朋友的事(31.7%)和孩子的将来(31.6%)。平时经常和父母聊天的中国学生只有57.7%,不到六成,其他三个国家分别比中国高21—24个百分点。7.8%的中国中小学生平时和父母不太聊天或不聊天,比其他三个国家高3—6个百分点。

由此可见,在"说"的问题上,很多家庭存在不少问题。那么如何学会和孩子说话呢?

首先是尊重孩子。想要了解孩子,最好是与他(她)说话;想和孩子有话可说,重中之重就是尊重孩子,尊重孩子的兴趣、爱好、喜悦和忧伤。"说"的内容要从狭隘的学习扩展到孩子的生活,其中尊重孩子的隐私也很重要。

其次是说的方式。谈话有日常聊天式,也有严肃谈话式。在孩子成长过程中,严肃谈话也是不可或缺的,比如成长路上的关键节点、道德上的大是大非问题、学业上的目标抉择问题等都需要家长和孩子认真沟通。

另外,父母是孩子的榜样,父母和家人、朋友的说话内容和方式,常常也会对孩子有着潜移默化的影响。

有话好好说,有话用心说,这是为人父母的智慧。交流沟通是改善亲子关系的重要渠道,也是形成孩子健康人格的重要保证,特别是处于青春期的未成年人,更需要父母选择适当的方式与其进行沟通。

孩子不懂感念父母之恩怎么办?

情景再现

初一的男生小明个儿挺高,长得也帅,成绩及在班级里的行为表现也还可以,但是家长会后妈妈悄悄向老师求助了:“家里就小明一个孩子,我们几乎把所有的爱都给他了。我没有上班,天天照顾着儿子。这个孩子还是比较省心的。但就是有一点,他在家比较冷漠,很自私,尤其是不懂得感恩父母,比如为了买到他想要的衣服,我花了好几个钟头去挑选,回来后他不满意,穿都不愿意穿,还向我发脾气。如果有什么好吃的,孩子也从来没想过先给父母尝一点。爷爷奶奶是和我们住在一起的,就他一个孙子,所以非常宠他。但他对爷爷奶奶也是大呼小叫的,不高兴了把门一甩,把自己关在房间里,就谁也不理。请老师帮帮我,怎样才能改掉孩子的这个毛病,让他孝敬长辈?”

问题解读

孩子为何不疼爱自己的父母?孩子对父母和长辈为何不知感恩?父母是孩子的第一任老师,孩子出现这种情况,与他们在家庭中接受的教育有关。尤其是独生子女,家人都围着这个孩子转。当一家人以孩子为中心,忙着为孩子服务的时候,孩子就觉得这一切都是理所当然的。孩子在衣来伸手、饭来张口的环境下成长,已经习惯了被关注和宠爱，不仅难以体谅和心疼自己的父母，甚至会对父母的付出和爱感到理所当然乃至反感，就更不懂得感恩了。

原因分析

父母毫无原则的溺爱，对孩子有求必应，呵护得无微不至，打理好几乎所有的事情，这些让孩子对父母给予的一切都习以为常。孩子们获得的爱太多、太容易，自然不懂得珍惜，进而忽略了应该感恩父母。

孩子的知恩、感恩不是与生俱来的，这需要在后天的教育中培养。可是在应试教育的环境中，评价学生的优劣更多是看学习成绩，而孩子的品德、个性培养被忽略。这种片面的价值观和培养方式，也是孩子感恩心理缺失的原因之一。现今社会有一种崇尚功利、实用、个性的文化潮流。在人与人的交往中，“实用”“功利”通常成为衡量标准，这对传统的类似于“滴水之恩，当涌泉相报”的感恩文化形成相当大的冲击，导致感恩教育明显缺失和滞后。社会大环境中感恩的匮乏必然影响家庭小环境的感恩教育。而“6(父母、爷爷奶奶、外公外婆)＋1”的独生子女养育环境更削弱了感恩教育。

破解思路

感恩不仅仅是一种行为，更是一种态度。如果要把感恩变成态度，那么首先要将感恩教育渗透于日常生活中，从小抓起，让感恩慢慢变为习惯。

给家长的建议

1. 爱孩子要有所为、有所不为，不要包揽所有的事情

年纪较小的孩子确实需要大人照料，但不能包办代替。孩子习

惯父母的包办代替，就会认为这一切都是理所当然，就会习惯于坐享其成。人际相处是相互付出、相互回报。家庭中父母与子女之间也不例外。父母为子女付出了辛劳和汗水，子女就应当感恩和回报。家长要逐渐培养孩子为父母服务的意识和习惯。

2. 理性地满足孩子的要求

对孩子提出的要求，父母应先思考一下是否合理；如果不合理，则坚决拒绝，并且要告诉孩子为什么不合理。父母应该让孩子自己去争取想要的东西。当孩子通过努力获得所需的东西的时候，他才会更好地理解父母的爱。

3. 让孩子学会给予和分享

如果孩子习惯了被给予，只知道索取，便很难在以后的生活中考虑别人的感受。不懂得分享的人将来很难成为有爱心的人。每次给孩子吃东西时，应该当着孩子的面，自己也分一份吃，为的是让孩子明白一个道理：吃东西要先让父母吃，在孩子幼小的心灵中埋下“谦让”的种子。当孩子想要帮助你做事情的时候，父母一定不要说“不用你管，你把书读好就行了”。这样会挫伤孩子的积极性。孩子懂得付出、懂得回报，他才会懂得珍惜、懂得体谅。如果孩子送了你礼物，不管礼物多么粗拙，你都要欣然接受，并对孩子表示感谢，有时候还可以把孩子的礼物展示给亲戚朋友看，让孩子知道你收到他的礼物是多么欣慰。父母可以偶尔“示弱”，让孩子为父母做些事。比如假装拿不动衣服，让孩子帮忙拿一两件；累了，请孩子倒杯水……当孩子给予的时候，父母也要感恩孩子的付出，及时给予孩子鼓励和感谢，让孩子体验到给予他人是一件幸福和快乐的事情，这样孩子就会更愿意主动给予。

4. 让孩子从父母身上学习

如果家长在家庭中处于既是父母，而同时又是子女的情形，就更要注意在孩子面前的形象。如果家中有老人，有好吃的父母要先给老人吃，逢年过节给老人送礼物。如果老人离得较远，父母应该经常给老人打打电话。要让孩子看到父母不仅对自己有爱,对长辈也有爱。“身教”的力量远远大于“言传”。可以把节日变为感恩的舞台,因为节日是一种仪式化的日子,有特殊的隆重感和重要意义,充分利用各种节日作为感恩教育的契机,可以让孩子更深刻地感受到感恩的重要性。如:春节时要教孩子热情接受爷爷、奶奶及其他亲属送的礼物,并表示感谢,不管礼物是否贵重,回到家里都要求孩子妥善保管,学会珍惜别人的情意。

总之,家长在给予孩子爱的同时,也有责任改变自己的教育方式,那就是教育孩子学会感恩,懂得回报,懂得给予。只有孩子体会到付出的快乐,才能学会在生活中体贴父母,关心他人。

孩子无法接受父母离异怎么办?

情景再现

五年级的男生小明，原本是一个乖巧、开朗的孩子，可近期忽然出现作业丢三落四、成绩大幅度下降的情况，话也少了很多，还无缘无故和同学产生矛盾冲突。老师多次提醒教育，他还是常常忘做作业，上课还经常出现走神的情况。老师和家长联系及家访之后，才知道父母正在闹离婚，父亲经常很晚回家，近期孩子几乎见不到父亲。母亲是因为发现婚姻中有第三者存在，所以想离婚，但又不能和孩子说，她已经陷入焦虑性唠叨状态，孩子在家要么跟着哭泣，要么发火，要么拿着笔长时间发呆，写不了作业。孩子多次恳求母亲不要离婚，不要赶父亲走。面对这种情形，老师请心理老师和小明母子进行了沟通，几次谈话之后，小明告诉心理老师：我知道妈妈很可怜，可是我不想他们离婚，我想要爸爸回家。我觉得妈妈太凶了，觉得爸爸很可怜。

问题解读

父母离婚问题没有处理好，会对孩子产生伤害。心理专家研究分析，不同年龄的儿童对父母离婚的适应和反应是不同的：(1)2 岁半—3 岁 3 个月的儿童表现出的是倒退行为。(2)3 岁 8 个月—4 岁

8个月的儿童表现出易怒、攻击性行为、自我责备和迷惑。(3)5—6岁的儿童表现出更多的焦虑和攻击性行为。(4)7—8岁儿童表现出悲哀、害怕以及希望和解的幻想。(5)9—10岁的儿童表现出失落感、拒绝、无助、孤独及愤怒。(6)11岁以上的儿童表现出悲伤、羞耻,对未来和婚姻感到焦虑、烦恼、退缩。小明属于第六种情况,已经表现出明显的退缩行为,并伴有焦虑和恐惧心理,长时间发呆,是无所适从、不愿意面对现实的表现。一般情况下多数孩子会逐渐接受父母离婚的事实,如果孩子长时间不能面对现实,建议到专业的心理咨询机构求助,对于情况严重的孩子应到医院精神科就诊。而原本幸福的家庭,在面临家庭解体过程中,父母的争吵和恐惧父母离异的阴影,对未成年孩子的伤害尤其大。

刚步入青春期的孩子,由于对亲情温暖的需求,对可能失去父爱或母爱的担忧,还有因为父母离婚而在同学面前感觉抬不起头等因素,对父母离异的情绪反应尤其敏感和激烈。

原因分析

父母离婚、再婚问题没有处理好,都会对孩子产生伤害。离婚可能出现几种情况:一是父母双方抢夺孩子;二是孩子跟着父母一方生活,另一方尽到赡养责任;三是父母一方尽到赡养责任,另一方对孩子不闻不问。最糟糕的是父母双方都不想要孩子,把孩子当皮球踢来踢去。尤其是孩子对父母离异的原因不理解,有的往往对离开家庭的一方产生极端愤怒和失落,对另一方有过度依恋或抱怨。孩子渴望亲情、渴望安全感是人的本性。

"离婚大战"甚至比离婚本身更伤害孩子。离婚前压抑紧张的家庭气氛,父母的争吵,尤其是一方对另一方抱怨、仇恨的心理,对孩子的伤害甚至超过了离婚事件本身对孩子的伤害。孩子往往成了父母的"出气筒",或者传递愤怒的"传声机"。在"离婚大战"里,孩子由于缺乏强大的心理建设能力，心理极度压抑，或心惊胆战，小心翼翼，或沉迷游戏，或抑郁自卑，这些极易导致对孩子终生的伤害。

破解思路

为了让孩子真正能从离婚的阴影中走出来，良好的亲子关系显得尤为重要，因为亲子关系直接影响了孩子的情感发展和心理健全。所以，想要孩子不受或者少受离婚事件的影响，重塑亲子关系至关重要。

给家长的建议

1. 家长间的冲突和争吵要尽量避开孩子

父母针锋相对的暴怒、争吵会对未成年孩子产生极大的伤害。刚步入青春期的孩子尤其敏感，所以，父母不要在孩子面前争吵，减少激烈的情绪下暴怒的语言对孩子的伤害。

2. 夫妻要理性对待离婚，不在孩子面前抱怨对方，不把对对方的仇恨心理带给孩子

婚姻解体是无奈的，但要把对孩子的伤害降到最低。请不要在盛怒之下在孩子面前彻底毁掉对方的形象。实际上，背叛婚姻和不爱孩子并不是完全等同的。

离婚必然涉及在物质上对孩子的抚养问题，离异夫妻应该公正、理性地处理这个问题。当离异夫妻物质层面能够满足孩子的时候，要更多关注孩子心理建设的部分，比如人格、思维、人品、习惯、素养等，这样培养出来的孩子才是健康的。

3. 尽可能妥善地让孩子接受父母离婚的事实

夫妻如果已经决定离婚，那么最好是给孩子一个适应过渡期，或是设定一个离别仪式。要尽可能真实地告诉孩子夫妻离婚的原因和

事实，如果是过错方，要诚恳地向对方致歉，尽可能地给孩子一个从容的告别仪式。要让孩子知道父母离婚之后，自己并没有被抛弃，而只是换了一种生活方式。传统的“离婚大战”经常是拖延或瞒着孩子，等到孩子意外得知真相，其实这样对孩子的打击更大。

4. 要尤其重视重建家庭中父母和孩子的亲子关系的问题

为了帮助孩子真正能从离婚的阴影中走出来，亲子关系，尤其是监护人和孩子的亲子关系显得尤为重要。离异家庭对孩子精神上的关爱和温暖会有所缺失，要想修复或补漏也需要很长的时间和很多的精力才可以做到，这需要抚养孩子的一方付出双倍的努力去关注孩子心理情感的缺失，才有可能让孩子理性地理解父母离异的行为。抚养人对孩子不过度溺爱也不过分严格要求。父母双方都用自己积极向上的健康生活态度，给孩子以好的榜样。

对于不是孩子抚养人的一方，重建亲子关系，也要在物质抚养之外，更要注意精神上的关爱。母爱、父爱任何一方的缺失，对孩子都是不可弥补的伤害，那么就要尽力把这种伤害降到最低。最简单的“心灵关怀”，有直接探视，或经常的电话短信关心，或赠送生日、节日礼物。甚至简单地问问：孩子学习累吗？想做什么事儿吗？愿意聊聊天吗？喜欢吃什么水果啊？想要到什么地方旅行？这些问题就足以让孩子感受到被你关注，而且是全方位的关爱，这样做可以增强孩子的安全感，重建良好的亲子关系。

总之，父母要慎重处理离婚问题，让孩子顺利走出父母离异的挫折期。

如何对女儿开展自我保护教育？

情景再现

小红是在读初一的一名女生，个子高，胆子大，漂亮活泼，讨人喜欢，认识的人也比较多，显得比同班同学更成熟一些。一次课间，她和班级同学一起玩“真心话大冒险”游戏，她提议谁输了就去亲吻指定的异性同学一下，同学都忸怩又好奇。老师知道了，制止了这个玩法，并找她谈话了解。原来，她曾和邻居几个辍学男青年玩类似游戏，喝酒猜拳，输了脱一件衣服，或者被异性亲吻一下。她觉得这很好玩、很刺激，所以在学校里和同学也这样玩。

为此，老师和家长进行了沟通。家长反映，小红有时周末会跟几个男青年一起到附近城市玩，教育她，她也不听，只能严防她出去，因此小红和家长之间产生了严重的分歧，小红甚至和管教严格的父亲长达半年多不说话。针对这种情况，小红的家长带着小红一起约见了学校的心理老师。

小红告诉心理老师：“我觉得和那些青年在一起玩有时候很开心，比如他们请我吃东西，给我买礼物。”心理老师追问：“有不开心的时候吗？”小红说：“就是有时候玩游戏太过了，要脱衣服，还要亲来亲去，我也不是很愿意。但是觉得有些刺激。”

问题解读

刚进入青春期的女孩子，对于性的理解还是很朦胧的，会对异性产生关注，尤其是比较早熟、发育比较快的女孩，会比较吸引大男生的注意。但是校园内同龄伙伴相对单纯，不会做出什么出格的举动，而校外年龄大的社会青年的生活环境比较复杂，有时会有出格举动，甚至可能造成性侵犯的后果，而很多青春期的女孩还不懂得自我保护。

原因分析

当女孩子开始步入青春期时，独立意识变强了，朦胧中对异性开始关注和好奇，愿意和异性交往，对来自异性的友好和赞美开始在意。很多事情开始自己拿主意，不愿意与父母商量。而缺乏性教育使得女孩在面对复杂的社会环境时，缺乏自我保护意识，不知道哪些事情是应该拒绝的，也不知道哪些行为会造成严重的后果。

破解思路

家有女儿，是喜也是忧。望子成龙与望女成凤是永恒的主题。随着女儿的长大，家长对女儿的性保护意识也逐步增强。如何引导女孩学会自我保护，仅靠“严防死守”是远远不够的。防性侵害教育在孩子青春期之前就应该开始。早定规矩，早有预防，才能防患于未然。

给家长的建议

第一步：首先引导女孩提升自我保护意识，避免性侵害

要在青春期前就引导孩子认识身体的隐私部位，告诉孩子身体

的每一个部分都是非常重要和宝贵的，让孩子知道身体的哪些部位是不可以随便暴露和被接触的，任何身体接触，包括语言上的接触，只要让你感到不舒服就是错误的，就应该拒绝，并告诉家长等可信赖的成年人寻求帮助。家长还应结合青春期的生理卫生知识、学校正规的性教育读本等途径，让女儿知道怀孕、避孕的有关生理知识，让女孩知道亲密行为应该在什么情况下才能做。

第二步：教会女孩保护自我的方法，定好规矩

对女孩应该定下必要的规矩，比如言谈举止要文雅，着装不要过于暴露，坐姿优雅端正。女孩外出，要养成告知家长时间、地点的习惯。未得家长许可，不可在外留宿。尤其中小学女生不要与校外社会青年交往，这是女生受侵害最常见的途径。不允许任何人包括熟人对身体隐私部位的触犯。网络时代，还要告诉孩子不随意交网友，不泄露家庭信息，切不可拍裸照上传，以免造成严重后果。

第三步：引导女孩树立自强自尊自爱的意识

民间常说，富养女，穷养儿。所谓富养是强调女孩富有内涵，父母把女孩当作公主一样培养高贵的品质，注重教育女孩优雅的言行举止，浓厚的艺术情趣修养，自信高雅的气质。引导女孩要自强自尊自爱，积极向上；引导女孩不被物质所诱惑吸引，不因小恩小惠随意答应别人的不合理要求，以免引起后患。

如何对儿子开展性教育?

情景再现

小明是一名刚进入初一的男生,比较瘦,但并不矮小。他常和女生有小矛盾。一天下课,一群女生冲过来告诉老师,某某女生哭了。老师了解到,小明经常会在女生手上或身上摸一把,哭的女生是因为他用力拧了自己屁股一下,疼哭了。之前因为他老动手动脚,女生们都比较讨厌他。

老师家访时看到,十几岁的孩子平时和母亲睡在一张床上,父亲回来时就在大床旁边放一张单人床,这样的居住环境令老师担忧。老师了解到:小明家租房居住,父母亲难得团聚,总以为孩子睡着了,所以很多成人的行为毫不避讳。平时和母亲一起睡觉,身体接触比较多,觉得喜欢就摸一下拧一下都是很正常的事情。

问题解读

刚进入青春期的男孩子,对于性的理解还是很朦胧的。有的青春期的男孩会对性特别好奇,对异性自然特别关注,喜欢以各种方式接近异性,包括身体上的触碰。因为没有正确的性教育,面对和性有关的问题时,采取的行为方式不妥,这都是孩子青春期成长过程中的常见现象。

原因分析

孩子开始对自己的性别有了一定的认识，对性产生好奇和向往，这是进入青春期的一大特点。但如果成人对孩子，尤其是对男孩子的性别教育缺乏正确的引导，可能使孩子在对待异性的问题上处理不当，影响孩子的健康成长。

破解思路

无论是在传统的思维体系还是在现代的社会里，中华民族的翩翩君子，温润如玉，西方国家的“女士优先”的绅士风度，在一定程度上体现了对男性角色的一种认同。对于男孩子应该怎样对待异性，家长也需要有意识地开展相应的性教育，这对于男孩子一生的成长是很重要的。

给家长的建议

第一步：帮助孩子正确认知自己的性别

应该从小告知孩子男孩和女孩的性别差异。男孩和女孩的生理特点、能力特长都有不同，如男孩子应该有阳刚之气，坚强勇敢，热爱运动等。也要有意识创造条件让男孩和父亲或男性长辈相处，鼓励孩子和同龄男孩子们一起玩，在运动交往中，以同伴关系促进男孩个性形成，并有意识地以优秀的男性形象给孩子做榜样，培养男孩的阳刚之气。对儿子的教育和对女儿的教育应该是有区别的。对儿子的引导更多是，做个小男子汉，要保护妈妈，要坚强。母亲可以有意示弱，让男孩子帮助拎包、出主意等，这样使男孩对自己有清晰的性别意识。

第二步：悦纳身体的变化

进入青春期之后，男孩和女孩的身体都会经历变化。女孩的变化更明显，而男孩往往是好像不知不觉就长大了。男孩的身体发育，如长出阴毛、遗精等阶段，很多是家长不知道的情况下不知不觉就完成了。而最明显的变声阶段，可能会对男孩造成困惑扰。

家长可以抓住契机，潜移默化进行引导，比如身边有大孩子变声时，告诉男孩，变声是男孩子长大的一个标志，大部分人都会经历的，所以不要嘲笑别人，也不要不好意思，这时候要保护好嗓子，以后声音会变得像爸爸一样好听。在男孩好奇大人腋下有毛时，告诉孩子，你长大了也会长毛，这是长大的标志。

第三步：引导青春期男孩尊重异性，与异性正常交往

男孩子进入青春期，对异性开始关注和喜欢或者被异性喜欢都是正常的现象，不必都视为“早恋”来对待。家长要善于观察和引导。比如儿子可能会说，某女孩一直找他说话，或者孩子念念叨叨说某个女孩如何如何的时候，可以问问孩子，你觉得对方的优点是什么，爱好是什么，有意识地引导孩子去注意交往的内容，而不是交往本身，引导孩子去学习对方的优点。

对于男孩如何对待异性，家长还要有明确的原则和指导。指导儿子要有绅士风度：尊重、帮助、保护女性，绝不动手动脚。表达喜欢的方式可以有很多种，一起参与活动，默默在心里守护都可以，但是不能随意触碰异性的身体，这样的行为会给对方留下不好的印象。

谈恋爱要找自己真正喜欢的人，不喜欢的要明明白白拒绝，被别人拒绝也是正常的事情。让孩子从小知道，喜欢一个人是美好的，有喜欢的人要好好对待，不要随意有亲密关系，一定要尊重女性，绝不可轻易放纵导致女方怀孕。

另外，家庭居住环境也要尽可能给孩子独立成长的空间，不被成人生活影响。

每一个孩子都是父母的宝贝。父母正确及时地开展性教育，可以让孩子不受伤害，步入青春期后学会尊重异性，拥有珍贵的友情，健康成长。

如何与学校老师进行有效沟通?

情景再现

小红是六年级的女生，她是家中的长女，家里还有两个读一年级的双胞胎弟弟。她在班级里性格外向，活泼漂亮，胆子大，也很勤快，很有同学缘，也很受老师喜欢。但她在家里的表现却不尽人意，尤其网课期间，她经常上课迟到。但小红的父母并没有及时将她在家的表现与老师沟通。老师在家访时，听小弟弟"告状"，才了解她在家很懒惰，经常和父母怄气，和弟弟们抢吃的。老师还从其他同学处了解到，小红还有小偷小摸的行为，但深层原因不清楚。在班主任老师建议下，小红及其父母分别和心理老师见面聊了几次。敞开心扉的小红告诉心理老师:"爸爸妈妈都偏心弟弟，好吃的都给弟弟。我要吃什么也不给我买。我想吃，就只能自己想办法。"于是老师继续问小红:"你为什么觉得爸妈是偏心弟弟的呢?"小红回答说:"邻居都说爸妈攒钱是给弟弟盖房子了。他们喜欢的是弟弟，而不是我。"而家长对老师的说法则是:"我们从来没有说过给弟弟盖房子，她是姐姐，弟弟小，平时也都是叫她多让让弟弟，也没有偏心。她一直比较贪吃辣条一类食品，我们不给她买，她就自己偷拿，我们觉得丢人，不好意思和老师说。"

问题解读

孩子在学校表现良好，在家里却懒惰，脾气大，不爱劳动，甚至出现一些不良行为，不少进入青春期的孩子也会出现小红这样的情况。尤其二胎政策开放后，多子女家庭不断增多，父母将更多的精力放在幼小的孩子身上，希望大孩子更懂事，成为自己的帮手，因而对大孩子关注少了，要求多了。而家长对孩子在家里的行为，尤其是品行上出现的一些问题，因为怕老师知道后对孩子会另眼相看，所以瞒着老师，直到矛盾发展，不断激化。

原因分析

当孩子进了学校以后，家长就多了一项任务，就是要及时与老师沟通。一方面是了解孩子在学校的表现，另一方面是将孩子在家中的表现和老师进行沟通。尤其当孩子在家的表现不好，家长无法解决时，更要及时和老师沟通，找到原因，对症下药。而一些家长，对孩子的不足之处，存在想说而不敢说、想说而不会说、怕引起副作用而想要隐瞒的情况。怕孩子被老师另眼相看，会丢孩子、家长的面子，于是配合孩子一起瞒老师，由此会造成一部分孩子在家里和在学校截然不同的表现。

破解思路

孩子的成长离不开家庭、学校的共同作用。家长和老师应建立良好的沟通，家长也要善于与老师沟通。当孩子在家中表现出一些反常的情绪和不良行为时，家长要及时关注。家长及时和老师沟通了解情况，让老师对孩子在家里的表现有深入的了解，家长也从老师的口中知道孩子在学校的样子，这样双方更容易达成共识，找到原因，有的放矢地解决问题，帮助孩子找回自信。

给家长的建议

第一步：通过各种途径，主动和老师沟通

很多家长都会在孩子发生了什么问题后才和老师沟通，其实，许多事情需要防患于未然，围绕孩子的教育问题，家长应该主动和老师沟通。沟通的途径有很多，如：在老师发布的调查问卷、成长手册家长留言等平台回复时，主动回复学生的现状或需求，老师通过平台可以对孩子存在的问题有所了解，针对性地进行反馈。也可以借助微信等工具，和老师交流孩子的表现和进步，尤其在孩子品行、心理、学习等方面出现问题时，更要及时与老师沟通，商讨对策。还可以面对面沟通，开家长会的时候，家长到学校了解情况；在老师家访时，主动向老师介绍孩子的一些情况，不要只关注孩子的学习，也要关注孩子的兴趣爱好、习惯、道德品质等情况，让老师对孩子有全面的了解。

第二步：明确目标，和老师有效沟通

家长与老师沟通时，不能过于偏爱自己的孩子，更不要替孩子掩盖错误。向老师反映问题时，可以提出自己的要求：不要公开，以保护孩子的自尊心。但不能欺瞒老师，以影响老师的判断。家长和老师之间形成共识，是为了帮助孩子改正某些不良习惯，更有利于达成共同的教育目标。对于老师提出的建议，可以结合自己孩子的特点找到行之有效的教育方案。

家长在与老师的交流中，对成绩优秀的孩子，要多探讨提高综合素养的话题；对成绩中等的孩子，要在培养学习习惯上做文章；对成绩暂时落后的孩子，要在学习心理上找突破口。但作为家长一定要记得，不可一味关注孩子的学习成绩，而要全面了解孩子在校的综合表现，诸如学习态度、尊重师长、劳动习惯、体育锻炼、参加活动等。

家长和老师之间建立良好的沟通关系,离不开互相的理解和支持。老师是普通人,有时在处理问题上也会考虑欠妥,家长也要换位思考,双方达成教育共识,才能更好地帮助孩子身心健康地成长。

后 记

在上海市中小学骨干教师心理健康教育(青春期教育)德育实训基地学习的两年多时间里,基地主持人戴耀红老师领着我们走上了一条开满山花的小路。在她的鞭策鼓励下,我们不停地翻越一座座小山,领略一段段美景,采撷一颗颗果实,《初中生家庭教育的那些事》就是其中之一。

“基地”要求学员们出成果的时候,正是大家因为新冠肺炎疫情“躲”在家中上网课的日子,周围环境中弥散着焦虑的气息。鉴于在线学习期间亲子矛盾进一步凸显的现状,我们决定要说说初中生家庭教育的那些事。通过问卷,我们进行了归纳、梳理、整合,最后挑选出 26 个问题,划分为学习篇、情绪篇、交往篇和沟通篇四个版块。“情景再现”是最能引发家长共鸣的,于是我们确定了以“教育案例”为模板的写作体例。

本书中的案例基本来自教育实践,写作方法结合了各种教育资源进行梳理和整合,力求研究真问题,解决真问题。本书分 26 个问题一一阐述,其中涉及一些新时期初中生家庭教育的敏感问题,如孩子有自残自伤行为怎么办,孩子无法接受父母离异怎么办,男生女生性教育问题如何开展等。在不少问题的背后都存在着沉重的现实案例,亟需引起家长和教育者的关注。写作中我们有意识地尽可能选取普通学生的案例,目的在于从防患于未然的角度,给家长以提醒和帮助。

在编撰本书的过程中，尤其感谢华东师范大学耿文秀教授的精心指导，她深厚的专业素养、严谨细致的工作作风，令我们禁不住高山仰止，取法乎上。

孩子是家庭的希望，是国家的未来。期盼这本小册子，能丰富家长的育儿方法，能融洽亲子之间的关系，让孩子成为更好的自己。

图书在版编目(CIP)数据

心悦青春:上海市中小学骨干教师心理健康教育(青春期教育)德育实训基地成果集. 9,初中生家庭教育那些事/戴耀红主编;王铭鸣,李萍,冯嫵著. —上海: 复旦大学出版社,2021.6
ISBN 978-7-309-15607-2

Ⅰ. ①心… Ⅱ. ①戴… ②王… ③李… ④冯… Ⅲ. ①中小学生-心理健康-健康教育-教学研究 Ⅳ. ①G444

中国版本图书馆 CIP 数据核字(2021)第 064760 号

心悦青春——上海市中小学骨干教师心理健康教育(青春期教育)德育实训基地成果集
戴耀红 主编
责任编辑/关春巧

复旦大学出版社有限公司出版发行
上海市国权路 579 号 邮编: 200433
网址: fupnet@ fudanpress. com http://www. fudanpress. com
门市零售: 86-21-65102580 团体订购: 86-21-65104505
出版部电话: 86-21-65642845
江苏凤凰数码印务有限公司

开本 890 × 1240 1/32 印张 37. 25 字数 968 千
2021 年 6 月第 1 版第 1 次印刷

ISBN 978-7-309-15607-2/G · 2235
定价: 280. 00 元(共十册)

心悦青春

上海市中小学骨干教师心理健康教育（青春期教育）德育实训基地成果集　戴耀红◎主编

青春期教育实践研究

戴耀红　主编

復旦大學出版社

总 序

曾经有四名初中少女，因为她们喜欢的男孩子不喜欢她们，于是开煤气想集体轻生，不料抢救后醒过来的她们几乎说的第一句话都是：怎么没有电视台来采访我们？她们全然不顾父母的着急、老师的担忧，更是把放弃生命当作一场儿戏来“秀”。当成年人为她们的行为感到可笑、可气、可悲的时候，作为教育工作者，我们的心情是沉重的。当青少年以生命的代价去叩问青春命题时，我们不得不反思，教育该如何尊重人的成长需求，体现人文关怀？如何遵循人的发展规律，体现育人价值？

从事青春期教育实践和研究二十多年，我亲历并见证了上海青春期教育的发展。从当年要不要在学校开展青春期教育到如今学校如何实施青春期教育，这场讨论主题的转变是时代对教育的期许，是学生对教育的呼唤，也是教育改革、进步的必然。

由于青春期教育工作者的不懈努力、追求和坚定的信念，青春期教育终于从最初的被指责、被怀疑到现在的被接受、被认同，并在不同学校以不同方式开展。但是随着社会的进步和学生身心的发展，目前青春期教育在观念、内容、形式等方面还有许多需要改进甚至变革的地方。

一方面我们的教育观念比较传统和保守，和社会转型期学生的实际生活、价值观仍有隔阂。我们在教育内容上比较单一，对性的敏感话题心存顾虑。我们在教育方法上还是以过来人和教育者居高临

下的说理、灌输为多。教育过程中缺乏倾听学生的心声和了解学生的感受;教育目标一般也简单定为青春期问题防范和处理,对于学生青春成长过程中的生命关怀缺乏研究。

另一方面教育的整体性和连续性跟不上学生生命成长的需求,学校或教师的教育行为大多数还处在应付处理青春期问题的层面,学科教学与专题教育处于碎片化、断裂式的状态,一些教育内容在许多学科或不同学段中简单重复,一些内容由于敏感或与学业知识相关不大而被空缺、被忽视;对青春期成长有着重要意义的家庭,在孩子身心发展,特别是人格发展方面重视不够、方法欠缺。

众所周知,青春期是一个人价值观、人生观、世界观形成的关键期,在教育部颁布的《中小学德育工作指南》中强调,要对学生“开展认识自我、尊重生命、学会学习、人际交往、情绪调适、升学择业、人生规划以及适应社会生活等方面教育,引导学生增强调控心理、自主自助、应对挫折、适应环境的能力,培养学生健全的人格、积极的心态和良好的个性心理品质”,这也是青春期教育的目标所在。

学校青春期教育是生命教育的重要组成部分,也是当下德育的难点,虽然教育部门有专题教育的要求,但在落实中存在诸多困难,如缺乏合适的教材、创新的教法、有一定水准的教师等。上海市中小学骨干教师心理健康教育(青春期教育)实训基地正是在这样的背景下,由上海市教委为加强学校德育工作、促进德育队伍专业发展而搭建的培养市级骨干教师的高端平台,是由一群经推荐和选拔的中学德育优秀教师组成的实践研究团队。市教委德育处领导、市德育发展中心和市中小学德育研究协会的专家对我们基地的组建、项目研究、成果质量给予了高度关心和鼓励。学员所在学校的领导也给予学员在参与基地活动方面极大的支持。

2018年初夏,我和学员们带着众多人的期望和对学校青春期教育的信念,开始了一段陪伴学生成长的青春之旅,基地本着“以教师的人文情怀滋养学生青春成长”的理念,致力于学校心理健康教育、青春期教育的推进与创新，旨在通过项目引领、理论学习、教育实践、研究反思等，更新教育理念、改进辅导方法、改善教育行为，促进教师专业发展，有效发挥学科优势，充分体现心理健康、青春期教育的价值。

三年来，我们聚焦问题，突破创新，通过调研，了解当下学校青春期教育的基本情况、困难和瓶颈，为学校青春期教育提出建设性、突破性的建议；我们更新理念，提升能力，在实践研究中丰富教师的青春期知识，完善教师的教育方法，提高教师的青春期教育素养，培养了一批热衷于青春期教育、有一定创新能力、受学生欢迎的青春期教育的教师。

三年来，我们聘请高校教授、医务工作者、特级教师等担任基地导师团导师，通过讲座、报告等形式在专业知识等方面对学员进行指导，在微课设计、制作及资源开发等过程中，帮助学员把关好教育的科学性、准确性和有效性，提升学员青春期教育的理论水平和专业能力。

三年来，我们以上海市德育理论研究与决策咨文课题“中小学青春期教育一体化建设研究”为抓手，组织学员边学习、边反思，边实践、边积累，边开发、边提升，开展了上海市中小学生青春期教育现状的调研、青春期教育学科融合、青春期专题教育资源开发和利用等研究。在完成项目过程中，研究生命视野下青春期教育内容的适切性。

三年来，我们根据学员的知识、能力、特长等分成若干合作小组，在教育实践中有一定的时间量进行集体备课、听课、评课、切磋指正，在小组学习中互相讨论分享，在项目开发中头脑风暴，分工合作，发挥各自优势，完成相关学习内容及实践任务。

三年来，我们结合日常专题教育、团体辅导、个别咨询、主题活动开展实践研究，每位学员根据自身特点确立明确的实践方向和任务要求，在教育教学实践中关注重点、发现难点、突破瓶颈、探索创新，完善教育方法，完成有推广价值的各学段示范课。

今天，17 位学员中有 9 位独立或合作撰写了青春期教育专著 9 本，有 8 位学员撰写了青春期教育论文。这是他们长期从事学校青春期教育、心理健康教育、开展家庭教育指导等实践经验的积累，更是他们在基地三年的理论学习、探索研究、团队合作的成果。从选题、落笔到改稿、成文，整个疫情期间和暑假，学员们查阅资料、请教专家，一遍遍地推翻、修改，尽可能使作品成为自己满意、教师有用、家长需要的优质教育资源。

牛燕华，基地写手之一，淡然的外表、文艺的内心，始终保持对青少年的好奇心和探索欲，是心理教师难能可贵的品质。《初中生情绪疏导与压力管理》是她多年参与研究积累的成果，是理论与实践相结合的产物。

章诚，基地里年纪最轻的教师，是一位感受力和创新力极强的心理老师。读她的文字，总让我回想起自己年轻的岁月，执着而热烈。《RAIN 的心理时间》是她独自反思教育的节点，更是她分享教育感悟的快乐时光。

杨岚，基地助教，参与并保障每一次研修活动的顺利进行。她撰写的《生命成长视野下的青春期“三情”教育》以亲情、友情、爱情为主题，关注青春期学生情感发展和品德培养，将生命教育和青春期教育有机结合。

朱炜，基地里自带光芒的教师之一，但她不刺眼、不炫目，是柔和而温暖的。我欣赏她的坚持和聪慧。疫情期间，她怀着心理教师的使命感，不失时机地研发了线上课程，《心理微课》应运而生，丰富了线上线下的心理课。

杨洁，一位优秀的语文老师和班主任，因为优秀，所以懂得青春期心理健康教育的重要，有意识地将语文学科与青春期教育相融合，《阅青春 悦成长——初中语文阅读教学与青春期教育的融合实践》也许是学科“跨界”专题研究的首创，在她的阅读教学中，作品散发出青春的光芒。

沈慧，基地里最资深的心理教师，多年的教育教学实践，让她在从容笃定中不失激情和亲和，我想这应该就是优秀心理教师的样子。在她撰写的《跟着电影懂青春》中，我们能体会到她教育的用心，能感受到文化育人的力量。

沈俊佳，其实不是我们基地的学员，却长期在做青春期教育的研究，也是课题组的核心成员。她在《陪伴青春——初中生心理辅导》中，以心理教师独特的视角去观察和诠释初中生的行为表现，体现了她在教育中的人文关怀。

俞莉娜，基地里唯一一位中职校的教师，是一位学习力、行动力极强的德育主任。她对一些职校学生的家庭环境、生存状况极为关切和担忧，在她的《"青"听"春"语》中，我们听到了学生的心声，感受到了教育者的使命。

王铭鸣、冯嫵、李萍，都担任着学校德育的领导工作。在基地的活动过程中，她们那种乐于学习、善于思考、积极参与的态度让我感动。针对家庭教育中存在的现象和问题，她们凭借多年家庭教育指导的丰富经验，合作撰写了《初中生家庭教育那些事》，值得家长一读。

胡敏、杨彦、陈冉苒、汤瑾、宋睿、刘军、王雪凌、张卫琴等参与了《青春期教育实践研究》论文集的撰写，虽然文字不多，篇幅不长，但也是她们三年来实践研究的体会和思考，内容丰富，体裁多样，涉及学科青春期教育、心理健康教育、青春期相关调查分析、家庭教育指导等，学段覆盖小学、初中、高中，多维度、多视角地让我们了解当下学校青春期心理健康教育的状况，给教育工作者、家长以启示。

德润生命，心悦青春。这将是我们永远的追求！

上海市心理健康教育(青春期教育)实训基地主持人：戴耀红

2020 年 11 月 22 日

目　录

青春期教育一体化建设初探

戴耀红

一、青春期教育一体化建设的意义

（一）青春成长是一个身心渐进发展的过程

青春期是人的一生中非常重要的发展阶段，是指由儿童逐渐发育成为成年人的过渡时期。在这个阶段，个体身心变化快速而明显。这些变化给青少年带来前所未有的成长体验，这样的变化也可能导致青少年产生心理困惑和行为问题。

根据生理、心理发展的特点，青春期分为前期、中期、后期，涉及基础教育阶段的小学中高年级、初中、高中，从第二性征发育、青春萌动到性器官成熟、心智发展，青少年需要循序渐进的关怀和引导。教育部颁布的《中小学德育工作指南》强调，要对学生“开展认识自我、尊重生命、学会学习、人际交往、情绪调适、升学择业、人生规划以及适应社会生活等方面教育，引导学生增强调控心理、自主自助、应对挫折、适应环境的能力，培养学生健全的人格、积极的心态和良好的个性心理品质”，这也是青春期教育的目标所在。

（二）青春期教育改革发展势在必行

目前青春期教育在观念、内容、形式等方面有许多需要改进甚至变革的地方。我们的教育观念比较传统和保守,与社会转型期学生的生活、价值观相去较远。我们在教育内容上比较单一,对性的敏感话题心存顾虑。我们在教育方法上还是多从过来人、教育者的视角进行居高临下的说理、灌输为多。教育过程缺乏倾听学生的心声和了解学生的感受。教育目标也一般简单定为青春期问题防范和处理,对于学生青春期成长过程中的生命关怀缺乏研究。

我们目前的学校青春期教育不够系统。从纵向学段衔接的角度看,中小学青春期教育存在随意、松散、零碎等问题,学段之间缺乏层次性、渐进性、系统性。家庭青春期教育几乎空白,家长对孩子在青春期可能产生的成长困惑和烦恼缺乏应有的理解和关怀。有些家庭亲子关系紧张,家长焦虑和无助的情绪影响着家庭青春期教育的主动性和有效性。科学、权威、专业的指导机构和网站仍不够,网络上的不良信息有可能导致了一些青少年误入歧途,对青少年的成长造成负面影响。

(三) 德育一体化推进的重要举措

随着教育综合改革的不断推进,人们对德育的发展寄予了更高的要求和期待。上海启动了大中小学德育一体化建设的研究和实践,整体架构全学段的德育体系。这是一个宏大的工程。

作为这个工程中的一个分支,青春期教育一体化建设,是着力构建全员育人、全过程育人、全方位育人的重要组成部分,是引导中小学德育理论与实践互相转化的攻关项目,体现了“为了每一个学生的终身发展”的教育理想。青春期教育一体化建设,有利于建构青春期教育课程体系,有利于专业引领家庭青春期教育,有利于有效利用社会文化、教育资源。

二、青春期教育一体化建设的理念定位

青春期教育一体化是指将青春期学生作为教育的原点,将青春

期的不同阶段从纵向上衔接起来，实现教育内容的有序组织和螺旋递进，将学生的生活场所，即学校（包括学科间）、家庭与社会从横向上整合起来，体现教育价值、理念与目标的一致性。青春期教育一体化建设需要整体性架构。从教育内容来看，青春期教育是跨越自然科学和社会科学，涉及学生的德育、智育、体育和美育等综合而独立的学科；从教育对象来看，除了青春期的学生，还应包括家长和相关教师；从教育途径来看，青春期教育并不只是知识性的问题，它需要更多的实践和体验，从课程化到活动化逐步分解、渗透到各科教学和各种德育活动中去。

（一）以"一体化"作为青春期教育的整体特点

学段衔接：依据小学、初中、高中等年段学生的年龄特点，对不同学段青春期教育的内容与目标进行整体规划，体现螺旋式上升。

学科融合：整合学校现有的青春期教育资源，将青春期教育与心理、思政、科学（生命科学）、社会等学科教育相融合。

协同联动：构筑家庭、学校、社会协同教育网络，形成合力，共同开展立体化青春期教育。

（二）以人格教育作为青春期教育的引领方向

青春期教育应作为人格教育的一部分，以尊重人性精神为基础，促进青少年对自我性别的积极认同和对自我行为的正确评判，让青少年更好地保护自己，形成完善的人格。因此，中小学青春期教育不能仅仅局限于性教育，更要激发学生对生命的珍惜、对自我的悦纳、对他人的了解和尊重，体会成长的快乐。

（三）以实践感悟作为青春期教育的实施方式

青春期教育是生命教育的重要组成部分。而生命的真谛不是通过传授、模仿习得的，而是学生在亲身实践中感悟出来的。因此要通过整合家、校、社各方资源，创设教育情境，在活动中激发学生活力，增强学生感悟体验，从而实现青春期教育目的。

三、指向学生可持续发展的目标建设

（一）关注成长特点，实现全方位教育

青春期是以性发育为标志的生理、心理、精神全面发展的人生成长，因此青春期教育不仅限于性教育，而且是要将德育原理与生物学、心理学等有机整合，综合青春期学生的身心特点，尊重、理解学生需求，以科学的态度和人文情怀，全面关注学生青春成长和人生发展。

（二）消除学段割裂，实现小、初、高贯通

作为一门专题教育课，青春期教育较为零散地、碎片式、随意性地存在于学校教育中，教育的内容与学生的发展需求存在一定程度上的脱节，有些内容学生低层次地反复学，这与学生身心发展规律不相符，而有些虽较为敏感但却是某个人生阶段重要的教育内容却成为空白，教育的针对性不够。青春期教育一体化建设必须尊重学生成长规律，从小学到初中、高中一以贯通，建立有序、科学、合理的架构。

（三）打破学科边界，实现跨学科互融

青春期教育内容极为丰富，主要有青春期身心健康：性伦理、道德；青春审美与青春保护：性别平等、爱情婚姻等，涉及学生的各方面发展，相关内容在体育、语文、道德法治、生命科学等较多学科中都有所渗透。青春期一体化建设需要各学科教师主动参与，发挥各学科优势，合理、有机地整合学习内容，充分体现学科育人的功能。

(四) 协同家庭、社会,实现一体化共育

学生所有的学习、生活场域都蕴含着最好的教育资源。积极协同社会和家庭,发挥各自教育优势,提供良好的学习环境和丰富、科学的学习资源,尊重青春成长的差异性和个性化需求,实现家校社共育是青春期教育的应有之举和必由之路。

四、全学段螺旋上升的教育内容架构

为了更好体现中小学青春期教育内容的衔接,我们围绕青春期发展的各阶段需求,设计了"青春期生理与心理""两性伦理与道德""青春期健康与安全""性观念与社会文化""青春志向与人生发展"五个模块,以完善人格为基础,以尊重人性和人文关怀为立场,将性教育与生命教育、爱的教育相结合,帮助青少年形成对性的正确认知、学会做出正确的判断和合适的选择。依据中小学生身心发展特点(包括心理成熟度、可接受性)、课堂教学特点等方面,分别构建小学、初中、高中三个学段十余个教育主题,并罗列了供教师参考的基本教育教学点(详见表 1),以此来架构三个学段在内容上的递进衔接,体现一体化实施的合理性和科学性。

表 1　基本教育教学点一览表

学段	模块	主题	教育教学点(供教师参考)
小学	青春期生理与心理	身体认知	• 生殖系统是人体八大系统之一,生殖系统的器官各有其功能,性器官是身体的隐私部位 • 成年男性和成年女性、男孩和女孩的身体各不相同,从孩童到成年,身体会有发育变化 • 第一性征是性别差异的主要标志
		自我认识	• 性别特征由染色体决定 • 每个人都是独一无二的

续 表

学段	模块	主题	教育教学点(供教师参考)
		情绪管理	● 情绪有基本分类,情绪的体验和表达会对自己、他人产生影响 ● 情绪的表达方式有多种,要用恰当的方式表达自己的情绪并体验情绪给生命带来的丰富感受和美好
		人际关系	● 友谊和爱可以帮助人建立良好的自我感觉 ● 性别角色影响人际交往 ● 异性交往是正常的、必要的,但有一定的行为要求,需要彼此尊重
	两性伦理与道德	两性平等	● 男孩和女孩的生理、心理特点是不一样的 ● 男孩和女孩都有各自的优势 ● 不论男孩还是女孩都应获得平等的对待
		尊重与关怀	● 对性产生好奇是正常的,但应该用恰当的方式表达 ● 同伴之间可以大方地谈论与性有关的话题,但不可使用侮辱性的语言 ● 尊重异性同学的性别特点 ● 碰触性器官是不恰当的玩笑,每个人的隐私都应得到尊重
		爱与责任	● 每个人都需要爱和被爱,每个家庭的组成都有自己的结构和特点 ● 家庭中的每位成员在日常生活中都有不同的行为规范 ● 每个家庭成员都肩负着自己的责任和义务,家庭成员间的互相关爱是家庭和谐的关键
	青春期健康与安全	自我保健	● 良好的生活与卫生习惯(特别是性器官的清洁卫生)很重要 ● 饮食与营养、穿戴与化妆会影响身体发育
		自我保护	● 每个人都有身体的自主权,自己的身体应该得到所有人的尊重。他人有意的触碰和抚摸是需要经过本人同意的。敢于向不适的身体接触说“不” ● 爱惜身体,做好身体的主人,保护好自己的隐私部位,避免受到他人的伤害,有不安全感时要及时向家长求助
	性观念与社会文化	性的观念	● 性器官本质上和人体的其他器官一样,是身体的组成部分,可以坦然地用科学的术语说出人体的性器官 ● 可以与老师、父母以及同伴公开严肃地讨论有关性的科学问题

续　表

学段	模块	主题	教育教学点(供教师参考)
		性的文化	• 有很多不健康的性信息存在,要远离不良性信息,不传播、不盲目模仿 • 父母、老师、同伴、媒体和影视作品对性都有自己的态度
	青春志向与人生发展	青春志向	• 古今中外许多优秀人物对社会的贡献及个人的成功与其性别无关 • 每个少男少女都应该拥有成为优秀人物的理想,都可以努力成为一个有价值的人
		人生发展	• 青春是美好的,珍惜当下,努力学习本领,提高各方面能力,健康成长,青春无悔 • 青春是短暂的,放眼未来,初步地设想自己的人生发展规划,并积极做好准备。
初中	青春期生理与心理	性的发育	• 第二性征的发育意味着身体的逐渐成熟,月经和遗精是青春期到来的生理标志,也意味着基本具备了生殖的能力 • 生殖的过程包括排卵、受精、受孕、怀孕和生产,避孕是有其生物、化学、物理等原理的
		自我悦纳	• 自我意识发展和性意识觉醒是青春期的心理特点 • 青春期身体发育受到遗传、环境和生活习惯影响,外形不影响一个人的价值 • 自我评价会影响一个人的自尊、决策和行为 • 虽然性别、性格、外形、能力有所不同,但每个生命都来之不易,并且有独特意义,要倍加珍惜
		情绪管理	• 青春期情绪体验更加丰富,也是学习情绪管理的最佳时期 • 情绪体验往往与需求有关,情绪表达需要注意场合与方式,理解负面情绪的积极意义 • 情绪状态会影响决策,要避免冲动状态下进行非理性决策,能区别勇敢与鲁莽、坚持与任性等青春期情绪特征,正确处理青春期的多愁善感情绪
		人际关系	• 青春期亲子冲突和误解比较常见,但一定都可以解决 • 同伴交往的需求增加,并对归属感和自我价值产生影响 • 尊重和接纳同伴的不同个性,面对同伴不正确的舆论、要求等压力要有坚定而温和的拒绝能力 • 异性交往要懂得体贴、关怀、坦诚、尊重,避免因自己的不当行为使对方难堪 • 网络交友有不确定性,需要加以识别和选择 • 每个人都有责任反对偏见、歧视和欺凌

续 表

学段	模块	主题	教育教学点(供教师参考)
		两性情感	● 青春期对异性产生好感是正常的,青春期两性情感发展是有不同阶段的,喜欢和欣赏不等同于爱情 ● 青春期两性情感是可以、也必须把握和调整的,青春期两性情感的把握是需要不断学习的
	两性伦理与道德	两性平等	● 性别没有优劣之分,男女两性都应该得到尊重 ● 自己和异性之间存在性别优势与不足,可以学习异性的优势,形成优势互补
		尊重与关怀	● 尊重和欣赏异性是一种有修养的表现 ● 理解和善于帮助、化解异性的困难是一种善意的行为 ● 能以尊重和关怀的态度对待性别、健康、民族、经济、出生等和自己不一样的人
		自由与约束	● 性行为可能带来的后果是多样的,生命是神圣和唯一的,任何生命都应该得到珍惜和尊重 ● 两性交往需要尊重别人的意愿,在情感发展的不同阶段,两性交往的规范是不一样的 ● 两性交往的行为要符合社会道德要求,交往中要能够自我控制
		爱与责任	● 婚姻与家庭之间有其特殊的关系 ● 父母在家庭中承担着不同的责任,孩子在家庭中也要承担相应的责任和义务
	青春期健康与安全	自我保健	● 青春期身体需要保健,性器官有保护和清洁的方法 ● 月经和遗精是正常的生理现象,需要正确处理 ● 青春是最自然的美,均衡营养和适当运动有益于身体的发育,体重管理应有科学的方法
		自我保护	● 性侵害的实施者不一定是陌生人,并且和施害者的穿着、职业、形象等无关 ● 性侵害较多发生在人员稀少的环境中,注意防范和自我保护是很重要的 ● 如遇性侵害可寻求家庭、学校、社会的保护。任何情况下,生命始终是第一位的 ● 受到伤害不是受害者的错,受害者可以通过法律途径保护自己,性侵害的实施者应该得到法律的惩罚

续 表

学段	模块	主题	教育教学点(供教师参考)
	性观念与社会文化	性的观念	● 对性产生好奇是正常的,对于青春期身体的变化可以坦然地用科学的概念解释 ● 可以与教师、父母以及同伴讨论有关性及身体发育的问题 ● 性知识也是一门科学,青少年应该学习和掌握
		性的文化	● 科学、艺术对性的表达与色情是有区别的 ● 媒体、影视及文学作品、网络信息以及他人的观点会影响每个人对性的理解
	青春志向与人生发展	青春志向	● 青春期是人生的重要阶段,是“三观”形成的关键期,是学习创新的最佳期 ● 拥有健康的兴趣爱好,对不良嗜好及诱惑进行自我克制,培养自己成为一个有高尚情趣的人 ● 个人兴趣爱好与未来发展有着密切关系,每个人都可以发挥自己的性别优势,不断自我赋能
		人生发展	● 有学习的榜样,适度欣赏偶像,能从榜样或偶像身上汲取正能量 ● 生涯是需要尽早规划的,人格是在不断调整自我中修正完善的 ● 人生成长有顺境和逆境,青春期培养抗挫折等意志品质有助于增强心理弹性
高中	青春期生理与心理	性的成熟	● 性成熟会带来性需求,对性吸引和性刺激有反应,性冲动是需要加以控制的 ● 怀孕与生产是生殖的过程,人类有避孕的方法,避孕有时会失败,流产对未成年人身心会产生较大影响 ● 发生性行为会带来一定后果,青少年还不具备承担后果的能力
		自我实现	● 性别形象的设计与完善要建立在自我了解的基础上,每种性别角色都值得尊重和包容,高中生可以设计并不断完善自己的性别形象 ● 每个人都有自己独特的价值,在当下或未来都有实现的可能 ● 从书本中学习,在实践中锻炼,是青年人成就自己、理解未来、贡献社会的重要途径

续 表

学段	模块	主题	教育教学点(供教师参考)
		情绪调控	● 情绪不稳定和内隐性增加是高中生的特点 ● 接纳并合理表达自己的情绪 ● 负性情绪的产生不可避免,但可以与之共处并加以妥善控制
		两性情感	● 两性情感产生有心理原因以及发展规律 ● 爱情是人类美好的感情之一,爱、痴迷和友谊包含不同的情感因素,相爱需要爱的能力,相爱需要学习 ● 婚姻以爱、宽容和尊重为基础,互相依赖又不失独立人格,对于自我、家庭、社会有重要意义
	两性伦理与道德	两性平等	● 两性是平等的,男性和女性在社会发展中发挥着各自作用 ● 社会中存在着一定程度的性别刻板印象
		尊重与关怀	● "性"不是爱情的全部或唯一,健康的恋爱观非常重要 ● 健康的性行为与性关系有其具体定义,尊重对方的意愿、体察对方的感受,不强迫对方做不愿意做的事是爱的表现
		自由与约束	● 两性交往中要注意规范自己的行为,避孕牵涉到道德伦理 ● 特定性行为与性关系需要充分考虑安全性和风险,原始冲动应符合社会规范,选择恰当的处理方式,做负责任的决定,学会拒绝 ● 有些与性有关的行为会违反相关法律,违背社会道德和法律的两性交往行为会产生严重后果,做一名遵纪守法的公民
		爱与责任	● 青少年需要树立正确的婚姻观与家庭观,培养对婚姻和家庭的责任感,有能力做出亲情、友情、爱情冲突中的取舍 ● 对生命负责,对自我和他人负责是青少年的责任和义务之一 ● 青少年要有社会观念,能够处理个人欲望与社会需求的关系,自觉承担社会责任
	青春期健康与安全	自我保健	● 烟草、酒精等高成瘾物质对青少年是有严重危害的 ● 不当性行为可能导致艾滋病 ● 产生性生理、性心理、性健康困惑可以寻求专业人员(相关医生、教师)或家长帮助

续 表

学段	模块	主题	教育教学点(供教师参考)
		自我保护	● 性侵害包括性骚扰、猥亵、强奸等 ● 性侵害会对身心健康造成影响。遇到性侵害时可采取积极的应对措施,任何情况下,生命始终是第一位的 ●《刑法》《民法典》《未成年人保护法》等法律保护性受害者 ● 对性侵害事件的正确态度、舆论导向及良好的社会氛围的营造需要大家共同努力 ● 每个人都有性权利,包括性教育权、性平等权、性表达权等
	性观念与社会文化	性的观念	● 性是神圣的、严肃的 ● 性本能是人的自然属性,但是这种本能要受道德、法律等社会规范的制约 ● 正确的性观念有助于青少年健康成长
		性的文化	● 人类有不同的性取向存在 ● 不同的时代背景,不同的国家和民族,对性有不同的理解,每一种性文化都以特定的历史背景和社会环境为基础 ● 爱情有美好、有扭曲,审美能力与人生趣味决定性文化格调 ● 西方社会的性文化不一定适合中国社会
	青春志向与人生发展	青春志向	● 生活中有很多美好的情感,爱情只是其中一种,人生丰富多彩,有很多有意义的事物可以尝试,有必要处理好爱情与学业、事业的关系,追求更高境界的生命价值 ● 青春期苦闷、孤独是暂时的,是可以排遣的,意气奋发、豪情壮志才是健康青春应有的样子,困境中不失“鸿鹄之志”,迷失中寻求自我救赎,保持对生活的热情,是未来幸福的正确打开方式
		人生发展	● 社会有各种需要,每个人都可以通过学习相关技能,在劳动中发现自我,激发潜能,为社会做贡献 ● 客观分析自我、明确的人生目标有助于塑造良好的性别形象,更好地规划未来,树立创造未来美好生活的坚定信念 ● 拥有家国情怀和社会担当生活的人生是精彩的

五、充满人文情怀的一体化实施

（一）实施原则

1. 预防性原则

学生在青春期会遇到很多问题和困惑，教育要力求走在问题前面，澄清孩子的认知，提升孩子解决问题的能力。当孩子遇到现实的困扰时能够积极应对，这样就能对青春期可能产生的身心发展问题起到预防的作用。

2. 差别性原则

每个孩子的身体发育、性格特点、所处的家庭环境、学校环境各不相同，因此每个个体都是千差万别的。所以，青春期教育既要关注群体的健康发展，又要关注个体的成长需求，可以通过个别教育、家庭辅导等来满足孩子们的差异性需要。

3. 发展性原则

青春期孩子的身心特点具有鲜明的时代性。社会在不断发展，青春期教育必须充分考虑青少年身心发展的实际需求和新的时代特点，不断调整教育内容，创新教育形式，拓展教育资源，以顺应中小学生身心发展的实际需要。

4. 适切性原则

青春期教育应根据不同学段学生发展的特点，适时、适当、适宜地开展分层教育，体现阶段性和层次性。由于青春期的发展是持续的，所以同一主题在不同学段的教育内容要呈现螺旋式上升。

（二）途径与方法

1. 课堂教学

青春期教育不仅要有专题教育和心理辅导课，也需要逐步分解融入各科教学中，在课堂中有目的、有计划、有系统地开展教学。通过充分利用多媒体设备、自创游戏、创设教学情境、开展案例分析、组织开展讨论等多样灵活、有趣直观的教学方式，青春期教育课程逐步实现“活泼又干净，明了又渐进”。

2. 课外活动

通过组织形式多样的活动，加强学生的体验与实践，学校要积极协同家庭、社区为学生提供学习环境和教育情境，教师要以伙伴的身份参与活动，给予青春期学生有效、及时的指导，帮助学生认识自我、理解他人、掌握相应的技能，加深情感体验。

3. 个别咨询

各校心理辅导室、区心理辅导中心应积极发挥其专业优势，主动介入青春期个别化教育，开展当面、热线、邮件、网络等个别咨询，坚持咨询原则和操守，为青少年及其家长提供帮助，满足青春期问题多样化、个性化的需求。

4. 网络学习

充分利用网络信息平台的优势，引导学生参与科学健康的网络资源开发，正确辨析和使用网络信息，将虚拟课堂与传统课堂对接，既拓展丰富教育资源的渠道，又培养学生良好的媒体素养。

5. 教师教研

加强以班主任、心理健康教师为骨干的多学科教师参与的联合教研活动，研究开发具有校本特色的教育资源，探讨跨学段、跨学科的衔接与整合，不断促进青春期教育的一体化。

6. 家校社协同

充分利用家长学校等平台，对家长进行青春期教育指导，明确家庭青春期教育职责，提升家长教育理念，帮助家长掌握青春期教育方法。协同社会有关部门净化各类媒体信息平台，为青少年提供健康科学的社会环境和学习资源。

参考文献

1. 张洪芹、苗军芙：《“青春期教育”概念的实践价值——基于我国文化背景和社会发展阶段的“性教育”实施策略思考》，《齐鲁师范学院学报》2012 年第 6 期。
2. 杨亚辉：《全人教育：培养全面发展的人的一种视角——“中国百年教育历程：回顾与展望研讨会”综述》，《中国高等教育》2010 年第 12 期。
3. [美]丹尼尔·西格尔：《青春期大脑风暴：青少年是如何思考与行动的》，黄珏苹译，浙江人民出版社 2015 年版。
4. [美]乔希·西普：《解码青春期》，李峥嵘、胡晓宇，译，湖南教育出版社 2019 年版。
5. 戴耀红：《给青春情感以人文关怀——浅谈青春期两性情感辅导》，《中国教师》2012 年第 18 期。
6. 戴耀红、杨岚：《课本中的爱情——青春期两性情感辅导与人文学科教学相结合的实践研究》，上海教育出版社 2018 年版。
7. 秦珊珊：《全人教育视野下初中生青春期教育研究——以扬州市 3 所中学为例》，扬州大学硕士学位论文，2017 年。
8. 吕荣侃主编：《青春期教育概论》，北京师范大学出版社 1995 年版。

高中生青春期家庭教育指导的案例研究

——以上海市南洋中学为例

胡 敏

一、研究背景

高中阶段的学生正处于青春期，面临着同一性危机。所谓同一性，指的是一种对自己的感受，知道自己将会怎样生活，在说明未来时有一种内在的自信，即全盘了解自己和接受自己。这个时期也被称为心理社会的合法延缓期，是青少年期与成年期的间隔。在这一阶段青少年往往感到内心有很多冲突。一方面青少年本性冲动的高涨会带来问题，另一方面青少年面临新的社会要求和社会冲突而感到的困扰和混乱。过去经验中的那些自我形象在新的冲击下开始四分五裂，他们更重视自己，但更弄不清自己，他们的自我观念正在发生转变。他们逐渐疏远了自己的父母，从对父母的依赖关系中解脱出来，而与同伴们建立了亲密的友谊，从而进一步认识自己，对自己的过去、现在、将来产生一种内在的连续感，也认识自己与他人在外表上、性格上的相同与差别，认识自己的现在与未来在社会生活中的关系，对原有的自我进行检验和整理，试图形成一种新的、同一的自我。

这个时期的家长面对变化中的孩子，往往感到非常困惑。当他们的权威一而再、再而三地受到孩子挑战时，他们的愤怒与失望难以抑制，打骂、压服的事便经常发生。由此，他们与子女的关系也紧张起来。为了使困惑得到合理的解释，多数家长是愿意接受心理学家和教育专家的建议的。虽然孩子个体差异是巨大的，但是对于青春期的孩子，只要把握住这个时期孩子最突出的心理矛盾，采用适当的教育方法，还是可以取得预期的良好效果的。

二、存在误区

误区一：误以为对孩子只要加强控制，孩子按照家长的精心规划成长才是最好的

在高中家庭教育中，经常遇到一些家长，特别是某些“高知”家长，他们由于自身在学生生涯中以及现在的职场中都是相当成功的，也有着比较丰富的社会经验，所以为了避免孩子“走弯路”，不遗余力地将自己的经验强加于孩子身上，要求子女按照这些“标准答案”进行成长复制，凡是有悖于这些“规范操作”的情况发生时，他们会用各种方法，如使用大量的资讯进行教育，借助于各种机构或社会资源精心规划，反复和老师沟通以达到某些具体要求，甚至横加干涉孩子的交际圈，对孩子的朋友或朋友的家人指手画脚，等等。

然而，探索、尝试、成功或者失败，都是青春期孩子了解自我的基本方法，要给他们以实现自我需求、触摸自我界限的机会，好比学轮滑时，需要学习者尝试失速、急刹等动作给自己带来的感受和冲击，理解控制或失去自身平衡的感觉，这些过程一旦被剥夺，重复无数遍的指点也无法帮助学习者掌握轮滑运动。教育过程也是如此，一旦孩子觉得无法找到自主的感觉，就会产生消极、对抗情绪，甚至是毁灭性的言语或行为。

误区二：误以为对孩子只要关注学习成绩，其他能力素养会在社会上同步发展的

在当前学业竞争比较激烈的环境下，由于受到社会舆论的影响，不少家长认为高中生专注于发展学业这一项任务，有助于集中注意力，至于其他，如生活自理能力、人际交往能力、运动健身技能等，都

可以在进入高校，甚至进入社会后慢慢发展。但实际上，学习能力的发展往往与自身的自信心、观察力、注意力、控制力等各种心理因素有密切关系，通过有益的运动、交往、活动等都可以帮助发展积极心理因素，从而有利于推动学业发展。如果仅仅局限于学习，反而会造成心理支持力不足，对学习产生厌烦情绪，不仅不利于学业发展，更严重的是对成长过程中遇到的许多困难，缺乏足够的应对能力，会造成心理或行为上的偏差，出现逃避、退缩甚至导致危机事件发生。

误区三：误以为只要给孩子充分的发展空间，不给任何约束就是快乐成长

部分家长由于对当前教育中一些急功近利的现象存在相当的不满，或是对于国外教育存在片面解读，以及对高中年龄阶段孩子心理的误解，认为青春期的叛逆就是因为对孩子有约束、有要求而产生的，认为只要给予孩子充分的空间、足够的信任，就如同树木长成一样，顺其自然，就会成长为栋梁之材。但实际上，植树也有浇灌、除虫等环节，即便是在森林中也有被淘汰、无法长成的树苗。

孩子就是在与周围的人和事的冲突、协调中提高自我认识，逐渐接纳自己的。其实在教育过程中，不少学生对家长的不满反而是“父母不管我”，这种“无所谓”的态度让孩子感到困惑。大部分家长还会在这样或是那样的事情上给孩子以具体的指导或评价，更让这些学生感到失落。于是孩子会用一些出格的言行引起父母的关注，并在观察父母和老师态度中探索自己的前进方向，如果两者态度截然相反，孩子则会更烦躁不安，失去安全感，再用更为偏差的言行确认自己的活动边界。

三、指导案例

本课题对南洋中学家庭教育指导实践中近 30 个精选案例进行收集、汇总、整理、分析。这些案例主要涉及的内容有生涯规划

(45%)、亲子冲突(51%)、异性交往(10%)、学业困难(57%)、行为偏差(15%)、危机处理(10%),从家长教育行为、教师指导过程、学生后续发展等角度进行思考,总结经常出现的问题、有效的应对方法或原则,旨在更有针对性地进行青春期学生家庭教育指导。

案例一

王同学是高一新生,暑期军训的第二天就请假,直到开学仍然不肯来校读书。家长反映她听到有学长描述“高中生活不是人过的日子”,于是感到压力很大,想放弃读书。在约见王同学和她父母时,发现她是个活跃而且健谈的孩子。原来王同学一直是外婆带大的,在初三的时候外婆去世,这个事件对她的心理产生了很大的影响,但那个时候父亲淡淡的一句“伤心一段时间就行了,人总是要走的,现在应该抓紧时间学习”,让她耿耿于怀。中考时她超水平发挥进入了重点中学,本来一家人都很高兴,谁知在假期读补习班时她认识了一位高二学生,与其交谈后,她开始对高中生活产生强烈恐惧,虽然父母反复做工作,但她完全不相信家长,自觉无法坚持下去。在充分交流后,老师指出家长对孩子的情感需求要多加关注和满足,要能够“共情”外婆去世这件事情对孩子情感世界的震动,指导他们在家庭教育中要多倾听孩子,给予充分的肯定和理解,让孩子能感受到来自家庭的支持,形成安全感。同时,在初高中衔接中应以生涯规划的方式进行指导,而不能一味地用学业来要求,让孩子产生强烈的畏惧感。在度过几周的学校生活,特别在两次大型活动后,王同学成了班级的文艺骨干,她也越来越有信心地走入高中的学习生活。

案例二

小明同学是高二学生,在刚上高一时就有许多老师反映他很难沟通,和人交流时斜睨对方,而且寡言少语。但有趣的是,拓研课他却选了“心理的积极表达”课程。最近,宿管老师突然发现他对什么都不感兴趣了，以前会偷偷打游戏，现在却经常坐在凳子上发呆，寝室卫生也不做，可原来在班级里做劳动委员时，他却是非常认真的。班主任还发现他经常不肯吃午饭，在督促下吃得也非常少，和他聊天时他说在家里和父母经常会一整天不说话，而且反复向班主任表达不想读书的想法，作业也经常不交。于是老师约见父母，却发现在家长眼里的他没有什么变化，只是比以前磨蹭了，特别对他打游戏这一现象，认为绝对不可能，家长谈到每次他回来，都会竭尽全力给他烧好吃的，父母从内心真的非常爱他。为了他的学业，都是请一对一的家教，每年都要用掉五六万。在交流中，家长也承认孩子原来初中时还是比较活泼的，但到了初三以后就变了，但认为这是青春期的正常变化，没有当回事儿。老师指出小明同学在同龄人当中，表达能力是非常需要提高的，而且本人选择“心理的积极表达”课程就说明他也很希望改变自己，但家长没有给予足够的关注和指导。另外他宁愿冒着违纪的风险在寝室打游戏，也没有在家里表现出来，可见，家庭对于他不是个放松、安全的环境，孩子会感觉一整天无话可说的寂寥，可家长却浑然不知，而且学习上的高额支出对学生的心理也产生非常大的压力。老师指出对于小明的这些变化需要进行专业的指导，家长今后应该更多倾听和交流，多关心孩子的成长。

案例三

小周同学是高二同学，近阶段他在上课时有比较严重的睡觉现象，作为住宿生的他很可能在就寝时间偷偷违规使用手机。老师原本和家长谈过关于下学期退宿的事情，但孩子在老师面前没有表示任何意见，而在母亲面前则闹情绪，并扬言如果退宿，他就不来读书，所以母亲只好来找老师，希望下学期孩子能够继续住宿，但同时，母亲的确担心玩手机耽误了孩子，希望老师出面把孩子的手机收掉。老师指出，简单地收掉手机，对青春期的孩子并不适合，在青春期需要解决同一性问题，这是建立起自主能力的关键阶段，收掉手机要么让学生彻底放弃自主性，要么孩子叛逆反抗，和师长作对，这些对成长都不利。所以应该把手机的合理使用作为教育杠杆，比如说在使用费用、流量，甚至在换手机等环节上进行相关约定。在这个过程中逐步培养学生的自制力、主动性、协商能力等，让他知道自己有主动权，但主动权是有方向性的、有限制的、有后果的。

四、解决策略

通过对家庭教育指导的案例分析与实践反思，高中生青春期家庭教育最重要的指导目标就是要帮助家长真正认识到无论孩子如何变化，孩子都是非常需要家长指导的，他们是通过和家长的“争斗”学会成长，确认很多重要的信息，巩固或检验以往的观念、方法，同时，家长也要在指导孩子的过程中接纳新的信息，建立起成长型亲子关系。

策略一：以成长为目标进行指导

在指导过程中，教师应该以解决问题为载体，坚持以促进学生成长为中心的工作策略。

例如，异性交往问题经常是家庭教育指导的重要话题。家长往往会分成以下几种情况：(1)坚决反对。他们认为无论如何，高中阶段孩子都不能“谈朋友”，孩子的注意力一定要集中在学习上；(2)困惑不解。家长对孩子发生的事情完全无法理解，也不知道该不该管、管与不管会出什么问题；(3)毫不在意。有的家长比较关注孩子“吸引力”的培养，认为这个年龄的孩子的这些行为非常正常，教师和家长的介入反而会引起逆反，应该顺其自然。

相对而言，教师的态度比较集中，一般是“不支持、重引导”，当然也有部分教师是希望完全杜绝。

青春期的学生要学会与异性相处，能学会了解自己、了解他人，学会恰当表达情感，这些不仅对个人成长是非常重要的，而且对部分已经开始深入交往的学生来说，更为紧迫，所以关于异性交往的家庭教育指导要以帮助学生学会理解双方感情、学会建立平等关系、学会做到自我保护等作为家校共同的教育目标。

因此，在指导过程中教师要通过和家长达成具体、统一的教育目标，与家长共同促进学生成长。对于坚决反对早恋或是困惑不解的家长，侧重于指导家长关注并尊重孩子的情感需求，通过充分沟通来理解孩子对异性钦慕的感受，家长可以分享自己对异性情感的理解和经历，与孩子能够在情感问题上进行平等的探讨，充分考虑社会娱乐和新闻等文化信息对孩子的影响，通过这样的交流也进一步指导孩子自我了解、自我完善、自我接纳；对于毫不在意的家长，侧重于指导家长教育孩子在交往过程中尊重彼此的感情，学会自我保护。教师在指导过程中要充分了解家庭的培养目标，理解并尊重家庭文化的客观存在，真诚、公正地将学生的表现已经产生，或是可能产生的人际交往问题、情绪问题等与家长沟通，通过案例指导家长关注学生表达情感方面的艺术性、合理性，坦诚交流、共同探讨，帮助学生在异性交往的过程中真正理解自己的感情，懂得更好地表达自己的情感，促进自己的全面成长。

青春期学生的激素水平的改变使得身体第二性征明显，由此他们感受到身体巨大的变化，以及情绪激烈的波动，同时，这个时期大脑的修剪和髓鞘形成，使得青少年对多巴胺的反应增强，让他们更专注于积极回报，促使他们尝试新事物，更全面地感受生活内在动力，更主动地参与到生活中。他们往往会冲动地把一个想法付诸行动，而不是先停下来考虑后果，这些改变决定了他们乐于尝试新事物，对生活充满激情，通过对边界的不断试探，来努力探索“我是谁”“生命意义何在”“我要成为什么样的人”等问题，因此，积极对待这些探索行为有助于青少年了解自我、完善自我、接纳自我。

策略二：以专业沟通技术进行指导

在指导过程中，教师应该有意识地使用倾听等专业技术，建立起良好沟通关系，并提供相关青春期心理知识，以帮助家长了解学生为重要的指导策略。

在家庭教育指导案例中有相当数量是关于学生行为偏差的。由于家长的长期、不良的教养方式，以及青春期本身的冲动、情绪化，有的学生会做出偏激的行为。为了更有效地进行教育，教师与家长进行沟通与合作是必不可少的。但在这些案例中，家长的态度往往会让不少老师感到沮丧，而作为教师相信所有的家长都是希望自己孩子健康成长的。对于行为偏差这一状况，家长们肯定是比教师还要焦虑的，但也许是出于对学校的不信任，急于庇护孩子；也许是出于自己无法接受等原因，家长往往会出现情绪激动、愤怒、回避，甚至迁怒他人等种种表现。如果能够帮助家长理解孩子出现行为偏差的原因，找到改善现状的方法，绝大多数家长是能够积极配合的，所以有效指导的基础是保持开放的态度，与家长建立良好的信任关系，正所谓"关系大于方法"。

在倾听家长的过程中，教师要保持客观的立场，一方面有利于和家长深入沟通，共同寻找学生行为偏差的具体原因，另一方面也是示范、指导家长和孩子沟通时如何听懂孩子的话。同时，要进行较为具体、专业的指导：普及青春期孩子相关心理特点，以及同一性发展的任务目标；和家长一起建立促进孩子健康成长的外部支持，如孩子信任的家人朋友、家庭可以开展的共同活动，统一互补的家校相关规则和奖惩措施；分析孩子已经具备的积极内部基础，如兴趣爱好、对未来的设想、优秀健康的品质素养等；帮助家长树立起教育的信心，理解"青春期的孩子反复出状况，往往是内心想考验家长，看看是否可靠，也是对人际关系如何建立的一种探索"，理解"边界感""价值感"对他们的重要性。

策略三：以和谐家校合作为基本保证

在指导过程中，教师应该尊重家庭现状，结合学校教育目标，形成家校合作共育的氛围。

青春期的学生在进行自我探索、自我整合的过程中，非常需要稳定和谐、接纳度较高的外部环境，这样的环境能够帮助他们形成积极的自我认同，减轻心理压力。这就需要家庭和学校在培养目标、评价标准、规范要求上尽量协调统一，以免让学生无所适从，甚至有受挫、压抑的感觉。

比如，新生入学指导、学业指导一直都是家庭教育指导的重要内容之一。这些指导就是为了形成家校合作统一的、阶段性的目标。新生入校后，教师应该通过家访、家长会等各种形式，围绕学校育人目标和阶段要求，包括学生的实际情况，与家长进行充分沟通，在学生的引导方向上形成和谐统一的力量，帮助学生顺利地适应新的学习环境、人际关系，逐步建立起自身的成长计划。在高考新政下的生涯指导工作，包括高考选科、志愿填写等关键节点上更需要家校合作，这个过程有效地促进了学生同一性的发展。只有双方做到及时交流学生情况，全面了解学生的前提下，才能有效指导学生做好人生规划和选择，实现自我价值。

策略四：注意体验式活动的方式指导

在指导过程中，教师应该关注对家庭教育方式的指导，帮助家长以平等的方式主动体验孩子的感受，有效进行亲子沟通。

面对孩子的成长，许多家长既期待又难以适应，青春期孩子在身体、认知、情感以及人际交流范围等方面都发生巨大变化，对父母的教育内容、方法都有不一样的需求，教师应该鼓励家长“走下神坛”，勇敢地转变自己的角色，从“交通管理员”转变成“专业教练员”，满足孩子成长中对认同和平等的渴望。教师可以通过各种形式，包括示范指导、活动体验等，指导家长能够设身处地地理解孩子的内心需求、观察视角、思考模式，将“守护”转型为“守望”，明白“在控制孩子和帮助他们成长，这两者之间不可兼得”。

五、研究思考

思考一：家庭教育指导工作的意义

家庭教育的指导工作促进教师在育人的过程中，不再局限于学校或上级部门的指导要求，不再局限于学生近期的状况，而是关注到每个家庭，关注到学生成长的全过程，更能够全面、深入地了解学生的情况，理解他们的感受，在日常教育中更有针对性。同时，这项工作也有效地帮助学校不断思考、探索育人的方式方法，助推良好家风家训的树立，促进学生全方位发展。

思考二：家庭教育指导工作在班主任队伍建设中的作用

为了能更有效地帮助家长，在家庭教育指导过程中，班主任的育人能力也随之有了明显的发展，主要表现在以下几个方面。

1. 加强对育人目标的深入理解。在与家长沟通中，为了有效地开展家校合育工作，对学生的培养目标必须整合统一，形成合力，这个过程促使班主任更为深入地思考育人目标的内涵，渗透到家庭教育指导的每个细节中，让家长更容易理解和接受教师的指导意见。

2. 学会对学生进行全面、细致的观察。在指导家长的过程中，需要了解学生学习生活的细节，这样既能够帮助家长全面、客观地了解孩子，也能争取家长的信任，建立起良好的沟通关系。这个过程促使班主任在日常管理工作中，学会用心观察学生的行为表现，做到关心每一位学生。

3. 提升科研能力。在指导家长的过程中，需要掌握青春期学生心理的相关知识理论，如埃里克森的“人格发展八阶段理论”，以及高中生面临“自我同一性和角色混乱的冲突”等方面内容，提升自身的理论水平。同时，通过与家长的交流沟通、对案例的分析思考，班主任能够有效地总结育人方法，提高科学研究能力，加强自身专业性发展。

4. 加强家校协同育人的能力。在指导过程中,通过探讨、交流家庭教育知识与方法,帮助家庭建立起教育新观念,探索出学校教育新途径。在这个过程中,家庭和学校可以共同成长,尝试有效的育人方法,加深学校和家庭彼此的信任和理解,在育人方向上求同存异,建立积极的合作共同体。

初中青春期分年级浸润式教育的实践研究

杨 彦

信息时代的到来，推动了社会转型，人类在享受现代文明的同时，还要面对激烈的社会竞争，迎接压力的挑战、情绪的困扰。这些社会现象也折射到校园中，影响着正在成长的青少年。初中阶段是学生身心健康发展的重要时期，在这个阶段，学生身体发育迅速，心理变化明显，精神成长需求强烈，有着前所未有的成长体验。他们充满激情和力量，对未来充满期望，但这样的变化也可能导致学生产生心理困惑或行为问题。因此，初中阶段的青春期是他们成长的关键期，也是教育的挑战期。

笔者所在的学校秉承“为学生一生奠基”的办学理念，致力把学生培养成为具有优良的道德品行、健康的身心素质、和谐的知识结构、良好的审美素养、勇于实践创新的、全面发展的时代新人。而青春期教育正是促进个人和群体对待青春期问题的观念、态度和行为方面实现转变，以期对青少年的健康成长以及生活质量的改善有所贡献，这正体现了教育为学生终身奠基的根本目的，也完全符合笔者所在的学校的办学理念。因此，近些年来，笔者所在的学校积极开展青春期教育的探索与实践，逐步形成“以学生成长发展为中心，以课程建设为载体，以体验感悟为主要方式，以家校社联动为机制”的学校青春期教育模式，取得一定的成效。随着学生发展的需要和社会对青春期教育的日益重视，更好地在教育教学中渗透青春期教育，归纳总结笔者所在的学校青春期教育的方法和途径，构建适合笔者所在的学校学生青春期健康成长的教育体系，力求让学校青春期教育工作成体系、有特色、创品牌，成为我们新的探索与追求。

一、概念界定

1. 初中青春期教育

广义的青春期教育是指通过有效的教育措施和手段，青少年能够明确性别角色的差异、正确认识性器官、了解性生理和性卫生常识、培养健康的性心理，并梳理正确的性道德观念的一门综合学问，具体内容涵盖了青春期性生理、心理、伦理、法制、审美、社会学等多方面。

根据《中小学青春期教育一体化建设纲要（讨论稿）》，初中阶段青春期教育应该让学生了解青春期第二性征的发展，知道性的成熟与生育的关系，知道青春期的情绪特点，知道每个人都有自己的优势与不足；学会管理自己的情绪，学习两性交往的基本规范和准则，学会识别和正确应对性侵害；珍惜生命，重视责任与义务，重视社会道德，培养法律意识，开始规划自己的未来。

2. 浸润式教育

所谓“浸润”意指渐渐渗入、滋润（参见《现代汉语词典》，商务印书馆 2012 年第 6 版，第 679 页）。“浸润法”就是周围的舆论持续长久地影响公众心理的方法。其特点是作用缓和而持久，不易形成表面对抗。真正成功、伟大的教育应该是激发受教育者自发接受与感知，而非外在。浸润式教育的设计旨在创设特定的环境、情境，让学生在教育教学活动中获得体验与感知，进而获得感化和熏陶。围绕各年级青春期健康培养目标，在语言浸润、情感浸润、情景浸润中实现知、情、意、行的多重整合，促进学生个体内在的心理感悟，实现“润物细无声”的活动效能，体现青春期健康教育的独特性与科学性。

3. 分年级培养目标

青春期是人的生命发生变化最多的时期，其在生理、心理方面不断成长，个人的心态及社会关系不断发生变化。处于青春期的初中生对自我探索、认同、人际关系、家庭及社会角色等也在每天产生新的认识和新的适应。初中四年，学生从12、13岁到15、16岁，对于青春期的成长而言是至关重要的，不同的阶段会面临不同的困惑。按照埃里克森的"人格发展八阶段理论"来说，如果前一阶段的困惑没有解决，那么下一个阶段的发展就会受到阻碍、影响。因此我们从青春期发展的角度，基于学生年龄、年级、性别、身心发展的切实需求，调查各年级学生生理、心理发展的现状及其特点，总结和归纳分年级青春期健康培养目标，切实提升学校青春期健康教育活动的层次性、梯度性、针对性，及时帮助学生解除青春期困惑，引导学生形成健全人格，促进健康成长，为学生的一生成长奠定坚实基础。

二、浸润式青春期教育的实施原则

1. 科学性原则

青春期教育是一门特殊的课程，它涉及生理、心理、伦理、法制、审美、社会学等多个方面。坚持科学性原则，要求注重青春期发展的客观规律和特点，在调查、分析的基础上落实科学的教育内容、教育途径、教育方法和教育评价，切实提升学校青春期教育的有效性、实效性，逐步形成学校青春期教育专业化、科学化的发展之路。

科学、完善的青春期教育对于学生的人生成长至关重要，有助于他们学习到科学、系统的性知识，树立正确的性文明、道德和法制观念；解决初中阶段发展过程中的一些困惑；有助于他们从青春期的不成熟走向健康成熟，为学生的一生成长奠定基础。

2. 生本性原则

即以学生为本。青春期教育区别于其他学科，是以"人"的需求为核心的教育活动，充分体现了对人的发展的尊重。因此在开展教育的过程中，应强调"以生为本"，选择适宜的时段、合适的内容、恰当的方式，根据孩子的知识水平、心理承受能力、生活的需要和孩子的个性特点来进行适当的教育。

同时依据埃里克森“人格发展八阶段理论”，把握初中学生现阶段面临的自我同一性和角色混乱的主要冲突，再关注初中四年中不同年龄阶段学生青春期成长的身心特点和需要，根据学生的生活实际以及思想状态进行教育的跟进、细化。笔者所在学校构建的目标明确、形式丰富、纵向衔接的分年级青春期教育活动序列，体现了阶段性和分层性。

在教育活动中也要尊重学生的主体地位，把成长的主动权交还给学生，充分调动学生的积极性，鼓励学生主动参与青春期教育过程，通过思想、体验和感悟，学生能够自助、自强、自立。

3. 浸润性原则

青春期教育是一门综合性课程，从教学内容上它横跨自然科学和社会科学两大基础学科，并且涉及德、智、体、美、心诸育。因此青春期教育绝不是一门课能解决的，也不是单一途径能落实的。

近年来，笔者所在学校着力打造契合学生青春期健康成长的浸润式校园环境。通过将青春期教育分年级、多课程、全方位地融入学生的学习生活，学生从语言浸润、情感浸润、情境浸润等多种途径中实现知、情、意、行的多重整合，在各类教育教学活动中体验、感悟、健康成长，潜移默化地激发内在成长力，内化于心，外化于行，实现“润物细无声”的活动效能。

三、浸润式青春期教育的实施途径

1. 分年级浸润：贯穿初中学生成长全过程

分年级浸润，即实现初中四年各有侧重、循序渐进地开展青春期教育。初中学生正处于告别幼稚，走向成熟的过渡时期，他们正面临着生理和心理成长的双高峰时期。根据儿童心理学中儿童成长发展的规律，处于青春期的初中生对自我的探索、认同、人际关系、家庭及社会角色每天都在产生新的认识和新的适应。与此同时，他们也在不断应对生理、心理等诸多方面产生的冲突，这个阶段他们将逐步完成“自我同一性”的构建。初中四年，学生在自我意识、情绪调控、沟通交往、生存意志等方面会呈现出不同的高峰。笔者所在学校结合学校心理健康教育工作的经验，梳理整合了分年级心理健康教育之间的内在联系与系列化问题，构建分年级青春期教育的主题和侧重点，切实增强青春期教育的科学性和有效性。

① 各年级的主题和侧重点

中预年级(11—12 岁)：适应——了解自我、迎接变化

这个时期，学生的生活开始发生变化，一方面要适应新同学、新老师、新学校，适应初中生活，适应新的学习模式，适应自己新的身份“初中生”；另一方面要适应身体、心理、情绪等方面的变化，迎接青春期的到来。适应的过程是了解自我的、拥抱变化的过程，更是不断成长的过程。

初一年级(12—14 岁)：交往——探索自我、学会交往

步入初一年级的学生，青春期的特性越发外显。他们进一步探索自我，开始考虑自己是谁、相信什么、需要什么。而此时，人际交往成为这个阶段学生感到较为困惑的问题，包括同伴交往、亲子交往、异性交往。初中生人际交往能力的培养是促进其健康成长的重要环节，也是初中生开始迈向社会的重要一步。

初二年级(14—15 岁)：悦纳——悦纳自我、尊重生命

初二年级的学生大多进入了第二性征的发育，身体逐渐成熟。与此同时，带来了学生自我意识的发展和性意识的觉醒，学生开始不断进行自我审视与自我评估。懂得悦纳自己，是一个人成长的标志。悦纳自己的优势，也悦纳自己的不完美，继而加深对自我的认识，努力改进自己、完善自己，而不是妄自菲薄，失去信心。学生要感受虽然性别、性格、外形、能力存在不同，但每个人的生命都来之不易，并且有独特意义，要倍加珍惜、尊重生命。对于学生成长之路而言，这一步是对之前的升华，同时也为更加自信地迎接未来奠定基础。

初三年级(15—16岁)：理想——挑战自我、青春志向

初中生活的最后一年，对于学生而言是激发潜能、向未来冲刺的一年。在这一阶段，学生更加敏锐地意识到自己的长处和短处，更清楚地认识自己、他人和社会。教师需要帮助学生树立正确的价值观，引导学生确立青春志向，树立自己的学习理想、生活理想，尝试以积极的情绪体验应对压力，与压力做朋友，培养坚毅品质，增强心理弹性，在不断调整自我中修正和完善人格。

2. 多课程浸润：构建青春期教育系列课程

多课程浸润，即通过多路径开发、多资源融合、多领域拓展，将基础课、主题教育课、社会实践活动课等结合起来，分年级构建青春期系列课程，让学生浸润于青春期教育的氛围中，促进其青春发展、健康成长。

① 基础课

通过基础型课程进行学科浸润，发挥课堂的主渠道作用。挖掘基础学科中青春期教育的内容和元素，有相应师资，有专门课时，有国家或地方教材，这将有利于青春期教育落到实处，使课堂学科教学更贴近学生，润物无声，以潜移默化的形式对学生进行全面的青春期教育。

但是在实践中我们发现几个问题。首先，基础课程教学内容中涉及青春期教育的学科不多，主要集中在“心理健康”“科学”“道德与法治”“语文”这四门学科中。其次，个别学科涉及的青春期教育内容比较分散，分布在不同年级、不同章节，有些跨度很大，有些还需深入挖掘。再次，由于青春期教育的内容分散在不同学科，教师之间没有沟通机制，有时教学内容和课堂活动设计相互重复，出现“你讲我也讲”的现象；有时又因为内容的特殊性，出现了“你不讲我也不讲”或者“我以为你会讲，你以为我会讲，但最后谁也没有讲”的尴尬情况。

最后，由于青春期教育的内容具有较高的科学性与专业性的要求，部分教师不具备相应的学科知识，如心理老师在教授性生理时缺乏相应的学科背景，“道法”老师在教授青春期情绪特点时也缺乏心理学理论支撑。

为避免以上情况的发生，切实落实学科教学中的青春期教育，笔者所在学校于2019年起成立了由学生发展中心牵头，由“语文”“心理”“科学”“道法”学科青年骨干教师组成的学校青春期教育学科教研组。教研组首先整理了中预至初三年级四门学科中涉及的青春期教育知识，根据教育内容、年级特点、学科特点梳理出初中学科青春期教育的框架。框架包括四门学科中青春期教育所在教材章节、涉及教材内容以及其青春期教育的侧重点三个方面(见表1)。

教研组根据框架，梳理初中四门学科中青春期教育内容的逻辑关系，既保持学科特色，又能相互渗透。对于同一年级不同学科中包含相同教育主题的，进行不同学科间的同课异构或者不同学科组织单元化教学。比如中预年级的“心理”学科和“科学”学科都有关于青春期性的发育、自我保护的教学内容，因此笔者所在学校在开展这一青春期教育重点的教学时，组织了“科学”学科在前、“心理”学科在后的跨学科单元化教学。科学学科着重让学生懂得青春期身体变化的生理机制，建立对生殖器官成熟及征兆、怀孕与节育、性传染病等知识的科学认识；然后“心理”学科中让学生通过男生女生的变化认识到第二性征的发育意味着身体的逐渐成熟，由此会带来的生理、心理的变化，让学生在充分认识自我的过程中，喜悦地迎接成长的变化。

对于不同年级不同学科出现同一教育主题的情况，把握青春期发展持续的特点，让同一主题在不同年级的教育内容呈现螺旋式上升的态势，打造年级纵向衔接、学科横向贯通的教育体系。比如：中预年级“心理”学科、初一年级“道德与法治”学科、初三年级“语文”的教学内容中都有两性情感的主题，因此教研组通过研讨进行了教学

表 1　初中青春期教育相关教育内容汇总表

学科	内容	年级			
		中预	初一	初二	初三
"心理健康"（中预、初一）	教材章节	1.《心理健康学本》第一单元"与自我对话"+《自助手册》专题八"与自我对话" 2.《自助手册》专题一"准备好了吗" 3.《自助手册》专题二"生命的乐章" 4.《自助手册》专题六"飞扬的青春" 5.《心理健康学本》第五单元"青春的轨迹"	1.《心理健康学本》第四单元"让我们相处得更好"+《自助手册》专题三"沟通你我他" 2.《心理健康学本》第二单元"让好心情做主"+《自助手册》专题七"情绪天空" 3.《心理健康学本》第五单元"青春的轨迹"	未安排课程	未安排课程
	教学内容	1. 这就是我、做最好的自己、学会整治自己的草地+独一无二的我、破解我的密码 2. 变幻的世界、你变我也变 3. "人"字的支撑、风景在路上、红丝带的咏叹 4. 男生女生变、青春保护伞、	1. 你的沟通状态、沟通技能大解密、朋友和友谊+亲亲一家人、师生面对面、人际财富 2. 少年初识愁滋味、情绪健康维他命、清除你的"情绪垃圾"、找寻失败中的"珍珠"+情绪早知道、愤怒的		

续 表

学科	内容	年级			
		中预	初一	初二	初三
		5. 青春心事、萌动的青春情给“青春期画像”、我是男孩/女孩	暴风雨、乌云翻滚的日子、走过梅雨季 3. 静心听花开、好奇进行曲		
	青春期教育侧重点	自我悦纳、性的发育、自我保健、自我保护	人际关系、两性情感、两性平等、性的观念、情绪管理		
“科学”/“生命科学”（中预、初一/初二、初三）	教材章节	第三章“细胞与生殖”	无相关内容	第三章“健康与疾病”	无相关内容
	教学内容	性细胞、受精作用、胚胎在母体内的成长、婴儿的诞生、婴儿的成长和父母的关爱 青春期身体的变化、生殖器官成熟及征兆、怀孕与节育性传染病、艾滋病		青春期健康：青春期的生理、心理变化、艾滋病的传播途径及预防	
	青春期教育侧重点	身体认知、自我认知、性的发育、自我保健、自我保护		性的发育、自我保护	

续 表

学科	内容	年级			
		中预	初一	初二	初三
“道德与法治”(中预—初三)	教材章节	1. 第一单元“认识自己” 2. 第二单元“友谊的天空” 3. 第三单元“师长情谊”	1. 第一单元“青春时光” 2. 第二单元“做情绪情感的主人”	第四单元“生命的思考”	无相关内容
	教学内容	1. 认识自我、做更好的自己 2. 友谊与成长同行 3. 师生之间、亲情之家	1. 悄悄变化的我、成长的不仅仅是身体、男生女生、青春萌动、青春飞扬、青春有格 2. 青春的情绪、情绪的管理、我们的情感世界、在品味情感中成长	探问生命、敬畏生命、守护生命、增强生命的韧性、感受生命的意义、获得生命的精彩	
	青春期教育侧重点	自我认识、自我悦纳、人际关系	性的发育、两性情感、两性平等、性的观念、情绪管理	无相关内容	
“语文”(中预—初三)部教版	教材章节	无相关内容	第五课《木兰诗》	1. 第九课《美丽的颜色》 2. 第十二课：诗经二首《关雎》《蒹葭》	名著导读《简·爱》

续　表

学科	内容	年级			
		中预	初一	初二	初三
	教学内容		女性独立意识	1. 居里夫人，诺贝尔奖得主，发现镭过程的记录。女性科学家是无比美丽动人的 2. 对美好异性的追求与渴慕。对爱情求而不得的忧伤	对平等爱情的追求
	青春期教育侧重点		两性平等	两性情感、两性平等、青春志向	两性情感、性的观念

内容相互关联又互相独立的，呈螺旋式上升的教学设计，让学生初中四年在不同学科中都能接受相应的教育，逐步了解两性情感，形成科学健康的两性观念。

② 青春期主题教育课

由于初中阶段学科教材和教学中青春期教育部分主题存在单薄甚至缺失的情况，学校需要进一步加强青春期专题教育的研究和设计。通过青春期主题教育课对学生进行系统的青春期教育是行之有效的途径。

青春期主题教育课分为青春期主题活动课和青春期主题班会。主题活动课是教师根据学生的身心发展规律及现实特点，结合社会发展趋势精心设计各种活动，学生自觉进行自我教育。在教育过程中，学生在情感上获得充分的心理体验，形成正确的青春期价值观和行为方式，较好地适应社会的要求。主题班会则更突出活动性，以"友善用脑"的理念将心理知识原理应用在整个教育过程，触动情感，打动学生内心，从而使其内化形成合理的行为方式，突出教育的实效性。

笔者所在的学校四个年级根据分年级青春期教育目标和侧重点，每学期召开两次主题教育课（见表 2），通过丰富多彩、精心设计的活动创设情境，让学生在分析问题、解决问题中获得充分的心理体验。

表 2　初中四个年级主题教育课表

年级	目标	主题教育课	
中预年级	适应	你好！青春期	撑起青春的保护伞
初一年级	交往	学会沟通　阳光生活	我的绿色心情
初二年级	悦纳	放飞青春梦想 （十四岁生日主题教育）	爱的责任
初三年级	理想	骄阳伴成长　逆风学飞翔	我的未来我做主

③ 社会实践活动课

社会实践活动课是一门强调以“学生的体验、社会的需要”为核心，以主题的形式对社会资源进行整合，以有效地培养和发展学生解决问题的能力、探究精神和综合实践能力为目的的课程。笔者所在学校在四个年级分设不同场馆的社会实践活动，活动时空上向自然环境、学生的生活领域和社会活动领域延伸，密切学生与自然、与社会、与生活的联系(见表3)。为了更有意义地开展这些实践活动，更好地挖掘其中的青春期教育元素，我们设计了分年级实践活动的任务单。如中预年级军训活动中的“准备好了吗?”任务单，围绕“使中预新生在军训活动中认识自我、了解自我、认同自我；适应新的学习环境；培养中预新生坚定的意志和抗挫心理”的活动目标，引导学生每日记录军训活动中“我的心情”“我认识的新朋友”“我认识的新老师”“你对今天的自己满意吗”等内容，看到自己的独立与成长。

表3　初中四个年级社会实践活动课表

年级	场地	任务单主题
中预年级	军训学校	认识自我
初一年级	上海禁毒馆	健康生活方式伴我行
	医院职业体验	认识生命
初二年级	月湖雕塑公园	放飞青春梦想
	各类美术馆	我眼中的美
初三年级	院士风采馆	为名家点赞、树青春志向

3. 全方位浸润：构建家、校、社三位一体教育模式

青春期教育是一个系统的生命工程，它需要社会、家庭、学校全方位的积极参与。学校具有主导性，长于对学生进行青春期知识、科学的普及；家庭具有早期性，具有血缘关系的一家人，特别适合一对一的具体关怀和指导；社会具有基础性，社会环境可以检验、印证、巩

固孩子们在学校、家庭传承来的正确观念和正确行为。三者各司其责，不可替代。三方要努力保持教育方向的一致性，同时，以学生为核心，青春期教育也可以理解为时间、空间、状态等多个维度的叠加，通过多维度的积极探索，学校建立了“全方位浸润”的青春期教育体系。

① 鼓励社团活动

依托学生心理社团，通过创设情境，学生在更自由的空间中创造性地运用游戏、绘画、角色扮演、艺术欣赏、辩论讲演等多种形式，在活动中体验感悟、迁移提升，掌握青春期知识、技能，具备正确、科学的态度和价值观。

② 开展研学旅行

古往今来，“读万卷书，行万里路”是获取知识、涤荡心灵的途径。笔者所在的学校自 2007 年起与加拿大育才教育中心合作，每年暑期组织学生前往加拿大温哥华开展一个月的游学活动。根据加拿大的教学大纲要求，学前班就开展性教育，加拿大拥有比较完备的青春期教育体系和更专业的师资。我们根据“生情”专门安排了两节国外的性教育课——“认识性别”“自我保护”，让学生在课堂中既感受到加拿大的课堂教学，又学到了科学、专业的性知识。

③ 借助专家力量开展讲座

定期邀请医生、心理专家、法官等各行各业的知名专家学者，通过专题报告，引导学生了解更多、更专业、多方位的青春期相关知识。

④ 利用网络中的丰富资源

学校利用校园网和自媒体平台，向学生定期推荐青春读物、青春电影，让学生从书籍和影片中读懂青春，学会成长。学生也可以通过文字、图片、语音、视频等形式投稿，吐露自己的青春心事，讲述自己的成长故事，相互交流、共同成长。

⑤ 进一步推进家校合作

家庭青春期教育有血缘亲情的优势，有尊重个体生命、尊重个体差异的优势，有父母持久全天候观察了解孩子青春期发育成长的优势，有与孩子一对一亲切沟通的优势，有日常具体指导孩子内化、巩固、习得好习惯的优势。在这个领域，家长是非常重要的教育资源，因此必须推进家校合作。但是很多家长缺乏相应的理论知识和经验，学校有义务开展相应的家庭教育指导。自 2013 年起，笔者所在学校构建了每年级 8 个专题的分年级家庭教育指导校本课程——"四季·家"讲堂(见表 4)，其中有两个是青春期家庭教育的指导专题。每学期一次，通过讲座、体验式活动、家长工作坊等多种方式，为家长提供专门的青春期教育指导与帮助，增强家长开展青春期教育的意识，提升他们的教育能力。这些活动受到了家长的欢迎和好评。

表 4 新北郊中学"四季·家"讲堂中与青春期教育指导相关的专题

年级	专题
中预	专题一：走近青春期的孩子，专题二：帮助孩子迈好中学第一步
初一	专题一：青春期孩子的观察与沟通，专题二：教会孩子控制情绪，正确面对挫折
初二	专题一：帮助孩子顺利度过逆反期，专题二：引导孩子正确交友，专题三：孩子，你会自我保护吗？
初三	专题一：理解孩子，学会与孩子沟通，专题二：让孩子做更好的自己

参考文献

1. 闵乐夫主编：《青春期性教育教师实用手册》，西南师范大学出版社 2010 年版。
2. [美]乔希·西普(Josh Shipp)：《解码青春期》，李峥嵘、胡晓宇译，湖南教育出版社 2019 年版。
3. 王桂花：《初中生性教育现状研究——基于温江区涌泉学校的调查》，四川师范大学硕士学位论文，2017 年。
4. 秦珊珊：《全人教育视野下初中生青春期教育研究——以扬州市 3 所中学为例》，扬州大学硕士学位论文，2017 年。

5. 潘绥铭、黄盈盈:《我国14—17岁青少年性教育效果的实证分析》,《中国青年研究》2011年第8期。
6. 张洪芹、苗军芙:《"青春期教育"概念的实践价值——基于我国文化背景和社会发展阶段的"性教育"实施策略思考》,《齐鲁师范学院学报》2012年第12期。

小学高年级青春期性教育需求现状调查与分析
——基于上海市 10 所学校的调查

陈冉苒

"青春期"即青春发育期，是以生殖器官发育成熟、第二性征发育为标志的，是性的成熟与发展的关键期。也是由儿童逐渐发育到成人的过渡时期，是个体生理和心理不断走向成熟的关键阶段。世界卫生组织（WHO）将青春期的年龄界定为 10—20 岁。随着身体的变化，青少年的性别意识逐渐加强，身体和心理会发生一系列的变化。

"青春期性教育"是指对青少年进行性观念、性生理、性心理、性保护、性道德等方面的教育，青春期性教育可以帮助青少年顺利度过青春期，为其健康成长打下坚实基础。为了更好地推进青春期性教育，更加全面地了解小学生性教育的现状和需求，上海市骨干教师心理健康教育（青春期）德育实训基地于 2019 年在上海市 5 个区选取 10 所小学，开展了"小学高年级青春期性教育需求现状调查"，期待为开展更有针对性的青春期性教育提供实证依据。

一、研究对象和方法

（一）研究对象

上海市虹口、静安、宝山、嘉定、松江 5 个区 10 所小学，每所小学随机抽取四年级或五年级的一个班级，调查对象共计 576 名学生。其中，四年级学生有 281 名（48.78%），五年级学生有 295 人

(51.22%);男生有 312 名(54.17%),女生有 264 名(45.83%);与父母共同生活的有 514 人(89.07%),与父母一方或其他亲属生活的有 62 人(10.76%)。最终收回有效问卷 576 份。

(二) 研究方法

本研究主要采用问卷法进行资料收集。问卷由 23 个题目组成,针对男生和女生不同群体设计 1 道题目、9 道多选题目。问卷设计了 8 个版块:学生基本信息,包括年级、性别、与谁一同生活等;生理发育现状;性知识的储备和获取途径;同伴交往;性别差异和性别认同;性保护和求助意识;性知识需求;家庭和学校性教育的开展情况等。

本调查问卷由课题组自编定制,问卷经过了课题组成员座谈、专家指导和课题组成员反复修改的过程。此次调研使用问卷星进行网上填写。

二、问卷调查结果分析

(一) 生理发育现状

从调查中可以看出,从小学四年级起,男生和女生就开始有不同程度的生理变化,如表 1 所示。

表 1　生理发育现状

选项	男生	女生
出现月经		19.32%
乳房增大		51.14%
声音变细,声调变高		20.08%
我的身体没有发生什么变化		40.53%

续 表

选项	男生	女生
声音低沉	23.72%	
肩膀变宽，长出胡须	14.1%	
我的身体没有发生什么变化	75.64%	

从数据中我们可以看出，小学生的性生理发育情况明显表现出女生早于男生。在回答“面对自己成长过程中身体各方面的变化带来的感受”这个问题时，46.35%的学生感到高兴，22.57%的学生感到害羞，25.87%的学生选择不知道，5.21%的学生感到害怕。这些数据说明，大部分学生对生理变化的适应良好。

（二）性知识的储备和获取途径

在性知识方面的储备问题中，对于“女性要当妈妈了，她肚子里的宝宝是精子和卵子结合的结果”这个问题，62.5%的学生认为是正确的，35.76%的学生不清楚，1.74%的学生认为是错误的。对“你非常清楚地知道哪些是自己的隐私部位”这个问题，78.82%的学生选择了“非常清楚”，18.4%的学生选择了“知道一些”，2.78%的学生选择“不是很清楚”。这说明大部分学生对青春期的性知识有一定的了解。

在学生获取青春期各方面知识的途径上，排名前三位的为：父母和亲属（71.18%）、老师（39.06%）、网络和书籍（36.98%）。“当身体各方面发生变化时，你会寻求谁的帮助”，94.62%的学生愿意寻求父母的帮助。

（三）同伴交往

问卷中涉及的有关同伴交往的问题中，“你认为与异性同学之间的交往”，76.56%的学生认为很正常，13.89%的学生觉得很不好意思，9.55%的学生很好奇、很关注。“你会议论 * * * 同学喜欢 * * * 同学之类的事情”，41.67%的学生听别人议论过，但自己不议论；16.84%的学生从没有议论过，也没有听别人议论过；31.25%的学生有时议论；10.24%的学生选择经常议论。“如果你是被议论的人，你会怎样”，选“无所谓，不会理会”占 54.17%，选“很烦恼，觉得不好意思”占 39.76%，选“觉得这是件值得骄傲的事”占 6.08%。

根据调查结果，大部分小学生对待同伴交往的态度比较健康，对有关异性交往的话题能够坦然地面对。这反映了小学生有积极的、健康的同伴交往意识。

（四）性别差异和性别认同

有关性别差异和性别认同的调查为 2 道多选题。在性别差异方面，调查结果如表 2 所示。

表 2　性别差异

选　　项	赞成
每个人都是独一无二的，有着不一样的身高、体型、外貌	85.76%
男孩女孩有不一样的隐私部位	63.02%
男孩女孩的身体会随着年龄的增长发生相应的变化	61.98%
每一个人的身体（包括差异）都应该被尊重	71.35%

小学生的社会性别认同处于中等。总体来看，小学生中存在性别刻板印象，如：对“男生可以温柔，可以撒娇”赞成的学生为 13.37%，对“女生比男生更细心”“男生比女生更勇敢”这二个选项赞成的学生分别为 46.18%和 49.65%（见表 3）。这说明被调查的小学生也会受到传统性别观念的影响。

表3 性别认同

选　　项	赞成
我为自己是一位男生(或女生)感到高兴而自豪	68.75%
男生可以温柔,可以撒娇	13.37%
女生比男生更细心	46.18%
男生比女生更勇敢	49.65%
男女同学应该互相谦让,友好相处	84.03%

(五)性知识需求

在调查中我们发现,大部分学生认为十分有必要开展性教育方面的学习。在回答"是否希望学校专门开设男生和女生专场性教育"问题时,68.94%的女生和58.01%的男生希望学校开设专场性教育讲座。在回答"现在你最需要了解下列哪几个方面的内容"这个问题时,70.83%的学生希望学习如何保护自己,60.76%的学生希望学习人际交往,60.59%的学生希望学习关于身体及发育的知识。这说明小学生对了解青春期性知识、人际交往和自我保护方面的需求非常强烈。

(六)性保护和求助意识

在"遇到与同学交往中出现烦恼或困惑最愿意向谁诉说"这个问题时,51.56%的小学生首先会向自己的父母求助,29.86%的学生选择向好朋友诉说,4.51%的学生会选择告诉老师。

在性保护方面,认为"男生不用担心别人会做出令他们不舒服的行为"占18.23%,选择"只要是自己喜欢的人,可以让他(她)接触自己身体的任何部位"占3.99%,选择"认为好的肢体接触能让自己感受到高兴快乐"占37.33%,认为"同学、朋友之间好的身体接触有牵手、拥抱等"占69.97%。

“如果有他人对你的身体做出了令你不舒服的行为”，80.21％的小学生选择“当场拒绝并寻求家长或老师的帮助”，4.69％的小学生选择“对此事进行隐瞒，不让任何人知晓”，7.99％的小学生选择“看情况，如果对方比我大就会迫于压力选择隐瞒，比我小的就拒绝”，仅有4.86％的小学生选择“不知道怎么办”。数据表明，大部分的小学生有自我保护和求助意识，当遇到侵犯时会选择告诉身边的家人和老师。从中可以看出学校和家庭对孩子在性保护方面开展了相关的教育。这也可能与近年来儿童性侵犯案件的曝光引起了广泛关注有关，学校和家长开始认识到对小学生进行性保护教育非常重要。

（七）家庭和学校性教育的开展情况

根据调查结果，62.5％的学校开设了性别教育课程（或讲座），其中家庭性教育方面，73.26％的家长会告诉如何保护隐私部位，65.45％的家长会主动告诉孩子是怎么来的；54.86％的家长会告诉男女身体的差别有哪些，42.53％的家长会告诉如何与异性同学相处，只有7.64％的家长没有进行以上的性教育。

三、小学青春期性教育现状及对策

（一）小学青春期性教育的现状

性教育不仅仅是一种单一的知识教育，它涉及生理、心理、社会、道德、伦理等诸多领域。我们据调查结果发现，一是小学生对青春期身体发育和心理变化带来的改变具有好奇心，希望学习和了解相关知识和内容。他们通过父母、学校、网络和同伴等各种途径，掌握了一些青春期性知识，也有基本的性保护和求助意识，但在性生理变化、性别刻板印象方面存在差异，对青春期性心理的变化认识不足，有相当一部分小学生对应该了解的性知识有错误的认知和偏差。二是与初中和高中阶段的性教育相比较，小学阶段的性教育发展较为缓慢，这可能是受到传统文化观念的影响，总认为不应该让小学生过早地了解与性相关的知识。随着社会的发展，青春期性教育已引起了社会、学校和家庭的关注和重视，但也存在不足。

从社会层面，社会大众对性教育的认知程度有所提高，认识到需要加强青春期性教育。2011 年国务院发布的《中国儿童发展纲要(2011—2020 年)》中明确提出“把性与生殖健康教育纳入义务教育课程体系”。我国部分省市先后开展了青春期性教育的试点工作。但是从国家到地方，缺乏具有指导性和统一性的青春期性教育纲要和课程标准，没有对青春期性教育做整体部署和安排。

从学校层面，青春期性教育在中小学贯彻落实和开展上存在困难，但是一些青春教育实践的先行者迎难而上，开展青春期性教育的探索和实践。上海市从 1980 年起在中学开展青春期教育(包含青春期性教育)，上海市教委从 1997 年起对上海市 1 200 所学校进行青春期教育试点项目，开展教师专题培训，设计教师指导手册、视频、学生读本等，将青春期教育列入了课堂教学之中，学校青春期教育在教材内容选择和教学方法上都作了有益的探索。但是学校开展青春期性教育的整体性和连续性跟不上学生成长的需求，出现了有些内容会在不同年级简单重复出现，有些内容由于敏感而被忽略。

从家庭层面，现代父母的文化程度提高，愿意接受、学习新鲜事物，对性教育的认可程度有所提升。从某些程度来说他们没有像传统父母那样羞于谈“性”，多数家庭对性教育不再采取回避、敷衍的态度。父母对性教育的看法在发生着积极的变化，这些改变对孩子在家庭中接受性教育具有一定的积极意义。但是相当多的父母青春期性教育知识储备不足，还不能做到有意识、有方法、主动地对孩子进行性教育。

(二) 开展小学青春期性教育的思考

青春期性教育不是防范的教育，而是积极、开放的教育，在孩子生理发育前、在孩子性意识萌动前开展青春期性教育才能事半功倍。我们希望小学阶段开展能与中学阶段相互衔接的青春期性教育，让小学生真正了解青春期身体变化和心理变化的知识，保持性的生理和心理健康，从而快乐地成长。结合本次调查结果，在已有的基础上，社会、学校和家庭还可以为青春期性教育做些什么？

1. 社会方面

创设开放的环境和政策。营造一个健康向上的青春期性教育的大环境，明确教育目标。在此基础上，因地制宜，根据不同省市地区、不同的经济发展水平制定青春期性教育的宏观性、指导性意见。

整合优质的社会资源。协调教育、卫生、团委、妇联等部门，依托社区、医院、校外机构、青少年活动中心等场所，提供适合学生和家长需求的性教育讲座、展览、咨询等，引导学生树立健康的性价值观。

发挥网络和各类媒体的力量。身处当今网络信息化时代的青少年，不可避免地使用网络。如何充分发挥网络优势，开展科学、规范的性教育普及工作？一是积极利用新媒体平台，将青春期性教育的课堂搬到网络，通过小视频、微课，有计划地对青少年开展科学的性教育宣传；二是加强对网络资源的监管力度，减少错误、片面的网络信息，为广大青少年营造出一个科学、健康的网络环境。

2. 学校方面

青春期性教育要符合小学生身心发展特点。根据小学生年龄和发育的特点，在内容上循序渐进，可以利用游戏、小组讨论、角色扮演、情景模拟等方式。对于小学低中年级，应该让学生了解一些性知识，进入高年级后青春期性教育要实现递进，使青春期性教育满足小学生生理和心理健康成长的需要，为进入中学打下一个好基础。

完善青春期性教育课程设置和师资配备。中国青春健康教育专家苗世荣提出，青春期性教育的有效落实，需要“四个一”的支撑：一位好领导、一个好的执行者、一支好师资队伍、一本好教材。确实如此，学校开展的青春期性教育，不能只停留在开设讲座、视频播放等简单的形式上，应当确立青春期性教育的课程地位，将青春期性教育纳入学校教育课程体系，明确每学期课时安排，制定教学计划。通过主题教育课、心理辅导课、社团活动等途径，还可以将青春期性教育知识与学科教学相融合，潜移默化地开展教育。

需要与家长展开充分的合作。开展青春期性教育是学校、家庭和社会的共同责任。通过合作给学生提供更多的支持，如利用家长学校，每年开展1—2次专门针对家长的青春期性教育培训，给家长提供学习平台，提高父母的性教育能力。还可以充分挖掘家长资源，请家长参与培训，如在开展科普讲座、编写学习资料和经验分享会中发挥家长作用等。

3. 家庭方面

调查显示，从性知识的主要来源看，在小学阶段，父母在青春期性教育中扮演着重要的角色。家庭作为青少年接受性教育最早的地方。在家庭中对孩子开展性教育既容易让孩子产生代入感，又与生活紧密联系，使青春期性教育内容更具有生活化和实用性。

开展持续性和针对性的青春期性教育。弗洛伊德性心理发展理论指出，出生后婴儿期即有性的感觉，性教育应是终身的教育，性教育开始得越早越好。由此可见，父母是孩子开展性教育的第一任老师。父母在陪伴孩子成长中对孩子的性教育应该具有持续性和长期性；同时父母对自己孩子的了解远胜过教师，针对孩子的身体发育和心理变化，父母可以及时有效地对孩子开展针对性和个别化的具体指导。

注重言传身教。孩子对性别角色的学习、对异性的态度与家庭教育密不可分。这些认知不仅来自父母对孩子的正确教导，也来源于父母在日常生活中的一言一行。父母之间的相处模式、与他人的交往都对孩子有潜移默化的作用。父母如何在家庭和社会中扮演自己的性别角色，如何对待婚姻与家庭，都在无形中对子女有着示范作用。

提高自身素质。亲子间的沟通方式、家庭氛围和父母对性教育的认知程度等众多因素都影响着家庭青春期性教育的顺利进行。因此,建议父母积极提升自身对青春期性教育的认识。可以通过参加讲座、阅读、专家咨询等方式不断学习,掌握一定的青春期性教育知识,树立正确的性价值观,以推动家庭青春期性教育的开展。

参考文献

1. 涂晓雯、齐文娟、廉启国、左霞云、毛燕燕、楼超华、周维谨:《嘉兴市某县小学高年级学生性与生殖健康知识水平及获取途径》,《中国学校卫生》2019 年第 11 期。
2. 周月红:《小学生性健康教育现状及学校性教育对策的研究》,《长春师范学院学报》2011 年第 12 期。
3. 杨梨:《5~6 年级小学生性教育的现状研究——基于重庆市两校的调查》,《少年儿童研究》2020 年第 4 期。
4. 马军:《关注性健康教育　促进儿童青少年健康》,《教育家》2018 年第 41 期。
5. 刘燕、罗金梅、武笑楚、陈茜、李颖、罗赛美、唐松源:《在昆明市某小学五年级学生中开展参与式性健康教育的研究》,《中国性科学》2016 年第 11 期。

青春期教育渗透英语学科教学的实践与思考
——以上海牛津版英语教材高三上册“Growing Up”为例

汤　瑾

一、教材分析及青春期教育资源挖掘

1. 教材分析

根据《英语课程标准》积极倡导的“任务型教学”原则，上海教育出版社出版的高中《英语》教材“牛津上海版”大多数课堂活动都围绕学生语言实践展开。每个单元围绕一个主题，通过参与、思考、讨论、交流、合作等方式，学生能够学习和使用英语，从而达到实践的目标和任务。牛津教材内容紧密联系生活，贴近学生实际，富有时代气息，易于激发学生学习积极性。教材构建的语言情境真实，符合语用规范。教材中的词汇再现率高，非常符合学生语言学习的认知规律。牛津教材所体现的主要英语教学模式为：以学生为主体，鼓励学生采用自主探究和同伴合作的学习方法，发展英语学科核心素养，落实立德树人的根本任务。同时，也为学生构建了高中英语的共同基础，满足学生个性发展需求。

这套教材使用对象为 15 岁到 18 岁的正值青春期的学生。在人的一生中，青春期是非常重要的发展阶段，高中生活也是由幼稚走向成熟的过渡时期。在这一阶段，学生的身心发生了迅速而明显的变化，这些变化给青少年带来了前所未有的成长体验。他们感到身体越来越强健，精神生活越来越丰富，对未来充满了期待。然而，这种变化也会导致青少年的心理困惑和行为问题。作为网络时代的“原住民”,高中生可以通过各种新的网络媒体找到自己需要的信息,包括性信息。如果信息的科学性得不到保障,再加上青少年的信息甄别和价值判断能力不足,那么这样的文化环境可能会影响青少年的健康成长。

传统的青少年性教育以生命科学和心理课程为主,英语课程对其涉及不多。然而,笔者认为,将青少年性教育融入英语课堂教学,让英语课堂发挥人性化的作用,是学校性教育探索的一条新途径。

2. 基于教材的青春期教育资源梳理

高中《英语》(牛津上海版)教材中有着丰富的青春期教育资源可以挖掘,整理如下:

- 性审美(如青春之美、艺术之美……)

S1B U1 中“the Phantom of the Opera”一课介绍了著名歌剧《歌剧魅影》的故事情节,学生借此可以体会到经典歌剧的魅力,并对于其中复杂的人物情感作出理性思考。

S2A U2 中“Fashion”一课通过几个关于“时尚”的小故事,例如有花巨款购买运动鞋,也有特蕾莎修女的包等,探讨主人公对于“时尚”的态度,引导学生对于“时尚”作出正确的选择。

S2B U1 中“Suffering to Be Beautiful”一课介绍了不同文化背景下的审美(非洲部落的长脖子、长耳垂),不同时代背景下的审美(海狸毛帽子、去除肋骨),不同角度的审美(整容),从而引导学生对于外貌有正确的认识。

- 性保健(如生活卫生与习惯……)

S1B U2 中“Care for Your Hair”一课介绍了发质的区分、头发护理的工具、恰当的头发护理步骤,帮助学生培养护理头发的健康习惯。

- 性信息的应对(如网络、媒体、同伴……)

S2A U5 中“Virtual Reality”一课介绍了“VR”虚拟现实的概念、生活中的应用、未来的发展方向,鼓励学生思考虚拟现实给生活带来的影响。

- 性别平等(如男女平等、女性成才……)

S3A U1 中“A Woman's Place in the Home?”一课描述了一个关于女性是否应该成为家庭主妇或追求自己的职业成功的班级辩论活动,主要围绕“女性地位”这一主题,激发学生的思考,让学生了解一些社会工作中存在的男女平等问题,通过收集有关资料对家庭主妇的生活有所了解,并对于男女地位平等提出自己的看法。

- 性生理(如生命的孕育与诞生,身体的发育与变化……)

S3A U2 中“Growing Up”一课介绍了青春期的定义、出现的生理和心理问题以及青少年可以求助的渠道,引导学生合理处理青春期心理和生理的波动问题。

以上内容为青少年青春期教育提供了有用的资源,但相关研究表明,青少年青春期教育与英语学科教学的融合主要体现在知识和情感态度方面的较多,而对技能的理解和掌握的较少。作为英语学科教师,我们要结合学生身心发展特点和成长内在需要,进一步加强青春期教育的研究与设计,弥补青春期教育在学科教材和教学上的不足。

二、基于学科特点,融合青春期教育,创新教学设计

笔者以高三《英语》牛津上海版第二模块“More Reading”部分的“Growing Up”为主题,开设了一节公开课。本节课是英语阅读课,本模块的话题是“The people around us”。本课主要介绍了青春期的定义、出现的生理和心理问题以及青少年可以求助的渠道,但其中关于青春期的一些知识相对比较浅显,且停留在理论阶段,难以让学生产生感同身受的感觉。本课尝试结合学生的身心特点和成长需要,进一步加强文本中青春期教育的内容渗透和现实解读,以弥补学科教材和教学中青春期教育部分主题的缺失。

1. 现身说法,动态展现

所谓现身说法即根据教学内容用教师与学生(或请其他人)的亲身经历来组织教学的方法。它是师生联系自己的生活经历和感悟,通过亲身体验和换位思考来掌握知识、陶冶情操、发展能力和提高觉悟的一种备受学生喜爱的教学方式。

在开始环节,笔者呈现自己儿童期、青春期、成年后的照片(见图1),动态展现出成长的过程,引发学生的兴趣,导入主题"成长"。

对于笔者儿童时期照片,学生产生了极大兴趣,纷纷进行猜测。当学生看到笔者胖胖的、长了青春痘的青春期照片时,学生立刻与自己青春期的形象建立了联系,放下了上课时的拘束感。当最后看到长大成人的笔者自然清新的形象,学生发出了"丑小鸭变天鹅"的感叹。

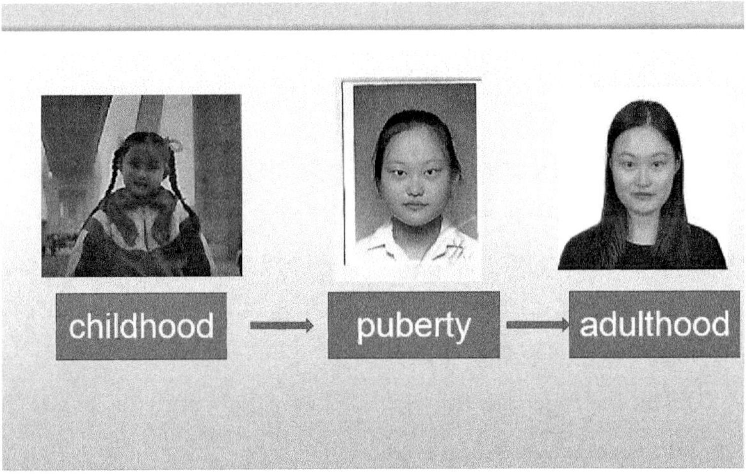

图 1 作者成长照片

教学是一门艺术。我们应该尊重学生的主体地位,给予学生积极的人生体验,同时也不能忽视教师的积极引导。作为一名教师,我们可以通过共同探索生活、体验生活、感受生活,来吸引学生的注意力，缩短师生距离，融洽师生感情，构建和谐、真实的课堂，在有限的时间和空间里体验师生的共同幸福。通过现身说法，教师可以用真实感受打动学生，调动学生的学习积极性。教师贯彻理性、情感、行动的教育原则，学生更能在现实生活经验中内化知识。

2. 深挖文本，明确概念

阅读是学生的个体活动。他们的生活经历、文化修养、个性爱好等都会影响，甚至制约他们对文本的接受。“一千个读者心中有一千个哈姆雷特。”教师不能要求学生的理解是单一的。要尊重学生感受、理解、赏析的权利，使他们在发现、讨论、辩护中展现个性，发现自我的乐趣。学生通过与文本的对话进入作者的精神世界。教师要给学生思考和感受的空间，鼓励他们开展独特的情感体验。

笔者在设计文本理解的过程中，通过三个大环节，帮助学生仔细研读文本，明确文中主题“puberty”（青春期）的概念。

第一环节：阅读环节。

学生通过快速阅读文本特征，找出文字的阅读对象为青少年，文体类型为杂志文章。

第二环节：深入阅读文本，抓住主要信息。

学生从课文第一段中明确“青春期”的定义：青春期——青少年告别童年走向成年的人生阶段——是一个艰难的生理和心理过程。

学生从课文第二段中发现青春期学生不同的生理和心理的变化，并通过“T/F”了解更多生理知识。

① The average age for girls to begin puberty is 9, while for boys the average age is 12 in UK.

② It's completely normal for puberty to begin at any point from the ages of 8 to 14. The process can take up to 4 years.

③ Children who begin puberty either very early (before the age of 8) or very late (after 14) should see a doctor just to make sure they're in good health.

④ Girls develop breasts and start their periods. Boys develop a deeper voice and facial hair will start to appear in puberty.

⑤ Most girls develop less body fat along their upper arms, thighs and upper back; and their hips grow rounder and their waist gets narrower.

⑥ The penis and testicles grow and the scrotum gradually becomes darker.

学生从课文第三段中对比青春期男女不同的心理特点,得到一些建议。

女生:a. 自信心会显著下降。

b. 她们对自己的情绪感到不确定、不安全。

c. 她们也不愿将自己的感受告诉家长或老师。

d. 应该鼓励青春期的女孩们去与自己信任的长辈交流。

男生:a. 开始学会为自己做出明智的决定。

b. 他们或将从事危及一生的冒险行为。

学生从课文第四段中找出可以参与到帮助青少年成长的一些群体。

文本提出:父母、学校、社区和媒体。

第三环节:同伴帮助。

学生从层层递进的文本中获得了基础性的语言知识和青春期知识,通过自己的理解和教师的帮助,梳理出了文章的整体结构,更是对语言背后的知识有了更多的掌握。

3. 活动探究,促进思考

《普通高中英语课程标准(2017年版)》明确指出:活动是英语学习的基本形式,是学习者学习和尝试运用语言理解与表达意义,培养文化意识,发展多元思维,形成学习能力的主要途径。“活动观”的提出为整合课程内容、实施深度教学、落实课程总目标提供了有力保障,也为变革学生的学习方式、提升英语教与学的效果提供了可操作的途径。

根据班级学情，笔者设计了基于实际的情境讨论的小组活动。让每个小组随机获得一个场景，小组成员谈论后汇总建议，并展示自己小组的讨论结果。

场景一：朱同学脸上有很多青春痘，她尝试用妈妈的化妆品掩盖，结果适得其反，她觉得自己因为痘痘变得很丑。（青春期体像问题）

学生总结：朱同学长痘痘是很正常的现象，不应该用化妆品遮掩，这样会加深症状。作为最美的年龄，自然就是美，痘痘也是自然的表现。如果痘痘特别严重，可以求助于医生，不要随意用不可靠的产品。

场景二：王同学有一天碰到一个男生对她表白，她有一点点兴奋，但是不知道该怎么应对。（青春期异性交往问题）

学生总结：王同学感到兴奋是可以理解的，因为获得了异性的欣赏，表明她自身肯定有很出色的地方。但是高中生现在应该以学业为主，如果两个人对彼此都有好感，可以将这份好感保留在内心，等考取了大学以后再说。真正的感情是经得起时间的考验的。

场景三：陈同学和他妈妈在选课方面产生了矛盾，他不喜欢物理，但是他妈妈觉得选物理以后发展更好，他不知道该选什么。（青春期与父母冲突问题）

学生总结：陈同学应该心平气和地和妈妈沟通，听听妈妈的建议，并把自己的想法告诉妈妈，两个人一起商量。

场景四：汤同学有一个漂亮、优秀的好朋友，大家都喜欢这个好朋友。她感到自己有点嫉妒她了，她知道对待好朋友不应该这样，但是她控制不了自己。（青春期人际交往问题）

学生总结：汤同学可以把这份嫉妒藏在心里，向优秀的好朋友学习，自己也努力变得更好。真正的朋友应该是互相欣赏、互相鼓励的。

英语课程发展的核心理念就是为了每一位学生的终身发展。因此，课程要着眼于学生的发展过程。在课堂上，要培养学生收集整理信息、发现问题、思考问题、分析问题、解决问题的能力。学生在青春期会遇到各种各样的问题。如何分析和解决这些问题,需要结合学生自身的环境和实际困难等情况。

在设计以学生为主体的活动中,需要做到:首先,建立有效的情境。情境教学是提高教学效果的重要教学策略之一。一个恰当的情境应该靠近学生思维发展的最近区域,以激发学生的学习兴趣,引起认知冲突。它不但能让学生感到生活中有英语实践,而且能激发学生的认知需求和探索动机。其次,设计有效的活动。活动有效性是指教师运用不同方法和手段,达到尽可能多的教学效果,以满足社会和个人的教育价值需求。再次,设置有效的问题。在每节课上,老师都会提出问题来激发学生思考,但有些问题缺少学生可以深入思考的内容,学生的思维没有碰撞,更谈不上促进和发展。所以常常发生老师提问后,同学们出现了冷场的情况。因此,教师必须反复考虑自己预设的每一个问题,以确定这些问题是否符合学生认知水平,学生的思维是否能得到改善。只有这样,才能保证每一个提问都能体现出自身的价值,最终为教学服务。最后,建立多元的评价体系。既要关注问题的答案,又要关注学生在解决问题时的思维过程,关注学生的参与,关注学生合作交流意识、情感和态度的培养。在评价过程中加重自我评价和相互评价。通过自我评价,可以提高学生的学习积极性和自信心。而对他人的评价过程也是一个学习和交流的过程。学生可以观察其他人的阐述,取其精华,去其糟粕,从而更好地提高自己。

三、基于课例的几点思考

1. 课后延伸

① 看一看

英文原版电影能够创设一个英语学习的环境氛围,使学生接触到原汁原味的语言。同时，电影能够刺激学生的视觉和听觉，能够以直观的方式对故事进行呈现，非常适合课后英语教学的延伸。

影片选材要遵循由简单到复杂，符合学生年龄特征的原则。在开始阶段，教师选择一些情节简单、语速缓慢的电影，带有中英文字幕；到后期可以邀请学生一起推荐自己喜欢的电影。

电源资源推荐：

美国电影《歌舞青春》(*High School Musical*)

剧集围绕音乐展开，用歌舞的艺术形式戏剧化了高中生的校园生活，但其中不乏基于真实、让人感同身受的部分——篮球、学业。剧集在播出时曾经掀起过一股热潮，而今仍被认为是当年的经典。美国当年独有的青春校园风格在剧中体现得淋漓尽致，城市气息浓郁，讲述了同学之间的交际、友谊、矛盾摩擦，以及青春中不断地突破自我，挖掘自我天赋，发展兴趣爱好，犯错、出糗而后成长的故事。

美国电影《怦然心动》(*Flipped*)

这是一部讲述朱莉·贝克(女主角)和布莱斯·罗斯基(男主角)之间发生的有关家庭、青春、成长与爱情的电影。不得不说这部电影的题目取得非常贴切，因为这部电影中的种种包括女主角性格的直率、坦诚、热情，女主角父亲对智障兄弟的关心，还有男女主角间发生的跌宕起伏的故事都让人感到怦然心动。而且最重要的是这部电影男女主角的颜值、演技均“在线”，令观众回味无穷。

学生点评：我已经至少看了两三遍，每次看都不觉得腻，看得次数越多就越是喜欢女主角，也更让我觉得应该向女主角学习，去发现身边美好的事物，用一颗美好的心灵去对待身边的人和事。

美国动画节目《怪诞小镇》(*Gravity Falls*)

该动画讲述了迪普·派恩斯和他的双胞胎姐姐梅宝·派恩斯在美国俄勒冈州的小镇——重力泉中度过暑假时所发生的冒险故事。在这里，他们的斯坦叔公经营着一家专门敲诈游客的旅游景点“神秘小屋”，其中有着各种各样稀奇古怪的东西。然而更让人感到毛骨悚然的,则是这个怪诞小镇里的森林。头脑聪明的迪普觉察到森林的异样,继而发现了一本埋在地下的神秘笔记本,里面记载着神秘小镇不为人知的秘密。

美国电影《小妇人》(*Little Women*)

它讲述了迥然不同的四姊妹,她们在南北战争期间经历战乱、家庭、爱情的剧变,仍能在互相理解和支持下,活出自己的精彩。艾米撕了乔的小说书,那是乔最心爱的东西,但是当艾米掉到水中时,乔依旧第一时间冲上去。这里展示的是家人之间的矛盾与和解,亲情是联系家人之间永不断开的纽带,它是无形的,但在关键时刻又会及时出现。在任何时刻都要记住:亲人永远是你最坚强的后盾。

学生感言:这个电影的结局也许会让一些人失望,但我想说那就是真实的。乔和劳里之间的感情看似爱情,实则已是超越了亲情,他们互相扶持,结伴而行,磕磕碰碰长大成人,这种情感是纯粹的,由内而发的。但从另一个角度来看,他们错过了对方就失去了在一起的机会。毕竟有些人一旦错过就不会再来,所以我们要珍惜并感恩身边的人,是他们给予我们帮助,给予我们温暖,给予我们爱。

美国电影《风雨哈佛路》(*Homeless to Harvard: The Liz Murray Story*)

影片讲述了丽斯(Liz)出生在美国的贫民窟里,从小就承受着家庭的不堪。母亲酗酒吸毒,并且患有精神病,最后死于艾滋病。父亲进入收容所。贫穷的丽斯需要出去乞讨,她用她的真情和态度感动了校长,争取到了读书的机会。然后,丽斯开始了自己的漫漫求学路。影片的最后一幕是她迈着自信的脚步走进了哈佛大学。贫困并没有阻止她前进的决心,勇往向前是她的座右铭。

美国家庭电视剧《成长的烦恼》(*Growing Pain*)

它讲述了西佛家三个孩子的成长故事。这是一个快乐的五口之家,爸爸杰森是心理医生,妈妈麦琪是个记者,家里还有三个调皮的孩子：哥哥迈克、妹妹开萝尔和小弟弟本恩。随着三个孩子一天天地长大，各种各样的烦恼接踵而至，也引发了一个个令人捧腹的故事。

学生感言：剧中的迈克和开萝尔与我们年龄相仿，他们的很多经历也是我们在日常生活中曾经历过或者迟早将要经历的。虽然东西方存在一定的文化差异，但是成长的过程中同样都伴随着无尽的烦恼。兄妹俩与爸爸妈妈之间发生的矛盾冲突及其处理的方式，有许多值得我们借鉴的地方。通过观看这部脍炙人口的剧集，也许会让我们学会更好地与家长沟通和解决问题，让我们的成长经历中少一些烦恼，多一些快乐。

② 读一读

将青春主题文学小说引入高中英语课后阅读中，非常利于学生语言学习能力的提升和文化视野的拓展。学生通过研读经典原版文学小说简写本，能快速领略西方文化下不同的青少年生活，缓解学业带来的紧张情绪和压力，并实现英语素养的有效提高。

美国小说《小屁孩日记》(*Diary of a Wimpy Kid*)

该书作者为美国的杰夫·金尼，他描绘了一个爱做白日梦、鬼点子不断、关键时刻却又很怂的，并不怎么天才或励志的美国中学男孩的生活。用词很简单，内容也很短，它吸引人的关键在于，它所描绘的生活真实，却又满足了我们生活中想做又不敢做的那些想法。

学生感言：杰夫先生给我们所展现的，是奇妙而不失真实的童年。你可能从没有做过格雷和他的家人朋友那些疯狂或出糗的事件，但你能轻易理解他的逻辑好笑在哪里，然后会心一笑。他实在是不符合人们心目中那种懂事上进的好孩子的形象。奇怪的是，你很难讨厌缺点满箩筐的他。书中给予我们的是轻松、可爱的形象，合上书，哈哈大笑，小屁孩可比我们聪明多了。生活中，更多地带着“小屁孩”的目光去看待生活吧。

英语小说《哈利·波特》(*Harry Potter*)

“爱可以战胜一切”是哈利·波特系列小说的主题。母爱让哈利·波特才得以“大难不死”,在以后的成长中屡屡绝处逢生。友爱让哈利、罗恩和赫敏三个小伙伴勇敢面对一场又一场挑战。爱情有着青春期朦胧含蓄的美感。

学生感言:跌宕起伏的情节,有着古典文学之美的结构,主人公身上有着少年人独有的热血与纯真。如果你足够仔细的话,还可以了解西方关于魔法的文化,以及隐藏的情节:GGAD 的爱情线影影绰绰,Ron 四兄弟的手足之情呼之欲出,小反派 Draco 背后为了家族的牺牲与无奈。

法国童话小说《小王子》

它讲述了一个飞行员飞机失事后降临到沙漠,遇到从别的星球来到地球的小王子的故事。小王子最初在一个很小的星球上生活,在这个星球上他种了一棵能长出面包的树和一朵美丽的玫瑰,他向往着到其他星球看一看,结果每个星球上的大人都很实际,只考虑着自己的利益,最后他来到了地球上。

学生感言:我推荐这本书,因为我从小王子身上看到现代社会成人早已失去的童心。只是为了金钱和利益活在世上不一定是正确的,为何我们不同样怀着一颗童心看着世界,用心去感受世界的美好呢?

四、结语

在英语教学中渗透青春期教育是基于青少年青春期而融合出来的新的教学手段。这对于英语教师的教学增加了一些难度。教师可能在英语课堂教学中与青春期教育融合不密切或无从下手,无法开展有效的教学途径和方法,导致学生的感受不深,融合效果差。针对这一问题,教师要积极地通过大量的教学实践来寻找英语教学与青春期教育的契合点，多挖掘资源，多创设真实、有效的情境。

青春期教育并不一定是某些老师的“专利”。在英语教学中，教师也可以潜心提取学科素养中“青春期”的养分，助力于学生的终身发展。青春期教育既需要形式多样、丰富多彩的活动，又需要学生在生活中静心感悟。青春期是每个青少年都必须经历的阶段，很多青少年由于青春期教育没能准确到位，导致身心有问题，遗憾终身。英语这门学科相对于其他学科来说，学生学习起来比较轻松、有趣，学生接受起来也较快。希望能有更多的教师一起开拓德育与英语学科相融合的新路径，从而形成青春期情感辅导的新渠道，陪伴学生潜移默化地做出改变，顺利度过青春期，培养其健全人格。

以“学生工作室”为载体构建高中生同伴互助群体的实践

宋　睿

高中生与同伴相处的时间已经超越了家庭以及其他的一切社会关系。心理学研究表明,一旦青少年加入了一个小群体或同类后,会改变他们的信念和行为。为此,如何能更好地形成优质的同伴关系,为学生学习技能、交流经验、宣泄情绪、习得社会规则、完善人格提供更充分的机会,这一课题值得我们研究。

一、问题与思考

1. 关于高中生倾诉意愿的调查

为了充分了解学生内心倾诉需求,验证伙伴互助作用对高中生重要性的猜想,笔者与本校参与商务创新大赛的“青听”项目组的2020届学生陈仕琦合作完成该项调查。有效参与问卷调查的高中学生人数为298人,具体调查结论与分析如下。

问题1:总体来说你觉得你在高中阶段感受到的压力大吗?具体调查结果见图1。

问题2:你觉得你的压力主要来源是什么?具体调查结果见图2。

问题3:当你面临较大压力的时候,你会不会选择去进行专业的心理咨询呢?具体调查结果见图3。

问题4:你觉得你想要倾诉吗?具体调查结果见图4。

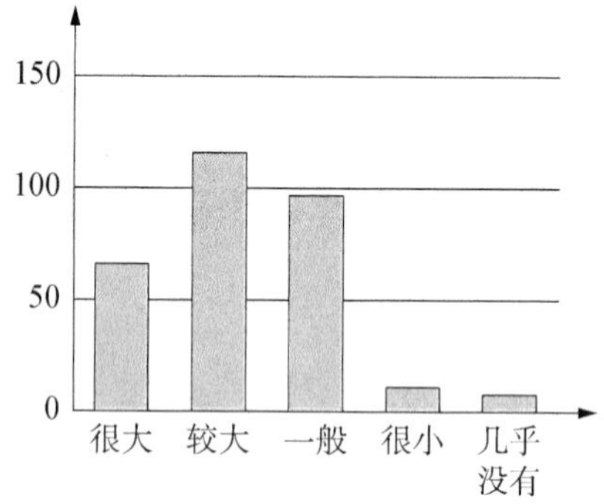

图 1　问题 1 调查结果

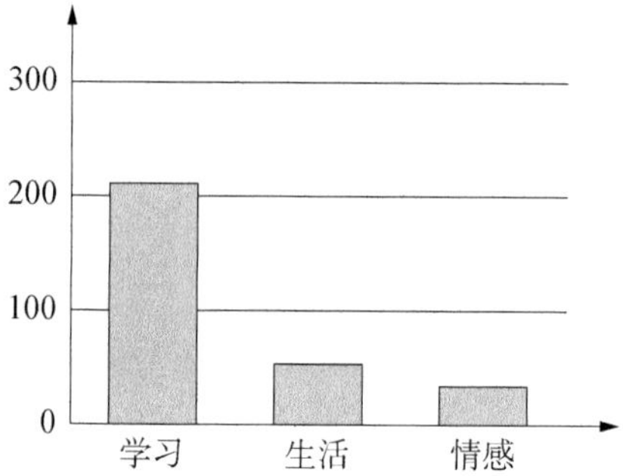

图 2　问题 2 调查结果

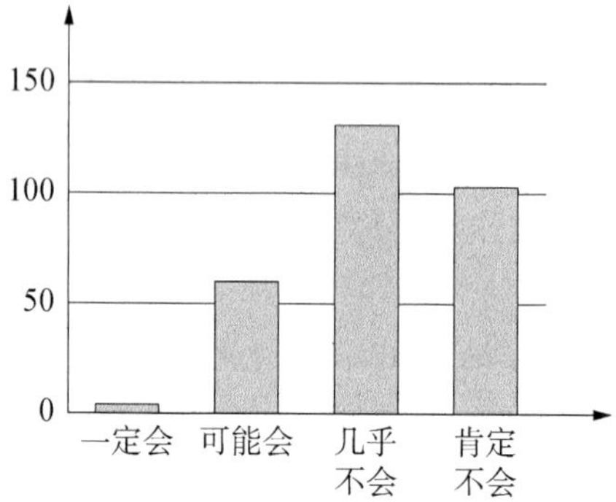

图 3　问题 3 调查结果

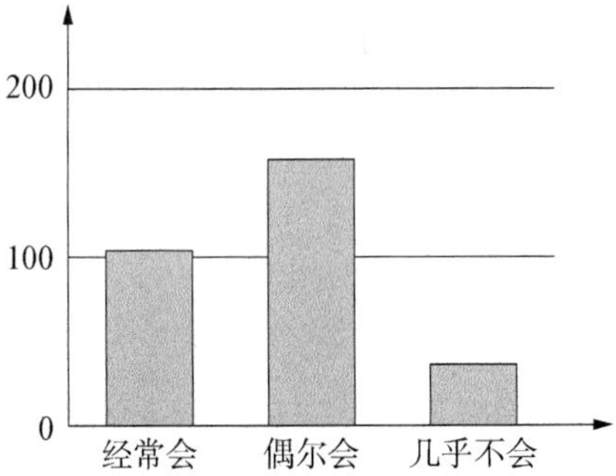

图 4 问题 4 调查结果

问题 5：你觉得你身边有适合的倾诉对象吗？具体调查结果见图 5。

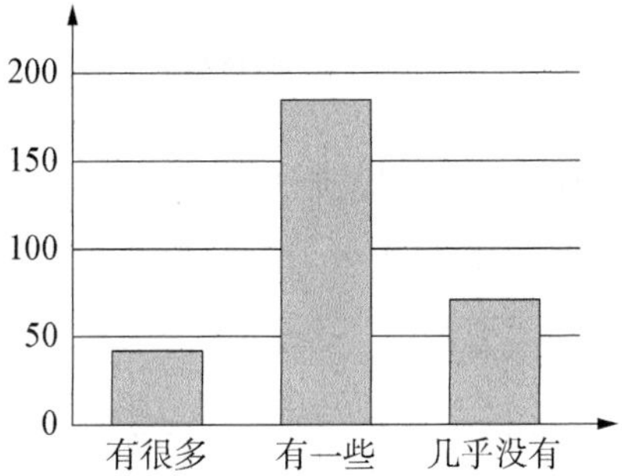

图 5 问题 5 调查结果

问题 6：你有没有碰到过自己遇到问题，但跟家人、老师都无法倾诉的情况？具体调查结果见图 6。

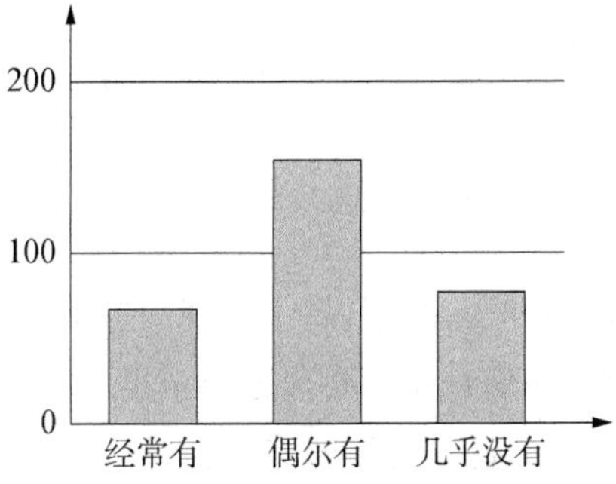

图 6 问题 6 调查结果

问题7：如果有和你经历过相同境遇并且已经解决问题的人来听你倾诉，并给你建议和解决方法，你会接受吗？具体调查结果见图7。

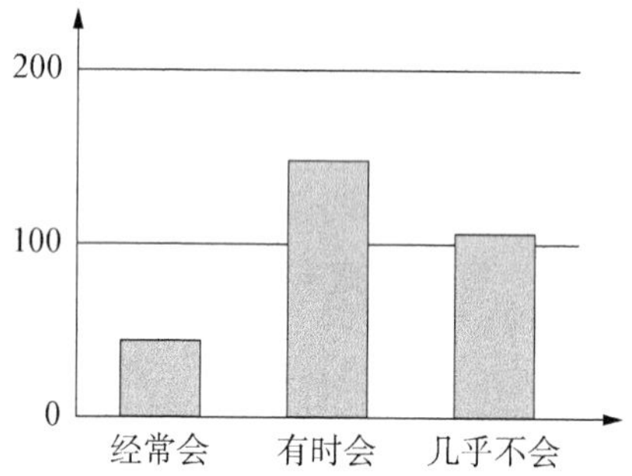

图7　问题7调查结果

问题8：你希望问题7中提到的这类人处于怎样的年龄(或阅历)阶段呢？具体调查结果见图8。

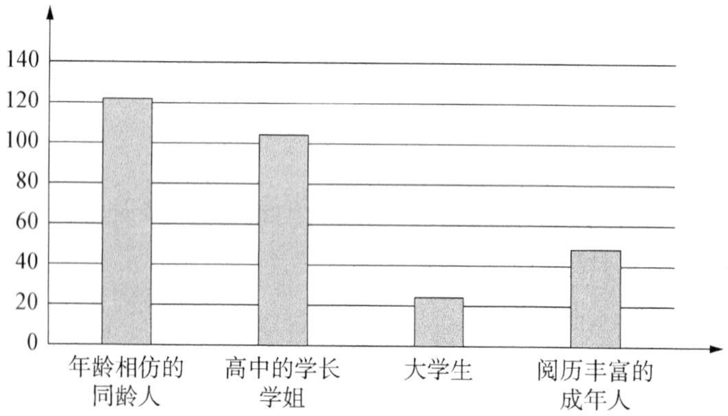

图8　问题8调查结果

从数据上来看，一般情况下，高中生现阶段面临的主要压力来自学业，压力大时很少寻求专业的心理方面帮助，学生有较大的倾诉愿望，但倾诉对象倾向于选择同龄的、有类似经历的群体。

2. 高中生同伴间评价期待及群体归属渴望

作为班主任及兼职心理教师，笔者经历了一些案例，其中很多源于同伴交往问题，比如：自身特别在意同学的评价与认可，无论这些评价是否客观、公正都会给自己带来困扰，从而对自己产生怀疑；同学们都有自己的朋友圈，而自己独自一人等。同伴交往的困惑反映出一些共性规律，即思想处于成熟和半成熟时期的高中生有自己独特的个体特征，有个体自尊与发展的需要，但良好人际关系的建立和在群体中主体参与的程度直接影响着自我认同度、社会存在感和能力激发状态。高中生对同伴间评价的期待程度甚至高于家长与教师，有群体归属被认为是个人价值的体现。

3. 关于正向互助群体建构的思考

在高中生的群体归属过程中，不乏"小团体"产生，根据学生性格、兴趣、喜好而形成的小团体有趋于正向发展的，也有呈现出不良态势的，甚至一个班级分化为多个小团体，影响班集体的凝聚力，这也是班主任常感到颇为头痛的现象，而以教师主控的单纯趋同的班级管理通常不能满足每个个体的需要，被动的个体生长状态更会阻碍集体的进步。既然群体归属是学生的基本需求，转换教师解决问题的思维方式，从担心"小团体"的负面影响到引导学生主动构建优质"小群体"；从被动"防"到主动"导"，组织学生自愿自主，乐于、善于建构正向互助群体，是我们教师有必要去积极尝试的课题。

二、探索与实践

在已有的实践中，小群体形式是多样的，比如社团、课题研究小组、科创团队等，其中正向意义也有不同的体现，如何建构个体、群体和集体紧密关联的体系是本研究的重点，"学生工作室"是选取的实践载体。

1. “学生工作室”的感性缘起

“学生工作室”这个名字，是源于一次班级里物理课代表送作业回到教室时的一句感慨，当时他一脸羡慕地和同学说，物理办公室门口挂上了以物理老师命名的区名师工作室的金灿灿的牌子。笔者突发奇想，放学后，悄悄地在每个学生的桌角贴上了以他们名字命名的工作室的可剥贴纸，本意是向学生传递他们也可以成为研究者、引领者的信念，但笔者也深知，不能只点亮火光而没有真正的启迪，因此开始了“学生工作室”这一载体的实质性论证与研究。学生们陆陆续续有了自己主持或参与的工作室，他们在贴纸上填上了工作室的名称，真没想到的是孩子们很珍视这张贴纸，直到后来调换教室时迫不得已才剥下来。一张学生工作室的贴纸成为个人存在感、成就感的符号。

2. “学生工作室”的理性定义

“学生工作室”是基于小群体互动理论。美国东密西根大学管理学教授特布斯（Tubbs S. L.）运用系统论方法对小群体进行了研究。他认为小群体互动是一个动态的、系统的、开放的过程。在这个过程中，群体内的每个个体以及个体身上所包含的各种背景因素与群体互动过程中的每一种形式及机制的综合作用必然形成相应的群体互动结果，而这种结果反过来影响个体及群体的内在机制，形成一个相互影响的系统。①

3. “学生工作室”的性质和定义

“学生工作室”是积极正向型小群体的一种形式，以社会主义核心价值观为指导，促进个体健康成长和引领集体发展为目标，在教师的引导和同伴互助中，发现问题，分析问题，解决问题，最终推广工作室研究成果，起到辐射、示范作用。每位学生在工作室活动中能够找

① Tubbs S. L. , *A System Approach to Small Group Interaction*, the Third edition, New York: Random House, pp. 10 - 14.

到自己独特的坐标，并在某一方面或几个方面表现出自己的个性和才能，在集体期望的背景上有对自己提出自我教育的要求和形成自主提升习惯。“学生工作室”以项目研究为主线，以研究、交流、活动和对外辐射为基本形式，不同于单纯社团及研究性学习活动。

4. 学生工作室的制度保障

班主任领衔邀请校心理教师、科技辅导员、班级德育辅导员、校学生会部分成员以及班级团支书、班长组成工作室评审组，对学生提出的申请方案进行审批，并给出改进建议，对“学生工作室”的活动开展情况进行定期指导和评价，帮助学生邀请专家或给予技术支持。充分发挥班主任的指导监督作用，针对学生兴趣和需求，班主任及时提出工作室研究主题、内容和活动形式的建议。一个工作室核心成员为3—5个人，开展辐射性活动时可以扩大成员范围。每一期活动开展的时长一般为4—6个月。

三、以“学生工作室”为载体，构建高中生同伴互助群体的可行性探究

1. “学生工作室”的开展与学生个体自我评价、自我提升之间的关系

优质的同伴关系及同伴互助的基础是个体的价值地位，要关注个体的存在感和个体的发展动力，让个体形成主动发展的意识和能力，追求更高的发展境界。“学生工作室”不只是局限在学生的兴趣，更定位在发现每个学生的闪光点，开发每个学生的潜能，促使学生去积极发现“那个优秀的我”，进而形成可以激发全面自我提升的驱动力，以长促短，提升自己，引领集体。即便不能成为工作室的主持人，学生个体作为工作室成员，对自己的特长也会有明确认识和归属认同，进而形成自我教育的愿望。

学科类的工作室是“学生工作室”的重要门类之一，这与前期调

查中中学生感到主要压力来源于学习是相对应的，学科类工作室的主持人和成员可分为全能型和单科型两类。全能型的同学不局限在一个学科的研究和引领，比如小迪同学主持的物化生的跨学科工作室，倾向于综合性的研究，小迪和几位综合实力较强的同学针对生涯规划需求，锁定重要主题进行系统学习和研究。而有数学单科专长的小凡同学，则定位在数学的专项研究，但是在带领工作室学员开展活动的过程中，他在得到同学对自己数学才华认同的同时，也感受到自己表达能力的劣势，以及自己还有不良的学习习惯需要改变，为了与“优秀”相匹配，他的其他科目的学习也随之被带动，自控能力得以提升。

“学生工作室”是学生自我唤醒的一种触发器。学生把自身的发展当作自我认识和自觉实践的对象，不仅能处理自身和外部环境的关系，也能够具备构建内部精神世界的能力。而具备了自我意识的学生才能拥有自主提升的责任感，不断自我更新，并为帮助他人奠定信心与能力的基石。

2. “学生工作室”的开展与促进同质组间优化的关系

叶澜老师在《新编教育学教程》一书中曾经提到，“人类的教育活动起源于交往，在一定意义上，教育是人类一种特殊的交往活动”[①]。学生工作室的开展引发的同伴间交往活动主要有工作室组内和工作室组间两类。工作室内部成员属于同质组间关系，成员间有相近的兴趣、特长和发展目标，彼此易于在欣赏、支持、交流和合作中获得同伴互助后的积极的情感体验。在活动的开展过程中，有信任、关爱方面的情感支持，有忠告、建议和解决方案方面的信息支持，有切实的学术、技术帮助方面的工具支持和反馈、肯定和比较的评估支持。而工作室开展的重要目的之一就是引领辐射整个班集体的提升，工作室的活动总方向和精神指向就是为班级成员甚至其他社会成员能做

① 叶澜主编：《新编教育学教程》，华东师范大学出版社 1991 年版，第 32 页。

些什么，本着这个出发点，所形成的是积极、健康的人际关系导向。

比如，班里有三名体育特长生，因为文化课成绩不理想，有孤独感和自卑情绪，行为上也开始散漫起来，笔者鼓励他们组建一个系统传授体育运动知识的工作室，结果很多男同学纷纷加入他们组织的活动中。在他们三位的专业指导下，这些男同学掌握了科学健身的知识和技能，其中有几名男同学还主动帮助体育特长生辅导文化课，这三位体育特长生在工作室活动中实现了自身价值，体验到被同学认可和同伴间互助的快乐，责任意识也随之增强，慢慢地成为推进班集体发展的正能量……

再如，有的学生发现每个同学的孤独、过敏倾向，环境、情绪适应等这些心理适应能力不同，对自身发展也有着不同影响，为此在“知心委员”的领衔下组建了关于心理适应调节方面的工作室。在理论学习的基础上，精心设置和征集了集体心理游戏，组织了沙龙活动，同学们在伙伴间的交流互动中，敞开了心扉，调整了心态。

3. “学生工作室”的开展与“正向小群体促进集体发展”的关系

工作室活动的开展不同于活动小组的模式，在系统管理下如何有效推动整个班集体的进步是核心主题，为此，笔者指导学生主动去发挥工作室的引领辐射作用，从简单的“成果展示”向面向集体的“组织引领”发展。

关于群体创新意识的形成，我们首先通过科技类工作室的活动进行由点至面的促进，指导科技类“学生工作室”策划面向全班同学的“创新、突破——小发明、小创意”科技发明作品征集活动，并组织同学召开发明成果论证会，邀请学校资深的科技辅导员进行点评指导。活动共收到作品三十余个，其中近十个被学校“明日科技之星”培养工程吸纳为优秀创意，得到进一步开发。

通过这样的活动激发了学生的问题意识，培养了探究精神，规范了科学研究流程。更重要的是，启发同学们不仅通过工作室活动提升工作室内成员的能力，更可以让班集体所有成员获益，实现科技和人文的全方位体验，提升班集体所有成员的综合素养。当工作室的一切活动最终以促进集体发展为最高目标时，同学们的活动内容和形式越发丰富，好的创意也逐步被激发，自主提升有了持久的驱动力。

比如，有同学发现，身边的伙伴并不是像小学和初中时“喜形于色”，有些同学总是把一些负面情绪压在心底，怎样才能帮助伙伴们呢？“微表情研究工作室”以理论学习为基础，将微表情知识和与同学聊天、互动等多种方式相结合，发现问题，及时疏导，放大正面情绪，减少负面情绪。

通过对“微表情研究工作室”进行了两个月活动的跟踪调研，得出以下结论：(1)学生出于解决问题的需求和兴趣，对工作室活动的开展参与积极性高；(2)高中学生有能力进行心理学知识的学习，而且融入了学生的多元认知；(3)同伴间情景带入式的沟通易于被学生接受；(4)这样的小群体的正能量温暖着整个集体，学生自主解决问题，增强了集体的凝聚力。

上海市中学生数学建模活动中的论文比赛题目正好也与微表情相关，班级里三位同学共同撰写的论文《智能微表情面审辅助系统》获得上海市二等奖。获奖后，他们表示“微表情工作室”的研究经历为数学建模提供了重要的理论和实践基础，让他们的数学建模贴合实际又能有独到的成果。

4. 不同的“学生工作室”间合作发展与班集体建设系统架构之间的关系

当学生的潜能被激发，他们可以产生更为出色的创造性想法。出于自主解决问题的强烈渴望，主动探究问题解决策略也就成为自然常态。随着工作室活动的开展，学生的“系统观”思维方式开始形成，用联系的观点，打破单一活动式引领辐射的模式，联通不同工作室的资源。共同合作解决问题是学生们的一项突破性的举措，逐步形成“组内合作—组间融通，优质小群体—共赢大集体”的发展特点。

从刚开始师生共同进行“学生工作室”独立功能的开发，到不同的“学生工作室”在共同的班级发展愿景下开展活动，形成合作共生体，工作室这个三五人的小群体，开始更多自觉地担当起班集体建设这个“课题”的“子项目”的实践活动，工作室之间根据需求自发地进行着“子项目群落”的建设，逐步实现班集体系统功能的优化（见图 9）。

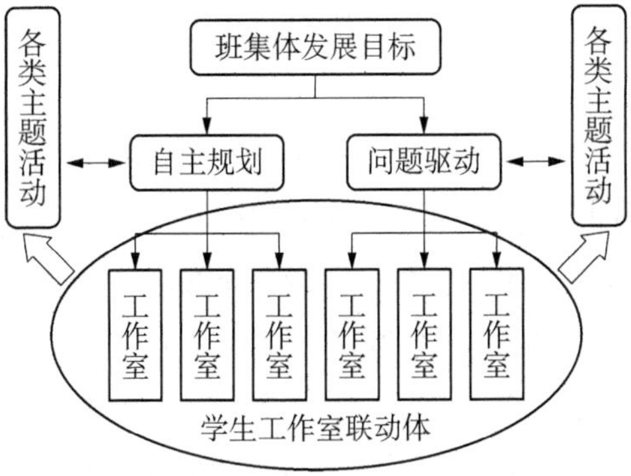

图 9　学生工作室联动体与班集体建设关系图

围绕班集体发展目标，“学生工作室”可分为自主规划类和问题驱动类两大类，自主规划类包括学科型工作室、科技型工作室、文学艺体赏析型工作室等，根据学生常态需求规划设立。问题驱动类包括心理疏导型、微表情研究、新媒体素养等由班级发展中出于解决问题需要而引发形成的工作室。而班集体的建设本身也需要自主规划来理清成长路径和由问题解决驱动进一步发展，工作室的联动体开展的各类主题活动对应并作用于班集体建设的两大主体方面。

如一些同学率先意识到如今的学生是新媒体时代的“原住民”，他们习惯或更依赖手机等媒体设备进行交流，但过度使用手机进行社交、玩游戏已经影响到他们的健康成长，为此，新媒体工作室的学生创造性地联合学科类工作室向同学们推荐优质学习软件，发起“单词记忆大比拼”“我来优化解题方法”和“媒体素材真与假”等挑战活动，并借助文学工作室力量，邀请图书馆馆长和报社副主编来做关于媒体素养的讲座……新媒体工作室的目标并不在于让一些同学彻底告别过度使用手机社交和游戏的现状，而是希望有效地实现手机功能多元化使用，增大同学们利用手机学习的时间比重，营造班集体良性发展氛围。

四、成效与反思

整个研究过程中，笔者基于高中学生的共同成长规律和个性发展需要，以积极正向型“小群体”——“学生工作室”为载体，为学生搭建发现与实现自身价值，学会自我教育和提升的平台。以学生解决问题的需求为内在驱动，同伴互助作用为动力支持，制度管理机制为行动保障，鼓励、引导学生通过“学生工作室”活动的开展，以个体带动群体，以群体促进集体发展，进而以此来探索同伴互助途径，丰富对其内涵与外延的理解。

1. 同伴互助生成并发展于“个体—群体—集体”组织形式之中

工作室活动首先唤醒了个体的自主意识，激发个体的自主提升潜能，然而班集体并不是直接由个体组成，“个体—群体—集体”是基本形式，“群体”的发展质量直接影响个体和集体的深度发展。本研究借助学生工作室促使学生间形成优质伙伴关系，具体表现在学生在各类工作室组内学习和组间分享中学习各项技能、交流各类经验，关注伙伴身心发展状态，共同研讨解决策略。在工作室制度实施和合作交往中学生习得社会规则，在思辨和自省中完善人格和提升素养。

特别应当指出的是，“学生工作室”所形成的“群体”不是大集体的分解，而是大集体的组合模块，模块围绕集体发展目标形成联动体。在教师的陪伴、引领下，学生创造性地不断挑战解决问题的方法，使得工作室群体推动集体的发展和个体的成长。

2. 师生形成可自主延伸发展的价值观和问题解决模式

在“学生工作室”开展过程中，学生谈及最多的是感受到自身存在的价值、关心他人的精神和面对问题不再说“没有办法”的思考问题方式。学生们的问题意识越发强烈，对活动时间的安排更加优化，行动方案的设计也越来越合理。比如，他们将“公交车上让座问题的调查”就放在了上学和放学的路上开展，并在班会课上进行“友善观”的深层次讨论，进而发起了面向全校学生的“播种友善”的倡议，这完全不局限在工作室的活动中，而是由学生自主解决问题的愿望而发起的系列活动。另外在整个工作室组织、指导和评估过程中，融聚了各类社会资源，学生获得了很多有价值的系列指导，课题组教师的跟踪指导与评价更让同学们的活动获得保障。教师也和学生一起成长，教师的学生发展观以及自身素养提升的愿望也更加迫切，“同伴互助”的定义从最初“生生之间”延伸至“师生之间”。

3. 有待继续开展的研究

本研究对于“同伴互助”的效能分析聚焦在对个体个性发展的激发，正向小群体对个体与集体的作用，而对“同伴互助”的要素分类未做深入剖析，接下来，如何将“学生工作室”的开展与“同伴互助”要素相结合是研究的重点，以期更科学的研究与实践能给学生发展带来更大的帮助。

参考文献

1. 冯樱华：《高中生班级自主管理的现状及对策研究——以华师一附中为例》，华中师范大学硕士论文，2018 年。

2. 张岩：《普通高中班集体建设中的坚毅品质培养》，《大连教育学院学报》2020 年第 1 期。

3. [美]乔希·西普：《解码青春期》，李峥嵘、胡晓宇译，湖南教育出版社 2019 年版。

上海中学生“拒绝上学”的调查报告

刘 军

一、调研背景

国外有学者指出,“拒绝上学”行为将在一段时间内影响 5%—28%的中小学生,导致严重的短期、长期困难。[①] 我国有调查研究显示,有 22.5%的中小学生有不同程度的“拒绝上学”行为。[②] 近年来,据我国一些大中城市的报道,前来儿童心理咨询门诊的首位问题是因为情绪障碍导致的“不上学”,且人数在逐年增加。[③] 本研究试图对上海市中学生的“拒绝上学”行为状况进行调查,可用于了解中小学生“拒绝上学”行为的流行数据,为相关研究提供参考。

二、何谓“拒绝上学”

我国对学生不上学现象的关注,起源于义务教育的实施。教育

① Kearney C. A., Pursell C., Alvarez K., “Treatment of school refusal behavior in children with mixed functional profiles”, Cognitive and Behavioral Practice, 2001,8(1): 3-11.

② 陈玉霞、戴育红、杨升平:《广州市中小学生拒绝上学行为调查》,《中国心理卫生杂志》2016 年第 2 期。

③ 姜季妍、李晓非、任传波、杜亚松:《儿童少年情绪障碍 260 例分析》,《中国全科医学》2003 年第 3 期。

界使用的相关概念有"厌学""逃学""旷课""辍学"等,医学界普遍使用"学校恐怖症"。长期以来,在普及教育(尤其是义务教育)的背景下,学界的研究重点集中于因贫困辍学的研究,非经济原因引起的学生不上学现象并未得到足够的重视。同时,该领域研究一直存在概念不一、界定模糊的问题。诸多概念之间既相互联系,又各有侧重,概念不明,分类不清,导致相关研究无法比较,更遑论进行分类及相应对策研究。科学研究的重要基础就是对研究进行明确界定,这是保障研究规范化与体系化的前提。因此,厘清概念、区分研究侧重是本研究的首要任务。

(一) 相关概念的历史发展与演变

19 世纪,伴随着工业革命的发展,英美国家制定了《义务教育法》和《童工法》,以保障儿童上学权益。这一时期,经济贫困是学生不上学的主要原因。拒绝上学行为在当时被认为是一种违法行为,采用的概念有青少年犯罪(delinquency)、逃学(truancy)等,司法监禁被用来对该行为予以惩罚。

随着经济的发展,非经济因素对学生不上学的影响日渐增强。最初对拒绝上学现象进行病理性质探讨的是精神分析学家荣格(Carl Gustav Jung)。1911 年,他报告了一例因自诉躯体症状而"拒绝上学"的案例,荣格通过对这位"拒绝上学"的女孩的心理分析,认为,导致她"拒绝上学"的真正原因是她对任课教师的某种心理情结与厌恶感,躯体症状是癔症的临床表现。1936 年,李普曼(Lippman)等人指出一些孩子不去上学是源于情绪障碍,如明显的焦虑、抑郁,并提出了"神经心理性逃学"(psychoneurotic truancy)的说法。1941 年,约翰逊(Johnson A. M.)使用了"学校恐惧症"(school phobia)一词,来描绘那些对学校场景产生病理性恐惧而强烈拒绝上学的孩子,并把"学校恐惧症"归入儿童情绪障碍。1957 年,约翰逊又提出"分离焦虑"(separation anxiety)的说法,认为儿童不上学的原因不是对学校的恐惧，而是分离焦虑所导致的。1960年，赫索夫(Hersov)等人提出用“拒绝上学”(school refusal)取代“神经心理性逃学”和“学校恐惧症”。虽然学者们在疾病范畴内对“拒绝上学”展开探讨，但学者们普遍认为这个称谓是一个不带病理特征的客观描述。20世纪80、90年代，学生拒绝上学的行为越来越普遍，从个别的、特殊孩子的问题发展为每个孩子都可能会产生的状况。对于影响因素的研究也呈现出复杂化的趋势，多学科整合研究成为必然。1996年，科尼(Kearney)将“拒绝上学”定义为一个综合性概念，使研究摆脱了以往单一法律学或精神病理学的影响，得到学界的广泛认同和使用。

值得一提的是，从20世纪50年代开始，“拒绝上学”(日本称为“不登校”)现象在日本表现突出。日本文部科学省每年出版的青少年白皮书中，“不登校”被视为最严重和最受关注的青少年行为问题之一，且近年来递增趋势十分显著。2016年，日本国会通过《教育机会确保法》，明确写入“日本中央及地方政府将支援不上学的学龄儿童”。该法将“不上学的学龄儿童”定义为缺席学校课程达到一定时间、对集体生活感到心理负担等，导致难以就学的状况。该法指出进行休养的必要性，同时还认可了通过设立自由学校(free school)等校外学习完成义务教育的制度。

20世纪90年代，我国医学界开始注意学生不上学现象，研究初期“厌学”“逃学”“学校恐怖症”等概念彼此纠缠。在国外研究的基础上，“拒绝上学”的概念也得到我国临床心理医生和教育学者的认同，在对各概念进行区分的同时，也日渐形成了对“拒绝上学”的清晰认识。

1. 与“学校恐怖症”的区别

二者在发病年龄和本质上有很大区别，学校恐怖症多发生于幼儿和小学阶段儿童，主要由适应困难和恐惧情绪所导致；“拒绝上学”则多发生于青春期(小学高年级至高中甚至大学)的学生。“拒绝上学"的发生原因复杂多样，如分离焦虑、学习压力过大、人际关系冲突、学习困难、成绩挫败、校园欺凌、情绪障碍、家庭问题等。

2. 与"逃学"的区别

二者在父母知情状况、情绪与躯体症状、学业表现及校外行为表现等方面均有不同。逃学指故意的以及没有获得父母知情的不上学行为，逃学者没有害怕上学的情绪和躯体症状，通常学习成绩较差，没有学习愿望。逃学者不上学期间多在外游荡，多与反社会行为有关。"拒绝上学"则是在父母知情的情况下的不上学行为，初期表现出强烈的害怕、不愿上学的情绪与躯体症状，不上学期间多待在家中，没有反社会的不良行为。"拒绝上学"者在此前学习成绩大多良好。

3. 与"辍学"的区别

二者在意图与影响因素方面有明显差异。辍学仅表现为一种行为结果，没有清晰的意图表示。"拒绝上学"的意愿表达更为明显，这种意愿多带有强迫特质，想去上学但又不能去上学。相比"拒绝上学"，辍学除主观原因外，可能更多受到客观因素的制约，如经济贫困、身体疾病等。

4. 与"主动退学"的区别

公民有义务接受法律规定的一定年限的国民基础教育（义务教育），以及选择是否接受其他阶段学校教育的自由。这就意味着，义务教育阶段外，学生可以选择主动退学。学生（或家长）因对学校教育价值有不同理解而做出离开学校的行为，不属于"拒绝上学"的范畴。

（二）"拒绝上学"行为特征

科尼提出的"拒绝上学"概念得到学界广泛认可，他将其界定为：6—18 岁儿童由于心理社会原因，主动地拒绝上学和/或难以整天坚持在课堂学习的现象。在行为层面呈现以下特点：

一段时间完全不上学。

上学，但是在一天中会离开学校或缺席某些特定课程。

迟到（慢性迟缓）。

上学，但伴随激烈的早晨（或其他返校时间前）不当行为，如发脾气，表现出躯体疼痛，拒绝离家，导致旷课。

在校表现出不寻常的痛苦，以此向父母或他人请求以后不上学。如被允许可以留在家中，情绪状况会改善或好转。

离开学校的时间越长，重新回到学校也越困难。①

"拒绝上学"行为是一个多维概念，不仅包括长期不上学行为，也包括那些很少不上学却是违背意愿的上学行为。需要注意的是，很多有"拒绝上学"行为的孩子经常表现出波动的上学模式。举例来说，有个孩子周一整天都不上学，周二很晚到校，周三上午还能顺利上学，下午却旷课，周四能在学校安心学习一整天，周五因为一个重要考试而拒绝到校。

最初期的"拒绝上学"行为往往会得到自然缓解，实质性的"拒绝上学"行为可从两个方面加以判断：持续时间、对个体社会功能/家庭日常功能的影响。短期"拒绝上学"行为多指持续时间在两周到一年之间，且大部分时间都存在不上学问题。长期"拒绝上学"行为则是持续时间超过一年，即至少跨越两个学期的"拒绝上学"行为。"拒绝上学"会给儿童带来短期或长期的不良后果，短期影响包括孩子压力显著增大、学业成绩下降、人际关系不良、社会疏离、家庭冲突增多以及经济支出增加、潜在的犯罪风险增加等。长期影响包括社会心理功能降低，经常陷入焦虑和抑郁状态，中断学业导致无法顺利升学及后续可能产生的职业、婚姻问题等，这些问题又会加剧孩子们更长时间的不上学行为。为此，学生"拒绝上学"是教育工作者、心理健康

① ［美］科尼·阿尔巴诺：《孩童厌学：治疗师指南》，彭勃译，中国人民大学出版社 2010 年版，"引言"。

工作者亟待解决的问题。

三、调查过程及结果分析

(一) 第一阶段

样本 1：选取上海市某普通高中，选取高一、二、三年级所有学生共 684 人。通过网络发放问卷，有效问卷 649 份，其中男生 304 人，女生 345 人。

问卷 1：儿童“拒绝上学”行为问卷（Child School Refusal Behavior Scale，CSRBS）。问卷从日常行为表现而非功能的角度编制，经信效度检验，符合心理测量学要求，可作为儿童“拒绝上学”行为的筛查工具，也可用于了解中小学生“拒绝上学”行为的流行数据，为相关部门提供参考。

统计方法：t 检验，方差分析。

该问卷有 5 个因子（违抗行为、学校疏离、负性情绪、学习能力和躯体感受），共 19 个条目，采用 1—5 级评分。问卷的总分范围从 19 分到 95 分（拒绝上学行为倾向由低到高），57 分以上者有“拒绝上学”行为。

1. 各因子得分

在“违抗行为”“学校疏离”“负性情绪”“学习能力”“躯体感受”5 个维度的平均得分为 12.3、8.62、6.85、8.24、9.4。

2. 检出率

检出“拒绝上学”行为 125 例（男 59 例，女 66 例），检出率为 19.1%。

3. 性别差异

经 t 检验，性别在“学校疏离”“负性情绪”上有显著差异，女生高于男生（见图 1）。

表 1　CSRBS 五项因子得分的性别差异

分类	性别(平均值±标准差)		t	p
	男(n=304)	女(n=345)		
违抗行为	13.78±6.14	13.80±4.60	−0.033	0.974
学校疏离	8.33±3.34	8.85±3.33	−1.981	0.048*
负性情绪	14.42±5.99	15.54±5.44	−2.505	0.012*
学习能力	8.08±3.40	8.31±2.98	−0.916	0.360
躯体感受	9.11±3.58	9.62±3.19	−1.914	0.056

* $p<0.05$　** $p<0.01$

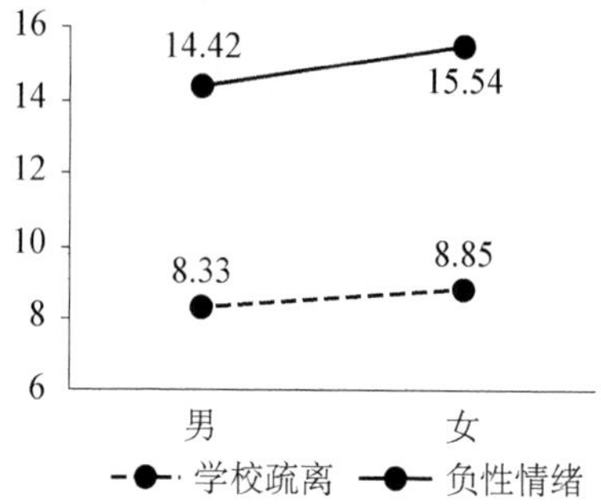

图 1　CSRBS 学校疏离、负性情绪的性别差异

4. 年级差异

经 F 检验，各年级在 5 项因子上均有极其显著差异(见表 2)。其中，在“违抗行为”上，高二>高一；高三>高一(见图 2)。在“学校疏离”上，高二>高一；高三>高一；高三>高二(见图 3)。在“负性情绪”上，高二>高一；高三>高一(见图 4)。在“学习能力”上，高二>高一；高三>高一(见图 5)。在“躯体感受”上，高二>高一；高三>高一(见图 6)。

表 2　CSRBS 五项因子得分的年级差异

分类	年级(平均值±标准差)			F	p
	高一(n=265)	高二(n=200)	高三(n=184)		
违抗行为	11.96±4.26	15.12±5.27	14.98±6.13	28.143	0.000**
学校疏离	7.61±3.18	8.93±3.17	9.70±3.37	24.109	0.000**
负性情绪	13.36±5.07	15.81±5.68	16.54±6.08	20.703	0.000**
学习能力	7.34±2.90	8.62±3.09	8.97±3.40	17.581	0.000**
躯体感受	8.32±3.25	10.03±3.16	10.20±3.41	23.641	0.000**

* $p<0.05$　** $p<0.01$

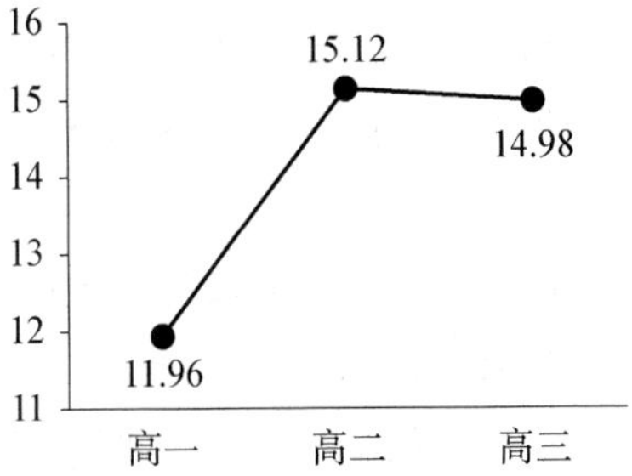

图 2　CSRBS 违抗行为的年级差异

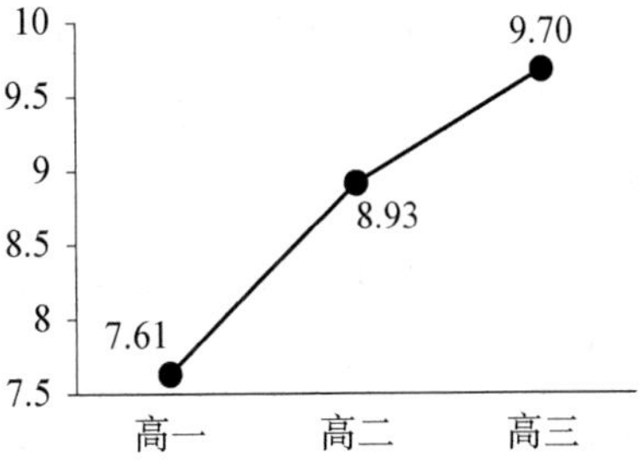

图 3　CSRBS 学校疏离的年级差异

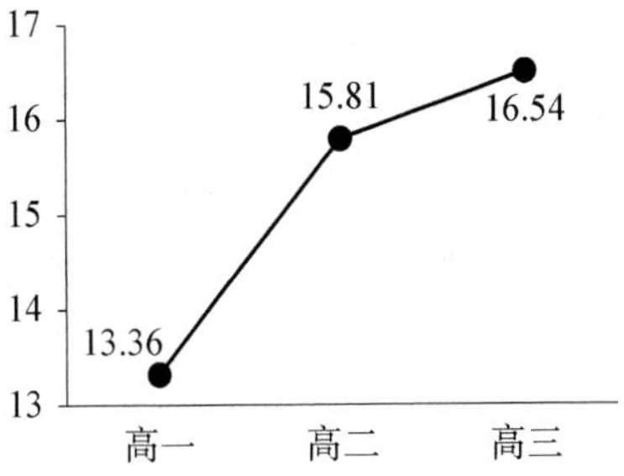

图 4　CSRBS 负性情绪的年级差异

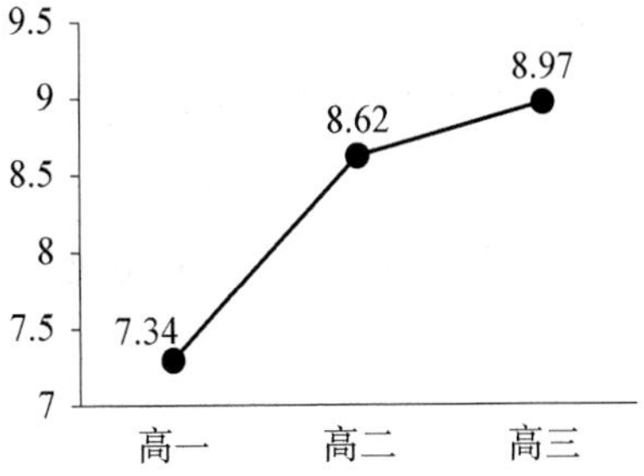

图 5　CSRBS 学习能力的年级差异

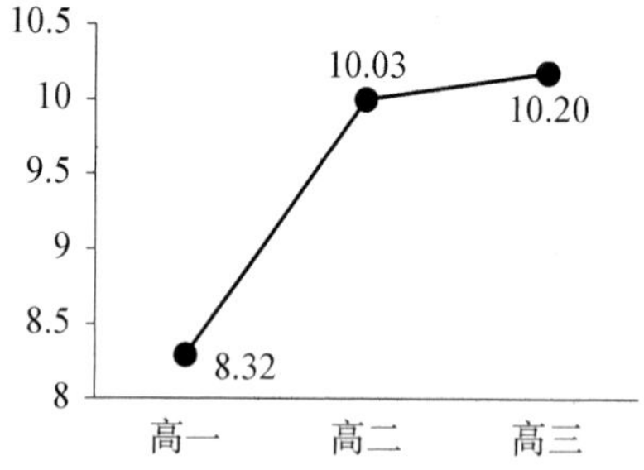

图 6 CSRBS 躯体感受的年级差异

5. 讨论

广州市中小学生“拒绝上学”行为的检出率为 22.5%，且呈现随着年龄增加不断上升的趋势，小学阶段（8—12 岁）处于较低水平（4.5%），进入初中后陡增至 24.6%，到高中阶段，“拒绝上学”行为的检出率高达 37.6%。[①] 本调查（基于一所高中）“拒绝上学”行为检出率为 19.1%。

国外研究结果显示，“拒绝上学”行为存在于各年龄段的学生中，在男女学生中所占比例相当。[②] 本研究结果也显示这一点，高中各年级学生中皆存在“拒绝上学”行为，女生在“学校疏离”“负性情绪”方面得分高于男生。

年级层面，在“违抗行为”“学校疏离”“负性情绪”“学习能力”“躯体感受”五个维度均呈现出显著差异。高中阶段面临巨大的学业挑战与升学压力，再加上学生正处于急速发展与变化的青春期，承受着来自生理与心理方面的压力，这些压力若不能得到及时释放与调节，可能会以“拒绝上学”行为表现出来。同时，随着年龄增长，学校教育对学生的吸引力也在逐步消散。赫索夫等人的研究指出，儿童刚升

① 陈玉霞、戴育红、杨升平：《广州市中小学生拒绝上学行为现状分析与对策研究》，《教育导刊》2016 年第 3 期。

② Pellegrini D. W.，“School non-attendance：definitions，meanings，responses，interventions”，*Educational Psychology in Practice*，2007，23(1)：63 - 64.

入初、高中时是“拒绝上学”行为的高发期。[①] 这一点与笔者在学校心理咨询中遇到的个案经历相吻合，但该调查的结果则提醒我们除了初一、高一这两个关键时期外，中学高年级学生“拒绝上学”倾向也有显著的增加，这与高年级学生越来越明显的学业及升学压力有一定的关系。

（二）第二阶段

样本 2：选取上海市 8 所中学（7 所普通中学，1 所职业学校），涉及从预备年级至高三共 7 个年级，通过网络发放问卷，有效问卷 783 份（普通中学 671 份，职业学校 112 份），男生 372 人，女生 411 人。

问卷 2：儿童“拒绝上学”行为评估量表（School Refusal Assessment Scale, SRAS）。该问卷是用于鉴别孩子“拒绝上学”的原因的。拒绝上学的原因多样，该问卷涉及 4 个因子：“回避消极情绪”“避免社会评价”“获得关注行为”“拒学行为被强化”，每个因子设置 6 个条目，采取 0—6 级评分，各因子的条目得分分别相加，分数最高的因子即为学生“拒绝上学”的主要原因。

统计方法：t 检验，方差分析。

1. 各因子得分

在“回避消极情绪”“避免社会评价”“获得关注行为”“拒学行为被强化”4 个因子的平均分为 859.83、581.16、469.67、1 387.67。

2. 学校类型差异

经 t 检验，学校类型在 4 个因子均无显著差异。

3. 性别差异

经 t 检验，性别在“回避消极情绪”“获得关注行为”“拒学行为被强化”3 个因子有显著差异，女生高于男生（见表 3）。

---

① Hersov L., “School refusal”, Rutter M., Herso L., *Child and Adolescent Psychiartry: Modern Approaches*, 2nd ed. Oxford: Blackwell, 1985, pp. 382 - 399.

表 3 SRAS 四项因子得分的性别差异

分类	性别(平均值±标准差)		t	p
	男(n=372)	女(n=411)		
回避消极情绪	1.96±0.91	2.21±1.01	−3.683	0.000**
避免社会评价	1.78±0.57	1.86±0.59	−1.944	0.052
获得关注行为	1.64±0.60	1.74±0.72	−2.249	0.025*
拒学行为被强化	2.53±0.92	2.66±0.93	−2.024	0.043*

* $p<0.05$ ** $p<0.01$

4. 学段差异

经 t 检验，年级在“回避消极情绪”“拒学行为被强化”上有显著差异，高中高于初中(见表 4)。

表 4 SRAS 四项因子得分的学段差异

分类	New_年级(平均值±标准差)		t	p
	初中(n=348)	高中(n=435)		
回避消极情绪	1.90±0.88	2.25±1.01	−5.262	0.000**
避免社会评价	1.78±0.52	1.86±0.63	−1.956	0.051
获得关注行为	1.66±0.62	1.73±0.70	−1.463	0.144
拒学行为被强化	2.46±0.85	2.71±0.97	−3.788	0.000**

* $p<0.05$ ** $p<0.01$

5. 年级差异

经 F 检验，各年级在“回避消极情绪”“拒学行为被强化”上有显著差异(见表 5、图 7)。其中，在“回避消极情绪”上，高一>预备年级；高二>预备年级；高三>预备年级；高二>初一；高三>初一；高一>初二；高二>初二；高三>初二；高二>初三；高三>初三。在“拒学行为被强化”上，高一>初一；高二>初一；高一>初二；高二>初二；高一>初三；高二>初三。

表 5　SRAS 四项因子得分的年级差异

分类	年级(平均值±标准差)							F	p
	预备年级(n=126)	初一(n=102)	初二(n=73)	初三(n=47)	高一(n=222)	高二(n=143)	高三(n=70)		
回避消极情绪	1.85±0.83	1.97±0.90	1.88±0.82	1.91±1.06	2.17±0.95	2.36±1.09	2.28±1.04	5.218	0.000**
避免社会评价	1.82±0.58	1.81±0.47	1.72±0.49	1.70±0.52	1.83±0.57	1.89±0.67	1.90±0.68	1.198	0.305
获得关注行为	1.72±0.69	1.65±0.68	1.59±0.47	1.60±0.51	1.68±0.61	1.78±0.79	1.75±0.75	1.109	0.355
拒学行为被强化	2.53±0.84	2.42±0.82	2.46±0.90	2.36±0.91	2.71±0.92	2.74±1.04	2.64±0.99	2.650	0.015*

* $p<0.05$　** $p<0.01$

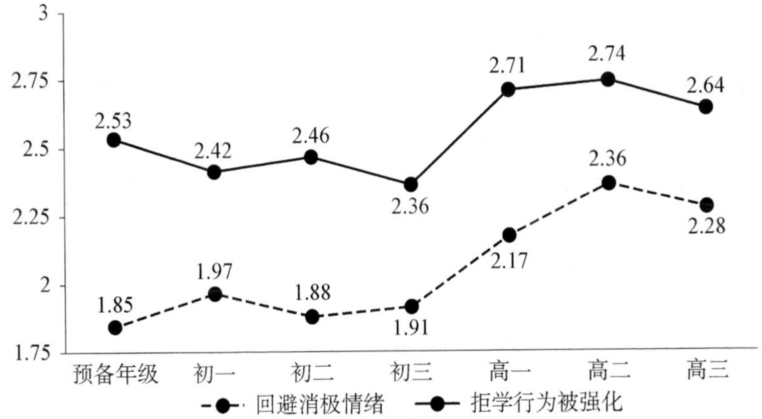

图 7　SRAS 回避消极情绪、拒学行为被强化的年级差异

6. 讨论

本研究结果显示女生在“回避消极情绪”“获得关注行为”“拒学行为被强化”方面的得分高于男生。虽然男女生都存在“拒绝上学”行为，但女生通常更伴有其他情绪问题。1996 年，美国心理学家对

450 名儿童青少年进行精神检查和访谈，发现与“拒学”相关的诊断包括：分离焦虑、广泛性焦虑、单纯性焦虑、社交恐惧、单纯或特定恐惧、惊恐障碍、抑郁症、恶劣心境、品性障碍、对立违抗性障碍、注意缺陷障碍、睡眠障碍等。① 研究表明，几乎所有的“拒绝上学”儿童青少年同时患有一种或多种符合 DSM－IV 或 ICD－10 诊断标准的精神、心理疾病。由此产生一个问题，针对精神障碍的心理咨询与治疗是否能改善“拒绝上学”行为呢？研究证明，CBT 和 CBT 联合氟西汀均可以有效治疗“拒绝上学”。② 这就为学校教育工作者提供了一条直接应对之法。

高中生在“回避消极情绪”“拒学行为被强化”上高于初中生。值得注意的是，“在获得关注行为”维度的具体条目“如果父母和你一起去上学，是不是去上学会更容易一些”呈现 0.01 水平显著性（$F=4.146$，$p=0.000$），平均值得分对比结果为“预备年级＞初一；预备年级＞初二；预备年级＞初三；预备年级＞高一；预备年级＞高二；预备年级＞高三”。分离性焦虑障碍被认为是与“拒绝上学”联系最密切的精神障碍，而低年级的学生更容易出现分离性焦虑。这就为干预及治疗低年级学生的“拒学”行为提供了一个视角，即家庭关系的重新建构。

四、“拒绝上学”行为的干预与治疗

“拒绝上学”的儿童或青少年离开学校的时间越长，重新回到学校也就越困难，所以对“拒绝上学”行为早干预至关重要，而弄清该行

---

① Egger H. L.，Costetllo J. E.，Angold A.，“School refusal and psychiatric disorders：A community study”，*Journal of the American of Child & Adolescent Psychiatry*，2003，42(7)：797－807.

② 吴歆、刘芳、陈翠华、黄玲、林经纬、施穗琴：《认知行为治疗拒绝上学的研究》，《儿科药学杂志》2014 年第 8 期。

为产生的原因是干预治疗的基础。很多因素共同影响青少年“拒绝上学”行为，包括生理心理特征、气质性格等内部因素及家庭学校、社会环境等外部因素。儿童青少年拒绝上学现象的发生是社会因素（学校、家庭）与自身因素相互作用的结果。①

从个体角度看，“拒绝上学”行为多发生于那些性格胆小、孤独离群、行为退缩的儿童青少年。② 进入青春期后，青少年因自我意识迅速发展而可能产生的不符合实际的自我认识和对事物的错误认知，会进一步促使“拒学行为”的产生。

从家庭角度看，不稳定的家庭环境和不良的养育方式会导致其行为退缩。研究显示受到父母过多的保护和干涉，父亲过多的严厉惩罚会对儿童“拒绝上学”行为产生影响。③④ 青少年高新奇刺激寻找、奖励依赖、合作性、母亲高奖励依赖是“拒绝上学”行为保护因素。⑤

从学校角度看，学校内发生的各种生活事件或应激事件如转学（班级）、学习困难、考试不及格、遭同学嘲笑或欺侮、与教师发生冲突、遭受体罚、教师期望过高、管教严厉、校园暴力、刻板的规章制度、枯燥的教程等，让学生在学校感到枯燥无聊，往往是“拒绝上学”行为发生的重要诱因。⑥ 有一项研究结果显示学习压力大（6.47%），考试

---

① 高柏慧、刘果、黄俊峰、张园园、王旭梅：《儿童青少年拒绝上学行为原因的研究进展》，《国际精神病学杂志》2015 年第 2 期。

② 陈群、汪玲华：《儿童、青少年拒绝上学行为的相关影响因素研究进展》，《中国儿童保健杂志》2013 年第 1 期。

③ 吴宝铮：《拒绝上学儿童的社交焦虑　情绪与养育方式的研究》，《中国药物与临床》2018 年第 7 期。

④ 李刚、杨孝、李启洪：《拒绝上学儿童青少年家庭环境和父母养育方式调查研究》，《精神医学杂志》2017 年第 6 期。

⑤ 高柏慧、刘果、黄俊峰、张园园、王旭梅：《青少年拒绝上学行为与气质性格、父母气质性格的关系研究》，《国际精神病学杂志》2016 年第 1 期。

⑥ 陈群、汪玲华：《儿童、青少年拒绝上学行为的相关影响因素研究进展》，《中国儿童保健杂志》2013 年第 1 期。

频繁作业过多(6.03%),只愿待在家中(上网、睡觉)(5.63%),排在所有"拒绝上学"直接原因的前三位。① 较多的负性生活事件以及较少的社会支持是中学生"拒绝上学"的危险因素。②

社会环境因素对拒绝上学的发生也有一定影响。经济的高速发展,激烈的升学竞争,使儿童青少年承受着巨大的学业压力而长期处于情绪紧张状态,一旦受挫,极易作为诱发因素导致"拒绝上学"行为的发生。

基于上述因素分析的相关研究,在预防的角度,可以从建立和谐友善的亲子关系、营造有利的社会舆论氛围、加强青春期孩子学业及生活指导等方面着手。

那么,当孩子出现"拒学"行为应采用何种策略来解决呢?当前最佳的临床实践指导干预需要基于"拒绝上学"行为的功能分析结果,选择以儿童为中心、以父母为中心、家庭治疗为中心的个性化治疗方案,适当选择如暴露治疗、心理健康知识教育、认知重建、家长一致性管理策略(其他家长管理策略)或其他所需的 CBT 干预技术。③④ 研究者同样建议使用个性化认知行为治疗 CBT 解决具有拒学行为的儿童和青少年的其他心理障碍,如抑郁、社交回避、分离焦虑等。⑤ 值得重视的是,"拒绝上学"概念的提出者科尼及团队开发了

---

① 王晓雪、王旭梅、何强:《儿童青少年拒绝上学行为影响因素的初步探讨》,《中华行为医学与脑科学杂志》2010 年第 10 期。

② 陈玉霞、杨海荣、陈桂娴:《拒绝上学中学生家庭教养、生活事件及社会支持研究》,《教育导刊》2013 年第 4 期。

③ Kearney, C. A. (2001), *School Refusal Behavior in Youth: A Functional Approach to Assessment and Treatment*, Washington, DC: American Psychological Association.

④ Kearney, C. A., & Albano, A. M. (2000), *When Children Refuse School: A Cognitive-Behavioral Therapy Approach (Therapist Guide)*, San Antonio, TX: Psychological Corporation.

⑤ Layne, A. E., Bernstein, G. A., Egan, E. A., & Kushner, M. G. (2003), "Predictors of treatment response in anxious-depressed adolescents with school refusal", *Journal of the American Academy of Child*.

一种分类模型，以儿童青少年“拒绝上学”行为的最主要原因为基础，将评估和规范性治疗联系起来。①

一是为了逃避引发负面情绪的(恐惧、焦虑、抑郁和身体不适等症状)学校相关事物和情境(刺激)，如教室、考试、老师等引发了孩子的负面情绪，如焦虑等。

二是为了逃避学校令人苦恼的社交和/或评价情境，如不良的同学关系或严重的社交焦虑，孩子经常回避的社交情境包括与老师等交流，与容易表现言语、身体侵犯的同伴交往等，孩子经常回避学校相关的评价情境如考试、在他人面前演讲等。

三是为了寻求校外其他重要之人的关注，如发脾气，抱怨生理不适或留在家里获得家长的注意与陪伴，此类型与分离焦虑有较大的关联。

四是为了获得或追求校外实质利益，如看电视、打游戏、睡觉、上网、找朋友玩等。

在明确儿童青少年“拒绝上学”行为的主要、次要原因后，安排治疗策略(见表 6)。②

表 6 “拒绝上学”行为干预手段表

原因维度	干预手段
逃避学校引起的恐惧和负性情绪	行为矫正，放松训练，缓慢深呼吸训练，情景想象；逐级暴露(学校或课堂)疗法 心理培训和自我正强化训练

① Kearney C. A., “Confirmatory factor analysis of the School Refusal Assessment Scale-Revised: Child and parent versions”, *Journal of Psychopathology and Behavioral Assessment*, 2006(28): 139 - 144.

② Kearney C. A., “School absenteeism and school refusal behavior in youth: A contemporary review”, *Clinical Psychology Review*, 2008(28): 451 - 471.

续 表

原因维度	干预手段
逃避令人苦恼的社交/评价情境	假设想象、角色扮演和认知行为治疗相结合 放松训练,缓慢深呼吸训练 认知治疗,改变不合理观念,逐级暴露于学校环境中 在日常生活中训练自己解决问题的能力 心理培训
寻求校外其他重要人物的关注	治疗主要针对家长。集中对家长的引导,让家长为孩子制定一套从早晨到晚上的作息时间表;转移家长的关注重点,让他们从关注孩子不上学转为注重让孩子上学;逐渐纠正父母的不良教育方式;在家庭逐渐建立早上上学的环境氛围和日常有规律的工作学习环境;对上学有奖励,对不上学则惩罚;迫不得已的情况下,强迫孩子去上学;在学校,坚决阻止孩子离开学校
获得或追求校外实质利益	主要采用家庭治疗。开始可以进行口头教育和引导,慢慢地让孩子和父母订立书面契约,家庭成员都按契约内容行事,建立家庭赏罚制度;建立良好的家庭氛围,家人在一起共同谈论并解决问题,这样可以从家庭内部解决问题,促进孩子上学,减少不上学几率;培养孩子的交流和交往能力;父母和学校要相互配合,定期了解孩子在校情况;培养孩子学会拒绝校外的诱惑性事件和同龄人的教唆

上述治疗方案中的具体做法如角色扮演、放松训练、情绪 ABC 等可以在学校经由心理健康教育的方式指导学生进行练习,同时,科学育儿观念、良好亲子关系的建立亦可经家庭教育指导的途径传达给家长。通过这种全方位的支持系统的搭建,帮助学生形成在学校学习时的正面体验。

五、个案与思考

小 H,女,高一,刚入学不到一个月,已经有 3 次无法在学校学习,返回家中。心理教师通过首次咨询评估,对其拒学行为的可能因素进行了初步分析,包括回避负面情绪、避免社会评价,以及一定程度的抑郁与社交焦虑倾向。具体干预措施如下。

角色扮演与行为演练：她不知如何向父母、老师说明自己的诉求。心理老师扮演父母、班主任角色，与她进行互动，分别检验不同对答可能产生的反应以及应对方式。

放松训练：进行呼吸放松法、想象放松法的练习，以降低其焦虑情绪。

认知治疗，改变不合理观念：她对于学业的期待值较高，作为刚入学的高一新生，过高的学业期待会增加她的焦虑值，并极有可能在考试结果不理想的时候产生过大的心理落差，进而产生抑郁、焦虑等负性情绪。针对她的不合理信念进行认知治疗。

对于新学校的高期待、对自我学习的高要求、对社交的渴望与担忧、自我兴趣的缺失(从小将注意力放在学习上，导致忽略了兴趣的探索)，让处于高一适应期的同学产生了拒绝上学的强烈想法，这是可以理解的。在完成了已有的干预措施后，小 H 的情绪状态有所好转，但其拒绝上学的想法依然十分坚决(她的计划是不来学校上学，只参加考试，通过在家自学的方式完成高中学业)。面对日渐增多的“拒学”个案，笔者强烈地感觉到，心理教师的单一力量是极为弱小的，需要来自学校内部、家庭、社会的更多资源与力量。

同时，日本对于“不登校”问题的思考历程让笔者产生了另一方面的思考。日本从认为“因为放任自由而带来的问题”到“帮助不登校的学生恢复登校”到开始倾向理解“不登校”学生，认为是“整个社会没有创造一个足够好的学校环境，吸引每个学生乐意登校”。甚至，日本儿童精神科专家认为现实中本身就有“发育障碍型”和“高敏感”的孩子，这些孩子可能会表现为“情绪障碍”“注意力障碍”“学习障碍”，以及天生对外界环境高敏感等，这样的孩子并不一定适合正常“登校”。所以，2016 年，日本文部省在出台新的“不登校”对策时，首次改变了将所有对策指向“恢复登校”的努力，而是重点提出将通过各种方式(自由学校、访问型教育支援)，在尊重学生选择的基础上，支援“不登校”的学生继续完成学习。在这样的努力下，2017 年日本文部省的统计结果是，全国“不登校”的中小学生中 85％会最终完成高中教育，37％的人会升入大学、专门学校等。[①] 2017 年 9 月 1 日，东京上野动物园发声支持“不登校”的孩子们，官方推特上贴出亚洲貘幼崽的照片，并配文道：“亚洲貘遇到敌人时，会一溜烟躲进水里。逃跑是不需要谁来许可的，请不要顾忌旁人的眼光，有必要就逃跑吧！如果无处可逃，欢迎来动物园。这里有很多不受人类社会束缚的动物在等你。”[②]

这种理念的转变到底有着怎样的意义？日本的做法是否对改善发生在中国的“拒学”现象有参考？希望随着对“拒绝上学”的理论研究与实践探索的不断深入，我们对这些问题的思考会更清晰、更完整。

---

① “9 月 1 日，请活下去——日本“不登校”学生创新高 16 万”，https://k.sina.com.cn/article_6588938277_188bb382501900o69i.html?from=edu，2020 - 8 - 28。

② 袁野：《不上学并非不幸，“学校恐惧症”在日本蔓延》，《青年参考》2018 年 8 月 16 日。

高中生青春期性教育现状的思考

王雪凌

处于高中青春期阶段的个体已经形成了一定的性心理，而且随着生理发育，青春期的个体对于性也产生了了解的欲望，教师需要用科学的引导方式让学生获知性知识。然而，受到传统教育理念的影响，无论是家庭还是学校，对于性教育都开展得不够深入，或是遮遮掩掩或是一笔带过，没有考虑到高中生对于性知识的心理需求，性教育的效果也不够理想。针对高中生开展青春期性教育，有利于让学生真正了解自己的现状，掌握知识，走出对性的无知和误区，从而平稳度过青春期。

一、现阶段高中生青春期性教育存在的问题

（一）高中学校对性教育教学工作的忽视

随着教育的发展，在高中阶段除了注重知识的传授，在德、智、体、美、劳等其他方面也有相关课程的开发，但不得不承认，青春期的性教育还是被忽略的，很多学校并没有关注到高中阶段个体对于性知识学习的需求，没有开展相关的教育课程以及讲座，尤其缺乏针对高中阶段个体的性教育教材推进，学生所能学习到的知识仅仅源自生物教科书上的相关章节，然而，由于这部分内容并不是考试的重点，所以很多教师在涉及性知识的讲解时并不会重点讲授。这些教

育过程中所反映出的问题实际上都源于一些高中学校缺乏对性教育教学工作的重视，而且对于性教育的目标树立得不够明确。同时各科教材都没有明确的相关内容，无论是哪个学科的教师都不愿意承担这部分的教学工作，所以性教育的结果也不够理想，无法起到引导学生的重要作用。

（二）高中学校开展性教育师资力量的薄弱

受到传统思想的影响，很多教师本身性观念较为传统，缺乏对性教育的深入研究，尤其没有认识到青春期个体特征，在教学能力上较为薄弱，不具备开展性教育教学工作的能力，还有一些教师对于性教育本身的教学态度较为消极，所采用的教学方法粗暴、单一。① 很多学校也没有为性教育这门课程设置专门的教师，虽然一些学校有心理咨询教师，但是这些教师没有经过专业的青春期性教育的培训，面对学生所提出的性教育问题或者学习上的需求，教师的能力也是有限的，无法胜任性教育教学工作。师资力量的缺失也在很大程度上限制了高中性教育教学的开展。

二、高中性教育现状背后的问题成因

（一）性教育社会氛围缺失

中华民族性格较为含蓄，长期以来“性”都是一个很少被讨论的问题，其背后反映的是中国传统文化中对于人的欲望的过分压抑，以儒家为代表的中国传统文化有着积极的一面，但是受限于社会历史条件的限制，传统文化中对于道德标准和目标的强调在很大程度上具有一定的极端性特征，因此也造成了中国人长期以来对待性问题

① 李金英：《高中生青春期性教育方式的探究》，《中学时代》2013 年第 8 期。

的敏感而脆弱，不敢正视这一议题。随着经济的飞速发展，社会的不断进步，更加多元的文化涌现到我们面前，也让我们重新思考性教育问题，对于性的观念转变任重而道远，很多教师仍然无法做到认知上的转变，这也阻碍了学校性教育的进步，甚至会误导学生。

（二）教育政策法规不完善，缺乏可操作性

当下我国并没有针对性教育这一议题制定出强有力的教育政策或者相关法规，这些教育层面的要求也没有上升到法律层面，缺乏一定的强制性。所以，在推进高中青春期性教育的过程中，很多政策性的要求无法在实际教学中得到有效执行。1996 年由教育部颁发的《关于在普通中学进一步开展人口和青春期教育》的通知文件，较为系统地提出了性教育的内容、目标以及任务，然而这一文件中只提出了政策性的倡导，没有制定出具体的实施细则，所以仍然存在操作性不强、难以落地的问题。关于性教育的政策也存在执行不力的情况，常常表现为相关教育管理工作不到位，尤其是我国内地一些经济欠发达的地区，城乡之间也有较大的差距，性教育政策与管理存在脱节，一些学校所开展的性教育也只是为了完成上级领导的审查要求，在实际教学过程中并没有按照相关要求推进。

（三）学校领导、教师对性教育态度模糊

学校管理者的工作任务在于完善教学管理工作。对于师资配备、科研、资金投入等方面，学校管理者都具有决策权，同样，学校管理者对于性教育的态度也在很大程度上决定着性教育工作推进的力度。由于一些校长和教师并没有认识到高中性教育的重要性，对于学习成绩的过度重视也影响了对性教育的相关投入。[①] 很多学校并

---

① 史铁群、张嘉楠、孙怡心等：《青春期性教育的现状与思考》，《河北北方学院学报（社会科学版）》2018 年第 5 期。

没有将性教育摆上日程，一些教师也不愿意担任性教育教师的角色，在对待性和性教育的问题上仍然趋于保守，所以，对待性教育的不够重视，也使得性教育很难顺利开展。

（四）家长对性教育大多消极回避

家长也是促进性教育开花结果的重要环节，然而很多家长片面地认为性是有伤风化的事情，不会在家里公开谈论，认为学生只要长大到一定年龄就会了解这方面的知识。家长将更多的注意力放在监督学生学习上，担心孩子由于了解过多的性知识反而误入歧途。家长对于学校教育的压力，也会反推校长和教师不敢开设性教育课。家长消极的态度增加了性教育的开展难度。

（五）教育方法不当，教材较为缺乏

针对性教育问题，很多高中学校采用的是亡羊补牢的教学方法，学生在没出现问题时，往往不会进行此方面的引导，而一旦学生出现了问题，教师则会采用说教或请家长的方式，把问题推给家长。这种性教育的教学方法是非常不妥的，会让学生感到自己犯了很大的错误，而且也会羞于表达自己对于性知识学习的需求。还有一些教师在教学的过程中讲到相关内容时，只是让学生自学，学生被动接受性知识，容易对性产生误解，认为性登不上大雅之堂，影响了性教育的开展。很多教师虽然在主观认知上认为开展性教育非常重要，但是并没有一套相关的教材可以跟进作为依托，加上教师本身性知识较为缺乏，很难把握好教学的深度以及广度，常感到无从下手，所以选择避而不谈。缺乏系统性的性教育教材，让教师的教学雪上加霜，不仅制约着高中性教育的开展，也会反过来导致高中性教育师资力量薄弱的问题反复出现。

三、推进高中阶段性教育工作的有效性对策

(一) 规范性教育管理工作

处于高中阶段的学生已经具备较强的自我意识,教师要能够根据高中阶段个体的实际心理发展阶段特征,加强对性教育的相关研究,通过科学的方法引导学生正视和他人之间的关系,进行自我意识的完善,了解自己的性心理状态以及性心理活动,形成较强的自我管理,引导个体逐渐社会化。

规范性教育管理工作也要引导学生形成性心理以及性道德规范。在学校层面,学校可以将性教育作为青春期教育的重点内容,建立开展性教育的机制,明确目标。整个性教育的过程要做精做实,真正提高性教育的实际教学成果。①

(二) 帮助高中生树立正确的性观念

学校在开展性教育的过程中,要认识到性并不是一件羞耻的事情,掌握必要的知识既是对自己负责,也是对他人负责。学校开展性教育时不要躲躲闪闪,只有学校的态度是明朗的,才能够让学生从对性的困惑中走出来,不再用盲目的方式探索性知识。学校性教育的体系中也要融入避孕、性疾病传播等知识,加强学生的自我防范和自我保护意识,课程体系要尽可能完善,这样才能有利于正确的性观念的树立。

(三) 探索性教育的学科化、课程化

针对高中阶段开展性教育并没有适当的教材这一问题,高中学

---

① 张其珍:《高中性教育的实施现状及管理策略的研究》,南京师范大学硕士学位论文,2010年。

校要能够自己探索性教育的体系，促进性教育朝学科化、课程化方向发展。性教育作为一个系统性的教学工程，有其特有的内部结构特征，学科化和课程化是推进高中性教育发展的重要动力，如果缺乏制度化、科学化的要求，性教育很难获得更好发展。① 所以，学校教学主管部门要加大投入，组织相关教师，共同探索性教育的发展方向，让这门课程能够切实帮助到学生，而不是将性教育束之高阁，或者使其变成一种形式。

（四）提高师资队伍水平

教师的教学能力在很大程度上决定着高中性教育的教学质量。作为性教育的重要组织者、引导者以及参与者，教师要具备扎实的业务能力，以及对性道德的深刻理解，在精通教育的同时擅长抓管理，师资队伍水平对于提高性教育的效果来说非常必要。师资力量的培养可以从以下几个方面入手。

首先，教师要具备较高的性文明素养。教师要具备科学、健康、文明的性观念，接纳自己的生物性别，然后从性心理的角度切入，明确自己的性社会角色。教师自身的性文明素养会对学生产生直接影响，教师也要有意识地将性道德教育贯穿到针对高中生的整个性教育过程中，向学生传递出理性的性道德标准。性文明素养也表现在教师要尊重性法治教育，在向学生进行知识传授的同时，也要将社会标准以及相关法律法规传达给学生，以防范或纠正学生的不良性心理以及行为，做到防治结合，开展教学。

其次，培训教师的性文化知识。教师开展教育时要有扎实的知识素养为基础，要不断丰富自身的素养以及认知。教师要能够了解性生理发展知识以及性保健知识，让学生熟悉青春期生理层面即将

① 刘子燕：《高中生青春期性教育的途径探究》，《中学课程辅导（教师教育）》2017 年第 10 期。

发生的变化，认识到男性和女性相关知识的背后生理原因。教师要能够帮助学生掌握性心理发展的相关知识以及性道德知识，在心理层面进行生理卫生的引导，包括青春期的心理特征、性心理发展特点以及性意识等，让学生能够正确处理与异性之间的关系，让学生能够具备一定的心理以及生理准备，明确婚前性行为对自己和他人的身心健康产生的影响，从而做出正确的决定。

最后，教师要让学生了解如何进行自我保护，掌握一定的法律知识。从保护青少年健康成长的角度出发，教师要能够让学生在面临危急情况时学会自救，如能够帮助同学了解到性骚扰、性侵害出现时应当如何保护自己以及向周围寻求帮助等。有效的教学能够引导学生认识到接触性知识的正确方式，坚守道德底线。

教师也要能够站在学生的角度，帮助学生树立终身发展的性观念。在性教育领域中，教师对个体开展引导时，要能够关注到个体的终身发展，除了要让学生熟悉自己的生理特征、健全性别角色、理解人际关系的底线之外，也要让学生通过学习掌握健康的性心理，学会与他人进行正常的社会交往。正常的异性交往是高中性教育工作不可忽视的重要模块。

（五）学校要开展教学方法培训

在传统的高中性教育课程中，教师往往缺乏科学的教学手段引导，实际上科学的教学方法有利于教学目标的实现。教师要运用科学、准确且轻松、自由的语言开展性教育，掌握与学生之间沟通的方法，联动多个学科，多方协同、全员参与，让性教育能够更好地与高中阶段的学习进行整合。[①] 在具体的教学方法上，教师可以通过讲座、同伴教育、团体活动、个别咨询等方法，将性文化以及性知识融入学生的校园活动中，也可以在语文、生物、音乐、美术等课程中，借由这

① 黄仙保：《高中阶段青春期性教育的实践研究》，《中小学心理健康教育》2015 年第 3 期。

些学科本身的特征，将正确的性观念、性道德伦理与课堂教学内容进行整合，构建学生健康的性心理。

除此之外，教师也要通过营造健康、多元的校园文化，开展丰富多彩的校园活动，吸引学生参与其中。这种集体性的活动能够避免学生的性冲动和不良心理的积压，而且集体性的活动也能够增进异性之间的正常交往，逐渐消除对异性的神秘感，让学生在正常交往的过程中排除性心理的困惑，纠正不良行为。

学校同样要开展性教育研究，加强校本课程开发力度。对于性的认知以及相关研究由于不同地区存在文化以及经济发展水平的差异，国家并没有统一的教材跟进，而且现有的关于性教育的教材，也不一定适合每一个地区的每一个学校。所以，为了更好地开展高中生青春期性教育，学校应通过问卷、访谈等方式，了解学生性知识的掌握情况，根据实际调查结果编写适合的讲义。为了加强教学的针对性，弥补教材无法覆盖全部学生的问题，学校也可以通过开设个别咨询、小团体辅导等方式，进行针对性的解答，照顾到每个学生身心发展的不同阶段。

（六）探索多样化的性教育途径方法

在开展性教育时也要因人施教，采用针对性更强的方法，让学生真正通过性教育学习有所收获。教师可以通过组织专题讲座的方式，帮助学生答疑解惑。专题讲座并不意味着一味的灌输或者说教，要更侧重于引导以及启发，运用开放式、探讨式的参与方法，让学生能够以互动讲座的方式与教师进行交流。除此之外，学校也可以通过开展一定的校园活动，让性教育的触角延伸至学生的日常生活以及游戏之中，组织活动的方式能够增进学生的友谊，帮助学生更好地认识彼此，摆脱异性之间的神秘感。相关活动的组织也可以融入家长，让家长更了解学生的身心发展阶段，给予学生足够的尊重，从而从家庭教育的角度增强性教育的科学性以及实效性。

个别咨询也是帮助学生掌握知识，纠正不良性心理的有效方式，通过面对面沟通的方法，帮助学生解答疑惑。咨询室也可以以线上的形式利用沟通软件，让学生找到自我宣泄以及调节情绪的出口。教师要认识到，性教育不仅仅是知识教育，更重要的是人格教育引导，通过性教育的媒介，学生要懂得如何成为一个健康人。只有推进性心理的构建，才能够真正发挥出性教育的优势作用所在。

结语

综上所述，对于个体终身发展来说，性教育是至关重要的，开展性教育要从社会学、心理学、教育管理学等多个角度入手，了解学生的实际身心情况，结合个体心理特点，运用科学的教学方法帮助学生认识性、了解性。学校在教学氛围的构建上也要多下功夫，加大对教师群体的培训，组织相关咨询、讲座等，促进青春期学生性心理的健康发展。从长远的角度上看，性教育也是维护社会稳定、促进个体身心平衡发展的重要环节，教师和学校要向科学、正规教育的方向努力，深化实践，转变教学理念、调整方法，真正推动高中性教育工作不断完善和进步。

高中生虚拟人格与现实人格的差异研究

张卫琴

一、引言

（一）研究背景

随着全球社会信息化的加剧，互联网已渗透到我们生活的方方面面，在促进社会发展的同时，也将青少年带入一个更广阔、更丰富精彩的世界。2020 年 5 月共青团中央维护青少年权益部、中国互联网络信息中心（CNNIC）联合发布的《2019 年全国未成年人互联网使用情况研究报告》显示，互联网已经成为未成年人认识世界、日常学习、休闲娱乐的重要平台。2019 年我国未成年网民有 1.75 亿人，未成年人的互联网普及率已达 93.1%，高中生互联网普及率达到 97.6%。高中生在工作日日均上网时间 2 小时以上的占 10.5%，在节假日日均上网时长超过 3 小时的占 35.9%。高中生网民经常使用网上购物网站、社交网站和网上聊天的比例均超过平均水平 20%以上，网上社会化活动比例明显较高。网上聊天是未成年网民最主要的网上社交活动。调查发现，小学生从事各类网上社会化活动的比例均明显低于其他学历段，但从小学到初中显著增长，从初中到高中继续增长。这表明初中阶段是未成年人网络社会属性的形成期，高中阶段是对其网络社会属性的进一步发展和巩固期。

这项调查结果也恰巧与埃里克森心理社会发展阶段理论相匹配。心理社会发展理论认为12—18岁这个阶段，个体进入“自我同一性和角色混乱”的冲突，青春期的少年通过思考自己的过去、现在和将来，将得到“我是谁”的答案——自我同一性。正值青春期的青少年面临新的社会要求和社会的冲突而感到困扰和混乱，他们需要建立一个新的同一感或自己在别人眼中的形象，以及他在社会集体中所占的情感位置。

心理学家们认为，这一心理社会人格是在遗传与环境的交互作用下逐渐形成并发展的，有生物遗传因素、家庭环境因素，也有社会文化因素。网络是当代青少年生活的重要社会文化环境，对塑造社会成员的人格特征也有着重大的影响，会影响一个人的生活方式。

由于现实环境与网络环境存在文化因素等诸多方面的差异，因而也观察到高中生在虚拟(网络)与现实中或多或少呈现出性格差别，尤其是处在青春期的高中生，他们中的部分人往往在网络聊天中向别人展示出一个与现实中不同的形象。本研究希望探索高中生在虚拟与现实中的人格差别，更好地了解中学生的心理状况，帮助其更健康地成长。

(二) 虚拟人格的特征

虚拟人格指在网络的虚拟世界中刻意或无意地形成一个虚拟社区中的虚拟形象，形成一定的虚拟社区地位，并获得一定的虚拟社区评价。虚拟人格和现实人格可能存在相同之处，同时，个体也可能试验一种新的人格面貌。

人格也称个性，这个概念源于希腊语“persona”，原来主要是指演员在舞台上戴的面具，类似于中国京剧中的脸谱，后来心理学借用这个术语来说明：在人生的大舞台上，人也会根据社会角色的不同来换面具，这些面具就是人格的外在表现。面具后面还有一个实实在在的真我，即真实的人格，它可能和外在的面具截然不同。

吉林大学李莉在其硕士学位论文《论虚拟人格在网络中的传播》①中指出，虚拟人格是在现实世界中被压抑的人格和在现实世界中无法实现的人格，因网络世界为其提供了可以存在与表现条件，而在虚拟主体的网络传播与交流活动中被表现出来的隐藏在现实人格背后的一套行为模式。虚拟主体在网络中进行传播活动的特殊性，使得其虚拟人格具备了以下几个特征，即身份的假定性、行为的抑制性、角色的多重性和存在的依赖性。

中山大学邓泽球、中南大学张桂群在他们的论文《论网络虚拟人格》②中指出，人们在网络交流时产生的虚拟人格可以分为两类：一类是平时被压抑的人格，一类是平时崇敬的人格。现代社会的竞争及其他方面施加给人的压力及多重社会角色对人的束缚——这本身也是一种压力——使人们很难甚至不可能尽情地展现真我的风采，但这并不意味着一个人的个性就会从此消失，恰恰相反，通常的情况反而是愈禁而弥强。虚拟人格的产生则正可以达到"减压"的作用，从而调节心理平衡。确切地说，这种平时被压抑的虚拟人格并不是"虚拟"的，而是本来就存在的，在现实生活中如果有机会、有条件，它就会表现出来。这里之所以也称之为"虚拟人格"，因为它在网络交流中才表现出来，一旦离开网络交流这一条件就不会表现出来，具有不稳定性及有条件性。因此在利用互联网工具时就极易形成与实际有差距的虚拟人格。③ 已有研究表明人在网络活动中确实能产生虚拟人格。④

① 李莉：《论虚拟人格在网络中的传播》，吉林大学硕士学位论文，2008年。
② 邓泽球、张桂群：《论网络虚拟人格》，《武陵学刊》2002年第2期。
③ 李宏利、雷雳：《中学生的互联网使用与其应对方式的关系》，《心理学报》2005年第1期。
④ 李莉：《论虚拟人格在网络中的传播》，吉林大学硕士学位论文，2008年。

(三) 虚拟人格与现实人格的关系

虚拟人格与现实人格之间既相互联系又相互区别[①],二者的关系可以概括为:(1)现实人格制约虚拟人格。现实人格中的动机、兴趣、理想等都会或多或少地影响到虚拟人格的形成和发展,成为网民虚拟人格类型的决定因素。[②] (2)虚拟人格完善现实人格,上网时人们可以塑造出健全的网络人格,这本身就是人格成长的过程之一;有学者指出虚拟人格只是现实人格的延伸或补充,而非替代品。[③] (3)虚拟人格和现实人格是统一的。网民虽然可以在虚拟平台中设定一个身份角色,该角色可能与现实人格大相径庭,但其人格特点无法避免地会带有现实人格的特征。[④] 同时,二者又相互区别,虚拟人格在现实人格的基础上变化发展,又有了区别于现实人格的特点。前人大量研究均证明了这一点。

虚拟人格基于现实人格在网络中产生,二者相互联系,又有区别。前人研究着重于理论方面的研究,或是针对某一特定人群进行分析,而没有关注不同阶段青少年的差异性。因此本文主要探讨:不同阶段青少年现实人格与虚拟人格的关系与差异,并分析不同年龄、性别的青少年虚拟人格是否存在差异。青少年时期是人生的重要发展阶段,考察该问题有助于青少年更清楚地认识网络,合理运用网络,为不同阶段青少年的网络教育工作提供一定思路。

---

① Katelyn Y. A., McKenna & John A. Bargh, *Plan 9 From Cyberspace: The Implications of the Internet for Personality and Social Psychology*, Department of Psychology, New York University.

② 孙健:《网络人格的研究》,西北工业大学硕士学位论文,2005 年。

③ Stephen J., *Read Virtual Personalities: A Neural Network Model of Personality Department of Psychology*, University of Southern California.

④ 周洪英、孙崇勇:《网络、网络人格和现实人格的关系思考》,《重庆职业技术学院学报》2004 年第 7 期。

二、研究目的

据前人研究，现实人格与虚拟人格具有统一性，因此二者的结构也具有统一性。本文从五大人格理论出发，探讨高中生现实人格和虚拟人格的差异性，从而理解和解释学生在网络上言行的特征，继而引导学生如何在虚拟世界中完善虚拟人格，在现实生活中整合人格，相互促进。

三、研究方法

首先，研究对象：选取上海某高中 852 名学生，其中性别分布为男生有 381 人，女生有 471 人，平均年龄 16.26。

其次，测量工具：选择知乎联合北师大心理学部人格实验室推出的 20 题版的大五人格问卷。

再次，步骤：首先，给被试呈现大五人格问卷在现实生活中的问题之后，给被试呈现大五人格问卷在虚拟世界的问题。

最后，统计运用：运用 SPSS19.0 软件进行数据分析。

四、调查结果

（一）学生上网频率

高中生网络使用中，经常上网、每天上网、没网不行占总体比例的 86.15%。网络生活是高中生生活的重要组成部分。

（二）学生最常使用的网络功能排序

社会交往是当前高中生网络世界中最常使用的功能，社交需求

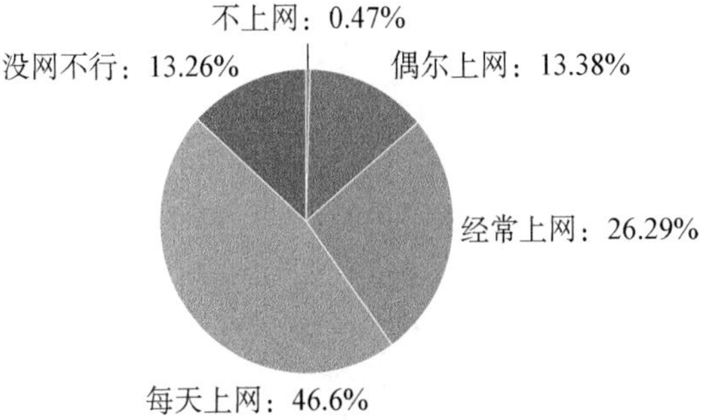

图1 学生上网频率图

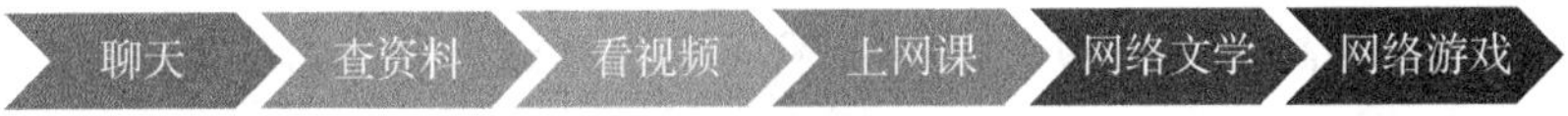

图2 学生使用网络功能排序图

是人类的基本需求。网络社交时代，沟通从“线下”转至“线上”，很多学生交流依靠网络进行，以互联网为中介的网络社交成为日常传播信息、交流情感的重要渠道。网络社交不同于现实社交，开放多元的网络空间使个体屏蔽真实身份、社会地位、经济状况、文化水平等诸多束缚，重塑自我“人设”，重构网络身份(见图2)。

(三) 高中生自我认知的虚拟人格与现实人格的差异

学生主观认为自己在现实和网络中的差异调查，0分为没有差异，10分为差异很大。其中赋予0—2分的同学占36.7%，赋予3—4分的同学占22.6%，赋予5—6分的同学占22.2%，赋予7—8分的同学占11%，赋予9—10分的同学占7.4%(见图3)。

学生主观认为现实人格与虚拟人格的差异存在，赋分平均值为4.02。

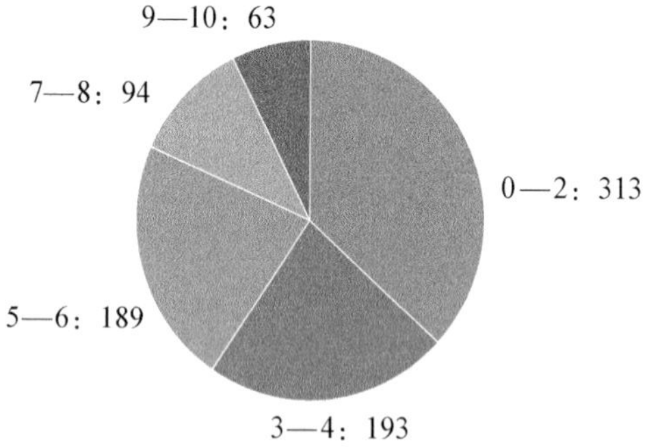

图3　高中生主观判断现实人格与虚拟人格的差异

（四）高中生虚拟人格与现实人格在大五人格上存在的差异

问卷调查结果显示，高中生虚拟人格与现实人格的差异在五个维度上均有显著的差异，其中现实人格在宜人性、神经质、开放性、外向性上显示得更为突出，虚拟人格在谨慎性上更为突出（见表1）。

表1　虚拟人格与现实人格在五大人格维度上的差异

名称	（平均值±标准差）		t	p
	现实人格	虚拟人格		
宜人性	7.01±1.89	5.89±2.12	16.264	0.000**
神经质	4.64±2.10	3.31±1.75	16.901	0.000**
谨慎性	6.11±1.93	6.59±1.79	−7.439	0.000**
开放性	6.43±1.69	6.26±1.82	3.414	0.001**
外向性	5.15±2.06	4.96±2.28	2.219	0.027*

分五个维度的具体差异显示为：

1. 宜人性的差异

现实人格的宜人性比虚拟人格的宜人性显著更高（$t=16.264$，$p<0.01$），而且在各个问题上均存在显著差异（见表2）。

表 2　虚拟人格与现实人格在宜人性维度上的差异

名称	（平均值±标准差）		t	p
	现实人格宜人性	虚拟人格宜人性		
对他人的情感产生共鸣	7.37±2.43	6.50±2.76	9.595	0.000**
对他人的困难感兴趣	6.83±2.76	5.44±3.08	12.866	0.000**
能体会他人的内心感受	7.17±2.28	6.06±2.71	12.495	0.000**
对其他人感兴趣	6.65±2.88	5.57±3.00	9.514	0.000**
总体宜人性	7.01±1.89	5.89±2.12	16.264	0.000**

2. 神经质(情绪稳定性)的差异

现实人格的神经质比虚拟人格的神经质特点显著更高($t=16.901$，$p<0.01$)，即虚拟人格的情绪稳定性更强，而且在各个问题上均存在显著差异(见表 3)。

表 3　虚拟人格与现实人格在神经质维度上的差异

名称	（平均值±标准差）		t	p
	现实人格神经质	虚拟人格神经质		
情绪容易波动	4.79±2.90	3.64±2.89	9.853	0.000**
很多时候感到紧张	4.79±2.79	3.02±2.66	14.473	0.000**
很容易感到失落	4.48±2.86	2.98±2.66	13.885	0.000**
感到忧郁	4.48±3.03	3.62±3.06	6.823	0.000**
总体神经质(情绪稳定性)	4.64±2.10	3.31±1.75	16.901	0.000**

3. 谨慎性的差异

现实人格的谨慎性比虚拟人格的谨慎性显著更低($t=-7.439$，

$p<0.01$)。其中,对秩序的喜好不存在显著差异,但是在处理日常生活事务中,虚拟人格的条理更为清晰(见表 4)。

表 4　虚拟人格与现实人格在谨慎性维度上的差异

名称	(平均值±标准差)		t	p
	现实人格谨慎性	虚拟人格谨慎性		
能迅速处理好日常琐事	5.82±2.55	6.30±2.70	−4.763	0.000**
经常做到物归原处	5.38±3.00	6.34±2.83	−8.005	0.000**
喜欢秩序	6.55±2.81	6.61±3.05	−0.613	0.540
做事情有序且有头绪	6.69±2.50	7.08±2.51	−4.473	0.000**
总体谨慎性	6.11±1.93	6.59±1.79	−7.439	0.000**

4. 开放性的差异

现实人格的开放性比虚拟人格的开放性显著更高($t=3.414$,$p<0.01$),其中现实生活中对抽象观念的理解和幻想的程度明显更高(见表 5)。

表 5　虚拟人格与现实人格在对经验的开放性维度上的差异

名称	(平均值±标准差)		t	p
	现实人格开放性	虚拟人格开放性		
有着生动的想象力	6.37±2.65	6.43±2.89	−0.700	0.484
对抽象的观念感兴趣	6.50±2.72	6.43±2.86	0.925	0.355
对抽象观念的理解没有困难	6.55±2.81	6.26±2.93	3.369	0.001**
经常幻想	6.31±2.91	5.91±3.15	3.932	0.000**
总体开放性	6.43±1.69	6.26±1.82	3.414	0.001**

5. 内-外向性的差异

在大五人格的内外向性维度上，现实人格与虚拟人格没有显著差异。其中在现实生活中的语言表达更多($t=3.207$，$p<0.01$)，与不同的人交谈更多($t=3.985$，$p<0.01$)(见表6)。

表6　虚拟人格与现实人格在内外向性维度上的差异

名称	(平均值±标准差)		t	p
	现实人格外向性	虚拟人格外向性		
是聚会中的灵魂人物	3.94±2.70	4.19±2.96	−2.507	0.012*
话语多	5.88±2.94	5.47±3.32	3.207	0.001**
和许多不同的人交谈	6.04±2.88	5.54±3.25	3.985	0.000**
喜欢显山露水	4.73±2.91	4.64±3.26	0.725	0.468
总体外向性	5.15±2.06	4.96±2.28	2.219	0.027*

五、高中生虚拟人格与现实人格差异性结果及原因分析

(一) 现实人格在宜人性维度上显著高于虚拟人格

宜人性体现个体对其他人所持的态度，这些态度一方面包括亲近人的、有同情心的、信任他人的、宽大的、心软的，另一方面包括敌对的、愤世嫉俗的、爱摆布人的、复仇心重的、无情的。宜人性代表“爱”，表现对合作和人际和谐是否看重。现实人格的宜人性明显高于虚拟人格，说明在现实生活中，高中生更多表现出善解人意、友好、慷慨大方、乐于助人，愿意为了别人放弃自己的利益，对人性持乐观的态度，相信人性本善。相反，虚拟人格中更容易把自己的利益放在别人的利益之上，更多地显示出敌对的、愤世嫉俗的情绪状态。这一结果同时解释了在虚拟网络中更容易产生语言上的冲突。由于网络的隐蔽

性和匿名性，使部分学生愿意表达敌意，而在现实世界中则不会如此。

（二）现实人格在神经质维度上显著高于虚拟人格

神经质性是人格类型中，难以平衡焦虑、敌对、压抑、自我意识、冲动、脆弱等情绪的特质，即不具有保持情绪稳定的能力。神经质反映个体情感调节过程，反映个体体验消极情绪的倾向和情绪不稳定性。高神经质个体倾向于有心理压力，存在不现实的想法、过多的要求和冲动，更容易体验到诸如愤怒、焦虑、抑郁等消极的情绪。调查结果显示，高中生在现实人格中，神经质性显著高于虚拟人格。这显示出，高中生在现实生活中，有更强的心理压力，更容易产生消极情绪，情绪稳定性不如在虚拟世界高，更容易体会到孤独和冷漠，适应性差。或者可以理解为，现实中青少年由于学习、生活等压力的影响，导致更多的焦虑和担心，而在虚拟的网络世界中这部分的焦虑情绪相对较少，使得在人格类型上也出现一定差异。

（三）现实人格在谨慎性维度上显著低于虚拟人格

由于问卷的设计更偏向谨慎性中条理性的子维度，所以调查体现出的是在条理性维度上现实人格和虚拟人格的差异。结果显示，高中生在现实生活中的条理性并不及在虚拟网络中。他们的虚拟人格具有良好的条理性，按规则办事，高效，有条不紊。相反，现实人格更缺乏计划性和条理性，显得杂乱无章，无序，易冲动，粗心。

现实人格和虚拟人格在“喜欢秩序”上并没有明显差异，但是在落实秩序上，虚拟人格体现出更高的优势。他们的桌面或许杂乱，但是电脑文件夹却能有条有理。一方面是由于信息技术和互联网对信息整理归纳的便捷度更高，另一方面高中生也更习惯于用数字化的方式进行整理。

（四）现实人格在开放性维度上高于虚拟人格

由于问卷的设计更偏向开放性中想象力的子维度。这个维度将那些好奇的、新颖的、非传统的以及有创造性的个体与那些传统的、无艺术兴趣的、无分析能力的个体做比较。现实人格相对于虚拟人格拥有更生动的想象和活跃的幻想生活。对于部分高中生来说，现实世界太平淡了。他们喜欢幻想，想创造一个更有趣、丰富的世界。他们的白日梦不仅仅只是一种逃避，而更是一种创造有趣的内心世界的方式。他们详尽描述和展开自己的幻想，并相信想象对丰富多彩的、有创造性的生活功不可没。相反，虚拟人格却是更为现实，实干，更喜欢现实思考，这也反映出不少高中生愿意在网络上、论坛上发表自己的观点和见解。

（五）现实人格与虚拟人格在内—外向维度上差异的显著性相对较弱

内—外向在现实人格和虚拟人格上没有显示出明显差异。相比较而言现实人格更喜欢与人接触，充满活力，显示出更多的热情。相反，虚拟人格的话语更少，也表现得更为谨慎。这个差异其实与两者在宜人性上的差异有相似之处。在现实生活中，高中生有同伴交往的压力，显得更友善，话也更多，需要和更多的人交往。而在虚拟网络中，高中生的交往会更具有选择性。

六、总结与思考

（一）帮助高中生理解虚拟人格与现实人格的差异对自身的影响

个体在网络中拥有过多的自由，自由到可以选择并演绎另一个自己,这个自己的实质是人格的改变,会产生虚拟人格,即在网络传播中,通过与网络虚拟环境的相互作用而形成的独特的心理行为模式。虚拟人格具有情境依赖性,只在相应的网络环境中呈现。人格会以行为的方式表现出来,在网络环境中某些现实生活中没有机会显露的人格或是期待的人格会通过不同的行为表现出来,有些是有意识的,有些是无意识的。[①]

虚拟人格与现实人格并不矛盾,不同的人格特质在不同的情境下指导学生的言谈举止。弗洛伊德认为个体自我意识随着年龄的增长将逐步分化为"本我"与"超我",学生在现实生活中,尤其是学校环境内更多受到"超我"的约束,而在虚拟网络中,则更多表现出"本我"的特征。虚拟人格与现实人格在"本我"与"超我"的影响下也很容易产生差异。然而当个体的现实人格与虚拟人格不统一时,自我同一性可能会受到挑战,作为青春期人格发展阶段的重要命题,学生可能会感到哪个都是自己,又哪个都不是自己。因而理解虚拟人格与现实人格的差异以及产生的原因对于高中生健康人格的形成非常重要。

(二)引导高中生建立虚拟人格与现实人格之间的互相补充、取长补短

从调查可以发现,虚拟人格的情绪稳定性、条理性优于现实人格,对现实人格能起到正面的影响。而现实人格的宜人性和外向性有利于更好处理人际关系,丰富社会性体验。学校的高竞争性、强压力感会让现实人格更为压抑,但是并不意味着学生的个性会消失。在虚拟人格中,学生的压力得到释放,减少了不必要的社交,从而起到调节情绪的作用。互联网对于数据的整理和条理也有其便利性,现实人格也可以得到迁移和学习。

① 杨旭宗、熊传林:《青少年网络中虚拟人格与现实人格的关系》,《经济与社会科学研究》2018 年第 1 期。

（三）关注高中生虚拟人格与现实人格的同一性，完善人格发展的真实性与和谐性

虚拟人格与现实人格统一于个人本身，但是要在人格层面完善其同一性并不容易实现。对于有些学生而言，虚拟人格能起到释放压力和丰富体验的作用，于是对虚拟人格容易产生依赖性。

自我同一性形成和防止自我同一性扩散成为青春期的重要发展课题，这也是青年期最为基本和重要的人格形成与社会化任务。[①] 随着信息时代的到来，信息传播环境日趋开放，处于青春期的高中生接触互联网的机会增加，网络社交是高中生重要的社交媒介，虚拟人格与现实人格产生差异，使得他们更容易产生自我同一性危机。学校教育应该充分认识到这种情况，关注网络时代青春期的高中生自我同一性问题，将虚拟人格的体验整合、积累到现实人格中，从而促进人的成长及人格的完善。

---

① 曹东燕：《信息时代促进青少年自我同一性形成的课程教学探索》，上海师范大学硕士学位论文，2005 年。

图书在版编目(CIP)数据

心悦青春:上海市中小学骨干教师心理健康教育(青春期教育)德育实训基地成果集. 10, 青春期教育实践研究/戴耀红主编. —上海: 复旦大学出版社,2021.6
ISBN 978-7-309-15607-2

Ⅰ. ①心…　Ⅱ. ①戴…　Ⅲ. ①中小学生-心理健康-健康教育-教学研究
Ⅳ. ①G444

中国版本图书馆 CIP 数据核字(2021)第 064775 号

心悦青春——上海市中小学骨干教师心理健康教育(青春期教育)德育实训基地成果集
戴耀红　主编
责任编辑/关春巧

复旦大学出版社有限公司出版发行
上海市国权路 579 号　邮编: 200433
网址: fupnet@fudanpress.com　http://www.fudanpress.com
门市零售: 86-21-65102580　团体订购: 86-21-65104505
出版部电话: 86-21-65642845
江苏凤凰数码印务有限公司

开本 890×1240　1/32　印张 37.25　字数 968 千
2021 年 6 月第 1 版第 1 次印刷

ISBN 978-7-309-15607-2/G・2235
定价: 280.00 元(共十册)